Studien zur Zeitgeschichte

Herausgegeben vom Institut für Zeitgeschichte

Band 74

R. Oldenbourg Verlag München 2007

Bert Hoppe
In Stalins Gefolgschaft

Bert Hoppe

In Stalins Gefolgschaft

Moskau und die KPD
1928–1933

R. Oldenbourg Verlag München 2007

Bibliografische Information Der Deutschen Nationalbibliothek

Die Deutsche Nationalbibliothek verzeichnet diese Publikation in der Deutschen
Nationalbibliografie; detaillierte bibliografische Daten sind im Internet
über <http://dnb.d-nb.de> abrufbar.

© 2007 Oldenbourg Wissenschaftsverlag GmbH, München
Rosenheimer Straße 145, D-81671 München
Internet: oldenbourg.de

Umschlaggestaltung: Dieter Vollendorf

Umschlagabbildung: Mai-Kundgebung der KPD im Lustgarten in Berlin, 1. Mai 1930; Bild-
archiv der Stiftung Preußischer Kulturbesitz

Gedruckt auf säurefreiem, alterungsbeständigem Papier (chlorfrei gebleicht).
Satz: Oldenbourg:digital GmbH, Kirchheim b. München
Druck: Memminger MedienCentrum, Memmingen
Bindung: Buchbinderei Klotz, Jettingen-Scheppach

ISBN 978-3-486-58255-0

Inhalt

Vorwort

Fast jedes wissenschaftliche Buch ist das Ergebnis eines Langzeitprojektes – zumindest gilt das für die meisten „Qualifikationsarbeiten" – und je mehr Zeit verstreicht, desto mehr Dankesschuld häuft sich an.

Meine Betreuer Prof. Heinrich A. Winkler, in dessen Colloquium ich die verschiedenen Stufen des Projektes vorstellen und eingehend diskutieren lassen konnte, und Prof. Jörg Baberowski, dessen Forschungen zum Stalinismus an der sowjetischen Peripherie im Kaukasus wertvolle Anregungen boten für die Erforschung der „sowjetischen Peripherie" eigener Art in Mitteleuropa, haben diese Arbeit sicher durch die Wirrungen der deutschen Hochschullandschaft geleitet.

Die Forschungen zu diesem Buch sind großzügig im Rahmen eines Projektes der Deutsch-Russischen Historikerkommission gefördert worden. Ihre Mitglieder – vor allem Prof. Horst Möller, Prof. Hermann Weber, Prof. Aleksandr Chubarjan, Prof. Jakob Drabkin, Prof. Vladimir Kozlov sowie Prof. Heinrich A. Winkler – haben mich bei den mühsamen Versuchen unterstützt, die zum Teil noch immer geschlossenen Bestände der russischen Archive einzusehen. Eberhard Kuhrt vom Bundesministerium des Innern, der die Arbeit der Historikerkommission auf deutscher Seite koordiniert, hat mich durch die jährlich anstehende Verlängerung der Förderung des Projektes gelotst.

Als Short Term Scholar des Kennan Institute hatte ich im Woodrow Wilson International Centers for Scholars in Washington, D.C., nicht nur die Gelegenheit, die Bestände der Hausbibliothek sowie vor allem der Library of Congress zu nutzen, sondern zudem die fruchtbare Arbeitsatmosphäre zu genießen, in der ich mit Kollegen über die Thesen meiner Arbeit und neue Ansätze in der Politikgeschichte diskutieren konnte. Besonders hilfreich war bei dem Aufenthalt in Washington Dr. Harold Leich vom European Readingroom der Library of Congress bei der Literaturrecherche und -beschaffung. Die Mitarbeiter des Bundesarchives Berlin, des Archives des Außenministeriums der Russischen Föderation und des RGASPI, dort vor allem der Direktor Kiryl Anderson und Andrej Doronin, haben bei der Recherche in den Beständen zur Komintern geholfen. Ohne Jurij Tutochkin hätte ich einige Akten des Bestandes des Sekretariates Pjatnickij nie in den Händen gehalten. Martin Mevius hat mir sein Manuskript über den Einfluss der Komintern auf die Politik der KPD gegenüber der SPD und den Nationalsozialisten zwischen 1919 und 1933 zur Verfügung gestellt.

Prof. Judith Buber-Agassi, Paul Müller, Hannelore Remmele haben mir freundlicherweise Vollmachten erteilt, um im RGASPI die Personalakten ihrer Verwandten einzusehen.

Ohne die Gespräche mit Freunden und Kollegen kreist die Forschung nur um sich selbst, daher bin ich dankbar für alle, mit denen ich in verschiedenen Stadien der Arbeit das Konzept der Dissertation oder konkrete Fragen besprechen konnte oder die Teile des Manuskriptes gelesen und kommentiert haben: Thomas Bohn, Per Brodersen, Kevin McDermott, Wladislaw Hedeler, Peter Huber, Julia

Landau, Barry McLoughlin, Thomas Mergel, Jan Plamper, Malte Rolf, Sergej Slutsch, Alexander Vatlin, Prof. Andreas Wirsching, Jürgen Zarusky – vor allem aber meiner Mutter Silke Hoppe sowie Gabor Rittersporn, die die Mühe auf sich genommen haben, das gesamte Manuskript zu lesen, und deren kritische Anmerkungen mir geholfen haben, auf den eigenen Text mit fremden Augen zu blicken. Ein besonderer Dank gilt Noel Rademacher, der mich ermuntert hat, so manchen Ballast fallen zu lassen.

Dass am Abendbrottisch bestenfalls mal über Spitzenfunktionäre in Zigarettenschachteln und kommunistische Morgengymnastik gelacht wurde und ansonsten die Welt jenseits der Weltbewegung dominierte, verdanke ich Katrin, Lotta und Johan, die ich auch für dieses Buch wieder so lange in Berlin allein ließ und die somit auf ihre Weise an dessen Entstehung mitgeholfen haben.

Berlin, im März 2007   Bert Hoppe

Einleitung

> „Ich kann es so ausdrücken: wenn in Russland nicht Sozialismus wäre, wenn es keine Komintern gäbe, würde Thälmann kein Führer sein, würde die deutsche Kommunistische Partei und die ganze Entwicklung anders sein."
> *Sergej Gusev in der Sitzung der Politkommission des EKKI vom 10. 4. 1932*

> „Auf meine Bedenken, dass bei einer so engen Zusammenarbeit, wie sie der KPD zwischen der Sowjetunion und einem kommunistischen Deutschland vorschwebe, doch die Gefahr einer starken Abhängigkeit [...] für Deutschland bestände, begründete Herr Leow seine gegenteilige Ansicht damit, dass gerade dank der höheren deutschen Intelligenz und Kultur der Schwerpunkt einer solchen Kombination in Deutschland liegen würde."
> *Brunhoff, Attaché der deutschen Botschaft in Moskau, über ein Gespräch mit dem Vorsitzenden des RFB, Willy Leow, 10. 12. 1930*

Ein stalinistisches Marionettentheater?

Am 30. Januar 1933 begannen die Nationalsozialisten, die erste deutsche Demokratie kraft ihrer neuerrungenen Regierungsgewalt zu zerschlagen. In den Augen der KPD-Führung allerdings hatte sich das politische „System" trotz des einsetzenden Terrors des NS-Regimes nicht grundlegend gewandelt: Noch im Mai 1933 bekannten die in den Untergrund abgetauchten kommunistischen Spitzenfunktionäre, weiterhin in der SPD, der zentralen Stütze der untergegangenen Weimarer Republik, ihren politischen „Hauptfeind" zu sehen – schließlich ändere auch die Verfolgung dieser Partei durch die neuen Herrscher nichts an der Tatsache, dass die Sozialdemokratie „nach wie vor die soziale Hauptstütze der Kapitalsdiktatur" darstelle.[1]

Hartnäckig blendeten die KPD-Funktionäre somit eine Realität aus, die die kommunistische „Sozialfaschismus"-Doktrin spätestens durch die Machtübertragung an Hitler am 30. Januar widerlegt hatte. Die Resolutionen der deutschen Kommunisten vom Frühjahr 1933 waren so widersinnig, dass es später selbst den Apologeten ihrer Politik aus den Reihen der SED schwerfiel, in diesen Texten Zeugnisse einer kohärenten politischen Strategie zu erkennen.

---

[1] Die genaue Formulierung in der kommunistischen Propaganda lautete zwar einschränkend Hauptfeind *„innerhalb der Arbeiterklasse"*, die Definition der Sozialdemokratie als „soziale Hauptstütze der Kapitalsdiktatur" weist jedoch darauf hin, dass die SPD vor allen anderen Parteien im Zentrum der Angriffe stand. Zitiert nach: Weber, Ambivalenz der kommunistischen Widerstandsstrategie, S. 74.

Diesen Weg hatte die KPD allerdings schon lange vor dem 30. Januar einge-
schlagen, als sie darauf beharrte, den „Hauptstoß" ihrer Angriffe gegen die SPD
zu führen, anstatt gegen den immer bedrohlicher werdenden Nationalsozialismus.
Dieses Verhalten erschien schon vielen Zeitgenossen so absurd, dass sie darin nur
die letzte Etappe der Einflussnahme Moskaus auf die deutschen Kommunisten
sehen konnten. Bis heute gehört die Frage, warum, in welchem Maße und auf welche Weise die KPD durch die Bolschewiki in ihren Entscheidungen beeinflusst
wurde, zu den großen Themen der Kommunismusforschung.

Diese Frage wurde lange Zeit allerdings häufig recht eindimensional beantwor-
tet. Die KPD sei infolge ihrer „Stalinisierung" zu einer bloßen „Hilfstruppe" der
sowjetischen Führung degeneriert[2] und daher nach Grundsätzen geleitet worden,
„die nicht primär an den politischen Tatsachen und Erfordernissen in Deutschland" orientiert gewesen seien.[3] Die Politik der KPD sei infolge der „bedingungs-
losen Abhängigkeit" der deutschen Kommunisten von Moskau in den Jahren
1928–1933 quasi „ein Nebenprodukt der internen Machtkämpfe in der KPdSU"
gewesen.[4] Zwar wurden auch innere Faktoren ausgemacht, die das Abdriften der
KPD auf ihren „ultralinken" Kurs beeinflussten, doch wurden diese häufig als
nebenrangig betrachtet: Die Politik der KPD „mochte Stimmungen der radikali-
sierten Arbeiter und der Arbeitslosen widerspiegeln, durchgesetzt und bestimmt
wurde sie von anderen Motiven".[5]

Diese Motive erkannte man erstens in den Konflikten innerhalb der bolschewistischen Führung, in denen Josef Stalin die KPD schließlich als Waffe im Kampf
gegen seinen Widersacher Nikolaj Bucharin eingesetzt habe. Für die Entwicklung
in Deutschland bedeutender sei hingegen zweitens gewesen, dass Moskau die
KPD für die Zwecke der sowjetischen Außen- und Sicherheitspolitik instrumen-
talisiert habe. Die Politik der Kommunistischen Internationale (Komintern), als
deren deutsche „Sektion" die KPD fungierte, war dieser Lesart zufolge ganz auf
die Interessen der Sowjetunion ausgerichtet, um angesichts der inneren Umwälzung ein für das Land vorteilhaftes internationales Umfeld zu schaffen.[6]

Diese These erschien lange Zeit so plausibel, dass meist weder reflektiert wurde,
was unter „sowjetischen Interessen" eigentlich zu verstehen war, noch wie diese
von den deutschen Kommunisten gesehen wurden. Allerdings war es, bevor die
Archive in den ehemaligen Staaten des Warschauer Vertrages in den Jahren 1989
bis 1991 geöffnet wurden, auch kaum möglich, anhand von Originaldokumenten
die konkreten Entscheidungsabläufe innerhalb der KPD und Komintern zu untersuchen und die Gedankengänge der kommunistischen Funktionäre zu analysieren – zumeist mussten sich die Forscher auf die „Interpretation ideologischer

---

2   Weber, Einleitung, in: Flechtheim, Die KPD in der Weimarer Republik, S. 52.
3   Bahne, Die Kommunistische Partei Deutschlands, S. 656.
4   Duhnke, Die KPD von 1933 bis 1945, S. 49.
5   Weber, Hauptfeind, S. 10.
6   Auf eine ausführliche Diskussion der bisherigen Forschung wird an dieser Stelle verzich-
    tet, da deren jeweilige Thesen in den entsprechenden Abschnitten dieser Arbeit dargestellt
    werden.

Dokumente" aus den Propagandaorganen der kommunistischen Parteien beschränken.[7] Erstaunlicherweise aber hat sich an diesem Bild der Komintern als einer Art „stalinistischem Marionettentheater", in dem sich deren nationale „Sektionen" lediglich an den Strippen bewegten, die von den Moskauer Führungskadern gezogen wurden, auch nach 1991 wenig geändert. Die bekannten Thesen schienen vielen Forschern offensichtlich so einleuchtend, dass sich ihre Neugierde häufig darauf beschränkte, lediglich entsprechende Belege ausfindig zu machen: Endlich, so freute sich beispielsweise Stéphane Courtois angesichts der neu zugänglichen Dokumente, sei nun die Zeit der „Beweise" gekommen.[8]

Doch wenn es sicherlich *auch* wichtig ist, das lückenhafte Faktengeripp zu ergänzen[9], wäre wenig damit erreicht, wenn man die inzwischen zugänglichen Quellen nur dazu nutzen wollte, die „weißen Flecken" der bisherigen Geschichtsschreibung auszufüllen. Denn weder das bloße Wissen, *ob* Stalin in diese oder jene Entscheidung der Komintern eingegriffen hat, noch die (notwendige) Aufklärung des Schicksals der deutschen „Politemigranten", die im stalinistischen Gulag verschwanden[10], kann uns weiterführende Erkenntnisse darüber vermitteln, wie der Stalinismus funktionierte. Zu Recht wurde darauf verwiesen, dass der durch den „Archivrausch" ausgelöste „Positivismusschub" häufig zu Lasten der Analyse ging.[11] Dies gilt vor allem für einige neuere Dokumenteneditionen, die zuweilen den Eindruck erwecken, als solle mit ihnen nicht ein neuer Erkenntnisstand erreicht, sondern lediglich der bereits bestehende abgesichert werden.[12] Schon auf der ersten großen deutschen Stalinismus-Tagung nach der Öffnung der Archive sahen manche Historiker in dem neuen Archivmaterial vor allem die Chance, eine immer weiter verfeinerte Ideologiegeschichte der Fraktionskämpfe innerhalb der kommunistischen Bewegung zu verfassen.[13] Ein solcher Anspruch verheißt nicht unbedingt intellektuelle Abenteuer.[14]

Nun wäre es zwar falsch, inhaltlich und methodisch zum Bildersturm anzusetzen. Doch um die „Gretchenfrage der Fremdbestimmung des deutschen Kommunismus"[15] zu klären, ist es notwendig, den Blickwinkel zu erweitern: *Dass* die Bolschewiki einen großen Einfluss auf die KPD ausübten, dürfte wohl schon vor der Öffnung der Archive kaum jemand bezweifelt haben – unklar ist aber erstens

---

7 So die Formulierung von Richard Löwenthal in der Vorbemerkung zum Buch von Thomas Weingartner, Stalin und der Aufstieg Hitlers, S. VII.
8 Courtois, Archives du communisme, S. 129.
9 Die Notwendigkeit erschließt sich z. B. aus Fehlern wie sie Luks, Entstehung der kommunistischen Faschismustheorie, S. 142, Fn. 19, unterlaufen. Der von Luks als Position des EKKI vorgestellte Aufsatz von Hermann Remmele wurde von der Kominternführung tatsächlich scharf kritisiert.
10 Vgl. den Sammelband: Weber, Kommunisten verfolgen Kommunisten.
11 Unfried, Nutzen und Nachteil der Archive, S. 268; Studer, Die Rückkehr der Geschichte, S. 17.
12 Vgl. z. B. Weber, Thälmann-Skandal.
13 Unfried, Nutzen und Nachteil der Archive, S. 272 f.
14 Vgl. Baberowski, Arbeit an der Geschichte, S. 41.
15 So die Formulierung von Sigrid Koch-Baumgarten in: dies., Wende in der Geschichtsschreibung, S. 87.

immer noch, wie sie diesen ausübten und wie weit er schließlich reichte – wie groß
also das Resistenzpotenzial der KPD blieb. Um diesen Fragenkomplex zu klären,
muss man sich von den gewohnten Schwarz-Weiß-Bildern lösen: Weder waren die
deutschen Kommunisten eigenständige Akteure, die sich in ihr nationales Milieu
zurückziehen konnten[16], noch lassen sie sich als willenlose Marionetten Moskaus
karikieren. Wie anregend in dieser Hinsicht ein Blick auf die NS-Forschung sein
kann, verdeutlicht bereits die eigentlich nicht überraschende Beobachtung, dass
der Stalinismus – wie Helmut Altrichter betonte – ebenso wenig wie der Nationalsozialismus „mit dem einfachen Muster von Befehl und Gehorsam" hinreichend zu beschreiben ist.[17]

Um die Beziehungen zwischen deutschen und sowjetischen Kommunisten in
ihrer Tiefe zu analysieren, ist es daher zweitens notwendig, ihren politischen Alltag in den Blick zu nehmen und dabei auch zu untersuchen, wie die Funktionäre
jeweils das politische Geschehen wahrnahmen und welche Handlungsstrategien
sie daraus entwickelten.[18] Eine durch solche Anregungen bereicherte Komintern-
forschung kann die Frage, wie das Verhältnis zwischen „Moskau" und der KPD
konkret aussah, präziser beantworten. In vielen Arbeiten der klassischen Komin-
ternforschung haben Wahrnehmungsmuster und Vorstellungswelten lange Zeit
keine Rolle gespielt; die westeuropäischen Kommunisten nahmen häufig nur die
Rolle von stummen Statisten ein, deren Gedanken generell vernachlässigbar waren. Tatsächlich aber trafen in der Komintern Menschen ganz unterschiedlicher
Herkunft aufeinander, die unterschiedlich sozialisiert worden waren. In der Folge
kam es zuweilen zu einer – wie es Robert Tucker einmal in einem vergleichbaren
Zusammenhang formulierte – „collision of Communist cultures".[19]

So ist es interessant danach zu fragen, welche Bedeutung die vollkommen unterschiedlichen Formen politischer Öffentlichkeit in Deutschland und Russland
bzw. der Sowjetunion für das jeweilige Denken der deutschen und sowjetischen
Kommunisten spielte und wie die KPD-Funktionäre beispielsweise auf die Kampagnen gegen die vermeintliche Gefahr einer „imperialistischen Intervention" gegen die Sowjetunion reagierten. Wie ging die KPD ferner mit der Spannung zwischen der täglich erfahrbaren politischen Realität in Deutschland und der selbst-
gewählten Unterordnung unter die mehr als 2000 Kilometer entfernte Komin-
ternzentrale um? Haben die deutschen Funktionäre den Anspruch der Bolschewiki akzeptiert, dass von Moskau ein klarerer Blick auf das Geschehen in

---

[16] Vgl. z. B.: Worley, Communist International, S. 201. Die Gegenposition vertrat: McIlroy,
British Communism.
[17] Altrichter, „Offene Großbaustelle Russland", S. 360. Vgl. auch: Kershaw, Stalinism und
Nazism.
[18] Vgl. Mergel, Überlegungen zu einer Kulturgeschichte der Politik; Frevert, Neue Politikgeschichte; Fitzpatrick, Politics as Practice; Rohe, Politische Kultur; ders., Wahlen und
Wählertraditionen; Tucker, Culture, Political Culture, and Soviet Studies, in: ders., Political Culture; Balandier, Politische Anthropologie; White, Political Culture and Soviet
Politics; Brown, Political Culture and Communist Studies.
[19] Vgl. Tucker, Culture, Political Culture, and Soviet Studies in: ders., Political Culture,
S. 8 f.; sowie White, Political Culture in Communist States, S. 360 f. Über die Konfrontation entlang solcher Grenzen innerhalb der Sowjetunion vgl. Baberowski, Der Feind ist
überall; Rolf, Sovetskoj massovyj prazdnik.

Deutschland möglich sei als vor Ort selbst? Wie wurden schließlich die politischen Veränderungen in Deutschland, wie sie sich insbesondere mit dem Aufstieg des Nationalsozialismus abzeichneten, jeweils von der Komintern und KPD eingeschätzt und welche Maßstäbe wurden hierbei angelegt?

Dieses Buch wendet sich diesen Fragen zu – und bietet darüber hinaus aufgrund der Analyse zahlreicher Dokumente aus den ehemals geschlossenen Parteiarchiven in Berlin und Moskau erstmals die Chance, den Funktionären der sowjetischen Partei (VKP(b)), der Komintern und der KPD bei ihrer Arbeit zuzusehen. Wir erfahren dabei nicht nur etwas über das gegenseitige Misstrauen und die permanenten Missverständnisse, die Beleidigungen und Kränkungen, wir blicken auch auf die notorische Verwirrung und Kopflosigkeit der Funktionäre in Moskau und Berlin, beobachten das Entsetzen der Kominternführung angesichts heimlicher Verhandlungen deutscher Spitzenfunktionäre mit einem deutschen Reichsinnenminister und den Argwohn der Bolschewiki angesichts der offeneren politischen Kultur in Westeuropa, die auf die westlichen Kommunisten einwirkte.[20] Wir erleben zudem die euphorischen Momente im Leben der Berufsrevolutionäre, als beispielsweise innerhalb der Kominternführung kurz vor der Reichspräsidentenwahl im Frühjahr 1932 kräftige Zuwächse für die KPD erwartet wurden und daraufhin ein regelrechtes Wettfieber ausbrach und Zettel herumgereicht wurden, auf denen die Funktionäre ihre Schätzungen über die voraussichtliche Anzahl der Stimmen notierten, die sie für Thälmann erhofften.

Dieser Blick auf den politischen Alltag dient aber keineswegs bloß dazu, die Atmosphäre in den Beziehungen zwischen deutschen und sowjetischen Funktionären zu schildern und den *human-interest*-Faktor dieser Studie zu erhöhen – dieser Blick offenbart vor allem viel über die Machtbeziehungen innerhalb der kommunistischen Weltbewegung und erlaubt somit Rückschlüsse auf die unmittelbaren Einfluss- und Sanktionsmöglichkeiten der Führung der Komintern – des Exekutivkomitees der Komintern (EKKI) – gegenüber den deutschen Kommunisten und auf die Disziplinierungs- und Herrschaftstechniken Moskaus.

Bislang wurde die Komintern als eine strikt vertikal strukturierte Organisation gesehen, in der sich die „Bürokratisierung" des Kommunismus beispielhaft ablesen lasse. Dies mag auf die Tätigkeit des EKKI-Apparates zutreffen, der Ende der 1920er Jahre auf mehrere hundert Mitarbeiter angewachsen war, von denen sich die Mehrzahl damit beschäftigte, täglich die ausländische Presse und die eintreffenden Berichte der nationalen Sektionen und der EKKI-Emissäre durchzulesen, auszuwerten und anschließend zu eigenen Berichten zusammenzufassen. Das bisher bestehende Bild der Anleitung der KPD hingegen muss modifiziert werden.

Mit dem Blick auf das „Endergebnis" – die propagierte Politik der KPD – war die Forschung bislang allzu schnell geneigt, dieses aufgrund der prinzipiellen Unterordnung der KPD unter die Komintern für die exakte Umsetzung der Moskauer Anweisungen zu halten. Doch sind hier noch einige zentrale Fragen offen geblieben. Dies betrifft *erstens* die Möglichkeiten der sowjetischen Funktionäre, die KPD zu kontrollieren, sie also zu überwachen und gegebenenfalls Sanktionen

---

[20] Vgl. Hoffmann, Stalinist Values, v. a. Kapitel 2 („A Code of Behavior for Communists"); Studer u. a., Der stalinistische Parteikader.

zu erlassen und *zweitens* die Stränge, über die Moskau seinen Einfluss auf die
Politik der KPD geltend machte.

Bezüglich der Informationsbeschaffung ist zu fragen, was die Komintern und
sowjetische Führung von den Vorgängen in Deutschland überhaupt erfuhren. So
zeigen beispielsweise Studien über die Berichte der sowjetischen Botschafter in
Dänemark an das Außenkommissariat[21] oder die russischen Geheimdienstinfor-
mationen für Stalin über den bevorstehenden Überfall der Wehrmacht auf die
Sowjetunion im Jahre 1941[22], dass die Berichterstatter nicht selten geneigt waren,
ihre Informationen entsprechend den Erwartungen ihrer Vorgesetzten auszuwäh-
len. Auch im Falle der Komintern und der bolschewistischen Führung ist zu
untersuchen, was diese von den Vorgängen in Deutschland und in der deutschen
Partei mitbekamen.

Ebenso muss unser Wissen über die Interventionsmöglichkeiten der Komintern
präzisiert werden: Gewiss hatten die bolschewistischen Spitzenkader die Macht,
die nationalen Parteiführungen abzusetzen, wenn diese „unbequem" wurden, und
es gibt einige Beispiele dafür, dass Moskau diese Macht auch skrupellos ausnutzte.
Dennoch blieb dieser Ausweg nur die *Ultima Ratio* – denn wie häufig ließ sich ein
solches Vorgehen wiederholen, wenn die bolschewistische Führung nicht das gesamte Führungspersonal der Sektionen verschleißen wollte? Ebenso ist die sagen-
umwobene Aura auf ihren Realitätsgehalt zu überprüfen, die die Tätigkeit der
sowjetischen Instrukteure in der Weimarer Republik umgibt. Zuweilen wurde in
der Literatur ungefiltert die alarmistische Sichtweise der damaligen politischen
Polizei übernommen, wonach die Instrukteure „durch das Land reisten, um die
Stimmung [unter der Arbeiterschaft] anzuheizen" und die deutschen Kommunisten daraufhin einen Staatsumsturz vorbereitet hätten.[23] Dies traf zwar für die Zeit
bis zum „Deutschen Oktober" von 1923 zu, als Komintern und KPD einen letzten Aufstandsversuch organisierten[24] – doch Belege für die konkrete Tätigkeit der
Instrukteure in den Jahren nach diesem Ereignis blieb die Forschung bislang
schuldig.

Die Stalinismusforschung hat in den letzten Jahren bedeutende Arbeit geleistet,
um die Herrschaftspraktiken der Bolschewiki zu erkunden.[25] Zu beleuchten ist
nun, inwieweit diese Herrschaftspraktiken auch auf die KPD-Führung angewandt wurden. Von besonderem Interesse sind hierbei persönliche Verbindungen
zwischen dem sowjetischen Diktator einerseits und den deutschen Spitzenfunktionären Ernst Thälmann, Hermann Remmele und Heinz Neumann andererseits,
über die bislang nur gemutmaßt werden konnte und die sich anhand der nun vor-
liegenden Dokumente eingehend untersuchen und in ihrer Bedeutung für die Anleitung der KPD analysieren lassen. Vor allem in diesem Bereich bietet es sich an,
Anregungen der NS-Forschung aufzunehmen: So wie dort die „intentionalisti-

---

[21] Vgl. Haue, Perzeption und Quellen.
[22] Vgl. Gorodetsky, Die große Täuschung.
[23] Striefler, Kampf um die Macht, S. 15 f., 221 f. (Zitat).
[24] Vgl. dazu den Dokumentenband: Bayerlein, Deutscher Oktober.
[25] Vgl. beispielsweise: Khlevnjuk, Politbjuro; Gorlizki, Stalin's Cabinet; zusammenfassender
    Überblick bei: Fitzpatrick, Politics as Practice.

sche" und die „funktionalistische" Sichtweise schon längst als gleichberechtigte Erkenntnismethoden benutzt werden, so hat sich auch in der Stalinismus-Forschung gegen die klassische Totalitarismustheorie die Erkenntnis durchgesetzt, dass diese Betrachtungsweisen keinen Gegensatz bilden, sondern sich ergänzen. Daher ist beispielsweise zu fragen, ob die These, die Ian Kershaw in seiner Hitler-Biographie aufgestellt hat, dass der deutsche Diktator einen Großteil seiner Macht aus der Bereitschaft seiner Gefolgschaft bezog, „dem Führer entgegenzuarbeiten", d. h. seinen vermutlichen Willen im Voraus zu erkennen und dementsprechend zu handeln[26], sich auch für den Stalinismus im Allgemeinen und für die Anleitung der KPD im Besonderen anwenden lässt.

Wer unter dieser Perspektive analysiert, wie die Bolschewiki die Politik der KPD beeinflusst haben, entgeht der Versuchung, die deutschen Kommunisten nur als Opfer einer politischen Vergewaltigung zu betrachten. Dass die bolschewistische Führung enormen Druck auf die deutschen Kommunisten ausübte und über der KPD-Führung stets ein Damoklesschwert schwebte, ist unbestritten – doch im politischen Alltag musste Moskau vor allem auf die Loyalität und die Kooperation der deutschen Kommunisten setzen, damit die Anweisungen der Komintern umgesetzt wurden. Um es mit den Worten von Karl Deutsch zu formulieren: es lässt sich einem Menschen mit Gewalt zwar das Klavierspielen verbieten, sie reicht aber nicht aus, um es ihm auch beizubringen.[27]

Zu der Frage aber, warum sich so viele Menschen freiwillig „in die zahlreichen Organisationen der Komintern einreihten oder sie wenigstens ideell unterstützten"[28], konnte die bisherige Stalinismusforschung wenig beitragen, weil sie sich auf die Zeit nach 1933 und im Falle der deutschen Kommunisten auf die Funktionäre im sowjetischen Exil konzentrierte. In dieser Zeit des Terrors jedoch war es lebensnotwendig geworden, sich an die Normen und Handlungsmuster des Stalinismus anzupassen und immer wieder eine unbedingte Ergebenheit gegenüber der Parteiführung und absolute politische „Zuverlässigkeit" zu beweisen. In dieser Periode, in der die Machthaber Gewalt nicht mehr als Mittel sahen, um das Wohlverhalten ihrer Untertanen zu erzwingen, sondern sie exzessiv anwandten, weil sie sich – ergriffen von einer geradezu pathologischen Paranoia – in einer Notwehrsituation wähnten und sich die NKVD-Offiziere gegenseitig darin überboten, die vorgeschriebenen Quoten von zu erschießenden „Volksfeinden" zu übertreffen[29], blieb demjenigen, dem sein Leben lieb war, in dieser Hinsicht gar kein Handlungsspielraum mehr.

Zu erforschen, wie sich die Beziehungen zwischen Moskau und der KPD in den Jahren zwischen 1928 und 1933 gestalteten, verspricht dagegen aufschlussreichere Antworten auf die Frage, welche persönlichen Handlungsspielräume sich den deutschen Kommunisten angesichts des Stalinismus eröffneten: Wenn sie sich in dieser Zeit von der Partei abwandten, drohte ihnen weder die Gefahr, in ein natio-

---

26 Vgl. Kershaw, Hitler. 1886–1936, Kapitel XIII.
27 Deutsch, Die Analyse internationaler Beziehungen, S. 42, zitiert nach: Mergel, Überlegungen zu einer Kulturgeschichte der Politik, S. 602.
28 Studer, Bild der Komintern, S. 28.
29 Vgl. Getty (Hg.), The Road to Terror; Baberowski, Der rote Terror, S. 135–208, v. a. S. 155.

nalsozialistisches Konzentrationslager eingeliefert zu werden, noch im Gulag oder auf den *killing-fields* vor Moskau zu verschwinden. Die Kommunisten in Deutschland konnten sich anderen Parteien zuwenden und die deutschen Kommunisten in der Sowjetunion konnten bis 1933 meist problemlos nach Deutschland zurückkehren – und zwar notfalls mit Hilfe der deutschen Botschaft. Da die deutschen Kommunisten sich vor 1933 noch weitgehend aus eigenen Stücken für oder gegen den Kommunismus stalinistischer Prägung entscheiden konnten, darf davon ausgegangen werden, dass uns ihre damaligen Handlungen und Aussagen weit aussagekräftigere Zeugnisse über ihr Verhältnis zum politischen System der Sowjetunion vermitteln, als die Quellen, die nach 1933 entstanden sind.

Das Konzept, wie es auf den vorhergehenden Seiten entwickelt worden ist, lässt sich am besten in einer Kombination aus ereignis- und strukturgeschichtlich angelegten Abschnitten verfolgen. Eine ereignisgeschichtliche Herangehensweise empfiehlt sich nicht nur, weil in dieser Arbeit ein thematischer Schwerpunkt auf den „klassischen" Fragen des Verhältnisses der Kommunisten zur Sozialdemokratie und zum Nationalsozialismus liegt, sondern auch weil nur so das Prozesshafte der Politik, das *policy-making* der kommunistischen Spitzenkader angemessen analysiert werden kann. Aus diesem Grunde werden hier bekannte und bereits häufig erforschte Schlüsselereignisse in der Geschichte der KPD (wie beispielsweise der Berliner „Blutmai" von 1929 oder die „Programmerklärung zur nationalen und sozialen Befreiung" der KPD von 1930) mit Blick darauf untersucht, was sie im Lichte nun zugänglicher Dokumente über den Einfluss der Komintern auf die deutschen Kommunisten aussagen können. In den strukturell angelegten Abschnitten sollen dagegen in chronologischen Längsschnitten Tendenzen und grundlegende Faktoren in den Beziehungen zwischen Moskau und der KPD dargestellt werden. Die Anordnung dieser thematischen Kapitel ergibt sich ebenfalls aus zeitlichen Schwerpunkten, um auf diese Weise einen kohärenten Erzählbogen zu spannen.

Die Arbeit wird daher umklammert von zwei Kapiteln, die schwerpunktmäßig den Beginn und das Ende des Untersuchungszeitraumes dieser Arbeit abstecken und beide vor allem die Bedeutung von Stalins personalem Netz für die Anleitung der KPD offen legen. Im ersten Kapitel wird die „Wittorf-Affäre" um eine unterschlagene „Parteispende" der sowjetischen Handelsvertretung an die Hamburger KPD als Ausgangspunkt genommen, um diese spezifische Herrschaftsstruktur darzustellen, und der Frage nachzugehen, wie sich dieses Patronagesystem auf die Hierarchien in der Komintern auswirkte. Im letzten, dem neunten Kapitel wird dann analysiert, wie dieses Herrschaftssystem infolge des Machtkampfes innerhalb der KPD-Spitze zusammenbrach und wie die damaligen Vorgänge in der bolschewistischen Führung interpretiert wurden.

Weitere thematische Kapitel beschäftigen sich mit dem Verhältnis zwischen sowjetischer Außenpolitik und Komintern (Kapitel II) und den Spannungen zwischen dem revolutionären Anspruch der Komintern sowie der gewaltbetonenden kommunistischen Propaganda einerseits und der Furcht vor dem Verlust der Kontrolle über die Parteibasis andererseits, die diese Propaganda allzu sehr für bare Münze nahm (Kapitel III). Ein gesondertes Kapitel behandelt die Konflikte, die zwischen deutschen und sowjetischen Kommunisten aufgrund ihrer unterschiedlichen Rollenbilder und politischen Sozialisation entstanden (Kapitel VII). In diesem Zusammenhang wird schwerpunktmäßig auf die verschiedenen Verhaltensmuster eingegangen und es werden die Versuche der Bolschewiki analysiert, die ausländischen Funktionäre nach ihrem eigenen Vorbild zu erziehen. In einem Fallbeispiel werden hierfür die Erfahrungen des „Revolutionshelden" Max Hoelz herangezogen, der über seine Erlebnisse in der Sowjetunion Tagebuch führte. In diesem Kapitel wird ferner der Vorwurf des „Legalismus" thematisiert, den die sowjetischen Funktionäre an die Adresse der KPD richteten. Damit wurde die Frage angesprochen, in welchem Maße sich die Kommunisten in Deutschland als Träger einer „Gegengesellschaft" begreifen und absondern sollten bzw. wie stark sie trotz dieser Absonderung von der sie umgebenden Gesellschaft geprägt wurden.[30]

Stärker ereignisgeschichtlich strukturiert sind die Abschnitte über die Diskussion über die „Sozialfaschismus"-Doktrin im Frühjahr 1930 (Kapitel IV), über die nationalistische Linie der KPD im Jahr 1930/31 (Kapitel V), über die Auseinandersetzungen zwischen SPD und KPD im Sommer 1931 (Kapitel VI) sowie die seit Ende 1931 entstehenden Konflikte um die Frage, ob mit den Sozialdemokraten eine Einheitsfront gegen die Nationalsozialisten gebildet werden sollte (Kapitel VIII). Vor allem an den Diskussionen über das Verhältnis zur SPD lässt sich ablesen, wie sich die anfängliche völlige Übereinstimmung zwischen der stalinistischen Führung in Moskau und der KPD-Spitze teilweise auflöste und die unterschiedlichen Wahrnehmungen der deutschen Innenpolitik an Bedeutung gewannen.

Es wäre wünschenswert gewesen, das Verhältnis zwischen Moskau und der KPD eingehender mit den Beziehungen zwischen der Komintern und anderen Sektionen zu vergleichen, doch hätte ein solches Unterfangen den Rahmen dieser Arbeit gesprengt. Dennoch sollen im Folgenden immer wieder einzelne Schlaglichter auf die anderen kommunistischen Parteien Westeuropas geworfen werden, um sie zumindest als Maßstab im Auge zu behalten, mit dem sich die Entwicklung der KPD besser einschätzen und bewerten lässt.

*

Die Öffnung der ehemals sowjetischen Archive im Jahre 1991 hat den Historikern, die sich mit der Geschichte des Kommunismus und der Sowjetunion beschäftigen, Forschungsmöglichkeiten eröffnet, von denen sie vorher nur träumen konnten. Auch diese Arbeit wäre ohne die seit der „Archivrevolution" zugänglichen Dokumente nicht realisierbar gewesen. Neben den Beständen des Historischen Archivs der KPD, das von der *Stiftung Archiv der Parteien und Massenorganisationen der DDR* (SAPMO) im *Bundesarchiv Berlin-Lichterfelde* (BArch) aufbewahrt wird, wurden von mir die Dokumente des *Russländischen Staatlichen Archivs für sozial-politische Geschichte* (RGASPI), in dem u. a. die Akten des Zentralkomitees und des Politbüros der VKP(b) und der Komintern liegen, und des *Archivs für auswärtige Politik der Russländischen Föderation* (AVP RF) genutzt.

---

[30] Vgl. dazu Mergel, Parlamentarische Kultur, der den Reichstag als sozialen Raum untersucht, in dem die politischen Grenzen durch soziale Praktiken teilweise transzendiert wurden.

Im RGASPI finden sich nicht nur die Akten der Komintern und des Politbüros der VKP(b), sondern seit 1999 auch große Teile der Korrespondenz Stalins, die bis dahin in seinem ehemaligen Privatarchiv im Kreml, dem heutigen (und bislang nur ausgewählten Forschern zugänglichen) *Archiv des Präsidenten der Russländischen Föderation* (AP RF) lagerten.[31] Für den Blick der deutschen Kommunisten auf den real existierenden Stalinismus erwiesen sich insbesondere die Unterlagen der deutschen Vertretung beim EKKI im RGASPI als überaus ergiebige Quelle, da sich dort zahlreiche Berichte, Eingaben und Beschwerden finden, die ein dichtes Bild der Lage der ausländischen Funktionäre und Arbeiter in der Sowjetunion zeichnen.

Allerdings hat sich die Quellenlage zur Geschichte der Komintern schon wenige Jahre nach der Öffnung der Archive im Jahr 1991 verschlechtert, als einige zentrale Bestände des Kominternarchives im RGASPI wieder für die Nutzer geschlossen wurden. Einige weitere auch für diese Arbeit relevante Bestände hingegen hatte man gar nicht erst zugänglich gemacht. Dies waren vor allem die Bestände des Kominterngeheimdienstes (der so genannten „Abteilung für internationale Verbindungen" (OMS)) und der Budgetkommission der Komintern, aus der sich die konkreten Zahlungen Moskaus an die einzelnen Parteien rekonstruieren lassen. Auch der Bestand der chiffrierten Telegramme, die den Parteiführungen vom EKKI geschickt wurden, um sie detailliert über die Anweisungen Moskaus zu unterrichten[32], und die Akten des Parteikomitees der VKP(b)-Mitglieder des EKKI-Apparates blieben mir verschlossen. Als besonders gravierend erwies sich die weitgehende Sperrung der Akten des Sekretariates Pjatnickij im RGASPI, denn sie sind unverzichtbar, wenn man untersuchen will, wie die kommunistischen Sektionen durch Moskau angeleitet wurden, da sie die Korrespondenz zwischen Stalin und der Komintern enthalten sowie zahlreiche abgefangene Briefe kommunistischer Funktionäre und Berichte der sowjetischen Instrukteure aus dem Ausland. Die Deklassifizierung der erwähnten geschlossenen Bestände ist schon seit langem angekündigt, wurde aber immer wieder hinausgeschoben.[33]

Wollte man sich allein auf die ohne weiteres zugänglichen Protokolle der Kominterngremien stützen, so polemisierte der spanische Historiker Antonio Elorza vor einigen Jahren, müsste man den Eindruck gewinnen, dass die Komintern lediglich eine ewig debattierende „Gesellschaft für sozio-politische Studien" gewesen sei.[34] Glücklicherweise jedoch hat die KPdSU zu Beginn der 1980er Jahre einen großen Bestand der Komintern-Akten, die die KPD betreffen, verfilmen las-

---

[31] Kürzlich erschienene Veröffentlichungen und Dokumentenbände zeigen, dass dort noch Aufsehen erregendes Material liegt. Vgl. Khaustov (Hg.), Lubjanka. Stalin i VChK-GPU-OGPU-NKVD.

[32] 2003 erschien nun allerdings erstmals ein Band, der einen Teil dieses Bestandes aus den Jahren nach 1933 nutzen durfte: Bayerlein u. a., Moscou-Paris-Berlin.

[33] Unter diesen Umständen stellt sich die Frage, wozu ein Mammutprojekt taugt, das sich die Digitalisierung von einer Million Seiten aus dem Kominternarchiv zur Aufgabe gemacht hat, dabei aber zentrale Bestände auslassen muss. Vgl. dazu: Kozlov, Problema dostupa v arkhivy, v. a. S. 96–99.

[34] Interview mit Antonio Elorza: „Le mur du secret est-il tombé?", in: Le Monde vom 9. 12. 1999.

sen und diese Mikrofilme dem Institut für Marxismus-Leninismus der SED übergeben – und so befinden sich heute eine Reihe wichtiger Akten des Pjatnickij-Be-
standes als Kopie im Bundesarchiv in Berlin-Lichterfelde. Einige weitere Akten
dieses Bestandes konnte ich darüber hinaus – tatkräftig unterstützt durch die
Deutsch-russische Historikerkommission – im Original in Moskau einsehen, sofern in ihnen keine Berichte des sowjetischen Geheimdienstes enthalten sind.

Die deutschen Kommunisten, das bolschewistische Modell und die sowjetische Realität

Bevor wir uns den direkten Kontakten zwischen Moskau und der KPD zuwenden, sollen auf den nächsten Seiten in einer Art Prolog erstens einige zentrale Faktoren erläutert werden, die die Grundvoraussetzung dafür bildeten, dass die sowjetischen Bolschewiki die Politik der deutschen Kommunisten beeinflussen konnten, und zweitens die grundsätzlichen Spannungen erwähnt werden, die in diesen
Beziehungen infolge der gewaltigen Lücke zwischen dem ideologischen Anspruch und der politischen Realität auftraten.

Die bolschewistische Lehre war ein Heilsversprechen und das bolschewistische
Revolutionsmodell das notwendige Exerzitium, um dieses säkulare Himmelreich
auch in Deutschland zu errichten. Die russischen Bolschewiki hatten mit ihrem
Umsturz aus Sicht auch der deutschen Kommunisten „das Rad der Weltge-
schichte um eine entscheidende Umdrehung vorangetrieben"[35] – aus diesem
Grunde musste die prinzipielle bolschewistische Vorrangstellung gegenüber der
KPD, wie Dietrich Geyer betonte, „keineswegs erzwungen werden", sondern
ergab „sich sozusagen ‚aus dem Leben selbst' [...], aus dem natürlichen Über-
gewicht und der unbestrittenen Autorität der russischen Partei und ihrer Führer-
persönlichkeiten".[36] Aufgrund der seit 1918 abgelaufenen Entwicklung war es für
den Propagandaleiter der KPD, Joseph Lenz, im Jahre 1927 ganz selbstverständlich, „dass die russischen Genossen, die Vertretung der bolschewistischen Partei,
in der Exekutive und auf dem Weltkongress, obwohl sie zahlenmäßig eine kleine
Minderheit darstellen, den größten Einfluss haben".[37] Clara Zetkin hatte sich
schon 1923 auf dem dritten Parteitag der KPD in eine geradezu religiöse Trance
geredet, als sie unter stürmischem Beifall der Delegierten und für heutige Ohren
mit unfreiwilliger Komik erklärte:

„Es ist keiner von uns gewesen, der nicht Sowjetrusslands revolutionäres Leben, die Hingabe
und Begeisterung des Proletariats kennengelernt hat, ohne von dem Eindruck überwältigt zu
werden. Ziehe Deine Schuhe aus! Der Boden, da Du stehest, ist heiliger Boden. Ist geheiligter
Boden durch den revolutionären Kampf, die revolutionären Opfer des russischen Proletariats."[38]

---

[35] Wirsching, „Stalinisierung" oder entideologisierte „Nischengesellschaft"?, S. 461.
[36] Geyer, Sowjetrussland und die deutsche Arbeiterbewegung, S. 17.
[37] Lenz, Was wollen die Kommunisten?, S. 56.
[38] Clara Zetkin auf dem III. Parteitag, in: Bericht über die Verhandlungen des III. [8.] Parteitages, S. 277. Die Schreibweise des Originaltextes wurde beibehalten.

„Es gab nicht nur eine Abhängigkeit von Moskau", so stellte Karl Schlögel treffend fest, sondern auch „eine Moskaubedürftigkeit und Moskausüchtigkeit der KPD und ihres Umfeldes. Der Bedarf nach einem ‚gelobten Land' war im Land der gescheiterten und steckengebliebenen Revolution besonders groß."[39] Dieser letzte Punkt ist entscheidend: Im Gegensatz zu den französischen Kommunisten fehlte den deutschen Genossen ein positiver Bezugspunkt in der eigenen Geschichte. Während die Franzosen auf eine eigene revolutionäre Tradition zurückblicken konnten, erschienen die Deutschen zwar als gute Theoretiker, doch war ihr Weg aus revolutionärer Sicht von Misserfolgen gepflastert. Aus diesem Grunde wurden die russischen Bolschewiki schon bald nach der Gründung der KPD von den deutschen Kommunisten als oberste Entscheidungsinstanz anerkannt, wurde die Verbindung mit Moskau „zur notwendigen Voraussetzung und zum entscheidenden Differenzkriterium der kommunistischen Identität".[40] Aus dieser freiwilligen Unterwerfung resultierten später die inneren Spannungen, wenn es zwischen Moskau und der KPD doch zu Meinungsverschiedenheiten kam.

Mit dem zeitlichen Schwerpunkt dieser Arbeit ist zweitens der Blick auf die Tatsache zu lenken, dass die „ultralinken" Thesen der Komintern, die seit Ende der 20er Jahre propagiert wurden, insbesondere in Teilen der deutschen Arbeiterschaft als ein plausibles Deutungsschema der damaligen sozialen Wirklichkeit gesehen wurden. Die Politik der Komintern konnte in Deutschland nur deshalb einen solch fatalen Erfolg haben, weil deren Paradigmen in den Augen vieler deutscher Kommunisten von der sozialen und wirtschaftlichen Realität scheinbar bestätigt wurden. Dies betraf insbesondere die auf dem VI. Weltkongress der Komintern im Sommer 1928 propagierte These, der Kapitalismus sei in seine „Dritte Periode" der Nachkriegsentwicklung eingetreten[41]: Nach der „ersten Periode" der misslungenen Revolutionen in den kapitalistischen Ländern in der Nachkriegszeit und der sich anschließenden „zweiten Periode" der kapitalistischen Stabilisierung war die nun einsetzende „dritte Periode" laut Definition der Komintern durch einen selbstzerstörerischen Konkurrenzkampf der imperialistischen Mächte gekennzeichnet, der diese mittelfristig in den Abgrund trieb, zunächst aber den Ausbeutungsdruck auf die Arbeiterschaft verschärfte, indem unter anderem die Rationalisierung und „Vertrustung" der Industrie vorangetrieben werde. Dies werde unweigerlich die Arbeiterschaft radikalisieren und somit den Boden für eine proletarische Revolution bereiten.[42] Angesichts der tatsächlich seit Mitte der 20er Jahre bestehenden hohen Sockelarbeitslosigkeit in Deutschland[43] schienen sich erstens der behauptete Zusammenhang zwischen Rationalisierung und Arbeitslosigkeit sowie zweitens die negativen Folgen der zunehmenden „Vertrus-

---

[39] Schlögel, Berlin, S. 145.
[40] Wirsching, „Stalinisierung" oder entideologisierte „Nischengesellschaft"?, S. 464.
[41] Wirsching, KPD und P.C.F., S. 288.
[42] Vgl. das Referat von Bukharin auf dem VI. Weltkongress der Komintern, abgedruckt in: Protokoll. VI. Weltkongress der Kommunistischen Internationale. Moskau, Bd. 2, S. 27–45.
[43] Vgl. dazu: Borchardt, Zwangslagen und Handlungsspielräume.

tung" der Wirtschaft in den Augen eines Teiles der deutschen Arbeiterschaft zu bewahrheiten.

Welche Bedeutung die soziale Realität für die Rezeption der Kominterndoktrinen und somit die Einflussmöglichkeiten Moskaus hatte, zeigt der internationale Vergleich: In Frankreich beispielsweise waren die Krisenphänomene in dieser Form und in diesem Ausmaß nicht zu beobachten – dort setzte die Wirtschaftskrise später ein, verlief weit glimpflicher und war vor allem nicht mit einer so hohen Arbeitslosigkeit verbunden.[44] Dass die Thesen der Komintern über die „Dritte Periode" für Länder wie Frankreich weniger zutrafen, ist auch weiter nicht verwunderlich, basierten diese verelendungstheoretischen Thesen doch maßgeblich auf dem empirischen Material, das die Komintern aus der Anschauung der deutschen Wirtschaft gewonnen hatte.[45] Dementsprechend wurden aber auch die Thesen, die auf dem VI. Weltkongress der Komintern verkündet worden waren, in der KPF sehr viel stärker in Frage gestellt, als dies in der KPD der Fall war: Die Anweisungen der Parteiführung seien schlicht „undurchführbar", protestierte ein Redner auf einer Parteiversammlung in Paris im März 1929 gegen die neue Linie und prognostizierte zutreffend, dass die Arbeiter einer solchen „ultralinken" Politik der Partei nicht folgen würden.[46]

Eine vergleichbare Skepsis gegenüber der neuen Linie war auch in anderen Sektionen zu beobachten: Ein aus England zurückkehrender Kominterninstrukteur merkte in seinem Bericht über die Arbeit der dortigen KP an, dass „die schlechte Lage der Partei in Umständen begründet sind, die zu ändern nicht in der Macht der Parteiführung liegt"[47] – mit anderen Worten: dass die radikale Propaganda der Kommunisten von der dortigen Arbeiterschaft schlicht als wirklichkeitsfremd abgelehnt wurde und sich die englischen Genossen somit ins politische Abseits befördert hatten. Ganz ähnlich war die Situation in Österreich, über die der damalige Leiter des Westeuropäischen Büros der Komintern, Georgi Dimitrov, Anfang 1931 bemerkte, dass die weit überwiegende Mehrheit der österreichischen Arbeiter die KPÖ als „ein Häufchen nicht ernstzunehmender Leute und sogar als Abenteurer" ansähen.[48]

Dementsprechend unterschiedlich entwickelten sich die verschiedenen Sektionen während der „Dritten Periode": Die KPD erreichte in diesem Zeitraum ihre größten Erfolge – jedenfalls was Wahlergebnisse und Mitgliederzahlen betraf. Zählte die KPD Ende 1929 noch ca. 98 000 Mitglieder, so gehörten ihr Ende 1932 ca. 252 000 Personen an. Bei der Reichstagswahl vom 25. Mai 1928 – wenige Monate bevor die „ultralinke" Wende offiziell vollzogen wurde – hatte die KPD

---

[44] Wirsching, Vom Weltkrieg zum Bürgerkrieg?, S. 361–371.
[45] Kozlov, Reflections on the Origins of the „Third Period"; Wirsching, Vom Weltkrieg zum Bürgerkrieg?, S. 382.
[46] Zitiert nach: Wirsching, KPD und P.C.F., S. 287.
[47] Zitiert nach: Bericht „Alarichs" [d.i. Gyptner] über die Arbeit des WEB des EKKI vom 12. 1. 1929, RGASPI fond [Bestand] 495, opis' [Findbuch] 19, delo [Akte] 9, list [Blatt] 18. Die russischen Archivsignaturen werden im Folgenden auf diese Weise zitiert: 495/19/9: 18. Bei den Akten des AVP RF besteht die Signatur zusätzlich noch aus der Nummer der „papka" [Mappe] zwischen opis' und delo.
[48] Brief Dimitrovs an Pjatnickij vom 16. 1. 1930, RGASPI 495/19/426: 127.

10,6 Prozent der abgegebenen Stimmen erhalten, am 6. November 1932 waren es 16,9 Prozent.[49] Die französische Partei dagegen vergraulte mit der „ultralinken" Taktik im gleichen Zeitraum einen Großteil ihrer Anhänger und schlitterte in eine existentielle Krise, aus der sie erst mit dem Politikwechsel von 1934 entkam. Ihre Mitgliederzahl sank von 52 000 im Jahre 1928 auf ca. 29 000 im Jahre 1933.[50] Noch desaströser wirkte sich der Kurs auf die englischen Kommunisten aus, die im Januar 1928 noch etwa 5000 Mitglieder gezählt hatten (was für sich genommen schon vergleichsweise wenig war) und im August 1930 bei einem Stand von nur noch 2350 Mitgliedern angelangt waren – dem niedrigsten Stand, seitdem die Partei gegründet worden war.[51]

Mit diesen Hinweisen sollen nicht die Manipulationen und Intrigen kleingeredet werden, mit denen die bolschewistische Führung in Moskau und die deutsche Parteiführung in Berlin ihre innerparteilichen Kritiker immer wieder mundtot machten[52], doch relativieren sie die These von der politischen Vergewaltigung des deutschen Kommunismus – schließlich wurde vor 1933 niemand gezwungen, die KPD zu wählen oder gar in sie einzutreten. In Frankreich, der Schweiz, Polen und England gelang es der Komintern zwar, die jeweiligen Parteiführungen zu Kursänderungen zu zwingen oder bei fortgesetzter Renitenz auch teilweise oder ganz auszutauschen, doch wie die oben genannten Zahlen belegen, erwiesen sich diese Funktionäre dann alsbald als „Könige ohne Land".

In Deutschland hingegen konnten die „realpolitischen Alternativangebote" auf der Linken – die durch Abspaltungen von KPD bzw. SPD entstandenen Parteien: die „rechtskommunistische" KPO und die „linkssozialistische" SAP – nie den Status von Splittergruppen überwinden. Selbst wenn man von einem hohen Anteil von Proteststimmen ausgeht, die sich nicht an die KPD binden wollten, muss daher davon ausgegangen werden, dass sich Wähler und Funktionäre der KPD bewusst – und unter den Bedingungen der Weimarer Republik vor allem: freiwillig – für die „stalinistische Variante" des Kommunismus entschieden. Und gerade dieser Aspekt macht die Beziehungen zwischen Moskau und der KPD so interessant.

Es gab noch einen dritten Faktor, der die Attraktivität des bolschewistischen Modells erhöhte (und dies übrigens nicht nur in den Augen der deutschen Arbeiterschaft): Das war der forcierte wirtschaftliche Aufbau der Sowjetunion, deren Industrialisierung nach 1928 so auffällig mit dem Rückgang der Produktion in Deutschland kontrastierte. Während die deutsche Wirtschaft in einer tiefen Rezession versank, wiesen die kommunistischen Propagandisten mit Broschüren wie „Das Land ohne Arbeitslose"[53] oder „Millionen Frauen finden [in der Sowjetunion] Arbeit und Brot"[54] auf den vermeintlichen „sozialistischen Ausweg"

---

[49] Angaben zur Mitgliedschaft nach: Weber, Wandlung, Bd. 1, S. 363 f.; Wahlergebnisse: Statistisches Jahrbuch für das Deutsche Reich, 52. Jg., 1933, S. 539.
[50] Wirsching, KPD und P.C.F., S. 290. Zur unterschiedlichen Entwicklung von KPD und PCF vgl. auch ders., Vom Weltkrieg zum Bürgerkrieg?, S. 384–401.
[51] McIlroy, British Communism, S. 557.
[52] Diesen Vorgang hat Weber, Wandlung, Bd. 1, ausführlich geschildert.
[53] Remmele, Das Land ohne Arbeitslose.
[54] So der Titel einer 1931 in Berlin erschienenen Broschüre der KPD.

aus der Wirtschaftskrise hin. Als angeblich prosperierender Gegenpol zur deutschen Malaise und darüber hinaus als Ort der Moderne schlechthin gewann die Sowjetunion nicht nur für die kommunistischen Gläubigen, sondern auch für die so genannten *fellow-travellers* – Künstler, Architekten, Wissenschaftler, aber auch teilweise Industrielle – die Aura eines nach den USA zweiten Landes der unbegrenzten Möglichkeiten.[55] Eine von Ernst Glaeser und F. C. Weiskopf herausgegebene Sammlung von Aufsätzen und Fotoreportagen lehnt sich nicht nur mit seinem Titel („Der Staat ohne Arbeitslose") eng an die parteioffiziellen Agitprop-Titel an, sondern übernahm zudem unkritisch die sozialistischen Heilsversprechen.[56] Niemand vermochte allerdings die deutschen Spitzenfunktionäre in ihrer Begeisterung für den sozialistischen Aufbau zu übertreffen. Von seinem Urlaubsort an der sowjetischen Schwarzmeerküste aus begeisterte sich Heinz Neumann im Mai 1931 in einem Brief an seinen Freund Leo Flieg über die „ersten realen Tatsachen des ‚Einholens und Überflügelns' der kapitalistischen Länder", von dem Stalin so großmundig gesprochen hatte. Der Vergleich mit den USA als dem bisherigen Land der Verheißungen klang auch bei ihm durch, wenn er euphorisch berichtete: „In einigen Industriezweigen (Traktoren etc.) wird die SU schon in kurzer Zeit an der Spitze der Weltproduktion stehen und sogar Amerika schlagen!"[57]

In ihrem Zahlenrausch hatten die deutschen Spitzenfunktionäre längst jeden Bezug zur Wirklichkeit verloren, Zweifel an dem sowjetischen Wirtschaftskurs und seinen sozialen und menschlichen Opfern waren ihnen ebenso fremd wie der stalinistischen Führung, jegliche Einwände prallten an ihnen ab. Bezeichnend ist in diesem Zusammenhang eine Auseinandersetzung, die Thälmann und Remmele mit Nikolaj Bukharin hatten, als sie sich Ende 1930 zufälligerweise im Rasiersalon des Moskauer Hotels „Metropol" trafen: Als Thälmann von den sowjetischen Erfolgen bei der Industrialisierung zu schwärmen begann, wiederholte Bukharin, der kurz zuvor wegen seiner Kritik an dieser Politik von Stalin aus der bolschewistischen Führung gedrängt worden war, seine bekannte pessimistische Einschätzung über diesen Kurs. Als der deutsche Parteivorsitzende brüsk entgegnete, die Zahlen der sowjetischen Regierung sagten etwas anderes als Bukharins „Panikmacherei", soll dieser dem naiven Deutschen höhnisch entgegnet haben: „Nun, glauben Sie nur!"[58]

55　Vgl. Mick, Sowjetische Propaganda, v. a. S. 212–229 über die „Gesellschaft der Freunde des neuen Russland".

56　Glaeser, Der Staat ohne Arbeitslose. Das Buch enthält allerdings ein Nachwort von Alfred Kurella und lässt sich daher auch als Teil der KPD-Propaganda betrachten.

57　Brief Neumanns an Flieg vom 25. 5. 1931, RGASPI 495/19/527a: 207–214, hier: 214.

58　Über diese Diskussion mit Bukharin und das einige Tage später stattgefundene Gespräch mit Stalin, in dem diese eine Rolle spielte, berichtete Remmele einige Jahre später am 4. 3. 1937 in einem Bericht, der sich in seiner Kaderakte erhalten hat. RGASPI 495/205/6159: 107 f. Als Datum für das Gespräch mit Stalin kommt der 30. 12. 1930 in Betracht, obwohl Remmele als Zeitpunkt des Gespräches den Herbst 1931 angegeben hat. Vgl. Korotkov, Posetiteli kremlevskogo kabineta I. V. Stalina, Teil I, S. 27. Ein solcher Bericht eines Funktionärs, der ja selber im Visier des NKVD stand, ist natürlich eine problematische Quelle. Da Remmele aber hoffte, dass Stalin bestätigen könne, dass sie sich 1930/31 über diesen Streit mit Bukharin unterhalten haben, scheint der Bericht in seinen Grundzügen glaubhaft.

Die bolschewistische Propaganda vom angeblichen Erfolg der Kollektivierung war für die deutschen Spitzenfunktionäre Realität. Am eindrücklichsten verdeutlicht dies die Bitte der KPD-Führung an die Komintern vom Oktober 1930, einen Streik in Berlin mit 5000 Tonnen des sowjetischen Exportgetreides zu unterstützen, die im Hamburger Freihafen lagerten.[59] Offensichtlich war es den deutschen Funktionären entgangen, dass erstens die Sowjetunion infolge der chaotischen Kollektivierung Anfang des Jahres nur knapp einer Hungersnot entgangen war und dass zweitens der Getreideexport in vollem Umfang den Kauf von Maschinen im Ausland finanzieren sollte.[60] Obwohl der Kominternführung eine Absage an die „internationale Solidarität" sichtlich unangenehm war, erhielt die KPD nach einer persönlichen Entscheidung Stalins aufgrund der innersowjetischen Lage kein russisches Getreide.[61]

In welcher wirklichkeitsfremden Parallelwelt die deutschen Spitzenfunktionäre lebten, zeigt sich schon daran, dass sie von den Katastrophen der sowjetischen Provinz nichts mitbekamen. So plante Neumann beispielsweise im Sommer 1932, sich auf seiner Zugreise von Moskau nach Sotchi auf den Bahnhöfen unterwegs mit Lebensmitteln einzudecken und musste von seinem Freund Walter Bertram, dem Russland-Korrespondenten der *Roten Fahne*, darauf aufmerksam gemacht werden, dass man ein Gebiet durchqueren werde, in dem inzwischen eine Hungersnot herrsche.[62] Funktionäre wie Thälmann hatten zudem kein Gespür für die Probleme des sowjetischen Alltags. So kam es im Juli 1932 während eines Gespräches zwischen dem deutschen Parteivorsitzenden und einigen SPD-Arbeitern zu dem folgenden, angesichts der damals herrschenden Lebensbedingungen in der Sowjetunion geradezu surreal anmutenden Wortwechsel über die Ende der 20er Jahre eingeführte so genannte immerwährende Woche:

Jugendgenosse der SPD: In Russland haben die Arbeiter die 5-Tage-Woche, d. h. 4 Tage arbeiten sie und der 5. Tag ist frei, so dass der Betrieb immer arbeitet. Wie ist es nun, wenn der Mann und die Frau arbeiten? Dann kommt es z. B. vor, dass der Mann [am] Montag frei hat und die Frau [am] Mittwoch.
Thälmann: Das kann vorkommen. Aber die familiären Verpflichtungen kann man auch am Abend erfüllen.
Jugendgenosse: Ja, aber ich meine, wenn der Mann und die Frau niemals zusammen frei haben, können sie niemals eine Wanderung machen oder sich niemals einen ganzen Tag etwas vornehmen.
Thälmann: […] Man kann nicht wegen des familiären Systems die ökonomischen Grundlagen verändern. […] Der Anspruch auf einen gemeinsamen Ausflug kann nur 5 mal im Jahre gestellt werden, am 1. und 2. Mai, am 7. und 8. November und am Todestage Lenins. Aber es kann nicht alles zusammen geben."[63]

---

[59] Vgl. Telegramm Dahlems an Heckert vom 24. 10. 1930, RGASPI 495/293/113: 22.
[60] Vgl. dazu z. B.: Brief Stalins an Molotov [o. D., nach dem 6. 8. 1930], in: Koshelova (Hg.), Pis'ma Stalina, S. 194.
[61] Vgl. den Brief Pjatnickijs an Stalin vom 26. 10. 1930, RGASPI 495/19/242: 97.
[62] Vgl. Buber-Neumann, Von Potsdam nach Moskau, S. 288 f.
[63] Stenogramm einer Unterhaltung Thälmanns mit SPD-Mitgliedern am 8. 7. 1932, Stiftung Archiv der Parteien und Massenorganisationen der DDR im Bundesarchiv (SAPMO-BArch) RY 1/41: 231 f. Die Tage nach den offiziellen Festtagen des 1. Mai (Tag der Arbeit) und 7. November (Tag der Oktober-Revolution) waren in Russland ebenfalls Feiertage. Für den 2. Mai gilt dies bis heute.

Die sowjetische Wirklichkeit konnten allerdings nur die wenigsten Ausländer in der Sowjetunion so vollständig ausblenden, wie dies bei Thälmann, Remmele und Neumann der Fall war. Zwar reisten vor allem auf dem Höhepunkt der deutschen Wirtschaftskrise 1931/32 immer mehr deutsche Arbeiter und Ingenieure in die Sowjetunion, um dort Arbeit zu suchen[64] (und zuweilen nutzten deutsche Behörden die Gunst der Stunde, um unliebsame kommunistische Funktionäre loszuwerden und beantragten beim Arbeitsamt sogar noch eine Beihilfe für deren Übersiedlung in die Sowjetunion[65]), doch wurde die Mehrheit der Immigranten durch die sowjetische Realität schnell ernüchtert: „Wie wir hier leben", so klagte ein Arbeiter aus Sachsen-Anhalt Ende Oktober 1931 in einem Brief in die Heimat, „so leben in Deutschland nicht einmal die Zigeuner."[66] Ein pfälzischer Parteigenosse hatte ein Jahr zuvor von der Baustelle der neuen Traktorenfabrik in Stalingrad in einem Brief an den sozialdemokratischen Betriebsratsvorsitzenden seines alten Werkes in Ludwigshafen berichtet, dass Tausende Arbeiter auf dieser sowjetischen Großbaustelle „noch nicht mal über ein Paar Stiefel verfügen. Von Kleidungsstücken keine Rede. Lumpen haben sie an und [sind] so verlumpt, wie ich noch keinen auf dem Lumpenball an Fastnacht bei uns gesehen habe." Angesichts der Lücke zwischen dem Propagandabild der Sowjetunion und der erlebten Realität kam er zu dem Schluss, „es wäre für manchen gut, seine Theorien in der Praxis verwirklicht zu sehen".[67]

Und tatsächlich erfasste diese Enttäuschung auch die Mitglieder der KPD. Es war schon viel Autosuggestion notwendig, um wie Max Hoelz zu behaupten, dass – gemessen „an den unerhörten Erfolgen auf allen Gebieten und Fronten des sozialistischen Aufbaus" – die auch von ihm konstatierten „zahlreichen Mängel und Unzulänglichkeiten" im Grunde genommen „doch verschwindend klein" seien.[68] In den Berichten und Stellungnahmen vieler anderer KPD-Mitglieder, die die Sowjetunion nicht nur aus der Perspektive der geführten Propagandareisen wahrnahmen, sondern dort für längere Zeit arbeiteten, wimmelt es nur so von Bemerkungen, die belegen, dass sie die Sowjetunion als ein primitives Entwicklungsland betrachteten, dessen Bürger entschieden zu wenig Wert auf die ihnen selbst geläu-

---

64 Vgl. Zhuravlev, „Malen'kie ljudi", S. 25–37.

65 Vgl. den Fall der drei bayerischen Genossen Bergsteiner, Brand und Keppeler vom Februar 1932: Protokoll Nr. 223 der Politkommission des Politsekretariates des EKKI (PK des EKKI) vom 15. 2. 1932, Pkt. 30, RGASPI 495/4/171: 3; Bericht der drei Genossen, o.D. vor dem 16. 2. 1932, RGASPI 495/292/60: 41f.; Pieck an Sekretariat der KPD vom 16. 2. 1932, RGASPI 495/292/60: 40; PK des EKKI an Sekretariat des ZK der KPD, 17. 2. 1932, RGASPI 495/293/123: 39f.

66 Brief Franz Zwanzigs an Heinrich Fischler, Grossörner bei Hettstedt, vom 21. 10. 1931, RGASPI 17/120/33: 48f.

67 Brief Franz Volkmers, Elektrowerk Stalgress bei Stalingrad, an „Jakob", den Betriebsratsvorsitzenden der Firma Zimmermann & Co in Ludwigshafen, vom 22. 10. 1930, RGASPI 17/120/33: 38. Zur Lage deutscher Arbeiter in der Sowjetunion vgl. auch: Zhuravlev, „Malen'kie ljudi". In diesem Buch stehen allerdings die Facharbeiter des Moskauer „Elektrosavod" im Mittelpunkt, die schon durch ihren Wohnort in der sowjetischen Hauptstadt relativ privilegiert waren.

68 Brief Max Hoelz' an Traute Hoelz vom 6. 1. 1933, abgedruckt in: Plener (Hg.), Hoelz, S. 348–354, hier: S. 352.

figen Tugenden legten. Selbst ein deutscher Mitarbeiter des EKKI zeigte sich Anfang 1932 entsetzt über das „Chaos" in den Moskauer Büros der Komintern, wo
es weder feuerfeste Schränke noch eine zeitgemäße Kartothek oder Registratur
gebe. Den an die vorbildliche Bürokratie der KPD-Zentrale gewöhnten Funktionär schockierte die „geradezu mittelalterliche Rückständigkeit" im Hauptquartier
der Weltrevolution: „Jeder mittlere Handwerker, jeder Händler und jedes belie-
bige technische oder politische Büro in Deutschland hat einen technischen Apparat, der bei weitem über dem des EKKI steht."[69] Diese Bemerkung wurde von seinem Vorgesetzten, der den Bericht las, unterstrichen und am Rande markiert.
Auch ein deutscher Instrukteur, der im Auftrage der Internationalen Arbeiterhilfe
die Arbeitsbedingungen ausländischer Beschäftigter in der Sowjetunion untersucht hatte, war nach seinem mehrmonatigen Aufenthalt wenig von der sowjetischen Zivilisation angetan. In einem Brief an die deutsche Vertretung beim EKKI
bilanzierte er seine Erfahrungen mit den Worten: „Mir kann dieser ganze Krempel
nicht gefallen; obwohl ich seit August 1931 hier bin, kann ich mich an diese Zustände nicht gewöhnen. Das wird jedem anderen Menschen, der Ordnung und
Sauberkeit gewöhnt ist, genau so gehen."[70]

Während Stalin und seine Weggefährten den Terror gegen Bauern und die renitenten Bewohner der sowjetischen Peripherie mit ihrer zivilisatorischen Mission
rechtfertigten, das Land in die industrielle Moderne zu katapultieren, sahen viele
deutsche Kommunisten eben diese gigantischen sowjetischen Großbaustellen als
Ausdruck russischer Rückständigkeit. Bezeichnend ist der Bericht eines deutschen Diplomaten über ein Gespräch, das er im Herbst 1930 mit dem Vorsitzenden des in Deutschland verbotenen Rotfront-Kämpfer-Bundes (RFB), Willy
Leow, während einer Eisenbahnfahrt von Kharkov nach Moskau führte: „Über
seinen Eindruck von dem sozialistischen Aufbau in der Sowjetunion befragt,
fasste Herr Leow seine Antwort in die lakonischen Worte zusammen: ‚Die Russen
sollten erst mal sch.... lernen, bevor sie eine Industrie aufbauen.'"[71]

Im Gegensatz zu vielen einfachen Arbeitern und Kommunisten, die nach ihrer
Rückkehr aus der Sowjetunion häufig „sehr schlecht gestimmt" waren, „sich über
die Zustände drüben abfällig" äußerten und mit dem Kommunismus brachen
(und zuweilen gar zu den Nationalsozialisten überliefen)[72], revidierte Leow nach
seiner mehrwöchigen Rundreise durch die Sowjetunion zwar seine Meinung über

---

[69] Bericht eines unbekannten EKKI-Mitarbeiters vom 28. 5. 1932 über die Arbeit des EKKI-
Appartes, RGASPI 495/18/945: 29–33. Rückübersetzung aus dem Russischen.

[70] Brief Arthur Fritsches an die deutsche Vertretung beim EKKI vom 2. 4. 1932, RGASPI
4957292/62: 40f., hier: 41ob.

[71] Bericht Brunhoffs über die RFB-Delegation in Kharkov und ein Gespräch mit Leow vom
10. 12. 1930, BArch R 1501/20186: 287–292, hier: 289.

[72] Zitate aus dem Bericht von Tuure Lehen aus Berlin vom 19. 12. 1931 über die Stimmung
unter 300 kürzlich aus der Sowjetunion zurückgekehrten Bergleuten aus dem Ruhrgebiet,
von denen bislang 14 „zu den Faschisten" übergelaufen seien, RGASPI 495/25/1387: 19f.
Ähnlich der Brief der KPD Pforzheim an das ZK der KPD vom 11. 5. 1932, RGASPI 495/
292/61: 82f., und der Brief Heckerts aus Moskau an das Sekretariat des ZK der KPD vom
11. 2. 1933 über 650 deutsche Arbeiter, die trotz des Regimewechsels in Deutschland in
Leningrad auf ihre Heimreise warteten und die nach Heckerts Worten der KPD überwiegend „keine Freude machen" würden, RGASPI 495/292/63: 21.

die Fähigkeiten der Sowjets, eine moderne Industrie aufzubauen, doch war dies für ihn kein Grund, sich auch vom Kommunismus abzuwenden. Gleiches galt für einige führende Funktionäre der KPD, die zusammen mit anderen Ausländern in den sowjetischen Betrieben arbeiteten: In Gesprächen mit Kollegen bekannten sie, dass zwar „ihr Idealismus um 75% gesunken" sei, seitdem sie ihre Arbeit in der Sowjetunion aufgenommen hätten, sie aber weiterhin die gewohnten geschönten Erfolgsberichte nach Deutschland schicken würden.[73] Ebenso wie Leow und der unbekannte deutsche Mitarbeiter des EKKI unterschieden sie zwischen der kommunistischen Idee und dem bolschewistischen Revolutionsmodell einerseits und der mangelhaften sowjetischen Ausführung beim Aufbau einer modernen Gesellschaft andererseits. Leow brachte dieses widersprüchliche Verhalten in seinem Gespräch mit dem deutschen Diplomaten auf den Punkt: Auf die Frage, ob Leow nicht fürchte, dass ein kommunistisches Deutschland durch die Sowjetunion dominiert werde, versicherte dieser, der „Schwerpunkt einer solchen Kombination" werde sicherlich in Deutschland liegen – aufgrund der „höheren deutschen Intelligenz und Kultur".[74]

Diese Spannung zwischen der Bewunderung gegenüber den Bolschewiki für deren Fähigkeit, eine Revolution erfolgreich durchzuführen und die Macht zu sichern, und dem zuweilen kaum verhohlenen Hochmut der deutschen Funktionäre war kennzeichnend für die Beziehungen zwischen Moskau und der KPD: Die deutschen Kommunisten hatten sich zwar auf das bolschewistische „Erfolgsmodell" verpflichtet, doch ebenso wie ihre sowjetischen Genossen waren sie oftmals überzeugt, sie könnten es besser umsetzen.

---

[73] Vgl. den Bericht von Franz Zwanzig in seinem Brief an Fischler vom 21. 10. 1931 über entsprechende Aussagen einer Gruppe führender deutscher Parteifunktionäre in Bigosso, RGASPI 17/120/33: 48 f.

[74] Bericht Brunhoffs über die RFB-Delegation in Kharkov und ein Gespräch mit Leow vom 10. 12. 1930, BArch R 1501/20186: 287–292, hier: 291.

I. Seilschaften und Hierarchien

Die „Wittorf-Affäre" war, so schrieb Ossip K. Flechtheim zutreffend, „eine jener politischen ‚causes célèbres', bei denen sich große Politik, Fraktionstreibereien und Kampf mit Korruption unentwirrbar vermischen"[1] – und als solche galt dieser Skandal schon immer als eines der Schlüsselereignisse in der Geschichte des deutschen Kommunismus. Wenn diese Arbeit über die Beziehungen zwischen den sowjetischen und deutschen Kommunisten mit diesem Thema einsetzt, geschieht dies allerdings nicht, um auf der Grundlage der nun zugänglichen neuen Quellen eine verfeinerte *chronique scandaleuse* zu verfassen und auf diese Weise mit neuen Dokumenten zu belegen, was schon lange bekannt ist: dass die führenden KPD-Funktionäre 1928 in einem hohen Maße von der Komintern und dem Generalsekretär der VKP(b), Josef V. Stalin, abhängig waren. Vielmehr soll anhand dieses Skandals um Thälmann an dieser Stelle (wie auch in den folgenden Kapiteln) versucht werden, tiefer zu graben und den viel spannenderen Fragen nachzugehen, *warum* es zu dieser Abhängigkeit kam, wie sie sich konkret ausformte und welches Ausmaß sie hatte.

Die „Wittorf-Affäre" soll daher im Folgenden weniger als der schicksalsschwere Wendepunkt in der Geschichte des deutschen Kommunismus dargestellt werden, als die sie meist beschrieben wird. Stattdessen wird sie als ein Ereignis untersucht, an dem sich besonders gut jene Faktoren und Tendenzen in den Beziehungen zwischen sowjetischen und deutschen Kommunisten aufzeigen lassen, die schon *zuvor* bestanden und auch über das Ereignis hinaus wirksam blieben. Um die Verflechtung und die Konflikte sowjetischer und deutscher Kominternpolitik zu beleuchten, bietet sich diese Affäre zudem an, weil sich an diesem konkreten Beispiel die unterschiedlichen Vorstellungswelten, Werte und Normen und die jeweiligen politischen Kulturen, in denen die Akteure beheimatet waren, vor Augen führen lassen.

Die Frage, ob dieser Skandal tatsächlich die von Flechtheim postulierte letzte Gelegenheit bot, um die Parteilinke um Thälmann „aus dem Sattel zu heben"[2], wird in diesem ersten Kapitel auch eine Rolle spielen. In erster Linie soll jedoch untersucht werden, welchen „Eigenanteil" die deutschen Funktionäre daran hatten, die KPD. Die bisherige Forschung hat mit ihrer Feststellung, dass Thälmanns Rettung „allein dem Eingreifen Stalins zu verdanken" gewesen sei[3], die politische Bevormundung der deutschen Kommunisten durch den sowjetischen Diktator

---

1 Flechtheim, Die KPD in der Weimarer Republik, S. 251.
2 Ebenda.
3 So Weber, Wandlung, Bd. 1, S. 204. Wenn in diesem Kapitel vor allem auf dieses Hauptwerk von Hermann Weber Bezug genommen wird, um die Thesen der „bisherigen Forschung" darzustellen, dann vor allem deswegen, weil sich die später entstandenen Untersuchungen, die sich mit der „Wittorf-Affäre" beschäftigen, im Wesentlichen auf Webers Darstellung stützen und bislang kaum jemand über den von Weber präsentierten Erkenntnisstand hinausgelangen konnte.

betont. Uns wird daher interessieren, in welchem Maße und auf welche Weise die KPD tatsächlich gezwungen werden musste, die 1928 von der Komintern vollzogene „Linkswende" in ihr Programm zu übernehmen – oder ob dabei vorauseilender Gehorsam geleistet wurde. Ein besonderes Augenmerk wird in diesem Zusammenhang auf dem widersprüchlichen Verhalten Moskaus gegenüber der schließlich siegreichen linken Mehrheit in der deutschen Parteiführung liegen: Während einerseits die Kominternleitung sich genötigt sah, den radikalen Furor der Thälmann-Gruppe bei der einsetzenden Parteisäuberung zu bremsen und die teilweise überschäumenden Revolutionserwartungen zurückzudrängen, wird gleichzeitig deutlich, wie Stalin andererseits eben diesen radikalen Kurs weitgehend unterstützte und förderte. Anhand der „Wittorf-Affäre" lässt sich somit auch beispielhaft untersuchen, wie der Stalinismus funktionierte.

1. Thälmanns Sturz

Den Kern der so genannten Wittorf-Affäre bildete die teilweise Veruntreuung einer verdeckten Wahlkampfspende der sowjetischen Handelsvertretung in Hamburg an den KPD-Bezirk „Wasserkante" vom August 1927 durch den politischen Sekretär des Bezirkes, John Wittorf. Offiziell wurden die von der sowjetischen Behörde in bar ausgezahlten 3000 Mark auf ein Konto für Kinderspeisung in der Sowjetunion verbucht, tatsächlich wurde die Summe aber Wittorf übergeben. Um die Herkunft der 3000 Mark zu verschleiern, war vorgesehen, eine in solchen Fällen bis heute gängige Praxis anzuwenden: Wittorf sollte das Geld in kleine Raten gestückelt auf das KPD-Konto einzahlen und in der Presse als Parteispende deklarieren. Wittorf zahlte jedoch nur knapp die Hälfte der Summe auf das Konto ein und verspielte und vertrank insgesamt 1550 Mark.

Im Frühjahr 1928 erfuhr Thälmann von der Unterschlagung, doch da in Hamburg und im Reich Wahlen bevorstanden, beschlossen er und seine Hamburger Freunde, die Angelegenheit zu vertuschen und Wittorf sowohl in seinem Parteiamt als auch auf seinem Listenplatz zu belassen. Thälmann berichtete nicht einmal dem Politbüro in Berlin von dem schwerwiegenden Fehltritt seines alten Gefährten.[4] Das ZK der KPD erfuhr von der Unterschlagung erst Anfang September 1928 durch einige Artikel in der linkskommunistischen und sozialdemokratischen Presse.[5] Die daraufhin durchgeführte, parteiinterne Untersuchung enthüllte, dass der Parteiführer ebenfalls in diese Affäre verwickelt war.[6] Damit bestand die Ge-

---

4   Zur verdeckten Wahlkampfspende und zur Aufdeckung der Unterschlagung durch Wittorf vgl. den Bericht Eberleins vor der Deutschen Kommission des Präsidiums des EKKI vom 2. 10. 1928, RGASPI 495/47/5: 2–24, hier v. a.: 9f. Zum bisherigen Kenntnisstand über die „Wittorf-Affäre" vgl. Weber, Wandlung, Bd. 1, S. 199–210 (zur Aufdeckung der Unterschlagung dort v. a. S. 199f.). Vgl. auch auf der Basis von Quellen aus dem RGASPI: Vatlin, Der heiße Herbst; ders., „Pravyj uklon" v KPG, S. 7–44.
5   So der „Volkswille" vom 31. 8. 1928, zitiert nach: Weber, Wandlung, Bd. 1, S. 200.
6   Bericht Eberleins vor der Deutschen Kommission des Präsidiums des EKKI vom 2. 10. 1928, RGASPI 495/47/5: 2–24, in dem auch die Erklärung von Schehr, Presche und Rieß zitiert wird.

fahr, dass sich der Vorfall zu einem Politskandal ausweitete, der die gesamte KPD erfasste.

Als das Politbüro am 25. September zusammentrat, wurde heftig darüber gestritten, wie man sich angesichts des drohenden Skandals zu verhalten habe.[7] Dabei wurde weniger über die Frage debattiert, ob Thälmann auf seinem Posten als Parteivorsitzender bleiben könne (gegen seine vorläufige Absetzung wehrte sich nicht einmal er selbst), der Streit entzündete sich vielmehr darüber, ob die Komintern konsultiert werden sollte, *bevor* man die Nachricht veröffentlichte, dass Thälmann abgesetzt worden sei: Im Politbüro wie auch im Zentralkomitee, das am folgenden Tag zusammentrat, setzte sich schließlich die Auffassung durch, dass die schnelle Flucht nach vorne angesichts des öffentlichen Aufsehens, das dieser Fall bereits erregt hatte, der einzig gangbare Weg sei.[8] Die *Rote Fahne* publizierte daraufhin bereits einen weiteren Tag später, am 27. September, die Mitteilung, dass das ZK der KPD die Vertuschung der „Hamburger Vorgänge" durch Thälmann „auf das schärfste" als einen „die Partei schwer schädigenden politischen Fehler" missbillige und seine Parteiämter ruhten, bis die Komintern über sein weiteres Schicksal entschieden habe.[9]

Was nun folgte, war der schwerwiegendste und offensichtlichste Eingriff Moskaus in die Politik der KPD zwischen 1925 und 1933. Doch diese Intervention der Komintern, mit der Thälmann schließlich rehabilitiert wurde, lief nicht so problemlos ab, wie es in der Forschung bis heute dargestellt wird. Ein „fast maschinenhaftes Ineinandergreifen von Beschlussketten"[10] gab es nicht – vielmehr zeigte sich bei dieser Gelegenheit, um im Bild zu bleiben, wie viel Sand sich noch im deutschen Parteigetriebe befand, den es aus Moskauer Sicht noch „herauszusäubern" galt. Denn erstens war die KPD keineswegs einer so lückenlosen Kontrolle unterworfen, dass es Moskau möglich gewesen wäre, sämtliche Schritte der deutschen Partei zu überwachen und schnell gegenzusteuern, und zweitens erwies sich der Widerstand der KPD-Führung gegen die Einmischung der Komintern als hartnäckiger, als man in Moskau erwartet hatte.

Bislang ist die Auffassung vertreten worden, dass Stalin versucht habe, die Absetzung Thälmanns noch durch David Petrovskij, einen Emissär der Komintern[11], verhindern zu lassen.[12] Dies würde allerdings bedeuten, dass Stalin auf einen Beschluss reagiert hat, bevor dieser überhaupt gefasst wurde. Tatsächlich aber wurden Stalin und die Funktionäre des EKKI von der Absetzung des deutschen Parteichefs völlig unvorbereitet getroffen. Die entsprechende Nachricht kam in

---

[7] Vgl. Brief „Max'" [d. i. David Petrovskij] an „Michail" [d. i. Pjatnickij] vom 29. 9. 1928, RGASPI 495/19/77: 22, über ein Gespräch mit Ernst Schneller.

[8] Ebenda, Blatt 23.

[9] Zitiert nach: Weber, Wandlung, Bd. 1, S. 200.

[10] So die diesbezügliche Formulierung von: Bayerlein, Ernst Thälmann, S. 37.

[11] Sein tatsächlicher Name war Max Goldfarb. Unter den Pseudonymen Max, Humboldt und Bennet arbeitete er bis 1929 vorrangig als Instrukteur der Komintern in Frankreich und England. Zu Petrovskijs Arbeit in der britischen KP vgl. Thorpe, British Communist Party and Moscow, Kapitel 4–6.

[12] Vgl. Weber, Wandlung, Bd. 1, S. 202, und trotz neuer Quellenbasis immer noch bei: Bayerlein, Ernst Thälmann, S. 50.

Moskau erst am Abend des 27. September an – einen halben Tag, nachdem der Beschluss des deutschen ZK durch die *Rote Fahne* in die Öffentlichkeit gelangt war. Stalin und Bukharin, die sich zu diesem Zeitpunkt am Schwarzen Meer aufhielten, wurden sogar erst am folgenden Tag von Pjatnickij schriftlich über die Ereignisse in Berlin informiert.

Aus diesem Schreiben geht hervor, dass Thälmann zwar bereits am 24. September Walter Ulbricht, Leo Flieg und Hermann Remmele per Telegramm aufgefordert hatte, schnellstmöglich aus der Sowjetunion nach Berlin zu kommen, um an der ZK-Sitzung teilzunehmen, auf der über sein politisches Schicksal beraten wurde. Doch laut Pjatnickij habe man in Moskau erst durch den ZK-Beschluss von der eigentlichen Bedeutung dieses Plenums erfahren.[13] Vorher, so Pjatnickij, sei „niemandem im EKKI, auch nicht den deutschen Genossen" bekannt gewesen, warum Thälmann die drei KPD-Funktionäre eigentlich nach Berlin gerufen hatte.[14]

Petrovskij konnte also nicht nach Berlin geschickt worden sein, um etwas zu verhindern, von dem Moskau noch gar nichts wusste. Auch Remmele, der erst wenige Stunden nach der folgenschweren Beschlussfassung des ZK in Berlin angekommen war, konnte nicht gewusst haben, was ihn dort erwartete. Sein Auftreten gegen Thälmanns bereits vollzogene Absetzung auf der nächsten ZK-Sitzung vom 28. September war somit nicht, wie bislang angenommen, ein Auftrag Stalins, sondern eine eigenständige Reaktion.[15] Auf dieses – keineswegs marginale – Detail werden wir an einer späteren Stelle noch einmal zurückkommen, da es von zentraler Bedeutung ist für den Versuch zu ergründen, wie und in welchem Maße die KPD durch Moskau angeleitet wurde.

Was die bolschewistischen Genossen in Moskau am meisten empörte, war die Tatsache, dass die deutschen Funktionäre das EKKI weder *vor* der Beschlussfassung über die Affäre informiert, noch es für nötig befunden hatten, die Komintern wenigstens sofort *nach* der ZK-Sitzung direkt zu informieren: Moskau sei in dieser Angelegenheit völlig umgangen worden, wetterte Molotov in einem Brief an Stalin.[16] Und der Kominternsekretär Kuusinen klagte später, die Komintern könne doch wohl erwarten, dass die KPD dem EKKI „etwas früher als der Bourgeoisie und der Sozialdemokratie" über derart folgenreiche Entscheidungen berichte.[17] Aus Moskauer Sicht hatte das deutsche ZK somit nicht nur seine Kompe-

---

13 Telegramm Pjatnickijs an Stalin und Bukharin vom 28. 9. 1928, RGASPI 495/19/231: 11. Thälmann rief die drei Funktionäre somit erst nach Berlin, nachdem er Eberlein seine Verwicklung in die Affäre gestanden hatte und seine eigene Situation durch die Erpressung seiner Hamburger Freunde prekär wurde.

14 Brief Pjatnickijs an alle Mitglieder und Kandidaten des ZK der VKP(b) vom 29. 9. 1928, RGASPI 495/19/231: 19.

15 Über Remmeles Ankunft und Tätigkeit in Berlin vgl. sein Telegramm an das EKKI vom 28. 9. 1928, RGASPI 495/19/231: 24, und seinen Bericht vor der Deutschen Kommission des Präsidiums des EKKI am 2. 10. 1928, RGASPI 495/47/5: 25–43, hier v.a.: 27. Von einem Auftrag Stalins an Remmele schreiben Weber, Wandlung, Bd. 1, S. 203, und Vatlin, Der heiße Herbst, S. 177.

16 Brief Molotovs an Stalin vom 28. 9. 1928, RGASPI 558/11/767: 145–147, hier: 147.

17 Vgl. Kuusinens Ausführungen in der Sitzung des EKKI-Präsidiums vom 6. 10. 1928 über den bisherigen Verlauf der Wittorf-Affäre, RGASPI 495/2/102: 287–291, hier: 288.

tenzen „bei weitem" überschritten[18], sondern zudem die Komintern hintergangen.

Entsprechend eilig hatte man es in Moskau, den ZK-Beschluss zu kassieren, die eigene Autorität zu demonstrieren – und vor allem erst einmal die Kontrolle über die Situation zu erlangen. Am 30. September wurde die KPD daher aufgefordert, die Angelegenheit weder in den Hamburger Parteiversammlungen noch anderswo öffentlich zu erörtern, „bevor die Exekutive diese Frage geprüft hat".[19] Thälmanns Schicksal – so die Botschaft an die KPD – werde weder in Berlin und schon gar nicht in Hamburg entschieden, sondern in Moskau.

Diese erste direkte Intervention aus Moskau hinterließ in Deutschland jedoch offenbar vorerst wenig Eindruck: Ungeachtet der Anweisung der Komintern fuhren die ZK-Mitglieder Ernst Schneller und Wilhelm Pieck am 1. Oktober nach Hamburg, um den ZK-Beschluss über Thälmanns Absetzung vor der dortigen Bezirksleitung zu erläutern. Sie ließen sich davon auch nicht durch Petrovskij abhalten, der inzwischen in Berlin eingetroffen war.[20] Dieses Verhalten, so kommentierte Ulbricht den Vorgang eine Woche später, bringe das „gelinde gesagt mangelhafte Vertrauen" der ZK-Mitglieder zur Komintern zum Ausdruck.[21] Bezeichnenderweise hatte schon Remmele in der ersten ZK-Sitzung nach Thälmanns Absetzung lediglich einige Genossen „aus der Provinz" dazu veranlassen können, ihre Meinung zu revidieren[22] – ungeachtet (oder vielleicht aufgrund) der Tatsache, dass er direkt aus Moskau angereist war und somit wohl von vielen Funktionären als autorisierter Sendbote der Komintern wahrgenommen wurde.

Während Schneller und Pieck sich auf den Weg nach Hamburg machten, waren die Thälmannkritiker Phillip Dengel, Hugo Eberlein und Arthur Ewert in Moskau angekommen, um mit der Kominternspitze über die Vorgänge in der deutschen Parteiführung zu beraten. Die drei Politbüromitglieder wurden sogleich persönlich von Pjatnickij ins Gebet genommen und massiv unter Druck gesetzt, der seine Wirkung nicht verfehlte: Zumindest Dengel, so vermeldete Pjatnickij

---

[18] So der Tenor eines schließlich nicht in die Endfassung übernommenen Absatzes in einem Entwurf der Resolution des EKKI-Präsidiums vom 6. 10. 1928 zur Wittorf-Affäre, RGASPI 495/19/231: 29 f.

[19] Telegramm des Präsidiums des EKKI an das ZK der KPD vom 30. 9. 1928, RGASPI 495/2/102: 280. Die Vermutung, dass es sich bei diesem Telegramm um eine zurückdatierte Anweisung Stalins vom 2. 10. 1928 handelt (vgl. den einleitenden Artikel von Vatlin in: ders., „Pravyj uklon" v KPG, S. 12), trifft nicht zu, da dieses Telegramm an die KPD auch in dem Telegramm Pjatnickijs an Stalin und Bucharin vom 30. 9. 1928 erwähnt wird, RGASPI 495/19/231: 27 f., hier: 28.

[20] Vgl. Brief „Max'" [d. i. Petrovskij] an „Michail" [d. i. Pjatnickij] vom 29. 9. 1928, RGASPI 495/19/77: 22; Brief Thälmanns an Stalin vom 22. 11. 1928, RGASPI 495/293/92: 5–12, hier: 9.

[21] Brief Ulbrichts an Pjatnickij vom 6. 10. 1928, RGASPI 495/19/517: 46–48, hier: 47.

[22] Vgl. Remmeles Telegramm an das EKKI vom 28. 9. 1928, RGASPI 495/19/231: 24, und seinen Bericht vor der Deutschen Kommission des Präsidiums des EKKI am 2. 10. 1928, RGASPI 495/47/5: 25–43.

noch am gleichen Abend an Bukharin und Stalin, habe sich „nach den Gesprächen mit uns von der Fehlerhaftigkeit der Entscheidung des ZK überzeugt".[23]

Molotov und Pjatnickij hatten im Gespräch mit Eberlein aber auch erfahren, dass Thälmanns Absetzung vom ZK einstimmig beschlossen worden war. Angesichts dieser einmütigen Stellungnahme des KPD-Gremiums gegen Thälmann wollten sie nicht allein über das weitere Vorgehen der Komintern entscheiden und suchten Rückendeckung bei Stalin und Bukharin: „Teilen Sie Ihre Meinung mit", so schrieb ihnen Pjatnickij, „welche Entscheidung das EKKI in dieser schwierigen Angelegenheit treffen soll."[24] Gleichzeitig versicherte Molotov in einem persönlichen Telegramm an Stalin: „Natürlich werden wir mit der Entscheidung auf Dich warten. Wenn es Dir möglich ist, telegrafiere Deine vorläufige Meinung."[25]

Stalins Reaktion auf die Informationen über Thälmanns Sturz belegt, dass er innerparteiliche Opposition nur als Verrat wahrnahm und wie stark solche Denkschablonen sein politisches Handeln bestimmten. Auf Molotovs Telegramm reagierte er noch mitten in der Nacht. In seiner Antwort schloss er sich Molotovs Auffassung an, dass die „Wittorf-Affäre" von den „Versöhnlern" in der KPD (d. h. den um Ausgleich mit dem rechten Parteiflügel bemühten und deshalb von Moskau diffamierten Funktionären um Ewert) inszeniert worden sei, um den gegenwärtigen (betont linksradikalen) Kurs der deutschen Kommunisten zu torpedieren.[26] Gleichzeitig offenbarte Stalins Telegramm seinen antisozialdemokratischen „Beißreflex": Die Veröffentlichung des Beschlusses über Thälmanns Absetzung unter Umgehung des EKKI sei, so teilte er Molotov mit, „ein feindlicher Akt gegen die Partei und die Komintern, der nur den Kapitalisten und Sozialdemokraten" nutzte. Für Stalin standen auch die Verantwortlichen für den Vorfall bereits fest. Er ordnete an, die führenden „Versöhnler" Ewert und Gerhardt sofort aus dem ZK auszuschließen und aus Deutschland abzuberufen.[27]

Die Worte des Generalsekretärs waren keine bloßen propagandistischen Worthülsen – offensichtlich glaubte die Moskauer Führung tatsächlich an eine gezielte Intrige, denn in den folgenden Tagen setzte die Komintern die Suche nach weiteren, möglicherweise im Verborgenen agierenden Hintermännern in Gang: Petrovskij erhielt den Auftrag, zu erkunden, welche Personen und „Gruppen" innerhalb der KPD die „Kampagne für den Ausschluss Thälmanns" aus der Parteiführung betrieben.[28]

Mit ihrer Verschwörungstheorie hatten Stalin und Molotov den Ton für die Sitzungen der „Deutschen Kommission" des EKKI-Präsidiums vorgegeben, die sich ab dem 2. Oktober mit den Vorgängen in der KPD auseinandersetzen sollte und

---

[23] Brief Pjatnickijs an Bukharin und Stalin über die Gespräche mit den angereisten KPD-Vertretern vom 30. 9. 1928, RGASPI 495/19/231: 27 f.
[24] Ebenda.
[25] Telegramm Molotovs an Stalin vom 30. 9. 1928, RGASPI 558/11/72: 92.
[26] Brief Molotovs an Stalin vom 28. 9. 1928, RGASPI 558/11/767: 145–147, hier: 14.
[27] Telegramm Stalins an Molotov vom 1. 10. 1928, RGASPI 558/11/72: 92, 92ob. Molotovs Telegramm vom 30. 9. war am 1. 10. um 1 Uhr 30 in Sotchi eingetroffen, die Antwort Stalins wurde um 3 Uhr morgens aufgegeben.
[28] Telegramm Pjatnickijs an „Bennet" [d. i. Petrovskij] vom 1. 10. 1928, RGASPI 495/19/78: 2.

zu der neben Thälmann einige seiner Kritiker und Anhänger geladen worden waren.[29] Mit der Stellungnahme der sowjetischen Führung im Rücken ging Thälmann nun in die Offensive. In Deutschland hatte er vor dem ZK noch seine Fehler
anerkannt und damit – wie Petrovskij in einem Brief nach Moskau missbilligend
feststellte – eine „unzulässige Schwäche" offenbart.[30] In Moskau stellte sich Thälmann hingegen, wie nun Eberlein seinerseits verwundert feststellte, als völlig un-
schuldig dar.[31] Die Atmosphäre in der Moskauer Zentrale war eisig und darauf
ausgerichtet, auf die Kritiker des deutschen Parteichefs Druck auszuüben: Gemeinsam mit Remmele und Ulbricht beschimpfte Thälmann seine Gegner Eberlein und Ewert als „Halunken", „Schufte" oder gleich als „Verbrecher". Auf
Ewerts Protest gegen diesen Ton entgegnete der Sitzungsleiter Otto Kuusinen
scheinheilig, dass Redefreiheit herrsche und von Seiten der Kommission keine
Zensur ausgeübt werde.[32]

In den drei Sitzungen der Kommission wurden die wesentlichen *masterplots*
präsentiert, die den weiteren Verlauf der Ereignisse prägten: Remmele und Thälmann wiederholten – unterstützt von Molotov – die Interpretation, dass der Beschluss des deutschen ZK vom 26. September auf eine Intrige der Rechten und
„Versöhnler" zurückzuführen sei, die die linke ZK-Mehrheit überrumpelt hätten.[33] Pieck, der kurzfristig ebenfalls nach Moskau gerufen worden war[34], wies
derartige Vermutungen zurück. Wenn dies so stimmen würde, entgegnete er, dann
müsste das EKKI ja die Zusammensetzung des gesamten ZK ändern. Pieck zeigte
sich vor allem erstaunt über Dengels überraschende „Sündenbekenntnisse": Dieser hatte nach seinem Gespräch mit Pjatnickij gleich in der ersten Sitzung der
Deutschen Kommission bekannt, dass er im ZK gegen seine eigentliche Überzeugung gehandelt habe und sich aus dem Urlaub kommend von der in der Führung
bestehenden „Psychose" beeinflussen ließ.[35] Pieck äußerte zudem seine Verwunderung, dass auch von den anderen in Moskau anwesenden ZK-Mitgliedern „vielfach […] ein ganz anderer Ton angeschlagen wird, als [das] in Deutschland der Fall
war". Pjatnickij konterte diese Bemerkung mit der süffisanten Entgegnung: „Die
Luft in Russland ist eine ganz andere."[36]

---

[29] Mitglieder der Kommission waren die VKP(b)-Mitglieder Pjatnickij, Molotov und Kuusinen. Die übrigen Anwesenden wurden nur als Zeugen geladen und hatten kein Stimm-
recht. Vgl. das Protokoll Nr. 217 des PS vom 1. 10. 1928, RGASPI 495/2/102: 284.

[30] Brief „Max'" [d. i. Petrovskij] an „Michail" [d. i. Pjatnickij] vom 28. 8. 1929, RGASPI 495/
19/77: 19.

[31] Vgl. Eberleins Ausführungen auf der ersten Sitzung der Deutschen Kommission des Präsidiums des EKKI am 2. 10. 1928, RGASPI 495/47/5: 85–90.

[32] Vgl. v. a. Stenogramm der ersten Sitzung der Deutschen Kommission des Präsidiums des
EKKI am 2. 10. 1928, RGASPI 495/47/5: 1–108, Kuusinen: 84.

[33] Remmele in der ersten Sitzung der Deutschen Kommission des Präsidiums des EKKI am
2. 10. 1928, RGASPI 495/47/5: 25–43. So bereits auch: „Max" [d. i. Petrovskij] in seinem
Brief an „Michail" [d. i. Pjatnickij] vom 28. 8. 1929, RGASPI 495/19/77: 19.

[34] Vgl. Telegramm des PS vom 1. 10. 1928, RGASPI 495/292/40: 204.

[35] Dengel in der ersten Sitzung der Deutschen Kommission des Präsidiums des EKKI am
2. 10. 1928, RGASPI 495/47/5: 44–46. Pieck hatte das Stenogramm dieser Sitzung gelesen.

[36] Pieck und Entgegnung Pjatnickijs: Stenogramm der zweiten Sitzung der Deutschen Kommission des Präsidiums des EKKI am 4. 10. 1928, RGASPI 495/47/5: 109–193, hier: 187.

Was von der Komintern anfangs neutral als Klärung „des Verhältnisses des Gen. Thälmann zu der Affäre Wittorf" deklariert worden war[37], offenbarte sich somit als der unverblümte Versuch, die Kritiker des deutschen Parteivorsitzenden ohne weiteres öffentliches Aufsehen einzuschüchtern, um sie von ihren Positionen abzubringen und ihre Bewertungsmaßstäbe gemäß den Moskauer Vorstellungen zurechtzubiegen. Kuusinen drückte dies ganz offen aus, als er in der letzten Sitzung der Kommission sagte, er habe „gehofft", dass „auch die Genossen Pieck, Ewert und Eberlein, nachdem wir tagelang mit ihnen diskutiert haben, wenigstens im letzten Moment begreifen und einsehen würden, dass sie [in der Wittorf-Affäre] einen großen Fehler begangen haben".[38]

Die eigentliche Entscheidung über Thälmanns Schicksal fiel allerdings erst nach Stalins Rückkehr vom Schwarzen Meer[39] in der Sitzung des Politbüros der VKP(b) vom 4. Oktober, wo die Resolution des EKKI-Präsidiums zur „Wittorf-Affäre" vorab beraten und verabschiedet wurde, bevor sie zwei Tage später offiziell das Kominterngremium passierte.[40] Wie gering der Entscheidungsspielraum der leitenden Kominterninstanzen in dieser Frage war, kann man an der Tatsache ermessen, dass Molotov den Resolutionsentwurf nach der Politbürositzung noch am selben Tage in der Deutschen Kommission des EKKI vorstellte. Molotov wurde von Stalin persönlich begleitet, der aber keine Stellungnahme zu dem Fall abgab, sondern von einer kurzen Zwischenfrage abgesehen nur schweigend dasaß. Gerade dieses Schweigen dürfte jedoch allen Anwesenden verdeutlicht haben, dass aus der Sicht des sowjetischen Generalsekretärs in dieser Angelegenheit kein Diskussionsbedarf mehr bestand.[41]

Eberleins Befürchtung, dass nach Thälmanns Rehabilitierung nun „ein wüster persönlicher Vernichtungskampf" in der KPD beginnen werde[42], sollte sich schnell bewahrheiten: Die in Moskau gefällte Entscheidung bot dem deutschen Parteivorsitzenden eine günstige Gelegenheit, sich seiner innerparteilichen Kritiker zu entledigen. Die Komintern unterstützte ihn zunächst dabei, indem sie alle KPD-Funktionäre dazu aufrief, den „ideologischen Kampf" gegen die Rechten und „Versöhnler" aufzunehmen und „gewisse Änderungen in der Zusammenset-

---

[37] So der Beschluss des PS vom 1. 10. 1928. Vgl. Protokoll Nr. 217, RGASPI 495/2/102: 284.

[38] Vgl. dazu das Schlusswort von Kuusinen in der Sitzung des Präsidiums des EKKI vom 6. 10. 1928, RGASPI 495/2/102: 301–303, hier: 302.

[39] Dies wird am 2. oder 3. 10. 1928 erfolgt sein, da Stalin sich am 1. 10. 1928 noch am Schwarzen Meer aufhielt und am 4. 10. 1928 die erste Politbürositzung und die zweite Kommissionssitzung in seinem Beisein stattfand.

[40] Protokoll des Politbüros (PB) der VKP(b) vom 4. 10. 1928, Pkt. 45 „Über die KPD", RGASPI 17/3/707: 3. Der Original-Entwurf der Resolution mit den Änderungen findet sich im RGASPI 495/19/231: 29 f.

[41] Vgl. die Anwesenheitsliste zur zweiten Sitzung der Deutschen Kommission des Präsidiums des EKKI am 4. 10. 1928, RGASPI 495/47/5: 109. Laut Stenogramm stellte Stalin nur einmal eine kurze Zwischenfrage.

[42] Erklärung Eberleins vor der Deutschen Kommission des EKKI-Präsidiums vom 6. 10. 1928, RGASPI 495/293/98: 2. Ähnliche Erklärungen gaben am gleichen Tag Ewert, RGASPI 495/293/98: 3 f., und am 5. 10. 1928 Pieck ab, SAPMO-BArch NY 4036/500: 140.

zung der leitenden Organe des ZK" vorzunehmen – sprich: die Parteiführung zu säubern.[43]

2. „Moralischer Fimmel" versus bolschewistische Disziplin

Es war für Stalin und seine Mitstreiter verhältnismäßig einfach gewesen, Thälmann durch die deutsche Parteiführung rehabilitieren zu lassen, indem sie die nach Moskau zitierten Kritiker des KPD-Chefs massiv unter Druck setzten. Die übrigen ZK-Mitglieder ebenfalls dazu zu bewegen, ihre öffentliche Verurteilung Thälmanns zu widerrufen, erwies sich hingegen, wie Ulbricht einige Tage später, am 6. Oktober, aus Berlin meldete, als „schwieriger, als ich gedacht habe". Dies war auch nicht verwunderlich, hatte sich doch an den Ursachen, die zu Thälmanns Absetzung geführt hatten, nichts geändert. Die parteiinternen Diskussionen, die dem in Moskau herbeigeführten Beschluss folgten, führen eindrücklich vor Augen, aus welchen unterschiedlichen Perspektiven die deutschen und sowjetischen (bzw. kominterntreuen) Kader diese Affäre wahrnahmen.

Nach seinem rabaukenhaften Auftritt in der ersten Sitzung der Deutschen Kommission des EKKI-Präsidiums am 2. Oktober, mit dem sich Ulbricht als verlässlicher Wadenbeißer empfohlen hatte, war er schon am folgenden Tage im Auftrage Moskaus nach Deutschland gereist.[44] Dort versuchte er gemeinsam mit Petrovskij in Einzelgesprächen auf die ZK-Mitglieder einzuwirken und sie dazu zu bewegen, eine Resolution zur Rehabilitierung Thälmanns zu unterzeichnen – und zwar noch *vor* der offiziellen Entscheidung der Komintern: Auf diese Weise sollte die Tatsache verschleiert werden, dass die Absetzung Thälmanns auf Druck Moskaus revidiert wurde. Ulbricht und Petrovskij setzten die ZK-Mitglieder mit der Drohung unter Druck, eine Nichtunterzeichnung der vorbereiteten Resolution würde in Moskau als Parteinahme für den rechten KPD-Flügel um den ZK-Kandidaten Hausen aufgefasst werden.[45] Weil sie um ihre politische Karriere fürchteten, gaben die meisten dieser massiven Einschüchterung schließlich nach. Der Text wurde am 6. Oktober als „Erklärung der 25" von der *Roten Fahne* veröffentlicht[46] – am gleichen Tag, an dem Thälmann auch durch das EKKI-Präsidium offiziell rehabilitiert wurde.

Die Tatsache aber, dass eine massive Drohkulisse notwendig war, um das ZK zu einer Revision seines Beschlusses zu bewegen, zeigt ein weiteres Mal, dass es für

---

[43] Vgl. Weber, Wandlung, Bd. 1, S. 205. Die Resolution wurde zeitgleich am 9. 10. 1928 von der Roten Fahne und der Pravda abgedruckt.

[44] Mario Franks Darstellung, Ulbricht habe zunächst im ZK für Thälmanns Absetzung gestimmt und dann die 180-Grad-Wendung vollzogen, vgl. Frank, Walter Ulbricht, S. 80 f., entspricht nicht den Tatsachen: Ulbricht konnte im ZK nicht abstimmen, da er sich zu dieser Zeit in der Sowjetunion befand. Ulbrichts Delegierung nach Berlin beweist zudem, dass er von der Komintern als besonders zuverlässig eingeschätzt wurde.

[45] Vgl. dazu die bei Weber, Wandlung, Bd. 1, S. 201, Anm. 68, zitierten Forderungen von Hausen vom 26. 9. 1928.

[46] Die Erklärung ist abgedruckt in: Weber, Der Thälmann-Skandal, S. 171 f.; vgl. auch: Weber, Wandlung, Bd. 1, S. 204 f., Anm. 85.

die Gesandten aus Moskau nicht ausreichte, einfach auf Stalins Parteinahme für Thälmann zu verweisen, da dessen Wort offenbar noch nicht bei allen Genossen die uneingeschränkte Autorität besaß.[47] Auffällig ist dabei vor allem, dass sich selbst viele derjenigen Führungskader den Forderungen aus Moskau widersetzten, die den Linkskurs der Komintern mittrugen und politisch mit Thälmann auf einer Linie lagen. Ihr Widerstand lag somit weniger im politischen Kurs des KPD-Chefs begründet als in seiner Persönlichkeit. Viele waren einfach mit dem autoritären Führungsstil Thälmanns unzufrieden: Selbst Thälmanns langjähriger Kampfgefährte Schneller, der mit dem Parteivorsitzenden für die Radikalisierung der KPD-Politik gekämpft hatte, beschwerte sich nun gegenüber Petrovskij, in Thälmanns Verhalten seien bereits „Elemente eines ‚persönlichen Regimes'" erkennbar.[48] Auch die meisten anderen Führungskader, mit denen Ulbricht gesprochen hatte, waren aus diesen Gründen „gegen eine vollständige Rehabilitierung von Teddy". Sie verlangten, allerdings erfolglos, dass in der „Erklärung der 25" über Thälmanns Rehabilitierung auch auf seine Fehler eingegangen und zudem die „zukünftige kollektive Zusammenarbeit in der Führung" durch die Komintern gesichert werde.[49]

Wenn der Ausbruch des Konfliktes in der Führung für die Komintern auch überraschend kam, so waren die Probleme mit Thälmanns Führungsstil selbst in Moskau schon seit längerem bekannt. Bereits im Frühjahr 1927 hatte der damalige Kominternemissär und Stalingefährte Vissarion „Beso" Lominadze in einem Brief aus Berlin plastisch geschildert, wie die übrigen Mitglieder der KPD-Spitze auf ihn eingestürmt seien und sich über Thälmanns Eigenmächtigkeiten, seine unbeherrschten Reaktionen gegenüber jeglicher Kritik und seine häufige Abwesenheit beschwert hätten.[50] Offensichtlich hatte sich Thälmanns problematischer Führungsstil auch eineinhalb Jahre später nicht wesentlich geändert.

Es waren somit offensichtlich in erster Linie persönliche Unstimmigkeiten, die viele ZK-Mitglieder darauf beharren ließen, dass Thälmann einen Denkzettel verdiente. Die politischen Motive für die Absetzung Thälmanns standen demgegenüber im Hintergrund – und zielten darüber hinaus noch nicht einmal darauf ab, den „ultralinken" Kurs der KPD zu torpedieren, wie dies Stalin und die Kominternführung annahmen[51] – und auch in der historischen Forschung bis heute als plausible Erklärung für den „Putschversuch" im deutschen ZK gewertet wurde[52]:

---

47 Eine solche Auffassung bei: Weber, Wandlung, Bd. 1, S. 204.
48 Vgl. Brief „Max'" [d.i. Petrovskij] an „Michail" [d.i. Pjatnickij] vom 29. 9. 1928, RGASPI 495/19/77: 22.
49 Brief Ulbrichts an Pjatnickij vom 6. 10. 1928, RGASPI 495/19/517: 46–48.
50 Vgl. Brief Lominadzes an „Michail" [d.i. Pjatnickij] vom 2. 5. 1927, RGASPI 558/11/758: 86–89.
51 Kuusinen erregte sich in der Sitzung des Präsidiums des EKKI vom 6. 10. 1928: „Man musste sich klar machen, dass das [die Absetzung Thälmanns] bedeutet eine solche Änderung, die schon eine politische Änderung ist [sic]." RGASPI 495/2/102: 301–303, hier: 302.
52 Vgl. Weber, Wandlung, Bd. 1, S. 200: „Der Fall Wittorf und Thälmann schien den führenden Versöhnlern, doch noch eine Chance, den verhängnisvollen Linkskurs abzuwenden." Der „Vorwärts" schrieb am 27. 9. 1928: „Was die Leute um Ewert mit politischen Mitteln

Dieser Kurs wurde vom ZK, in dem die Parteilinken während der ganzen Zeit die Mehrheit hielten, nämlich gar nicht ernsthaft in Frage gestellt. Dagegen waren in der entscheidenden ZK-Sitzung vom 26. September mit Dengel und Schneller ausgerechnet zwei der engagiertesten Vertreter des Linkskurses gegen Thälmann aufgetreten.

Thälmann wurde vor allem deshalb abgesetzt, weil sich das ZK um das Bild der Partei in der Öffentlichkeit sorgte: Aus Sicht der KPD-Spitzenfunktionäre war die Absetzung Thälmanns in erster Linie ein notwendiger Akt der politischen Hygiene; es schien ihnen, dass sich nur so die negativen Auswirkungen der „Wittorf-Affäre" auf die öffentliche Meinung und vor allem die eigene Wählerschaft begrenzen ließen. Anhand der „Wittorf-Affäre" lässt sich beispielhaft zeigen, wie stark die KPD-Mitglieder in der politischen Kultur der Weimarer Republik verankert waren, die durch einen hohen, im Grunde fast unerreichbaren moralischen Anspruch an die Politiker geprägt war.[53] Die Kommunisten hatten sich dieses Moraldiskurses eifrig bedient, um sich von den vermeintlich verrotteten bürgerlichen Parteien und der Sozialdemokratie abzusetzen. So erklärten beispielsweise die Abgeordneten der KPD-Reichstagsfraktion 1924 öffentlich, sie seien von Vertretern der „Schieberrepublik" umgeben, im sächsischen Landtag bezeichneten die kommunistischen Parlamentarier den Landtagspräsidenten als „Strolch", der schon zuviel gesoffen habe[54], in Dortmund erschienen die kommunistischen Stadtverordneten 1926 gemäß der Anweisung der Parteizentrale in roten Handschuhen, um den vorgeschriebenen Handschlag zu Beginn der Sitzungsperiode ins Lächerliche zu ziehen, und in Gelsenkirchen wuschen sich die Abgeordneten nach einer solchen Zeremonie demonstrativ die Hände, um sich von der Berührung mit den Bürgerlichen zu „reinigen".[55] Genüsslich nutzten sie Skandale aus, um jene bürgerlichen Politiker vorzuführen, die gegen die moralischen Regeln des öffentlichen Diskurses verstießen.

Als die „Wittorf-Affäre" bekannt wurde, mussten sich die Kommunisten nun allerdings selbst an den strengen moralischen Maßstäben messen lassen, die sie in der Vergangenheit an die Politiker anderer Parteien angelegt hatten. Der Vorwurf, sich bereichert zu haben oder einem ausschweifenden Lebensstil zu frönen, schadete kommunistischen Politikern natürlich ganz besonders. Deren Anhänger durften nicht den Eindruck bekommen, die KPD-Funktionäre hätten sich mittlerweile von der proletarischen Basis entfernt und dem bürgerlichen Establishment angepasst. Kaum etwas hätte dem öffentlichen Ansehen der KPD, deren Presse die „Kapitalisten" stets mit Melone und Zigarre und häufig in einem verruchten Ambiente karikierte, stärker schädigen können, als dieser Fall eines kommunistischen Funktionärs, der in Hamburger Spelunken eine Geldsumme ver-

---

nicht fertigbrachten, das ist ihnen mit Hilfe des Hamburger Skandals gelungen." Zitiert nach: Weber, Wandlung, Bd. 1, S. 201, Anm. 65. Vgl. auch Vatlin, Der heiße Herbst, S. 176.

53 Zum Diskurs der Moral in der Weimarer Republik am Beispiel des Reichstages vgl. Mergel, Parlamentarische Kultur, S. 374–385.

54 Vgl. Weber, Wandlung, Bd. 1, S. 334.

55 Vgl. Winkler, Schein der Normalität, S. 462 f.

prasst hatte, die das Jahreseinkommen eines durchschnittlichen Arbeiters über-
stieg.

Im ZK der KPD, so berichtete Remmele zwei Tage nach Thälmanns vorläufiger
Absetzung nach Moskau, überwog die Auffassung, „dass die Liquidierung der
Hamburger Vorkommnisse um den Preis der Opferung des Parteiführers die
zweckmäßigste Lösung sei, um die Partei vor Kompromittierung zu bewahren".[56]
Und tatsächlich hatte die KPD-Presse die Flucht nach vorne angetreten und Thälmanns Absetzung theatralisch als ein Paradebeispiel für die „rücksichtslose
Strenge" der deutschen Kommunisten selbst gegenüber ihren eigenen Führern ge-
rühmt, die das „Ansehen der revolutionären Arbeiterpartei" stärken werde.[57]
Wenn Thälmann später mit gewundenen Worten gegenüber Stalin eingestand,
dass seine „eigene Popularität in den Massen für längere Zeit gesunken ist – am
wenigsten in der Partei selbst, aber etwas mehr außerhalb der Partei"[58], so gab er
damit zu, wie sehr er dem Bild der KPD in der Öffentlichkeit und selbst an der
eigenen Basis schadete.

Weil sich Pieck bewusst war, wie negativ die „Wittorf-Affäre" nach außen
wirkte, hatte er vor der Deutschen Kommission des EKKI-Präsidiums vehement
die Absicht des deutschen ZK verteidigt, in der Öffentlichkeit ein Exempel zu statuieren. Die Partei verlöre ihre politische Glaubwürdigkeit, warnte Pieck, wenn
die KPD einen Rückzieher mache und Thälmann vollständig rehabilitiere, weil
dann in der Arbeiterschaft und bei den Parteianhängern der Eindruck entstünde,
Vergehen der Parteispitze würden von der Komintern gedeckt.[59]

Stalintreue Genossen wie Remmele dagegen hielten das Problem der öffentlichen Meinung für vernachlässigbar, wenn es um Fragen der Parteidisziplin ging:
Gleich zu Beginn der Kommissionssitzungen in Moskau lieferte Remmele ein
Musterbeispiel für eine wahrhaft „bolschewistische" Einstellung zu dieser Affäre,
indem er sich darüber mokierte, dass die KPD „nun einen moralischen Fimmel"
bekomme und gegen die innerparteiliche Korruption kämpfe anstatt gegen die des
Klassenfeindes.[60] Ulbricht ging noch einen Schritt weiter, indem er den Spieß um-
drehte und forderte, nach der „politischen Korruption" in der KPD zu fragen:
Diese liege vor, wenn die „arbeiteraristokratischen Elemente" in der KPD den
„sozialdemokratischen und kleinbürgerlichen Stimmungen" nachgäben, wie dies
in der Sitzung des ZK vom 26. September geschehen sei.[61] Auffällig ist: Während

---

[56] Brief Remmeles an das EKKI vom 28. 9. 1928, abgedruckt in: Weber, Der Thälmann-
Skandal, S. 135–140, hier: 139.
[57] Zitiert nach: Weber, Wandlung, Bd. 1, S. 203.
[58] Brief Thälmanns an Stalin und Molotov vom 23. 10. 1928, RGASPI 558/11/817: 83–91,
hier: 90.
[59] Pieck in der zweiten Sitzung der Deutschen Kommission des EKKI vom 4. 10. 1928,
RGASPI 495/47/5: 109–124, hier: 124. Auch Schneller hatte sein Verhalten u. a. damit
begründet, dass die KPD möglichen Vorwürfen der Öffentlichkeit habe zuvorkommen
müssen. Vgl. Brief „Max'" [d. i. Petrovskij] an „Michail" [d. i. Pjatnickij] vom 29. 9. 1928,
RGASPI 495/19/77: 22.
[60] Remmele in der ersten Sitzung der Deutschen Kommission des Präsidiums des EKKI am
2. 10. 1928, RGASPI 495/47/5: 25–43, hier: 30.
[61] Ulbricht in der ersten Sitzung der Deutschen Kommission des Präsidiums des EKKI am
2. 10. 1928, RGASPI 495/47/5: 98–102, hier: 99; ähnlich bereits Dengel in seiner in der

der Besprechungen in Moskau wurde nicht ein einziges Mal erwähnt, dass Wittorf immerhin Geld aus einer sowjetischen Quelle unterschlagen hatte.

Diese Art der Auseinandersetzung zeigt vor allem, dass die Sitzungen der Kommission in erster Linie erzieherisch wirken sollten. Doch als Erziehungsmaßnahme waren sie wenig erfolgreich: Zwar hatten die meisten Führungskader ihren Beschluss über Thälmanns Absetzung in den ersten Oktobertagen öffentlich revidiert, doch nur aus Gründen der Parteidisziplin: Nur eine „verschwindend kleine Minderheit der [linken] Mehrheit" des ZK, so berichtete Petrovskij nach seiner Rückkehr nach Moskau, habe „wirklich den ganzen Ernst des begangenen Fehlers und den ganzen gewaltigen Schaden der Publikation der Resolution des ZK" eingesehen.[62]

Zuletzt kapitulierte allerdings sogar Pieck, nachdem er wochenlang durch Ulbricht bearbeitet worden war: Im November schwenkte er auf der Parteiarbeiterkonferenz der KPD auf die Linie des EKKI ein.[63] Seine Rede, so kommentierte ein Beobachter aus dem Lager des rechten Parteiflügels sarkastisch, sei „eine moralische Beweihräucherung seines in solchen Situationen obligaten Umfalls" gewesen.[64]

Was die Oppositionellen in der KPD als „moralische Beweihräucherung" bezeichneten, war jedoch genau das Verhalten, das Moskau von den KPD-Kadern erwartete: Die Komintern konnte nicht damit zufrieden sein, dass sich die Funktionäre des ZK der KPD lediglich der Parteidisziplin beugten. Sie sollten zudem öffentlich „Selbstkritik" üben, um auf diese Weise die Parteilinie aktiv zu verteidigen – für die stalinistischen Parteikader sollte dies künftig zur wichtigsten Pflichtübung in ihrem Parteileben werden.[65] Dengels „Sündenbekenntnisse", die Pieck zunächst befremdet hatten, bis er dann auf der Parteikonferenz selbst ebensolche ablegte, entsprachen insofern genau dem verlangten Verhaltensmuster: Indem die Funktionäre beichteten, worin sie gefehlt hatten, sollten sie einen öffentlichen Kniefall vor den Glaubensgrundsätzen und der Institution der Partei vollziehen. Es gab nur wenige Funktionäre, die sich diesem Kodex konsequent widersetzten. So weigerte sich ausgerechnet der von Stalin noch wenige Wochen zuvor als wesentliche Stütze Thälmanns angesehene Ernst Schneller beharrlich, die „Erklärung der 25" zu unterzeichnen – obwohl er wusste, dass er damit in der Führung „ausgespielt" hatte, wie er gegenüber den Moskauer Emissären Ulbricht und Petrovs-

---

gleichen Sitzung vorgetragenen Selbstkritik: Er habe in dieser ZK-Sitzung keine bolschewistische, sondern eine „kleinbürgerliche" Linie verfolgt, RGASPI 495/47/5: 44–46.

[62] Brief Petrovskijs an die russische Delegation beim EKKI vom 17. 10. 1928, RGASPI 495/47/10: 64 f.

[63] Vgl. Brief Ulbrichts an Pjatnickij über die Lage in der KPD, in der er besonders darauf aufmerksam machte, dass Pieck nun „vollständig die Politik des EKKI und des Polbüro unterstützt", RGASPI 495/19/231: 84.

[64] „Rundschreiben der rechten Fraktion in der KPD" vom 5. 11. 1928, RGASPI 495/293/95: 107.

[65] Vgl. Studer, Der stalinistische Parteikader. Zu diesem Komplex mehr im Kapitel 6.

kij bekannte.[66] Auch ein von Molotov persönlich verfasster Brief konnte Schneller nicht umstimmen.[67]

3. Die unwillkommene Radikalisierung

Die „Wittorf-Affäre" ist von der Forschung bislang als einer der wesentlichen Katalysatoren für die weitere Radikalisierung der KPD angesehen worden. Die „Säuberung" der Partei, die auf die Rehabilitierung Thälmanns durch das EKKI-Präsidium vom 6. Oktober folgte, erschien aus dieser Sicht als eine von Moskau angestoßene Maßnahme. Tatsächlich aber wurde diese „Säuberung" von der Komintern nicht initiiert, sondern lediglich gebilligt – und schließlich entwickelte dieser Prozess eine Eigendynamik, die in Moskau sogar mit zunehmender Unruhe betrachtet wurde.

Während sich viele deutsche ZK-Funktionäre dagegen wehrten, Thälmann bedingungslos zu rehabilitieren, rannte das EKKI-Präsidium mit seinem Auftrag, verschärft gegen innerparteiliche Gegner vorzugehen, bei den Führungskadern der KPD gewissermaßen offene Türen ein. Bereits vier Tage *vor* der offiziellen Rehabilitierung Thälmanns durch das EKKI-Präsidium hatten die in Berlin anwesenden Mitglieder des Politbüros der KPD am 2. Oktober mehrheitlich die Ausnutzung der Affäre durch die „Rechten" um Erich Hausen gerügt.[68]

Das ZK musste also keineswegs von Ulbricht und Petrovskij zum Jagen getragen werden: Der Kampf gegen die innerparteilichen Gegner wurde von den meisten Funktionären als willkommene Gelegenheit wahrgenommen, ihre Loyalität zur Komintern unter Beweis zu stellen und somit den Verdacht zu zerstreuen, dass Thälmanns Absetzung eine politische Kehrtwende einläuten könnte.[69]

Nachdem Thälmann aus Moskau zurückgekehrt war, machte die deutsche Parteielite deutlich, dass sie es sogar eiliger hatte, die Rechten aus der Partei auszuschließen und die führenden „Versöhnler" nach Moskau abzuschieben, als die Kominternführung. Nachdem Abgesandte des ZK in Breslau, einer der Hochburgen der „Rechten", damit gescheitert waren, den aufsässigen Erich Hausen von

---

[66] Brief „Max'" [d.i. Petrovskij] an „Michail" [d.i. Pjatnickij] vom 6. 10. 1928, RGASPI 495/19/77: 28 f. Fast gleichlautend der Bericht Ulbrichts über Schneller in seinem Brief an Thälmann vom 6. 10. 1928, RGASPI 495/19/517: 46–48, hier: 47.

[67] Brief Molotovs an Schneller vom 8. 10. 1928, RGASPI 495/47/10: 60–63.

[68] Dass diese Stellungnahme nicht aufgrund des Druckes erfolgte, den Remmele auf dieses Gremium in den Tagen zuvor ausgeübt hatte, belegt der mit ihr verbundene Protest des Politbüros gegen Remmeles Vorgehen. Vgl. den Rundbrief des Sekretariats des ZK KPD an die Mitglieder des ZK KPD über „die Hamburger Vorgänge" vom 3. 10. 1928 über den Beschluss des Politbüros vom 2. 10. 1928, SAPMO NY 4036/520: 138 f. Der Beschluss war mit 10 zu 2 Stimmen gefasst worden. In dem Beschluss hieß es auch, dass die Parteiführung davon ausgegangen sei, dass Thälmann weiterhin in der Führung mitarbeiten solle, was dafür spricht, dass Thälmanns Absetzung v. a. als Denkzettel, nicht aber als Beendigung seiner politischen Laufbahn gedacht war (allerdings ist unklar, wie weit hierbei die „Führung" gefasst wurde). Vgl. dazu auch: Weber, Wandlung, Bd. 1, S. 204.

[69] Vgl. beispielhaft: Brief „Max'" [d.i. Petrovskij] an „Michail" [d.i. Pjatnickij] vom 29. 9. 1928, RGASPI 495/19/77: 22, über entsprechende Aussagen von Ernst Schneller.

seiner Anhängerschaft zu lösen – sie wurden beinahe vom Podium gezerrt und ihr Versuch, eine Diskussion über Thälmann abzublocken wurde mit dem Zwischenruf quittiert: „Ihr habt wohl Angst gekriegt?"[70] –, wollte sich die Thälmann-Gruppe nicht mehr mit langwierigen Auseinandersetzungen auf Bezirksebene aufhalten und beantragte beim EKKI erneut, Hausen und Galm aus der Partei auszuschließen.[71] Mit diesen beiden Funktionären werde zwar „auch ein unwesentlicher Teil der Parteimitglieder" die KPD verlassen, so redete Thälmann diesen Schritt Stalin gegenüber klein, doch dafür vollziehe sich in der Partei „eine notwendige politische Gesundung, derer wir schon lange bedürfen".[72]

In Moskau stieß Thälmanns Bemühen, die Partei gesundzuschrumpfen, auf wenig Begeisterung – allerdings weniger aus politischen denn aus pragmatischen Gründen, da man sich in der Komintern bewusst war, wie dünn die Personaldecke der KPD gestrickt war. So galt Eberlein wegen seiner betriebswirtschaftlichen Kenntnisse als geradezu unersetzlich für die Partei: Pjatnickij erläuterte Stalin, dass die KPD ihrem völligen finanziellen Zusammenbruch nahe gewesen sei, bevor Eberlein im Jahre 1925 seine Arbeit aufgenommen habe. Mittlerweile dagegen erwirtschafteten ihre Unternehmen sogar bescheidene Gewinne.[73] Eberlein blieb vorerst auf seinem Posten.[74] Das EKKI wies die KPD an, auch gegen Hausen und Galm nicht weiter vorzugehen, bevor diese nicht vor der Internationalen Kontrollkommission (IKK) der Komintern ausgesagt hatten.[75] Dort – so hoffte man in Moskau – würden sich die beiden Funktionäre schließlich ebenso unterwerfen, wie dies bereits die meisten anderen Thälmann-Kritiker vor ihnen getan hatten.

Zunächst stand auf der von Thälmanns Gefolgsleuten dominierten Reichsparteikonferenz vom 3./4. November die demonstrative Anerkennung der Autorität Moskaus auf dem Programm: Als Ewert vor den Delegierten die Unterstützung für Thälmann durch die Komintern als Eingriff „von außen" bezeichnete, entstand im Plenum „ein großes Geschrei" und Ewert wurde als „Antibolschewist"

---

[70] Hamburger Echo vom 19. 10. 1928. Zitiert nach dem Bericht der Informationsabteilung des EKKI „Zur Lage in der KPD" vom 31. 10. 1928, RGASPI 495/3/62: 15 f.
[71] Vgl. ebenda, Blatt 32 (über die „organisatorischen Maßnahmen", die das ZK auf seinem Plenum vom 19./20. 10. 1928 beschlossen hatte) und das Telegramm des ZK der KPD vom 30. 10. 1928 (russische Übersetzung: RGASPI 495/19/231: 63). Der Anlass für die Forderung des ZK, Hausen und Galm auszuschließen, war die Herausgabe der Fraktionsorgane „Gegen den Strom" durch Hausen und „Volksrecht" durch Galm. Dazu auch: Weber, Wandlung, Bd. 1, S. 207.
[72] Vgl. Brief Thälmanns an Stalin und Molotov vom 16. 10. 1928, RGASPI 495/19/232: 1–5, und Brief Thälmanns an Stalin und Molotov vom 23. 10. 1928, RGASPI 558/11/817: 83–91. Das Zitat ist aus dem zweiten Brief entnommen. Beide Briefe sind Rückübersetzungen aus dem Russischen, die deutschen Originale wurden noch nicht aufgefunden.
[73] Vgl. Brief Pjatnickijs an Stalin vom 9. 10. 1928, RGASPI 495/19/231: 45.
[74] Vgl. den Entwurf eines Schreibens an Thälmann zu Eberlein, den Pjatnickij am 10. 10. 1928 an Stalin zur Unterschrift übersandte, RGASPI 495/19/231: 47, und die Antwort Thälmanns in seinem Brief an Stalin vom 16. 10. 1928, RGASPI 495/19/232: 1–5.
[75] Vgl. Protokoll Nr. 11 des PS vom 2. 11. 1928 „Über die Deutsche Frage", RGASPI 495/3/62: 2. Diese Anweisung sollte Manuilskij zusätzlich in persönlichen Gesprächen mit der deutschen Parteiführung bekräftigen. Vgl. Brief Pjatnickijs an Manuilskij vom 3. 11. 1928, RGASPI 495/19/4: 108 f.

beschimpft.[76] Indem Ewert auf die Selbstständigkeit der KPD pochte, hatte er aus Sicht seiner Zuhörer also nicht nur die Autorität der Moskauer Führung angezweifelt, sondern sich selbst aus der kommunistischen Gemeinschaft ausgeschlossen.

Trotz dieser zeremoniellen Verdammung der Thälmann- und Moskaukritiker war man in der Komintern nicht sehr glücklich über das Resultat der Parteikonferenz. Das EKKI kritisierte insbesondere eine Resolution, die den Parteirechten überaus harte Bedingungen für einen Verbleib in der Partei abverlangte: Kuusinen argwöhnte, dass die Resolution „absichtlich so geschrieben wurde, dass niemand von den Versöhnlern für sie stimmen konnte".[77] Und Sergej Gusev, der Leiter des Mitteleuropäischen Ländersekretariates des EKKI stellte fest, dass der inzwischen entworfene „Offene Brief" des EKKI an die KPD gegenüber den Rechten „viel weicher" formuliert sei.[78] Somit hatte die KPD ein weiteres Mal die Komintern an Radikalität übertroffen.

Die Moskauer Funktionäre standen nun vor der Alternative, entweder den Entwurf des Offenen Briefes in seiner „weichen" Fassung unverändert zu veröffentlichen und damit die KPD-Führung ein weiteres Mal öffentlich zu desavouieren oder den eigenen Entwurf entsprechend der Vorgabe aus Berlin zu verschärfen. Beide Möglichkeiten waren für Moskau denkbar unattraktiv: Die „weiche" Fassung zu veröffentlichen, hätte den Widerspruch zwischen der Thälmann-Gruppe und der Komintern sichtbar werden lassen; den Brief zu verschärfen, hätte hingegen bedeutet, dass die KPD Moskau im Kampf gegen die Rechten und „Versöhnler" gewissermaßen getrieben hätte.

Das Politsekretariat des EKKI war jedoch nicht nur in der Frage unschlüssig, wie es sich zu der forschen Gangart der Thälmann-Gruppe im Kampf gegen die innerparteilichen Gegner verhalten sollte. Die Kominternfunktionäre wurden auch von der Sorge umgetrieben, die Linken in der KPD könnten die revolutionäre Rhetorik, derer sich die Komintern seit ihrem VI. Weltkongress im Sommer 1928 befleißigte, allzu sehr für bare Münze nehmen. Aufsehen erregte in dieser Hinsicht vor allem Heinz Neumann. Dieser hatte auf der Reichsparteikonferenz der KPD den aktuellen Arbeitskampf im Ruhrgebiet als ein direktes Vorzeichen der Revolution gewertet und die These aufgestellt, die Auseinandersetzungen entwickelten sich zu revolutionären „Durchbruchskämpfen".[79] Dies ging selbst der Kominternführung zu weit: Während Gusev die Ausführungen Neumanns zu diesem Thema vorsichtig als „nicht klar genug" wertete, grenzte sich Bela Kun weitaus deutlicher von dem erst zwei Monate zuvor gemeinsam mit Thälmann

---

[76] Ebenda.
[77] Kuusinen in der Sitzung des PS vom 12. 11. 1928, RGASPI 495/3/62: 121–126, hier: 124. Allerdings hatten die „Versöhnler" der Resolution der Konferenz über die Rechten, wenn auch unter Vorbehalten, doch zugestimmt; vgl. Weber, Wandlung, Bd. 1, S. 211–213.
[78] „Travin" [d. i. Gusev] in der Sitzung des PS vom 12. 11. 1928, RGASPI 495/3/62: 121–126, hier: 122.
[79] Vgl. Neumanns Referat auf der Reichsparteikonferenz am 3. 11. 1928, abgedruckt in: Inprekorr vom 4. 11. 1928, S. 2456 f. Auch Paul Merker hatte die Forderung nach einem „Kampf bis zum Durchbruch" propagiert. Vgl. Schirinja, Der Kampf in der Komintern, S. 741. Zum Arbeitskampf an der Ruhr vgl. Peterson, Labor and the End of Weimar.

nach Deutschland zurückgekehrten jungen Vorzeigebolschewisten ab: Er plädierte dafür, die KPD auf die „Gefahr der neuen Theorie" „und überhaupt auf alle
Theorien von Heinz Neumann" aufmerksam zu machen.[80]
Die Mehrheit der Anwesenden war sich allerdings einig, dass eine solche Warnung nicht in einem Offenen Brief ausgesprochen werden konnte, wie der zu den
führenden „Versöhnlern" zählende Schweizer Jules Humbert-Droz in der Sitzung forderte: Wenn man den Kurs der Thälmann-Gruppe öffentlich als „ultra-
links" verurteile, warnte Salomon Lozovskij, „so wäre das die beste Hilfe für die
Rechten!"[81] Damit war ein zweites (und wie wir später sehen werden: folgenrei-
ches) Dilemma der Kominternführung bezeichnet: Einerseits waren die Mitglieder des Politsekretariates durch das radikale Auftreten von Mitgliedern der KPD-
Führung beunruhigt, weil diese ihnen in ihrer Radikalität außer Kontrolle zu geraten drohten, andererseits aber fürchteten sie, von der falschen Seite Beifall zu
bekommen, wenn sie diese Radikalität öffentlich zurückstutzen würden. Da mit
Ausnahme von Humbert-Droz die überwiegende Mehrheit der Kominternführung die Linie der Thälmann-Gruppe prinzipiell unterstützte, machte sich Unsicherheit breit, wie sich das EKKI gegenüber der KPD äußern sollte und vor allem:
wie weit die Kritik an den Linken in der KPD gehen durfte.
Das doppelte Dilemma in der Frage des innerparteilichen Kampfes und in der
Einschätzung der politischen Lage machte die Kominternführung handlungsun-
fähig. So entschied man sich zunächst dafür, den Dingen ihren Lauf zu lassen[82]:
Möglicherweise, so teilte KPD-Vertreter Leo Flieg der deutschen Parteiführung
nach der Sitzung aus Moskau mit, werde es gar keinen Offenen Brief geben.[83]
Thälmann drängte derweil immer wieder darauf, den Ausschluss der Parteirechten zu beschleunigen. In einem Brief an Stalin argumentierte der deutsche
Parteivorsitzende Ende November, einen besseren Moment „für einige Ausschlüsse" werde man nicht finden: Aufgrund der aktuellen Auseinandersetzungen
im Reichstag sowie des Arbeitskampfes an der Ruhr würden diese „organisatorischen Maßnahmen" in der Öffentlichkeit kaum wahrgenommen, argumentierte
er. Ab Anfang Dezember werde die öffentliche Aufmerksamkeit dann ohnehin
von der Vorweihnachtsstimmung absorbiert.[84]
Schließlich gab die Kominternführung diesem Drang des KPD-Vorsitzenden
nach einer Parteisäuberung nach – offensichtlich vor allem deshalb, weil man in
Moskau befürchtete, die „Rechten" könnten eine neue „linksreformistische Organisation" innerhalb der KPD gründen und diese somit von innen zersetzen.[85] In

---

[80] „Travin" und Kun in der Sitzung des PS vom 12.11.1928, RGASPI 495/3/62: 121–126,
hier: 121f.
[81] Lozovskij in der Sitzung des PS vom 12.11.1928, RGASPI 495/3/62: 121–126, hier: 125.
[82] Vgl. dazu den Brief „Michails" [d.i. Pjatnickij] an „Mar'jan" [d.i. Manuilskij] vom 17.11.
1928, RGASPI 495/19/4: 110f.
[83] Brief Fliegs an Sekretariat des ZK der KPD vom 14.11.1928, zitiert nach: Vatlin, „Pravij
uklon" v KPG, S. 31.
[84] Brief Thälmanns an Stalin und Molotov vom 22.11.1928 (russische Übersetzung), RGA-
SPI 495/293/92: 13–20, hier: 15f.
[85] Vgl. Vatlin, „Pravij uklon" v KPG, S. 33. In diesem Zusammenhang wurde in Moskau mit
besonderer Sorge die Entwicklung der „Einheit"-Gruppen beobachtet, die im Frühjahr

einer Loge des Bolschoj-Theaters fand während einer Opernvorstellung eine gemeinsame Sitzung der russischen Delegation beim EKKI und des Politbüros der VKP(b) statt. In ihr wurde der Beschluss gefasst, Brandler, Thalheimer, Hausen und Galm aus der deutschen Partei auszuschließen. Eine entsprechende Order der Komintern sollte in dem bislang aufgeschobenen Offenen Brief an die deutsche Partei verkündet werden, der nun von Sergej Gusev entworfen und wenige Tage später von Stalin gebilligt wurde.[86] Außerdem wurde nun auch ein „Geschlossener Brief" verfasst, in dem Neumann und Remmele kritisiert wurden.[87]

Doch noch bevor der Offene Brief an die KPD vom Präsidium des EKKI offiziell behandelt werden konnte, hatte das ZK der KPD der Komintern ein weiteres Mal die Entscheidung vorweggenommen: Das am 13. und 14. Dezember tagende Plenum des ZK hatte den „Rechten" in der KPD bereits das Ultimatum gestellt, zu kapitulieren oder ausgeschlossen zu werden[88], und dieses Ultimatum bereits am 16. Dezember in der *Roten Fahne* veröffentlicht.[89] Da das EKKI-Präsidium, das am 19. Dezember tagte, die Thälmann-Gruppe nicht düpieren wollte, zumal die Frage des Ausschlusses an sich ja unstrittig war, blieb ihm nichts anderes übrig, als das Vorgehen des ZK zu bestätigen, indem es das Ultimatum in der endgültigen Fassung des Offenen Briefes ausdrücklich billigte.

Stalin hatte allerdings nichts daran auszusetzen, dass die deutsche Parteiführung erneut vorgeprescht war. In einem Brief an den in Berlin weilenden Dimitrij Manuilskij trat er dessen Auffassung entgegen, es sehe nun so aus, als hinke die Komintern den Entscheidungen der KPD hinterher. Die Briefe der Komintern seien „genau rechtzeitig gekommen", argumentierte er, schließlich sollten die deutschen Kommunisten ja „aus eigener Initiative" gegen die innerparteiliche Opposition vorgehen. Scheinheilig dozierte der Diktator: „Ich halte es sowohl für die kommunistische Partei Deutschlands als auch für das EKKI sinnvoller, wenn das EKKI bekannte Schritte des ZK der KPD *billigt*, als wenn das EKKI das ZK der KPD zu diesen oder jenen Schritten *antreiben* muss."[90]

1928 eigentlich gegründet worden waren, um die Sozialdemokratie zu zersetzen. Vgl. dazu die „Richtlinien über die Tätigkeit der Kommunisten in der deutschen Einheitsfrontbewegung" vom 31. 3. 1928, RGASPI 495/19/300: 166–170, sich nun aber zum „ZK der rechten Fraktion" zu entwickeln schienen. Vgl. Brief des Sekretariates des ZK der VKP(b) an Pjatnickij vom 30. 10. 1928, RGASPI 495/19/300: 162, und das Protokoll Nr. 52 des PB der VKP(b) vom 26. 11. 1928, Entscheidungen Pkt. 9, RGASPI 17/162/7: 2.

[86] Zum Offenen Brief vgl. das Anschreiben Pjatnickijs zum Entwurf vom 11. 12. 1928, RGASPI 495/19/231: 111. Der Entwurf wurde am 14. Dezember von der in Stalins Arbeitszimmer tagenden russischen Delegation beim EKKI gebilligt. Vgl. Protokoll der Sitzung der russischen Delegation beim EKKI vom 14. 12. 1928, RGASPI 508/1/70: 1.

[87] Vgl. Vatlin, Der heiße Herbst, S. 185 f.

[88] Vgl. Weber, Wandlung, Bd. 1, S. 215, und Brief Manuilskijs an Pjatnickij vom 18. 12. 1928, RGASPI 558/11/763: 44–47.

[89] Am gleichen Tage wurde der KPD auch der Entwurf des Offenen Briefes zugeleitet. Vgl. Anschreiben Pjatnickijs an Stalin und Molotov vom 17. 12. 1928 zu einem entsprechenden Telegrammentwurf, der im Namen Ulbrichts an die KPD-Führung abgeschickt wurde, RGASPI 495/19/231: 116.

[90] Brief Stalins an Manuilskij vom 22. 12. 1928, RGASPI 558/11/763: 48 f., hier: 49, Hervorhebungen im Original.

Stalins Ruhe war verständlich, konnte er sich doch sicher sein, dass die Thälmann-Gruppe im Wesentlichen in seinem Sinne gegen die innerparteilichen Gegner in der KPD vorgehen werde, wodurch ein (immer noch mögliches) offenes
Eingreifen der Komintern überflüssig wurde. Ohne Zweifel war diese Variante im
Hinblick auf die Außenwirkung weitaus eleganter, als wenn Moskau die Entscheidungen der KPD sichtbar beeinflusste. Der Diktator zeigte sich dementsprechend
zufrieden: Aus seiner Sicht hatte die KPD den erwünschten Lerneffekt erzielt.

Doch in der KPD gab es genügend Funktionäre, die sich für noch schärfere
Maßnahmen gegen die innerparteiliche Opposition aussprachen. Und offenbar
war man in Moskau mittlerweile damit einverstanden, dass man in Berlin im
Kampf gegen die „Versöhnler" ein eigenes Tempo vorlegte. So betonte Walter
Ulbricht Anfang Dezember 1928 in einem Schreiben an die KPD-Führung, dass
man den noch zurückhaltenden Kurs, den das stalinistische Politbüro in dem
bereits seit Monaten schwärenden Konflikt mit Bucharin verfolge, „nicht mecha-
nisch auf den innerparteilichen Kurs der KPD übertragen" könne. Denn im Gegensatz zu Hausen und Galm würden sich die „Rechten" in der sowjetischen Partei zumindest dem Schein nach noch der Parteidisziplin unterwerfen.[91]

Und auch der derzeitige Kominterninstrukteur Manuilskij ermunterte die
deutsche Parteiführung zu einem härteren Vorgehen gegen die „Versöhnler" um
Ewert. In seinem Bericht über das ZK-Plenum der KPD schrieb er an Pjatnickij,
dass die Kritik Ewerts bereits den Charakter einer politischen „Plattform mit allen
Übertreibungen" angenommen habe. Die Chancen für eine Einigung mit den
„Versöhnlern", wie sie die Kominternführung anstrebte[92], sah er daher skeptisch.
Man solle diese Frage nicht aus der Perspektive „frommer Wünsche" betrachten,
ermahnte er Pjatnickij. Für Manuilskij stellte sich jetzt schlicht die Machtfrage: In
der KPD müsse man nun den „Wankelmut überwältigen", erklärte er, „die ideologische Überwältigung dieser Abweichung ohne Kampf ist nicht möglich".[93]
Obwohl Manuilskij einige der Kritikpunkte der „Versöhnler" teilte, war er überzeugt, dass der innerparteiliche Konflikt mittlerweile eine solche Eigendynamik
entwickelt habe, dass nur noch die Flucht nach vorne erfolgreich sein könne: „Es
gibt ein französisches Sprichwort: ‚Le vin est tiré – il faut le boire'."[94]

---

[91] Brief Ulbrichts an Sekretariat des ZK der KPD vom 1. 12. 1928, RGASPI 495/292/40:
250–253, hier: 250.

[92] Die Stellung der Kominternführung ergibt sich aus dem Schreiben Manuilskijs an Pjatnik-
kij vom 18. 12. 1928, RGASPI 558/11/763: 44–47. Manuilskij erwähnt darin einen Brief
der russischen Delegation über die geplante Sitzung des EKKI-Präsidiums vom 19. 12.
1928, in der über die „Konzentration" in der deutschen Partei geredet werden sollte, eine
Umschreibung für eine gütliche Einigung der streitenden Gegner der Thälmann- und der
Ewert-Gruppe.

[93] Brief Manuilskijs an Pjatnickij vom 18. 12. 1928, RGASPI 558/11/763: 44–47.

[94] „Wenn der Wein geöffnet wurde, muss man ihn trinken." Brief Manuilskijs an Pjatnickij
vom 14. 12. 1928, RGASPI 558/11/763: 42. Dass Manuilskij einige Kritikpunkte Ewerts
teilte, ist aus dem gleichen Brief ersichtlich.

4. Kommunikationsprobleme

Die Diskussion um die Briefentwürfe zeigt, dass sich die Kominternfunktionäre durchaus im Klaren darüber waren, dass ihnen nur recht grobe Instrumente zur Verfügung standen, um die Politik der KPD zu steuern. Offenbar war man sich unsicher, ob zwei in Moskau verfasste Dokumente ausreichen würden, um die deutsche Partei auf den gewünschten Kurs zu bringen. Immerhin wurde von den Genossen in Berlin eine schwierige Gratwanderung zwischen Linkskurs und Mäßigung erwartet. Kuusinen hatte deshalb im November 1928 Zweifel an der Wirksamkeit der bisherigen Methode geäußert, die deutsche Parteiführung durch offizielle Schreiben auf Linie zu bringen. Er schlug stattdessen vor, einen oder mehrere Instrukteure nach Berlin zu schicken, „die durch persönlichen Einfluss in der Praxis der Parteimehrheit helfen, eine richtige Taktik durchzuführen".[95] Und so war Ende November der in deutschen Angelegenheiten erfahrene Kominternfunktionär Manuilskij nach Berlin gereist, um dort als Leiter des Westeuropäischen Büros der Komintern (WEB) die Arbeit der KPD-Führung aus der Nähe zu überwachen.

Mit der Entsendung Manuilskijs nach Berlin sollten gleichzeitig auch die schon seit langem beklagten Kommunikationsprobleme zwischen Moskau und Berlin behoben werden. So hatte sich Hermann Remmele bereits im Juni 1928 „äußerst beunruhigt gezeigt", als er in seiner damaligen Funktion als KPD-Vertreter in Moskau vier Wochen lang ohne die sonst regelmäßigen Berichte aus Deutschland geblieben war. „Ich kann mir das Ausbleiben der Berichte nicht anders erklären, als dadurch, dass der [nachrichtendienstliche] Apparat nicht mehr funktioniert und die Berichte irgendwie verloren gegangen sein müssen", rätselte er.[96]

Obwohl Ende 1928 sogar eine gesonderte telegraphische Verbindung zwischen der Komintern und der KPD-Führung aufgebaut wurde[97], blieb der Kontakt zwischen Moskau und Berlin weiterhin brüchig und unsicher. Auch in den folgenden Jahren beklagten sich die Kominterninstrukteure regelmäßig beim EKKI, dass sie in Berlin wochenlang ohne Nachrichten von Seiten der Kominternführung blieben[98] und dass in umgekehrter Richtung ihre Berichte auf dem Weg nach Moskau auf (bis heute) ungeklärte Weise verschwanden.[99]

---

95 Kuusinen in der Sitzung des PS vom 12. 11. 1928, RGASPI 495/3/62: 121–126, hier: 123.
96 Brief Remmeles an Flieg vom 23. 6. 1928, RGASPI 495/292/40: 152f.
97 Vgl. Brief Ulbrichts an Sekretariat des ZK der KPD vom 1. 12. 1928: „Die Frage der telegrafischen Verbindung, die ich mit Leo [Flieg] in Berlin besprochen habe, wird jetzt hier [in Moskau] geregelt. [...] Es wird eine Sonderverbindung geschaffen." RGASPI 495/292/40: 250–253, hier: 252. Bedauerlicherweise ist der RGASPI-Bestand der Telegramme, die zwischen der KPD- und der Kominternführung ausgetauscht wurden, immer noch geschlosssen.
98 Vgl. Brief „Alarichs" [d.i. Richard Gyptner] an das EKKI vom 3. 4. 1929, RGASPI 495/19/9: 191; Brief „Sokoliks" [d.i. Wilhelm Knorin] an die PK des EKKI vom 8. 1. 1930, RGASPI 495/19/12: 6f.; Thälmann bemerkte in seinem Schlusswort in der Sitzung der Deutschen Kommission des Erweiterten Präsidiums des EKKI am 25. 2. 1930, dass auch die KPD-Führung Schreiben des EKKI zuweilen erst mit wochenlanger Verspätung erhalte, RGASPI 495/24/101: 86–151, hier: 150f.
99 Vgl. Brief „Alarichs" [d.i. Gyptner] an unbekannt vom 6. 2. 1929, RGASPI 495/19/9: 71–

Das gleiche Schicksal widerfuhr auch dem erfahrenen Altkader Manuilskij: Einige Wochen nach seiner Ankunft in der deutschen Hauptstadt zeigte er sich in einem Brief an Pjatnickij „äußerst erstaunt" darüber, dass er noch keine Protokolle der letzten Kominternsitzungen erhalten habe, um sich über die aktuelle Haltung Moskaus gegenüber der KPD zu informieren. Besonders erzürnte ihn, dass in Deutschland andererseits bereits einige der Redebeiträge der „Versöhnler" zirkulierten, die sie im EKKI gehalten hatten. „Sie [die Protokolle] wandern durch alle Hände, nur das WEB weiß von ihnen nichts." Manuilskij verhehlte seinen Ärger über die Folgen dieses Informationsdefizits nicht: Wenn ihm solche Dokumente nicht zugeschickt würden, könne er unmöglich seine Aufgaben erfüllen. Unter diesen Bedingungen könne man das WEB auch gleich auflösen.[100]

Manuilskijs Umzug nach Berlin brachte für ihn somit einen Wechsel der Perspektive mit sich, der aufschlussreich ist für die Beziehungen zwischen Berlin und Moskau. Nur wenige Wochen nach seiner Ankunft in Berlin fühlte er sich vom sowjetischen Entscheidungszentrum abgeschnitten. Seine Beschwerdebriefe, mit denen er die mangelhafte Informationsversorgung beklagte, dokumentieren eine wachsende Distanz zu seinen Kollegen in Moskau.

Dieser Perspektivenwechsel wurde besonders augenfällig, als Manuilskij und die KPD-Führung von dem Gerücht überrascht wurden, Moskau plane die Abberufung von Heinz Neumann, der erst im September mit Thälmann nach Deutschland zurückgekehrt war, um den Parteivorsitzenden bei der Führung der KPD zu unterstützen. Irritiert protestierte Manuilskij in einem Brief an Pjatnickij, man dürfe die KPD „nicht alle zwei, drei Monate Turnübungen machen lassen. Man muss es der Partei erlauben, ruhig zu arbeiten. [...] Warum müsst Ihr die Partei noch einmal nervös machen?" Offen kritisierte er die Folgen dieser vermeintlichen Kursänderung Moskaus: Während sich die Gruppe der „Versöhnler" um Ewert immer offener um eine Revision des Kurses der KPD bemühe, „macht Ihr in Moskau eine Kehrtwendung und wollt ihnen in der Frage der Abberufung Neumanns ein Zugeständnis machen", beschwerte sich der Instrukteur gegenüber Pjatnickij, um ihn anschließend unverblümt aufzufordern: „Erklär mir das, ich verstehe nichts."[101]

In Wahrheit war gar nicht vorgesehen, Neumann wieder nach Moskau zurückzurufen. Dennoch war das Gerücht nicht völlig aus der Luft gegriffen: Es hat seinen Ursprung in der Sitzung des Politsekretariates des EKKI vom 28. November, in der ein weiteres Mal über die Einschätzung der Lage in Deutschland und insbesondere die Streiks an der Ruhr diskutiert wurde. Humbert-Droz hatte bei dieser

74, hier: 71; Brief Harrison Georges an unbekannt vom 29. 3. 1932, abgedruckt in: Klehr, The Secret World of American Communism, S. 51.

[100] Brief „Mar'jans" [d.i. Manuilskij] an „Michail" [d.i. Pjatnickij] vom 3. 1. 1929, RGASPI 495/19/9: 1f. Manuilskij bezog sich auf die Stenogramme der Sitzung des Präsidiums des EKKI vom 19. 12. 1928. Auf dem Anschreiben zur Kopie dieses Briefes, der am 8. 1. 1929 an Stalin, Molotov, Bucharin und Lozovskij weitergeleitet wurde, wies Pjatnickij darauf hin, dass die Protokolle am 3. 1. 1929 nach Berlin geschickt worden seien, RGASPI 495/19/9: 3.

[101] Brief Manuilskijs an Pjatnickij vom 14. 12. 1928, RGASPI 558/11/763: 42.

Gelegenheit die Abberufung Neumanns aus Deutschland gefordert[102], der für ihn „der ideologische Führer" des linksradikalen Kurses in der KPD war. Durch die Neutralisierung Neumanns hoffte Humbert-Droz, die Politik der KPD insgesamt zu mäßigen.[103]

Obwohl die Forderung von Humbert-Droz in der Sitzung des Politsekretariates einhellig abgelehnt wurde, verselbständigte sich die Nachricht über seine Stellungnahme in Berlin und wurde von einigen Kadern als Signal dafür gewertet, dass die Abberufung Neumanns unmittelbar bevorstehe.[104] Das Gerücht erschien auch deshalb so plausibel, weil Humbert-Droz mit seinen Vorbehalten gegenüber Neumann innerhalb der Komintern keineswegs allein dastand. So hatte Thälmann die Rückkehr Neumanns nach Deutschland seinerzeit gegen den Widerstand von Teilen der Kominternführung durchgesetzt.[105] Noch immer stand eine Reihe von EKKI-Mitgliedern dem bolschewistischen „Wunderkind", wie der junge Kommunist mitunter ironisch genannt wurde[106], äußerst kritisch gegenüber.[107] Selbst Manuilskij, der den radikalen „Säuberungs-Drang der deutschen Parteiführung stützte, war der Meinung, dass es besser gewesen wäre, wenn Neumann in Moskau „noch eine Zeit lang studiert hätte".[108]

Da Manuilskij in dieser Frage unsicher war und sich in Moskau erkundigte, welche Linie die Komintern denn nun verfolge und er somit in Berlin zu vertreten habe, erschien es Pjatnickij am sichersten, Stalin einzuschalten[109], hatte dieser doch persönlich über Thälmanns Entourage und somit über Neumanns Delegierung nach Deutschland entschieden. Stalin zeigte allerdings wenig Verständnis für Manuilskijs Irritationen: In einem Schreiben an den Instrukteur machte er sich darüber lustig, dass dieser „die unglaublichsten Gerüchte über einen ‚Rückzug'" glaube. Stalin äußerte seine Überzeugung, dass die Kräfteverteilung innerhalb der

---

102 Humbert-Droz in der Sitzung des PS vom 28. 11. 1928, RGASPI 495/3/65: 158–185, v. a. Bl. 184 f. Das Stenogramm seiner Rede ist auch abgedruckt in: Bahne, Les partis communistes, Bd. 3, S. 106–125.

103 Vgl. dazu den Brief Ulbrichts an das ZK der KPD vom 4. 12. 1928 über die Sitzung des Politsekretariates vom 28. 12. 1928, in dem er auf die Argumentation der „Versöhnler" eingeht, RGASPI 495/292/40: 260–263.

104 Diese Nachrichten waren zum einen der Brief Pjatnickijs an Manuilskij selbst und Knorin vom 8. 12. 1928 über die Sitzung vom 28. 11. 1928, in dem Humbert-Droz' Kritik explizit erwähnt wurde (Brief „Michails" an „Mar'jan" und „Sokolik", RGASPI 495/19/4: 132–134, hier: 134, und zum anderen der Brief Ulbrichts an das Sekretariat des ZK der KPD vom 1. 12. 1928 über die gleiche Sitzung, in dem unkonkret die Kritik an einigen radikalen Thesen der KPD erwähnt wurde, RGASPI 495/292/40: 250–253, hier: 250. Vgl. dazu den Brief Pjatnickijs an Stalin (o.D., vor dem 22. 12. 1928) über Manuilskijs Irritationen, RGASPI 558/11/763: 41.

105 Vgl. Brief Manuilskijs an Pjatnickij vom 14. 12. 1928, in dem er schreibt, dass „die deutsche Partei ihn [d. i. Neumann] entgegen der Meinung von mir, Dir, Bucharin und einer Reihe anderer Genossen angefordert" habe, RGASPI 558/11/763: 42.

106 Vgl. die Abschrift des Briefes des „Versöhnlers" Grolman an unbekannt (o.D. etwa Februar 1929) über die Auseinandersetzungen in der KPD, RGASPI 495/19/236: 30–34, hier: 31.

107 Siehe die bereits zitierten Äußerungen von „Travin" [d. i. Gusev] und Kun in der Sitzung des PS vom 12. 11. 1928, RGASPI 495/3/62: 121–126, hier: 121 f.

108 Brief Manuilskijs an Pjatnickij vom 14. 12. 1928, RGASPI 558/11/763: 42.

109 Ebenda.

Komintern eine Kursänderung völlig unmöglich machte: Lediglich Humbert-Droz und Clara Zetkin hätten vorgeschlagen, Neumann abzuberufen, doch „welche Bedeutung können die Vorschläge dieser Genossen haben angesichts der gewaltigen Mehrheit der Delegation der VKP(b) und des Präsidiums des EKKI, die diesen Vorschlag ohne Vorbehalte ablehnen?"[110]

Gegenüber Pjatnickij zeigte sich Manuilskij weiterhin deutlich verschnupft: „Ich glaube an keinerlei Klatsch, natürlich nicht. [...] Aber aus Deiner Mitteilung an mich [...] konnte ich nicht erschließen, welchen Kurs das EKKI nun eigentlich einschlägt [...]."[111] Bei Stalin allerdings entschuldigte er sich überaus wortreich für seine vermeintliche Leichtgläubigkeit. Um sich zu entlasten, betonte er, dass „wir alle, die hier arbeiten, uns sehr vom EKKI abgeschnitten fühlen, die von uns erhaltenen Informationen sind äußerst dürftig. Die deutschen Genossen (nicht nur Neumann) reagieren sehr nervös auf die von allen Seiten eintreffenden Nachrichten."[112]

In der Tat zeigten sich die Führungskader der KPD noch verunsicherter über die widersprüchlichen Informationen aus der sowjetischen Hauptstadt als Manuilskij. Dies ist auch kaum verwunderlich, war es doch ihr Schicksal, über das in Moskau verhandelt wurde. Zu den „Nachrichten", die die KPD-Führung besonders nervös machten, gehörte auch die Kritik an Remmele in dem Geschlossenen Brief des EKKI-Präsidiums. Während Neumann darin erneut wegen seiner „Durchbruchstheorie" angegriffen wurde, lastete das EKKI Remmele seine Behauptung an, die „Versöhnler" seien „ein gefährlicherer Feind" in den Reihen der KPD „als das offene Liquidatorentum", also die Parteirechten in der KPD.[113] Als Remmele erfuhr, dass in dem Entwurf des Briefes auch Kritik an ihm enthalten war, rief er mitten in der Nacht aufgeregt bei Manuilskij an, um sich nach den Hintergründen dieser Kritik zu erkundigen.[114]

Remmeles Verwirrung über diesen Angriff war verständlich, schließlich lag er mit seiner Kritik an den „Versöhnlern" ganz auf der Linie des Geheimabkommens zwischen der deutschen und der russischen Delegation, das Ende Februar 1928 von Stalin entworfen und während des IX. EKKI-Plenums in Moskau unterzeichnet worden war. Damals waren „Rechte" und „Versöhnler" erstmals gemeinsam ins Visier der sowjetischen Parteiführung geraten.[115] Zudem hatten ähnliche Äu-

---

110 Brief Stalins an Manuilskij vom 22. 12. 1928, RGASPI 558/11/763: 48 f.

111 Brief „Mar'jans" [d. i. Manuilskij] an „Michail" [d. i. Pjatnickij] vom 7. 1. 1929, RGASPI 495/19/9: 10 f. Er antwortete hier auf den Brief „Michails" [d. i. Pjatnickij] an „Mar'jan" [d. i. Manuilskij] vom 28. 12. 1928, in dem ihm der Vorwurf gemacht worden war, Gerüchten und Klatsch aufgesessen zu sein, RGASPI 495/19/4: 161–164. Die von ihm erwähnte „Mitteilung" Pjatnickijs war dessen Brief vom 8. 12. 1928, RGASPI 495/19/4: 132–134, hier: 134.

112 Brief Manuilskijs an Stalin vom 2. 1. 1929, RGASPI 558/11/763: 50–52.

113 Vgl. den Geschlossenen Brief des EKKI an das ZK der KPD vom 20. 12. 1928, abgedruckt in: Vatlin, Pravij uklon, S. 167–170, hier: S. 168.

114 Vgl. Brief „Mar'jans" [d. i. Manuilskij] an „Michail" [d. i. Pjatnickij] vom 7. 1. 1929, RGASPI 495/19/9: 10 f.

115 Dieses Abkommen wurde erstmals veröffentlicht in: Weber, Die Beziehungen zwischen KPD und Komintern, S. 207 f. Zusammen mit weiteren Dokumenten zu diesem Ereignis abgedruckt in: Weber, Der Thälmann-Skandal, S. 111–116.

ßerungen von Remmele während der Beratungen in Moskau Anfang Oktober 1928 keinerlei Kritik der Komintern hervorgerufen[116], so dass er sich bislang stets im Einklang mit den entscheidenden russischen Mitgliedern des EKKI gewähnt hatte. Manuilskij teilte aus Berlin mit, dass die kritische Passage des Geschlossenen Briefes, die Remmele betraf, nun von dessen Gegnern im ZK der KPD benutzt werde, um dessen Autorität zu untergraben. Es wäre gut, so schrieb der Instrukteur deshalb in einem Brief an Stalin, einige aufbauende Zeilen an Remmele zu schreiben, da dieser mit seinem Rücktritt gedroht habe.[117]

Für diese Empfindlichkeiten hatte Stalin jedoch keinerlei Verständnis. Lakonisch wies er Manuilskij darauf hin, dass die namentliche Erwähnung der beiden Gefährten Thälmanns im Geschlossenen Brief seine Richtigkeit habe: Das Präsidium des EKKI müsse eine „objektive und unvoreingenommene Einrichtung" sein, erläuterte Stalin ganz ohne Ironie, sonst verlöre es „Vertrauen und Autorität." Manuilskij solle Neumann und Remmele ausrichten, dass man sie nicht beleidigen oder die Frage ihrer Ablösung stellen wollte. Man wolle ihnen nur helfen, ihre Fehler zu korrigieren und andere Genossen vor diesen Fehlern bewahren: „Wie soll man das Prinzip von Kritik und Selbstkritik anders verstehen?"[118] Ebenso wie in dem bereits zitierten Brief an Thälmann wies der Generalsekretär damit auf die Hierarchie in der kommunistischen Internationale hin: Die Thälmann-Gruppe sollte sich daran erinnern, dass sie von Stalins Wohlwollen abhängig war.

5. Die Entmachtung der „Versöhnler"

Im Gegensatz zur Kominternführung betrachtete Stalin das Vorpreschen der KPD-Führung im innerparteilichen Kampf durchaus mit Wohlwollen. Denn mit Beginn der „Wittorf-Affäre" hatte er bereits die nächste Etappe im innerparteilichen Kampf im Auge: die Ausschaltung der „Versöhnler" innerhalb von KPD und Komintern, die für ein Mindestmaß an Meinungspluralität innerhalb der kommunistischen Internationale eintraten und somit Stalins Machtanspruch und seinem Verständnis von bolschewistischer Disziplin im Weg standen. Stalin und sein engster Gefährte Molotov fassten die „Wittorf-Affäre" von Anfang an als das Ergebnis einer Intrige der Thälmann-Gegner um Ewert und Eisler auf, die bereits auf dem VI. Weltkongress der Komintern als wesentliche Opponenten der deutschen Gefolgsleute Stalins in Erscheinung getreten waren. Deshalb standen bereits in den ersten Stellungnahmen Stalins und Molotovs zu dieser Affäre nicht die in der KPD schon längst isolierten „Rechten" im Vordergrund, sondern die „Versöhnler". Deren Bemühen um eine Einigung der verfeindeten Lager regten Stalins

---

116 Vgl. die Stellungnahme Remmeles auf der ersten Sitzung der Deutschen Kommission des EKKI-Präsidiums vom 2. 10. 1928, in der es u. a. heißt, die „Wittorf-Affäre" habe bewiesen, dass die „Versöhnlergruppe" in der KPD „ein viel gefährlicherer Feind als die Rechten selbst" sei, RGASPI 495/47/5: 25–43, hier: 30.

117 Brief Manuilskijs an Stalin vom 2. 1. 1929, RGASPI 558/11/763: 50–52.

118 Brief Stalins an Manuilskij vom 19. 1. 1929, RGASPI 558/11/763: 57.

Misstrauen nur noch weiter an, vermutete er hinter diesen Schritten doch weitere „Manöver".

Das eigentliche Thema der Sitzung des EKKI-Präsidiums vom 19. Dezember war somit nicht der Offene Brief an die KPD über „die rechte Gefahr", wie es in der offiziellen Tagesordnung hieß. Nachdem der Ausschluss der „Rechten" mit den Beschlüssen der russischen Delegation vom 7. Dezember und des deutschen ZK vom 14. Dezember zur bloßen Formsache geworden war, konzentrierte sich Stalin nun vielmehr auf den Kampf gegen die so genannten Versöhnler in KPD und Komintern.

Zu diesem Zwecke trat der Generalsekretär zum ersten Mal seit Monaten mit einem Redebeitrag in einem Gremium der Komintern auf.[119] Indem er auf die 21 Bedingungen der Komintern und die Resolution des VI. Kominternkongresses über die zwingend notwendige „eiserne Disziplin" innerhalb der Sektionen verwies, stellte Stalin klar, dass in der kommunistischen Bewegung künftig kein Meinungspluralismus mehr geduldet werden würde. In seiner Stellungnahme verband er die strittigen Sachfragen über die „kapitalistische Stabilisierung" und die „rechte Gefahr" in der KPD mit einer vorbereiteten Attacke gegen den Schweizer Humbert-Droz, weil dieser in der Komintern am vehementesten gegen Thälmanns Rehabilitierung protestiert hatte.[120] In einer von Stalin entworfenen Resolution wurde dieser Protest als „Angriff gegen die Komintern" gewertet.[121] Stalin beschimpfte Humbert-Droz in seiner Rede vor dem EKKI-Präsidium als „außer Rand und Band geratenen Journalisten".[122] Als dieser es wagte, den Generalsekretär zu kritisieren, schrie jener ihn schließlich an: „Geh' zum Teufel!"[123] – ein Ausfall, der in der Komintern schon bald die Runde machte.[124] Wie sehr sich in diesem Auftritt hemmungslose Rachsucht und kühles Kalkül miteinander verbanden, zeigt sich an dem unverhohlenem Stolz, mit dem Stalin über diese Sitzung an Manuilskij berichtete: „Ich und Molotov mussten dort ziemlich hart auftreten und Humbert-Droz als Vertreter des ‚feigen Opportunismus' (Versöhnlertum ist immer feiger Opportunismus) an's Kreuz schlagen."[125]

Aber Humbert-Droz war nicht der einzige unter den Anwesenden, an dem ein Exempel statuiert werden sollte. Auch Clara Zetkins Forderung nach einer „Kon-

---

119 Am 18. 12. 1928 hatte Pjatnickij im Politbüro der VKP(b) über die bevorstehende Sitzung des EKKI-Präsidiums berichtet. Vermutlich wurde auf dieser Sitzung die Vorgehensweise in der Komintern erläutert. Vgl. das Protokoll Nr. 55, Pkt. 15, RGASPI 17/3/717: 3.

120 In einem Telegramm von seinem Ferienort im Kaukasus hatte er am 12. 10. 1928 den Beschluss des Präsidiums des EKKI als Maßnahme zur Diskreditierung der deutschen Parteiführung bezeichnet. Das Telegramm ist abgedruckt in: Bahne, Les partis communistes, S. 84.

121 Zitiert nach: Firsov, Stalin i Komintern, hier: S. 4.

122 Vgl. die zweite Rede Stalins in der Sitzung des EKKI-Präsidiums vom 19. 12. 1928, RGASPI 495/2/105: 11, S. 71.

123 Zitiert nach den Memoiren von Humbert-Droz: De Lénine à Staline, S. 353.

124 Vgl. Brief Bukharins an Humbert-Droz vom 10. 2. 1929, abgedruckt in: Bahne, Les partis communistes, S. 151. Bukharin, der an dieser Sitzung nicht teilgenommen hatte, erkundigte sich in dem Brief, ob Humbert-Droz tatsächlich auf diese Weise beschimpft worden sei, was dieser bestätigte.

125 Brief Stalins an Manuilskij vom 22. 12. 1928, RGASPI 558/11/763: 48f., hier: 49.

zentration der Kräfte" innerhalb der KPD[126] erteilte Stalin eine Abfuhr. Offen forderte der Generalsekretär, sich seiner Interpretation der Beschlüsse des VI. Kominternkongresses zu unterwerfen. Wer dies tue, könne weiter in der Führung bleiben – „mit allen anderen gibt es Kampf".[127]

Der Kampf gegen die Rechten spielte im Offenen Brief des EKKI-Präsidiums somit nur scheinbar die Hauptrolle.[128] Tatsächlich kündigte das Dokument vielmehr bereits die nächste Stufe der Parteisäuberung an: „Für das Versöhnlertum", so lautete die unverhohlene Drohung an alle Kritiker des Thälmann-Kurses, „ist in der KPD gegenwärtig kein Platz mehr."[129]

Humbert-Droz und Zetkin hatten Stalins Attacken kaum etwas entgegenzusetzen, denn sie hielten sich an das allgemeine „Fraktionsverbot", das auf dem X. Parteitag der VKP(b) im Frühjahr 1921 erlassen worden war und mit dem innerparteiliche Konflikte tabuisiert wurden. Aufgrund ihrer Erfahrungen im vorrevolutionären Untergrund und während des Bürgerkrieges sahen sich die Bolschewiki ständig vermeintlichen inneren und äußeren Bedrohungen ausgesetzt. Angesichts dieser Wahrnehmung der Welt außerhalb der Partei galt die Geschlossenheit ihrer Mitglieder als unabdingbare Voraussetzung für ihr politisches und physisches Überleben. Das Einheitsparadigma wurde seitdem zum heiligsten der bolschewistischen Grundsätze erhoben und gerann schon bald zu einer innerparteilichen Praxis, die nicht in Frage gestellt werden durfte.[130]

Clara Zetkin betrachtete die Entwicklung der KPD unter Thälmann zwar als verhängnisvoll und forderte wiederholt eine freie Aussprache über die sachlichen und parteipolitischen Streitpunkte – doch die Tatsache, dass sie sich eisern der Parteidisziplin unterwarf, zeigt, wie sehr sie in diesem Bereich die Werte und Vorstellungen ihrer sowjetischen Genossen internalisiert hatte und diese ihre Handlungsmuster prägten. Auch Ulbricht hatte Anfang Oktober in Berlin das bolschewistische Einigkeitsparadigma ausgenutzt, um widerstrebende ZK-Mitglieder zur Unterzeichnung der „Erklärung der 25" über Thälmanns Rehabilitierung zu zwingen: Als sich einige der Funktionäre weigerten, den Text zu unterzeichnen, drohte Ulbricht, diesen auch ohne ihre Unterschrift zu veröffentlichen. „Die Ge-

---

[126] Vgl. die Stellungnahme Zetkins in der Sitzung des Präsidiums des EKKI am 19. 12. 1928, abgedruckt in: Ünlüdag, Tragödie, S. 337–347.

[127] Zitiert nach: Vatlin, „Pravij uklon" v KPG, S. 183 f., Anm. 93. Diese Bemerkung Stalins in der Sitzung des Präsidiums des EKKI am 19. 12. 1928 wurde nicht in das Stenogramm aufgenommen, das später an die Sektionen verschickt wurde.

[128] Im Offenen Brief wurden die Maßnahmen der KPD-Führung gegen die Parteirechten ausführlich gebilligt. Daraufhin wurden am 21. 12. 1928 mehrere Vertreter dieser Strömung aus der Partei ausgeschlossen. Am 29. 12. 1928 tagte in Berlin die erste Reichskonferenz der Kommunistischen Partei Deutschlands/Opposition (KPO) und manifestierte damit den endgültigen Bruch. Brandler und Thalheimer, die nominell noch Mitglieder der VKP(b) waren, erhielten vom ZK der VKP(b) ein Ultimatum, bis zum 20. 1. 1929 die Bedingungen des deutschen ZK anzunehmen. Da sie dies ablehnten, wurden sie aus der VKP(b) ausgeschlossen. Vgl. dazu: Tjaden, Struktur, S. 94, Weber, Wandlung, Bd. 1, S. 219–223.

[129] Zitiert nach: Weber, Wandlung, Bd. 1, S. 218.

[130] Vgl. dazu Getty (Hg.), The Road to Terror, S. 50; ders., Samokritika Rituals; sowie Beyrau, Das bolschewistische Projekt als Entwurf und soziale Praxis, v. a. S. 22 f.

nossen waren empört über diese ‚Sprengung der Gruppe'", berichtete er über die Reaktion auf diese Erpressung, „gaben aber dann nach."[131]
Nach außen hin – davon waren auch die hauptamtlichen Funktionäre der KPD überzeugt – musste stets Geschlossenheit vermittelt werden. Nur durch die Tatsache, dass dieser Wert auch für die deutsche Parteielite eine so hohe Bedeutung einnahm, ist es zu erklären, dass die innerparteilichen Konflikte auch in den folgenden Jahren von wenigen Ausnahmen abgesehen stets hinter verschlossenen Türen abliefen und die Basis letztlich ebenso wie die Öffentlichkeit vor vollendete Tatsachen gestellt wurde.[132]
Weil auch eine alte Spartakistin wie Zetkin nicht gegen diese Regel verstoßen wollte, sah sie sich dazu gezwungen, sich auf informellen Wegen für die vom Ausschluss bedrohten „Rechten" einzusetzen: „Ihr werdet Euch in den nächsten Tagen mit der Angelegenheit des Genossen Hausen und seiner Freunde beschäftigen", schrieb sie daher einige Tage vor der turbulenten Präsidiumssitzung des EKKI an die russische Delegation, „und ich weiß, dass Eure Stellungnahme für die Entscheidung des EKKI der KI [sic] ausschlaggebend sein wird."[133] Für Zetkin stellte dieses unterwürfige Vorgehen zweifellos ein Eingeständnis des politischen Scheiterns dar: Indem sie darauf verzichtete, ihr politisches Gewicht in den offiziellen Gremien zum Einsatz zu bringen und stattdessen die informelle Form persönlicher Verbindungen wählte, ließ sie sich auf die ungeschriebenen Regeln der stalinistischen Führungsgruppe ein.
Zetkin war sich durchaus bewusst, dass die innerparteilichen Gegner Stalins die Schlacht verloren hatten. In ihrem Abschiedsbrief an Humbert-Droz, der nach der „Wittorf-Affäre" von der Komintern nach Südamerika strafversetzt wurde, schrieb sie im März 1929, dass sich die Komintern „aus einem lebenden politischen Organismus in einen toten Mechanismus verwandelt hat, der auf der einen Seite Befehle in russischer Sprache einschluckt und sie auf der anderen Seite in verschiedenen Sprachen ausspuckt [...]."[134] Ihre Klage über den „toten Mechanismus" unterschlägt jedoch geflissentlich die Tatsache, dass sie selbst jahrelang daran mitgewirkt hatte, die Grundlagen für eben jenes System zu schaffen, dessen Opfer sie nun geworden war: Schon 1922 hatte Zetkin betont, dass sie nie „zu den

---

131 Brief Ulbrichts an Pjatnickij vom 6. 10. 1928, RGASPI 495/19/517: 46–48. Auszüge dieses Briefes wurden Stalin und Molotov am 9. 10. 1928 in Übersetzung übermittelt, RGASPI 495/19/517: 49.

132 Umso größere Aufregung verursachten die Fälle, in denen etwas über diese Themen an die Öffentlichkeit drang. Es wurden dann Untersuchungen angestellt, um die undichte Stelle zu finden. Vgl. z. B. den Brief Pjatnickijs und Manuilskijs an das Politbüro der VKP(b) vom 4. 9. 1929 über die Veröffentlichung der Resolution der gemeinsamen Aprilplenums von ZK und ZKK der VKP(b) in der Zeitschrift der KPO „Gegen den Strom" vom 18. 5. 1929, RGASPI 495/19/236: 55, sowie das Protokoll Nr. 244 der PK des EKKI vom 27. 5. 1932, Pkt. 25 über die Veröffentlichung der Meldung in der „bürgerlichen Presse", dass Neumann aus dem deutschen Politbüro abberufen wurde, RGASPI 495/4/191 (Auszug).

133 Brief Zetkins an die russische Delegation beim EKKI (Kopie) vom 8. 12. 1928, RGASPI 495/293/93: 84–86, hier: 84. Abgedruckt in: Ünlüdag, Tragödie, S. 334–337, hier: 334.

134 Brief Zetkins an Humbert-Droz vom 25. 3. 1929, abgedruckt in: Bahne, Les partis communistes, Bd. III, S. 165 f.

berufs- und sportmäßigen Rittern der ‚Meinungsfreiheit'" gehört habe, die „Narrenfreiheit für Meinungen begehrten, die meiner Überzeugung nach die Sache der sozialen Revolution und folglich die Sache des Proletariats schädigen".[135] Nun versuchte sie sich und ihren Mitstreiter Humbert-Droz über ihre gemeinsame Niederlage hinwegzutrösten, indem sie ihm gegenüber ihre feste „Überzeugung vom Gang der Geschichte, in die Kraft der Revolution" bekräftigte, die sie „mit Hoffnung, ja selbst mit Optimismus in die Zukunft" blicken lasse.[136] Mit dieser zweckoptimistischen Hoffnung auf die kommende Weltrevolution versuchte Zetkin alle Zweifel zu kompensieren, die durch die Akzeptanz der bolschewistischen Verhaltensregeln entstanden. Eine durchaus typische Verhaltensweise kommunistischer Kader: Bei aller Kritik an der Praxis des stalinistischen Apparats stellten auch Politiker wie Zetkin die Zugehörigkeit zur kommunistischen Internationale nicht grundsätzlich in Frage. Selbst unter Stalins Führung wurde die Parteizugehörigkeit von ihnen als unerlässliche Voraussetzung dafür angesehen, am Erfolg der Revolution mitzuarbeiten. Doch mit dieser faktischen Unterwerfung unter die stalinistischen Prinzipien arbeiteten die Kritiker des Diktators ungewollt auf ihre eigene Entmachtung hin.[137]

Die parteiinternen Kritiker Stalins und Thälmanns projizierten nun paradoxerweise all ihre Hoffnungen auf die Beschlüsse des VI. Weltkongresses der Komintern, um die in ihren Augen verhängnisvolle Politik der derzeitigen Führung zu entschärfen. Es ergab sich auf diese Weise ein verwirrendes Schauspiel, das heutige Beobachter staunen lässt: Der Offene Brief an die KPD und die Vorwürfe Humbert-Droz' an Neumann (dieser sei nicht der Mann, „der die Beschlüsse der Exekutive durchführt"[138]) zeigen, wie sich Stalinisten und deren Kritiker gegenseitig beschuldigten, „Abweichler" zu sein, selbst aber die „wahre" Linie der Komintern zu verteidigen. Beide Gruppen bezogen sich dabei jeweils auf die gleichen Beschlüsse.[139] Dieser Streit um die Auslegung der Thesen des VI. Weltkongresses, der mittelalterlichen Exegeten zur Ehre gereicht hätte, wurde durch den kompromissartigen Charakter der Beschlüsse des Kongresses genährt: Zwar bedeuteten

---

[135] Dies war eine Antwort auf die Vorwürfe alter Genossinnen, warum sie 1922 in Moskau in dem Prozess gegen die Sozialrevolutionäre als Anklägerin aufgetreten sei und die Todesstrafe verlangt habe. Zitiert nach: Ünlüdag, Tragödie, S. 333.

[136] Brief Zetkins an Humbert-Droz vom 25. 3. 1929, abgedruckt in: Bahne, Les partis communistes, Bd. III, S. 165 f.

[137] Über diese „Grenzen des Widerstandes im Gleichschaltungsprozess" vgl. Ünlüdag, Tragödie, S. 319 f. Vgl. dazu Kinner, Der deutsche Kommunismus, S. 133 f. mit einem bezeichnenden Zitat des „Versöhnlers" Georg Schumann auf einer Versammlung der Bezirksleitung Leipzig am 4. 1. 1929, auf der er betonte, trotz seiner Enthebung vom Posten des Polleiters „unbedingt bei der Partei zu bleiben und für die Partei zu arbeiten".

[138] Rede von Humbert-Droz vor dem Politsekretariat des EKKI vom 28. 11. 1928, RGASPI 495/3/65: 158–185, hier: 184.

[139] Vgl. auch die Briefe Manuilskijs an Stalin vom 2. 1. 1929, RGASPI 558/11/763: 50–52, und an Pjatnickij vom 28. 1. 1929, RGASPI 558/11/763: 59–61, in denen er darauf hinweist, dass die „Versöhnler" versuchten, anhand des Geschlossenen Briefes nachzuweisen, dass zwischen der Kominternführung und der Thälmann-Gruppe schwerwiegende Differenzen bestünden, und damit erstrebten, sich selbst als Verteidiger der Kominternlinie darzustellen.

diese nach dem 9. EKKI-Plenum vom Februar 1928 bereits den zweiten Schritt der öffentlichen „Linkswende" der Komintern, aber Bucharin hatte vor seiner Entmachtung vor allem in der Frage der „Sozialfaschismus"-Doktrin noch einige Thesen geringfügig modifizieren und somit entschärfen können.[140] Dies erlaubte es nun jeder Seite, in den Thesen Punkte zu suchen und zu finden, die seine Sichtweise stützten. Die Übermacht der Stalinanhänger sorgte allerdings dafür, das dieser Kampf schließlich zu ihren Gunsten ausging.

6. Ein Stellvertreterkrieg

Dass sich Stalins Angriff in der Sitzung des EKKI-Präsidiums vom 19. Dezember vorrangig gegen Humbert-Droz richtete, war nicht nur dessen Protest gegen Thälmanns Rehabilitierung und seiner Kritik an der Kampagne gegen die „Rechten" in der KPD geschuldet. Vielmehr entsprach diese Diffamierungsattacke der Logik von Stalins fortgesetztem Stellvertreterkrieg gegen Bucharin – hier zeigt sich am deutlichsten die enge Verflechtung des persönlichen und politischen Kampfes auf den drei Ebenen von VKP(b), KPD und Komintern.

Bucharin und Stalin – einst enge Kampfgefährten – hatten sich seit Herbst 1927 im Streit um die sowjetische Industrialisierung und Landwirtschaftspolitik zu immer erbitterteren Gegnern entwickelt: Während Stalin seit 1927 auf ein Ende der „Neuen Ökonomischen Politik" (NÖP) hinarbeitete, mit der Lenin 1921 wieder marktwirtschaftliche Elemente in das sowjetische Wirtschaftsystem eingeführt hatte, plädierten Bucharin sowie der sowjetische Gewerkschaftschef Mikhail P. Tomskij und der Vorsitzende des Rates der Volkskommissare der UdSSR (der nominelle Regierungschef) Aleksej I. Rykov für deren Fortsetzung.[141] Gestritten wurde vor allem über das von Stalin geforderte rücksichtslose Tempo beim Aufbau einer eigenen Schwerindustrie, denn die Mittel dafür mussten der Bauernschaft abgepresst werden, die dabei zunehmend gewaltsamen „Sondermaßnahmen" der Sondertruppen der Geheimpolizei OGPU bei der Getreiderequirierung unterworfen wurde. In diesem Zusammenhang plante Stalin auch einen sehr viel schärferen Kurs bei der Kollektivierung der Landwirtschaft, die seinen Vorstellungen zufolge nicht bloß auf freiwilliger Basis vollzogen werden sollte.[142] Diese „Revolution von oben" verurteilten Bucharin, Tomskij und Rykov hingegen als „militär-feudale Ausbeutung" der Bauern. Stalins Abkehr von der NÖP betrachtete Bucharin darüber hinaus als schlichtweg unmöglich: Die bislang zugelassene

---

[140] Vgl. Vatlin, Die Programmdiskussion (zu den Diskussionen vor und während des VI. Komintern-Kongresses v. a. S. 21–33).

[141] Zur Entwicklung dieser Auseinandersetzung vgl. zusammenfassend: Hildermeier, Geschichte der Sowjetunion, S. 368–400; sowie nun v. a. die jeweiligen Einleitungen zur Edition der Stenogramme der ZK-Plena von Herbst 1927 bis Herbst 1929 in dem fünfbändigen Werk: Danilov, Kak lomali NEP.

[142] Über die Konzeption der stalinistischen Führung zur Kollektivierung der sowjetischen Landwirtschaft und ihren katastrophalen Auswirkungen vgl. nun v. a. die Dokumentenbände: Danilov, Tragedija sovetskoi derevni. Jedem Band ist eine ausführliche Einleitung vorangestellt, die den gegenwärtigen Forschungsstand zusammenfasst.

begrenzte Marktwirtschaft, so erklärte er noch im April 1929, werde in der Sowjetunion auf Jahre hinaus die – so wörtlich – „entscheidende" Form der Wirt-
schaftsbeziehungen sein.[143]

Bereits auf dem VI. Weltkongress der Komintern im Sommer 1928 hatte der in-
nersowjetische Konflikt auf das EKKI übergegriffen. Die „Wittorf-Affäre" bot
dem Generalsekretär schließlich die Gelegenheit, Bukharin seine Machtbasis
gänzlich streitig zu machen. Dabei half ihm ein taktischer Fehler Bukharins: Während der Generalsekretär Anfang Oktober 1928 nach Moskau zurückkehrte, blieb
Bukharin nach Bekanntwerden des Skandals weiterhin an seinem Urlaubsort am
Schwarzen Meer und empfahl, die Angelegenheit möglichst diskret zu regeln.[144]
Auf diese Weise überließ er Stalin das Feld. Offensichtlich auf dessen Anweisung
hin erhielt Bukharin nun aus Moskau keine Informationen mehr über den weiteren Verlauf der Affäre. Als er sich schließlich ungeduldig bei Molotov und Pjatnickij erkundigte, wie das Politbüro über seinen Vorschlag entschieden habe, erhielt
er von Pjatnickij die kühle Antwort, das Ergebnis könne er am nächsten Tag in der
Zeitung nachlesen.[145]

Bukharin verstand dieses überdeutliche Zeichen: Seine Mitarbeit in der Komintern, so hatte ihm Stalin auf diese Weise signalisiert, war irrelevant geworden –
und Bukharin hatte keine eigene Machtbasis, um Stalin wirksam entgegentreten
zu können. Doch noch war die Zeit nicht gekommen, in der Bukharin auch offiziell von seinem Posten entfernt werden konnte. Als er daher Anfang November
1928 nach Moskau zurückkehrte und nun tatsächlich der Arbeit in der Komintern
fernblieb[146], war diese Geste für alle führenden Funktionäre deutlich als eine Demonstration passiven Widerstandes zu erkennen – und dies passte überhaupt
nicht in die Planung der stalinistischen Führung. Diese fürchtete, dass auch die
Funktionäre anderer ausländischer Sektionen aufbegehren könnten: Ärgerlich berichtete Pjatnickij Anfang Dezember 1928 in einem Brief an Manuilskij, dass sich
Bukharins Verhalten „natürlich auf die Stimmung der ausländischen Genossen
auswirkt, die stets eine Ritze suchen, durch die sie durchkriechen können".[147]

Die nur wenige Tage darauf durchgeführte Attacke Stalins gegen Humbert-
Droz galt daher eigentlich Bukharin. Humbert-Droz bot sich als stellvertretendes
Opfer auch deshalb an, weil Bukharin in der erwähnten „Opern-Sitzung" des
sowjetischen Politbüros, auf der der Offene und der Geschlossene Brief an die
KPD beschlossen worden waren, die von dem Schweizer Kommunisten geforde-
derte Abberufung von Stalins Protegé Neumann aus Deutschland unterstützt und
überdies Humbert-Droz' thälmannkritische Rede in der Sitzung des Politsekreta-

---

[143] Vgl. Danilov, Aprel'skij plenum, in: ders., Kak lomali NEP, Bd. 4, S. 6–13, Zitate: S. 6, 13.
[144] Vgl. Hedeler, „Fall Wittorf", S. 94. Der dort zitierte Auszug aus Bukharins Rede vor dem
ZK-Plenum der VKP(b) vom April 1929 ist jetzt im Gesamtzusammenhang abgedruckt
in: Danilov, Kak lomali NEP, Bd. 4, S. 175–196, hier: S. 192.
[145] Hedeler, „Fall Wittorf", S. 95.
[146] Brief „Michails" [d. i. Pjatnickij] an „Mar'jan" [d. i. Manuilskij] vom 17. 11. 1928, RGA-
SPI 495/19/4: 110 f.
[147] Brief „Michails" an „Mar'jan" vom 8. 12. 1928, RGASPI 495/19/4: 132–134, hier: 134.
Zur weiter anhaltenden Abstinenz Bukharins von seiner Kominternarbeit vgl. Danilov,
Aprel'skij plenum, in: ders., Kak lomali NEP, Bd. 4, S. 6.

riates vom 28. November an alle Mitglieder der russischen Delegation beim EKKI versandt hatte.[148] Indem nun diese Rede Humbert-Droz' vom EKKI-Präsidium auf Vorschlag Stalins[149] als „opportunistisch" gebrandmarkt wurde, sollte auch Bukharin „angefeuchtet" werden, wie es im Jargon der Komintern hieß[150], und indirekt als „Abweichler" verurteilt werden.

Stalin ging bei seiner Auseinandersetzung mit Bukharin in den folgenden Wochen nach der bewährten Taktik vor, zuerst Gerüchte zu streuen, um seinen Gegner zu diskreditieren, sodann eine angebliche Intrige aufzudecken, um in einem letzten Schritt den angeschlagenen Gegner aus dem Weg zu räumen. Vorerst hielt sich Stalin mit direkten Angriffen gegen Bukharin zurück – so hatte er in seinem ersten Brief an den in Deutschland weilenden Manuilskij zum Beispiel lediglich erwähnt, dass neben Humbert-Droz und Zetkin auch „ein Mitglied" der russischen Delegation beim EKKI versucht habe, Neumanns Abberufung zu erreichen – in diesem Zusammenhang aber wohlweislich verschwiegen, dass dieses „Mitglied" immerhin Bukharin, der faktische Vorsitzende der Komintern, gewesen war.[151]

Stalin wartete mit seinem Frontalangriff auf Bukharin auf eine für ihn günstige Gelegenheit, die es ihm erlaubte, sich selbst als Verteidiger der Parteilinie und Bukharin offen als „Abweichler" zu erklären – eine Vorgehensweise, welche die Kominternführung der KPD später als Vorbild für den Umgang mit innerparteilichen Gegnern empfahl.[152]

Die Gelegenheit, Bukharin endgültig politisch zu demontieren, bot sich, nachdem dieser sich an Lenins Todestag Ende Januar 1929 mit einer öffentlichen Kritik an der stalinistischen Wirtschaftspolitik aus der Deckung begeben hatte. Mit einem Artikel, dessen Überschrift „Die Abkehr von Lenins Vermächtnis" unverkennbar auf dessen „Testament" und die darin enthaltene Warnung vor Stalins Alleinherrschaft anspielte, legte Bukharin zum ersten Mal die seit Monaten bestehenden, fundamentalen Meinungsunterschiede in der Parteiführung in aller Deutlichkeit für Außenstehende offen.[153] Diese Verletzung des bolschewistischen Einheitsdogmas betrachtete Stalin als offene Kampfansage.

---

[148] Vgl. dazu die Rede Stalins vor dem vereinigten Plenum von ZK und ZKK der VKP(b) am 22. 4. 1929, abgedruckt in: Danilov, Kak lomali NEP, Bd. 4, S. 452–504, hier: S. 463.

[149] Vgl. Vatlin, Der heiße Herbst, S. 188.

[150] Vgl. Brief Manuilskijs an Stalin vom 2. 1. 1929, in dem er die „Wittorf-Affäre" als Versuch der „Versöhnler" wertet, Thälmann – so wörtlich – „anzufeuchten", das heißt, seine Autorität zu untergraben, RGASPI 558/11/763: 50–52, hier: 52 ob.

[151] Vgl. Brief Stalins an Manuilskij vom 22. 12. 1928, RGASPI 558/11/763: 48 f., hier: 48. Die Sitzung der russischen Delegation beim EKKI, auf der über Neumanns Abberufung diskutiert wurde, war die Sitzung vom 7. 12. 1928 im Bolschoj Theater. Das Gerücht über Neumanns Abberufung wurde allerdings nicht durch Nachrichten von dieser Sitzung, sondern – wie bereits erwähnt – durch Pjatnickijs Bericht an das WEB über die Sitzung des PS vom 28. 12. 1928 verursacht.

[152] Vgl. Entwurf des Geschlossenen Briefes des PS an Sekretariat des ZK der KPD zur Angelegenheit Merker, Fassung vom 23. 4. 1930, RGASPI 495/3/163: 84–95, hier: 93.

[153] Ein erstes Vorgefecht hatte der Artikel Bukharins „Anmerkungen eines Ökonomen" dargestellt („Zametka ekonomista. K nachalu novogo khozajstvennogo goda."), der am 30. 9. 1928 in der Pravda erschienen war und vom Politbüro am 8. 10. 1928 verurteilt

Schließlich waren es aber die der Zentralen Kontrollkommission (ZKK) der VKP(b) zugespielten Aufzeichnungen des längst aus der bolschewistischen Führung verstoßenen Lev Kamenevs über ein Gespräch mit Bukharin, in denen dieser unter anderem mit den Worten zitiert wurde, Stalins Politik führe zum Bürgerkrieg und er werde „die Aufstände in Blut ersticken müssen", die dem Diktator die Gelegenheit boten, sich selbst als Opfer einer fraktionellen Intrige seines Gegners darzustellen.[154] Da in dem Dokument auch Bukharins Kritik an der Kominternpolitik Stalins wiedergegeben wurde, spielte auch sie in dessen Gegenangriff eine gewichtige Rolle: Die Strategie Stalins lief darauf hinaus, Bukharins passiven Widerstand gegen den Ausschluss der Thälmann-Gegner als parteischädigendes Verhalten zu brandmarken und ihm darüber hinaus ein konspiratives Handlungsmuster nachzuweisen, das vom Gespräch mit Kamenev im Juli 1928 bis zur „Wittorf-Affäre" reichte. Anstatt „die „Versöhnler" zur Ordnung zu rufen", so warf der sowjetische Diktator seinem einstigen Kampfgefährten im April 1929 auf dem vereinigten Plenum von ZK und ZKK vor, habe Bukharin mit seinem Vorschlag, der deutsche Parteichef solle seine Fehler in der „Wittorf-Affäre" öffentlich eingestehen[155], den „Umsturz" der Thälmann-Kritiker abgesegnet. „Und so etwas nennt sich Führer der Komintern!" empörte sich Stalin. „Das ist kein Führer, sondern ein Schuljunge!" Mit welchem Hass Stalin diese Tirade gegen Bukharin vortrug, lässt sich daran ermessen, dass er seinen Auftritt, der eine ganze Abendsitzung in Anspruch nahm, erst auf mehrmaliges Zurufen aus dem Plenum für eine Pause unterbrach – der Generalsekretär selbst meinte: „Ich brauche keine Pause."[156]

Entscheidend für den Ausgang dieser lang vorbereiteten Kampagne gegen den faktischen Vorsitzenden der Komintern auf diesem April-Plenum war aber weniger die Kominternpolitik, sondern die Frage über den Fortgang der Kollektivierung: Die Delegierten, die in ihrer Mehrzahl vom Bürgerkrieg geprägt waren und

---

wurde (In deutscher Sprache erschien der Artikel in der Inprekorr 8 (1928), Nr. 117–119; Auszüge daraus finden sich in Altrichter, Die Sowjetunion, Bd. 2, S. 224–227. Die Veröffentlichung des entsprechenden Beschlusses war der Auftakt zum Angriff der Stalinisten auf Bukharin, dessen Artikel u. a. in der Komintern „durchgearbeitet" wurde. Vgl. Danilov, Nojabr'skij plenum CK VKP(b), in: Danilov, Kak lomali NEP, Bd. 5, S. 5–17, hier: 10–12.

[154] Vgl. Danilov, Aprel'skij plenum, S. 7. Das Flugblatt mit den Aufzeichnungen Kamenevs über das Gespräch vom 11. 7. 1928 ist abgedruckt in: Danilov, Kak lomali NEP, Bd. 4, S. 558–563. Bukharin bestritt nicht die Tatsache des Treffens mit Kamenev, bezeichnete den Inhalt der Aufzeichnungen auf einer eigens einberufenen, gemeinsamen Sitzung des Politbüros und des Präsidiums der ZKK am 30. 1. 1929 jedoch als Fälschung. Vgl. dazu das Infomaterial über die innerparteilichen Konflikte in der VKP(b) für das EKKI mit Auszügen der Stenogramme der gemeinsamen Sitzung von Politbüro und Präsidium der ZKK vom 30. 1. und 9. 2. 1929 (o.D., Mai 1929), RGASPI 495/168/47. Über Stalins geschickte Taktik der Diskreditierung Bukharins und seiner Mitstreiter vgl. Danilov, Aprel'skij plenum, S. 10–13.

[155] Dieser Vorschlag war von Bukharin als Kompromiss gedacht, um sowohl Thälmann auf seinem Posten halten zu können, als auch die Desavouierung des deutschen ZK zu vermeiden. Vgl. Hedeler, „Fall Wittorf", S. 94 f.

[156] Rede Stalins vor dem vereinigten Plenum von ZK und ZKK der VKP(b) am 22. 4. 1929, abgedruckt in: Danilov, Kak lomali NEP, Bd. 4, hier: S. 462 f.

weite Teile der Bauernschaft als Feinde der Bolschewiki betrachteten (was angesichts der schon bis zu diesem Zeitpunkt verübten Grausamkeiten an der Landbevölkerung häufig der Realität entsprach), fanden ihre Ansichten über den weiteren Fortgang der Kollektivierung und Industrialisierung eher durch Stalin als durch den „Kulakenfreund" Bukharin vertreten.[157] Sie stimmten daher für eine Resolution, die Bukharin und Tomskij ihrer Posten in der Komintern bzw. beim Gewerkschaftsbund enthoben.[158] Allein Rykov wurde noch bis Ende 1930 auf seinem Posten als Regierungschef belassen.

Der Ausschluss Bukharins aus dem Präsidium des EKKI war damit also schon vor dem für den Juni 1929 vorgesehenen X. EKKI-Plenum beschlossene Sache.[159] Dennoch wurde dieser Schritt von der durch Stalin dominierten Kominternführung sorgfältig vorbereitet: An die Zentralkomitees der Sektionen wurde ein etwa fünfzigseitiger Bericht geschickt, in dem vor allem Bukharins vermeintlich konspirative Tätigkeiten angeprangert wurden.[160] Hatte sich Bukharin auf dem gemeinsamen April-Plenum des ZK und der ZKK der VKP(b) noch vehement gegen Stalins Anschuldigungen gewandt, so zog er sich nun kampflos zurück und überließ auf dem X. EKKI-Plenum seinen Gegnern das Feld.[161]

Es dauerte nun nur noch wenige Monate, bis die Führer der „rechten Abweichung" in der sowjetischen Partei im November 1929 auch aus dem Politbüro der VKP(b) ausgeschlossen wurden – bezeichnenderweise geschah dies auf der Tagung des sowjetischen ZK, auf der auch der Beschluss über die umfassende Zwangskollektivierung der Landwirtschaft gefasst wurde, gegen die sich Bukharin so zur Wehr gesetzt hatte.[162] Bukharin und seine Mitstreiter waren bereits in den Monaten zuvor in der bolschewistischen Führung nicht mehr ernst genommen worden. Voller Spott hatte Abel' Enukidze im September 1929 in einem Brief

---

[157] Vgl. hierzu auch die eindrücklichen Erinnerungen von Lew Kopelev über seine Zeit als Komsomolangehöriger in der Ukraine während der Hungersnot zu Beginn der 30er Jahre: Mit den hungernden Bauern hatten er und seine Freunde damals kein Mitleid. Kopelew, Und schuf mir einen Götzen.

[158] Die Resolution des vereinigten Plenums von ZK und ZKK der VKP(b) vom 23. 4. 1929 ist abgedruckt in: Danilov, Kak lomali NEP, Bd. 4, S. 534–539.

[159] Vgl. Protokoll Nr. 83 des PB der VKP(b) vom 6. 6. 1929, Entscheidungen vom 3. 6. 1929, Pkt. 25 über die Abberufung Bukharins aus dem Präsidium der Komintern, RGASPI 17/3/743: 4.

[160] „Informatorische Mitteilung über die vereinigten Sitzungen des Polbüros des ZK und des Präsidiums der ZKK der VKP(b) (vom 30. Januar und 9. Februar 1929)" [für das 10. EKKI-Plenum] vom 25. 6. 1929, RGASPI 495/168/47: 43–100.

[161] Anstelle von Bukharin wurde der Leiter des Mitteleuropäischen Ländersekretariates des EKKI, Gusev, in das Präsidium gewählt. Vgl. das Protokoll Nr. 44 des PS vom 18. 7. 1929, RGASPI 495/3/115. Die Entscheidung war am gleichen Tage vom Politbüro der VKP(b) vorgefasst worden. Vgl. das Protokoll Nr. 89 des PB VKP(b), RGASPI 17/162/7: 100, das wiederum einen Beschluss der russischen Delegation (also des Stalin'schen Führungszirkels in der Komintern) vom Tage zuvor umsetzte. Vgl. Protokoll Nr. 17 der Delegation der VKP(b) beim EKKI vom 17. 7. 1929, Pkt. 5, RGASPI 508/1/90: 2.

[162] Zum November-Plenum des ZK der VKP(b) vgl. Danilov, Kak lomali NEP, Bd. 5: Plenum CK VKP(b) 10–17. nojabrja 1929 g. Über die Auseinandersetzungen Stalins mit Bukharin im Jahr 1929 vgl. auch die Korrespondenz Stalins mit Molotov in dieser Zeit, abgedruckt in: Koshelova (Hg.), Pis'ma Stalina, S. 118–176.

an Stalin über eine Politbürositzung berichtet, auf der er „von ferne" Bukharins Reaktionen auf die Ankündigungen weiterer Zwangsmaßnahmen gegen die Bauern beobachtete: „Es war interessant, sein Gesicht zu beobachten, als Anastas Mikojan [der Volkskommissar für Handel, B.H.] Schrecklichkeiten über die Notwendigkeit der Beschlagnahmung von Vorräten der Bauern [...] erzählte."[163] Bukharin wusste, dass hiermit vielen Bauern das Todesurteil gesprochen wurde – beschlagnahmten die eingesetzten Truppen doch häufig selbst das Saatgetreide für das folgende Jahr. Tatsächlich kam es aus diesem Grunde Anfang der 30er Jahre zu verheerenden Hungersnöten vor allem in der Ukraine. Doch Enukidze konnte sich über Bukharin lustig machen, weil er wusste, dass von diesem disziplinierten Bolschewisten nicht mehr als stummes Entsetzen zu befürchten war. Damit hatte die letzte ernst zu nehmende innerparteiliche Opposition kapituliert, ohne dass ihre Standpunkte einer weiteren Öffentlichkeit überhaupt erst zu Ohren gekommen waren.

7. „Säuberungen"

Noch bevor die „Säuberungen" auch in der Komintern begannen, hatte der sich seit Ausbruch der „Wittorf-Affäre" zuspitzende Konflikt zwischen Stalin und Bukharin zu immer nervöseren Reaktionen innerhalb des EKKI geführt. Die Stimmung im EKKI sei äußerst angespannt, berichtete der Katalane Andreu Nin Ende 1928: „Jeder wartet auf den Ausbruch des Kampfes zwischen Stalin und den Rechten. Die Demoralisierung ist vollständig."[164] Längst war es politisch gefährlich geworden, als Sympathisant Bukharins verdächtigt zu werden.[165] Die Atmosphäre war von allgemeinem Misstrauen, Gerüchten und gegenseitigen Vorwürfen geprägt: Während einer Sitzung des Politsekretariates des EKKI Anfang März 1929, auf der Manuilskij über den Konflikt in der sowjetischen Führung berichtete, geriet beispielsweise Eugen Varga, der Chefökonom der Komintern, in Bedrängnis: Er musste sich gegen die Behauptung zur Wehr setzen, er habe in Anlehnung an Bukharin geäußert, dass „die [forcierte] Industrialisierung [der Sowjetunion] zur Hungersnot führe." Tatsächlich habe er – so wehrte sich Varga – mit Bukharin über dieses Thema noch nicht einmal gesprochen.[166]

Gleichzeitig wurde der Druck auf die führenden „Versöhnler" in der KPD und Komintern weiter erhöht. Erstens sollten sie nach bewährtem Muster von den Entscheidungszentren in der Heimatpartei und in Moskau abgekoppelt werden. Arthur Ewert, der zusammen mit Gerhart Eisler von der KPD wegen seiner Rolle

---

[163] Brief Enukidzes an Stalin vom 27. 9. 1929, RGASPI 558/11/728: 19–21, hier: 20. Enukidze bezog sich hier auf die vom Volkskommissar für den Handel Mikojan vorgetragene Direktive des ZK der VKPB(b) „O merakh o usilenija khlebzagotovakh" vom 20. 9. 1929, abgedruckt in: Danilov, Tragedija sovetskoi derevni, Bd. 1, S. 677–699.

[164] Zitiert nach: McDermott, Comintern, S. 86.

[165] Vgl. Firsov, Die „Säuberungen" im Apparat der Komintern, S. 39. Firsov konnte sich bei diesem Aufsatz noch auf den heute geschlossenen Bestand der Parteizelle der VKP(b) des EKKI, RGASPI fond 546, stützen.

[166] Erklärung Vargas vom 8. 3. 1929, RGASPI 495/3/95: 7.

in der „Wittorf-Affäre" im Dezember 1928 zunächst nach Moskau delegiert worden war, war bereits im Januar 1929 von der Komintern auf eine – wie Walter Ulbricht spottete – „etwas weite Reise" nach Südamerika geschickt worden.[167] Ewert teilte damit das Schicksal des Schweizers Humbert-Droz, der ebenfalls auf diesen Kontinent versetzt und somit politisch kaltgestellt worden war. Zweitens wurde die geheimdienstliche Überwachung der parteiinternen Kritiker verschärft: Vor seiner Abreise aus Moskau beklagte sich Humbert-Droz in einem Schreiben an Pjatnickij, dass seine Briefe geöffnet wurden bzw. an ihn gerichtete Briefe nie ankamen. Offensichtlich waren diese Maßnahmen vor allem als Warnung gedacht, denn wie Humbert-Droz gegenüber Pjatnickij anmerkte, machte sich der Geheimdienst nicht einmal die Mühe, die Briefe wieder zu verschließen.[168]

Die geschilderten Auseinandersetzungen in den Sektionen um die „Rechten" und „Versöhnler" sowie die anschließende Umstrukturierung und Neubesetzung der Kominternführung im Frühjahr und Sommer 1929 waren aber nur die ersten Vorzeichen für die eigentliche „Säuberung" des Moskauer Kominternapparats, die im Herbst 1929 folgte. Eine eigens für diesen Zweck einberufene Kommission durchleuchtete jene 239 Mitarbeiter des EKKI, die gleichzeitig auch Mitglieder der VKP(b) waren. 201 von ihnen wurden als politisch zuverlässig eingestuft, während 31 Personen aufgrund verschiedener „Vergehen" – hauptsächlich wegen zu großer Nähe zu Bukharin oder wegen Zweifeln an der „Generallinie" – Parteistrafen erhielten und sieben weitere aus der VKP(b) ausgeschlossen wurden.[169]

Schrittweise dehnte sich die „Säuberung" der Komintern auch auf ihre Nebenorganisationen aus und legte die Arbeit im Hauptquartier der Weltrevolution zu weiten Teilen lahm. Der Agent Richard Sorge, gerade von einem Einsatz in England zurückgekehrt, beschwerte sich im September 1929, dass „die nun begonnene Tschistka [russ: Säuberung] die Ausnutzung meines Urlaubes bisher so gut wie ganz unmöglich gemacht" habe.[170] Max Hoelz, ebenfalls erst seit kurzem in Moskau, beobachtete mit Verwunderung das im Gefolge der „Säuberungen" von Denunziationen und persönlichen Abrechnungen geprägte Klima an der Internationalen Leninschule (ILS). Über eine Abendsitzung der dortigen deutschen Gruppe notierte er in sein Tagebuch:

„Mein erster Eindruck war niederschmetternd. Erst im letzten Teil der Versammlung wurden die Debatten auf ein höheres Niveau gebracht [...]. Vorher gab es nur schmutzige Wäsche zu waschen. Es war zum Kotzen schrecklich. [...] Bis 1 Uhr nachts dauerte diese verfluchte Geschichte, ohne konkretes Resultat. In der kommenden Woche sollen die Debatten fortgesetzt werden."[171]

---

[167] Brief Ulbrichts an Sekretariat des ZK der KPD vom 9. 1. 1929, RGASPI 495/292/44: 1–4, hier: 3.

[168] Vgl. Brief Humbert-Droz' an Pjatnickij vom 28. 2. 1929, in: Bahne, Les partis communistes, S. 153 f.

[169] Vgl. Firsov, Die „Säuberungen" im Apparat der Komintern. Der formelle Beschluss zur „Säuberung" des EKKI-Apparates wurde am 16. 8. 1929 von der russischen Delegation beim EKKI gefasst. Vgl. Protokoll Nr. 18, Pkt. 3 g, RGASPI 508/1/91: 2.

[170] Brief Richard Sorges an die Enge-Kommission vom 26. 9. 1929, RGASPI 495/6/46: 7 f.

[171] Tagebuch Max Hoelz, Eintrag vom 16. 11. 1929, abgedruckt in: Plener (Hg.), Hoelz, S. 71. Über diese Sitzung vgl. auch Brief Ulbrichts an das ZK der KPD vom 18. 11. 1929, RGASPI 495/292/46: 52 f.

Die von der Thälmann-Gruppe dominierte KPD-Elite war mit der „Säuberung" der Komintern und VKP(b) hingegen sehr zufrieden. Da sich die Kräfte in Moskau endgültig zugunsten Stalins verschoben hatten, schien es nur noch eine Frage der Zeit zu sein, bis auch die realpolitisch orientierten Thälmann-Gegner unterliegen würden.[172]

Der XII. Parteitag der KPD bildete das vorerst letzte Etappenziel, um die innerparteilichen Gegner auszuschalten. Aus Moskau gab Ulbricht Hinweise, wie die Zusammensetzung der Delegierten so zu organisieren sei, dass die als „Versöhnler" gebrandmarkten Funktionäre weiter an Einfluss einbüßten. Selbstverständlich bestimme die Mehrheit der KPD, welche Delegierten der Minderheit gewählt würden, schrieb er nach Berlin.[173] Von den 217 Delegierten war schließlich nur einer den erklärten Thälmann-Gegnern zuzurechnen.[174]

Trotz dieser strengen Vorauslese der Delegierten war sich die KPD-Führung noch immer nicht sicher, ob der Parteitag nach Plan ablaufen und vor allem die Diskussionen in der Partei endgültig im Sinne Thälmanns beenden würde. Um ein Ausscheren der Delegierten mit Sicherheit auszuschließen, drang der deutsche Parteivorsitzende darauf, dass das EKKI eine eigene Delegation zum Parteitag schickte. Wenn der deutsche Parteitag „ohne eine Delegation des EKKI stattfindet", so erklärte Thälmann der Kominternführung, könnten „daraus verschiedene Gerüchte entstehen".[175] Die Kominternführung sah dies zwar nicht so dramatisch, doch erfüllte sie schließlich Thälmann seinen Wunsch, wobei dieser sogar noch die personelle Zusammensetzung der Delegation mitbestimmen durfte.[176]

Die Aufgabe der Emissäre aus Moskau bestand darin, bereits im Vorfeld des Parteitages, der vom 9. bis 16. Juni 1929 in Berlin-Wedding stattfand, potentielle Störenfriede aus dem Lager der „Versöhnler" zum Seitenwechsel zu bewegen.[177]

---

172 Vgl. dazu v. a. den Brief Manuilskijs an Pjatnickij vom 28. 1. 1929 über das Plenum des ZK der KPD vom 25. 1. 1929 und die Führungsrolle Ernst Meyers bei den „Versöhnlern", RGASPI 558/11/763: 59–61, und Weber, Wandlung, Bd. 1, S. 222 f. v. a. über die Plattform der „Versöhnler" zur Gewerkschaftstaktik der KPD.

173 Brief Ulbrichts an Sekretariat des ZK der KPD vom 4. 2. 1929, RGASPI 495/292/44: 34. Ähnlich bereits der Brief Ulbrichts an Dahlem vom 24. 1. 1929, RGASPI 495/292/44: 29, und der Brief des MELS an das Sekretariat des ZK der KPD vom 15. 2. 1929, RGASPI 495/28/30: 8–12. Stolz konnte Thälmann später in Moskau mitteilen, dass unter den Delegierten des KPD-Parteitages weit mehr Arbeiter als unter denen des SPD-Parteitages seien. Vgl. dazu Thälmanns Ausführungen vor dem PS vom 27. 4. 1929, Protokoll Nr. 32, RGASPI 495/3/101: 282.

174 Weber, Wandlung, Bd. 1, S. 225. Hinzu kamen noch die Führer der „Versöhnler" Ewert, Meyer, Becker und Eberlein.

175 Thälmann vor dem PS vom 27. 4. 1929, Protokoll Nr. 32, RGASPI 495/3/101: 282.

176 Vgl. den Bericht der Delegation des EKKI an Molotov über ihre Arbeit auf dem 12. Parteitag der KPD, o.D. [vor dem 25. 6. 1929], RGASPI 495/293/102: 22 f. Thälmann und Remmele hatten gegen die Teilnahme von Ercolli protestiert. Die Zusammensetzung war schließlich von Stalin persönlich gebilligt worden. Vgl. Brief Pjatnickijs an Stalin vom 9. 5. 1929, RGASPI 495/19/236: 27. In diesem Brief übermittelt Pjatnickij den Vorschlag des WEB über die Zusammensetzung der Delegation.

177 Vgl. den Bericht der Delegation des EKKI an Molotov über ihre Arbeit auf dem 12. Parteitag der KPD, o.D. [vor dem 25. 6. 1929], RGASPI 495/293/102: 22 f., und die Protokolle der Sitzung der Delegation während des Parteitages, RGASPI 495/293/102: 15–18.

So besuchte man beispielsweise Clara Zetkin, kaum dass sie aus Moskau in Berlin eingetroffen war. Doch das Bemühen der Delegation, die einstige Spartakistin in die Thälmann-Gruppe einzubinden, blieb erfolglos. Auf den Versuch, sie über die gegenwärtige Situation in der KPD in tendenziöser Weise „aufzuklären", reagierte sie mit Spott: Sie erklärte sich zwar bereit, den Bericht der EKKI-Delegation mit der „mir gegenüber ihrem Amt und ihrer Kenntnis der Materie gebührenden Bescheidenheit" anzuhören, ließ aber ansonsten keinen Zweifel daran, dass sie auf ihren bisherigen Auffassungen beharren würde.[178] Zum Entsetzen der Delegation bedauerte sie schließlich sogar, dass sie „nicht zur offenen Opposition übergetreten sei".[179] Wie aber auch alle weiteren derartigen Ankündigungen Zetkins so blieb allerdings auch dieser Satz eine leere Drohung, der keine entsprechenden Schritte folgten.

Während solche Besuche dem Zweck dienten, prominente „Versöhnler" mit sanftem Druck zu einer unauffälligen Kapitulation zu bewegen, demonstrierten die Hetzreden des Delegationsmitgliedes Pierre Semard, bis 1928 Generalsekretär des PCF, auf dem Parteitag gleichzeitig den Willen der Stalinisten, den Kampf gegen die innerparteilichen Gegner wenn nötig auch mit unerbittlicher Härte weiterzuführen. Darüber hinaus fanden hinter den Kulissen fortwährend Treffen der deutschen Parteiführung mit der Delegation des EKKI statt, um sicherzustellen, dass „nicht ein einziger Versöhnler in das neue ZK gewählt wird".[180] Angesichts dieser ausgewählten Zusammensetzung des Parteitages war der Ausgang des Machtkampfes absehbar: Der Parteitag endete mit der vollständigen Niederlage der „Versöhnler", die sich schließlich gänzlich unterwarfen, um nicht aus der Partei ausgeschlossen zu werden.[181]

Das erfolgreiche „Beispiel der deutschen Partei im schonungslosen Kampf gegen die Rechten und „Versöhnler" war von Georgi Dimitrov bereits im Mai 1929 als Vorbild für alle anderen kommunistischen Sektionen gepriesen worden.[182] Im Rückblick auf die „Wittorf-Affäre" und die folgende „Säuberung" der KPD-Führung erklärte im Februar 1930 auch Pjatnickij voller Anerkennung, die Partei sei „durch diesen Kampf gehärtet" worden.[183] Solche lobenden Worte heizten natürlich die Radikalisierung der KPD an. Viele deutsche Funktionäre, die nach Moskau kamen, forderten in der sowjetischen Hauptstadt lautstark, die „Versöhnler" aus der KPD als politische Gegner auszuschließen.[184] Der deutsche Vertreter

---

[178] Brief Zetkins an Pjatnickij vom 19. 6. 1929, RGASPI 495/19/519: 14 f. Über Zetkins nur intern geäußerte Kritik an der Politik der KPD-Spitze vgl. Ünlüdag, Tragödie, S. 321–331.

[179] Vgl. den Bericht der Delegation des EKKI an Molotov über ihre Arbeit auf dem 12. Parteitag der KPD, o.D. [vor dem 25. 6. 1929], RGASPI 495/292/102: 22 f., hier: 22.

[180] Ebenda, Blatt 22.

[181] Ausführlich zu den innerparteilichen Diskussionen des XII. Parteitages der KPD: Weber, Wandlung, Bd. 1, S. 225–229.

[182] Schlusswort „Helmuths" [d. i. Dimitrov] in der Sitzung des WEB vom 16. 5. 1929, RGASPI 499/1/12: 142 f.

[183] Pjatnickij in der Sitzung der deutschen Kommission des EKKI-Präsidiums am 25. 2. 1930, RGASPI 495/24/101: 43.

[184] Vgl. dazu bereits den Brief Ulbrichts an das Sekretariat des ZK der KPD vom 9. 1. 1929 über skeptische Reaktionen im EKKI auf die Forderungen vieler aus Berlin nach Moskau

Fritz Heckert wollte Ende Dezember 1929 seinen sowjetischen Zuhörern in einer Sitzung des Mitteleuropäischen Ländersekretariates des EKKI (MELS) mit der Ankündigung imponieren, dass demnächst in der KPD eine „Generalkontrolle" nach dem Vorbild der gerade abgeschlossenen „Säuberung" in der VKP(b) durchgeführt werde.[185] Ganz der stalinistischen Phantasie des gläsernen Parteimitgliedes entsprechend versprach Heckert, dass sich die Kontrolle nicht auf die Handlungen der einzelnen Funktionäre beschränke – vielmehr wolle man sich bei dieser Gelegenheit auch „einen Überblick verschaffen über das, was unsere Mitglieder denken". Darüber hinaus wolle man bei dieser Maßnahme „nicht nur leitende Funktionäre, sondern auch einfache Mitglieder" aus der Partei werfen: Der ganze Funktionärsapparat müsse „umgestülpt" werden.[186]

Dieses Verständnis von Parteiarbeit trieb das bolschewistische Avantgardeprinzip auf die Spitze. Die von Heckert gewählten Begriffe „Generalkontrolle", „Herausreinigung" der „passiven, faulen Elemente" und „Umstülpung" des Funktionärsapparates bezeichneten die endgültige Durchsetzung jenes militanten Tones, der von Stalin vorgegeben worden war, in der deutschen Parteiführung.[187] Lediglich Sergej Gusev stand dem Bemühen der KPD-Spitze, sich bei den „Säuberungen" als besonders eifrige Schüler zu präsentieren und von sich aus die Vorgaben aus Moskau noch zu übertreffen, skeptisch gegenüber. Er dämpfte Heckerts Eifer mit dem Hinweis, die von der KPD geplante „Generalkontrolle" sei doch ein „etwas zu scharfes Mittel": Wenn „Sie die Reinigung zu energisch durchführen, werden sie die Partei damit zu viel erregen." Gusev wies Heckert auf die Nebenwirkungen der geplanten Parteisäuberung hin, indem er auf die Erfahrungen in der Sowjetunion verwies:

„Wissen Sie, dass bei uns im Staatsapparat 2–3 Monate während der Tschistka fast keine Arbeit geleistet wurde? Eine Tschistka durchzuführen ist eine sehr schwere Sache. Sämtliche Parteimitglieder können nicht arbeiten, weil sie abends sehr oft mit der Tschistka beschäftigt sind."[188]

Gusev war allerdings nicht prinzipiell gegen die „Säuberung" der unteren Parteigliederungen – er schlug nur eine gezieltere Vorgehensweise vor, als sie von der KPD beabsichtigt wurde: Bei der Kampagne für die anstehenden Betriebsrätewahlen würden viele Funktionäre „gegen die Linie der Partei auftreten, solche Elemente muss man sehr feierlich und offen vor der Parteimitgliedschaft aus

---

kommenden KPD-Funktionäre, möglichst schnell möglichst viele „Versöhnler" auszuschließen, RGASPI 495/292/44: 1–4, hier: 3.

[185] Die erste Reichskontrolle hatte die KPD allerdings bereits 1927 durchgeführt.

[186] Fritz Heckert in der Sitzung des MELS vom 31. 12. 1929/1. 1. 1930, RGASPI 495/28/42: 17 f. Zur „Generalkontrolle" in der KPD vgl. auch die „Anweisungen des Sekretariates über die Aufgaben im Herbst" vom 20. 9. 1929, in: Weber, Generallinie, S. 54–66, hier: S. 64, Pkt. 11; und das Rundschreiben des Sekretariates des ZK der KPD vom 2. 11. 1929 über die Schwächen und Mängel der Parteiarbeit, in: ebenda, S. 77 f. Darin heißt es u. a., dass pessimistisch eingestellte Funktionäre „das Emporkommen frischer, lebendiger Kräfte aus der Mitgliedschaft in die leitende Arbeit hindern". (S. 78)

[187] Vgl. Kinner, Der deutsche Kommunismus, S. 157 f.

[188] Sergej Gusev in der Sitzung des MELS vom 31. 12. 1929/1. 1. 1930, RGASPI 495/28/42: 55 f.

der Partei rausschmeißen. Das wird eine politische Lehre für die ganze Partei sein."[189]

8. Stalins personale Netze

Die „Wittorf-Affäre" wurde schon von Zeitgenossen als besonders auffälliges Beispiel für die „Cliquenwirtschaft" in KPD und Komintern bezeichnet, in deren Folge sich die deutsche Parteiführung vollständig von Moskau abhängig machte. Die bisherige Forschung hat diese Charakterisierung weitgehend übernommen, allerdings verzichtete sie bislang darauf, dieses eigentümliche Beziehungsgeflecht auch systematisch zu untersuchen. Dies mag darauf zurückzuführen sein, dass die Vorstellung einer „Cliquenwirtschaft" sich nicht nahtlos in die Konzeption einer „Apparateherrschaft" und der damit verbundenen „Bürokratisierung" der politischen Entscheidungsinstanzen einfügen ließ – eine Konzeption, welche die Kommunismusforschung bis heute dominiert. Politische „Cliquen" sind jedoch keine Apparate und arbeiten auch nicht bürokratisch – vielmehr handelt es sich hierbei um personale Netze, die vorrangig auf persönlichen Bekanntschaften, informellen Absprachen und gegenseitigen Abhängigkeiten basieren. Unter diesem Blickwinkel lässt sich anhand der „Wittorf-Affäre" geradezu beispielhaft ablesen, inwieweit die KPD-Führung ab 1928/29 tatsächlich bereits „stalinisiert" war und die typischen Merkmale der stalinistischen Herrschaftsform übernommen hatte. Nachdem in den bisherigen Abschnitten dieses Kapitels die Ereignisgeschichte der „Wittorf-Affäre" im Vordergrund stand, soll sich der Schwerpunkt daher nun auf die strukturgeschichtlichen Aspekte verlagern.

Dazu gilt es zunächst, die Begriffe „Stalinisierung" und „Bolschewisierung" voneinander abzugrenzen: Wie schon in der Einleitung erwähnt, bezeichnet die Bolschewisierung vorrangig den Prozess, in dem sich die deutschen Kommunisten an die sowjetischen Bolschewiki auf der ideologischen Ebene anpassten: Die KPD-Führung begriff die russische Revolution seit 1919 als das entscheidende historische Vorbild, an dem sich auch die deutschen Kommunisten zu orientieren hatten, wenn sie im eigenen Land erfolgreich eine proletarische Diktatur errichten wollten. Das Scheitern der eigenen Umsturzversuche in den Jahren nach 1919 führte indes nicht zur Relativierung dieser Einschätzung, sondern verstärkte im Gegenteil noch die Fixierung vieler KPD-Funktionäre auf das russische „Erfolgsmodell". Die Fehlschläge wurden damit begründet, dass sich die KPD eben noch nicht *weit genug* am sowjetischen Modell orientiert habe. Mit der Annahme der „21 Bedingungen" der Komintern legte sich die KPD spätestens im Jahre 1920 auf die von Lenin entworfene Parteistruktur fest, deren Hauptprinzip – der „demokratische Zentralismus" – sich durch viel Zentralismus und extrem wenig Demokratie auszeichnete. Die Folgen ließen sich bereits auf dem Heidelberger Parteitag der KPD beobachten, auf dem der damalige KPD-Vorsitzende (und spätere SPD-Bürgermeister von West-Berlin) Ernst Reuter mit allerlei Intrigen die „ultralin-

---

[189] Ebenda.

ken" Oppositionellen aus der Partei drängte. Dies alles hatte – wie Andreas Wirsching treffend konstatierte – „mit Stalin noch nichts, mit leninistischen Organisationsprinzipien jedoch bereits sehr viel zu tun".[190] Schon lange bevor Stalin die III. Internationale in seine Gewalt bekam, wurde die innerparteiliche Opposition in der KPD unterdrückt, wurden die Bolschewiki als die Lehrmeister und die Komintern als höchste Entscheidungsinstanz anerkannt. Die KPD wurde somit auch nicht erst seit dem Jahr 1924 „bolschewisiert", als im EKKI dieses Schlagwort geprägt wurde, sondern (gewissermaßen *avant la lettre*) schon seit 1919/ 20.[191]

Von der Bolschewisierung unterscheidet sich die Stalinisierung durch einen wichtigen Aspekt: Während die Bolschewisierung im Wesentlichen auf *ideologischen* Prämissen basiert, die von den Beteiligten als Handlungsrichtschnur akzeptiert werden (von der Notwendigkeit des gewaltsamen Umsturzes bis hin zum Fraktionsverbot), so bezeichnet die Stalinisierung vor allem eine *soziale Praxis*, eine besondere Form, in der Macht ausgeübt wurde. Um zu verstehen, auf welche Weise Thälmann und die von ihm geführte KPD-Spitze mehr und mehr in das stalinistische Machtsystem eingebunden wurden, ist zunächst ein Blick auf das politische System der Sowjetunion notwendig, wie es sich nach der Revolution von 1917 herausgebildet hatte. Hierbei muss man sich vergegenwärtigen, dass die Sowjetunion Stalins weniger dem Idealtyp einer straff organisierten und bürokratisierten Diktatur glich, wie ihn die klassische Totalitarismustheorie gezeichnet hat, sondern eher einem mittelalterlichen Personenverbandsstaat, in dem die Stellung des jeweiligen Gefolgsmanns durch seine Stellung zum Herrscher bedingt war und wechselseitige Beistandsabkommen geschlossen wurden. Diese „refeudalisierte" Form der Machtausübung hatte Stalin allerdings keineswegs „erfunden" – sie hatte sich in Sowjetrussland vielmehr dezentral entwickelt, nachdem Revolution und Bürgerkrieg die alte staatliche Ordnung zusammenbrechen ließen.[192] Weil die bisherigen Herrschaftsstrukturen zusammengebrochen waren, die Bolschewiki hingegen noch keine schlagkräftigen neuen Institutionen aufgebaut hatten (und dafür auch noch lange brauchen würden), mussten die neuen Machthaber alternative Wege finden, auf denen sie ihren Willen in dem Riesenreich durchsetzen konnten: schließlich waren die Kommunikationsstrukturen desolat, es löste sich das Imperium auf, von dem sich nach der Revolution die baltischen und transkaukasischen Republiken abspalteten, und weite Teile des Landes wurden zunächst von den Truppen der westlichen Alliierten oder von Anhängern der gestürzten Provisorischen Regierung besetzt gehalten. In dieser Lage waren personale Netze die einzige Struktur, mit der das Land zusammengehalten werden konnte.[193] Die Kommunikations- und vor allem die Telefonververbindungen blieben innerhalb der Sowjetunion bis in die 30er Jahre hinein äußerst schlecht, weswegen die bolschewistische Führung mittels spezieller Kuriere untereinander in

---

190 Wirsching, „Stalinisierung" oder entideologisierte „Nischengesellschaft"?, S. 464.
191 Vgl. Löwenthal, The Bolshevisation of the Spartakus League.
192 Zum Folgenden vgl. v. a.: Easter, Reconstructing the State; Gill, The origins of the Stalinist political system; Rigby, Early Provincial Cliques and the Rise of Stalin.
193 Vgl. Gill, The Soviet Mechanism of Power, v. a. S. 7–12.

Kontakt blieb, die Briefe und Unterlagen persönlich überbrachten.[194] Diese neue Ordnung der persönlichen Beziehungen wurde vor allem durch solche Bolschewiki getragen, die in den Jahren vor 1917 im Untergrund gegen das zaristische Regime gekämpft hatten, verhaftet und verbannt wurden, und die nun nach 1917 im Bürgerkrieg Seite an Seite kämpften. Diese Erfahrungen prägten sie: Ihre Gefolgschaften basierten nicht auf den Tugenden, die einen bürokratischen Staat auszeichneten, sondern auf Werten, wie sie für vormoderne Gesellschaften kennzeichnend waren: Verwandtschaft, Treue, Ehre und Loyalität. Am deutlichsten zeigte sich diese Struktur an der südlichen Peripherie der Sowjetunion, wo diese Herrschaftsstruktur so stark der dort traditionell angewandten Machtausübung glich, dass schließlich Stämme und Clans von der bolschewistischen Partei Besitz ergriffen.[195]

Diese Weise, Macht auszuüben, setzte sich im Zentrum fort: In den innerparteilichen Machtkämpfen der 20er Jahre erwiesen sich schließlich die Mitglieder der sowjetischen Parteiführung als am durchsetzungsfähigsten, die es am besten verstanden, personale Netze zu knüpfen und Abhängigkeiten zu schaffen. Stalin und seinen Mitstreitern, zumeist an der Peripherie des Imperiums im Kaukasus sozialisiert[196], war diese Form der Machtausübung vertrauter als Trockij oder Bukharin, die aus dem westeuropäischen Exil zurückgekehrt waren und als „Kaffeehaussozialisten" verspottet wurden.[197] Stalin hatte zudem den Vorteil, dass er seit 1922 als Generalsekretär die Personalpolitik der VKP(b) bestimmte und sich in die „Orgarbeit" stürzte – ein Bereich, der den Theoretikern in der Parteispitze wenig prestigeträchtig und uninteressant erschien. Auf diese Weise bildete sich das komplexe System von Patronage, gegenseitigen Verbindlichkeiten und personalen Netzen als das zentrale Element der stalinistischen Herrschaft heraus.[198]

Der engste Vertrauensmann Stalins und somit die wichtigste Verbindung in dem von ihm geknüpften personalen Netz war Vjacheslav Molotov. Er wurde von Stalin überall dort eingesetzt, wo nach Meinung des Diktators ein besonders zuverlässiger Kampfgefährte gefragt war: So trat Molotov im Jahre 1928 in die engere Kominternführung ein, um dort den Einfluss Bukharins zurückzudrängen[199], ersetzte während der Hochphase der Kollektivierung 1930 Andrej Rykov

---

[194] Vgl. Khlevnjuk, Politbjuro, S. 14f., und den Brief Neumanns an unbekannt vom 26. 7. 1932, RGASPI 495/19/703: 29–32, hier: 29.

[195] Vgl. jetzt am Beispiel Aserbaidschans Baberowski, Der Feind ist überall; ferner: Easter, Reconstructing the State, v. a. über die „komitetchiki", die Mitarbeiter der Parteikomitees der vorrevolutionären Untergrundarbeit, die er u.a. am transkaukasischen Netz von Sergo Ordzhonikidze und Sergej Kirov darstellt (S. 82–88).

[196] Vgl. Suny, Beyond Psychohistory. The Young Stalin in Georgia.

[197] Vgl. Rigby, Early Provincial Cliques and the Rise of Stalin; ders., Political Elites in the USSR; Gill, The origins of the Stalinist political system; sowie die Fallstudie von Fitzpatrick über Patronage-Beziehungen zwischen Parteifunktionären und Intellektuellen: Fitzpatrick, Intelligentsia and Power. Zum Gegensatz zwischen „Kaffeehaussozialisten" und Parteifunktionären, die während des Zarismus v. a. im Untergrund gearbeitet haben, siehe Kapitel VII.

[198] Vgl. Mawdsley, The Soviet Elite from Lenin to Gorbachev, S. 56–64; Baberowski, Der rote Terror, S. 84–88; Rees, Stalin as Leader, v. a. S. 43–55.

[199] Vgl. das Protokoll Nr. 41 des PB der VKP(b) vom 3. 9. 1928, Anfrage vom 31. 8. 1928

als Regierungschef, der die gewollt brutale Umsetzung dieser Politik kritisiert hatte[200], reiste 1930/31 persönlich in die Ukraine, um dort im Auftrage Stalins die Getreiderequirierungskampagne zu überwachen und wechselte 1939 schließlich an die Spitze des Außenkommissariates, um anstelle Maksim Litvinovs den heiklen Nichtangriffspakt mit Deutschland auszuhandeln.[201] Neben Molotov gehörten weitere Gefährten aus der Kampfzeit wie Grigorij „Sergo" Ordzhonikidze[202], Vissarion „Beso" Lominadze, Lazar Kaganovich[203], Valerijan Kujbyshev, Anastas Mikojan[204] und später auch Nikolaj Ezhov[205] und Nikita Khrushchev[206] zum engeren Führungskreis.

Persönliches Vertrauen, gegenseitiger Beistand und uneingeschränkte Loyalität – ohne die Achtung dieser Prinzipien, konnte man in Stalins Umgebung nicht aufsteigen.[207] Kritik an einem Mitglied dieser Führungsclique in Gegenwart von Außenstehenden wurde von Stalin prinzipiell nicht geduldet: Als Ordzhonikidze 1930 in einer der Sitzungen des sowjetischen Volkswirtschaftsrates offen gegen Molotov und Kujbyshev auftrat[208], lud er daher sogleich den Zorn des Diktators auf sich: Ordzhonikidze scheine sich nicht darüber im Klaren zu sein, so schrieb Stalin an Kaganovich, dass „sein Verhalten (mit Spitzen gegen die Gen. Molotov und Kujbyshev) objektiv zur Unterminierung unserer führenden Gruppe führt, die im Kampf gegen alle Formen des Opportunismus historisch gewachsen ist", und somit deren gesamte Existenz gefährde.[209] Die Bemerkung, dass die Stalin'sche Führungsclique „historisch gewachsen" sei, war keine Phrase, sondern eine häufig benutzte Formel, die auf die gemeinsame Kampfzeit hindeutete, die im Verständnis der Bolschewiki immer noch andauerte. Indem Ordzhonikidze nun Molotov und Kujbyshev im Volkswirtschaftsrat angriff, fiel er der Gruppe in den Rücken und arbeitete somit „objektiv" (d.h. de facto, wenngleich ungewollt) den Feinden der Bolschewiki in die Hände, von denen die sowjetische Führung überzeugt war, dass sie auf jede Schwäche lauerten.

Stalin hatte sich schon in den 20er Jahren als Meister der Intrige erwiesen, dem es mit wechselnden Allianzen gelang, einen Rivalen nach dem anderen auszuste-

---

Pkt. 21 über die Zusammensetzung der führenden Kominterngremien, RGASPI 17/3/703. Molotovs Aufnahme in das PS hatte Stalin am 31. 8. 1928 in einem Chiffretelegramm an das sowjetische Politbüro von Sotchi aus angeordnet, RGASPI 495/19/228: 139.

[200] Vgl. Khlevnjuk, Politbjuro, S. 50–52.
[201] Vgl. Haslam, Litvinov, Stalin and the Road Not Taken.
[202] Vgl. Khlevnjuk, In Stalin's Shadow.
[203] Vgl. Chuev, Tak govoril Kaganovich; Cohen, Des lettres comme action. Einen kurzen biographischen Abriss seiner Person und seiner Beziehungen zu Stalin in: Davies, The Stalin-Kaganovich Correspondence, S. 21–36.
[204] Vgl. Mikojan, Tak bylo.
[205] Vgl. Jansen, Stalin's loyal executioner.
[206] Vgl. Talbott (Hg.), Chruschtschow erinnert sich.
[207] Vgl. dazu den Brief Stalins an Molotov vom 25. 6. 1926 über seinen Konflikt mit Zinov'ev, dem Stalin vorwarf, den „Rahmen der Loyalität verletzt" zu haben. Abgedruckt in: Koshelova (Hg.), Pis'ma Stalina, S. 72–75, hier: 72.
[208] Vgl. die Briefe Ordzhonikidzes an Molotov vom 12. 11. 1930 und an Stalin vom 25. 8. 1931, abgedruckt in: Khlevnjuk, Stalinskoe Politbjuro, S. 120–122.
[209] Brief Stalins an Kaganovich, o.D. [17. 8. 1931], abgedruckt in: Khlevnjuk (Hg.), Stalin i Kaganovich, S. 50 f.

chen und innerhalb der VKP(b) eine parallele Führung aufzubauen. In seinem Arbeitszimmer im Kreml besprach Stalin mit seinen Getreuen das Vorgehen im Politbüro, um bereits vor den jeweiligen Sitzungen die wesentlichen Entscheidungen zu fällen.[210] Das Politbüro, so beklagte sich dessen Mitglied Sergej I. Syrcov im Herbst 1930 im Kreise von Vertrauten über diese Praxis, sei daher „eine Fiktion".[211] Und tatsächlich wurden immer mehr Fragen nur noch als bereits vor der Sitzung gefasste „Entscheidungen" in das Protokoll des Politbüros aufgenommen.[212] Nachdem Stalin in der ersten Hälfte der 30er Jahre sämtliche Gegner innerhalb der bolschewistischen Führung ausgeschaltet und seine Machtstellung endgültig gesichert hatte, hielt er es nicht einmal mehr für nötig, wenigstens diesen Schein einer kollektiven Führung aufrecht zu erhalten – dementsprechend tagte das Politbüro immer seltener und das Entscheidungszentrum verlagerte sich gewissermaßen offiziell in Stalins Büro.[213] Hierin zeigt sich eine auffällige Parallele zum NS-Regime, in dem die deutsche politische Elite nach 1933 immer stärker auf den „Führer" ausgerichtet wurde. Ebenso wie in Moskau wurden auch in Berlin die wesentlichen politischen Richtungsentscheidungen zunehmend in informellen Gremien gefällt, während die offiziellen Instanzen (das Reichskabinett bzw. das Politbüro) immer unwichtiger wurden.[214]

Auf denselben personalistischen Prinzipien seiner Herrschaft in der VKP(b) baute Stalin auch seine Kominternpolitik auf und weitete somit den eigenen Einflussbereich auch auf die kommunistischen Parteien anderer Länder aus. Kominternpolitik in Zeiten Stalins war daher in erster Linie Personalpolitik. Aus Stalins Sicht war es vor allem deshalb notwendig das personalistische Herrschaftssystem auf die Komintern zu übertragen, weil sich der Versuch, die Politik der ausländischen Parteien zu dirigieren, als ähnlich schwierig erwiesen hatte wie die Beherrschung der sowjetischen Peripherie. Wie unvollkommen die Kontrolle über die KPD noch Ende der 20er Jahre war, zeigt gerade das Beispiel der Wittorf-Affäre, von deren Eigendynamik die Moskauer Führung zunächst völlig überrascht wurde. Wie die Kommunikationsprobleme zwischen der Moskauer Führung und Manuilskij belegen, blieben die Kontrollinstrumente auch weiterhin höchst unvollkommen, so dass von einer „Herrschaft des Apparats" nicht die Rede sein kann.

---

210 Zu den Besuchen vgl. Korotkov, Posetiteli kremlevskogo kabineta I. V. Stalina.
211 So gab ein Spitzel die von diesem später in den Grundzügen bestätigte Kritik in einem Bericht an Stalin wieder. Vgl. den Auszug des Berichtes von B. Rezinikov über ein Treffen der Syrcov-Gruppe vom 22. 10. 1930, abgedruckt in: Khlevnjuk, Stalinskoe politbjuro, S. 96–99, hier: 97. Vgl. dazu auch: Hughes, Patrimonialism and the Stalinist System, S. 562.
212 Vgl. die Tagesordnungen des Politbüros, in denen diese „Entscheidungen" jeweils in einer gesonderten Rubrik aufgeführt wurden. Abgedruckt in: Adibekov, Politbjuro CK RKP(b)-VKP(b); dazu jetzt: Wheatcroft, From Team-Stalin to Degenerate Tyranny, S. 87 f.
213 Vgl. Khlevnjuk, Politbjuro, S. 288: Noch 1930 trat das Politbüro insgesamt 85-mal zusammen, 1931: 94-mal; 1932: 73-mal; 1933: 32-mal; 1934: 44-mal; 1935: 20-mal; 1936: 9-mal, d. h., in manchen Monaten fand nicht eine einzige Sitzung statt.
214 Vgl. z. B. Wilderotter, Alltag der Macht, S. 122–128, über die politische Bedeutung der Sitzordnung am Mittagstisch in der Berliner Reichskanzlei während der NS-Zeit.

Aus diesem Grunde geht die von Clara Zetkin geäußerte und bis heute in der Forschung dominierende Vorstellung, Komintern und KPD hätten wie „Maschinen" funktioniert, am Kern der stalinistischen Herrschaft vorbei: Mit ausschließlich repressiven Methoden waren die deutschen Kommunisten nicht zu beherrschen. Wie in der Sowjetunion, so setzte Stalin auch im Falle der KPD nicht auf die vorhandenen Strukturen des Parteiapparates, sondern baute seine Macht vorrangig auf Seilschaften und persönlichen Abhängigkeiten auf. In derselben Weise, wie Stalin die verschiedenen Institutionen und Entscheidungsgremien in der Sowjetunion wie die Herrschaftsbereiche eines Personenverbandsstaates führte, so versuchte er auch die KPD in dieses System einzubinden, indem er die Parteiführung einem ihm ergebenen Vertrauensmann übertrug.

Schon 1925, während des Kampfes der Komintern gegen die damalige KPD-Vorsitzende Ruth Fischer, die sich aus Moskauer Sicht nicht ausreichend gefügig zeigte[215], hatte Stalin auf Thälmann gesetzt.[216] Spätestens seit 1926 waren Thälmann und Neumann dann fest in das personale Netz des Generalsekretärs eingeflochten: Sie standen dabei nicht nur in ständigem Briefkontakt[217], sondern trafen sich auch regelmäßig mit Stalin in dessen Arbeitszimmer im Kreml.[218] Bei diesen Treffen arbeiteten sie gemeinsam daran, anstehende Entscheidungen der Komintern im Voraus zu beeinflussen. Darüber hinaus standen sie sich in verschiedenen innerparteilichen Kämpfen gegenseitig bei. So besprachen Stalin und Neumann beispielsweise im Juli 1927 bereits im Vorfeld den geplanten Ausschluss Trockijs aus der Komintern.[219] Im Februar 1928 schlossen die von Thälmann dominierte deutsche und die von Stalin beherrschte russische Delegation beim EKKI ein geheimes Beistandsabkommen gegen ihre innerparteilichen Gegner.[220] Allein im Juli 1928 trafen sich Thälmann und Neumann viermal mit dem Generalsekretär, um mit ihm abzusprechen, wie sie auf dem bevorstehenden VI. Weltkongress der Komintern gegen Bukharin und dessen Schützling Arthur Ewert vorgehen sollten.[221]

Da Bukharin die Vorgehensweise seines einstigen Kampfgenossen kannte, bat er Stalin, den VI. Weltkongress der Komintern ohne „Zank" durchzuführen und keine „Atmosphäre der Geheimnistuerei" zu schaffen.[222] Doch vergeblich: Mit ei-

---

[215] Vgl. Brief Bukharins an Stalin vom 22. 7. 1925 über Manuilskijs Bericht über den X. Parteitag der KPD (12.–17. 7. 1925), RGASPI 558/11/708: 45–48.

[216] Vgl. das Telegramm Stalins an Bukharin und Manuilskij vom 23. 7. 1925, RGASPI 558/11/763: 16 f., sowie die Briefe Stalins an Bukharin vom 25. 7. 1925, RGASPI 558/11/708: 51 f., und vom 28. 7. 1925, ebenda, Blatt 53 f.

[217] Siehe vor allem die Akten RGASPI 558/11/776 (Korrespondenz Stalins mit Neumann, seit Anfang 1926) und 558/11/817 (Korrespondenz Stalins mit Thälmann, seit 1925).

[218] Vgl. Korotkov, Posetiteli kremlevskogo kabineta I. V. Stalina.

[219] Vgl. den Bericht Neumanns an Remmele vom 12. 7. 1927 über ein Gespräch mit Stalin in dessen Residenz am Schwarzen Meer, SAPMO-BArch RY 5-I 2/3/203: 89 f.

[220] Zusammen mit weiteren Dokumenten zu diesem Ereignis abgedruckt in: Weber, Der Thälmann-Skandal, S. 111–116.

[221] Thälmann und Neumann wurden von Stalin am 17., 24., 25. und 31. 7. 1931 in seinem Arbeitszimmer empfangen. Vgl. Korotkov, Posetiteli kremlevskogo kabineta I. V. Stalina, Teil I, hier: S. 15.

[222] Vgl. Vatlin, Der heiße Herbst, S. 173 f.

ner gezielten Desinformationspolitik erreichte der Diktator, dass auf den Fluren des Gewerkschaftshauses eine Art Parallelkongress abgehalten wurde, der sich um nichts anderes drehte als die politische Zukunft des bisherigen faktischen Vorsitzenden der Komintern. Gezielt wurde die Information gestreut, zwischen Bukharin und der restlichen sowjetischen Führung bestehe ein tiefer Riss.[223] Um seine Autorität zu retten, drang Bukharin schließlich darauf, dass das sowjetische Politbüro dem Seniorenkonvent des Kongresses ein Dementi dieser Gerüchte zukommen ließ.[224] Längst aber war er angeschlagen, das Gerede ging weiter: Noch während des Kongresses wehrte sich Bela Kun schriftlich gegen die „Unterstellung", er habe behauptet, Bukharins Tage in der Komintern seien gezählt.[225] Schon indem das Gerücht überhaupt verbreitet wurde, hatte es bereits seine Funktion erfüllt, den Abgang Bukharins zu beschleunigen.

Welche Bedeutung Thälmann für Stalin hatte, lässt sich an der besonderen Aufmerksamkeit ablesen, die der sowjetische Parteiführer seinem deutschen Schützling in dieser Zeit zukommen ließ. Wenige Tage nach der Eröffnung des Kongresses erkundigte sich Stalin von seiner Ferienresidenz aus schriftlich bei Molotov nach dem Befinden des deutschen Parteichefs: „Was ist mit Thälmann? Ist er zufrieden?"[226] Das war er nicht. Molotov informierte Stalin, dass sich Thälmann auf dem Kongress langweile – dort herrsche noch nicht „der richtige Ton", ergänzte Molotov und meinte damit, Thälmanns Gegner würden noch nicht scharf genug angegriffen.[227]

Um den Erfolg Thälmanns im innerparteilichen Kampf sicherzustellen, achtete Stalin darauf, dass seinem Schützling zuverlässige Funktionäre zur Seite standen. Als Molotov im August 1928 vorschlug, Thälmanns Anhänger Schneller und Dengel in die Kominternführung zu berufen[228], holte er sich vom Generalsekretär prompt eine Abfuhr: „Was bleibt denn Thälmann in diesem Fall in Deutschland übrig? Ich bin gegen diesen Plan, falls er nicht zu 100% von Thälmann gebilligt wird."[229] Leicht gekränkt antwortete Molotov im nächsten Brief, er habe „nicht die Absicht, Deng[el] und Schneller aus Deutschland ‚entführen' zu lassen. Nur

223 Vgl. Vatlin, Die Programmdiskussion, v. a. S. 27–33. Zum Verlauf des Kongresses und des Konfliktes mit Ewert und Bukharin vgl. die Briefe der deutschen Delegation an das Sekretariat des ZK der KPD vom 30. 7. 1928, SAPMO-BArch RY 5-I 6/3/170: 6 f., vom 6. 8. 1928, SAPMO-BArch RY 5-I 6/3/170: 17–19, vom 10. 8. 1928, SAPMO-BArch RY 5-I 6/3/170: 27 f. und vom 26. 8. 1928, SAPMO-BArch RY 5-I 6/3/170: 44–46, sowie die Briefe Thälmanns an Stalin vom 1. 8. 1928, RGASPI 558/11/817: 81–82, und an Pieck vom 10. 8. 1932 über den Konflikt mit Ewert, SAPMO-BArch NY 4036/500: 124 f.
224 Vgl. die Erklärung des Politbüros der VKP(b) an den Seniorenkonvent des VI. Weltkongresses der Komintern vom 30. 7. 1928, abgedruckt in: Adibekov, Politbjuro CK RKP(b)-VKP(b) i Komintern, S. 540 f.
225 Brief Kuns an die russische Delegation vom 26. 8. 1928, RGASPI 508/1/118: 25.
226 Zitiert nach: Vatlin, Iosif Stalin, S. 84. Die in diesem Aufsatz zitierten Briefe Stalins an Molotov befinden sich im RGASPI (82/2/1420) und sind mittlerweile wieder für die Einsicht gesperrt.
227 Brief Molotovs an Stalin vom 9. 8. 1928, abgedruckt in: Weber, Der Thälmann-Skandal, S. 121 f.
228 Brief Molotovs an Stalin vom 17. 8. 1928, RGASPI 558/11/767: 105–110, hier: 109.
229 Zitiert nach: Vatlin, Iosif Stalin, S. 84 (o.D., nach dem 17. 8. 1928).

auf einen von beiden habe ich einen Anschlag vor, und das natürlich nur bei voller Zustimmung Thälmanns." Um keinen Preis wolle er Thälmanns Position untergraben, schließlich sei er „das Beste, was wir in Deutschland haben!", jedoch brauche man für die Arbeit im EKKI „einen guten Deutschen".[230]

Insbesondere die letzte Bemerkung Molotovs führt vor Augen, welche wichtige Rolle Thälmann und seine Gefährten für die bolschewistische Führung spielten: sowohl in Deutschland als auch im EKKI wurden der deutsche Parteivorsitzende und seine politischen Freunde in der KPD-Führung wegen ihrer Loyalität dem sowjetischen Diktator gegenüber als unerlässliche Stützpfeiler der Stalin'schen Macht angesehen und wegen ihrer Radikalität als nützliche Unterstützung in der Komintern geschätzt.

Im Vergleich zu der Bedeutung, die Stalin der politischen Loyalität der Funktionäre zumaß, spielte deren fachliche Kompetenz für ihn oftmals eine untergeordnete Rolle. Allerdings brachte diese Prioritätensetzung unübersehbare Schwierigkeiten mit sich, denn auch das stalinistische Herrschaftssystem war darauf angewiesen, dass die Gefolgsleute des Diktators fähig waren, dessen oft nur grobe Direktiven im Einzelfall eigenständig umzusetzen. Es zeigte sich jedoch, dass sich Stalins engste Gefolgsleute von der ihnen übertragenen Verantwortung oftmals überfordert fühlten. Die meisten hatten keine höhere Bildung genossen und konnten dementsprechend auch wenig mit den dickleibigen Grundlagentexten des Marxismus anfangen – Molotov gestand 1973 in einem Gespräch mit dem Schriftsteller Feliks Chuev beispielsweise: „Nur Helden können *Das Kapital* lesen."[231] Stalins Gefolgsleute agierten vor allem höchst unsicher, wenn sie gezwungen waren, ohne konkrete Direktive eigenständige Entscheidungen größerer Tragweite zu fällen.[232]

Anastas Mikojan hatte daher im Jahre 1926 entsetzt auf Stalins Entscheidung reagiert, ihn nicht nur ins Politbüro zu berufen, sondern kurz darauf auch noch zum Volkskommissar für den Handel zu ernennen.[233] Anderen Führungsfunktionären aus Stalins Entourage ging es nicht anders: Als der Diktator im Sommer 1932 bereits fast zwei Monate fern der Hauptstadt am Schwarzen Meer weilte, schrieb ihm Kaganovich, der ihn als Vorsitzender des Politbüros vertrat: „Uns selbst, insbesondere mir, fällt es sehr schwer, ohne Sie zu arbeiten und Fragen zu

---

[230] Molotov fügte hinzu, er gehe mit der Abberufung der Freunde Thälmanns nun besonders vorsichtig um, weil Brandler inzwischen kategorisch auf seiner Rückkehr nach Deutschland bestehe (und der deutsche Parteivorsitzende also Beistand nötig haben werde, wenn Brandler tatsächlich zurückkehre). Brief Molotov an Stalin vom 24. 8. 1928, RGASPI 558/11/767: 117–119. Auch abgedruckt in: Weber, Der Thälmann-Skandal, S. 124 f. Die Übersetzung dort ist allerdings fehlerhaft. Aus diesem Grunde werden die dort abgedruckten Dokumente in dieser Arbeit nur in Ausnahmefällen zitiert.

[231] Gespräch Molotovs mit Feliks Chuev am 4. 12. 1973, in: Molotov remembers, S. 81.

[232] Diese Beobachtung findet sich (auf Grundlage von veröffentlichten Quellen) bereits bei: Löhmann, Der Stalinmythos, S. 75.

[233] Vgl. die Memoiren von Mikojan, Tak bylo, S. 270–273. Er berichtet dort zudem, auch Kaganovich und Ordzhonikidze wären 1926 wenig begeistert über ihre Berufung in das Politbüro gewesen. 1930 bot er seinen Rücktritt an, weil er sich überlastet fühlte. Vgl. ebenda, S. 292, und Khlevnjuk, Politbjuro, S. 81–83.

entscheiden, bei denen man häufig in einer Sackgasse landet [...].“[234] „Wir waren wie Teenager“, fasste Molotov Jahrzehnte später das Verhältnis der Politbüromitglieder zu ihrem Übervater Stalin zusammen.[235]

Die gleiche Unsicherheit befiel Stalins Gefolgsleute auch bei ihrer Arbeit in der Komintern, sobald sie gezwungen waren, ohne dessen unmittelbare Anleitung Entscheidungen zu fällen: Als Molotov beispielsweise im August 1928 an der Überarbeitung des Kominternprogramms mitwirkte, schrieb er an Stalin, der fern von Moskau im Urlaub weilte, es sei „furchtbar schade, ja geradezu heikel“, dass er nicht da sei.[236] Auch als wenige Wochen darauf die erste Nachricht von Thälmanns Absetzung in Moskau eintraf, wusste der treue Untergebene ohne die Anweisungen Stalins nicht weiter: „Dein Rat ist sehr vonnöten“, schloss Molotov sein erstes Schreiben in dieser Angelegenheit an den Generalsekretär: „Wir werden warten.“[237]

Bei seiner Arbeit im EKKI fühlte sich Molotov auch deshalb unsicher, weil er in der polyglotten Kominterngesellschaft Verständigungsschwierigkeiten hatte: Im Herbst 1931 gaben von den damals befragten 331 EKKI-Mitarbeitern 52 Personen an, neben Russisch auch Französisch und Deutsch zu sprechen, weitere 21 beherrschten außerdem noch Englisch und noch einmal weitere 21 Personen fünf oder mehr Sprachen. Lediglich 123 der Befragten sprachen nur russisch.[238] Auch Molotov beherrschte keine einzige Fremdsprache: „In verschiedenen Unterhaltungen bin ich oft gefragt worden: ‚Wie viele Sprachen sprechen Sie?‘ Ich antworte [sic] immer ‚Russisch‘.“[239] Er dürfte daher erleichtert gewesen sein, als er schon Ende 1930 von seinem Posten im Politsekretariat und im Präsidium des EKKI befreit wurde und an die Spitze des Rates der Volkskommissare wechselte.[240]

Doch derartige Schwierigkeiten schienen Stalin nicht zu stören: So waren die Fremdsprachenkenntnisse „Beso“ Lominadzes, der im Januar 1927 als Kominterninstrukteur nach Deutschland geschickt wurde, kaum besser als die Molotovs.[241] Und wie diesem dürfte auch Lominadze die politische Kultur in Deutschland denkbar fremd gewesen sein, da sich seine bisherige Auslandserfahrung auf einen längeren Aufenthalt in China reduzierte. Als treuer Stalinist hatte er sich vor

---

[234] Brief Kaganovichs an Stalin vom 21. 7. 1932, abgedruckt in: Khlevnjuk (Hg.), Stalin i Kaganovich, S. 238 f.

[235] Gespräch Molotovs mit Feliks Chuev, in: Molotov remembers, S. 181.

[236] Brief Molotovs an Stalin vom 24. 8. 1928, RGASPI 558/11/767: 117–119.

[237] Brief Molotovs an Stalin vom 28. 9. 1928, RGASPI 558/11/767: 145–147, hier: 147.

[238] Bericht Ciruls an die Kleine Kommission des EKKI über den Personalbestand des EKKI vom 21. 10. 1931, RGASPI 495/6/48: 5–10. Die Angaben sind allerdings lückenhaft, da zu diesem Zeitpunkt niemand wusste, wieviel Personen überhaupt im EKKI-Apparat arbeiteten. Cirul schätzte diese Zahl auf ca. 500 Personen; über die 170 Personen, die keine Angaben gemacht hatten, liegen daher keine Erkenntnisse über ihre Sprachkenntnisse vor.

[239] Zitiert nach: Molotov remembers, S. 179.

[240] Vgl. Protokoll Nr. 22 des PB der VKP(b) vom 30. 12. 1930, Entscheidungen Pkt. 6/16, RGASPI 17/162/9: 111.

[241] In seinem ersten Bericht aus Berlin an die „russische Delegation“ beim EKKI vom 11. Januar 1927 erklärte er selbst, dass er die deutsche Sprache nicht beherrsche, RGASPI 558/11/758: 17.

allem in den blutigen Auseinandersetzungen im Kaukasus profiliert.[242] Nach seiner Abberufung aus Deutschland beschwerte sich Clara Zetkin bei Bucharin, mit Leuten wie Lominadze möge Moskau die KPD in Zukunft doch bitte verschonen.[243] Stalin hingegen hatte sich mit Lominadzes Berichten aus Deutschland durchaus zufrieden gezeigt: „Wir finden alle", lobte er im Namen des sowjetischen Politbüros dessen Arbeit, „dass Du hervorragend berichtest und bitten Dich in diesem Sinne fortzufahren. Alle sagen, dass wenn Deine Briefe nicht wären, man aus den Briefen von Kuusinen überhaupt nichts über die Lage in der KPD verstehen könnte."[244] Dass Lominadzes Berichte dem Generalsekretär zusagten, war keine Frage der Sympathie. Vielmehr sprach Lominadze dieselbe politische Sprache wie Stalin, hatte dieselbe Denkweise und bediente sich derselben Interpretationsmuster. Der Theoretiker Kuusinen hingegen – der sich zeitgleich mit Lominadze in Deutschland aufhielt – gehörte als ausgesprochener Intellektueller nie zum engeren Kreis um Stalin und wurde dort auch weiterhin als Schwätzer verspottet: Noch im September 1932 kommentierte Manuilskij das Referat Kuusinens auf dem 12. EKKI-Plenum in einem Brief an Molotov mit den Worten, dieser Beitrag sei „in seiner Länge umgekehrt proportional zu seiner Qualität" gewesen – „eine rein propagandistisch-agitatorische Stellungnahme".[245]

Wie wir gesehen haben, bestanden selbst unter stalintreuen Funktionären starke Vorbehalte gegenüber Neumann und dessen Eignung für die Kominternarbeit. Doch Stalin setzte sich auch über diese Einwände hinweg, als er im Juli 1928 gemeinsam mit Thälmann und Neumann die zukünftige Zusammensetzung der deutschen Parteiführung festlegte[246] und Neumann dabei einen wichtigen Platz zuwies. Bucharin kommentierte diese Entscheidung im Januar 1929 in einer Sitzung des sowjetischen Politbüros mit den Worten, dass Stalin „die Hauptsache in den so genannten ‚eigenen (verlässlichen) Leuten' sieht, auch wenn diese ‚Eigenen' schlechte Politiker sind und noch verschiedene andere überaus zweifelhafte Eigenschaften besitzen".[247] Im Grunde legte Stalin mit dieser Art der Kaderauswahl die Grundlagen seiner Macht in der Partei. Auch in dieser Frage präsentierte sich

---

[242] Vgl. Easter, Reconstructing the State, S. 84. 1930 trat Lominadze erneut dafür ein, die aserbazhanischen Bauern mit Waffengewalt in die Kolchosen zu zwingen und dabei jeden zu „vernichten, der es versucht, gegen uns die Waffe zu erheben". Vgl. Baberowski, Der Feind ist überall, S. 710–713 (Zitat S. 712).

[243] Brief Zetkins an Bucharin vom 11. 9. 1927, abgedruckt in: Lewerenz, Zum Kurswechsel in der KPD, S. 778–782, hier: S. 782.

[244] Brief Stalins an Lominadze vom 1. 4. 1927, RGASPI 558/11/758: 57 f.

[245] Bericht Manuilskijs an Molotov vom 20. 9. 1932, RGASPI 495/19/243: 38–50, hier: 40.

[246] Vgl. Neumanns Ausführungen in der Sitzung der PK vom 14. 5. 1932, RGASPI 495/4/188a: 116.

[247] Vgl. Bucharins Stellungnahme auf der vereinigten Sitzung von Politbüro und Präsidium der ZKK der VKP(b) am 30. 1. 1929. Da das originale Stenogramm dieser Sitzung noch im Archiv des Präsidenten der Russischen Föderation unter Verschluss liegt, zitiere ich hier nach: „Informatorische Mitteilung über die vereinigten Sitzungen des Polbüros des ZK und des Präsidiums der ZKK der VKP(b) [am 30. 1. 1929]" vom 25. 6. 1929 für die Delegierten des X. EKKI-Plenums, RGASPI 495/168/47: 43–100, hier: 48. Ähnlich hatte sich Bucharin allerdings schon auf dem VI. Weltkongress der Komintern geäußert, wo er einen Brief Lenins zitierte. Vgl. Firsov, Stalin und die Komintern, S. 97.

Thälmann als getreuer Musterschüler. Doch entbehrt es nicht einer gewissen unfreiwilligen Komik, wenn der deutsche Parteivorsitzende diese Auswahlprinzipien auch halböffentlich nachbetete – und dabei unbewusst ein wenig schmeichelhaftes Urteil über sich selbst fällte. So erklärte er auf der Reichsparteikonferenz der KPD im November 1928, es sei zunächst wichtiger, dass kommunistische Funktionäre zuverlässig seien, als dass sie sich ihrer Stellung geistig gewachsen zeigten: Was sie noch nicht wüssten, das könnten sie ja noch lernen.[248]

Trotz aller Zweifel an der Kompetenz der KPD-Führung wagten die Spitzenkader der Komintern kaum noch, Kritik an den deutschen Genossen zu äußern. Denn seit der „Wittorf-Affäre" war für jeden sichtbar geworden, dass Stalin persönlich seine schützende Hand über Thälmann und Neumann hielt. Allen war bewusst: Schon der leiseste Verdacht, nicht bedingungslos hinter den Schützlingen des Diktators zu stehen, gefährdete die eigene politische Existenz. Als die SPD-Zeitung *Der Abend* im Januar 1929 die angebliche Bemerkung Bela Kuns kolportierte, in der Komintern werde Thälmann allgemein als „Idiot" und Neumann als „Schweinehund" betrachtet, dementierte dieser daher umgehend und beteuerte in internen Gesprächen, „dass er nicht einmal so gedacht habe".[249] Letzteres wird man dem bekanntermaßen Neumann-kritischen Funktionär wohl kaum abgenommen haben – doch seine Aussage verdeutlicht, welcher Soll-Zustand in der Kominternführung angestrebt wurde: Für alle Funktionäre galt gleichermaßen, dass sie die von Stalin festgelegte Struktur des personalen Netzes nicht nur hinzunehmen, sondern zu akzeptieren hatten. Das ausgewählte Personal durfte nicht in Frage gestellt werden, objektive Kriterien wie die fachliche Qualifikation standen nicht zur Debatte. Da es sich hierbei aber um eine nicht kodifizierte Regel der stalinistischen Herrschaft handelte, reichte das öffentliche Bekenntnis nicht aus. Erst die allgemeine Anerkennung der Regel in der alltäglichen sozialen Praxis bewies die Loyalität der Funktionäre. Sie wiederum verschaffte dem personalen Netz Legitimität.

Der Bereich der informellen Machtbeziehungen war jedoch mit einem Tabu belegt: So wie die bloße Existenz der Stalin-Clique in der bolschewistischen Führung nicht einmal in den geheimen Sitzungen des ZK der VKP(b) erwähnt werden durfte, weil dies dem bolschewistischen Einheitsparadigma zuwiderlief[250], so galt dergleichen auch in der Kominternführung als unaussprechlich. Humbert-Droz, der die Entourage des sowjetischen Diktators bereits Ende 1928 „die Stalinisten"

---

[248] Zitiert nach: „Rundschreiben der rechten Fraktion in der KPD" über die Reichsparteikonferenz der KPD vom 5. 11. 1928, RGASPI 495/293/95: 102–113, hier: 104.

[249] Brief Ulbrichts an Sekretariat des ZK der KPD vom 7. 2. 1929, RGASPI 495/292/44: 38. Der „Abend" hatte die entsprechende Meldung über ein Gespräch mit dem deutschen „Rechten" Hausen am 23. 1. 1929 veröffentlicht. Trotz seines Dementis wurde Kun von Remmele in der Inprekorr vom 1. 3. 1929 wegen dieses Gespräches als „Versöhnler" angegriffen. Erst durch eine Erklärung des PS wurde Kun offiziell von diesem Verdacht „reingewaschen". Vgl das Protokoll Nr. 26a und die Resolution des PS zu diesem Falle vom 13. 3. 1929, RGASPI 495/3/95: 61 f. (Protokoll) und 495/3/95: 57 (Resolution). Vgl. dazu auch: Weber, Wandlung, Bd. 1, S. 151.

[250] Vgl. dazu Getty, The Road to Terror, S. 50, über Bukharins Hinweis auf die Machtstellung der Stalin-Gruppe im ZK der VKP(b).

nannte[251], löste daher eine große Empörung aus, als er im November 1928 in der
Sitzung des Politsekretariates des EKKI über die KPD das vergleichsweise banale
offene Geheimnis aussprach, Heinz Neumann sei in der deutschen Partei „der
Leiter des Polbüros hinter den Kulissen".[252] Diese Tatsache dürfte zwar zumindest in der Führungsebene des EKKI niemandem unbekannt gewesen sein –
schließlich litt Neumann, wie dieser selbst wenig später in einem Brief an Stalin
bemerkte, nicht an „übermäßiger Bescheidenheit".[253] Dennoch empörte sich
Ulbricht umgehend über Humbert-Droz' „blühende Fantasie".[254]

Doch während die kritischen Bemerkungen von Humbert-Droz noch steno-
grafiert wurden, legt ein anderer Fall den Schluss nahe, dass ähnliche Äußerungen
über die Existenz einer Führungsclique selbst in den innersten Zirkeln der
VKP(b) und Komintern meist zensiert wurden. So sah sich der britische Kommunist Bell im April 1929 dazu gezwungen, seine Klage über die informellen Verhandlungen zwischen der deutschen und der sowjetischen Parteispitze handschriftlich in das Stenogramm nachzutragen, weil das offizielle Protokoll diese
Bemerkung unterschlagen hatte. Sein Nachtrag ist ebenso von Ärger über die
Umgehung der offiziellen Kominterngremien geprägt wie von bitterem Spott
über die eigene Machtlosigkeit. Über Thälmanns Gespräche mit den sowjetischen
Spitzenkadern über die Resolutionen des bevorstehenden XII. KPD-Parteitages
schrieb Bell in das Stenogramm:

> „I have no doubt Com[rade] Thälmann will get very good advice, and I dare say find a cor-
> rect line, but the C[ommunist] I[nternational] is not an organisation of a group of comrades.
> The C.I. has its responsable organs. The materials for the German party Congress ought to
> have been submitted to the Pol[itical] Secretariat in the same way as other parties do.
> We who took part in the Commission on the Hausen and Galm affair can recall that they
> made much out of an alleged secret aggreement between the Russian Party and the German
> Party.[255] I can understand the value and importance of such conversations, but I hope we are
> not faced here with another secret agreement."[256]

Obwohl diese Stenogramme nur für einen kleinen Kreis von Elitefunktionären
bestimmt waren, sollte auch intern der Schein der Einheit der Partei aufrechterhalten bleiben. Die Funktionäre waren somit zugleich Akteure und Zuschauer

---

[251] Vgl. den Brief Zlichenkos an Stalin vom 4. 1. 1929 über ein Privatgespräch mit Humbert-
Droz, RGASPI 558/11/735: 52.

[252] Rede von Humbert-Droz vor dem PS vom 28. 11. 1928, RGASPI 495/3/65: 158–185,
hier: 185. Thälmann hielt es für notwendig, in einem internen Brief an das PS diese Behauptung explizit zurückzuweisen. Vgl. Brief Thälmanns an das PS vom 22. 12. 1928,
RGASPI 495/293/93: 90–98, hier: 97.

[253] Brief Neumanns an Stalin vom 30. 1. 1929, RGASPI 558/11/776: 25–29, hier: 26.

[254] Zwischenrufe zur Rede von Humbert-Droz vor dem PS vom 28. 11. 1928, RGASPI 495/
3/65: 158–185, hier: 184 f. Die falsche Schreibweise der Namen wurde korrigiert.

[255] Damit war das Abkommen zwischen der deutschen und der russischen Delegation vom
29. 2. 1928 über den Kampf gegen die innerparteiliche Opposition gemeint.

[256] Vgl. die handschriftliche Bemerkung von Bell auf der ersten Seite des Stenogrammes seiner Rede vor dem PS vom 27. 4. 1929, RGASPI 495/3/101: 305. Dass Bell diese Bemerkung im Politsekretariat tatsächlich mündlich vorgetragen hat, lässt sich daran erkennen,
dass sich in den Stenogrammen der anderen Reden Entgegnungen auf seinen Vorwurf
finden lassen.

dieser inszenierten Partei-Vorstellung. Das Verhalten von Humbert-Droz und Bell galt als unverzeihlicher Bruch bolschewistischer Verhaltensregeln.

Die „Wittorf-Affäre" führt auch deutlich vor Augen, dass das Verhältnis zwischen Stalin und seinen Gefolgsleuten vom ständigen Misstrauen des Diktators geprägt war. Stalin verdächtigte selbst seine engsten Mitarbeiter, nicht aufrichtig zu sein und geheime Intrigen gegen ihn zu schmieden – ständig sah er sich daher der Gefahr ausgesetzt, das von ihm geschaffene System aus Allianzen und Beziehungen könnte sich irgendwann gegen ihn wenden. Jede Information über mögliche Veränderungen in dem von ihm geknüpften personalen Netz, die nicht von ihm selbst stammte, weckte den Argwohn des Diktators. Als Molotov während des VI. Kominternkongresses den bereits erwähnten Vorschlag machte, Dengel oder Schneller zur Unterstützung des EKKI nach Moskau zu delegieren, vermutete Stalin sogleich, dass dies seinem Adlatus eingeflüstert worden sei.[257] Der aber versicherte mit gekränktem Stolz: „Diese Idee hat mir niemand eingeredet – ich bin ‚von selbst' darauf gekommen."[258] Die Wittorf-Affäre, die Stalin von Anfang an als Verschwörung innerparteilicher Gegner gewertet hatte, schürte den Argwohn des Generalsekretärs weiter. Als Manuilskij im Dezember 1928 aus Berlin von dem Gerücht über Neumanns angeblich bevorstehende Abberufung nach Moskau berichtete, konnte Stalin daher nicht glauben, dass es sich dabei lediglich um ein Missverständnis gehandelt habe. In der ihm eigenen Mischung von Misstrauen und Spott erkundigte er sich bei Manuilskij:

„Woher mag so eine – mit Verlaub gesagt – Information zu Dir kommen? Möglicherweise von Lominadze? Lominadze gehört zu den Genossen, die das Gras wachsen hören. [...] Ich weiß, dass Lominadze mit Neumann korrespondiert. Ich habe die Befürchtung, dass Gen. Neumann es vorzieht, sich über Lominadze zu informieren. Und ich nehme es nicht nur an, ich bin davon auch überzeugt. Aber das führt zu nichts Gutem. [...] Oder ist es möglich, dass Du diese ‚Information' von den deutschen Versöhnlern hast? Ich beglückwünsche Dich zu Deiner guten Gesellschaft, in die Du, wie Du sagst, gefallen bist. Bemüh Dich besser, nicht in so eine Gesellschaft zu fallen."[259]

Bemerkenswert an dieser Passage ist vor allem, dass Stalin zuerst Lominadze verdächtigte, dieses Gerücht in die Welt gesetzt zu haben, obwohl dieser damals einer seiner engen Mitstreiter war. Erst an zweiter Stelle nannte der Generalsekretär die innerparteilichen Gegner in der KPD als mögliche Urheber des Gerüchtes. Dieses Detail weist darauf hin, dass aus Stalins Sicht selbst die Loyalität seiner engsten Gefolgsleute stets prekär blieb.

Neumann, dem Manuilskij diesen Brief zu lesen gab, erkannte sogleich, dass er diesem Misstrauen entgegensteuern musste. In einem seitenlangen Schreiben an Stalin, das in einem überaus devoten Tonfall gehalten war, beeilte sich Neumann, dem Diktator gegenüber seine uneingeschränkte Loyalität unter Beweis zu stellen. Vor allem war er sichtlich bemüht, den Verdacht des Generalsekretärs zu zerstreuen, er führe mit seinem langjährigen Freund Lominadze eine subversive Korrespondenz, die gegen ihn gerichtet sein könnte:

---

[257] Brief Stalins an Molotov vom 23. 8. 1928, RGASPI 82/2/1420: 220.
[258] Brief Molotovs an Stalin vom 24. 8. 1928, RGASPI 558/11/767: 117–119.
[259] Brief Stalins an Manuilskij vom 22. 12. 1928, RGASPI 558/11/763: 48 f.

„Betreffend meines Briefwechsels mit Lominadze versichere ich Ihnen, dass dort nichts ‚gruppenmäßiges' ist. Wir haben einige Jahre in drei Ländern zusammengearbeitet (Deutschland, UdSSR, China) und sind Parteifreunde geworden. Wir haben uns seit dem VI. [Komintern-] Kongress vier- oder fünfmal geschrieben; ich kann Ihnen alle Briefe zeigen und Sie werden sich davon überzeugen, dass dort keinerlei besonderen ‚Informationen' sind."[260]

Um seine deutschen Gefolgsleute an die Tatsache zu erinnern, dass ihre politische Karriere wesentlich von seiner Unterstützung abhing, versäumte Stalin nicht, auch seinem Schützling Thälmann eine entsprechende Lektion zu erteilen. Der Diktator nahm – nur kurz nachdem das EKKI-Präsidium Thälmann öffentlich das Vertrauen ausgesprochen hatte – die Beschwerden über den Führungsstil des deutschen Parteivorsitzenden[261] zum Anlass, diesen für sein selbstherrliches Verhalten zu rügen. In das von Pjatnickij entworfene Schreiben fügte Stalin persönlich noch die Ermahnung hinzu:

„Offensichtlich sind einige Mitglieder des ZK, die man weder als Rechte oder als „Versöhnler" betrachten darf, davon ausgegangen, dass es in der Führung keine Kollegialität gebe. Möglicherweise hat gerade eine solche Überzeugung oder Meinung sie in die Arme der „Versöhnler" getrieben. Ich denke, dass man aus diesem Umstand eine Lehre ziehen sollte."[262]

Die Botschaft war eindeutig: Was sich Stalin erlauben konnte, war für Thälmann nicht zulässig: Alleingänge blieben dem „Khozajn", dem Hausherrn, vorbehalten, wie Stalin in seiner Umgebung genannt wurde. Die habituelle Distanz zwischen dem sowjetischen Parteiführer und seinem deutschen Günstling sollte gewahrt bleiben.

Nach ihrer offiziellen „Rehabilitierung" sah sich die Thälmann-Gruppe Stalin gegenüber in der Bringschuld und zeigte sich entsprechend bemüht, dem Diktator ihre unbedingte Loyalität zu beweisen. Dafür boten sich vor allem die innersowjetischen Auseinandersetzungen an, bei denen sich die deutschen Funktionäre bereits im Sommer 1928 bewährt hatten. Im November 1928 informierte Thälmann nun den sowjetischen Diktator von seinem Vorhaben, sich im Namen des deutschen Politbüros mit einem Brief an das ZK der VKP(b) zu wenden, um den Kampf gegen Bucharin zu unterstützen.[263] Und Neumann versicherte Stalin im Januar 1929 eifrig, der „Kampf der VKP(b) gegen die rechten Opportunisten" werde von den deutschen Kommunisten „mit Freude" beobachtet. „Unsere ganze Partei – nicht nur das ZK, sondern auch die Aktivisten und alle Spitzenorganisationen – sind bereit, sich buchstäblich im Kampf um die ersten Ausschlüsse aus

---

260 Brief Neumanns an Stalin vom 30. 1. 1929, RGASPI 558/11/776: 25–29, hier: 25.

261 Vgl. den bereits zitierten Brief Ulbrichts an Pjatnickij vom 6. 10. 1928, RGASPI 495/19/517: 46–48.

262 Brief Stalins an Thälmann (Kopie) vom 25. 10. 1928, RGASPI 558/11/817: 93. Der Entwurf Pjatnickijs, datiert vom 15. 10. 1928, wurde von Vatlin irrtümlicherweise für die endgültige Fassung des Briefes gehalten. Allerdings war bereits der Entwurf so scharf formuliert, dass Thälmann ihn wohl kaum – wie Vatlin schreibt – in der KPD-Leitung als Beleg für seine Unterstützung durch Stalin hätte verwenden können. Vgl. Vatlin, Der heiße Herbst, S. 180.

263 Vgl. Brief Thälmanns an Stalin vom 7. 11. 1928 (russische Übersetzung); RGASPI 558/11/817: 97–103, hier: 102. Das Politbüro der KPD hat den entsprechenden Brief aber dann doch nicht geschrieben.

der VKP(b) zu zerreißen." Es sei unausweichlich, meinte Neumann, auch in der KPD „die Frage über Bukharin zu stellen", schließlich habe Bukharin die KPD „im allerschwersten Kampf gegen offensichtliche Feinde und Agenten der Sozialdemokratie [...] nicht mit einem Wort, nicht mit einem Artikel, nicht mit einer Handlung unterstützt".[264]

Das war formuliert, wie es Stalin gefallen musste: Wer im Kampf gegen „offensichtliche Feinde" nicht Beistand bot, handelte Neumanns Argumentation zufolge nicht nur grob fahrlässig, sondern geradezu vorsätzlich. Damit nahm Neumann bereits die Vorwürfe Stalins an Bukharin vorweg, die der Generalsekretär auf dem vereinigten April-Plenum des ZK und ZKK der VKP(b) vortrug. Der eifrige Jungstalinist demonstrierte so seine Fähigkeit und Bereitschaft, die Gedankengänge seines Ziehvaters zu antizipieren.

In seinem Brief an Stalin beschäftigte sich Neumann gleich auch noch mit dem anderen Intimfeind des sowjetischen Diktators: Falls Trockij demnächst nach Deutschland komme – seine Ausweisung aus der Sowjetunion hatte die bolschewistische Führung erst kurz zuvor am 7. Januar 1929 beschlossen[265] –, werde die KPD ihm einen „warmen Empfang" bereiten: „Wir werden nicht zulassen, dass er auf Demonstrationen auftritt. Beim ersten Versuch werden wir Rotfrontkämpfer mit Gummiknüppeln loslassen ... möge Hindenburgs [sic!] Polizei ihn beschützen!"[266]

Indem sich die KPD-Führung auf diese Weise demonstrativ mit Stalin gegen dessen innerparteiliche Gegner solidarisierte, bewies sie ein weiteres Mal, wie stark sie ideologisch und mental mit dem sowjetischen Diktator verbunden war. Wie eng sich dabei die Unterwerfungsgesten der deutschen Kommunisten mit ihrem festen Glauben an die stalinistische „Revolution von oben" verbanden, zeigte sich knapp zwei Jahre später, als Thälmann und Remmele ihren bereits erwähnten Streit mit Bukharin im Rasiersalon des Moskauer Hotels „Metropol" hatten, als sie mit ihm über die wirtschaftliche Lage der Sowjetunion diskutierten. Als Thälmann und Remmele wenig später von Stalin empfangen wurden, berichteten sie ihm von Bukharins pessimistischer Einschätzung und wurden vom Diktator für ihre Reaktion gelobt. Bukharin gehöre zu den Menschen, so dozierte Stalin, die kein Vertrauen in die sozialistische Entwicklung hätten: weil sie selber Bürokraten seien, sähen sie selbst überall Bürokratismus und Gewalt. Bukharin rede von Bau-

---

[264] Brief Neumanns an Stalin vom 30. 1. 1929, RGASPI 558/11/776: 25–29, hier: 28.

[265] Vgl. Protokoll Nr. 59 (57) des PB der VKP(b) vom 10. 1. 1929, Entscheidungen vom 7. 1. 1929, Pkt. 29 über die Ausweisung Trotzkijs wegen „antisowjetischer Tätigkeit", RGASPI 17/162/7: 27.

[266] Ebenda. Pikanterweise bat am gleichen Tag, an dem Neumann seinen Brief an Stalin verfasste, der stellvertretende sowjetische Außenkommissar, Maksim Litvinov, die deutsche Regierung, Trotzkij in Deutschland aufzunehmen. Ursprünglich wollte das deutsche Kabinett dieser Bitte nachkommen, doch da Trotzkij kurz darauf in einem offenen Brief selbst Asyl in Deutschland beantragte, lehnte die Reichsregierung seine Bitte ab, um die sowjetische Regierung nicht zu brüskieren. Vgl. hierzu und zur Diskussion in Deutschland, ob Trotzkij politisches Asyl gewährt werden solle: Zarusky, Die deutschen Sozialdemokraten und das sowjetische Modell, S. 248–251.

ernaufständen und Zusammenbruch, wo es doch nur einige begrenzte „Kulaken-
aufstände" gegeben habe, mit denen man gerechnet habe.[267]

Ihre Loyalität bewiesen die deutschen Spitzenkader auch dadurch, dass sie sich
als bolschewistische „Musterschüler" präsentierten und sich bemühten, die Politik der KPD ganz im Sinne des Diktators zu gestalten. In seinem Brief an Stalin
vom Januar 1929 bat Neumann seinen Mentor daher, die Kernpunkte der politischen Agenda für den nächsten Parteitag der KPD zu bestimmen: „Welche neuen
politischen Fragen, welche neuen positiven Aufgaben raten Sie uns, in das Zentrum unserer Plattform zu stellen, um diesem in der Parteigeschichte wichtigsten
Parteitag ein gebührendes Gesicht zu verleihen?"[268] Besonders stolz aber zeigten
sich die deutschen Führungskader, wenn es ihnen gelang, ohne direkte Anweisungen Stalins in seinem Sinne zu handeln: Im April 1929 berichtete Thälmann in
einer Kominternsitzung, dass auf dem letzten Plenum des ZK der KPD eine „in
den Grundsätzen absolut richtige Resolution angenommen" worden sei, die nur
geringfügiger Veränderungen von Seiten Moskaus bedürfe, um auf dem bevorstehenden Parteitag verabschiedet zu werden: Man habe sich eben „schon vor der
Diskussion" bemüht, „vorzuarbeiten". Der deutsche Parteivorsitzende versprach,
dass er mit Remmele die Resolution noch während seines Aufenthaltes in der
sowjetischen Hauptstadt mit der russischen Delegation (also Stalins Gefolgsleuten in der Komintern) überarbeiten und das EKKI die überarbeitete Fassung der
Resolution binnen zweier Tage in den Händen halten werde: „Natürlich, ohne
dass das deutsche Politbüro vorher dazu Stellung genommen hat."[269]

Für den engsten Führungsbereich der KPD lässt sich somit bis in die Wortwahl
hinein eine deutliche Parallele zu dem beobachten, was Ian Kershaw als einen der
zentralen Faktoren für die Radikalisierung des Nationalsozialismus erkannt und
als das Bemühen, „dem Führer entgegenzuarbeiten", beschrieben hat.[270] So wie
sich im NS-Regime untergeordnete Funktionäre die Aufgabe stellten, in ihrem
Bereich eigenständig im Sinne der nationalsozialistischen Ideologie zu wirken, um
dem angenommenen Willen Hitlers zu entsprechen, so demonstrierte auch Thälmann hier seine Bereitschaft, die Absichten Stalins zu antizipieren und auf diese
Weise „Korrekturen" und ähnliche Eingriffe Moskaus in die Politik der KPD von
vornherein überflüssig zu machen. Nicht der bedingungslose Gehorsam kenn-
zeichnete somit in dieser Zeit das Verhalten eines großen Teiles der oberen KPD-
Kader, sondern vielmehr ihre eifrige Eigeninitiative bei der Stalinisierung und
Radikalisierung ihrer Partei.

Dass das Verhalten der Thälmann-Gruppe gegenüber der Komintern zumindest bis zur Jahreswende 1928/29 mit dem Begriff Gehorsam nur unzureichend
beschrieben wird, lässt sich auch daran verdeutlichen, wie Remmele im Dezember
1928 auf die bereits erwähnte, von Stalin sanktionierte Kritik in dem Geschlosse-

---

[267] Bericht Remmeles vom 4. 3. 1937, RGASPI 495/205/6159: 107 f. Zu Stalins Hass auf Bü-
    rokraten im Allgemeinen und auf Bucharin im Besonderen vgl. die Einführung von Lars
    T. Lih in: ders., Stalin. Briefe an Molotov, v. a. S. 25–31, 66 f.
[268] Brief Neumanns an Stalin vom 30. 1. 1929, RGASPI 558/11/776: 25–29, hier: 29.
[269] Thälmann vor dem PS vom 27. 4. 1929, Protokoll Nr. 32, RGASPI 495/3/101: 258, 263.
[270] Vgl. Kershaw, Hitler, Bd. 1, S. 663–744.

nen Brief an die KPD reagierte: Remmele war völlig konsterniert und Manuilskij brauchte einen ganzen Tag, um dem Deutschen seine Rücktrittsdrohung auszureden.[271] Remmele konnte mit seinem Rücktritt nur deshalb *drohen*, weil er seine Beziehung zu Stalin keineswegs als reines Abhängigkeitsverhältnis vom sowjetischen Parteiführer verstand – vielmehr erblickte Remmele in der Tatsache, dass er vor der gesamten Partei kritisiert worden war, einen Bruch des auf *wechselseitigen* Ansprüchen und Verpflichtungen beruhenden Beistandsabkommens: sein Patron hatte ihn nicht beschützt und deshalb wollte er ihm die Gefolgschaft aufkündigen. Erst mit (und in der Folge der) „Wittorf-Affäre" verschoben sich Gewichte weiter zugunsten Moskaus, wuchs die Abhängigkeit vom sowjetischen Diktator.

9. Die Autorität Stalins und die Autoritätsprobleme der Komintern

Stalin genoss gegenüber seinen Gefolgsleuten nicht zuletzt deshalb eine uneingeschränkte Autorität, weil er ihnen erstens als ihr Mentor an Einfluss und häufig auch an praktischer Erfahrung in Spitzenpositionen weit überlegen war und weil er zweitens in der Lage war, komplizierte Sachverhalte griffig (und für die wenig gebildeten Funktionäre in seiner Gefolgschaft vor allem: verständlich) zusammenzufassen.[272] Anlässlich des 50. Geburtstages des Diktators begeisterte sich Kuusinen, dass es niemandem gelinge, die Grundlagen des Leninismus ebenso „mit der gleichsam aus Marmor gemeißelten Klarheit [darzulegen], wie dem Genossen Stalin".[273] Dieser arbeitete jedoch auch tatkräftig daran, seine Untergebenen diesen Abstand stets fühlen zu lassen. Stalin zeigte sich daher im privaten Umgang selbst gegenüber seinen engsten Mitstreitern wie ein ungeduldiger Lehrer. So hatte Molotov im Frühjahr 1927 den Fehler begangen, in einem Brief an Stalin „eine" der „genauesten Definitionen Lenins" zu loben. Stalin wies ihn sogleich zurecht: Aus Molotovs Bemerkung könne man schlussfolgern, „dass es bei Lenin auch weniger genaue, oder vielleicht überhaupt ungenaue Definitionen […] gibt. Damit kann man schwerlich übereinstimmen."[274] Diese pedantische Besserwisserei zeichnete Stalins Umgang mit allen Funktionären aus – und natürlich erst recht mit denen der westeuropäischen Parteien, deren Funktionären sich Stalin weit überlegen fühlte. Wie aber die Hilflosigkeit seiner Gefolgsleute demonstriert, entsprach der Diktator mit diesem Verhalten häufig durchaus deren Bedürfnis, an die Hand genommen und geführt zu werden.

Zwar stellte Stalin in seinen öffentlichen Auftritten offensichtlich kaum eine so mitreißende Persönlichkeit dar, wie es Hitler gewesen ist: So las er seine Reden beispielsweise mit einer überraschend hohen Stimme vom Blatt ab, anstatt sie wie

---

271 Brief „Mar'jans" [d. i. Manuilskij] an „Michail" [d. i. Pjatnickij] vom 3. 1. 1929, RGASPI 495/19/9: 1 f. Vgl. dazu auch: Rigby, Was Stalin a Disloyal Patron?

272 Vgl. Löhmann, Der Stalinmythos, S. 77.

273 Stalin. Sbornik statej k pjatedesjatiletiju so dnja rozhdenija, S. 85.

274 Brief Stalins an Molotov vom 9. 4. 1927, RGASPI 558/11/767: 17 f. Dort auch das Zitat aus dem Brief von Molotov.

Hitler als Drama zu inszenieren. Dennoch lassen sich bei ihm ebenfalls Elemente einer „charismatischen Herrschaft" konstatieren – jedenfalls, wenn man „Charisma" nicht bloß mit persönlicher Ausstrahlung gleichsetzt, sondern darunter mit Max Weber „außeralltägliche" Fähigkeiten versteht, die einer Person zugesprochen werden. Solche Fähigkeiten wurden Stalin von seinen Anhängern im zunehmenden Maße attestiert. Ähnlich war es im Falle Lenins gewesen.[275] Sie glaubten, dass der sowjetische „Führer" (*Vozhd'*) mit herausragenden Eigenschaften gesegnet war, die ihn in die Lage versetzten, Probleme zu lösen, die für Normalsterbliche unüberwindbar schienen.[276] Deshalb oblag Stalin schließlich die Interpretation der bolschewistischen Glaubenssätze und die Festlegung, welche ihrer Ausformungen kanonisiert zu werden hatten.[277]

Bezeichnend für diese Autorität Stalins ist daher vor allem der devote Tonfall, in dem seine Gefolgsleute ihre Briefe an ihn verfassten. Besonders auffällig ist dabei, dass diese verbalen Unterwerfungsgesten häufig selbst in solchen eigentlich rein geschäftsmäßigen Schreiben zu finden sind, wie sie Pjatnickij verfasste, der die Verbindung zwischen der Kominternführung und Stalin aufrecht erhielt. Darin hieß es beispielsweise: „Könnten Sie nicht ihre Meinung mitteilen, [...]"[278]; „Wir bitten Sie anzugeben, wie die Sache weitergeführt werden soll."[279]; „Wir bitten sehr, die Dokumente durchzusehen."[280] Ähnlich unterwürfig äußerte sich Molotov in dem bereits zitierten Brief an Stalin, in dem er versicherte, dass man „natürlich" mit der Entscheidung im Falle Thälmanns auf ihn warten werde.[281]

Im Gegenzug zur Förderung ihrer politischen Karriere trugen Thälmann und Neumann dazu bei, den Personenkult um Stalin in Deutschland zu etablieren, indem sie den Generalsekretär für unantastbar erklärten. Schon im Jahre 1926 bezeichnete Thälmann es in einer KPD-Versammlung als ungehörige „Kühnheit", dass es der „Ultralinke" Hugo Urbahns überhaupt wage, den sowjetischen Generalsekretär zu kritisieren.[282] An der Haltung zu Stalin zeigte sich in der KPD nun, wer zur Opposition gehörte und wer die offizielle Parteilinie vertrat: Als Franz Dahlem im Herbst 1928 in einer Funktionärsversammlung in Breslau (einer Hochburg der „rechten" Fraktion) sein Unverständnis darüber äußerte, dass es immer noch Parteimitglieder gebe, „die es wagen, [den] Genosse[n] Stalin zu

---

[275] Vgl. Rigby, Lenin's Goverment, S. 110–112.

[276] Vgl. Weber, Wirtschaft und Gesellschaft, S. 140.

[277] Vgl. Gill, Political Myth and Stalin's Quest for Authority in the Party, v. a. S. 100–103, 108 f. Es ließe sich weitergehend argumentieren, dass sich im zeitgenössischen Stalinbild die Unterscheidung zwischen den „zwei Körpern" des Herrschers auflöste, die im späten Mittelalter die Entstehung des modernen Staates einläutete. Ebenso wie Hitler entwickelte sich Stalin schrittweise zur Verkörperung der bolschewistischen Partei, obwohl er aus der Partei heraus in seine Machtposition gelangt war, wohingegen Hitler von Anfang an selbst Kern und Programm der NSDAP gewesen war (vgl. dazu auch: Herbst, Der Fall Hitler – Inszenierungskunst und Charismapolitik).

[278] Brief Pjatnickijs an Stalin vom 26. 12. 1929, RGASPI 495/19/236: 100 f.

[279] Brief Pjatnickijs an Stalin vom 10. 5. 1932, RGASPI 495/19/236: 154.

[280] Brief Pjatnickijs an Stalin und Molotov vom 21. 9. 1932, RGASPI 495/19/243: 36 f.

[281] Telegramm Molotovs an Stalin vom 30. 9. 1928, RGASPI 558/11/72: 92.

[282] Zitiert nach: Weber, Wandlung, Bd. 1, S. 317.

kritisieren", da tönte ihm aus der Menge ein spöttisches „Hört, hört!" entgegen.[283]

Angesichts dieser allseits betriebenen Sakralisierung des Generalsekretärs verwundert es nicht, dass Willi Münzenberg im Herbst 1932 mit seinem Vorschlag, Zigarettensammelbildchen von Stalin und anderen KP-Führern zu vertreiben, für einhellige Empörung bei den Kominternfunktionären sorgte.[284] Was die Nationalsozialisten später als selbstverständliches Mittel der modernen Propaganda nutzten, um die Popularität Hitlers zu steigern, und wohl offensichtlich auch Münzenberg als probates Mittel der Wahlwerbung betrachtete, wurde in Moskau gewissermaßen als Majestätsbeleidigung aufgefasst – ein weiterer Hinweis auf die unterschiedlichen politischen Kulturen in Deutschland und der Sowjetunion.

Stalin beförderte seine Aura dadurch, dass er es seit jeher vorzog, bei Konflikten aus dem Hintergrund zu agieren und seine Getreuen vorzuschicken.[285] Stärker noch als in der VKP(b) machte sich diese Praxis in der Komintern bemerkbar, mit deren Führung Stalin seit spätestens Anfang 1928 ausschließlich über das Sekretariat Pjatnickij kommunizierte. Humbert-Droz bekannte, dass er seit seinem ersten Aufenthalt in der Sowjetunion im Jahre 1918 nicht ein einziges Wort mit Stalin außerhalb der Sitzungen der Kominternführung sprechen konnte.[286] Diese Tatsache bezeugt weniger die langfristige Feindschaft der beiden Männer, sondern führt vielmehr vor Augen, dass Stalin seinen Kontakt stets auf einen engen Kreis von Vertrauten begrenzte. Indem sich der Generalsekretär so aus der (Partei-) Öffentlichkeit zurückzog, wurde das persönliche Gespräch mit ihm als umso bedeutendere Auszeichnung gesehen. Seit Ende der 1920er Jahre wurde er selbst für hochgestellte Funktionäre immer unnahbarer. Doch gehörte gerade dies zu seinem Charisma: Er galt als der alle anderen Funktionäre überragende Problemlöser. „Wenn jeder Genosse mit den Fragen, die in seiner Arbeit auftreten, zu Dir gelaufen käme", meinte Manuilskij im Januar 1929 in einem Schreiben an Stalin, „dann hättest Du wohl kaum Zeit dafür, die Partei und die Komintern zu führen."[287]

Ein Blick in das Verzeichnis der Personen, die Stalin in seinem Büro aufsuchen durften, vermittelt daher einen Einblick, wer zur jeweiligen Zeit die Gunst des Generalsekretärs besaß. Auf diese Weise stellte die Besuchsfrequenz ein Politbarometer dar, das Auskunft gibt, wo die einzelnen Funktionäre in der Parteihierarchie standen.[288] Die herausgehobene Bedeutung der deutschen Führungskader um Thälmann lässt sich insbesondere daran ermessen, dass sie 1928 – als sich der

---

[283] Bericht der Informationsabteilung des EKKI „Zur Lage in der KPD" vom 31. 10. 1928, RGASPI 495/3/62: 15 f.

[284] Vgl. dazu: Protokoll der Aussprache mit Münzenberg vom 11. 11. 1932, RGASPI 495/19/527: 135–138; Abschrift des Briefes Münzenbergs an Thälmann vom 12. 11. 1932, RGASPI 495/19/527: 132–134; Brief Thälmanns an Knorin vom 13. 11. 1932, RGASPI 495/19/526: 164–170.

[285] Vgl. Mikojans Schilderung, wie die Stalingruppe 1927 auf dem ZK-Plenum gegen Trotzkij vorging, in: Mikojan, Tak bylo, S. 286 f.

[286] Brief Zlinchenkos an Stalin vom 4. 1. 1929, RGASPI 558/11/735: 52.

[287] Brief Manuilskijs an Stalin vom 2. 1. 1929, RGASPI 558/11/763: 50–52, hier: 50.

[288] Vgl. Wheatcroft, From Team-Stalin to Degenerate Tyranny, S. 90–104.

Kampf zwischen Bukharin und Stalin um die Führung der Komintern auf seinen
Höhepunkt zu bewegte – häufiger in seinem Arbeitszimmer waren als alle anderen (selbst russischen) Kominternfunktionäre.[289] Auch in den darauffolgenden
Jahren bis 1933 wurde ihnen als einzigen ausländischen Parteiführern immer wieder die Ehre zuteil, von dem sowjetischen Generalsekretär empfangen zu werden
und somit in das Innerste der Macht vorzudringen. Die höchsten Weihen aber er-
langte, wer Stalin in seinem Feriendomizil am Schwarzen Meer besuchen durfte –
eine bemerkenswerte Parallele zur Praxis der Hitler'schen Audienzen auf dem
Berghof. Doch während der Berghof im Laufe der Jahre zur opulenten Residenz
ausgebaut und Ort offizieller Staatsbesuche wurde, blieb Stalins Villa ein explizit
privater Raum, in dem der sowjetische Diktator gegenüber seinen Getreuen als
Primus inter pares auftrat – als bescheidener, geradezu schlichter Mensch.[290]
Hoelz, dem die Ehre des Besuches in Stalins Villa 1929 zuteil wurde, notierte be-
eindruckt in sein Tagebuch:

„*30. September 1929* […] Heute lernte ich den Genossen Josef Stalin kennen, Von 1/2 5 Uhr
nachmittags bis 8 Uhr abends war ich mit dem Genossen Aronstamm [der Übersetzer für
Hoelz, B.H.] in der kleinen Villa bei Mazesta, in der Stalin seit zwei Monaten zur Erholung
weilt. Ich war angenehm enttäuscht. Stalin macht auf mich einen sehr guten Eindruck, diesen
einfachen, natürlichen Burschen muss man gern haben. Fürchten oder hassen können ihn nur
Strolche und Banditen oder Dummköpfe. Bei ihm war noch der Kommissar für Handel,
Mikojan. […]
3. Oktober 1929. Ich war heute zum zweiten Mal bei Stalin. Die Unterhaltung währte von
5 Uhr nachm[ittags] bis 10 Uhr nachts. Er ist sehr gut informiert über die Verhältnisse in
Deutschland. Stalin war allein, bei mir war der Genosse Aronstamm."[291]

Von den deutschen Genossen war Neumann am häufigsten bei Stalin am Schwarzen Meer zu Besuch – derartige Begegnungen lassen sich zumindest für die Jahre
1927[292], 1929[293] und 1932[294] belegen. Neumann erhielt auch die Ehre, im Jahr
1929 zur Feier des 50. Geburtstages Stalins eingeladen zu werden, woraufhin er
vor Stolz schier barst[295], und durfte schließlich das Vorwort zur deutschen Ausgabe der Festschrift zu Ehren des Diktators verfassen.
    Der privilegierte, direkte Zugang zu Stalin stärkte allerdings das Selbstver-
trauen der deutschen Parteispitze in einem Maße, das bald für beträchtliche Spannungen zwischen den Führungen der KPD und Komintern sorgte.[296] Stalin

---

289 Vgl. Korotkov, Posetiteli kremlevskogo kabineta I. V. Stalina, Teil I. Eine Ausnahme bil-
    det natürlich Molotov, der aber eigentlich nicht als „Kominternfunktionär" bezeichnet
    werden kann.
290 Über die Erlebnisse bolschewistischer Spitzenfunktionäre mit dem „privaten" Stalin vgl.
    die Memoiren von Mikojan, Tak bylo, S. 352–356.
291 Tagebuch von Max Hoelz, Einträge vom 30. 9. und 3. 10. 1929, abgedruckt in: Plener
    (Hg.), Hoelz, S. 59 f.
292 Vgl. Brief Neumanns an Ewert und Remmele vom 12. 7. 1927 über ein Gespräch mit
    Stalin, SAPMO-BArch RY 1-I 2/3/203: 27.
293 Vgl. Brief Neumanns an Flieg vom 21. 9. 1929, RGASPI 495/19/703: 1–8.
294 Vgl. Brief Neumanns an unbekannt (Flieg?) vom 26. 7. 1932, RGASPI 495/19/703: 29–32.
295 Vgl. Brief Neumanns an unbekannt vom 1. 3. 1930, RGASPI 526/1/93: 45–46ob.
296 Ein ähnlich ausgeprägtes Selbstvertrauen entwickelte auch Radek, nachdem ihm seit 1931
    ein direkter Zugang zu Stalin gewährt wurde und er in dessen Auftrag das „Büro für
    internationale Informationen" gegründet hatte: Gegenüber polnischen Diplomaten er-

scheint diese Spannung bewusst geschürt zu haben, um sich in die Position des Schiedsrichters zu versetzen. So unterstützte er zwar einerseits explizit die Kritik des EKKI an Neumanns revolutionsoptimistischer „Durchbruchstheorie", wenn er gegenüber Manuilskij betonte, man werde „solche Fehler nicht billigen"[297], doch andererseits gab er gerade Neumann auch das Gefühl, seine Radikalität mitzutragen und förderte auf diese Weise das Konkurrenzverhältnis zwischen dem jungen Bolschewisten und der Kominternführung: So vermittelte Stalin seinem Protegé Neumann während dessen Besuch in seiner Ferienresidenz am Schwarzen Meer im September 1929 offensichtlich die Gewissheit, mit ihm in einer Front gegen die zaghafte Kominternführung zu stehen: Euphorisch berichtete Neumann seinem Freund Leo Flieg von den Gesprächen mit Stalin über die kommunistische Gewerkschaftstaktik und schmähte den Kominternsekretär Pjatnickij (der in dieser Frage einen vorsichtigeren Kurs vertrat) als jemanden, der „wie ein altes Weib" jedem Risiko ausweiche.[298]

Die bevorzugten persönlichen Beziehungen der deutschen Spitzenkader zum sowjetischen Diktator wirkten sich somit negativ auf die Autorität der Kominternführung aus. Indem sich die KPD-Funktionäre den Mitgliedern der (nach Bukharins Abgang erneut enthaupteten) EKKI-Spitze ebenbürtig fühlten[299], sträubten sie sich mehr und mehr dagegen, deren Ratschläge und Anweisungen zu befolgen. Schon bei einem Konflikt zwischen der Komintern und KPD über die „Sozialfaschismus"-Doktrin im Frühjahr 1930 fühlte sich die Kominternführung daher nicht in der Lage, ohne die „geborgte" Autorität des sowjetischen Generalsekretärs im Rücken in Berlin durchzugreifen[300]: Da die deutsche Parteispitze in dieser Frage einmütig auftrat, hielten es die Moskauer Funktionäre für sicherer, sich über Molotov an Stalin zu wenden, damit er diesen Streit entscheide.[301] Um dem Beschluss, der schließlich gefasst wurde, den notwendigen Nachdruck zu verleihen, ließ die Komintern das deutsche Politbüro wissen, dass „Josef und Michael" (also Stalin und Molotov) einen „sehr aktiven Anteil" an dessen Ausarbeitung gehabt hätten.[302]

Deutlicher zeigte sich die Renitenz der deutschen Führungskader gegenüber der Komintern im Herbst 1931, als Heinz Neumann während eines Telefonge-

---

klärte er im Sommer, sie könnten mit all ihren Anliegen zu ihm kommen – dann sei sichergestellt, dass Stalin auf direktem Wege davon erfahre. Vgl. Ken, Karl Radek i Bjuro Mezhdunarodnoj Informacii, S. 152.

[297] Brief Stalins an Manuilskij vom 22. 12. 1928, RGASPI 558/11/763: 48f., hier: 48.

[298] Brief Neumanns an Flieg vom 12. 9. 1929, RGASPI 495/19/703: 1–8, hier: 1. Anlass des Gespräches mit Stalin über die Gewerkschaftstaktik war der Rohrlegerstreik in Berlin, den Neumann wie bereits den Streik im Ruhrgebiet ein Jahr zuvor, als „ein Durchbruchsgefecht" bezeichnete – wenn auch diesmal nicht zur Revolution, sondern nur zur Gewerkschaftsspaltung.

[299] Vgl. die Aussagen Neumanns in der Sitzung der PK am 10. 4. 1932 über Thälmann, RGASPI 495/4/182a: 59–66, hier: 60. Siehe dazu auch das letzte Kapitel.

[300] Näheres zu diesem Konflikt in Kapitel III.

[301] Vgl. den Brief Heckerts (deutscher Vertreter beim EKKI) an Sekretariat des ZK der KPD vom 5. 4. 1930, RGASPI 495/19/522: 55.

[302] Brief Heckerts an Sekretariat des ZK der KPD vom 29. 4. 1930, RGASPI 495/292/50: 71–73, hier: 71.

spräches mit einem führenden Kominternfunktionär schließlich offen forderte,
dass dem einstimmig gefassten Beschluss der deutschen Parteiführung „aus Moskau nicht weiter widersprochen" werde solle: Die deutschen Führungskader seien
„keine Kinder und finden sich in der Situation gut zurecht".[303] Auch wenn Neumann schließlich versicherte, dass die deutschen Genossen „selbstverständlich als
disziplinierte Parteimitglieder gehorchen" würden, falls „Moskau" kategorisch
auf seiner Meinung bestehe, hatte er damit doch erneut deutlich die Unterordnung unter das EKKI in Frage gestellt. Denn mit „Moskau" war in diesem Falle
nicht die Politkommission der Komintern gemeint, sondern die bolschewistische
Parteiführung – und tatsächlich beugte sich die KPD-Spitze in diesem Fall erst
deren Votum.[304]

Durch diese mangelnde Autorität des EKKI wurde Stalin – bzw. im Falle seiner
Abwesenheit: das Politbüro der VKP(b) – in die Rolle des Schiedsrichters geho-
ben. In der Regel mischte sich Stalin nicht auf eigene Initiative in die Arbeit der
Komintern ein: Wenn entschieden werden sollte, ob beispielsweise die Regierung
Brüning im Dezember 1930 als „faschistisch" einzuschätzen sei[305] oder ob die
KPD am Volksentscheid zur Auflösung des Preußischen Landtages im August
1931 teilnehmen solle[306], sorgten vielmehr die Konflikte zwischen KPD und
Komintern dafür, dass dem Diktator die letzte Entscheidung angetragen wurde.

Deutlicher noch als die Kominternführung bekamen die Kominterninstrukteure das Selbstvertrauen der deutschen Genossen zu spüren, die für eine begrenzte Zeit nach Berlin gesandt wurden, um durchzusetzen, dass die in Moskau
beschlossenen Direktiven vor Ort auch durchgeführt wurden. Über die Vollmachten dieser Instrukteure bestanden lange Zeit überzogene Vorstellungen.
Häufig stellten sich die KPD-Funktionäre nämlich stur, wenn sie den Sinn von
Anweisungen der Komintern nicht einsahen – wie beispielsweise ihr Unwillen
zeigte, die Kampagne gegen den geplanten Bau des Panzerkreuzers A durch die
deutsche Regierung zu forcieren. Es habe ihn „sehr peinlich berührt", schrieb Petrovskij nach seiner Rückkehr aus Deutschland, dass die deutschen Genossen
„weder die Notwendigkeit verspürt und noch diese erkannt haben, heroische An-

---

[303] Gesprächsnachschrift von Abramov (Chef des Kominterngeheimdienstes „Abteilung für
internationale Verbindungen") vom 25. 9. 1931 über sein Telefonat mit Neumann am
24. 9. 1931, RGASPI 495/4/141: 4 f.

[304] Protokoll Nr. 64 der Sitzung des Politbüros der VKP(b) vom 25. 9. 1931, Pkt. 6: „Zajav-
lenie Manuilskogo (osobaja papka)", RGASPI 17/162/11: 12. An dieser Sitzung nahmen
außerdem Pjatnickij und Knorin teil. Stalin war zu dieser Zeit nicht in Moskau anwesend,
er wurde von seinem Stellvertreter im Politbüro, Lazar Kaganovich, über den Konflikt
aber auf dem Laufenden gehalten. Vgl. Brief Kaganovichs an Stalin vom 26. 9. 1931,
abgedruckt in: Khlevnjuk (Hg.), Stalin i Kaganovich, S. 119 f.

[305] Vgl. den Entwurf für eine „Resolution des Politbüros der KPD zur Charakteristik der
gegenwärtigen Lage" vom 22. 12. 1930, RGASPI 558/11/139: 76–87. In diesem Stalin
vorgelegten Entwurf finden sich deutlich gekennzeichnet die konkurrierenden Varianten
„der deutschen Genossen" und der Kominternführung. Vgl. auch Kapitel 4.

[306] Neumann und Pjatnickij sprachen sich für die Teilnahme aus, Thälmann und Manuilskij
dagegen. Vgl. dazu Kapitel V.

strengungen zu unternehmen, um die Ergebnisse der Panzerkreuzerkampagne wenigstens ein bisschen zu verbessern".[307]
Ihre in der Regel eher bescheiden ausfallende Erfolgsbilanz begründeten die Instrukteure vor allem mit dem geringen Respekt, der ihnen und ihrer Arbeit seitens der deutschen Parteiführung entgegengebracht wurde: „Tatsache bleibt, dass es uns nicht gelungen ist, uns genügend durchzusetzen", konstatierte Tuure Lehen, der 1929 nach Berlin geschickt wurde, um die Antikriegskampagne der Komintern vorzubereiten. Als hinderlich betrachtete er vor allem die „bekannte Empfindlichkeit" der deutschen Funktionäre gegenüber Anweisungen von außen – häufig hätten die Deutschen sich schlicht geweigert, seine Ratschläge und Anweisungen zu befolgen. Zudem seien bereits „heroische Anstrengungen" notwendig, um überhaupt zu einem der verantwortlichen Funktionäre vorzudringen, die sich ihm gegenüber „ziemlich *unnahbar*" gegeben hätten.[308] Die gleiche Erfahrung machte der ungarische Instrukteur Lajos Madyar, der die jährliche Antikriegskampagne von Berlin aus koordinieren wollte: Er warf den KPD-Funktionären vor, „die Taktik der Budapester Zahnärzte" anzuwenden, die ihre Patienten „auch dann warten lassen, wenn sie keine Kunden bei sich haben, damit man annehme, sie hätten eine große Klientur".[309] Angesichts solcher Hinhaltetaktiken ist die Frustration der Instrukteure verständlich, die (vergeblich) ein schärferes Vorgehen forderten. „Ich persönlich habe die Nase voll", schrieb Tuure Lehen im Sommer 1929 nach Moskau – es sei höchste Zeit, dass die „diplomatischen Rücksichten" auf die deutsche Parteiführung aufhörten und die Kominternspitze ein deutliches Machtwort spreche.[310] Manuilskij, der selbst aufgrund seiner prominenten Stellung innerhalb des Stalin'schen Führungszirkels eine Sonderrolle unter den Instrukteuren einnahm[311], konstatierte wenig später, dass die Entsendung von „ein oder zwei Instrukteuren" meist nicht ausreiche, um die Autorität der Komintern gegenüber den selbstherrlich auftretenden Funktionären der Sektionen durchzusetzen. Auch er forderte in einem Schreiben an Stalin daher schärfere Maßnahmen der Komintern.[312]
Die Geringschätzung der Instrukteure lag allerdings nicht nur im Selbstbewusstsein der KPD-Kader begründet – sie wurde auch dadurch gefördert, dass einige der Instrukteure zu gering qualifiziert waren, um der deutschen Parteiführung „Ratschläge" erteilen zu können. In der Tat war die deutsche Innenpolitik für viele Moskauer Instrukteure Neuland; einige verfügten zudem nur über wenig Auslandserfahrung oder es fehlten ihnen sogar die nötigen Fremdsprachenkennt-

---

[307] Brief Petrovskijs an Pjatnickij vom 17. 10. 1928, RGASPI 495/47/10: 64 f.

[308] Brief „Alfreds" [d. i. Tuure Lehen] an unbekannt vom 9. 7. 1929, RGASPI 495/25/1345: 68–70ob. Hervorhebung im Original.

[309] Brief Madyars an unbekannt vom 20. 2. 1932, RGASPI 495/60/238: 11–14, hier: 11.

[310] Brief „Alfreds" [d. i. Tuure Lehen] an unbekannt vom 9. 7. 1929, RGASPI 495/25/1345: 68–70ob.

[311] Vgl. Brief Manuilskijs an Stalin vom 14. 12. 1928: Er schreibe den Brief auf der Tagung des ZK und werde ständig unterbrochen, RGASPI 558/11/763: 42.

[312] Bemerkungen Manuilskijs an Stalin vom 26. 12. 1929 zum Vorschlag Pjatnickijs, eine neue Resolution des EKKI zur internationalen Lage ausarbeiten zu lassen, RGASPI 558/11/787: 111.

nisse. Als die Komintern beispielsweise im Frühjahr 1929 einen Mitarbeiter des EKKI zur Verstärkung der Finanzrevisionskommission des Westeuropäischen Büros (WEB) schickte, stellte man in Berlin entsetzt fest, dass dieser außer Russisch „kein bisschen einer anderen Sprache versteht." Entnervt erkundigte man sich bei der Komintern, weshalb im Vorfeld versäumt worden sei, den Mitarbeiter zu einem Sprachkurs zu schicken: „So kann er die nächste Zeit praktisch überhaupt *nichts* machen, [er] bedeutet nur eine Erschwerung."[313]

Die mangelnde Autorität der Kominternfunktionäre gegenüber den deutschen Funktionären betraf aber nicht nur die lediglich einige Wochen oder Monate anwesenden Instrukteure – die ständigen Mitarbeiter des Westeuropäischen Büros der Komintern standen vor dem gleichen Problem. Zwar hatte das WEB formal das Recht, den Parteien Direktiven zu erteilen[314], doch die tägliche Praxis sah anders aus. Schon im April 1929 hatte Richard Gyptner in einem Brief an Manuilskij geschrieben, nach dessen Abreise aus Berlin Anfang des Jahres sei die Stimmung der verbliebenen WEB-Mitarbeiter auf dem „Tiefpunkt" angelangt, weil ihren Worten nicht das Gewicht beigemessen werde wie denen des Kominternsekretärs. Die vom WEB seitdem erlassenen Anweisungen seien, so klagte Gyptner, „in den ZK's (mit Ausnahme ganz kleiner Parteien) gar nicht beachtet" worden.[315] Angesichts dieser fruchtlosen Arbeit in Deutschland verwundert es nicht, dass viele der Instrukteure schon nach kurzer Zeit resignierten. So erging es auch Georgi Dimitrov im Jahre 1931. Der mittlerweile zum Leiter des WEB aufgestiegene Bulgare bat in diesem Jahr mehrfach um seine Versetzung: Zwar seien alle Parteien – *„die KPD eingeschlossen"*, wie er ausdrücklich hervorhob – nur bei direkter „Hilfe" des EKKI dazu in der Lage, auf die sich ständig verändernde politische Situation richtig und rechtzeitig zu reagieren, doch er sähe sich nicht dazu in der Lage, diese Arbeit zufriedenstellend durchzuführen: Er habe „weder die Erfahrung noch die Autorität", um die Beschlüsse des EKKI durchzusetzen.[316] Erst kürzlich habe er sich vergeblich darum bemüht, in der deutschen Parteipresse eine breite Rezeption (sprich: die üblichen Lobesartikel) eines kritischen Aufsatzes der Kominternpresse zur Lage in Deutschland[317] anzustoßen: „Mein Eindruck ist, dass die führenden Parteigenossen nicht wollen, dass dieser offizielle Artikel breit bekannt wird." Da die KPD-Führung es offenbar ablehnte, seine Direktiven zu akzeptieren, sah sich Dimitrov dazu gezwungen, nun auf indirekte Weise und „selbstver-

---

[313] Brief „Alarichs" [d. i. Richard Gyptner] an Manuilskij vom 25. 4. 1929, RGASPI 495/293/102: 1–14, hier: 12 f. Hervorhebung im Original. Dass dieser Fall kein Einzelfall war, belegt der Brief von „Tischlers" [d. i. Knorin] an „Richard" [d. i. Manuilskij] vom 2. 4. 1929, RGASPI 495/19/9: 172 f., der sich über die Verstärkung des WEB durch Dimitrov freute, weil dieser nicht wie sein Vorgänger auf dem Posten, der Brite Fergusson, nur Englisch spreche, sondern auch Russisch und Deutsch. Knorin selber beklagte sich, er sei aufgrund seiner eigenen Sprachkenntnisse ständig überlastet.

[314] Vgl. Adibekov, Organizacionnja struktura Kominterna, S. 169.

[315] Brief „Alarichs" [d. i. Richard Gyptner] an Manuilskij vom 25. 4. 1929, RGASPI 495/293/102: 1–14, hier: 4, 10.

[316] Brief „Helmuths" [d. i. Dimitrov] an die PK vom 23. 4. 1931, RGASPI 499/1/33: 33 f.

[317] Er bezog sich auf den Artikel von Smoljanskij, Die Lage in Deutschland.

ständlich sehr vorsichtig, eine breite Auswertung des Artikels zu veranlassen, um den versteckten Widerstand in dieser Beziehung zu brechen".318

Dass Dimitrov hier „sehr vorsichtig" zu Werke gehen wollte, deutet schon darauf hin, dass die KPD-Führung von *ihm* keine Direktiven akzeptierte – und diese gegebenenfalls einfach ignorierte. Und tatsächlich blieb auch diese Intervention offensichtlich ohne Erfolg, denn bereits kurze Zeit später teilte er Moskau mit, dass er nicht sehe, wie das WEB seine „bescheidene Aufgabe als Informations- und Kontrollorgan des Politsekretariats" erfüllen solle: Aufgrund fehlender Sanktionsmöglichkeiten sei insbesondere die KPD-Führung dazu geneigt, das WEB „als bedeutungslose Zwischenstelle zu betrachten". Er schlug daher vor, das WEB für begrenzte Zeit durch einen der führenden sowjetischen Kominternfunktionäre leiten zu lassen, um die Vorgaben Moskaus „autoritativ" durchsetzen zu können.319

Doch der WEB-Chef wurde nicht nur von der KPD-Führung ignoriert, sondern auch von seinen Vorgesetzten in Moskau im Stich gelassen. So kam es für Dimitrov wiederholt zu peinlichen Situationen, wenn sich herausstellte, dass die Funktionäre der jeweiligen Parteien besser über die Beschlüsse in Moskau informiert waren als die Instrukteure des WEB: Dimitrov beklagte sich im Herbst 1932 darüber, dass seine Mitarbeiter und er „gewöhnlich zufällig in Besprechungen mit den Parteileuten" über neue Direktiven und Beschlüsse der Komintern informiert würden, dabei jedoch „leider nicht immer deren richtigen Sinn" erführen. Wütend forderte er, von den Direktiven der Komintern demnächst doch „möglichst rechtzeitig" verständigt zu werden. Andernfalls könne er ihre Durchführung überhaupt nicht kontrollieren und seinen Aufgaben nachkommen. Derart blamiert, warf Dimitrov schließlich die berechtigte Frage nach der Existenzberechtigung des WEB auf – er zweifelte schon längst daran, ob es sich überhaupt lohne, „die Kräfte, Zeit und so viele Mittel für eine solche Instanz zu verwenden".320 In der Tat war das WEB mit der fortschreitenden Stalinisierung der Komintern weitgehend überflüssig geworden, weil das institutionelle Gefüge der Komintern vom personalen Netzwerk Stalins mehr und mehr umgangen wurde und somit stetig an Einfluss verlor. Die Etablierung von parallelen Informationswegen und Entscheidungsinstanzen lähmte den Parteiapparat und führte zu einer Verschwendung von personellen Ressourcen. Jemand wie Dimitrov hatte selbst als Leiter des WEB keine Chance, auf die Politik der westeuropäischen Kommunisten nennenswerten Einfluss zu nehmen, weil er nicht zur Entourage Stalins gehörte. Dies sollte sich erst durch seine Rolle im Leipziger Reichstagsbrandprozess im Jahre 1933 ändern, als Stalin auf ihn aufmerksam wurde. Kaum aus deutscher Haft entlassen, begann sein steiler Aufstieg zum Mitglied der höchsten Führungsriege um Stalin.

---

318 Brief „Helmuths" [d. i. Dimitrov] an die PK vom 12. 9. 1931, RGASPI 499/1/33: 114.
319 Brief „Helmuths" [d. i. Dimitrov] an die PK vom 22. 9. 1931, RGASPI 499/1/33: 115. Vgl. dazu auch das Protokoll der Sitzung des WEB vom 26. 9. 1931, in der Dimitrov über seinen Brief nach Moskau berichtete und übereinstimmend festgestellt wurde, „dass eine schnelle Entscheidung in dieser Frage notwendig ist". RGASPI 499/1/34: 157f.
320 Brief „Helmuths" [d. i. Dimitrov] vom 3. 10. 1932, RGASPI 499/1/37a: 11.

Infolge der aus Sicht des EKKI eher unerquicklichen Erfahrungen mit der zuweilen arg renitenten KPD-Spitze zeigte sich aber nicht nur Dimitrov frustriert. Auch bei den sowjetischen Mitgliedern der Kominternführung verstärkten sich im Herbst 1931 die Zweifel, ob es sinnvoll sei, die deutschen Kommunisten gewissermaßen als privilegierte Vasallen Stalins halbautonom handeln zu lassen: Die Tatsache, dass seit dem Sommer 1930 mehrfach Interventionen aus Moskau notwendig gewesen waren, um die deutschen Genossen auf Linie zu bringen, machte die KPD-Führung aus der Sicht der russischen Delegation beim EKKI zum Problemfall. In einem Bericht an Stalin vom Oktober 1931 wurde die ernüchternde Bilanz gezogen, dass trotz „der von uns vereinbarten Regel, dem ZK der KP Deutschlands nur in Fällen ernster Notwendigkeit politische Anweisungen zu geben", die „russische Delegation" im EKKI mehrfach habe eingreifen müssen, um die „Linie der deutschen Partei" zu korrigieren oder diese überhaupt erst zu bestimmen.[321] In Moskau hatte sich mittlerweile viel Frust über die eigenwilligen Genossen in Westeuropa aufgestaut, denen Manuilskij schon 1929 vorgeworfen hatte, es sei vor allem ihrer „Unverbindlichkeit" und „gutsherrlichen Einstellung" gegenüber den Beschlüssen der Komintern" geschuldet, dass sie immer noch fern der Machtergreifung stünden.[322]

Um diesen Missstand zu beheben, wurde der Ruf nach einer zusätzlichen Kontrollinstanz laut. Die sowjetischen Mitglieder der Kominternführung schickten dem Politbüro der KPD im Juli 1931 eine Anleitung, wie es seine Arbeit „effektiver" gestalten könne. Im Kern wurde die Parteiführung aufgefordert, die unteren Funktionäre „unermüdlich" zu kontrollieren und ihnen durch Instrukteure unter die Arme zu greifen[323] – eine Forderung, die sich angesichts der Spannungen zwischen Moskau und Berlin nur als Drohung lesen ließ. Ab Oktober 1931 hielt die Komintern zusätzlich regelmäßige Sitzungen ab, auf denen die Parteivertreter der ausländischen Sektionen Bericht zu erstatten hatten, mit welchem Erfolg sie die zurückliegenden Beschlüsse der Komintern umgesetzt hatten.[324]

---

[321] Brief Knorins, Manuilskijs, Pjatnickijs, Kuusinens an Stalin und Molotov vom 28. 10. 1931, RGASPI 495/19/236: 120–128, hier: 120. Ein entsprechendes Dokument, in dem in der ersten Jahreshälfte 1930 eine solche „Regel" festgehalten wurde, hat sich bislang nicht finden lassen. Bemerkenswerterweise hat später ausgerechnet Dimitrov im Herbst 1934 ein Dokument mit ähnlicher Zielrichtung verfasst: In dieser „Handlungsanweisung" des sowjetischen VKP(b) an die Delegation der VKP(b) beim EKKI, o.D. [vor dem 15. 10. 1934], heißt es unter anderem, dass sich die Kominternführung auf die Vorgabe der Richtlinien beschränken solle und die nationalen Parteiführungen auf der Grundlage dieser Richtlinien „selbstständig ihre politischen und taktischen Fragen entscheiden" sollten, RGASPI 508/2/13: 1–3, hier: 1. Vgl. dazu: Gotovich, Komintern, S. 245.

[322] Bemerkungen Manuilskijs an Stalin vom 26. 12. 1929 zum Vorschlag Pjatnickijs, eine neue Resolution des EKKI zur internationalen Lage ausarbeiten zu lassen, RGASPI 558/11/787: 111.

[323] Entwurf für Anweisungen der PK über die Arbeitsweise des Politbüros der KPD vom 26. 7. 1931, RGASPI 495/19/524: 4–6. Wie Pjatnickij in einem Begleitschreiben vom 26. 7. 1931 zu diesem Entwurf an Molotov betonte, seien die Anweisungen von der Politkommission einstimmig, einschließlich der Stimme von Pieck, dem deutschen Vertreter beim EKKI, verabschiedet worden, RGASPI 495/19/524: 7.

[324] Vgl. z.B. den Bericht des MELS des EKKI „Zur Durchführung der Beschlüsse des XI. EKKI-Plenums in Deutschland" vom 17. 11. 1931, RGASPI 495/28/159: 155–160, und

Dieses Bemühen um strengere „Durchführungskontrollen" entpuppte sich allerdings schnell als hilfloser Aktionismus. Denn dabei wurde die Tatsache übergangen, dass die Komintern gar nicht über die notwendigen Kapazitäten verfügte, um die gesammelten Informationen auch auszuwerten. So kritisierte ein Mitarbeiter des EKKI-Apparates Anfang 1932, dass in allen Ecken des Kominterngebäudes „Stapel alter Zeitungen, Haufen alten Materials und wichtiger alter Dokumente" herumlägen, die keiner gelesen oder geordnet habe.[325] Einige Monate später beklagte sich der englische Vertreter in einer Sitzung seines Ländersekretariates sogar über das mangelhafte Feedback der Komintern auf eine konkrete Anfrage der britischen KP. Es stellte sich bei dieser Gelegenheit heraus, dass große Teile des Materials, das aus London übermittelt worden war, in irgendwelchen Schränken abgelegt, vergessen und erst später durch Zufall entdeckt worden waren.[326] Derweil standen im Flur vor der Kantine des Gebäudes der Gewerkschaftsinternationale (Profintern) ein ganzes Jahr lang ein gutes Dutzend Kisten mit nicht ausgewerteten Dokumenten der KPD herum, ohne dass jemand auf die Idee gekommen wäre, sie an das EKKI weiterzuleiten.[327]

Doch selbst wenn die Kontrollberichte der Instrukteure und die Broschüren der Parteien ordnungsgemäß ausgewertet wurden, blieb fraglich, ob die auf ihrer Basis erstellten Analysen sich überhaupt auf die Politik der Komintern auswirkten: Frustriert äußerte der oben zitierte EKKI-Mitarbeiter den Verdacht, die von ihm verfassten Berichte könnten ebenso in irgendwelchen Schränken verstauben wie die von ihm ausgewerteten Papiere. Über seine Kontrolle der deutschen Antikriegskampagne schrieb er:

„Sehr oft werden die Materialien nur von den unmittelbaren Vorgesetzten begutachtet. [...] Über das weitere Schicksal des Materials weiß der Referent nichts. Ich habe keine einzige Direktive gesehen, die der deutschen Partei in dieser Frage gegeben wurde, weiß nicht, inwieweit meine Kritik als richtig anerkannt wurde, in welcher Weise sie benutzt wurde."[328]

Die „Durchführungskontrolle" blieb auch deshalb weitgehend wirkungslos, weil die Kominternführung nach dieser Kontrolle zwar möglicherweise wusste, welche ihrer Direktive nicht durchgeführt wurde, damit aber ihr Autoritätsproblem nicht gelöst hatte: Mangels Sanktionsmöglichkeiten musste sich Moskau meist darauf beschränken, der ersten, nichtbeachteten Direktive eine zweite hinterherzuschicken – in der frommen Hoffnung, diese werde befolgt.

das Stenogramm der Sitzung des MELS des EKKI am 17. 11. 1932 über die Erfüllung der Aufgaben des XII. EKKI-Plenums, RGASPI 495/28/216.

325 „Kritik an der Arbeit des EKKI-Appartes", Bericht eines unbekannten EKKI-Mitarbeiters vom 28. 5. 1932, RGASPI 495/18/945: 29–33, hier: 29.

326 Vasilev in der Sitzung des Politsekretariates vom 26. 12. 1932, RGASPI 495/3/230: 4–14. Er berichtete ferner über einen ähnlichen Fall, in dem dem belgischen Vertreter beim EKKI zum Vorwurf gemacht worden war, dass seine Partei nichts über die Kolonialfrage publiziere. Das entsprechende Manuskript war jedoch schon längst geliefert worden und verstaubte in einer Schublade der Komintern.

327 Brief des Leiters des EKKI-Archives Rejnshtein an den Leiter der OMS der Profintern, Jurdzik, vom 28. 5. 1932, RGASPI 534/8/208: 93.

328 Bericht eines unbekannten EKKI-Mitarbeiters vom 28. 5. 1932, RGASPI 495/18/945: 29–33, hier: 30.

Die Durchführungskontrollen stellten somit den gescheiterten Versuch der Parteibürokratie dar, sich gegenüber den parallelen Entscheidungsinstanzen zu behaupten. Die personalen Netze, die Stalin in Partei und Komintern geknüpft hatte, blieben auch weiterhin der wesentliche Hebel, um die KPD auf Kurs zu halten.

10. Musterknaben

Zunächst erscheint es paradox: Trotz der teilweise beträchtlichen Spannungen, die seit 1929 das Verhältnis zwischen der KPD-Führung und dem EKKI belasteten, galten die deutschen Kommunisten im Vergleich zu den übrigen ausländischen Sektionen geradezu als „Musterknaben" der Komintern. Denn diese Spannungen sollten nicht darüber hinwegtäuschen, dass die Funktionäre in Moskau und Berlin in politischen Fragen doch meist übereinstimmten: Die Konflikte entstanden im Wesentlichen infolge der unklaren Hierarchieverhältnisse innerhalb des Stalin'schen personalen Netzes und erst in zweiter Linie infolge inhaltlicher Differenzen. Manuilskij hatte die KPD bereits im Jahre 1927 gelobt, weil sie so eng mit der russischen Führung verbunden sei – die anderen Sektionen hingegen lebten „wie auf ihrem eigenen Acker"[329], sie dachten seiner Meinung nach also zu sehr im nationalen Rahmen.[330] Es sei doch kein Zufall, so schrieb er noch Anfang Januar 1929 an Stalin, dass ausgerechnet die KPD und die VKP(b) auf den Tagungen der Komintern alle „wesentlichen prinzipiellen Fragen der [kommunistischen] Bewegung" gestellt hätten: Schließlich hätten allein diese beiden Parteien Bürgerkrieg und Revolution durchlebt, „was man von den anderen Sektionen nicht sagen kann." Nun käme es aber darauf an, innerhalb der Komintern die Distanz zwischen „Avantgarde und Arrièregarde [sic]" zu schließen, sonst könne das „Hinterherhinken" der übrigen Sektionen im entscheidenden Moment den „Gesamtsieg" der Kommunisten gefährden.[331]

Den Offenen Brief an die KPD und die darin enthaltene Verurteilung der „Versöhnler" vom Dezember 1928 begrüßte Manuilskij aus diesem Grunde als ein „hervorragendes politisches Dokument", das genau in dem Moment gekommen sei, in dem „die deutsche Frage zu einem Kristallisationspunkt in der kommunistischen Bewegung des Westens" geworden sei: Die zwischen den „Versöhnlern" und der Thälmann-Gruppe strittigen Probleme „über den Charakter der dritten Periode in der Nachkriegsentwicklung des Kapitalismus [...], über die Bewertung der Rolle der Sozialdemokratie und des Reformismus, über das Tempo der Radikalisierung der Arbeiterklasse, über das Verhältnis zur Losung der Übergangszeit usw. – dies sind Probleme, die sich in dieser oder jener Form jeder [kommunistischen] Partei stellen". Der Offene Brief an die KPD müsse daher die Grundlage für eine breite „Aufklärungskampagne" unter den Sektionen der Komintern bil-

---

329 Brief Manuilskijs an „Max" [d. i. Petrovskij] vom 9. 9. 1927, Kopie für Stalin, RGASPI 558/11/763: 33–34, hier: 33.
330 Ebenda.
331 Brief Manuilskijs an Stalin vom 2. 1. 1929, RGASPI 558/11/763: 50–52, hier: 52.

den, um die Parteien von den Überresten jeglichen „Partikulargeistes" zu befreien.[332]

Manuilskij betrachtete die deutschen Kommunisten – oder präziser: ihre Führungskader – nicht zuletzt deshalb als „Musterknaben" der Komintern, weil die
meisten von ihnen trotz aller beschriebenen Widerstände und Bedenken gegen
Thälmanns Rehabilitierung die damit verbundenen Eingriffe der Komintern letztlich doch ohne ernsthafte Gegenwehr diszipliniert hinnahmen, bzw. eifrig an den
dann folgenden „organisatorischen Maßnahmen" gegen die verbliebenen innerparteilichen Gegner mitarbeiteten.

Ganz anders war dies in zwei anderen westeuropäischen Sektionen verlaufen –
in den kommunistischen Parteien Italiens (KPI) und der Schweiz (KPS). Deren
Vertreter in der Komintern, Angelo Tasca (Parteiname „Serra") und Jules Humbert-Droz', hatten vor allem auf der hitzigen Sitzung des EKKI-Präsidiums vom
19. Dezember 1928 gegen die „organisatorischen Maßnahmen" der Komintern
zur Ausschaltung der Thälmann-Gegner protestiert.[333] Bereits vor dieser Sitzung
hatten sich italienische Kommunisten bei einem Treffen mit Manuilskij sowohl
über den innerparteilichen Stil der KPD als auch über die Eingriffe Moskaus in
den Sektionen beklagt: Es vergingen keine zwei, drei Monate, so monierten sie, in
denen die Komintern „nicht an den kommunistischen Parteien herumschneiden
und von ihnen mal die eine, mal die andere Gruppe abschlagen" würden. Die Par-
tei-„Säuberungen" wurden von Kritikern häufig als „Amputationen" bezeichnet[334] – eine Metaphorik, die auf die häufig genutzten medizinischen Begriffe Bezug nahm und deren euphemistische Bedeutung offenbarte. Um das „Misstrauen
der italienischen Genossen" zu beseitigen, schlug Manuilskij ein Treffen mit Vertretern der Thälmann-Gruppe vor, bei dem die Italiener die Gelegenheit erhalten
sollten, „die reale gegenwärtige innerparteiliche Lage in Deutschland zu sehen".[335]

Das für Anfang Januar 1929 angesetzte Treffen endete aus Sicht des Kominterninstrukteurs jedoch überaus unbefriedigend, obwohl die stalintreuen Funktionäre
ihre Mehrheit gesichert hatten, um sich in der erwarteten Debatte durchsetzen zu
können. Von italienischer und deutscher Seite nahmen jeweils drei Vertreter teil;
außer Manuilskij waren als Vertreter der Komintern noch Dimitrov, der Brite
Palme Dutt und der Bulgare Vassil Kolarov erschienen. Nachdem Remmele einen
Bericht über den Kampf der KPD gegen die innerparteilichen Gegner gegeben
hatte, sollten sich die Italiener äußern. Stattdessen aber antwortete der KPI-Funk-

---

332 Ebenda. Vgl. dazu auch den Brief „Richards" [d. i. Manuilskij] an Julius [d. i. Alpari] vom
24. 12. 1928, RGASPI 495/292/42: 49, in dem Manuilskij den Leiter des Komintern-Or-
gans „Inprekorr" aufforderte, die Mitglieder der kommunistischen Parteien Westeuropas
stärker über die „wahre Bedeutung" der Auffassungen der „Rechten" und „Versöhnler"
aufzuklären, um so „dem Geschwätz" über die „Wittorf-Affäre" ein Ende zu bereiten.
333 Vgl. dazu: Vatlin, „Pravij uklon" v KPG. Die Stenogramme sind als Kopie auch zu finden
im SAPMO-BArch (RY 5-I 6/10/20–22).
334 Vgl. Brief Zlichenkos an Stalin vom 4. 1. 1929, RGASPI 558/11/735: 52.
335 Brief Manuilskijs an Pjatnickij vom 18. 12. 1928, RGASPI 558/11/763: 44–47, hier: 46.
Ihre Beschwerde hatten die italienischen Kommunisten laut Bericht von Manuilskij in
einem Brief an das Politbüro der VKP(b) formuliert, den sie Manuilskij vorlasen.

tionär Palmiro Togliatti lediglich mit einer sehr „höflichen" Rede, wie Manuilskij spöttisch anmerkte. Alle Anwesenden hätten sofort gemerkt, dass die Italiener einer Diskussion ausweichen wollten.[336] Auch Dimitrov kritisierte das Verhalten der italienischen Genossen, da sie sich geweigert hätten, auch nur auf eine einzige Frage „eine klare Antwort zu geben". Die deutschen Kommunisten hätten daraufhin entnervt verzichtet, an den Beratungen am zweiten Tage teilzunehmen.[337] Durch ihre höfliche Unbestimmtheit versuchten die italienischen Genossen, auf Zeit zu spielen und somit vorerst weder von eigenen Positionen Abstand zu nehmen bzw. inhaltliche Konzessionen zu machen, noch den Stalinisten einen Vorwand für eine „Säuberung" zu liefern.

Manuilskij war kaum davon überrascht, wie das Gespräch mit den italienischen Genossen verlief – und die Gründe, die er für ihr Verhalten verantwortlich machte, sind bezeichnend für die Maßstäbe, nach denen er die westeuropäischen Kommunisten insgesamt bewertete: Der „Wankelmut" der Italiener erklärte sich für ihn daraus, dass sie „abseits des ‚Großen' Weges der kommunistischen Bewegung" lebten[338], nämlich im Exil in der Schweiz – einem Land, das seiner Meinung zufolge bereits zur Zeit „der I. Internationale ein Land war, das alle möglichen Abweichungen nährte". Damit spielte er auf die wirtschaftliche und soziale Struktur der Schweiz an, die sich in seinen Augen nachteilig auf das revolutionäre Bewusstsein auswirkte. Da es aus der Sicht von Manuilskij „äußerst ungesund" sei, „in einem so kleinbürgerlichen Land" zu leben, schlug er den italienischen Kommunisten vor, dass einige ihrer Führungskader ihren Wohnsitz in Deutschland nehmen und sich somit durch das dortige zuverlässige proletarische Umfeld beeinflussen lassen sollten.[339]

Die Schweizer Kommunisten waren nach den deutschen Oppositionellen und den Italienern die Nummer drei auf der Liste der „Störenfriede" – und wie Manuilskijs negative Bemerkungen über die Schweiz zeigen, sah die Komintern in der Schweizer KP den schwierigsten „Fall", da die Eidgenossen schon aufgrund der „kleinbürgerlichen" Struktur ihres Landes das Gegenstück zu den deutschen „Musterknaben" darstellten und von ihnen somit von vornherein „unbolschewistisches" Verhalten erwartet wurde. Die Ereignisse im Gefolge der „Wittorf-Affäre" schienen diese Vorurteile vollauf zu bestätigen. Denn im Gegensatz zu den lavierenden italienischen Kommunisten solidarisierten sich die Schweizer Ge-

---

[336] Brief Manuilskijs an Pjatnickij vom 12. 1. 1929, RGASPI 558/11/763: 53–56.

[337] Bericht Dimitrovs vom 18. 1. 1929 über das Treffen mit den deutschen und italienischen Genossen, RGASPI 499/1/16: 5 f. Die etwas holprige Sprache entspricht dem Original: Dimitrov hat diesen Bericht, wie fast alle Dokumente, die er für das WEB geschrieben hat, auf Deutsch verfasst. Angelo Tasca, der im gleichen Monat in einem Brief an das Sekretariat der KPI geschrieben hatte, die Komintern sei „tot", da sie sich unter „Stalins Knute" befinde, wurde erst auf langwierigen Druck der Komintern von der italienischen Partei ausgeschlossen. Vgl. dazu Firsov, Stalin i Komintern, Teil 2, S. 5, wo der Autor Auszüge aus dem Brief Tascas zitiert und Schirinja, Der Kampf in der Komintern, S. 743.

[338] Brief Manuilskijs an Stalin vom 2. 1. 1929, RGASPI 558/11/763: 50–52, hier: 52.

[339] Brief Manuilskijs an Pjatnickij vom 12. 1. 1929, RGASPI 558/11/763: 53–56, hier: 55. Den Italienern passte diese Idee, sich unter die Kuratel der deutschen Genossen zu begeben, allerdings überhaupt nicht: Ein Teil ihrer Führung wohne ja bereits in Moskau, erwiderten sie, diese weiten Entfernungen förderen die Entfremdung von der Basis.

nossen bedingungslos mit ihrem Vertreter bei der Komintern, der gegen die stalinistische Linie protestiert hatte. Sie schreckten nicht einmal davor zurück, Stalins Auftritt vor dem EKKI-Präsidium zu kritisieren: Mit Blick auf Stalins Beleidigungen gegen Humbert-Droz schrieb das Schweizer ZK an die Kominternführung, die Rede des sowjetischen Generalsekretärs sei „sicherlich kein politisches Meisterwerk" gewesen.[340]

Aufgrund der hartnäckigen Renitenz der KPS schlug Manuilskij vor, auf dem nächsten EKKI-Plenum „nicht nur Humbert-Droz ans Kreuz [zu] schlagen, sondern auch die Schweizer [KP], um den anderen Sektionen der Komintern eine gehörige Lehre zu erteilen".[341] Der Anlehnung an Stalins brutale Wortwahl folgte das entsprechende Vorgehen: Nach zwei Monaten intensiver Vorbereitung inszenierten Emissäre der Komintern auf der nächsten ZK-Sitzung der KPS einen veritablen Putsch, bei dem die gesamte Parteiführung abgesetzt wurde.[342] Doch trotz dieses massiven Eingriffes des EKKI in die Leitung der KPS, dem noch weitere folgen sollten, blieb diese Sektion aus Sicht der Stalinisten das herausragende Negativbeispiel der Komintern. Noch im Mai 1931 klagte ein Kominterninstrukteur in einem Bericht über die KPS, dass die Schweizer Genossen trotz aller Eingriffe Moskaus noch immer „in einer erschreckenden, äußerst rechten opportunistischen Passivität" verharrten.[343] Neumann hatte zu diesem Zeitpunkt bereits den Begriff der „Schweizerei" geprägt, um damit realpolitische Bedenken innerhalb der Komintern gegen die radikale Politik zu diffamieren[344]; im Herbst 1931 sollte Manuilskij dann den Begriff „Schweizer" als Synonym für eine der Spionage verdächtige Person nutzen[345], und noch im Frühjahr 1932 kommentierte ein ungarischer Instrukteur die Vorbereitungen der KPS für die aus Moskau vorgegebene Antikriegs-Kampagne der Komintern mit den Worten, in der Schweiz werde „einfach nur Konterrevolution getrieben".[346]

Bei den kleinen Parteien Westeuropas wurde somit das gesamte Arsenal an Zwangsmaßnahmen aufgefahren, über das die Komintern gebieten konnte: Es

---

[340] Brief des ZK der KPS an das EKKI vom 18. 1. 1929, zitiert nach: Studer, Un parti sous influence, S. 50. Bereits am 23. 11. 1928 hatte sich die KPS schriftlich über den Politikstil der Komintern beschwert, wie er in der Rehabilitierung Thälmanns und dem Umgang mit seinen innerparteilichen Gegnern sichtbar geworden sei. Zum Gesamtzusammenhang vgl. Studer, Un parti sous influence, S. 48–51.

[341] Brief Manuilskijs an Stalin vom 2. 1. 1929, RGASPI 558/11/763: 50–52, hier: 52.

[342] Vgl. Studer, Un parti sous influence, S. 50 f., und Schirinja, Der Kampf in der Komintern, S. 743. Ähnlich erging es dem Parteichef der KPdUSA, Lovestone, der auf Druck Stalins aus der Partei ausgeschlossen wurde. Vgl. Firsov, Stalin i Komintern, S. 6. In die neue Führung, die nun wie die Komintern nicht mehr von einem Generalsekretär, sondern aus einem mehrköpfigen Sekretariat bestand, wurde auch ein Vertreter des EKKI gesandt, der ein Vetorecht gegen Beschlüsse hatte, die den Entscheidungen des EKKI widersprachen. Vgl. das Protokoll Nr. 11 der russischen Delegation beim EKKI vom 14. 5. 1929, RGASPI 508/1/83: 1.

[343] Brief „Giorgios" an „Emil" (Mitarbeiter des MELS des EKKI) vom 10. 5. 1931, RGASPI 495/4/112: 65 f.

[344] Brief Neumanns an unbekannt vom 1. 3. 1930, RGASPI 526/1/93: 45–46 ob, hier: 46 ob.

[345] Bericht Manuilskijs über „politische Provokationen" in der Komintern, o.D. [6. 10. 1931], RGASPI 495/18/864: 6–94, hier: 44.

[346] Brief Madyars an Kun vom 5. 4. 1932, RGASPI 495/60/238: 79–82, hier: 79.

wurden Instrukteure zur Kontrolle der Parteiführung entsandt, die leitenden Kader in den Sitzungen der Komintern durch Stalin gedemütigt und dies in den offiziellen Sitzungen des EKKI durch seine Gefolgsleute wiederholt und schließlich komplette Parteiführungen ausgetauscht, wenn sie sich dennoch nicht dem Druck beugen wollten. Bei all diesen Maßnahmen spielten die deutschen Spitzenfunktionäre eine gewichtige Rolle.

Die Stellung der KPD als wichtigster und vor allem zuverlässigster Bündnispartner der Bolschewiki spiegelte sich bald auch in einer geradezu zeremoniellen Vorzugsbehandlung der deutschen Kommunisten wider. Kurz vor dem XI. EKKI-Plenum wurde Thälmann vom damaligen deutschen Vertreter bei der Komintern, Wilhelm Pieck, mitgeteilt, dass sich der Beginn der Tagung um einige Tage verzögere und wahrscheinlich erst am 23. oder 25. März 1931 beginne: „Ich habe auch deshalb bereits an Euch telegrafiert, dass Ihr erst am 20. [März] wegfahrt. Den übrigen Sektionen ist allerdings mitgeteilt worden, dass sie zum 20. hier sein müssen, damit sofort begonnen werden kann, wenn Ihr eintrefft."[347] So wie auf einem höfischen Ball diejenigen Gäste, die in der Adelshierarchie am höchsten standen, als letzte eintraten und von den zuvor eingetroffenen Standesgenossen begrüßt wurden, so durften sich also auch die deutschen Kommunisten mit ihrem Auftreten etwas Zeit lassen und auf diese Weise ihre herausgehobene Position verdeutlichen.

Die Hierarchie zwischen den einzelnen Sektionen zeigt sich aber auch an anderen, weniger offensichtlichen, dafür aber umso entscheidenderen Tatsachen: Während die Schweizer Kommunisten in den folgenden Jahren unter der Aufsicht einer ständig anwesenden Zahl von Instrukteuren des EKKI und des Westeuropäischen Büros der Komintern arbeiteten[348] und von Moskau immer wieder sowohl im Geheimen als auch öffentlich wegen „opportunistischer Abweichungen" angeklagt wurden[349] – ähnliches galt übrigens unter anderem auch für die kommunistischen Parteien Österreichs, Hollands[350] und Frankreichs[351] – so betreute nach Manuilskijs Abreise aus Berlin Ende Januar 1929 kein ständiges „Kindermädchen" Moskaus[352] mehr die KPD-Zentrale. Stattdessen wurden nun die deutschen Kommunisten selbst bevorzugt als Emissäre der Komintern ausgesandt, um anderen Sektionen auf die Finger zu schauen. Der Arbeitsplan des WEB für 1931 hielt unter Punkt 3 folgende Aufgabe fest: „Engste Zusammenarbeit und ständiger Kontakt mit der deutschen Partei, Auswertung der deutschen Erfahrungen und Ausnutzung von Kräften der deutschen Partei für die Arbeit der übrigen europäischen Parteien."[353]

---

347 Brief Piecks an Thälmann vom 16. 3. 1931, RGASPI 495/292/54: 76–78, hier: 76.
348 Vgl. z. B. die Berichte des WEB aus dem Jahre 1930 über die KP der Schweiz und andere westeuropäische Parteien, RGASPI 495/19/12.
349 Vgl. Studer, Un parti sous influence, S. 51–64.
350 Vgl. Voermann, Die Unterordnung der KPH, v. a. S. 41 f.
351 Vgl. Kriegel, Eugen Fried.
352 So eine Formulierung Stalins über sowjetische Instrukteure bei der KP Chinas in seinem Brief an Molotov vom 9. 7. 1927, abgedruckt in: Koshelova (Hg.), Pis'ma Stalina, S. 110–116, hier: S. 115.
353 Arbeitsplan des WEB für das Jahr 1931 vom 2. 1. 1931, RGASPI 499/1/34: 5 f., hier: 5.

Wie sehr ihre Arbeit von der Komintern geschätzt wurde, zeigt sich unter anderem in dem Brief der ständigen Instrukteurin in der KPÖ-Parteizentrale, Maria Grollmann (Parteiname „Hertha"), an das Mitteleuropäische Ländersekretariat der Komintern vom Sommer 1931, in dem sie sich warmherzig für die tatkräftige Unterstützung des deutschen Spitzenfunktionärs Fritz Schulte auf der ZK-Tagung der KPÖ bedankte: „Vom ersten bis zum letzten ZK-Mitglied und Delegierten" seien alle begeistert oder zumindest zufrieden mit seiner Arbeit gewesen, besonders mit seiner „Aufzeigung der praktischen Erfahrungen der deutschen Partei, wie wir sie in Österreich anwenden können".[354]

Dass diese „Hilfe" an der Basis nicht immer so begeistert akzeptiert wurde, musste hingegen ein anderer deutscher Instrukteur einige Monate später während seines Besuches in Wien erfahren: Deutlich eingeschnappt berichtete er, seine Begleiterin sei von einer österreichischen Genossin gefragt worden, ob er denn „auch ein Piefke" sei? „Damit meint man hier in Österreich alle deutschen Genossen, die herübergeschickt werden, um hier mitzuarbeiten. So wie der untere Funktionär hier offen Piefke sagt, glaube ich, herrscht diese Ideologie [auch] in der oberen Spitzenkörperschaft der KPÖ, nur dass man diese Dinge etwas umkleidet."[355] In erster Linie scheint dieses Misstrauen gegen die KPD-Kader durch den Verdacht genährt worden zu sein, deren wichtigstes Ziel sei die Suche nach „Abweichungen" – was ja auch tatsächlich die Hauptaufgabe aller Instrukteure der Komintern war. Ein österreichischer Genosse beschied dem deutschen Instrukteur: „Nun ja, man braucht auch nicht jeden Dreck nach Berlin zu berichten."[356]

Wie zutreffend der Verdacht war, dass die von der Komintern hochgelobten deutschen Funktionäre arrogant auf die übrigen Parteien Westeuropas herabblickten, zeigen deren vernichtende Kommentare. Wilhelm Florin beschränkte sich in seinem Bericht über die KP Hollands noch auf die vergleichsweise zurückhaltende Bemerkung, die holländischen Kommunisten seien insgesamt „nicht sehr hochstehend"[357], während Fritz Heckert die KP Großbritanniens mit den Worten abkanzelte, sie sei „nicht schwach, sondern morsch".[358] Damit pflegte Heckert in Bezug auf die britische KP eine langgehegte, gegenseitige Abneigung, die sich unter anderem schon einige Jahre zuvor in einem Bericht des britischen Vertreters beim EKKI über ein Treffen mit dem deutschen Vertreter in Moskau nach London gezeigt hatte: Der KPD-Funktionär wüsste, so grollte der Brite, „wie alle deutschen Genossen [...] viel besser [...], was die britische Partei tun sollte, als die Partei selbst".[359]

[354] Brief „Herthas" [d.i. Maria Grollmann] an Knorin (Leiter des MELS) vom 2.7.1931, RGASPI 495/80/306: 221–223, hier: 222.

[355] Brief „Willis", Sekretär der RSI Berlin, an unbekannt vom 27.12.1931, RGASPI 495/80/306: 48–50.

[356] Ebenda.

[357] Zitiert nach: Voerman, Die Unterordnung der KPH, S. 41.

[358] Vgl. das Stenogramm der Sitzung des Anglo-Amerikanischen Ländersekretariates vom 30.7.1930, RGASPI 495/72/77: 2–71.

[359] Zitiert nach: Thorpe, The British Communist Party and Moscow, S. 65. Ein Beispiel für eine positive Einschätzung der Entwicklung einer Partei gab Hermann Remmele in seinem Bericht aus Oslo über die KP Norwegens vom 23.2.1929, RGASPI 495/19/9: 98f.

11. Handlungsspielräume?

Insbesondere der Verlauf der „Wittorf-Affäre" und ihre Folgen haben sichtbar werden lassen, dass den führenden Funktionären der Komintern die Enthemmung und Radikalisierung der Thälmann-Gruppe häufig zu weit ging, obwohl man politisch prinzipiell übereinstimmte. Die Rehabilitierung Thälmanns und die Billigung „organisatorischer Maßnahmen" gegen innerparteiliche Gegner durch Moskau war von der KPD-Linken als Signal aufgefasst worden, dass die geringfügigen Kompromisse, die während des VI. Kominternkongresses mit den „Versöhnlern" um Ewert und Bukharin ausgehandelt worden waren, hinfällig seien und der linksradikale Kurs unter der Losung „Klasse gegen Klasse" nun ohne jegliche Einschränkungen durchgeführt werden könne.

Das Dilemma, das auf diese Weise für die Komintern infolge der „Wittorf-Affäre" entstanden war, erwies sich in den Jahren bis zur Machtübertragung an Hitler im Januar 1933 als eines der Grundprobleme in den Beziehungen zwischen der Moskauer Führung und der KPD-Spitze: Die Komintern musste ständig darauf achten, dass die deutschen Kommunisten nicht durch einen zu starken Radikalisierungsschub außer Kontrolle gerieten. Wie noch zu zeigen sein wird, war die Politik des EKKI in vielen Fällen „realpolitischer" orientiert als die der Thälmann-Gruppe. Die Dissonanz der verschiedenen Instruktionen[360], die aus Moskau nach Berlin drangen und die deutsche Partei einerseits verwirrte, wurde von einigen führenden KPD-Funktionären andererseits auch genutzt, um ihren Handlungsspielraum entsprechend auszuweiten.

Stalin instrumentalisierte den so entstandenen latenten Konflikt zwischen Kominternführung und KPD-Spitze und schürte ihn, um seine persönliche Machtstellung innerhalb der sowjetischen Führung zu festigen und auf diese Weise seine radikale Politik durchzusetzen. Er stützte sich dabei vor allem auf das Bemühen der deutschen Führungskader, ihre besondere Zuverlässigkeit unter Beweis zu stellen, um mit Hilfe der KPD-Spitze als „Sturmtruppe" Bedenken innerhalb der sowjetischen Partei und der Komintern gegen seine Politik auszuschalten. Stalin gab dem neuen Führungsduo der KPD gewissermaßen einen Freibrief zur Radikalisierung, um seine Gegner im EKKI von zwei Seiten einzukreisen und in die Ecke zu drängen.

Dennoch kann kein Zweifel darüber bestehen, dass der KPD-Führung vom Diktator nicht mehr als eine begrenzte Scheinautonomie eingeräumt wurde. Thälmann und Neumann erhielten zeitweise die Rückendeckung des Diktators für ihre ehrgeizigen Pläne, um „von unten" eine Dynamik der Radikalisierung zu entfachen, die Stalin im parteiinternen Machtkampf nützlich sein sollte. Ein wirklich eigenständiger Kurs – das werden die zaghaften Emanzipierungsversuche in der Frage der Sozialfaschismusdoktrin zeigen – wurde von Stalin keineswegs geduldet.

Ein Vergleich mit dem Schicksal einer anderen Sektion mag dies verdeutlichen: Auf einer Sitzung des EKKI-Präsidiums Mitte Mai 1929 griff Stalin die Führung

---

360 Vgl. dazu z. B. Brief Ulbrichts an Sekretariat ZK der KPD vom 18. 1. 1929, RGASPI 495/
292/44: 17–20, hier: 20.

der KPdUSA, die, der „rechten Abweichung" beschuldigt, dennoch kurz zuvor auf einem Parteitag bestätigt worden war, wegen ihres Widerstandes gegen den Kurs der Komintern scharf an. Er drohte den amerikanischen Funktionären ganz offen mit ihrer Absetzung durch Moskau. „Es hat eine ganze Reihe von Fällen in der Geschichte der Komintern gegeben, in denen ihre populärsten Führer, die mehr Autorität hatten als Sie, sich isoliert fanden, sobald sie es wagten, das Banner gegen die Komintern zu erheben", konstatierte Stalin. „Heute haben Sie noch die formale Mehrheit [in der KPdUSA]. Aber morgen wird es keinerlei Mehrheit mehr geben und Sie werden völlig isoliert sein, wenn sie versuchen, einen Kampf gegen die Entscheidungen des Präsidiums des Exekutivkomitees der Komintern zu führen. Da können Sie sicher sein."[361] Tatsächlich wurde die Führung der amerikanischen KP unter ihrem Generalsekretär Jay Lovestone noch am gleichen Tage in einer Sitzung der russischen Delegation abgesetzt.[362]

Allerdings hätte sich ein solches Vorgehen wie bei der KPdUSA (oder wie bei der KP der Schweiz, bzw. der KP Polens[363], deren Leitungen ebenfalls auf Druck Moskaus komplett verändert wurden) in Deutschland nicht ohne weiteres durchführen lassen. Zwar hatte die Komintern 1925 mit der Misstrauenserklärung gegen die Leitung unter Ruth Fischer bereits einmal eine deutsche Parteiführung gestürzt, es bleibt aber zu fragen, ob sich Stalin 1928/29 hätte durchsetzen können, wenn er nicht erneut die KPD-Führung als eifrige Unterstützerin hinter sich, sondern in einer Reihe mit den „opportunistischen" Parteispitzen der Schweiz, der USA, Italiens, Polens und Schwedens gegen sich gehabt hätte.

So scheinheilig von sowjetischer Seite das Lob der KPD als „zweitbeste Sektion der Komintern nach der VKP(b)" und „bolschewistisches Rückgrat der Komintern"[364] auch gewesen sein mag, so verdeutlicht es doch, dass die deutschen Kommunisten keine vernachlässigbare Größe waren: Hätte die stalinistische Führung in der Komintern allein gegen die anderen Sektionen gestanden, so wäre dies zumindest eine schwere moralische Niederlage gewesen.

Doch die Gefahr, dass die KPD sich grundsätzlich von Moskau emanzipieren würde, bestand nicht: Offener Widerstand gegen die Komintern war selbst für die „Rechten" eine Grenze, die sie nur schweren Herzens überschritten. Brandler reagierte im Oktober 1928 mit Unverständnis auf die Warnung des Kominternsekretärs Pjatnickij, dass er sich außerhalb der Reihen der Komintern stelle, wenn er

---

361 Josif Stalin, O pravykh frakcionerakh v Amerikanskoj kompartii, Moskau 1930, S. 34, zitiert nach: McDermott, Comintern, S. 88.
362 Protokoll Nr. 11 der russischen Delegation beim EKKI vom 14. 5. 1929, Pkt. 2, RGASPI 508/1/83: 1. Anstelle des Generalsekretärs sollte ein fünfköpfiges Leitungsgremium treten, dem ein Vertreter des EKKI angehörte, der ein Vetorecht hatte.
363 In Polen putschte sich wie in der Schweiz eine linke Minderheit mit Hilfe von Komintern-Emissären (in diesem Falle Wilhelm Knorin und Nikolaj Popov) an die Leitung. Vgl. Firsov, Stalin i Komintern, S. 6.
364 Remmele in der ersten Sitzung der Deutschen Kommission des Präsidiums des EKKI am 2. 10. 1928, RGASPI 495/47/5: 25–43, hier: 30; Gusev in der Sitzung der Deutschen Kommission des Erweiterten Präsidiums des EKKI am 25. 2. 1930, RGASPI 495/24/101: 2–27, hier: 3. Ähnliche Forumulierungen finden sich immer wieder, so beispielsweise in dem Bericht über den „Kampf gegen die Abweichungen in der Komintern" vom 22. 5. 1930, RGASPI 495/18/845: 38–46.

tatsächlich ohne Genehmigung des EKKI nach Deutschland fahre: Er verstehe nicht, entgegnete Brandler, „warum ihm die russischen Genossen nicht vertrauen". Man werde ihn wieder in die Partei aufnehmen, „wenn man sich überzeugt habe, dass er geholfen habe, die Krise in der KP Deutschlands zu lösen".[365] So spricht keiner, der es auf einen Bruch mit Moskau anlegt. Und in der Tat machte Brandler sein Versprechen, seine Anhänger in Deutschland von „Dummheiten" abzuhalten, zunächst wahr: Thälmann fiel nach Brandlers Rückkehr auf, dass die „Rechten" versuchten „vorsichtiger aufzutreten"[366], um keinen Ausschluss zu provozieren.[367] Der dann doch vollzogene Bruch erfolgte erst, nachdem die Thälmann-Gruppe ihren Druck weiter erhöht hatte.

Wie schon dieses Kapitel gezeigt hat (und in den folgenden immer wieder thematisiert wird), ließen sich die ausländischen Sektionen, die in einer anderen politischen Kultur und zum Teil in demokratischen Milieus tätig waren, von Moskau aus nur schwer beherrschen. Häufig erwiesen sich ihre Funktionäre nicht als disziplinierte Befehlsempfänger, sondern als durchaus renitente Politiker, die mit der Politik der bolschewistischen Führung zwar prinzipiell übereinstimmten, aber eigene Vorstellungen einbrachten – und somit aus Stalins persönlicher Perspektive zudem Gefahr liefen, sich womöglich mit seinen innenpolitischen Gegnern zu verbünden. Aus seiner Sicht mussten sie deshalb diszipliniert und zur *persönlichen* Gefolgschaft verpflichtet werden. Eine besondere Rolle spielte dabei die KPD, die nicht nur die größte und einflussreichste Sektion darstellte, sondern der stalinistischen Führung auch politisch am nächsten stand.

Die „Wittorf-Affäre" bedeutete für Stalin in dieser Hinsicht zwar einerseits eine Gefahr für sein personales Netz, bot ihm andererseits aber auch die Chance, die KPD-Führung noch stärker an sich zu binden. Um dieses Ziel zu erreichen, setzte er seine beiden Zöglinge ein: Das Gespann aus dem naiven, leicht zu beeinflussenden Thälmann und dem sich durch revolutionäre Ungeduld auszeichnenden Neumann.

---

[365] Brief Pjatnickijs an Stalin und Molotov vom 16. 10. 1929 über seine Gespräche mit Brandler, RGASPI 495/19/231: 49.

[366] Brief Thälmanns an Stalin vom 7. 11. 1928, RGASPI 558/11/817: 97–103, hier: 99.

[367] Auch die Tatsache, dass sich Hausen und Galm trotz der eigentlich absehbaren Ergebnisse zur Untersuchung ihrer „fraktionellen Tätigkeit" auf den beschwerlichen Weg nach Moskau machten, belegt, dass sie es nicht ohne weiteres auf einen Ausschluss ankommen lassen wollten.

II. Ein außenpolitisches Instrument?

Wie fast alle Entwicklungen in der Komintern, so wurde auch die „ultralinke Wende" der Komintern, die zur Jahreswende 1927/28 einsetzte, in der bisherigen Forschung einerseits mit einem Hinweis auf die innersowjetischen Machtkämpfe und andererseits mit der Funktion der Komintern als zweitem Standbein der sowjetischen Außenpolitik erklärt: Die Proklamation der ultralinken Taktik, so die These, habe der Herrschaftslogik Stalins entsprochen, der seinen radikalen Kurs in der Innen- und Wirtschaftspolitik und seinen Kampf gegen Bukharin kurzerhand auf die Komintern übertragen habe, um seine Gegner auch von dieser Seite anzugreifen. Gegen die Sozialdemokratie habe Stalin wiederum hauptsächlich deshalb gekämpft, weil er in den deutschen Sozialdemokraten die Motoren einer antisowjetischen Front gesehen habe.[1]

Damit sind zwei wesentliche Komplexe der Beziehungen zwischen deutschen und sowjetischen Kommunisten vor 1933 angeschnitten. Erstens stellt sich die Frage, was die Komintern und KPD für Stalin bedeuteten: Waren sie für ihn tatsächlich lediglich ein Instrument im Dienste der sowjetischen Außenpolitik? Die zweite Frage ist die nach dem Anteil der Kominternsektionen an der Radikalisierung der kommunistischen Politik: Wurde sie maßgeblich von Stalin initiiert oder gab es auch hier Tendenzen von der „Basis", musste sie den Sektionen aufgezwungen werden oder arbeiteten sie dem Diktator und der Komintern zu?

Obwohl sich diese Themen – die außenpolitische Bedeutung der III. Internationale und die Radikalisierung der Kominternpolitik – kaum voneinander trennen lassen, weil in beiden Bereichen die Stellung der KPD zur Sozialdemokratie eine wichtige Rolle spielt, habe ich aus analytischen Gründen einen Schnitt vorgenommen: In diesem Kapitel soll zunächst der grundlegenden Frage nachgegangen werden, welche Rolle die Komintern und KPD in Stalins außenpolitischer Konzeption spielten, während in den folgenden beiden Kapiteln das Thema der Radikalisierung unter anderem am Beispiel der so genannten Sozialfaschismus-Doktrin behandelt wird.

Wenn auf den folgenden Seiten die Bedeutung der KPD und Komintern für Stalins außenpolitische Konzeption untersucht wird, so reicht es jedoch nicht aus, nur auf die deutsch-sowjetischen Beziehungen zu blicken. Vielmehr muss versucht werden, einen Blick auf die Gesamtkonzeption von Stalins Außenpolitik zu werfen. Wichtig ist es auch, zu untersuchen, wie sich die Berufsdiplomaten im Volkskommissariat für äußere Angelegenheiten (NKID) gegenüber der Komintern im Allgemeinen und der KPD im Besonderen verhielten und zu fragen, welches Verhältnis zwischen ihnen bestand. Ebenso unverzichtbar ist es, die deutsche Perspektive einzubeziehen: Wie sahen die deutschen Parteifunktionäre ihre Rolle

---

[1] Vgl. Borkenau, Der europäische Kommunismus, S. 60–67; Weingartner, Stalin und der Aufstieg Hitlers, S. 10–15; Luks, Entstehung der kommunistischen Faschismustheorie, S. 130.

in der sowjetischen Politik? Führte die Vorbildfunktion der Bolschewiki tatsächlich dazu, dass die KPD-Kader die Sowjetunion rückhaltlos unterstützten oder war ihnen das nationale Hemd doch näher als der internationalistische Rock? In diesem Zusammenhang soll der Blick nicht nur auf die Führung der KPD gerichtet werden, sondern auch gefragt werden, wie die einfachen Funktionäre reagierten.

1. Priorität der Sowjetunion

Seitdem die Bolschewiki die Provisorische Regierung in Petrograd am 25. Oktober 1917 durch einen Staatsstreich abgesetzt hatten, wähnten sie sich in einer Welt von Feinden. Zu den Schreckensbildern, von denen sich die neuen Machthaber in den folgenden Jahrzehnten verfolgt fühlten, gehörte insbesondere die Furcht, von einer antibolschewistischen Allianz kapitalistischer Staaten umzingelt und angegriffen zu werden. So weckte schon der sich im Herbst 1918 abzeichnende Sturz der Hohenzollerndynastie bei Lenin nicht nur Hoffnungen, sondern löste auch Ängste aus: Einerseits hoffte er, die Revolution könne sich nun auch nach Westeuropa ausbreiten. Andererseits aber befürchtete er, dass sich ein militärisch geschlagenes und noch nicht revolutioniertes Deutschland auf die Seite der Westalliierten stellen und mit ihnen gegen die neue Sowjetmacht kämpfen würde. Die Tatsache, dass die erste parlamentarische (und zugleich letzte) Regierung des Kaiserreiches nach der Abdankung Wilhelms II. prompt die diplomatischen Beziehungen zu Moskau abbrach und den erst wenige Monate zuvor geschlossenen Friedensvertrag von Brest-Litowsk annullierte, schien diese Befürchtung zu bestätigen.[2]

In der Nachkriegszeit bestanden aus Sicht der Bolschewiki zwei Möglichkeiten, um dieser Bedrohung durch einen sich bildenden „Belagerungsring" entgegenzuwirken: Entweder musste die Revolution nach Mitteleuropa getragen werden oder die Gegensätze innerhalb des „imperialistischen Lagers" mussten soweit verschärft werden, dass sich die europäischen Mächte nicht zu einer antibolschewistischen Front zusammenschließen konnten. Deutschland nahm in beiden Konzeptionen einen zentralen Platz ein: Zum einen schien das Land aus der Sicht der marxistisch geschulten Bolschewiki historisch „reif" für eine baldige proletarische Revolution zu sein. Zum anderen war Deutschland durch den Versailler Friedensvertrag aus bolschewistischer Sicht in den Rang einer Halbkolonie des „Entente-Kapitals" herabgedrückt worden. Deutschland und Sowjetrussland, so war man in Moskau überzeugt, hatten nun gemeinsame staatliche Interessen – und ganz konkret einen gemeinsamen Feind, nämlich Polen, die Hauptstütze des französischen *Cordon Sanitaire*, jener „konterrevolutionären Scheidewand" Europas, wie die neugegründeten Nationalstaaten in Ostmitteleuropa von Stalin kurz nach Kriegsende bezeichnet wurden.[3]

---

[2] Vgl. Lenins Reden über die internationale Lage vom 22. 10. 1918 und 8. 11. 1918, in: Lenin, Werke, Bd. 28, S. 104–118, 145–159.
[3] Josef Stalin, „Die Scheidewand", in: ders., Werke, Bd. 4, S. 147 f.

Für die Politik der Bolschewiki in der unmittelbaren Zeit nach dem Ende des Ersten Weltkrieges ist die Tatsache charakteristisch, dass sie die beiden oben genannten Auswege aus der internationalen Isolation abwechselnd und zuweilen sogar gleichzeitig beschritten[4]: Während beispielsweise die KPD, von Moskau ermuntert, im Frühjahr 1921 mit der „Märzaktion" die Revolution probte, verhandelten sowjetische Diplomaten mit der deutschen Regierung über die Wiederaufnahme der diplomatischen Beziehungen.[5] Und ein gutes Jahr nachdem im April 1922 schließlich der berüchtigte Rapallo-Vertrag zwischen der Sowjetunion und Deutschland unterzeichnet worden war, der später als die „Koalition der Verlierer" des Ersten Weltkrieges gegen dessen Gewinner bezeichnet werden sollte[6], drängte die bolschewistische Führung die KPD-Spitze, den so genannten Deutschen Oktober zu organisieren. Auf diese Weise, so hoffte man im Politbüro, würden sich sämtliche Schwierigkeiten überwinden lassen, die sich den Bolschewiki seit ihrem Staatsstreich in den Weg gestellt hatten: Gemeinsam seien die beiden Länder militärisch und wirtschaftlich stark genug, um sich „vor jeglichen Angriffen des Weltimperialismus" zu schützen, prophezeite Grigori Zinov'ev im September 1923.[7]

Stalin verfiel selten in solch revolutionseuphorische Zustände, wie dies bei Lenin[8] oder Zinov'ev periodisch der Fall war. Seit langem ist bekannt, dass Stalin die Aussichten ausländischer kommunistischer Parteien, eine erfolgreiche Revolution durchzuführen, häufig sehr skeptisch beurteilte. So wies der Generalsekretär wenige Monate vor dem geplanten „Deutschen Oktober" in einem Brief an Zinov'ev und Bukharin darauf hin, dass der KPD der notwendige Rückhalt in der Bevölkerung fehle: „Wenn in Deutschland die Macht heutzutage stürzt und die Kommunisten sie aufheben, dann werden sie mit Pauken und Trompeten scheitern. [...] Meiner Meinung nach muss man die Deutschen zurückhalten und nicht ermuntern."[9] Nachdem der Aufstandsversuch kläglich gescheitert war, sah sich Stalin in dieser Ansicht bestätigt: „Die Kommunisten hatten keine Mehrheit unter den Arbeitern", bewertete er im November 1923 rückblickend die Chancen der KPD, die deutsche Bourgeoisie sei hingegen stets „quicklebendig" gewesen und habe deshalb genügend Kräfte gehabt, „um die Kommunisten aufs Haupt zu schlagen".[10]

Das Scheitern dieses letzten Revolutionsversuches in Europa vor dem Zweiten Weltkrieg veranlasste Stalin, sich gemeinsam mit Nikolaj Bukharin für einen zu-

---

4 Vgl. Zubachevskij, Politika sovetskoj Rossii v central'noj Evrope.
5 Zu den Verhandlungen der Jahre 1920–1922, die in der Unterzeichnung des Rapallo-Vertrages gipfelten, und den sowjetischen Motiven vgl. v. a.: Slutsch, Deutschland und die UdSSR 1918–1939, S. 35–44. Zur „Märzaktion" der KPD vgl. Koch-Baumgarten, Aufstand der Avantgarde.
6 Vgl. Schieder, Die Entstehungsgeschichte des Rapallo-Vertrags.
7 Zitiert nach: Slutsch, Deutschland und die UdSSR 1918–1939, S. 45.
8 Vgl. sein während des Zweiten Kongresses der Komintern abgeschicktes Telegramm an Stalin vom 23. 7. 1920, abgedruckt in: Drabkin (Hg.), Komintern i ideja mirovoj revoljucii, S. 186.
9 Brief Stalins an Zinov'ev und Bukharin vom 7. 8. 1923, abgedruckt in: Adibekov, Politbjuro CK RKP(b)-VKP(b) i Komintern, S. 163 f., hier: S. 163.
10 Brief Stalins an Pjatakov vom 8. 11. 1923, RGASPI 558/11/785: 23–26, hier: 24.

nächst isolierten „Aufbau des Sozialismus in einem Land" – also in der Sowjetunion selbst – einzusetzen. Während Lenin zu Beginn der 20er Jahre sowie Trockij und Zinov'ev noch nach 1924 meinten, Sowjetrussland könne nur überleben, wenn es gelänge, die Nachbarstaaten ebenfalls zu revolutionieren[11], richtete sich Stalin auf eine „Phase der Ebbe der Revolution" ein, in der die Bolschewiki auf sich gestellt blieben.[12] Auf dem XIV. Parteitag der VKP(b) im Dezember 1925 charakterisierte er die gegenwärtige internationale Lage als eine auf dem Gleichgewicht der Kräfte basierende „Atempause" im Kampf zwischen den feindlichen Lagern, als eine „gewisse Periode des ‚friedlichen Zusammenlebens' der Welt der Bourgeoisie und der Welt des Proletariates".[13]

In dieser Phase sollte die Sowjetunion nicht durch „revolutionäre Abenteuer" gefährdet werden. Kurzerhand setzte Stalin die außenpolitischen Interessen der Sowjetunion mit den Zielen der internationalen Arbeiterbewegung gleich: So durfte sich nach Stalins Auffassung nur derjenige als „Internationalist" bezeichnen, der „vorbehaltlos, ohne zu schwanken, ohne Bedingungen zu stellen, bereit ist, die UdSSR zu schützen, weil die UdSSR die Basis der revolutionären Bewegung der ganzen Welt ist".[14] An diesem Prioritätenwechsel wurde auch festgehalten, als Stalin auf dem XV. Parteitag 1927 den herannahenden „neuen revolutionären Aufschwung" prophezeite[15]: Stalin wies die Kominternspitze nur wenige Monate später darauf hin, dass sich die revolutionäre Arbeit der nationalen Sektionen weiterhin direkt auf die Sowjetunion zu beziehen habe. Im Programm der Komintern solle nicht mehr allgemein vom Übergang des Kapitalismus zum Sozialismus gesprochen werden, sondern vom „Übergang angesichts der Diktatur des Proletariates in einem dieser Länder, d. h. in unserem Land".[16]

Dieser Wechsel in der außenpolitischen Doktrin spiegelte sich auch in der Finanzpolitik der Komintern wider: Die ehemals üppig fließenden Mittel für die Militärapparate der kommunistischen Parteien waren nach 1924 radikal gekürzt worden – eine Maßnahme, die insbesondere den deutschen Kommunisten missfiel. So monierte Ernst Thälmann im Februar 1925 in einem fünfseitigen Memorandum, das EKKI dürfe nach fehlgeschlagenen Aufständen nicht immer gleich

---

[11] Schon am 7. 3. 1918 meinte Lenin in seiner „Rede über Krieg und Frieden", „wir werden auf jeden Fall [...] zugrunde gehen, wenn die deutsche Revolution nicht eintritt". Lenin, Werke, Bd. 27, S. 73–96, hier: S. 81. Zu den Konflikten über die These des „Aufbaus des Sozialismus in einem Land" vgl. McDermott, Comintern. S. 50–55; Geyer, Sowjetrussland und die deutsche Arbeiterbewegung, S. 4–13.

[12] Vgl. seine Bemerkungen zur internationalen Lage in seinem Referat vor dem Parteiaktiv der Moskauer Organisation der KPR(b) am 9. 5. 1925, in: Stalin, Werke, Bd. 7, S. 77–114, hier: S. 79.

[13] Vgl. seinen „Rechenschaftsbericht des Zentralkomitees" vom 18. 12. 1925, in: Stalin, Werke, Bd. 7, S. 227–305, hier: 227 f.

[14] „Die internationale Lage und die Verteidigung der UdSSR". Rede auf dem vereinigten Plenum des ZK und der ZKK der VKP(b) am 1. 8. 1927, in: Stalin, Werke, Bd. 10, S. 3–52, hier: S. 45.

[15] Vgl. seinen „Politischen Rechenschaftsbericht des Zentralkomitees" vom 3. 12. 1927, in: Stalin, Werke, Bd. 10, S. 235–252, hier: S. 248.

[16] Brief Stalins an Bukharin, Rykov und Molotov vom 24. 3. 1928, RGASPI 558/11/136: 8–18.

„die ganze M[ilitär]-Arbeit zerschlagen." Nachdem das Militärbudget der KPD halbiert worden war, erhielten die deutschen Kommunisten aus Moskau monatlich nur noch 7625 $ für ihre Militärarbeit. Die Militärkommission der KPD stellte bedauernd fest, dass die Partei nun von „der konsequenten Vorbereitung des Bürgerkrieges" abrücken müsse.[17]

2. Ideologie und Realpolitik

Doch die Tatsache, dass für Stalin die Konsolidierung der Sowjetunion wichtiger war als vorerst offenkundig aussichtslose Umsturzversuche ausländischer Kommunisten, bedeutet nicht, dass er die Hoffnung auf die Weltrevolution gänzlich aufgegeben hatte. Auch wenn er sich zunächst als Realpolitiker erwies, so blieb er langfristig doch seinen ideologischen Prämissen treu. So war Stalin davon überzeugt, dass nach einer Zeit der revolutionären Ebbe auch wieder eine revolutionäre Welle heranbranden werde[18]: Immer wieder konnte er sich für revolutionäre Aktionen begeistern, wenn er sie für Erfolg versprechend hielt. Obwohl sich Stalin beispielsweise im Sommer 1923 in dem oben zitierten Brief zunächst äußerst skeptisch gegenüber den Revolutionsaussichten in Deutschland gezeigt hatte, ließ er sich wenig später doch von der Aussicht auf einen kommunistischen Umsturz mitreißen und schlug im September vor, in „günstigen Bezirken" schon einmal Sowjets als „Zentren des zukünftigen Aufstandes" zu errichten.[19] Schließlich rühmte Stalin in einem Brief an August Thalheimer „die kommende Revolution in Deutschland" sogar als das „wichtigste Weltereignis unserer Tage".[20] Als dieser Brief (der ursprünglich nicht zur Veröffentlichung vorgesehen war) dann am 10. Oktober in der *Roten Fahne* abgedruckt wurde, erkundigte sich der von Stalins Sinneswandel völlig überraschte sowjetische Außenkommissar Georgij Chicherin bei Molotov, ob das Schreiben „eine reine Erfindung" der deutschen Kommunisten sei, oder ob „wirklich etwas dahinter steckt".[21]

Dass der Generalsekretär sich durchaus zu revolutionärer Begeisterung hinreißen lassen konnte, zeigte sich noch mal in den Jahren 1926/27 im Falle Chinas. Aus bolschewistischer Sicht war dies ein Land, das wie Deutschland durch imperialistische Mächte unterdrückt wurde und daher ebenso als „schwaches Glied" in der Kette kapitalistischer (bzw. „halbkolonialer") Staaten galt.[22] Stalin drängte die

---

17 Memorandum Thälmanns vom 21. 2. 1925 und Beschluss der Militärkommission der KPD vom 3. 2. 1925, RGASPI 526/1/86: 5–10. Bislang ist es leider nicht möglich, einen Überblick über die finanziellen Zuwendungen zu bekommen, die die KPD erhalten hat, da die Akten der Budgetkommission des EKKI weiterhin geschlossen sind.

18 Vgl. Stalins Referat vor dem Parteiaktiv der Moskauer Organisation der KPR(b) vom 9. 5. 1925, in: Stalin, Werke, Bd. 7, S. 77–114, hier: S. 78 f.

19 Vgl. „Vorschläge des Genossen S[talin] in der Kommission zur deutschen Frage" vom 20. 9. 1923, abgedruckt in: Bayerlein (Hg.), Deutscher Oktober 1923, S. 141–143.

20 Brief Stalins an Thalheimer vom 20. 9. 1923, abgedruckt in: Adibekov, Politbjuro CK RKP(b)-VKP(b) i Komintern, S. 169 f.

21 Ebenda, Fn. 1, S. 170.

22 Dass Stalin, wenn er über die „nationale Befreiung" redete, Deutschland in eine Reihe mit

chinesischen Kommunisten zunächst, sich mit der nationalistischen Kuomintang zu verbünden, um China nach einer ersten (bürgerlichen) Revolution unter einer antiimperialistischen Regierung zu vereinigen. Nachdem die Zusammenarbeit mit der Kuomintang gescheitert war, begrub Stalin die revolutionären Pläne jedoch nicht, sondern veranlasste die chinesische KP im Gegenteil, sich zu erheben. Bekanntlich endete die ganze Unternehmung, an der auch Heinz Neumann beteiligt war, der gemeinsam mit Lominadze als Kominterninstrukteur nach Shanghai delegiert worden war, in einem blutigen Desaster.[23] Chicherin erklärte zwei Jahre später, die „so genannte ‚sowjetische Periode der chinesischen Revolution'" im Jahre 1927 sei ein „kolossaler Fehler" gewesen.[24] Stalin sah darin aber keine Folge einer falschen Strategie – für ihn hatten sich nur die Chinesen als unfähig erwiesen.[25]

Vor diesem Hintergrund bekommt seine Betonung der Priorität der Sowjetunion einen anderen Klang: Stalin verfolgte weder eine isolationistische Politik, noch beabsichtigte er, zur „zaristischen Großmachtpolitik" zurückzukehren. Vielmehr war er einfach nur fest davon überzeugt, dass die sowjetischen Bolschewiki die besten Revolutionäre der Welt seien – schließlich war es allein ihnen gelungen, eine proletarische Revolution durchzuführen. Die Existenz der Sowjetunion bildete in seinen Augen daher die einzige Garantie, dass es auch in anderen Ländern dereinst zu einem erfolgreichen kommunistischen Umsturz kommen werde. Ohne sowjetische „Kindermädchen", so zeigte sich Stalin nach der fehlgeschlagenen chinesischen Revolution überzeugt, kämen die ausländischen Kommunisten auf keinen grünen Zweig.[26]

Das oft widersprüchliche Nebeneinander von Ideologie und Realpolitik in Stalins außenpolitischem Denken lässt sich besonders deutlich an seinem gespannten Verhältnis zu den Berufsdiplomaten des sowjetischen Volkskommissariates des Äußeren (NKID) ablesen. So deckte der Generalsekretär dem NKID im Jahr 1928 für dessen Rapallo-Politik zwar intern den Rücken, indem er gegenüber der Kominternspitze darauf drängte, zwischen „imperialistischen und anti-imperialistischen Bourgeoisien" zu unterscheiden. Mit Staaten, die unter die letztere Kategorie fielen – nach seinem Verständnis gehörte Deutschland dazu –, sei eine Verständigung „unter gewissen Bedingungen und auf eine gewisse Zeit" durchaus zulässig und wünschenswert.[27] Im NKID jedoch nahm man Stalins außenpolitischen Kurs häufig ganz anders wahr. Insbesondere die Parteireden des Generalsekretärs irritierten die sowjetischen Diplomaten mehrfach. So hatte Stalin seine Sicht der

---

„halbkolonialen" Ländern wie China und Persien stellte, belegt seine Rede an der Sverdlov-Universtität vom 9. 5. 1925, in: Stalin, Werke, Bd. 7, S. 135–182, hier: S. 145.

[23] Zur Kominternpolitik in China vgl. die monumentale Quellenedition: Leutner, KPdSU(B), Komintern und die Sowjetbewegung in China.

[24] Brief Chicherins an Stalin vom 20. 6. 1929, abgedruckt in: Kvashonkin (Hg.), Sovetskoe rukovodstvo, S. 75–79.

[25] Vgl. die Briefe Stalins an Molotov und Bukharin über China, abgedruckt in: Koshelova (Hg.), Pis'ma Stalina, S. 99–117.

[26] Brief Stalins an Molotov und Bukharin vom 9. 7. 1927, abgedruckt in: Ebenda, S. 110–115.

[27] Brief Stalins an Bukharin, Rykov und Molotov vom 24. 3. 1928, RGASPI 558/11/136: 8–18.

internationalen Beziehungen in einer Rede vor Moskauer Parteikadern 1925 auf die Grundfrage zugespitzt: „Wer [unterwirft] wen?" Falls die Sowjetunion überfallen werde, so drohte Stalin den „führenden Männern der kapitalistischen Länder" unverhohlen, würden die Bolschewiki „in allen Ländern der Welt den revolutionären Löwen wecken".[28] Auch wenn solche Äußerungen zu diesem Zeitpunkt eindeutig als Bluff gewertet werden mussten, wurden sie auf Seiten des NKID doch als Torpedierung der eigenen Arbeit empfunden. Um die außenpolitische Lage der Komintern nicht zu gefährden, sah sich Chicherin daher immer wieder dazu gezwungen, direkt bei Stalin zu intervenieren. Er beschwor ihn, sich vorsichtiger zu äußern, da jedes seiner Worte „als Regierungsmanifest bewertet" werde. Chicherin bezeichnete es mit Blick auf die eben zitierte Rede Stalins als sehr unangenehm, „aus Ihrem Munde Formulierungen über andere Staaten zu hören, wie ‚entweder unterwerfen wir sie, oder sie unterwerfen uns' ".[29]

Chicherins Bemühungen, der Sowjetunion ein weniger revolutionäres Image zu verpassen, wurden aber erst von Erfolg gekrönt, als die britische Regierung im Mai 1927 die diplomatischen Beziehungen zu Moskau abbrach. Ein Jahr zuvor hatten sich die Bolschewiki noch sehr in dem Generalstreik in Großbritannien engagiert. Obwohl sich die übersteigerten Hoffnungen des EKKI, in England könnten bald erste Sowjets errichtet werden, schnell zerschlugen, unterstützte Moskau die britischen Kommunisten weiterhin aktiv. Die Regierung des Königreiches protestierte bereits seit dem Sommer 1926 gegen die Aktivitäten der Komintern; zum endgültigen Bruch mit Moskau kam es dann, als die britische Polizei die sowjetische Handelsvertretung in London durchsuchte und Material fand, das die finanzielle Unterstützung der britischen Kommunisten durch die Sowjetunion belegte.[30]

Die bolschewistische Führung befand sich durch den Abbruch der diplomatischen Beziehungen in der Defensive. Mehr noch: Sie sah darin ein Anzeichen dafür, dass sich die kapitalistischen Staaten unter der Führung Großbritanniens darauf vorbereiteten, die Sowjetunion bald anzugreifen.[31] Um den Westmächten in Zukunft weniger Angriffsfläche zu bieten, beschloss man in Moskau daher eiligst, die Sphären von Komintern und Sowjetmacht stärker zu trennen: Bereits am Tag nach dem Abbruch der Beziehungen durch London ordnete das Politbüro der VKP(b) an, dass sich die sowjetischen Botschaften und Handelsvertretungen von den Mitarbeitern zu trennen haben, die für die Komintern und die Geheimdienste

---

28 Vgl. Stalins Referat vor dem Parteiaktiv der Moskauer Organisation der KPR(b) vom 9. 5. 1925, in: Stalin, Werke, Bd. 7, S. 77–114, hier: S. 81, 86.

29 Brief Chicherins an Stalin vom 2. 11. 1926, RGASPI 558/11/824: 51.

30 Vgl. Thorpe, The British Communist Party and Moscow, S. 91–97. Adibekov, Politbjuro CK RKP(b)-VKP(b) i Evropa, S. 98–100.

31 Zu Stalins Verschwörungsfantasien vgl. sein Telegramm an Molotov vom 7. 6. 1927 über die angeblich durch Großbritannien gesteuerte Ermordung des sowjetischen Botschafters in Warschau, die seiner Meinung nach einen Konflikt zwischen Warschau und Moskau provozieren sollte, zitiert in: Danilov, Tragedija sovetskoi derevni. Kollektivizacija i raskulachivanie, S. 23. Auch den Frontwechsel der deutschen Regierung hielt die sowjetische Führung zu dieser Zeit für wahrscheinlich: Vgl. den Brief Lominadzes an Pjatnickij vom 21. 3. 1927 aus Berlin über die „sowjetfeindliche Stimmung" der deutschen Regierung, RGASPI 558/11/758: 45–51, hier: 48.

arbeiteten.[32] Im Januar 1928 wurde auf Druck Chicherins von der sowjetischen Parteiführung eine Kommission eingesetzt, die außerdem das gesamte ausländische Personal der sowjetischen Botschaften und Handelsvertretungen daraufhin überprüfen sollte, ob ihre Beschäftigung „nicht zum Anlass für internationale Verwicklungen" werden könne.[33] „In Berlin hat das ganze Parteiaktiv in unseren Einrichtungen gesessen, das war eine Form der Parteifinanzierung", beschrieb Chicherin im Sommer 1930 die Situation vor dieser Maßnahme, mit der sich das Politbüro von der bisherigen Praxis verabschiedete: „Es wurde festgesetzt, dass die Mitglieder der Zentrale und oberen Bezirksorganisationen wie auch besonders zwielichtige Gruppen (z. B. die Gegenspionage der KPD) nicht Angestellte bei uns sein konnten. Sowohl in Deutschland als auch in anderen Ländern wurde vielen die Frage gestellt: Entweder gibst Du Deine Stellung in der Partei oder bei uns auf."[34]

Im April 1928 wurde diese Politik, die Sphären von Komintern und sowjetischer Regierung zu trennen, noch verschärft: Auf Anweisung Stalins untersagte das Politbüro den sowjetischen Vertretungen im Ausland, sich „in die inneren Angelegenheiten der entsprechenden Länder" einzumischen – also den kommunistischen Parteien illegale Hilfestellungen zu geben. Ferner wurde den Mitgliedern des sowjetischen Politbüros „vorerst" verboten, offen in der Komintern aufzutreten, „um unseren Feinden keinen unnötigen Anlass zu geben, sich über die Verflechtung der Sowjetmacht mit der Komintern auszulassen". Die einzige Ausnahme bildete Bukharin, der offizielles Mitglied der Kominternführung war. Der Bericht über die Lage der Sowjetunion auf dem bevorstehenden VI. Weltkongress der Komintern sollte nun nicht mehr vom sowjetischen Regierungschef Rykov, sondern vom Wirtschaftsexperten des EKKI, Eugen Varga, vorgetragen werden.[35] Überaus kurzfristig, nur zwei Wochen vor Beginn des Kominternkongresses, wurde schließlich auch der Tagungsort gewechselt. „Im Kreml waren bereits alle Vorbereitungen getroffen", berichtete Remmele der KPD-Spitze aus Moskau, „so u. a. der Einbau der Telefonapparate, deren Leitungen unter das Parkett des Saales gelegt wurden und [in dem] hunderte von Drähten nach den einzelnen Plätzen mit tausenden von Klingen [Steckern] angebracht waren." Es sei dann jedoch „wegen außenpolitischer Dinge" kurzfristig beschlossen worden, den Kongress im Haus der Gewerkschaften stattfinden zu lassen. „Die ganze Einrichtung wird nun wieder aus dem Kreml entfernt [...].“[36]

Dieser überstürzte Ortswechsel war eine demonstrative Geste der sowjetischen Führung. Auch die Kunde, dass die KPD-Funktionäre und Kominternagenten aus der Botschaft und Handelsvertretung in Berlin entlassen wurden, hatte man offensichtlich bewusst durchsickern lassen: Im Februar 1928 berichtete der Reichskommissar für die Überwachung der öffentlichen Ordnung dem Auswär-

---

[32] Vgl. Adibekov, Politbjuro CK RKP(b)-VKP(b) i Evropa, S. 100.

[33] Beschluss des PB der VKP(b) vom 28. 1. 1928, zitiert nach: Adibekov, Politbjuro CK RKP(b)-VKP(b) i Evropa, S. 100.

[34] Chicherin, Diktatura jazykocheshushchikh, S. 99–116.

[35] Protokoll Nr. 22 des PB der VKP(b) vom 23. 4. 1928, Pkt. 34, RGASPI 17/162/6: 70.

[36] Brief Remmeles an Thälmann vom 30. 6. 1928, RGASPI 495/292/40: 166–168, hier: 166.

tigen Amt von seinen Erkenntnissen, nach denen sich der sowjetische Botschafter in Berlin „wegen der gefürchteten Gefährdung der deutsch-sowjetischen Beziehungen sehr energisch gegen eine allzu enge und auffällige Verbindung dieser Agenten mit der Botschaft und Handelsvertretung" ausspreche. Genüsslich wurde in dem Bericht erwähnt, dass die in der sowjetischen Botschaft beschäftigten KPD-Mitglieder aus diesem Grunde bereits entlassen worden seien.[37]

Diese Maßnahmen der sowjetischen Behörden, die der KPD sowohl einen Teil ihrer finanziellen Basis entzogen als auch mit zum Teil demütigenden Enthüllungen verbunden waren, sollten natürlich nur den Schein der Unabhängigkeit der Komintern erzeugen: Wie es im Beschluss des sowjetischen Politbüros vom April 1928 hieß, sollte die „Leitung der Kominternarbeit" durch die bolschewistische Führung nicht aufgegeben, sondern lediglich unauffälliger und für Außenstehende nicht erkennbar abgewickelt werden.[38] Insofern belegen diese Beschlüsse nicht, wie dies in einem Teil der Forschung zu lesen ist, dass sich die sowjetische Führung weniger für die III. Internationale interessierte[39], sondern verdeutlichen lediglich das gestiegene Gefahrenbewusstsein des bolschewistischen Politbüros. Die Trennung von Komintern und sowjetischen Behörden sollte es dem NKID in erster Linie ermöglichen, sich von den Äußerungen und Handlungen der Komintern zu distanzieren, und auf diese Weise Schaden von der sowjetischen Außenpolitik abzuwenden.

Die Vorhaltungen deutscher Regierungsstellen, die Sowjetunion unterstütze die KPD, wurden von den sowjetischen Diplomaten nun meist schlicht geleugnet: So lehnte es Krestinskij im Januar 1930 in einem Gespräch mit dem deutschen Außenminister Curtius ab, „eine wie auch immer geartete Verantwortung für die Tätigkeiten der Komintern oder der VKP(b)" zu übernehmen, da der sowjetische Staatsapparat und die Komintern zwei völlig getrennte Bereiche seien.[40] Wenn diese Erklärung nicht verfing, versuchten die sowjetischen Diplomaten, den Ernst der Angelegenheit zu überspielen: Als sich der Mitarbeiter des Auswärtigen Amtes, Hans Adolf von Moltke, im Mai 1929 beim sowjetischen Botschaftsrat S. I. Brodovskij über die Unterstützung der KPD durch Moskau beschwerte, rettete sich dieser in den Zynismus: „Ich habe scherzhaft geantwortet: ‚Erlauben Sie der

---

[37] Bericht des Reichskommissars für die öffentliche Ordnung an das Auswärtige Amt vom 8. 2. 1928, RGVA-OA 772/2/94: 129. Einen entsprechenden Bericht der nach Meinung des Reichskommissars für gewöhnlich gut informierten, linkskommunistischen Zeitung *Der Volkswille* habe die *Rote Fahne* zwar als „groben Schwindel" bezeichnet, er sei aber durch eine weitere Quelle bestätigt worden.

[38] Protokoll Nr. 22 des PB der VKP(b) vom 23. 4. 1928, Pkt. 34, RGASPI 17/162/6: 70.

[39] So Adibekov, Politbjuro CK RKP(b)-VKP(b) i Evropa, S. 98.

[40] Aufzeichnung Krestinskijs über das Gespräch mit Reichsaußenminister Curtius vom 5. 3. 1930, abgedruckt in: Sevost'janov, Dukh Rapallo, S. 171–181. Auch der Kriegskommissar und Mitglied des PB des VKP(b) Kliment Voroshilov lehnte es im September 1929 in einem Gespräch mit General von Hammerstein über die deutsch-sowjetische militärische Zusammenarbeit ab, „die III. Internationale oder die Parteien in unsere rein geschäftlichen Beziehungen zu verwickeln". Zitiert nach: Gorlov, „Sovershenno sekretno", S. 245.

Komintern, sich in Berlin anzusiedeln', was bei Moltke ein starkes Gelächter hervorrief."[41]

Zwar setzte Stalin auf Drängen seiner Diplomaten durch, dass die Sphären von Komintern und Sowjetmacht vordergründig getrennt wurden. Doch dies hieß nicht, dass die bolschewistische Außenpolitik nun weitgehend frei von ideologischen Erwägungen geblieben sei: Sehr zum Leidwesen des NKID zerschlug Stalin trotz seines internen Bekenntnisses zur Rapallo-Politik auch weiterhin sehr viel diplomatisches Porzellan, wenn es ihn drängte, vermeintliche Klassenfeinde im In- und Ausland zu bekämpfen. Auf die deutsch-sowjetischen Beziehungen nahm er beispielsweise keine Rücksicht, als auf seine Anregung hin im März 1928 die „Shakhty-Affäre" inszeniert wurde[42], denn zu den bürgerlichen Facharbeitern, die in diesem Schauprozess wegen „antisowjetischer Sabotage" angeklagt waren, zählten auch fünf deutsche Vertragsarbeiter.[43] Angesichts des beträchtlichen Wirbels, den der Prozess in der deutschen Öffentlichkeit verursachte, drang der damalige sowjetische Botschafter in Berlin, Nikolaj Krestinskij, gegenüber Stalin darauf, zumindest einen der deutschen Angeklagten sofort freizulassen, dessen Unschuld offenkundig war.[44] Doch ungeachtet der zu erwartenden diplomatischen Komplikationen wies Stalin die Bitte des Botschafters brüsk zurück: Krestinskij solle aufhören, mit den Deutschen weiterhin „Süßholz zu raspeln", beschied der Generalsekretär dem Botschafter, schließlich suchten die Deutschen doch nur einen Vorwand, um der Sowjetunion die Schuld für einen Abbruch der gerade laufenden Wirtschaftsverhandlungen zuzuweisen.[45]

Die sowjetischen Diplomaten hatten schon früher gereizt auf die als Störmanöver empfundenen Aktivitäten der Komintern reagiert. Im Mittelpunkt der Kritik stand die KPD als größte Sektion innerhalb der Komintern, deren radikale Propaganda dem NKID stets ein Dorn im Auge war. Als jedoch Chicherin und Krestinskij die KPD-Führung deshalb in einem internen Gespräch im Sommer 1927 scharf kritisierten, waren die deutschen Genossen von den Ausführungen der beiden sowjetischen Diplomaten „mächtig verwirrt", wie Neumann in einem Brief an Stalin zu berichten wusste: Bislang war die KPD-Führung davon ausgegangen, dass die Komintern und die sowjetische Regierung an einem Strang zogen.[46] Thälmann fühlte sich sogar derart auf den Schlips getreten, dass er unverzüglich bei Stalin Meldung machte. In einem in Thälmanns Auftrag verfassten Schreiben an den Generalsekretär zeigte sich die deutsche Parteispitze „direkt erschüttert" vom

41 Brief Brodovskijs an Litvinov über ein Gespräch mit Moltke vom 21. 5. 1929, AVP RF 082/12/46/6: 24–29, hier: 25.
42 Vgl. Protokoll des PB VKP(b) Nr. 14 vom 8. 3. 1929, Beschlüsse vom 3. 3. 1928, Pkt. 18. In der Tagesordnung ist dieser Punkt mit den Worten „Vorschlag von Molotov und Stalin" aufgeführt, RGASPI 17/162/6: 37.
43 Vgl. Mick, Sowjetische Propaganda, S. 317–326. Als Korrespondent beobachtete Theodor Seibert den Prozess mit eigenen Augen, vgl. den eindrucksvollen Bericht in seinem Buch: Seibert, Das rote Russland, S. 201–215.
44 Brief Krestinskijs an Stalin und Chicherin vom 17. 3. 1928, RGASPI 558/11/824: 54–61.
45 Brief Stalins an Krestinskij vom 21. 3. 1928, RGASPI 558/11/824: 62.
46 Brief Neumanns an Stalin vom 14. 7. 1927 (Anschreiben zum Brief von Dengel an Stalin vom 25. 6. 1927 über das Gespräch mit Chicherin und Krestinskij), RGASPI 558/11/776: 21.

Auftritt der sowjetischen Diplomaten – insbesondere über die „fast frivole Art", mit der diese die „Notwendigkeit der Trennung der Komintern von der Sowjetunion" propagiert hätten. Die deutschen Kommunisten verlangten von Stalin, die beiden Diplomaten „nachdrücklichst auf ihre Pflichten als Mitglieder des ZK der VKP(b) und der Komintern aufmerksam zu machen".[47]

Diese Abneigung zwischen Komintern und sowjetischer Diplomatie beruhte auf Gegenseitigkeit. Gegenüber seinen Vertrauten nahm Chicherin kein Blatt vor den Mund, um seine Abneigung gegenüber der kommunistischen Weltbewegung auszudrücken: Nur halb im Scherz schrieb er noch im Juli 1930 in seinem letzten Dienstmemorandum, die Komintern stelle noch vor dem sowjetischen Geheimdienst den wichtigsten der „inneren Feinde" des NKID dar. Insbesondere auf die „Analphabeten von der KPD" schaute Chicherin mit unverhohlener Arroganz herab.[48] Die Mittel im Kampf gegeneinander waren indes dieselben wie die der deutschen Parteispitze: Auch die hohen Diplomaten waren sich nicht zu schade, beim Diktator höchstpersönlich zu intervenieren, wenn es darum ging, die Widersacher zu denunzieren. So stellte Chicherin in einem Brief an Stalin die rhetorische Frage, ob es sich denn lohne, die Beziehungen mit Deutschland dauerhaft zu belasten, nur „um dem Gen[ossen] Thälmann etwas mehr Agitationsmaterial zu liefern". Im Gegensatz zu Thälmanns unterwürfigem Verhalten besaß Chicherin allerdings den Schneid, Stalin direkt zu kritisieren: „,Auf eine Null zu setzen' – das ist unfassbar!"[49]

Immer wieder mussten Chicherin und sein Nachfolger Maksim Litvinov eingreifen, um zu verhindern, dass die deutschen Kommunisten die deutsch-sowjetischen Beziehungen störten: Als der Rotfrontkämpferbund Anfang 1929 der Roten Armee ein Flugzeug schenken wollte, erklärte das Politbüro der VKP(b) auf Litvinovs Anraten hin dieses Geschenk für „unzweckmäßig" und bat die KPD-Führung, zukünftig auf „derartige Schritte" zu verzichten.[50] Als Ersatz bot der RFB daraufhin vier Lastkraftwagen an. Das Angebot konnte allerdings nicht verwirklicht werden: Nach dem „Blutmai" in Berlin notierte ein EKKI-Mitarbeiter auf das Schreiben: „Durch Verbot [des RFB] entfällt diese Angelegenheit."[51]

Allerdings schien der kommunistische Kampfverband der deutschen Partei auf die bolschewistische Führung eine besondere Anziehung auszuüben – selbst als er bereits verboten worden war. So beschloss das Politbüro der VKP(b) Ende Oktober 1930 erst in letzter Minute (erneut, nachdem Litvinov interveniert hatte), „von

---

[47] Brief Dengels an Stalin vom 25. 6. 1927, RGASPI 558/11/776: 22. Chicherin und Krestinskij waren keine Mitglieder der Komintern.

[48] Chicherin, Diktatura jazykocheshushchikh, hier: S. 106, 108.

[49] Brief Chicherins an Stalin vom 20. 6. 1929, abgedruckt in: Kvashonkin (Hg.), Sovetskoe rukovodstvo. Perepiska, S. 75–79, hier: 77 f. Vgl. auch den Brief Chicherins an Molotov vom 27. 9. 1929, der in dem gleichen Tenor gehalten ist, abgedruckt in: ebenda, S. 101–103.

[50] Protokoll Nr. 59 des Politbüros der VKP(b), Entscheidungen vom 10. 1. 1929, Pkt. 15, RGASPI 17/162/7: 26.

[51] Vgl. den Brief des RFB-Vorsitzenden Willy Leow an das Präsidium des EKKI vom 23. 4. 1929, RGASPI 495/293/106: 1.

der Teilnahme der Rotfrontkämpfer an den Oktober-Feierlichkeiten angesichts der besonderen Bedingungen der internationalen Umstände abzusehen".[52]

Die kaum gebändigte Antipathie gegenüber den deutschen Kadern – den „Nullen", „Idioten" und „Analphabeten" – reflektiert deutlich Chicherins Ärger, der seine Arbeit durch die Demagogen und Polit-Laien der KPD bedroht sah. Diese Wut auf die deutschen Kommunisten setzte sich auch bei Litvinov fort, der Ende 1932 gegenüber dem damaligen Reichskanzler Kurt von Schleicher bemerkt haben soll, er würde es durchaus verstehen, wenn die KPD in Deutschland so behandelt würde, wie man dies in der Sowjetunion mit den eigenen Staatsfeinden zu tun pflege.[53] Es scheint fast so, als hätten Chicherin und Litvinov insgeheim bedauert, dass dies nicht der Fall war.

Die Spannungen zwischen Politbüro und dem NKID bezüglich der KPD erreichten ihren Höhepunkt, als 1929 das „Doping" der Komintern begann, wie sich Chicherin ausdrückte.[54] Mit dem „Doping" meinte der Volkskommissar insbesondere die „Sozialfaschismus"-Doktrin, die er Stalin gegenüber unumwunden als „unsinnigen Stuss" bezeichnete.[55] Dieses Urteil ist bemerkenswert, wurde die Feindschaft der KPD gegenüber den „Sozialfaschisten" – insbesondere während der so genannten ultralinken Periode der Komintern zwischen 1928 und 1934 – vorrangig auf die außenpolitischen Vorstellungen Stalins zurückgeführt: Sein Hass auf die SPD habe sich aus der Furcht gespeist, dass diese die privilegierten deutsch-sowjetischen Beziehungen zugunsten eines Bündnisses mit den Westmächten aufgebe.[56]

Ganz falsch ist die Einschätzung nicht: Tatsächlich hatten die sowjetischen Diplomaten beispielsweise schon 1922 keinen Hehl daraus gemacht, dass ihnen die damals bestehende Regierung unter dem Zentrumspolitiker Joseph Wirth lieber war, als eine reine „Arbeiterregierung" aus SPD und KPD unter Einschluss der „Scheidemänner". Dies spielte auf den Sozialdemokraten Phillipp Scheidemann an, der den Kommunisten besonders verhasst war, weil er im November 1918 vom Reichstag aus die „bürgerliche" Republik ausgerufen hatte.[57] Während die bürgerliche Regierung Wirth mit der Sowjetunion den Rapallo-Vertrag abgeschlossen hatte[58], lehnten nämlich viele Politiker der SPD dieses Abkommen ab. Aus Sicht der russischen Revolutionäre hatten die deutschen Sozialdemokraten damit erneut belegt, dass sie in das Lager des „Klassenfeindes" übergegangen waren, als sie am 4. August 1914 im Reichstag die Kriegskredite bewilligten, und nun als „Sozi-

---

52 Protokoll Nr. 13 des PB der VKP(b) vom 25. 10. 1930, Pkt. 15, RGASPI 17/162/9: 52.
53 Vgl. Gespräch Schleichers mit Litvinov am 19. 12. 1932, abgedruckt in: Akten zur deutschen Auswärtigen Politik (ADAP), Serie B: 1925–1933, Bd. 21, S. 481 f. Bemerkenswerterweise fehlt diese Bemerkung in dem Bericht Litvinovs über sein Gespräch mit Schleicher, abgedruckt in: Sevost'janov, Dukh Rapallo, S. 275 f.
54 Chicherin, Diktatura jazykocheshushchikh, hier: S. 108.
55 Brief Chicherins an Stalin vom 20. 6. 1929, abgedruckt in: Kvashonkin (Hg.), Sovetskoe rukovodstvo, S. 75–79.
56 Vgl. Weingartner, Stalin und der Aufstieg Hitlers, S. 65–96.
57 Vgl. Zubachevskij, Politika sovetskoj Rossii v central'noj Evrope, S. 91.
58 Vgl. Schieder, Die Entstehungsgeschichte des Rapallo-Vertrags.

alchauvinisten"[59] den Büttel der imperialistischen Siegermächte des Ersten Weltkrieges spielten. Als die sozialdemokratische Presse 1927 zudem die geheime militärische Zusammenarbeit zwischen Reichswehr und Roter Armee publik machte[60] und kaum eine Gelegenheit ausließ, um die Zustände in der Sowjetunion zu kritisieren, verstärkte sich in der sowjetischen Führung der Eindruck, die SPD stehe den Bolschewiki nicht nur skeptisch, sondern feindlich gegenüber. Welche besondere Abneigung Stalin gegen die sozialdemokratische Presse hegte, lässt sich daran ablesen, wie er auf den Antrag des *Vorwärts* vom Herbst 1927 reagierte, einen Korrespondenten in Moskau akkreditieren zu lassen. Stalin beschied, dem Antrag könne nur stattgegeben werden, wenn sich der *Vorwärts* „gegenüber der UdSSR und ihren Vertretern nicht schlechter als eine ‚anständige' liberale Zeitung" verhalte.[61]

Nachdem die SPD seit Mai 1928 nach langen Jahren in der Opposition mit Hermann Müller wieder den Reichskanzler stellte, sanken die deutsch-sowjetischen Beziehungen auf einen Tiefpunkt ab, der bis dahin nicht erreicht worden war.[62] Insbesondere das Engagement der deutschen Regierung für deutschstämmige Bauern, die 1929/30 vor der Kollektivierung flohen[63], lehnte die sowjetische Führung als gezielte Einmischung in innere Angelegenheiten ab und betrachtete dies als Vorwand der deutschen Regierung, um sich der „antisowjetischen Front" Großbritanniens anzuschließen.[64]

Allerdings dürfte die Regierungsübernahme der Sozialdemokraten auf Reichsebene die deutliche Abkühlung des deutsch-sowjetischen Verhältnisses im Jahre 1928 lediglich verstärkt, nicht jedoch verursacht haben – genauso wie auch Stalins Hass auf die Sozialdemokratie im Allgemeinen durch die prowestliche Haltung der SPD im Besonderen nur angefacht wurde. Zwei Tatsachen mögen dies verdeutlichen: Erstens hatte die sowjetische Führung den „Shakhty-Prozesses" nämlich schon angeordnet, *bevor* gut zwei Monate später am 20. Mai 1928 in Deutsch-

[59] Vgl. W. I. Lenin, Der Krieg und die russische Sozialdemokratie, in: ders., Werke, Bd. 21, Berlin 1960, S. 13–21, v. a. S. 15.

[60] Vgl. Zeidler, Reichswehr und Rote Armee, S. 143–153; Zarusky, Die deutschen Sozialdemokraten und das sowjetische Modell, S. 198–208; Gorlov, „Sovershenno sekretno", S. 181–202.

[61] Telegramm Stalins an Krestinskij vom 31. 10. 1927, RGASPI 558/11/35: 82f.

[62] Zum gesamten Komplex des Verhältnisses zwischen der SPD und der Sowjetunion in diesen Jahren vgl. insbesondere: Zarusky, Die deutschen Sozialdemokraten und das sowjetische Modell, S. 240–261. Das Politbüro der VKP(b) ermahnte allerdings die *Izvestija* bereits am 14. 6. 1928, gegenüber der neuen deutschen Regierung Müller einen gemäßigteren Ton anzuschlagen. Siehe Protokoll Nr. 29 vom 14. 6. 1928, Pkt. 9, RGASPI 17/162/6:104.

[63] Vgl. Mick, Sowjetische Propaganda, S. 350–379, v. a. S. 356–371. Reichsaußenminister Curtius machte Anfang 1930 die Wiederaufnahme der deutsch-sowjetischen Wirtschaftsverhandlungen davon abhängig, dass sich die sowjetische Innenpolitik – und zwar insbesondere ihre Haltung zu den deutschstämmigen Bauern – veränderte. Vgl. Brief Litvinovs an das Politbüro der VKP(b) über ein Gespräch mit Curtius vom 13. 5. 1930, abgedruckt in: Sevost'janov, Dukh Rapallo, S. 192–196. Zu den Bemühungen der sowjetischen Diplomaten, die bolschewistische Führung in dieser Frage zum Einlenken zu bewegen, vgl. Nokhotovich, Raskulachivali dazhe… inostrancev.

[64] Beschluss des PB der VKP(b) vom 15. 5. 1930 im Protokoll Nr. 129, Pkt. 8, RGASPI 17/162/8: 151.

land die Reichstagswahl stattfand, aus der die SPD als Siegerin hervorging[65] – insofern kann der Prozess nicht als Reaktion auf das gestiegene politische Gewicht der deutschen Sozialdemokraten gewertet werden. Und zweitens beschränkte sich Stalins Hass nicht nur auf die prowestliche SPD, sondern traf ausgerechnet auch die britische Labour-Party, die sich nach ihrem Wahlsieg im Jahre 1929 darum bemühte, die diplomatischen Beziehungen zur Sowjetunion wiederherzustellen, die ihre konservative Vorgängerregierung abgebrochen hatte.[66]

Obgleich sich also wohl auch die sowjetischen Diplomaten 1928 eine deutsche Regierung ohne Sozialdemokraten gewünscht hätten, so war das für sie kein Grund, die deutsch-sowjetischen Beziehungen derartig zu strapazieren, wie dies Stalin tat. Im Konflikt um die radikalisierte Politik der Komintern gegen die SPD bemühten sich die Vertreter des NKID vielmehr, ihre pragmatische Außenpolitik zu verteidigen. Es war jedoch keineswegs immer ausgemacht, dass sich die Diplomaten durchsetzen konnten.[67] Ein bezeichnendes Beispiel ist in diesem Zusammenhang das von der KPD im August 1928 initiierte Volksbegehren gegen den von der Regierung Müller beschlossenen Bau des „Panzerkreuzers A".[68] Die Komintern sah darin eine hervorragende Gelegenheit, um in Stalins Sinne gegen die frischgebackene Regierungspartei SPD zu agitieren.[69] Pikanterweise war ausgerechnet für eben diesen Herbst 1928 aber auch der Besuch eines sowjetischen Flottenverbandes im Rahmen der deutsch-sowjetischen militärischen Zusammenarbeit geplant. Obwohl die sowjetischen Diplomaten durch den Flottenbesuch die angespannten deutsch-sowjetischen Beziehungen auflockern wollten, empfahl der sowjetische Botschaftsrat Nikolaj J. Rajvid nach einem Gespräch mit der KPD-Führung, den Flottenbesuch zu verschieben, da dieser sonst „unzweifelhaft von den Sozialdemokraten gegen die Kommunisten verwendet würde".[70]

Dieser Rückzieher muss für die sowjetischen Diplomaten schmerzlich gewesen sein, denn für sie hatte die militärische Zusammenarbeit eindeutig Vorrang vor den Aktivitäten der Komintern. Offensichtlich waren sie sich aber unsicher, ob Stalin dies nach dem Regierungsantritt der Sozialdemokraten auch so sah, oder ob für ihn die Propaganda der KPD nicht doch Priorität genoss. Krestinskij versuchte dem Generalsekretär deshalb im Dezember 1928 die Fortführung der Militärprojekte mit dem Argument schmackhaft zu machen, dass sich die deutschen

[65] Vgl. dazu jetzt die entsprechenden Dokumente des PB VKP(b) und Stalins aus dem Zeitraum zwischen dem 1.3. und dem 10. 5. 1928 in: Khaustov (Hg.), Lubjanka. Stalin i VChK-GPU-OGPU-NKVD, S. 147–156, 163 f.

[66] Vgl. dazu Brief Stalins an Molotov vom 29. 8. 1929, abgedruckt in: Koshelova (Hg.), Pis'ma Stalina, S. 154–158. Im Mai 1929 hatte Stalin in einem Brief an Chicherin noch anerkannt, dass es für die Sowjetunion von „gewaltiger Bedeutung" wäre, wenn die Konservativen in Großbritannien die Wahl verlören: Brief Stalins an Chicherin vom 31. 5. 1929, abgedruckt in: Kvashonkin (Hg.), Sovetskoe rukovodstvo, S. 74.

[67] Vgl. dazu: Watson, The Politburo and Foreign Policy in the 1930s.

[68] Zum Verlauf und Ergebnis der Kampagne vgl. Jung, Direkte Demokratie, und den Bericht der KPD über die Panzerkreuzerkampagne für die Organisationsabteilung des EKKI vom 1. 12. 1928, RGASPI 495/25/486: 23–62.

[69] Brief Petrovskijs an Pjatnickij vom 17. 10. 1928, RGASPI 495/47/10: 64 f.

[70] Gorlov, „Sovershenno sekretno", S. 257 f. Der Flottenbesuch fand erst im Spätsommer 1929 statt.

Arbeiter längst „an den Gedanken unserer militärischen Zusammenarbeit [mit Deutschland] völlig gewöhnt" hätten, und die Sowjets zudem immer beweisen könnten, „dass wir die Gewinner dieser Zusammenarbeit sind [...]. Und für jeden Arbeiter wird dies doch der ausschlaggebende Punkt sein."[71]

Neben diesen Versuchen, selbst der militärischen Zusammenarbeit ein revolutionäres Flair zu verpassen, bemühten sich einige Diplomaten auch manchmal, die Verfolgungsparanoia der bolschewistischen Führung etwas zu dämpfen, die diese aufgrund der „antisowjetischen Pressekampagnen" in Deutschland hegte, indem sie auf die unterschiedliche politische Kultur in Deutschland aufmerksam machten: Chicherin hielt es im Zusammenhang mit den empörten Berichten deutscher Zeitungen über den „Shakhty-Prozess" im Juli 1928 für nötig, die bolschewistische Führung darauf hinzuweisen, dass die Presse in Deutschland anders als in der Sowjetunion nicht durch die Regierung gesteuert werde[72], und ein Mitarbeiter der sowjetischen Botschaft in Berlin gab ein Jahr später zu bedenken, nicht jeder kritische Bericht einer deutschen Zeitung über die Sowjetunion sei als Kommuniqué der Regierungspartei SPD oder Teil einer koordinierten Kampagne zu betrachten: Die Mehrzahl der Artikel werde von Journalisten geschrieben, die schlicht eine bestimmte Anzahl von Zeilen füllen müssten.[73]

Die Forschung ging lange davon aus, dass die Komintern Ende der 20er Jahre nur noch als außenpolitisches Instrument der sowjetischen Führung diente. Die Differenzen zwischen NKID und Politbüro über die KPD und insbesondere die „Sozialfaschismus"-Doktrin zeigen hingegen, dass die sowjetischen Diplomaten dies häufig ganz anders wahrnahmen: Sie fürchteten vielmehr, Stalin könnte die sowjetische Außenpolitik den Interessen der Komintern unterordnen[74] – und wie wir gesehen haben, hatten sie damit nicht immer ganz unrecht. Die beträchtlichen Spannungen, die zwischen Berufsdiplomaten und Parteiführern bestanden, kommen am deutlichsten in den Briefen Chicherins zum Ausdruck, der angesichts des Kurses der Komintern im Jahre 1929 davor warnte, „mit aller Kraft die Beziehungen zu Deutschland" zu ruinieren.[75]

Chicherin sah in Stalin wohl ganz zutreffend einen Gefangenen seiner Ideologie, der, abgeschnitten von unabhängigen Informationen, den Bezug zur Außenwelt verloren hatte.[76] Rikke Haue hat in ihrer Untersuchung über die Kontakte

[71] Vgl. Brief des Botschafters der UdSSR in Deutschland, Nikolaj N. Krestinskij, an Stalin vom 28. 12. 1928 und den Brief Krestinskijs an Kliment E. Voroshilov vom 21. 7. 1929, abgedruckt in: Gorlov, Geheimsache Moskau – Berlin, S. 154–165. (Der Brief Krestinskijs an Stalin findet sich im Original im RGASPI 558/11/755: 4–11.)
[72] Brief Chicherins an das Politbüro der VKP(b), das Kollegium des NKID und den Chef der OGPU Menzhinskij vom 18. 7. 1929, abgedruckt in: Khaustov (Hg.), Lubjanka. Stalin i VChK-GPU-OGPU-NKVD, S. 175–177.
[73] Vgl. Brief Brodovskijs an Stern vom 16. 9. 1929, AVP RF 082/12/46/6: 60 f.
[74] Vgl. den Brief Chicherins an Stalin und Rykov vom 3. 6. 1927, zitiert nach: G. N. Sevost'janov, Predislovie, in: ders., Dukh Rapallo, S. 6.
[75] Brief Chicherins an Rykov, o.D. [nach dem 21. 9. 1929], abgedruckt in: Kvashonkin (Hg.), Sovetskoe rukovodstvo, S. 103 f. (Zitat); Brief Chicherins an Stalin vom 20. 6. 1929, abgedruckt in: ebenda, S. 75–79.
[76] Für die Bedeutung solcher „kognitiver Strukturen" im Bereich der sowjetischen Außenpolitik vgl. Hopf, Social Construction of International Politics.

der sowjetischen Botschaft mit ihren Moskauer Vorgesetzten konstatiert, dass die Spitzenfunktionäre der stalinistischen Führung das westliche Ausland kaum kannten. Aufgrund fehlender praktischer Anschauung oder alternativer Theorien sahen sie die Welt durch ideologische Brillengläser – und die, so schreibt Haue, „waren zu dieser Zeit sehr dick".[77] Tatsächlich lebten die sowjetischen Spitzenfunktionäre zunehmend abgehoben in selbstgeschaffenen Vorstellungswelten, in denen sich ihre marxistischen Grundeinstellungen mit den Erfahrungen aus der Zeit des russischen Bürgerkrieges und im Falle Stalins und seiner Gefährten zudem aus den Jahren der gewaltsamen Sowjetisierung der südlichen Peripherie des sowjetischen Imperiums vermengten und verselbstständigten.[78] Diese Erfahrungen hatten ihre Wahrnehmungsweise derartig geprägt, dass sie die Welt gar nicht mehr anders sehen konnten, denn als Ort, an dem ständig ein Kampf um Leben und Tod ausgefochten werden *musste*.[79] In gewisser Weise lassen sich hier Züge eines selbstreferentiellen Systems erkennen, denn die Untergebenen Stalins wussten, was der Diktator hören wollte. Wenn man sich die Berichte der bolschewistischen Parteikader und des sowjetischen Geheimdienstes über die Lage im Lande ansieht, begegnet man einem immer schneller anwachsenden Berg von Mitteilungen über „konterrevolutionäre Organisationen", vermeintliche Angriffspläne ausländischer Mächte und „Schädlingstätigkeit".[80] Stalin, der tagtäglich mit solcherlei Informationen überschüttet wurde, dürfte Probleme damit gehabt haben, Abstand von diesen Berichten zu bekommen und sich zu vergegenwärtigen, dass die Geheimdienstler ihm möglicherweise einfach nach dem Mund schrieben.[81]

Chicherin war sich dieses Problems bewusst und er wusste auch, dass dies nicht nur die Sicht des Diktators auf die sowjetische Innenpolitik trübte, sondern vor allem dessen Sicht auf das Ausland. Mit dem Hinweis auf die Entwicklung in Deutschland empfahl der Volkskommissar dem sowjetischen Generalsekretär deshalb im Juni 1929: „Wie gut wäre es, wenn Sie, Stalin, inkognito für einige Zeit ins Ausland führen, mit einem guten Übersetzer, nicht mit einem tendenziellen. Sie sähen die Wirklichkeit. [...] Der empörte Unsinn der *Pravda* stünde in seiner ganzen Nacktheit vor Ihnen."[82]

Aufgrund dieser unterschiedlichen Wahrnehmungsweisen entfremdeten sich die Diplomaten des NKID und die Funktionäre des stalinistischen Politbüros zunehmend voneinander. Chicherins Nachfolger im Amt des Außenkommissars, Maksim Litvinov, drückte diese Tatsache auch ganz offen aus: Offenherzig bekundete Litvinov im September 1931 den Mitgliedern des sowjetischen Politbüros,

---

[77] Haue, Room for Discussion, S. 174.

[78] Dazu v. a. Baberowski, Der Feind ist überall.

[79] Vgl. die Dokumente in: Getty (Hg.), The Road to Terror.

[80] Vgl. die entsprechenden Dokumente in: Khaustov (Hg.), Lubjanka. Stalin i VChK-GPU-OGPU-NKVD, sowie die Monatsberichte der jeweiligen sowjetischen Inlandsgeheimdienste über die Lage in der Sowjetunion, die nun in einer großen Ausgabe veröffentlicht werden. Zuletzt ist erschienen: Sakharov, „Sovershenno secretno". Lubjanka – Stalinu, Bd. 6 (1928).

[81] Vgl. dazu: Andrew, Stalin and Foreign Policy, v. a. S. 75–77.

[82] Brief Chicherins an Stalin vom 20. 6. 1929, abgedruckt in: Kvashonkin (Hg.), Sovetskoe rukovodstvo, S. 75–79.

dass sie von Außenpolitik keine Ahnung hätten[83], was für Kaganovich, der Stalin erst wenige Tage zuvor mitgeteilt hatte, Litvinov sei völlig von seiner eigenen Größe eingenommen[84], wie eine Bestätigung seines Urteils wirken musste. Später hörte Litvinovs Tochter mehrmals, wie der Außenkommissar während seiner Telefonate mit Molotov immer wütender wurde und schließlich „Durak!" (Idiot) in den Hörer brüllte.[85] Wenn Litvinov daher im Juli 1931 dem britischen Botschafter versicherte, seine realpolitische und revolutionspessimistische Haltung werde von „höherer Stelle" – also von Stalin – geteilt[86], so war eine solche Aussage eher dazu gedacht, den Westen zu beruhigen, als dass sie eine tatsächliche Übereinstimmung zwischen NKID und Politbüro ausdrückte.

Die Abneigung und Entfremdung zwischen der bolschewistischen Führung und den sowjetischen Diplomaten beruhte – wie die zwischen den Mitarbeitern des NKID und den Funktionären der KPD – auf Gegenseitigkeit. Schon Stalins Ärger darüber, dass Krestinskij mit den Deutschen im Sommer 1928 „Süßholz raspelte", lag wesentlich darin begründet, dass dem sowjetischen Diktator die Gepflogenheiten des diplomatischen Dienstes suspekt waren: In seinen Augen fraternisierten die sowjetischen Diplomaten bereits mit dem Klassenfeind, indem sie auf die Spielregeln und Sprachregelungen des diplomatischen Corps eingingen. Wie gegen alle Fachleute hegte der Diktator daher auch gegen die sowjetischen Diplomaten den pauschalen Verdacht, sie könnten das „Endziel" bolschewistischer Politik aus den Augen verlieren und der „Rechtsabweichung" verfallen. Schon 1926 hatte Stalin über den damaligen sowjetischen Botschafter in China, Lev Karakhan, geurteilt, dieser sei für das „nächste" Stadium der chinesischen Revolution ungeeignet. Karakhan sei, so schrieb Stalin damals an Molotov, „ein oberflächlicher und beschränkter Mensch (im Sinne eines revolutionären Horizontes)".[87] Auch in einem Konflikt mit Litvinov über im Sommer 1929 laufende Verhandlungen mit der britischen Regierung warf Stalin den sowjetischen Diplomaten vor, die revolutionäre Seite der Außenpolitik zu ignorieren. Das Politbüro hingegen müsse „all das berücksichtigen", schrieb Stalin dazu an Molotov.[88]

Es dürfte nicht überraschen, dass das NKID von allen Volkskommissariaten schließlich den höchsten Opferanteil des stalinistischen Terrors aufzuweisen hatte – die Diplomaten hatten eine „zu bourgeoise" Einstellung bewiesen.[89] Bemer-

---

[83] So die Notizen von Litvinovs Stellvertreter, Lev Karakhan, über die Sitzung des PB der VKP(b) vom 20. 9. 1931, zitiert nach: Ken, Politbjuro CK VKP(b) i otnoshenija SSSR, S. 264 f.

[84] Brief Kaganovichs an Stalin vom 16. 9. 1931, abgedruckt in: Khlevnjuk (Hg.), Stalin i Kaganovich, S. 105–108.

[85] So Haslam, Litvinov, Stalin and the Road Not Taken, S. 57 mit Bezug auf ein persönlich geführtes Interview mit Tatjana Litvinova.

[86] Bericht des britischen Botschafters in Moskau, Overy, über ein Gespräch mit Litvinov vom 27. 7. 1931, zitiert in: Haslam, Soviet Foreign Policy, S. 58.

[87] Brief Stalins an Molotov vom 23. 9. 1926, abgedruckt in: Koshelova (Hg.), Pis'ma Stalina, S. 94 f.

[88] Brief Stalins an Molotov vom 29. 8. 1929, abgedruckt in: Koshelova (Hg.), Pis'ma Stalina, S. 154–158.

[89] Vgl. Knoll, Das Volkskommissariat für auswärtige Angelegenheiten, S. 148–153; Watson, The Politbüro and Foreign Policy in the 1930s, S. 157–159.

kenswert ist jedoch, dass ausgerechnet Litvinov selbst, über den sich Stalin besonders mokiert hatte, nicht den „Säuberungen" der 30er Jahre zum Opfer fiel. Molotov konnte sich dies im Rückblick auch nicht erklären: Einige Jahrzehnte später erzählte er im Gespräch mit Feliks Chuev, der Außenkommissar sei innerlich „verfault" gewesen und habe eigentlich nur durch Zufall überlebt.[90]

Der zuletzt zitierte Brief Stalins an Molotov gewährt aber nicht nur Einblick in die Spannungen zwischen Politbüro und NKID, er enthält auch einen entscheidenden Hinweis, warum Stalin zu Gunsten der Komintern immer wieder die eigentliche außenpolitische Vertretung der UdSSR desavouierte.

Der inhaltliche Streitpunkt zwischen Litvinov und Stalin im Sommer 1929 war die Frage, wie die sowjetische Regierung auf das Angebot der neuen britischen Labour-Regierung reagieren sollte, die diplomatischen Beziehungen wiederherzustellen. Stalin bestand im Gegensatz zum NKID darauf, dass dies ohne Vorbedingungen geschehen müsse. Seine unnachgiebige Haltung in dieser Frage betrachtete er als ein Mittel, um die Labour-Regierung zu „entlarven". Dies werde helfen, so wurde Molotov durch Stalin belehrt, die Arbeiter in Westeuropa „im Geiste des Antireformismus zu erziehen".[91] Dieser Gedanke war auch die ausschlaggebende Ursache für seinen Hass auf Sozialisten und Sozialdemokraten – er betrachtete sie (unabhängig von ihrer jeweiligen außenpolitischen Einstellung) als Bremsschuh der revolutionären Entwicklung. Schon 1923 hatte er nach dem gescheiterten Aufstand der KPD in einem Brief an Grigorij Pjatakov über die Sozialdemokratie geschrieben:

„Wenn Il'ich [Lenin] in Deutschland wäre, würde er – glaube ich – sagen, dass die Sozialdemokraten die Hauptfeinde der Revolution sind, vor allem ihr linker Flügel, d.h. ihr am weitesten linker Flügel, der noch nicht das Vertrauen der Arbeiter verloren hat, der Zweifel, Schwanken, Unsicherheit in die Reihen der Proletarier hineinträgt und auf diese Weise die Möglichkeit eines umfassenden Kampfes durchkreuzt."[92]

Ein „erfolgreicher Kampf des Proletariates um seine Befreiung von den Ketten des Kapitalismus" sei unmöglich, ehe die Arbeiter vom „Einfluss der Sozialdemokratie" befreit seien, so fügte Stalin noch 1931 eigenhändig in die Thesen des XI. EKKI-Plenums ein.[93] Wenn Stalin Ende 1927 auf dem XV. Parteitag prophezeite, Europa stehe ein „neuer revolutionärer Aufschwung" ins Haus[94], so gab er daher keineswegs lediglich „Durchhaltepropaganda für sowjetische innenpolitische Zwecke" von sich.[95] Wie Stalins „private" Briefe an seine Gefährten belegen, sprach er hier vielmehr aufgrund seiner Überzeugung als Berufsrevolutionär. Daher spielte diese Prägung auch beim Kampf gegen die „rechte Abweichung" in den Jahren 1928/29 durchaus eine gewichtige Rolle. In der Sitzung des EKKI-Präsidiums vom 15. Mai 1929 zur „amerikanischen Frage" brachte Stalin seine revoluti-

---

[90] Gespräch Molotovs mit Feliks Chuev, zitiert nach: Molotov remembers, S. 67, 69.
[91] Brief Stalins an Molotov vom 29. 8. 1929, abgedruckt in: Koshelova (Hg.), Pis'ma Stalina, S. 154–158.
[92] Brief Stalins an Pjatakov vom 8. 11. 1923, RGASPI 558/11/785: 23–26, hier: 23 f.
[93] Zitiert nach: Firsov, Stalin und die Komintern, S. 103.
[94] Vgl. seinen „Politischen Rechenschaftsbericht des Zentralkomitees" vom 3. 12. 1927, in: Stalin, Werke, Bd. 10, S. 235–252, hier: S. 248.
[95] Weingartner, Kommunistische Internationale, S. 236.

onsoptimistische Auffassung auf den Punkt: Er forderte, alle Funktionäre aus den Parteien auszuschließen, die nicht an den revolutionären Aufschwung in den kapitalistischen Ländern glaubten. Andernfalls könne man sich nämlich bei der Vorbereitung der Revolution verspäten, „sich [zu] verspäten würde aber bedeuten, von einer kommenden revolutionären Krise überrascht zu werden".[96]

Stalins politische Konzeption gegenüber anderen Staaten lässt sich somit nicht angemessen als Folge eines Widerstreites von „konventioneller" Machtpolitik und ideologisch geprägtem Denken erfassen, in dem er sich schließlich für die Machtpolitik entschieden habe[97]: Die Existenz der Sowjetunion wollte Stalin zwar nicht aufs Spiel setzen, doch wie unter anderem sein Brief an Molotov über die Verhandlungen mit der Labour-Regierung zeigt, sollte sich auch die herkömmliche Diplomatie von revolutionären Erwägungen leiten lassen. Ebenso wichtig wie die klassische Außenpolitik war dem Diktator, die ausländischen Arbeiterbewegungen zu beeinflussen – nicht nur, um sie als „fünfte Kolonne" einzusetzen, sondern auch, um diese von der sozialdemokratischen Versuchung fernzuhalten und auf diese Weise die notwendigen Voraussetzungen für eine erfolgreiche proletarische Revolution zu schaffen. Aus diesem Grund war Stalin offensichtlich zuweilen entweder nicht willens oder nicht in der Lage, eine einheitliche außenpolitische Linie vorzugeben. Seine ideologischen Prämissen waren mit den Herausforderungen diplomatischer Realpolitik nur bedingt in Deckung zu bringen.

Noch verwirrender gestaltet sich aber das Bild vom Verhältnis zwischen sowjetischer Außenpolitik und weltrevolutionärer Zielsetzung, wenn wir jetzt noch einmal einen Blick auf das Innenleben der Führungsetagen der Komintern und KPD werfen und beobachten, wie dort diese Frage behandelt wurde. Eine solche Perspektive offenbart das eigentümliche Dilemma, in dem die Berufsrevolutionäre steckten, die täglich von Revolutionen und bewaffneten Aufständen redeten und schrieben, aufgrund der internationalen Lage vorerst aber in einer permanenten und somit ermüdenden Lauerstellung verharren mussten.

Eine Schlüsselstellung nahmen Manuilskij und Pjatnickij ein, die zwei wichtigsten Mitglieder der obersten Führungsspitze des EKKI, von denen seit Anfang 1931 jeweils einer an den Sitzungen des Politbüros der VKP(b) teilnahm, um die „tägliche Verbindung" zwischen der Komintern und dem Kreml zu gewährleisten.[98] Nach dem, was in den obigen Absätzen über die Spannungen zwischen Stalin und dem NKID gesagt worden ist, hätte man von ihnen nun eigentlich eine betont klassenkämpferische Einstellung erwarten können. Doch auf dem XI. EKKI-Plenum im April 1931 hielten sie es für notwendig, dem revolutionären Übereifer der KPD einen Dämpfer zu verpassen, nachdem Neumann kurz zuvor in der *Roten Fahne* behauptet hatte, die proletarische Revolution sei in der gegenwärtigen Situation nicht nur möglich, sondern unausweichlich geworden.[99]

---

[96] Zitiert nach: Schirinja, Der Kampf in der Komintern, S. 743.
[97] Eine solche Position wurde v. a. vertreten von: Deutscher, Stalin, S. 495–529. Ähnlich auch: Weingartner, Kommunistische Internationale, S. 236.
[98] Protokoll Nr. 25 des PB der VKP(b) vom 27. 1. 1931, Beschluss vom 5. 1. 1931, RGASPI 17/3/812: 10.
[99] Heinz Neumann, Es lebe die Kommune, in: Die Rote Fahne vom 18. 3. 1931. Vgl. auch

Nachdem sich die KPD-Funktionäre während eines internen Gespräches mit den sowjetischen Genossen nicht davon überzeugen ließen, zukünftig etwas weniger revolutionär aufzutreten, brachen diese die übliche Harmoniekulisse auf, um in der Schlusssitzung des XI. EKKI-Plenums am 6. April 1931 einen „öffentlichen Kampf mit der deutschen Delegation" zu führen, wie sich Pjatnickij später ausdrückte.[100] Manuilskij warnte die deutschen Kommunisten vor dem versammelten Plenum, nicht nur darauf zu achten, ob eine Revolution in Deutschland aufgrund der *dortigen* Klassenverhältnisse möglich sei, sondern auch, welche Auswirkungen eine solche Revolution auf die Stellung der *Sowjetunion* habe. Jede revolutionäre Bewegung in Mitteleuropa, so mahnte er, werde einen gesamteuropäischen Krieg auslösen: „Heute kann keine einzige kommunistische Partei sich großen Perspektiven stellen, wenn sie die UdSSR ignoriert."[101]

Manuilskij hatte sich jedoch wahrscheinlich nicht ausgemalt, was diese Ermahnungen bewirken würden. Nur wenige Monate später – Anfang August 1931 – traf sich nämlich Werner Hirsch mit Joseph Wirth, der inzwischen als Reichsinnenminister amtierte, um diesem „eine gewisse Desinformation über die Absichten der Kommunistischen Partei zuzuspielen." Hirschs Gesprächstaktik bestand darin, wie er dem EKKI voller Stolz in einem schriftlichen Bericht schilderte, „dem Innenminister und seinen engeren Mitarbeitern die Überzeugung beizubringen, dass die KPD für längere Zeit keine revolutionären Absichten habe, dass sie als Termin für ihre Machtergreifung frühestens das Jahr 1933 ansehe". Der deutsche Funktionär hatte sich offensichtlich von Manuilskijs Rede auf dem EKKI-Plenum inspirieren lassen, denn er setzte Wirth auseinander, diese Zurückhaltung der KPD ergebe sich „einmal aus innenpolitischen Erwägungen, zum anderen aus internationalen Erwägungen (deutsche Revolution bedeutet Intervention gegen die Sowjetunion, also Störung des Fünfjahrplanes)". Überhaupt sei es so, „dass die KPD an bewaffnete Aktionen nicht denke und sich nicht einmal irgendwie mit der Frage der Bewaffnung überhaupt beschäftige". Hirsch hielt in seinem Bericht fest, „dass Wirth Mitteilungen dieser Art mit großer Befriedigung aufnahm".[102]

In der Komintern jedoch sorgte der Bericht Hirschs für große Aufregung, denn die Bolschewiki sahen nun das Bild der Sowjetunion in der deutschen Arbeiterschaft gefährdet. Im „Auftrag unserer nächsten Freunde" (also von Manuilskij und Pjatnickij) verfasste Knorin einen vertraulichen Brief an Thälmann, in dem er

---

den von ihm verfassten Leitartikel der Roten Fahne vom 2. 12. 1930, in dem dieser Gedanke bereits auftaucht.

[100] Pjatnickij in der Sitzung der PK vom 10. 4. 1932, RGASPI 495/4/182a: 89–98, hier: 90. Offensichtlich handelte es sich bei dem erwähnten Gespräch um ein informelles Treffen, denn Unterlagen darüber haben sich bislang nicht finden lassen.

[101] Schlusswort Manuilskijs auf dem XI. EKKI-Plenum am 6. 4. 1931, hier zitiert nach: Weingartner, Stalin und der Aufstieg Hitlers, S. 53.

[102] Hirsch hat zwei Berichte über dieses Treffen geschrieben, die sich nur stilistisch unterscheiden und aus denen die Zitate entnommen wurden. Der erste Bericht hat sich in den Akten der deutschen Vertretung erhalten. „Das Verbot der Roten Fahne und die Frage des Parteienverbotes" vom 5. 8. 1931, RGASPI 495/293/117: 57–60, hier: 58 f., der zweite Bericht wird im Brief Knorins an Thälmann vom 15. 9. 1931 zitiert, RGASPI 495/19/524: 22.

diesen „ganz privatim auf einige Dinge" aufmerksam machte, „die uns gefährlich und unzulässig dünken". Weil dieser Brief wie kaum ein anderes Dokument den Zwiespalt dokumentiert, in dem sich die Komintern befand, soll daraus etwas ausführlicher zitiert werden:

„Die Äußerung, dass die deutsche Revolution die Intervention bedeutet und die Partei deshalb nicht beabsichtige, den Kampf zuzuspitzen, halten wir für grob opportunistisch und fast sozialdemokratisch. Wir machten niemals ein Geheimnis daraus, dass die U[d]SSR, ebenso wie das Proletariat Deutschlands, an dem möglichst raschen Sieg der deutschen Arbeiter über ihre Unterdrücker interessiert ist. Die Äußerung von Hirsch ist eine Verleumdung des sowjetrussischen Proletariats, die einem Bolschewiken nicht zu Gesicht steht. Die Äußerung von Hirsch ist eine Wiederholung der menschewistischen Verleumdung, dass die U[d]SSR die Komintern ‚zu Zwecken ihrer Außenpolitik' ausnütze und deshalb sowohl für die KPD, als auch für die U[d]SSR und für die Komintern doppelt schädlich. [...] In der feindlichen Presse wird bereits dieselbe Version moussiert, dass die KPD es im Interesse der Erfüllung des Fünfjahrplanes der U[d]SSR nicht auf die Revolution ankommen lassen werde. Sollten dieses Gerücht der Partei nahestehende Leute in Umlauf gesetzt haben, so muss gesagt werden, dass man der Sache der proletarischen Revolution keinen schlimmeren Dienst als diesen erweisen kann. Würden die Proletarier wirklich einer derartigen Verleumdung der Partei und der Komintern Glauben schenken, so müssten sie beiden den Rücken kehren."[103]

Letztlich war Knorins Argumentation folgerichtig – sie stand aber im Widerspruch zu den (veröffentlichten) Mahnungen Manuilskijs, der sich auf dem XI. EKKI-Plenum in kaum verhüllter Form gegen einen zu großen Revolutionsoptimismus ausgesprochen hatte, von dem er befürchtete, er könne eine zu starke Eigendynamik entwickeln. Bezeichnenderweise waren ähnlich „verleumderische" Äußerungen wie die von Hirsch auch aus dem Mund von Litvinov zu hören, der nur wenige Tage zuvor dem britischen Botschafter in Moskau ebenfalls versichert hatte, dass die Sowjetunion momentan keine Revolution im Ausland anstrebe, weil sie vollständig mit dem inneren wirtschaftlichen Aufbau beschäftigt sei.[104]

Der Widerspruch in den Aussagen Knorins und Manuilskijs offenbarte zum einen die Friktion, die innerhalb der Kominternführung zwischen Hardlinern und Realpolitikern bestand, und zum anderen das unauflösbare Dilemma, vor dem die Kommunisten standen und mit dem wir uns im sechsten Kapitel eingehender beschäftigen werden: Als Revolutionäre mussten sie sich zum Ziel des gewaltsamen Umsturzes der bestehenden Ordnung bekennen, auch wenn ihnen bewusst war, dass dieser in der gegenwärtigen, nichtrevolutionären Zeit nicht durchführbar war. Dieses Bekenntnis war aber nicht nur notwendig, um nach außen glaubwürdig zu bleiben. Ebenso wichtig war dieses Bekenntnis für das eigene Selbstverständnis. An der Illusion, dass KPD und Komintern mit aller Kraft auf die Revolution hinarbeiteten, durfte deshalb auch in einem so vertraulichen Brief wie dem von Knorin an Thälmann nicht gerüttelt werden. Die Komintern hatte sich somit gründlich in den selbstgelegten ideologischen Fallstricken verheddert. Vom Ziel der Revolution konnten und wollten die Kommunisten nicht Abschied nehmen, wenn sie Kommunisten bleiben wollten.

---

103 Brief Knorins an Thälmann vom 15. 9. 1931, RGASPI 495/19/524: 22.
104 Bericht des britischen Botschafters in Moskau, Overy, über ein Gespräch mit Litvinov vom 27. 7. 1931, zitiert in: Haslam, Soviet Foreign Policy, S. 58.

3. Im Sande verlaufen

Der Eifer der obersten KPD-Kader, sich mit der Sowjetunion zu identifizieren und die sowjetischen Interessen in ihr Denken einzuweben, ließ bereits bei mittleren Funktionären merklich nach. Am besten lässt sich dies an drei Kampagnen verdeutlichen, die 1928 von der Komintern initiiert wurden. Dies waren erstens die Kampagne für den „sozialistischen Wettbewerb" zwischen kommunistischen Betriebszellen in Deutschland und in der Sowjetunion, die die deutsche Arbeiterschaft stärker mit den sowjetischen „Klassenbrüdern" verbinden sollte, zweitens die jährliche, europaweite Antikriegskampagne der Komintern, die auf die Mobilisierung der westeuropäischen Arbeiter gegen die angeblich drohende Intervention der kapitalistischen Mächte gegen die Sowjetunion abzielte, und drittens die Kampagnen gegen vermeintliche „Schädlinge", d.h. gegen angebliche in- und ausländische Saboteure und Spione, die gegenüber den westlichen Arbeitern die repressiven Maßnahmen des sowjetischen Regimes rechtfertigen sollten.[105]

Der „sozialistische Wettbewerb" war in der Sowjetunion im Zuge der forcierten Industrialisierung eingeführt worden, um anstelle des fortgefallenen marktwirtschaftlichen Anreizes einen gewissermaßen sportlichen Wettkampf zu setzen und so die Arbeiter zu einer höheren Produktivität anzuregen. Herausragenden Arbeitern wurde der Ehrentitel eines „Stoßarbeiters" verliehen.[106]

Seit Mitte 1929 plante die Komintern, den „sozialistischen Wettbewerb" im internationalen Maßstab anzuwenden. Walter Ulbricht machte sich als deutscher Vertreter beim EKKI voller Eifer sofort Gedanken darüber, welche konkreten Aufgaben im Rahmen eines Wettbewerbes zwischen deutschen und sowjetischen Kommunisten zu erfüllen seien. Das war kein geringes Problem, denn während sich die sowjetischen Arbeiter um die Erfüllung des Fünfjahrplanes bemühen sollten, konnten sich die deutschen Kommunisten schwerlich dafür engagieren, die Produktion in ihren kapitalistischen Betrieben zu steigern. Den deutschen Kommunisten waren daher nach Vorstellung des deutschen Vertreters „Aufgaben in bezug auf Mitglieder- und Pressewerbung, [die] Arbeit auf dem Lande usw." zu stellen. Möglich sei auch, Geld für einen Arbeitskampf in einem anderen Lande oder für den „Bau eines Traktors oder Flugzeuges für die USSR (gemeinsame Aufgabe mehrerer Betriebe)" sammeln zu lassen.[107] Offenkundig hatte Ulbricht vergessen, wie die Versuche des RFB geendet hatten, der Sowjetunion ein Flugzeug oder Lastautos zu schenken.

Die deutsche Parteiführung stand mit ihrem Engagement wieder einmal an der Spitze der Bewegung, denn die Praxis des „sozialistischen Wettbewerbes" wurde

---

[105] Zu dem Rechtfertigungsdrang Stalins vgl. z.B. sein Gespräch mit Henri Barbusse vom 16. 9. 1927, in dem es unter anderem um die Erschießung von Geiseln nach dem Mord an dem sowjetischen Botschafter in Warschau im Jahre 1927 geht, RGASPI 558/11/699: 1–19, hier v. a.: 14 f.

[106] Vgl. Schröder, Industrialisierung und Parteibürokratie, S. 108–120. Mitte der 30er Jahre wandelte sich die „Stoßarbeiter"-Bewegung zur „Stakhanov-Bewegung" und war mit starken materiellen Anreizen verbunden.

[107] Brief Ulbrichts an Sekretariat des ZK der KPD vom 29. 8. 1929, RGASPI 495/292/44: 168 f.

erst Anfang 1933 in breitem Maßstab von der Komintern angewandt.[108] Doch die unausgegorenen Überlegungen Ulbrichts trafen weder bei den sowjetischen noch bei den deutschen Arbeitern auf Begeisterung – war es doch überdeutlich, dass bei einem solchen „Wettbewerb" der Vergleichsmaßstab fehlte, um einen Sieger festzustellen. Wie viel Mitglieder hätten KPD-Funktionäre beispielsweise anwerben müssen, um eine Tonne sowjetischen Stahles aufzuwiegen? Zudem waren die sowjetischen Betriebe weniger an einer höheren Abonnentenzahl kommunistischer Zeitschriften in Deutschland interessiert, sondern vielmehr an konkreten Hilfen bei der Produktionssteigerung: „Die Leistung technischer Hilfe ist so gedacht", berichtete Heckert, der Nachfolger Ulbrichts auf dem Posten des KPD-Vertreters, über die sowjetischen Wünsche nach Berlin, „dass die [deutschen] Arbeiter in Briefen Produktionsvorgänge, Produktionseinrichtungen beschreiben, dass sie evtl. auch aus ihrer Mitte befähigte Genossen nach hier delegieren, die spezielle Kenntnisse den russischen Arbeitern übermitteln".[109] Faktisch war dies der Versuch, die deutschen Kommunisten zur Werksspionage zu veranlassen.[110]

Die deutsche Parteispitze musste bald feststellen, dass sich ihre eigenen Funktionäre über die Kopfgeburten des „sozialistischen Wettbewerbes" und der „Stoßarbeiter"-Bewegung lustig machten: Während sich Neumann im April 1931 auf dem EKKI-Plenum pathetisch dagegen wandte, die Sozialdemokratie in einem Resolutionsentwurf als „Stoßbrigade des Weltkapitals" zu bezeichnen, weil man diesen „großen revolutionären Begriff" für den sozialistischen Aufbau vorbehalten solle[111], löste der deutsche Koch des Wohnheims der Komintern im Hotel Lux einen Skandal aus, als er aus den Kleidern einer fehlenden Küchenhilfe eine Figur fertigte, der er ein Schild mit der Aufschrift „Stoßarbeiterin" umhing.[112]

Während der „sozialistische Wettbewerb" jedoch nur einen vergleichsweise unbedeutenden Platz in der Rangliste der kommunistischen Kampagnen einnahm, waren die Antikriegskampagnen der Komintern eine Herzensangelegenheit der bolschewistischen Spitzenkader. Immer wieder ist in der Forschung vermutet worden, die stalinistische Propaganda habe die vermeintliche Bedrohung der Sowjetunion durch die „imperialistischen Staaten" aufgebauscht, um die Kriegsfurcht als innenpolitisches Bindemittel in Zeiten der „Revolution von oben" zu benutzen.[113] Eine solche Instrumentalisierung unterschätzt allerdings die Bedeu-

---

108 Zur Praxis des „sozialistischen Wettbewerbes" in der Komintern nach 1933, der zu dieser Zeit allerdings vor allem als Instrument der Kadererziehung gedacht war, vgl. Studer, Der stalinistische Parteikader, S. 249–256. Der sozialistische Wettbewerb wurde in der KUNMZ bereits 1929 eingeführt, vgl. Köstenberger, Die Geschichte der Kommunistischen Universität der nationalen Minderheiten, S. 282.
109 Brief Heckerts an Sekretariat des ZK der KPD vom 29. 12. 1929, RGASPI 495/292/44: 284–287, hier: 284.
110 Tatsächlich begingen deutsche Kommunisten in den 20er Jahren bei der AEG Werksspionage zugunsten des Aufbaus einer eigenständigen sowjetischen Glühbirnenproduktion, vgl. Zhuravlev, „Malen'kie ljudi", S. 43–96.
111 Vgl. Neumanns Ausführungen in der Sitzung der Politkommission des XI. EKKI-Plenums am 11. 4. 1931, RGASPI 495/169/134: 225.
112 Brief Piecks an das Sekretariat des ZK der KPD, RGASPI 495/292/54: 57–63, hier: 61.
113 Vgl. Ulam, Expansion and Coexistence, S. 183, und v.a.: von Boetticher, Industrialisierungspolitik und Verteidigungskonzeption.

tung der bewusstseinsprägenden Erfahrungen, die die Bolschewiki seit 1917 in den Jahren des Bürgerkrieges gemacht hatten[114] und unterstellt, dass die sowjetischen Führungsfunktionäre durchweg zweckrational gehandelt hätten. Mittlerweile wurden in den russischen Archiven jedoch einige Briefe von sowjetischen Politbüromitgliedern zu Tage gefördert, in denen sie auch intern ihre Erwartung äußerten, dass es in absehbarer Zeit zu einem Krieg gegen die Sowjetunion kommen werde. So schrieb Stalin beispielsweise im Oktober 1930 an den Geheimdienstchef Menzhinskij über die vermeintlichen Vorbereitungen der westlichen Staaten für einen Krieg: „Offensichtlich haben sie die Intervention für 1930 geplant, haben sie aber auf 1931 oder sogar 1932 vertagt. Das ist sehr wahrscheinlich und wichtig."[115] Wie fest sich das Trauma der alliierten Intervention während des russischen Bürgerkrieges in das Denken Stalins eingefressen hatte, lässt sich nicht zuletzt daran ablesen, dass er noch 1941 in den Warnungen Großbritanniens, dass ein deutscher Überfall unmittelbar bevorstehe, nur eine Finte der englischen Kapitalisten sehen konnte, um die Sowjetunion in den Krieg hineinzuziehen.[116]

Die Losung von der Sowjetunion als dem „Vaterland aller Werktätigen" hatte für Stalin vor dem Hintergrund des vermeintlich bevorstehenden Krieges einen ganz praktischen Sinn: Wenn die ausländischen Arbeiter „unsere Republik als ihr Kind betrachten", so erklärte er 1925 vor dem Zentralkomitee der VKP(b), „dann wird ein Krieg gegen unser Land unmöglich".[117] Auch in seinem eben zitierten Brief an den Geheimdienstchef Menzhinskij vom Oktober 1930 zeigte sich der Diktator fest davon überzeugt, dass sich mithilfe von Kominternkampagnen die „Interventionsversuche für die nächsten ein bis zwei Jahre paralysieren, torpedieren [lassen], was für uns nicht unwichtig ist".[118] Eine ähnliche Einstellung findet sich bei Bukharin, der sicher war, die ausländische Arbeiterbewegung ließe sich als „fünfte Kolonne" im Dienste der Sowjetunion einsetzen. Mit Blick auf das Anglosowjetische Gewerkschaftskomitee stellte er 1927 fest, dass die britischen Arbeiter im Falle eines Angriffs Großbritanniens auf die Sowjetunion zwar wahrscheinlich nicht aktiv für Moskau aufträten, wohl aber als Klotz am Bein der britischen Regierung hängen würden: „Und das ist immerhin etwas."[119]

Angesichts der oben beschriebenen Spannungen zwischen den sowjetischen Diplomaten und der stalinistischen Führungsspitze dürfte es nicht verwundern,

---

[114] So bereits der Einwand von Jonathan Haslam. Vgl. Haslam, Soviet Foreign Policy, S. 3.
[115] Brief Stalins an den Geheimdienstchef Menzhinskij, o.D. (Oktober 1930), über das Geständnis des wegen „Schädlingsarbeit" angeklagten Professors Ramsin. Zitiert nach: Koshelova (Hg.), Pis'ma Stalina, S. 187.
[116] Vgl. Gorodetsky, Die große Täuschung, S. 210–233, v. a. S. 220, 230. Auch die Treffen deutscher und britischer Diplomaten während der 30er Jahre wurden nicht lediglich als Teil der britischen Appeasement-Politik gesehen, sondern als erneutes Zeichen für eine antisowjetische Verschwörung. Vgl. Andrew, Stalin and Foreign Intelligence, S. 76 f.
[117] Vgl. seinen „Rechenschaftsbericht des Zentralkomitees" vom 18. 12. 1925, in: Stalin Werke, Bd. 7, S. 227–305, hier: S. 248.
[118] Brief Stalins an den Geheimdienstchef Menzhinskij, o.D. [Oktober 1930], zitiert nach: Koshelova (Hg.), Pis'ma Stalina, S. 187.
[119] Vgl. Vatlin, Trockij i Komintern, S. 15. 1920 hatten sich britische Hafenarbeiter geweigert, Waffen zu verladen, die zur Verschiffung nach Polen bestimmt waren, das sich damals im Krieg mit Sowjetrussland befand. Vgl. Haslam, Soviet Foreign Policy, S. 7.

dass das NKID auch auf die Frage, ob tatsächlich ein Krieg gegen die Sowjetunion bevorstünde und ob sich Deutschland dieser Front anschlösse, eine andere Antwort parat hielt als das sowjetische Politbüro.[120] Chicherin äußerte sich wieder am deutlichsten: Er hatte bereits 1927 gegenüber der KPD-Spitze bestritten, dass es überhaupt eine akute Kriegsgefahr gebe[121] und erregte sich noch 1929 in einem Brief an Stalin darüber, dass dieses „Gerede" von der Moskauer Parteiführung fortgesetzt werde.[122]

Betrachtet man nun die Reaktionen der Funktionäre und Mitglieder der KPD gegenüber der Einkreisungsphobie Stalins und seiner Gefolgsleute, so ergibt sich ein sehr widersprüchliches Bild. Die Führungsspitze der deutschen Partei bemühte sich auch in diesem Bereich, der bolschewistischen Führung entgegenzuarbeiten, indem sie die verschrobenen „Meistererzählungen" ihrer Moskauer Lehrmeister aufnahm und weiterspann. Bereits seit 1927 behauptete die KPD-Führung immer lautstärker, dass ein Krieg gegen die Sowjetunion bevorstehe und die deutsche Regierung sich an diesem Überfall beteiligen wolle.[123] So verfasste Hermann Remmele beispielsweise Ende der 20er Jahre auf Grundlage von Informationen aus der deutschen Friedensbewegung einen – wie Chicherin später kommentierte – „in seiner Idiotie unübertroffenen Artikel" für die *Pravda*, wonach Deutschland die Erlaubnis erhalten habe, die Stärke der Reichswehr zu verdreifachen und dafür in die antisowjetische Front eingetreten sei. „Wenn ich diesen Müll nicht aufgehalten hätte", erinnerte sich der sowjetische Außenkommissar, „wäre das ein riesiger Skandal geworden."[124]

Solidaritätsadressen der KPD für die bedrohte Sowjetunion gehörten seit der Parteigründung zum festen Bestandteil der Propaganda der deutschen Kommunisten[125], wobei sich entsprechend des kommunistischen Heilsversprechens religiöse Elemente in die Sprache mischten. So hieß es in einem Aufruf der KPD von 1927, die sowjetische Führung sei „Fleisch vom Fleisch und Blut vom Blut des arbeitenden Volkes".[126] Doch während Aufrufe der Parteiführung wie „Hände weg von Sowjetrussland!"[127] zu Beginn der 20er Jahre vor dem Hintergrund der Intervention der Westalliierten in den russischen Bürgerkrieg auf eine gewisse Resonanz in der Arbeiterschaft trafen, wurde die bolschewistische Kriegshysterie am Ende dieses Jahrzehnts meist nur von den Mitgliedern der deutschen Parteielite

---

[120] Vgl. Knoll, Das Volkskommissariat für auswärtige Angelegenheiten, S. 127.

[121] Vgl. Brief Dengels an Stalin vom 25. 6. 1927, RGASPI 558/11/776: 22.

[122] Brief Chicherins an Stalin vom 22. 3. 1929, abgedruckt in: Kvashonkin (Hg.), Sovetskoe rukovodstvo, S. 70. Vgl. dazu auch Knoll, Das Volkskommissariat für Auswärtige Angelegenheiten, S. 129, und Slutsch, Deutschland und die UdSSR 1918–1939, S. 61.

[123] Vgl. Weber, Wandlung, Bd. 1, S. 315.

[124] Chicherin, Diktatura jazykocheshushchikh, hier: S. 106, 108.

[125] Vgl. Weber, Wandlung, Bd. 1, S. 313–315; Weitz, Creating German communism, S. 242 f.

[126] „Es lebe die Sowjetunion und der Kampf um den Frieden! Nieder mit allen kapitalistischen Kriegshetzern!", Aufruf vom 25. 2. 1927, abgedruckt in: Dokumente und Materialien, Bd. 8, S. 443 f.

[127] „Hände weg von Sowjetrussland! An das Proletariat Berlins", Aufruf vom 8. 5. 1920, abgedruckt in: Marx-Engels-Lenin-Stalin-Institut, Zur Geschichte der Kommunistischen Partei Deutschlands, S. 93 f.

geteilt, weshalb die Komintern immer wieder vor einer „Unterschätzung der Kriegsgefahr" warnte.[128]

Um dieser Tendenz entgegenzusteuern, ordnete das Politbüro der VKP(b) während des VI. Kominternkongresses Ende August 1928 an, eine zentralgesteuerte Kampagne der Komintern gegen die Kriegsgefahr – einen „Internationalen Roten Tag" – zu organisieren.[129] Doch schon im Laufe der Vorbereitungen für die Antikriegskampagne musste Manuilskij Anfang 1929 während seiner Reise durch Westeuropa feststellen, dass abgesehen von den Spitzenkadern weiterhin „in ausnahmslos keiner unserer Sektionen ein Gefühl für die nahende Kriegsgefahr besteht". Die Kampagne nähme nur einen „theoretisch-abstrakten Platz in der alltäglichen Arbeit" der kommunistischen Parteien ein, die Funktionäre würden den entsprechenden Beschlüssen des Kominternkongresses „unter allen möglichen Ausreden" ausweichen.[130] Die entsprechenden Aktivitäten des Westeuropäischen Büros der Komintern, so schrieb er eine Woche später, stießen auf eine „beunruhigende Passivität" der ausländischen Parteien.[131]

Aufgrund solcher Berichte rief das WEB im März 1929 die Vertreter der westeuropäischen Sektionen nach Berlin zu einer Vorbereitungskonferenz zusammen. Was die Kominternfunktionäre dort zu hören bekamen, stimmte sie jedoch nicht hoffnungsvoller. Den Vorstellungen des WEB zufolge sollte sich der für Anfang August geplante Antikriegstag nicht in den üblichen Demonstrationszügen erschöpfen, sondern als krönender Abschluss einer ganzen Reihe von Aktionstagen mit einem „politischen Streik" begangen werden. Die Abgesandten der Parteien zweifelten jedoch, dass die geplanten Arbeitsniederlegungen realisierbar seien. Der Vertreter des WEB resümierte frustriert, die Parteien lehnten offensichtlich ein weitergehendes Engagement „mit dem gewohnten Hinweis auf die ‚besonderen Schwierigkeiten usw.'" ab.[132] „Wir dürfen hier nicht nur die Einstellung haben: wir werden am 1. August halt Demonstrationen machen", wurden die Parteienvertreter bei der nächsten Sitzung des WEB zwei Monate später ermahnt. Die gesamten Sektionen und Massenorganisationen müssten sich bis hinunter zu den Betriebszellen dieser Frage annehmen.[133] In immer kürzerem Abstand instruierte das WEB von nun an die Parteien, welche Formen der Protest annehmen sollte[134] oder wie die „Indifferenz" und „Apathie der breitesten Massen" gegen die Kriegsgefahr und die „allgemeinen pazifistischen Illusionen" bekämpft werden sollten.[135]

---

128 Vgl. Die Kommunistische Internationale vom 12. 9. 1928, S. 2283.
129 Vgl. Protokoll Nr. 39 des PB der VKP(b) vom 25. 8. 1928, Punkt 6, RGASPI 17/3/701.
130 Brief Manuilskijs an Stalin vom 13. 2. 1929, RGASPI 558/11/763: 62–64, hier: 63.
131 Brief Manuilskijs an das PS vom 22. 2. 1929, RGASPI 495/25/1345: 13 f.
132 Vgl. Stenogramm der Sitzung des WEB vom 11. 3. 1929 über die Vorbereitung des Antikriegstages, RGASPI 499/1/10: 9–44, Zitat Vertreter des WEB: 41 f.
133 Stenogramm der Sitzung des WEB vom 16. 5. 1929, RGASPI 499/1/12: 82.
134 Vgl. Mitteilung des WEB zur Konferenz über die Durchführung des Antikriegstages vom 18. 5. 1929, RGASPI 499/1/12: 215–221.
135 Richtlinien des WEB für die Presse über die Durchführung der Antikriegskampagne vom 12. 6. 1929, RGASPI 499/1/13: 1–4.

Doch gerade bei den Deutschen, die sich gegenüber den anderen westeuropäischen Sektionen bei den Vorbereitungstreffen des WEB wieder als besonders eifrig präsentiert hatten, gab es in den noch verbleibenden Wochen bis zum Stichtag am 1. August große Motivationsprobleme. Der für die Koordination verantwortliche Kominterninstrukteur Tuure Lehen berichtete aus Berlin, die Antikriegskampagne bleibe in der Parteipresse ein drittrangiges Thema und sei in den Funktionärskonferenzen mit keinem Wort erwähnt worden.[136] Wie er feststellen musste, betrachteten jedoch nicht nur die unteren Kader die Kampagne als ein lästiges „Examen" – so lautete das bezeichnende Codewort für den Antikriegstag am 1. August in seiner Korrespondenz mit Moskau –, vielmehr fuhren auch die Mitarbeiter der Parteileitung während der heißen Vorbereitungsphase im Juli lieber in den Urlaub an die Ostsee, als sich mit dem Krieg zwischen der Sowjetunion und Japan um die Ostchinesische Eisenbahn zu beschäftigen. Dieses Thema, so argumentierten die deutschen Spitzenfunktionäre, interessiere die Arbeiter ja sowieso kaum.[137]

Dementsprechend schraubte die KPD ihre Pläne für den 1. August kräftig zurück. Wie Pieck in der Nachbesprechung der Kampagne am 7. August berichtete, hatte die Parteiführung den der Komintern versprochenen 24-stündigen „politischen Streik" abgesagt. Nun sollten „die Arbeiter nur noch veranlasst werden, den Betrieb eine Stunde vor Arbeitsschluss zu verlassen". Im Grunde wurde also darauf spekuliert, dass die Arbeitgeber von diesem „Streik" nichts mitbekämen und sich somit mehr Arbeiter an der Aktion beteiligten. Doch selbst diese Verlegenheitsaktion fand wenig Widerhall; die von der KPD-Spitze vollmundig angekündigten Massendemonstrationen blieben zur Enttäuschung der Kominternführung weit hinter den Erwartungen zurück.[138] In einem Brief an Molotov schilderte der in Deutschland weilende Chicherin seine ernüchternden Eindrücke vom 1. August 1929 in den Arbeitervierteln von Frankfurt am Main: „An den Mauern klebten kleine rote Zettelchen, auf denen etwas über die Kriegsgefahr und die Vorbereitung eines Angriffes gegen die UdSSR stand und ich sah, wie einige Arbeiter lachten, wissend, dass es jetzt keine Kriegsgefahr gibt und niemand die UdSSR angreifen wird [...]."[139] Pieck berichtete der KPD-Führung aus Moskau von der Enttäuschung der Moskauer Kader: Den Verlauf des 1. August schätze man in der

---

[136] Brief „Alfreds" [d. i. Tuure Lehen] an unbekannt vom 23. 6. 1929, RGASPI 495/25/1345: 61–63ob. Bei der Nachbesprechung des 1. August im Mitteleuropäischen Ländersekretariat (MELS) des EKKI am 7. 8. 1929 berichtete er, dass in die Thesen zum XII. KPD-Parteitag erst auf seine Intervention hin ein Absatz über die Kriegsgefahr aufgenommen wurde, RGASPI 495/28/124: 1–31, hier: 25.

[137] Brief „Alfreds" [d. i. Tuure Lehen] an unbekannt vom 16. 7. 1929, RGASPI 495/25/1345: 71, 71ob. Diese Urlaubsstimmung betonte der Instrukteur auch bei der Nachbesprechung des 1. August im MELS des EKKI am 7. 8. 1929, RGASPI 495/28/124: 1–31, hier: 25.

[138] Vgl. Stenogramm der Sitzung des MELS des EKKI am 7. 8. 1929, RGASPI 495/28/124: 1–31, Zitat Pieck: 1, und den Brief Ulbrichts an das Sekretariat des ZK der KPD vom 4. 9. 1929 über Manuilskijs Tadel, dass die KPD ihre „Verpflichtung" bezüglich des Streikes nicht eingehalten habe, RGASPI 495/292/44: 172f.

[139] Brief Chicherins an Molotov vom 27. 9. 1929, abgedruckt in: Kvashonkin (Hg.), Sovetskoe rukovodstvo, S. 103.

Kominternführung „zwar nicht als Misserfolg ein, ist aber keineswegs mit der Arbeit der Partei zufrieden".[140]

Was Stalin vom Ergebnis der Antikriegskampagne hielt, über deren Verlauf er sich bereits am 2. August telegrafisch von seinem Urlaubsort aus erkundigte[141], ist nicht überliefert. Doch offenkundig erkannte er, dass es nicht gelungen war, die Arbeiterschaft in Westeuropa nennenswert zu mobilisieren – jedenfalls beschloss die Komintern im folgenden Jahr in Abstimmung mit Stalin, am 1. August nicht mehr zu Streiks aufzurufen[142]: Als im Juni 1930 über den kommenden Antikriegstag beraten wurde, gab Manuilskij zu bedenken, dass man die Arbeiter nicht ständig aus den Betrieben „herauszerren" und sie die Arbeit niederlegen lassen könne – zumal die letzten (ebenfalls nur mäßig erfolgreichen) Streikaufrufe des EKKI zum Arbeitslosentag am 6. März und zum 1. Mai erst kurz zurücklägen. Mit Blick auf die Versprechungen der vorangegangenen Kampagnen fügte er hinzu, es sei falsch, „Wechsel auszustellen", die später nicht eingelöst werden könnten.[143]

Die nun folgenden Kampagnen waren allerdings noch erfolgloser als die von 1929; erneut wurde in Moskau die spät einsetzende und wenig engagierte Vorbereitung der Kundgebungen kritisiert.[144] 1931 wurde in einem Bericht der KPD für die Organisationsabteilung des EKKI zwar versucht, das Ergebnis schönzuschreiben: In diesem Jahr hätten sich am Antikriegstag zwar weniger Menschen beteiligt als (beim ohnehin schon schwachen Auftakt) im Jahre 1929, doch ließen die teilweise gewalttätigen Demonstrationen immerhin erkennen, dass die deutsche Arbeiterschaft ihr Leben riskiere, um die Sowjetunion zu verteidigen.[145] Im Nachhinein stellte das Mitteleuropäische Ländersekretariat des EKKI allerdings frustriert fest, dass die KPD es nicht einmal für nötig befunden habe, die entsprechende Antikriegs-Resolution des XI. EKKI-Plenums vom April 1931 zu veröffentlichen.[146]

Während in der bolschewistischen Führung die Nervosität Anfang 1932 weiter zunahm und sie die bewaffneten Konflikte an der Grenze zu China als Vorspiel für einen großen europäischen Krieg gegen die Sowjetunion ansah[147], überwog zu dieser Zeit laut einem Bericht für die russische Delegation im EKKI bei den KPD-

---

140 Brief Piecks an Dahlem vom 7. 8. 1931, RGASPI 495/292/44: 150.

141 Vgl. Telegramm Stalins an Poskrebyshev vom 2. 8. 1929, RGASPI 558/11/73: 26.

142 Vgl. Protokoll der russischen Delegation beim EKKI vom 25. 5. 1930, Pkt. 3, RGASPI 508/1/97.

143 Stenogramm des Referates und Schlusswortes von Manuilskij in der Sitzung der Kommission für die Vorbereitung des Antikriegstages am 1. August 1930 vom 10. 6. 1030, RGASPI 495/60/174a: 1–5, 35–40, Zitate: 5, 35.

144 Vgl. Stenogramm der Sitzung der EKKI-Kommission für die Vorbereitung des Antikriegstages am 1. August 1930 über die Ergebnisse in den verschiedenen Sektionen, RGASPI 495/60/163a.

145 Bericht über den Verlauf des 1. August 1931 in Berlin (Autor unbekannt) für die Organisationsabteilung des EKKI vom 7. 8. 1931, RGASPI 495/25/533: 78–85.

146 „Zur Durchführung der Beschlüsse des XI. EKKI-Plenums in Deutschland", Bericht des MELS des EKKI vom 17. 11. 1931, RGASPI 495/28/159: 155–160, hier: 159. Vgl. auch den Brief des WEB an alle Parteien vom 10. 12. 1930, RGASPI 499/1/17: 269.

147 Losowskij schrieb am 5. 2. 1932 an die russische Delegation beim EKKI: „Eine Reihe von Fakten deuten darauf hin, dass der Krieg bald ausbrechen wird." RGASPI 82/2/228: 34.

Funktionären weiterhin die Stimmung, man dürfe den Konflikt im Fernen Osten „nicht überschätzen".[148] Lajos Madyar, der die kommunistische Antikriegskampagne in diesem Jahr von Berlin aus koordinierte, berichtete nach Moskau, er habe gespürt, „dass die Leute den Eindruck haben, dass China weit ist, dass sie damit nichts zu tun haben oder nur wenig [...], und dass der große Krieg, die richtige Intervention zeitlich noch sehr weit entfernt ist".[149] Madyar erkannte, dass das ständige Alarmschlagen der Komintern das deutsche Zielpublikum ermüdete. Häufig sei er der Einstellung begegnet: Es werde nun schon vier Jahre vom drohenden Krieg gegen die Sowjetunion geredet, da werde er nicht ausgerechnet in diesem Jahr ausbrechen.[150] Wenn er versuche, die Redaktionen der Parteipresse zu überreden, mehr zu den Themen Krieg und Pazifismus zu bringen, dann erhalte er die Antwort: „Ja, um Gottes Willen, das haben wir schon tausendmal gemacht, man kann ja nicht alles immer wiederholen." Dennoch würden die Parteimitglieder nicht einmal „die primitivsten Argumente" der Komintern in der Kriegsfrage kennen.[151] Die kommunistische Basis konnte wohl kaum deutlicher ausdrücken, dass die Antikriegskampagne der Komintern vollständig an ihren Interessen vorbeizielte.

Die Funktionäre der Komintern waren sich allerdings durchaus bewusst, warum die angebliche Kriegsgefahr in Deutschland für ziemlich irrelevant erachtet wurde: Madyar konstatierte im Frühjahr 1932, in Deutschland würden außenpolitische Fragen angesichts der zugespitzten Lage im Inneren und des aktuellen Reichspräsidentenwahlkampfes als „nebensächlich" betrachtet[152]: In der Arbeiterschaft spreche man zu „99% Prozent über Hindenburg, Hitler, [die] Präsidentenwahlen usw. und vielleicht nur [zu] 1 [bis] 2% über den Krieg".[153] Manuilskij hatte seinerseits bereits 1930 erkannt, dass die Antikriegskampagne der Komintern in Westeuropa nur dann Erfolg haben könne, wenn sie nicht nur die „revolutionäre Vorhut" anspreche, die „gegenüber der Sowjetunion idyllisch eingestellt ist", sondern auch die „breiten Massen" erreiche und ihnen zeige, wie die internationale Krise ihren konkreten Lebensstandard senke.[154]

Eine Verbindung zwischen ihrem Lebensstandard und den militärischen Konflikten im Fernen Osten stellte ein Teil der deutschen Arbeiter tatsächlich her – jedoch in einer anderen Weise, als sich dies die Komintern erhoffte: Insbesondere Arbeiter in Rüstungsbetrieben verbanden mit einem möglichen Krieg zwischen weit entfernten Mächten aufgrund der aktuellen Wirtschaftskrise in Deutschland

---

[148] Bericht von „Fritz" für die russische Delegation beim EKKI, RGASPI 495/19/326: 4f.

[149] Brief Madyars an Kun vom 20. 2. 1932, RGASPI 495/60/238: 11–14, hier: 12.

[150] Brief Madyars an Kun vom 19. 3. 1932, RGASPI 495/60/238: 63–70, hier: 69.

[151] Brief Madyars an Kun vom 5. 4. 1932, RGASPI 495/60/238: 79–82, hier: 79. Auch Pieck, der deutsche Vertreter der Komintern, musste zugeben, die entsprechenden Direktiven des EKKI seien von der KPD-Führung nur „unvollständig und verspätet weitergegeben" worden. Vgl. Bericht Piecks vor der PK vom 9. 4. 1932 über die Antikriegskampagne in Westeuropa, RGASPI 495/4/182: 25–43, hier: 26.

[152] Brief Madyars an Kun vom 10. 3. 1932, RGASPI 495/60/238: 47–52, hier: 49.

[153] Brief Madyars an Kun vom 14. 3. 1932, RGASPI 495/60/238: 61f., hier: 61ob.

[154] Schlusswort Manuilskijs in der Sitzung der Kommission für die Vorbereitung des Antikriegstages am 1. August 1930 vom 10. 6. 1030, RGASPI 495/60/174a: 35–40, hier: 36.

positive Erwartungen: Einen Krieg im Fernen Osten könne man sowieso nicht verhindern, aber vielleicht werde „die Konjunktur dadurch besser", berichtete im Mai 1932 ein Instrukteur der Profintern über eine häufig geäußerte Meinung.[155] Andere Arbeiter waren in dieser Beziehung in ihrer Argumentation – zumindest in Gegenwart eines Kominterninstrukteurs – etwas diplomatischer und erklärten, mit ihrer Arbeit in der Rüstungsfabrik unterstützten sie doch ein unterdrücktes Volk. Madyar zufolge war in Rüstungsbetrieben sehr oft das Argument zu hören: „Unser Betrieb arbeitet nicht für Japan. Wir arbeiten für China. Und China soll man eigentlich unterstützen."[156]

Ein aus Sicht der Komintern ähnlich ernüchterndes Bild der Identifikation der deutschen Kommunisten mit dem Sowjetstaat ergibt sich, wenn man die Resonanz auf die sowjetischen Schauprozesse betrachtet, die zeitgleich mit Stalins Krieg gegen das eigene Volk begannen und von der Komintern im Zusammenhang mit der angeblichen Interventionsgefahr propagiert wurden. Dem bereits erwähnten „Shakhty-Prozess" gegen Bergbauingenieure im Jahr 1928 folgte unter anderem im September 1930 die ausführliche Veröffentlichung der „Geständnisse" von 48 Spezialisten der Lebensmittelindustrie, die in einem Geheimprozess der jahrelangen Sabotage der Fleischversorgung für schuldig erkannt und sämtlich erschossen wurden.[157] Im November 1930 begann ein öffentlicher Prozess gegen Ingenieure, denen vorgeworfen wurde, eine so genannte Industriepartei zum Zwecke der „Schädlingsarbeit" gegründet zu haben[158], und im Frühjahr 1931 wurde schließlich der Schauprozess gegen das angebliche „Unionsbüro" der Menschewisten eröffnet.[159]

So wie in der Forschung das Verhältnis von sowjetischer Außenpolitik und Weltrevolution im Denken der stalinistischen Führung immer wieder untersucht worden ist, gehört auch das Verhältnis von Glaube und Zynismus angesichts der schier fantastischen Vorwürfe gegen die angeblichen „Schädlinge" (und später gegen die „Parteifeinde" in den Prozessen während des „Großen Terrors") zu den großen Fragen der Historiker: Glaubten die Bolschewisten tatsächlich an die Schuld der Angeklagten oder zerrten sie diese im vollen Bewusstsein ihrer Unschuld vor das Gericht, um Sündenböcke für die immer zahlreicheren Ausfälle und Störungen im sowjetischen Wirtschaftssystem, für die Probleme bei der Ge-

---

[155] Stenogramm der Ausführungen Karlovskijs in einer Sitzung von Profintern-Instrukteuren über die Einschätzung der Kriegsgefahr unter deutschen Arbeitern, RGASPI 534/3/761: 158–222, hier: 202.

[156] Brief Madyars an Kun vom 19. 3. 1932, RGASPI 495/60/238: 63–70, hier: 70.

[157] Vgl. die kurz darauf erschienene parteioffizielle Broschüre: „Das Urteil wurde vollstreckt."

[158] Vgl. die von Moskau vorbereiteten Veröffentlichungen: Magyar, Kapitalismus gegen Sozialismus; Gabor, Spione und Saboteure vor dem Volksgericht in Moskau; Spiony i vrediteli pered proletarskim sudom.

[159] Vgl. Schröder, Industrialisierung und Parteibürokratie, S. 220f.; Hildermeier, Geschichte der Sowjetunion, S. 408–410; und aus zeitgenössischer Sicht: Knickerbocker, Der rote Handel droht!, S. 189f. (über die „Hartgeldhamsterer" des Jahres 1930) und Seibert, Das rote Russland, S. 215f (v. a. über den Prozess gegen die „Industriepartei" und den Geheimprozess gegen die Verantwortlichen aus der Lebensmittelindustrie). Über den Prozess gegen die Menschewisten vgl. Litvin, Men'shevistskij process 1931 goda.

treideversorgung und die zunehmenden Finanzprobleme der Sowjetunion zu präsentieren? Bis heute wird die These vertreten, der Terror habe einen „rationalen Kern" gehabt und Stalin habe ihn hauptsächlich deshalb ausüben lassen, um seine persönliche Herrschaft zu sichern.[160]

Inzwischen lässt sich jedoch feststellen, dass die Bolschewiki auch in diesem Bereich ihrer Propaganda an die Geschichten glaubten, die sie selbst produzierten. Stalin fasste die Schauprozesse zwar als Agitproptheater auf, das vor allem dazu diente, den sowjetischen Untertanen seine Sicht der Dinge aufzuzwingen (bezeichnenderweise handelte der erste sowjetische Tonfilm vom Prozess gegen die „Industriepartei"[161]) und seine Untergebenen im Politbüro einzuschüchtern.[162] Doch der Diktator glaubte an die erpressten Geständnisse ebenso, wie er mit einem bald bevorstehenden Überfall auf die Sowjetunion rechnete. Da nach Ansicht der Stalin'schen Führung alle objektiven Voraussetzungen gegeben waren, um den Sozialismus in der Sowjetunion erfolgreich aufzubauen, konnten die dennoch auftretenden wirtschaftlichen Katastrophen nur durch konterrevolutionäre „Ehemalige" – also ehemalige Menschewisten, Bürgerliche und Geistliche – oder durch eingeschleuste Spione verursacht worden sein.[163] Diese Paranoia steigerte sich im Laufe der 30er Jahre schließlich immer weiter und gehörte zu einem der wesentlichen Faktoren, die den „Großen Terror" in Gang setzten. Mochten sich die bolschewistischen Führungskader auch bewusst sein, dass die einzelnen Aussagen in den Verhören vor und in den Schauprozessen häufig nur gemacht wurden, um der Folter zu entkommen, so waren sie dennoch von der Schuld der Mehrheit der Angeklagten überzeugt. Auf die Frage, ob der Diktator nicht davon ausgehen musste, dass es wohl kaum wirklich so viele „Feinde des Volkes" gab, wie schließlich angeklagt und verurteilt wurden, antwortete Molotov noch in den 1970er Jahren: „Stalin hat meiner Meinung nach eine richtige Strategie verfolgt: Möglicherweise fällt ein Kopf zu viel, doch dafür gibt es im Krieg und nach dem Krieg keine Schwankungen."[164]

Stalin wollte auch den westlichen Arbeitern diese Sicht der Dinge vermitteln. Als er im Herbst 1930 von der Geheimpolizei die ersten Vernehmungsprotokolle der Mitglieder der „Industriepartei" erhalten hatte, war er deshalb ganz begeistert und schlug vor, „in der einen oder anderen Form die Sektionen der K[ommunistischen] I[nternationale] und die Arbeiter aller Länder" mit diesem Material bekannt zu machen.[165] Keinen Monat später trug die Kominternführung den Sektio-

---

160 Weber, Zehn Jahre historische Kommunismusforschung, S. 620.
161 Vgl. dazu und den weiteren stalinistischen Gerichtsfilmen: Cassiday, The Enemy on Trial.
162 Vgl. Rees, Stalin as Leader, S. 47 f.
163 Zu Stalins Sichtweise der „Schädlingstätigkeit" in der Sowjetunion am Ende der 20er und Beginn der 30er Jahre und seine Erklärungsansätze vgl. Lih, Einleitung, in: ders., Stalin. Briefe an Molotov, S. 55–61.
164 Molotov im Gespräch mit dem Schriftsteller Feliks Chuev am 14. 1. 1975, zitiert nach: Iz besed V. M. Molotova s poetom F. Chuevym, abgedruckt in: Afanas'eva, Sovetskoe obshchestvo, Bd. 1, S. 500.
165 Brief Stalins an den Geheimdienstchef Menzhinskij o.D. (Oktober 1930), zitiert nach: Koshelova (Hg.), Pis'ma Stalina, S. 187.

nen auf, die Arbeiter in ihren jeweiligen Ländern über den Prozess „aufzuklären".[166]

Wie es aber bereits bei den Kriegsphobien der Bolschewiki der Fall gewesen war, so wurden auch die Verschwörungstheorien über vermeintliche faschistische Spione, französische „Saboteure" und sowjetische „Schädlinge" nur von den Kadern der KPD eifrig übernommen, die entweder längere Zeit in Moskau gelebt hatten – als Vertreter der KPD oder Schüler der Internationalen Leninschule (ILS)[167] – oder in regelmäßigem, persönlichem Kontakt mit den sowjetischen Führungskadern standen. Es sei „absolut erwiesen", referierte beispielsweise Neumann im Sommer 1928 vor dem ZK der KPD geradezu atemlos über den „Shakhty-Prozess", dass es in der Sowjetunion eine „konterrevolutionäre Verschwörung" gegeben habe, die „in Verbindung mit dem militärischen Nachrichtendienst verschiedener imperialistischer Staaten organisiert wurde". Zwei der verhafteten deutschen Ingenieure hätten bereits gestanden, dass sie dem Stahlhelm, dem nationalistischen „Bund der Frontsoldaten", angehörten.[168]

Aufschlussreich sind vor allem die Briefe Wilhelm Piecks, der nie Zweifel an der Glaubwürdigkeit der von den sowjetischen Behörden vorgebrachten Belastungsmaterialien äußerte. Nach der Besetzung des Moskauer Marx-Engels-Institutes durch die Geheimpolizei schrieb er über dessen verhafteten und wegen „Schädlingstätigkeit" angeklagten Leiter David Rjazanov aus Moskau an die deutsche Parteiführung: Niemand hätte wohl gedacht, „dass dieser Mensch innerlich so feindlich gegen die Führung der Sowjetmacht eingestellt war, dass er sogar eine solche Gemeinschaft mit den menschewistischen „Schädlingen" und Interventionisten halten würde [...]."[169]

Doch kann man wirklich davon ausgehen, dass Pieck tatsächlich an die Existenz „menschewistischer Schädlinge" glaubte? Oder äußerte er sich bloß in der von der stalinistischen Führung vorgegebenen Sprache? Auffällig ist jedenfalls, dass sich Pieck auch in seiner internen Korrespondenz mit der deutschen Parteiführung der gleichen Sprachschablonen bediente, die auch die „Schädlingspropaganda" auszeichnete. Er zeigte sich in seinen Briefen überzeugt, dass mit Rjazanov nun derjenige gefunden sei, der für die langsame Editionsarbeit des Marx-Engels-Institutes verantwortlich sei. Nach Rjazanovs Verhaftung schrieb er: „Hoffentlich wird jetzt auch die Herausgabe der Volksausgabe der Marx-Engel'schen Werke endlich vom Fleck kommen."[170]

---

166 Vgl. Protokoll Nr. 98 des PS vom 30. 11. 1930, RGASPI 495/3/184: 1.
167 Vgl. Brief Emil Frommholds an die kommunistische Ortsgruppe im thüringischen Altenburg vom 2. 11. 1929, RGASPI 495/292/46: 58.
168 Bericht Neumanns in der Sitzung des ZK der KPD vom 9. 4. 1928 über das vereinte Plenum des ZK und der ZKK der VKP(b), SAPMO-BArch NY 4036/500: 115–122, hier: 118.
169 Brief Piecks an das Sekretariat des ZK der KPD vom 3. 3. 1931, RGASPI 495/292/54: 59–63, hier: 60. Über die von Stalin sorgfältig geplante Aktion, der auf diese Weise einen widerspenstigen Gegner loswerden wollte, vgl. Rokitjanskij, Die „Säuberung".
170 Brief Piecks an das Sekretariat des ZK der KPD vom 3. 3. 1931, RGASPI 495/292/54: 59–63, hier: 60.

Dass diese Sprachschablonen wirklich sein Denken prägten, darauf deutet folgendes Indiz hin: Im Sommer 1930 schickte Piecks Geliebte Elena Stassova, die Vorsitzende der Internationalen Roten Hilfe, ihm eine Zeichnung, die im Februar 1930 in der Pravda erschienen war und die Stalins Umgang mit den als Feinden des Bolschewismus stigmatisierten Bevölkerungsgruppen thematisierte: „Die Unterschrift lautet: ‚Die Pfeife Stalins' und im Rauch sind die Buchstaben ‚Nepmann', ‚Kulak' und ‚Schädling' [zu lesen]", erläuterte Stassova die merkwürdige Mischung aus einer Karikatur von „Volksfeinden" und einem idealisierten Portrait des Generalsekretärs. Aus ihrer Bemerkung, dass Pieck diese „Kleinigkeit, [...] wahrscheinlich gefallen wird, weil Du solche Sachen gern hast", lässt sich schließen, dass der deutsche Spitzenfunktionär offensichtlich auch im privaten Umgang seinen Glauben an die stalinistischen Verschwörungsszenarien bekundete.[171]

Stalins Hoffnung, dass sich mit den erpressten Geständnissen der vermeintlichen „Schädlinge" nicht nur die Spitzenfunktionäre der kommunistischen Parteien, sondern auch die einfachen Parteimitglieder und die Arbeiter im Westen beeindrucken ließen, erwies sich hingegen als Trugschluss. Die auf seine Anregung hin vom Politbüro der VKP(b) Ende 1930 in Auftrag gegebene Kampagne der Komintern über die Schauprozesse und die Verbindung der Angeklagten mit ausländischen Spionageorganisationen[172] verlief sehr zum Unmut des EKKI ebenso im Sande wie die alljährlichen allgemeinen Antikriegstage.[173] Das WEB beschwerte sich bei den europäischen Parteiführungen im Dezember 1930, dass die Kampagne „zu schwach und nur als Parteikampagne geführt" werde.[174] Ähnliches musste sich Pieck im Januar 1931 in einer Sitzung der Agitpropabteilung des EKKI über die Durchführung der Kampagne in Deutschland anhören. Besonders negativ sei in Moskau aufgefallen, dass dieses Thema nicht einmal im Rundschreiben der Parteiführung an die Bezirksleitungen behandelt worden war.[175]

Um so nachdrücklicher trug Pieck der KPD-Spitze im März 1931 auf, die Materialien über den nächsten Schauprozess gegen das so genannte Unionsbüro der Menschewisten für die Parteipropaganda zu nutzen. Aufgrund der bisherigen Erfahrungen mahnte er, die Parteileitung solle dafür sorgen, „dass nicht etwa mit dem Abbruch der Gerichtsverhandlungen und der Berichterstattung die Kampa-

---

171 Brief Stassovas an Pieck vom 3. 7. 1930, SAPMO-BArch NY 4036/600: 68. Die Zeichnung erschien in der Pravda vom 25. 2. 1930.

172 Vgl. Protokoll des PB der VKP(b) Nr. 13 vom 25. 10. 1930, Pkt. 17, RGASPI 17/162/8: 53; am 14. 11. 1930 verabschiedete die PK eine Anweisung an die Sektionen über die Kampagne im Zusammenhang mit dem Prozess gegen die Industriepartei, SAPMO-BArch RY 5-I 6/3/214: 46. Den Entwurf hatte Stalin am 12. 11. 1930 von Pjatnickij zur Kontrolle erhalten, RGASPI 495/19/242: 106. Am 21. 11. 1930 versandte das WEB des EKKI einen Brief an alle Sektionen mit Vorschlägen für die Kampagne, RGASPI 499/1/17: 240f.

173 Vgl. aber auch den Brief des Mitarbeiters der Agitpropabteilung des EKKI, Chernin, an die PK des EKKI vom 4. 9. 1930, in dem er darauf hinwies, dass sich die kommunistische Presse bislang ohne Anweisungen aus Moskau nicht gegenüber der „antisowjetischen Hetze" der sozialdemokratischen Presse wegen der Schauprozesse gegen Kondrat'ev und andere zu wehren wisse, RGASPI 495/4/397: 16.

174 Brief des WEB an alle Parteien vom 10. 12. 1930, RGASPI 499/1/17: 269.

175 Brief Piecks an Thälmann vom 22. 1. 1931, RGASPI 495/292/54: 10f., hier: 10.

gne wieder einschläft [...]."[176] Pieck regte an, der Komintern auch in diesem Falle, bei der propagandistischen Bekämpfung der vermeintlichen „Volksfeinde" „entgegen zu arbeiten": „Es werden von der Agitpropabteilung der KI noch entsprechende Anweisungen herausgegeben werden; aber ich glaube, dass wir hier, wie auch in anderen Fragen, selbst die Initiative haben sollen."[177]

Die Berichte über die „Schädlingsprozesse" blieben in Deutschland zwar nicht gänzlich ohne Auswirkungen – doch sahen diese anders aus, als von der Kominternführung beabsichtigt: So häuften sich Anfang 1930 die Beschwerden von Arbeitern, die sich um Beschäftigung in der Sowjetunion beworben hatten, von der Arbeitsvermittlungsstelle des sowjetischen Obersten Volkswirtschaftsrates in Berlin jedoch entweder abgelehnt worden waren oder keine Antwort erhalten hatten. Einige der Bewerber, so erfuhr Pjatnickij von Pieck, hätten den Eindruck geäußert, „als ob die russische Vermittlungsstelle in Berlin von konterrevolutionären Elementen besetzt ist. Einer schreibt sogar von Mitgliedern der Industriepartei".[178] Piecks Schreiben wurde in Moskau überaus ernst genommen: Rasch stellte das EKKI eine umfangreiche Untersuchung über die Zustände in der Berliner Vermittlungsstelle an, in der die dort herrschenden chaotischen Zustände gegeißelt wurden.[179] Niemand im EKKI schien jedoch auf den Gedanken zu kommen, dass das Verhalten der völlig überlasteten Vermittlungsstelle nicht auf „konterrevolutionäre Aktivitäten" zurückzuführen war, sondern dass die abgelehnten Bewerber vielmehr den propagierten „Schädlings"-Diskurs aufgriffen, um so vielleicht doch noch an einen der in Zeiten der Massenarbeitslosigkeit heiß begehrten Arbeitsplätze in der Sowjetunion zu kommen.

Das hier geschilderte, distanzierte Verhältnis der deutschen Kader zu den Kampagnen der Komintern führt besonders deutlich vor Augen, welche begrenzte Reichweite die zahlreichen internationalen Kampagnen des EKKI hatten, die häufig noch nicht einmal bei allen Mitgliedern der sonst so eifrigen deutschen Parteiführung einen nennenswerten Widerhall fanden. Wie wenig die Resolutionen, Aufrufe, Leitartikel sowie die internen Anweisungen der Komintern an die Parteiführungen zur vermeintlichen Kriegsgefahr oder den „Schädlings"-Prozessen in der Sowjetunion bewirkten, hatte schon im April der Mitarbeiter des Westeuropäischen Büros der Komintern, Richard Gyptner, in einem Brief an Manuilskij geschildert und in diesem Zusammenhang erneut über die Machtlosigkeit des WEB geklagt. Er höhnte in diesem Schreiben, dass bei der Durchführung der Kampagnen der Komintern

„die alte Methode des ‚Entschreibens' vorläufig in aller Blüte steht. Einer ermahnt (oder kommentiert) den anderen, dass etwas geschehen muss, aber wenig geschieht. Zirkulare fliegen hin und her. [Das] Web schreibt an die Parteien, Heimo + Wassiljew ermahnen in 3–4 Briefen, was das Web alles tun muss, Alarich [d. i. Gyptner] schreibt jetzt an Richard [d. i.

---

[176] Brief Piecks an das Sekretariat des ZK der KPD vom 3. 3. 1931, RGASPI 495/292/54: 59–63, hier: 60.
[177] Brief Piecks an Thälmann vom 16. 3. 1931, RGASPI 494/292/54: 76–78, hier: 77.
[178] Brief Piecks an Pjatnickij vom 22. 2. 1931, RGASPI 495/292/58: 16.
[179] Vgl. die Akte RGASPI 495/19/521.

Manuilskij] usw.; Bennet [d. i. Petrovskij] hat auch hier in Berlin schon ein Zirkular vorge-schlagen (welch ein kühner Anfang!)"[180]

Wie auch in anderen Fällen zeigte sich hier, dass die Komintern im Alltagsgeschäft kaum über Druckmittel verfügte, um die Parteien zu mehr Engagement zu bewe-gen: Wie wir noch im nächsten Kapitel sehen werden, wurden die Funktionäre der jeweiligen Parteien nur dann aktiv, wenn sie die Doktrinen der Komintern mit ih-ren eigenen Erfahrungen und Sichtweisen verbinden konnten. Die Kriegsgefahr und die „Schädlings"-Prozesse gehörten offensichtlich nicht dazu. Die kommu-nistischen Parteien ließen sich durch die Komintern also mangels ausreichender Sanktionsmöglichkeiten nur sehr begrenzt instrumentalisieren – so „diszipliniert" die Sektionen nach den „Säuberungen" des Jahres 1929 auch immer gewesen sein mögen. Die Drohkulissen, die von Moskau aufgebaut wurden, vermochten wenig auszurichten, wenn die Komintern nicht auf die Loyalität der Funktionäre der nationalen Parteien setzen und diese zumindest zu einer partiellen Kooperation bewegen konnte.

---

[180] Brief „Alarichs" [d. i. Richard Gyptner] an Manuilskij vom 25. 4. 1929, RGASPI 495/293/102: 1–14, hier: 1 f.

III. Zwischen Aufstand und Aufruhr

Eine proletarische Revolution – das stand für die Bolschewiki und ihre westlichen Adepten außer Frage – war ohne Bürgerkrieg nicht vorstellbar. Das Freund-Feind-Denken der Kommunisten ließ den Gedanken an einen unblutigen Systemwechsel nicht zu. Die Führungsfunktionäre waren überzeugt: Die „Bourgeoisie" würde ihre Macht nicht kampflos abgeben, vielmehr sammelte sie schon ihre „Bürgerkriegsarmee", um die Arbeiterschaft notfalls mit Waffengewalt zu unterdrücken. Diese von der kommunistischen Propaganda beständig wiederholte Grundüberzeugung konnte im politischen Alltag nicht folgenlos bleiben, schürte sie doch erstens die Revolutionserwartungen der kommunistischen Anhänger und zweitens deren Bereitschaft, politische Gewalt auszuüben.

Diese beiden Komplexe werden im Folgenden zunächst am Fallbeispiel des so genannten Berliner Blutmai von 1929 behandelt, in dem sich wie unter einem Brennglas die Spannungen zwischen Revolutionserwartung und den Erfordernissen der Realpolitik zeigen, bevor dann in einem zweiten Schritt die Widersprüche der kommunistischen Gewaltpolitik untersucht werden. In diesem Zusammenhang wird auch auf die „Sozialfaschismus"-Doktrin einzugehen sein, derzufolge sich die Sozialdemokratie mit ihrer Entscheidung, auf den von den Kommunisten abgelehnten *evolutionären* Systemwechsel zu setzen, bereits mit dem „Klassenfeind" verbündet hatte. Allerdings stellte sich angesichts dieser Konfrontation mit dem „abtrünnigen" Flügel der deutschen Arbeiterbewegung für die Komintern die Frage, wie sie trotz der Diffamierung der Sozialdemokratie als „Sozialfaschisten" die für eine Revolution notwendige „Mehrheit innerhalb der Arbeiterbewegung" erlangen konnte.

1. Moskau und der Berliner „Blutmai" von 1929

In den Tagen vom 1. bis zum 3. Mai 1929 kam es in Berlin zu gewaltsamen Auseinandersetzungen zwischen der sozialdemokratisch geführten Polizei und den Teilnehmern einer verbotenen Mai-Demonstration – oder vielmehr: einer Vielzahl von sich immer wieder auflösenden und an anderer Stelle spontan neubildenden Ansammlungen in Arbeitervierteln. Wegen der über 30 Todesopfer, die schließlich zu beklagen waren, wurden diese Tage von der KPD als „Blutmai" bezeichnet und propagandistisch ausgeschlachtet.[1] Die Vorgeschichte dieses verhängnisvollen 1. Mai 1929 begann mit dem Verbot sämtlicher Demonstrationen und Versammlungen durch den sozialdemokratischen Polizeipräsidenten von Berlin, Karl Zörgiebel, am 13. Dezember 1928. Die zunehmenden gewaltsamen Ausschreitungen

---

[1] Die bislang beste Untersuchung zum „Blutmai", auf die auch ich mich zur Darstellung der Geschehnisse in Berlin weitgehend stütze, ist: Kurz, „Blutmai". Vgl. auch Bowlby, Blutmai 1929. Demgegenüber fällt deutlich ab: Schirmann, Blutmai Berlin 1929.

vor allem von Kommunisten und Nationalsozialisten gegen politische Gegner ließen für ihn die Lage als so gefährlich erscheinen, dass er dieses Versammlungsverbot auch am 1. Mai, dem traditionellen Tag der Arbeit, aufrechterhalten wollte.
Am 21. März 1929 hatte der preußische Innenminister Albert Grzesinski dieses
Verbot auf ganz Preußen ausgedehnt.[2] Die deutsche Parteiführung sah in dem
Versammlungsverbot „eine Kraftprobe zwischen Proletariat und Bourgeoisie,
zwischen Kommunisten und Sozialdemokraten". Das Sekretariat der KPD beschloss daher, auf die Herausforderung einzugehen und ordnete an, „keineswegs"
auf die Demonstrationen zu verzichten, sondern sie „trotz und gegen alle Verbote
durchzuführen".[3] Die Agitpropabteilung der Komintern hatte die Sektionen bereits vorher in Instruktionen für den 1. Mai angewiesen, den „Kampf um ‚das
Recht auf die Straße' " zu einer der Hauptparolen der Mai-Kampagne zu machen:
„Selbstverständlich müssen sich die Kommunistischen Parteien durch bürgerliche
Gesetzlichkeit nicht einschränken, von Polizeidrohungen nicht einschüchtern lassen, sondern das Proletariat am 1. Mai auf die Straße rufen."[4]

Obgleich KPD und SPD im Folgenden einen regelrechten „Pressekrieg" führten[5], war die Kominternführung jedoch nicht darauf aus, die deutsche Partei in
Berlin einen Bürgerkrieg entfachen zu lassen. In Moskau wurde die Maidemonstration vielmehr als Teil einer Kampagne zur Verteidigung der Sowjetunion gegen
eine angeblich drohende Intervention der „imperialistischen Mächte" Westeuropas gesehen.[6] Daher machte sich das EKKI vor allem Gedanken darüber, welche
prosowjetischen Parolen die Demonstranten mit sich führen sollten und weniger,
welche Konsequenzen der Bruch des Versammlungsverbotes haben könne.
Schließlich ging die Komintern zudem davon aus, dass die Demonstration in Berlin aufgrund des öffentlichen Druckes letztlich doch erlaubt würde: Die Sozialdemokraten verlören „eine Position nach der anderen", berichtete ein Mitarbeiter
des Westeuropäischen Büros der Komintern am 27. April siegessicher nach Moskau, Berlin sei die letzte Stadt, in der noch ein Demonstrationsverbot gelte.[7]

Wenn von kommunistischer Seite daher öffentlich erklärt wurde, Zörgiebel
wolle in Berlin ein großes „Blutvergießen provozieren", dann entsprach dies keinesfalls den tatsächlichen Erwartungen der KPD-Führung. Trotz aller hasserfüll-
ten Propaganda gegen die Sozialdemokraten hatte die KPD-Führung, wie die Politische Polizei durch Observation kommunistischer Veranstaltungen erfahren

---

2   Winkler, Schein der Normalität, S. 671 f.; Kurz, „Blutmai", S. 19 f.
3   Anweisungen des Sekretariats an die Bezirksleitungen vom 28. 3. 1929, in: Weber, Gene-
    rallinie, S. 7 f. Ähnlich bereits: Rundschreiben [des Sekretariats] an alle Bezirksleitungen
    und Redaktionen vom 25. 3. 1929, in: Weber, Generallinie, S. 1.
4   Instruktion der Agitpropabteilung des EKKI vom 4. 3. 1929, RGASPI 495/18/693: 159–
    164, hier: 161.
5   So Kurz, „Blutmai", S. 22.
6   Vgl. den Entwurf des PS für die Durchführung der Maifeiern vom 21. 3. 1929, RGASPI
    495/18/693: 145.
7   Brief „Max'" [d. i. Petrovskij] an unbekannt vom 27. 4. 1929, RGASPI 495/18/725: 19. Am
    30. 4. 1929 tauchten in Berlin schließlich Flugblätter auf, denen zufolge das Demonstrati-
    onsverbot aufgehoben worden sei. Zörgiebel habe der Polizei zudem untersagt, Karabiner
    zu tragen, somit sei es ungefährlich, an den Demonstrationen teilzunehmen. Kurz, „Blut-
    mai", S. 27.

konnte, immer wieder auch zur Zurückhaltung aufgerufen.[8] Dies heißt nicht, dass der KPD eine gewaltfreie Demonstration vorschwebte: Eine mögliche Eskalation der Gewalt wurde billigend in Kauf genommen, aber von deren tatsächlichem Ausmaß wurden die Führungskader der Partei dann völlig überrascht.[9] Zur Katastrophe kam es vor allem, weil die Polizeiführung trotz der nachrichtendienstlichen Erkenntnisse die KPD-Propaganda für bare Münze nahm und fest davon überzeugt war, sie müsse am 1. Mai einen bewaffneten Umsturzversuch abwehren.[10] Als sich trotz Verbots erwartungsgemäß immer mehr Demonstrationsgruppen zusammenfanden und sich nicht zerstreuten, obwohl die Polizei sie dazu aufforderte, machten die solchermaßen eingestimmten Beamten bald von ihren Schusswaffen Gebrauch. In den Mittagsstunden des 1. Mai hatte es die ersten Toten gegeben, am Abend dieses Tages wurden amtlich bereits neun Tote und 63 Schwerverletzte gezählt; die Gesamtbilanz der Gewalttätigkeiten, die sich auch am 2. und 3. Mai fortsetzten, verzeichnete schließlich 33 Tote und 198 Schwerverletzte. Wie unverhältnismäßig der Einsatz der Polizei mit Maschinengewehren und Sperrfeuer war, lässt sich daran ermessen, dass nur ein Beamter eine Schussverletzung erlitt – beim Säubern seiner eigenen Waffe.[11]

Die KPD-Führung reagierte auf die Ereignisse in Berlin geradezu panisch. Rosa Meyer-Leviné berichtete in ihren Erinnerungen von einem „sehr aufgeregten ZK", das am Abend des 1. Mai „in totaler Konfusion durcheinander schrie." Thälmann und seine engsten Gefährten seien sogar nach Dresden geflohen, weil sie fürchteten, verhaftet zu werden.[12] Die deutschen Berufsrevolutionäre bekamen es mit der Angst zu tun und bemühten sich, mit einem hastig gedruckten Flugblatt[13] mäßigend auf die Demonstrierenden einzuwirken. Das war für eine revolutionäre Partei ein ungewöhnliches Verhalten – und als Thälmann zwei Wochen später in Moskau über die Ereignisse in Berlin berichtete, brachte er dieses für die KPD-Spitze unangenehme Dilemma auf den Punkt:

> „Die Situation war für uns äußerst schwierig, noch dazu, wo solche stimmungsgemäß verständlichen Auffassungen im Proletariat vorhanden sind ‚Her mit den Waffen!' Hier war es Aufgabe der Partei, diese Stimmung nicht zu unterdrücken und trotzdem die richtige Taktik, angepasst den Verhältnissen zu finden[sic!]."[14]

---

8 Vgl. den Bericht der Politischen Polizei über eine Rede von Max Hoelz in Lichtenberg vor RFB-Mitgliedern am 20. 4. 1929, in der Hoelz gefordert habe, am 1. Mai „eiserne Disziplin" zu wahren und „leicht erregbare Genossen" zu beruhigen. Zitiert in: Schuster, Der Rote Frontkämpferbund, S. 220.

9 So hatte der Redakteur der „Roten Fahne", Werner Hirsch, Mitte April auf einer kommunistischen Versammlung erklärt, es stehe fest, „dass es zu Blutvergießen kommen werde". Zitiert nach: Kurz, „Blutmai", S. 103. Auch Hoelz hatte in seiner Rede vom 20. 4. 1929 die Möglichkeit eines Blutbades erwähnt. Es lässt sich jedoch darüber spekulieren, inwieweit diese Erklärungen angesichts der gewaltgeprägten Revolutionssprache der KPD mehr als nur abstrakte Propaganda war.

10 Kurz, „Blutmai", S. 76 f.

11 Zum genauen Ablauf der Straßenkämpfe vgl. ebenda, S. 33–68,

12 Vgl. ebenda, S. 103.

13 Der Aufruf des ZK der KPD vom 2. 5. 1929 ist abgedruckt in: Dokumente und Materialien, Bd. 8, S. 797–799.

14 Thälmann in der Sitzung des WEB vom 16. 5. 1929, RGASPI 499/1/12: 40–60, hier: 44.

Obwohl sich die KPD-Spitze dann nach den ersten Ausschreitungen bemüht hatte, „revolutionärer aufzutreten", wie Thälmann sich ausdrückte[15], und so die revolutionäre Fassade aufrechtzuerhalten, öffnete sich zwischen ihr und den „Barrikadenkämpfern" im Wedding und in Neukölln, den beiden Zentren der Auseinandersetzungen, eine Kluft. Letztlich hatte die Parteiführung kaum noch Einfluss auf das Geschehen vor Ort: Bemerkenswerterweise gehörten von den über 1200 Festgenommenen nur 119 kommunistischen Organisationen an, darunter 89 dem RFB; unter den zunächst gemeldeten 25 Toten war kein Mitglied der KPD.[16] Für die *Berliner Volkszeitung* waren die Unruhen daher auch „eher kriminell als politisch" motiviert.[17] Auf Regierungsebene ging man über diese Tatsache hinweg: Als eine erste Reaktion auf die Unruhen wurde am 2. Mai die *Rote Fahne* verboten, am 6. Mai folgte das Verbot des Rotfrontkämpfer-Bundes (RFB) – eine Maßnahme, die schon lange geplant gewesen war und für die sich nun der entscheidende Anlass gefunden hatte. Ein Verbot der KPD selbst wurde von Reichsinnenminister Severing hingegen abgelehnt, da es nicht durchführbar sei.[18]

Konflikte hatte man zwar offensichtlich in Moskau ebenso wie in der KPD-Zentrale erwartet – Kriegskommissar Kliment Voroshilov hatte am 1. Mai mit Blick auf das Demonstrationsverbot Zörgiebels erklärt, dass die Arbeiter in Berlin trotzdem demonstrieren würden[19] –, doch war man in der Komintern ebenso von der Heftigkeit der Ausschreitungen überrascht wie in Berlin. Auffälligerweise wurde in Moskau über die Berliner Ereignisse erst am 3. Mai in der russischen Delegation beim EKKI beraten, die jedoch die Behandlung dieser Frage sogleich „bis zum Erhalt genauerer Informationen"[20] vertagte und beschloss, vorerst nichts zu unternehmen.[21] Im Politbüro der VKP(b) wurden die Ausschreitungen sogar erst

---

Drei Jahre später berichtete Thälmann vor der PK, dass diese Forderungen auf einer illegalen Sitzung der KPD im Berliner Rathaus erhoben worden seien, und dass er dagegen aufgetreten sei. Vgl. Thälmanns Ausführungen in der Sitzung der PK vom 14. 5. 1932, RGASPI 495/4/188a: 6–66, hier: 53.

[15] Thälmann in der Sitzung des WEB vom 16. 5. 1929, RGASPI 499/1/12: 40–60, hier: 45.
[16] Vgl. Kurz, „Blutmai", S. 72, und Bowlby, Blutmai 1929, S. 149 f. Kurz gibt insgesamt 1228 Festnahmen an, Bowlby 1202.
[17] Artikel der Berliner Volkszeitung vom 2. 5. 1929, zitiert nach: Bowlby, Blutmai 1929, S. 153, Fn. 77.
[18] Vgl. Kurz, „Blutmai", S. 68–74. Während das Verbot der „Roten Fahne" nur für einige Wochen aufrechterhalten wurde, war das Verbot des RFB endgültig. Vgl. dazu die Ministerbesprechung des Reichskabinetts am 6. 5. 1929, in: AdR, Müller II, Bd. 1, S. 643–646.
[19] Vgl. den Bericht von Reichsaußenminister Gustav Stresemann in der Ministerbesprechung des Reichskabinetts am 6. 5. 1929, in: AdR, Müller II, Bd. 1, S. 643–646, hier: S. 645; und die Aufzeichnung B. S. Stomojankovs vom 3. 5. 1929 über sein Gespräch mit dem deutschen Botschafter in Moskau Dirksen am 2. 5. 1929, abgedruckt in: Sevost'janov, Dukh Rapallo, S. 141–145. Stomojankov bemühte sich zu versichern, dass Voroshilov die deutsch-sowjetische „Freundschaft und Zusammenarbeit" weiterhin sehr schätze.
[20] Protokoll Nr. 10 der russischen Delegation beim EKKI vom 3. 5. 1929, Pkt. 1, RGASPI 508/1/82: 1.
[21] Vgl. Brief Pjatnickijs an Stalin vom 7. 5. 1929, RGASPI 495/18/715: 1.

am 9. Mai behandelt, also fast eine Woche nach den Unruhen in Berlin, als Stalin seine Einschätzung der Ereignisse vortrug.[22]

Das Telegramm vom „Politischen Büro in Moskau", das angeblich bereits am 2. Mai vom Haupttelegraphenamt in Berlin abgefangen worden war und das Severing am 6. Mai dem Reichskabinett vorlas[23], ist daher eine Fälschung: Weder hatte sich das sowjetische Politbüro zu diesem Zeitpunkt bereits mit den Straßenkämpfen in Berlin befasst, noch findet sich in den Akten dieses Gremiums der Text eines solchen Telegramms.[24] Entsprechend der nach außen hin vollzogenen Trennung der Sphären von sowjetischer Führung und Komintern bemühte sich das Politbüro vielmehr, möglichst nicht mit den Ereignissen in Berlin in Verbindung gebracht zu werden. Die bolschewistische Führung beschloss am 9. Mai daher lediglich, einen bereits vom WEB vorbereiteten Aufruf zu den Mai-Ereignissen zu billigen und gab dem EKKI den Auftrag, einen weiteren Aufruf zu entwerfen.[25] Voroshilovs Äußerung vom 1. Mai war insofern ein „Ausrutscher"[26] – der dafür allerdings einmal mehr belegt, dass die Mitglieder der sowjetischen Staatsspitze in solchen Situationen ihre revolutionäre Sozialisation nur schwer abstreifen konnten. Es ist somit wahrscheinlich, dass die beiden angeblichen Telegramme aus Moskau gefälscht wurden, um die These zu belegen, dass – wie Remmele empört konstatierte – „die Sowjetunion ein Blutbad für [sic] die Kommunistische Partei in Deutschland angeordnet und befohlen hat"[27], um ein Verbot der KPD und des RFB durchsetzen zu können.[28]

So wie die Regierungen im Reich und in Preußen die Maiunruhen in Berlin als Beleg für die „kommunistische Gefahr" deuteten, wurden die Ausschreitungen

---

22 Vgl. Protokoll Nr. 79 des PB der VKP(b) vom 9. 5. 1929, Pkt. 7, RGASPI 17/3/739: 2. Was Stalin bei dieser Gelegenheit mitzuteilen hatte, ließ sich bislang nicht feststellen.

23 Vgl. AdR, Müller II, Bd. I, S. 643–646, hier: S. 644.

24 Auch in den Sitzungen des PB der VKP(b) vom 25. 4. 1929 und 3. 5. 1929 war nicht über die Maidemonstration gesprochen worden – vielmehr standen Kreditverhandlungen mit Deutschland auf der Tagesordnung. Vgl. die Protokolle Nr. 77 und 78, RGASPI 17/3/737 f.

25 Vgl. Protokoll Nr. 79 des PB der VKP(b) vom 9. 5. 1929, Pkt. 7, RGASPI 17/3/739: 2. Auch der zunächst geplante zusätzliche Aufruf des EKKI (vgl. Protokoll Nr. 34 des PS vom 10. 5. 1929, Pkt. 4, RGASPI 495/3/104: 1) wurde schließlich nicht veröffentlicht: Vgl. Protokoll Nr. 11 der russischen Delegation beim EKKI vom 14. 5. 1929, Pkt. 3, RGASPI 508/1/83: 1, Protokoll Nr. 81 des PB der VKP(b) vom 23. 5. 1929, Pkt. 33, RGASPI 17/3/741: 3, und Protokoll Nr. 36 des PS des EKKI vom 24. 5. 1929, Pkt. 36, RGASPI 495/3/107.

26 Erst für den Weddinger Parteitag wurde vom Politbüro der VKP(b) ein Grußwort entworfen, in dem auch knapp auf den „Blutmai" eingegangen wurde. Der Entwurf vom 14. 6. 1929 in: Protokoll Nr. 85 des PB der VKP(b), Anfragen Pkt. 40, RGASPI 17/3/745: 6.

27 Remmele in der Sitzung des WEB vom 16. 5. 1929, RGASPI 499/1/12: 4–18, hier: 5.

28 Wer die Telegramme jedoch gefälscht haben könnte, ließ sich nicht klären. Reichsinnenminister Severing, der die Telegramme dem Reichskabinett vortrug, wird sicherlich nicht der Auftraggeber gewesen sein, stellte er doch selbst fest, dass sich aus den Dokumenten nur eine „gewisse Verbindung" zwischen Moskau und der KPD herauslesen lasse (nämlich eine *nachträgliche* Solidarisierung mit den Opfern), es aber keine Hinweise dafür gebe, „dass die Unruhebewegungen in Berlin in besonders starkem Maße von Russland gesteuert worden seien […]". Vgl. AdR, Müller II, Bd. 1, S. 643–646, hier: 644 f.

komplementär dazu von der stalintreuen Führungsgruppe der Komintern und KPD interpretiert: nämlich als logische Folge des vermeintlichen „Verwachsens" der SPD-Spitze mit dem kapitalistischen Staat und den Unternehmerverbänden. Trotz des Rückschlages durch das Verbot des RFB konnte die deutsche Parteiführung den Ereignissen daher sogar etwas Positives abgewinnen, ließen sie sich doch propagandistisch ausschlachten: „Das, was wir bei der Sozialdemokratie als spezifischen Charakter des Sozialfaschismus bezeichnen, kam bei den Maikämpfen ganz scharf zum Ausdruck", erläuterte Remmele am 16. Mai in einer Sitzung des WEB die Ereignisse in Berlin. Die preußische Polizei habe sich dort als eine „Bürgerkriegsarmee der Bourgeoisie" erwiesen, „geschaffen durch den Sozialfaschismus".[29]

Das unverhältnismäßige Vorgehen der Polizei hatte aber nicht nur die kommunistischen Spitzenfunktionäre in ihrem Hass auf die Sozialdemokratie bestärkt, als sehr viel folgenreicher erwies sich die Tatsache, dass die Ereignisse in Berlin auch in den Augen der kommunistischen Anhängerschaft und eines Teiles der Arbeiterschaft die „Sozialfaschismus"-Doktrin scheinbar bestätigt hatten. Der kommunistische Student und spätere DDR-Historiker Ernst Engelberg, der die Ausschreitungen als Demonstrant selbst miterlebt hatte, schrieb wenige Tage später darüber in einem Brief: „Die Zörgiebel'sche Volkspolizei hat hier wie eine rasende gewütet, geknüppelt und […] geschossen. […] Doch es sind nicht aller Tage Abend; die Zeit wird kommen, wo sich die bourgeoisen Heldentaten der Sozialdemokratie bitter rächen werden."[30]

Der vermeintliche empirische Beleg für die „konterrevolutionäre" Rolle der SPD war eine der wesentlichen Ursachen dafür, dass die Theorien der Komintern gerade in Deutschland auf verhältnismäßig fruchtbaren Boden fielen. Ein Vergleich zeigt daher, wie stark die spezifischen politischen Verhältnisse in den jeweiligen Ländern die Rezeption der Kominternpropaganda beeinflussten. In Frankreich beispielsweise waren Sozialisten und Kommunisten zwar gleichfalls erbitterte politische Gegner, jedoch standen die französischen Sozialisten nicht gewissermaßen „auf der anderen Seite der Barrikade": Weder saßen sie vor 1936 in der Regierung, noch stellten sie in der französischen Hauptstadt den Polizeipräfekten. Da in Frankreich somit die Schärfe in der Frontstellung zwischen den beiden Arbeiterparteien fehlte, die die deutsche Innenpolitik so stark prägte, wurde die „Sozialfaschismus"-Doktrin von der Arbeiterschaft dort auch weit verhaltener aufgenommen.[31] Bezeichnend für die verhaltenen Reaktionen der westeuropäischen Sektionen auf die Maiunruhen in Berlin ist der Bericht eines Kominterninstrukteurs über die Rezeption dieser Ausschreitungen in der belgischen Arbeiterschaft: Zutreffend wurde der „Blutmai" dort als ein eher „lokales Ereignis" betrachtet. Unter den belgischen Genossen, so beobachtete der Instrukteur, bestehe daher be-

---

29 Remmele in der Sitzung des WEB vom 16. 5. 1929, RGASPI 499/1/12: 4–18, hier: 12.
30 Zitiert nach: Kurz, Feindliche Brüder im deutschen Südwesten, S. 158.
31 Zu diesen unterschiedlichen politisch-gesellschaftlichen Hintergründen und ihren Auswirkungen auf die jeweilige Innenpolitik vgl. v. a.: Wirsching, Vom Weltkrieg zum Bürgerkrieg?, S. 548f., 552f., 555f.

züglich der „Sozialfaschismus"-Doktrin „eine gewisse passive Resistenz, die Linie der Komintern zu verteidigen".[32]

Diese Einwände boten der KPD-Führung eine willkommene Gelegenheit, sich von den anderen Sektionen abzugrenzen und sich ein weiteres Mal als besonders eifrige Vertreter der „Sozialfaschismus"-Doktrin zu profilieren: Remmele klagte, in vielen westeuropäischen Parteien bestünden „über die Rolle der Sozialdemokratie noch alte Auffassungen [...], die mit dem Wesen unserer heutigen Taktik gegenüber der Sozialdemokratie nichts mehr zu tun haben".[33] Remmele forderte daher, dass die Parteien, in denen weiterhin für eine Zusammenarbeit mit der Sozialdemokratie plädiert und „der Radikalisierungsprozess der Arbeiterklasse abgeleugnet" werde, viel stärker gegen den „Opportunismus" vorgehen müssten, und präsentierte dabei die KPD als nachahmenswertes Beispiel. Ohne eine solche parteiinterne „Säuberung", prophezeite Remmele, würden diese säumigen Sektionen „zusammenbrechen im Augenblick der ausbrechenden Revolution, oder auch bei Kriegsanfang".[34]

Wenn auch die „Sozialfaschismus"-Doktrin in Deutschland aufgrund der spezifischen politischen Situation auf eine größere Resonanz stieß als in anderen Ländern Westeuropas und die KPD anders als beispielsweise die KPF in der „Dritten Periode" einen gewissen Erfolg anstatt eines desaströsen Abwärtstrends erlebte, so blieb sie auch in der deutschen Arbeiterschaft eine Minderheitenmeinung. Das haben die deutschen Spitzenfunktionäre im Prinzip selbst erkannt: So bekannte Remmele, dass sich die Arbeiterschaft nach den Ausschreitungen in Berlin nicht in dem Maße habe mobilisieren lassen, „wie wir das nach Einschätzung der Lage erwartet hatten" – vielmehr sei der Streikaufruf der KPD-Führung vom 2. Mai weitgehend ungehört verhallt.[35] Auch der EKKI-Instrukteur Petrovskij warnte in einem Brief an Pjatnickij davor, den Propagandaeffekt der Straßenkämpfe zu hoch einzuschätzen: An der feierlichen Beerdigung der Opfer der Maikämpfe hätten beispielsweise nur kommunistische Parteimitglieder teilgenommen, während in den Betrieben weitergearbeitet worden sei.[36] Selbst unter den Funktionären der KPD fanden sich Stimmen, die die Toten der Maiunruhen als „Abenteurer" bezeichneten, die mit dem Proletariat nichts zu tun hätten und deren Tod daher sinnlos gewesen sei.[37] Als der Vorzeigerebell Max Hoelz ein Jahr später einen Text über „Weddings Jungproleten auf den Barrikaden am 1. Mai" verfasste, lehnte es die Agitpropabteilung der KPD ab, den Aufsatz zu drucken: Hoelz habe sich von

---

32 Stellungnahme von „Silvio" [d. i. Siggi Bamatter] in der Sitzung des WEB vom 16. 5. 1929, RGASPI 499/1/12: 102–106, hier: 103 f. Ähnlich kritisch der Instrukteur „Gustav" (wahrscheinlich: Hans Walter Pfeiffer) über die KPS, RGASPI 499/1/12: 91–98.

33 Remmele in der Sitzung des WEB vom 16. 5. 1929, RGASPI 499/1/12: 4–18, hier: 17.

34 Schlusswort Remmeles in der Sitzung des WEB vom 16. 5. 1929, RGASPI 499/1/12: 131–141, hier: 137 f.

35 Remmele in der Sitzung des WEB vom 16. 5. 1929, RGASPI 499/1/12: 4–18, hier: 12.

36 Vgl. den Brief „Humboldts" [d. i. Petrovskij] an Pjatnickij vom 22. 5. 1929, RGASPI 558/11/724: 119 f. Ein Foto der Zeremonie auf dem Friedhof in Berlin-Friedrichsfelde ist abgedruckt in: Kurz, „Blutmai", S. 141.

37 So beispielsweise der Redakteur der „Roten Fahne" Köhler am 5. 5. 1929. Zitiert nach: Mevius, Vijandige Broeders, S. 52.

seiner „Phantasie etwas hinreißen lassen"; in Wirklichkeit habe sich alles „viel weniger romantisch" abgespielt. „Die Berliner Arbeiter wissen darüber Bescheid, und daher können wir uns solche farbenprächtigen Schilderungen nicht leisten."[38] Auch der sowjetische Außenkommissar Chicherin, der sich zu dieser Zeit zur Kur in Deutschland aufhielt, warnte die sowjetische Führung davor, die Unruhen in Berlin trotz der hohen Zahl an Todesopfern als Fanal eines revolutionären Umsturzes zu werten. Er wies darauf hin, dass sich der angebliche „Bürgerkrieg" trotz aller tatsächlichen Gewalt in erster Linie in der Presse abgespielt habe[39]: „Zörgiebel schreit von Barrikadenkämpfen von 200 000 Arbeitern mit geheimen Waffenverstecken und wir ebenfalls. Unter Barrikaden versteht man Bauten, hinter denen man sich zum Schießen verschanzt. Die Barrikaden des 1. Mai indessen waren derart, dass ein Kind darüber hinwegschreiten konnte."[40] Deutlicher hat kaum jemand formuliert, welche Farce der „Aufstandsversuch" vom 1. Mai gewesen ist, und welch unheilvolles Eigenleben er sowohl in der pro- wie in der antikommunistischen Propaganda entwickelte.

2. Die Furcht vor dem „Putschismus"

Obwohl sich die KPD-Führung eifrig bemühte, ihre Partei als bolschewistischen „Musterschüler" zu präsentieren, war die Komintern nicht mit allen Schlussfolgerungen zufrieden, die von den deutschen Kommunisten aus den Ausschreitungen vom Mai 1929 gezogen wurden. Besondere Besorgnis verursachten die Thesenentwürfe für den bevorstehenden KPD-Parteitag sowie zwei Artikel, die kurze Zeit später in der theoretischen Zeitschrift der KPD, der „Internationale", erschienen waren. Darin hieß es unter anderem, dass mit den Maiunruhen die „erste Phase" der „Dritten Periode" der kapitalistischen Nachkriegsentwicklung zu Ende gegangen sei.[41] Mit unverkennbarem Spott erkundigte sich Sergej Gusev daraufhin bei Thälmann, was „denn dann die charakteristischen Merkmale der zweiten Phase der Dritten Periode" seien. Wie auch Chicherin warnte er davor, die Ausschreitungen in Berlin überzubewerten: „Wir halten die Hinweise auf eine neue Phase der Dritten Periode für falsch", konstatierte Gusev und forderte Thälmann auf, den Revolutionsoptimismus der deutschen Kommunisten zu zügeln.[42] Der deutsche Parteivorsitzende fügte sich dieser Anweisung und betonte in seiner

---

38 Brief Kraus' an Hoelz vom 26. 9. 1930, abgedruckt in: Plener (Hg.), Hoelz, S. 142 f.

39 Vgl. dazu Schumann, Politische Gewalt, der mit Blick auf die preußische Provinz Sachsen (Magdeburg) für die Endphase der Weimarer Republik zu einem ähnlichen Fazit kommt.

40 Brief Chicherins an Stalin vom 20. 6. 1929, abgedruckt in: Kvashonkin (Hg.), Sovetskoe rukovodstvo, S. 75–79.

41 Neben dem Thesenentwurf für den XII. KPD-Parteitag gerieten die Artikel „Zum XII. Parteitag", in: Die Internationale 13 (1929), Heft 8/9, S. 245–253, und K. Schmidt, Die internationale Lage, der drohende Krieg und die Perspektive der deutschen Revolution, in: ebenda, S. 278–283, in den Blick der Komintern.

42 Brief Gusevs an Thälmann vom 3. 6. 1929, RGASPI 495/293/101: 37–42.

Rede vor dem Weddinger Parteitag ausdrücklich noch einmal[43], dass Anfang Mai 1929 in Berlin „keine akut revolutionäre Situation gegeben war, geschweige denn die Bedingungen für den bewaffneten Aufstand".[44]

Doch sollte Gusevs Ermahnung nicht darüber hinwegtäuschen, dass sich die revolutionsoptimistischen Tendenzen nicht auf die KPD beschränkten. Vielmehr äußerten sich die führenden Funktionäre in Komintern und VKP(b) in dieser Frage selbst höchst widersprüchlich, und so lagen die Signale, die das EKKI öffentlich und in internen Schreiben zum Thema Revolutionserwartung und politischer Gewalt der deutschen Parteiführung übermittelte, keineswegs durchgehend auf der betont nüchternen Linie von Gusev. Im Aufruf des WEB zum Berliner „Blutmai" wurden die Unruhen in Berlin beispielsweise kämpferisch als der Beginn des „Gegenangriffes" des Proletariates gewertet – und ausgerechnet dieser Aufruf war von allerhöchster Stelle, dem Politbüro der VKP(b), gebilligt worden.[45] Molotov selbst spitzte die Lageeinschätzung auf dem X. EKKI-Plenum im Juni 1929 noch einmal zu, als er tönte, man müsse schon „ein bornierter Opportunist, ein erbärmlicher Liberaler sein, um hinter den Tatsachen der Entwicklung der internationalen Arbeiterbewegung nicht zu erkennen, dass wir mit beiden Beinen eine Periode großer revolutionärer Ereignisse von Weltbedeutung betreten haben".[46] Ende 1929 traten die Widersprüche in den Äußerungen aus Moskau noch deutlicher zutage. Offenbar bewerteten einige Funktionäre die „revolutionären Perspektiven" aufgrund der sich ausweitenden Weltwirtschaftskrise, über die die Komintern ausführlich beraten hatte[47], nun anders. Die *Pravda* sah Deutschland schon „einem neuen 1923 entgegen" eilen[48] – also einer Neuauflage der deutschen „Oktoberrevolution" –, und Molotov forderte die Kominternführung wenige Wochen später in einem internen Schreiben auf, sie müsse die Wirtschaftskrise in den kapitalistischen Ländern nun unter einem „kämpferischen, praktischen Blickwinkel" betrachten, und nicht bloß „allgemein als Krise".[49]

Derartige revolutionsoptimistische Äußerungen beeinflussten radikal gestimmte Funktionäre in Deutschland, die dort den Kampf um die Macht heraufziehen sahen[50] und sich weiterhin an Gewalttätigkeiten ergötzten, in denen auch

---

[43] Schon vor dem WEB am 16. 5. 1929 hatte Thälmann erklärt: Die „volle Bewaffnung des Proletariates" sei „politisch keineswegs richtig und entspräche nicht der jetzigen Situation." RGASPI 499/1/12: 40–60, hier: 45f.

[44] Zitiert nach: Winkler, Schein der Normalität, S. 681.

[45] Vgl. den Aufruf des WEB vom 5. 5. 1929 in: Drabkin (Hg.), Komintern i ideja mirovoj revoljucii, S. 693.

[46] Zitiert nach: Schirinja, Der Kampf in der Komintern, S. 743, Fn. 27.

[47] Vgl. das Stenogramm der Sitzung der PK vom 17. 11. 1929, RGASPI 495/18/718.

[48] Leitartikel der Pravda abgedruckt in: Inprekorr 9 (1929), Nr. 110 (26. 11.), S. 2597f.

[49] Der Brief Molotovs vom 21. 12. 1929 wird zitiert in dem Brief Pjatnickijs an Stalin vom 26. 12. 1929, RGASPI 495/19/236: 100f., hier: 101. Das Original konnte bislang nicht ausfindig gemacht werden. Ähnlich äußerte sich Molotov nochmals am 17. 5. 1930 in der Sitzung der PK des EKKI, RGASPI 495/4/31: 6–11, hier: 7.

[50] Vgl. Merker, Das nächste Kettenglied. Merker hatte diese Behauptung zwar mit der Bemerkung eingeschränkt, dass zunächst die „Massen" für diesen Kampf mobilisiert werden müssten, doch im Gesamtrahmen seines Artikels hatte diese Einschränkung kaum Gewicht.

sie das Vorspiel der kommenden Revolution erblickten. Begeistert berichtete beispielsweise der neue deutsche Vertreter beim EKKI, Fritz Heckert, Ende Dezember 1929 von einer Arbeitslosendemonstration, die einige Tage zuvor an Heiligabend über den Kurfürstendamm gezogen war. Die Demonstranten, so erklärte Heckert stolz, hätten „die Parolen der Partei aufgegriffen: Demonstriert in den Quartieren der reichen Leute. Pflanzt einen Ziegelstein auf ihren Weihnachtsbaum." Es seien vielfach Polizeikordons durchbrochen und die Schaufenster von Luxusgeschäften eingeworfen worden. „Die Bourgeoisie hat alle Lichter gelöscht und fühlte sich sehr bedrückt. Die Lage zeigt, dass die Arbeitermassen anfangen, ernstlich zu reagieren."[51] Gusev dagegen warnte die KPD daraufhin erneut, sich zu einem „vorzeitigen Angriff" provozieren zu lassen[52] und erläuterte, dass solange „die ausschlaggebenden Schichten des Proletariats" – also die in SPD und reformistischen Gewerkschaften organisierten Arbeiter – noch nicht „von der Notwendigkeit der Beschreitung des Weges der Revolution" überzeugt seien, man nicht die „Losung des bewaffneten Aufstandes [und] des unmittelbaren Kampfes um die Macht" proklamieren dürfe.[53]

In dieser Weise ging es immer wieder hin und her: Auf revolutionsoptimistische Äußerungen deutscher Funktionäre reagierte man in Moskau höchst widersprüchlich. Entsprechend lange dauerte es, bis sich die Komintern dazu durchringen konnte, die KPD zu verpflichten, vorläufig auf Gewalt zu verzichten. Bemerkenswerterweise war es ausgerechnet der Aufstieg des Nationalsozialismus, der die Funktionäre in Moskau dazu brachte, sich in dieser Frage deutlicher zu positionieren, denn offensichtlich ließ sich der Massenzulauf zu den Nationalsozialisten mit Gewalt allein nicht aufhalten. Obwohl die KPD-Führung im Frühjahr 1930 selbst festgestellt hatte, dass „auch nicht unbedeutende Teile der Arbeiterschaft" in die „Fangarme des Nationalfaschismus" geraten waren[54] – eine Beobachtung, die die „schematische Anwendung" von Gewalt „unzweckmäßig" erscheinen ließ, wie es in einer Resolution über den „Kampf gegen den Faschismus" hieß[55], widersetzte man sich in Berlin der von der Komintern verordneten Abkehr von der Gewalt. Strittig war vor allem, wie die Arbeit des illegalen RFB neu konzipiert werden sollte. Der Schwerpunkt seiner Arbeit sollte nach Moskauer Vorstellungen nämlich nicht mehr im „physischen Kampf" liegen, sondern in der „politischen Massenarbeit zur Loslösung der Arbeiterelemente von den faschistischen Organisationen".[56]

---

51 Bericht Heckerts in der Sitzung des MELS vom 31. 12. 1929, RGASPI 495/28/42: 16. Vgl. dazu Brief Neumanns an Heckert vom 2. 1. 1930 über die gespannte Lage in Berlin nach Weihnachten, RGASPI 495/292/51: 2f.

52 Gusev in der Sitzung der Deutschen Kommission des Erweiterten Präsidiums des EKKI vom 25. 2. 1930, RGASPI 495/24/101: 2–27, hier: 27.

53 Briefentwurf des MELS an Sekretariat des ZK der KPD vom 13. 1. 1930, RGASPI 495/4/10: 34–49, hier: 38.

54 „Der Nationalfaschismus in Deutschland", o.D. [Frühjahr 1930], SAPMO-BArch RY 5/I 6/3/345: 1–3.

55 „Resolution über den Kampf gegen den Faschismus" vom 4. 6. 1930, veröffentlicht in der Roten Fahne vom 15. 6. 1930. Vgl. Rosenhaft, Beating the Fascists?, S. 68.

56 Entwurf einer „Resolution über die Aufgaben des RFB" von „Alfred" [d. i. Tuure Lehen] vom 18. 6. 1930, RGASPI 495/4/38: 11–16, hier: 16. Allerdings war dieser neue Ansatz im

Die KPD-Spitze hatte eigene Pläne: Während den RFB-Mitgliedern nach außen hin gemäß Anweisung der Komintern der „ideologisch-politische Kampf" zur Aufgabe gemacht wurde, beschloss die Parteileitung im August 1930 unter strengster Geheimhaltung, mit Schusswaffen ausgerüstete Gruppen aufzustellen, die eine Stärke von 50 bis 100 Mann erreichen und den Bezirkssekretären „zu besonderer Verwendung" direkt unterstellt werden sollten. Die Gewalt als Mittel der Politik sollte also nicht aufgegeben, sondern lediglich nicht mehr mit der KPD in Verbindung gebracht werden: Die Mitglieder der geplanten Geheimkommandos sollten „ihrem Charakter nach" die Gewähr dafür bieten, so hieß es in dem entsprechenden Beschluss der deutschen Parteiführung, dass sie auch im Falle einer Verhaftung „keinesfalls als Kommunisten überführt werden können".[57] Dass die KPD-Spitze weiterhin gewaltsame Aktionen plante, wurde auch aus den in diesem Zusammenhang aktualisierten Beschlüssen über die „wehrhaften Auseinandersetzungen mit den Faschisten" deutlich. „Hauptprinzip" derartiger Aktionen müsse sein, dass sie *nach außen* ausschließlich als reine Abwehr erscheinen, *in Wirklichkeit* jedoch organisierte Aktionen darstellen". Im Verlaufe des bevorstehenden Reichstagswahlkampfes sollten blutige Auseinandersetzungen mit Nationalsozialisten allerdings weitestgehend vermieden werden.[58]

Ob diese Planungen realisiert wurden, ist zwar umstritten (und erscheint schon allein aufgrund der knappen Ressourcen der KPD recht unwahrscheinlich[59]), doch die Gegensätzlichkeit der Planungen in Moskau und Berlin zeigen deutlich, welche Spannungen zwischen Komintern und KPD in dieser Frage bestanden. Dass solche Diskrepanzen bestanden, war im Grunde paradox – meinten die deutschen Funktionäre doch nicht völlig grundlos, mit ihrer Militanz dem bolschewistischen Ideal eines Revolutionärs zu entsprechen. Bezeichnend ist ein Bericht der Internationalen Roten Hilfe (MOPR) vom Herbst 1931 über nach Moskau reisende deutsche Politemigranten. Die Deutschen würden, so stellte der Autor sichtlich genervt fest, „fast alle von einer Militärschule hier reden und die Forderung stellen, nach dort kommandiert zu werden".[60] Dass ihrem Wunsch von sowjetischer Seite nicht begeistert entsprochen wurde, wird für viele KPD-Funktionäre eine enttäuschende Überraschung gewesen sein. Dafür wurden aber jene deutschen Kader, die es tatsächlich auf die Militärschule schafften, umso enthusiastischer von deren Leiter, Karol Swierczewski („General Walter"), gelobt. Er attestierte der KPD, Genossen von guter „Qualität" nach Moskau delegiert zu

---

57 EKKI anfangs umstritten. Vgl. das Protokoll Nr. 67 der PK des EKKI vom 18. 6. 1930 „Meinungsverschiedenheiten in den zwei Resolutionsentwürfen der Gen. Wassiljew und Alfred [d. i. Tuure Lehen] über die Aufgaben des R.F.B", RGASPI 495/4/38.
57 Streng vertrauliche „Beschlüsse [des Sekretariates des ZK der KPD] über den Parteischutz" vom 16. 8. 1930, SAPMO-BArch RY 1/I 2/5/3: 87–89.
58 Ebenda. Hervorhebungen im Original.
59 Historiker wie Striefler, Kampf um die Macht, und Rosenhaft, Beating the Fascists?, gehen von einer hohen tatsächlichen Militarisierung der KPD aus. Schumann, Politische Gewalt, betont demgegenüber, exzessive Gewalt von kommunistischer Seite sei vor allem auf die Anfangsjahre der Republik und in den folgenden Jahren auf Berlin konzentriert gewesen und habe sich später vor allem auf Schlägereien und Propaganda beschränkt.
60 Brief „Urbans" an unbekannt vom 27. 9. 1931, RGASPI 495/19/525: 39a.

haben: Im Gegensatz zu den Polen wüssten die Deutschen die „Wichtigkeit und Bedeutung der militärischen Arbeit der Partei" richtig einzuschätzen.[61] Hier endlich konnten die zukünftigen Untergrundkommandeure alles lernen, was für den erwarteten Bürgerkrieg notwendig schien[62]: von der „Theorie und Praxis des bew[affneten] Aufstandes" über „Partisanentätigkeit und Straßenkampf" bis hin zum „Umgang mit Sprengstoff"[63], wobei der Sprengstoffkunde-Lehrer Josef „Gustl" Gutsche im Herbst 1931 während einer geselligen Zusammenkunft im Hotel Lux betonte, „man müsse den Genossen ganz einfache und konkrete Dinge geben, die sie unter jeden Bedingungen anwenden könnten und deren Zutaten sie in Mutters Küche finden müssten".[64]

Freilich war die Militärschule der Komintern ein Ort, an dem ein völlig anderes Verständnis von Gewalt gepflegt wurde, als dies in der KPD vielfach der Fall war: Die Komintern wollte hier den Kern einer zukünftigen, straff organisierten Bürgerkriegsarmee aufbauen, die auf dem Prinzip von Befehl und Gehorsam basierte; der unorganisierte, disziplinlose „individuelle Terror" dagegen war den Bolschewiki ein Graus, weil er zu schnell außer Kontrolle geraten konnte.

Um diesen Unsicherheitsfaktor zu beseitigen, entschloss man sich in Moskau im Herbst 1931, die KPD zum öffentlichen Gewaltverzicht zu drängen. Diese Initiative war nicht zuletzt auch durch die Befürchtung der Komintern motiviert, die deutschen Behörden könnten die Terrorakte von Parteianhängern zum Anlass nehmen, die KPD kurzerhand zu verbieten.[65] Diese Annahme war durchaus begründet: Schon mehrmals war das Karl-Liebknecht-Haus nach kommunistischen Gewalttaten tagelang von der Polizei besetzt und auf belastendes Material durchsucht und die *Rote Fahne* zeitweise verboten worden.[66] Als im Oktober 1931 nun der General und Reichswehrminister Wilhelm Groener zusätzlich das Innenressort übernahm, schien ein Verbot der KPD immer wahrscheinlicher zu werden, denn Groener hatte vom bisherigen Reichsinnenminister Joseph Wirth ständig gefordert, endlich „der kommunistisch-bolschewistischen Gefahr in Deutschland mit sofortigen und durchgreifenden Maßnahmen zu begegnen".[67] Tatsächlich berief Groener nach seiner Ernennung sogleich für den 17. November eine Konferenz der Innenminister der Länder ein, auf der über die „Unterdrückung politischer Gewalttaten" beraten werden sollte.[68] In Moskau erkannte man deutlicher als im Karl-Liebknecht-Haus, welche Gefahr hier der KPD drohte. Die Komin-

---

61 Bericht des Leiters der Militärschule der Komintern K. Sverchevskij vom 17. 2. 1933 über den Jahrgang 1931/32, RGASPI 495/25/1349: 1–10.
62 Vgl. Gilensen, Die Komintern und die „paramilitärischen" Formationen der Kommunistischen Partei Deutschlands.
63 Ebenda.
64 Berichte „Urbans" und Erna Hillers vom 14. 9. 1931, RGASPI 495/19/705: 16f., 21.
65 Vgl. Weingartner, Stalin und der Aufstieg Hitlers, S. 58, 94 über Manuilskijs Aussagen aus dieser Zeit. Noch im Februar 1932 verwies Pieck vor dem ZK der KPD auf die Sorgen der Komintern vor einem plötzlichen Verbot der KPD, vgl. Rosenhaft, Die KPD in der Weimarer Republik, S. 414. Er benutzte dabei ähnliche Formulierungen wie Manuilskij.
66 Vgl. Grzesinski, Im Kampf um die deutsche Republik, S. 281.
67 Brief Groeners an Wirth vom 14. 8. 1931, abgedruckt in: AdR, Kabinette Brüning, Bd. 2, S. 1562f.
68 Zu dieser Konferenz vgl. Schulz, Staat und NSDAP 1930–1932, S. 220–226.

tern hatte bereits der vertraulichen Versicherung misstraut, die Wirth wenige Monate zuvor in seinem Gespräch mit Werner Hirsch gemacht hatte, wonach die deutschen Behörden vorerst nicht vorhatten, die Partei zu verbieten.[69] Als Heinz Neumann und Ernst Thälmann Ende Oktober von Stalin empfangen wurden, wurden sie daher verpflichtet, dass sich die KPD öffentlich vom „individuellen Terror" loszusagen habe.[70] Vor allem Neumann sträubte sich jedoch; im engsten Kreise erklärte er offen, nicht gegen Gewaltaktionen der Basis vorgehen zu wollen.[71] Erst wenige Tage vor der Konferenz der Innenminister über den Kampf gegen die politische Gewalt, als ein Parteiverbot direkt bevorzustehen schien, lenkte er ein und verfasste die Resolution, die dann gerade noch rechtzeitig vor der Konferenz am 13. November veröffentlicht wurde.[72]

Dass Neumann sich der Aufgabe widersetzte, die Resolution zu verfassen, lag nicht nur in seiner persönlichen Radikalität begründet. Vielmehr erkannte er, dass die KPD-Führung mit einem solchen Entschluss bei vielen Funktionären auf Unverständnis stoßen würde: Schon Mitte Juli 1930, als sich die KPD halbherzig von der Parole „Schlag die Faschisten, wo ihr sie trefft!" distanziert hatte, hatte sie mit diesem Beschluss wenig Begeisterung ausgelöst. Neumann berichtete kurz danach im ZK über ein Gespräch mit einem Funktionär, der ins Karl-Liebknecht-Haus gekommen war und ihm erklärt habe: „Eure neue Taktik der ideologischen Auseinandersetzung mit dem Faschismus ist Unsinn. Wir haben jetzt eben 2 Stunden lang mit ein paar Faschisten diskutiert und das Endergebnis war doch, dass wir ihnen ein paar in die Fresse hauen mussten."[73] Ähnliche Reaktionen löste die Resolution gegen den „individuellen Terror" vom November 1931 aus.[74] Thälmann berichtete der Komintern, dass es in der Partei einige Genossen gebe, „die nicht

---

69 Brief Piecks an das Sekretariat des ZK der KPD vom 20. 8. 1931, RGASPI 495/292/54: 236–241, hier: 236, mit Bezug auf den Bericht Hirschs „Das Verbot der Roten Fahne und die Frage des Parteienverbotes" vom 5. 8. 1931, über sein Gespräch mit Wirth Anfang August 1931, RGASPI 495/293/117: 57–60. Wirth bezog sich in diesem Gespräch auf das Memorandum des Regierungsrates von Lengriesser über „Die Vorbereitung der gewaltsamen Verfassungsänderung durch die KPD" vom 22. 7. 1931, in der festgestellt worden war, dass keine akute Aufstandgefahr bestehe. Zu diesem Memorandum vgl. Winkler, Weg in die Katastrophe, S. 393.

70 Vgl. Thälmanns Ausführungen in der Sitzung der PK vom 14. 5. 1932, RGASPI 495/4/188a: 39.

71 Vgl. Brief Thälmanns an Neumann vom 8. 1. 1932, RGASPI 495/19/527a: 203–205, hier: 203.

72 Vgl. Thälmanns Ausführungen in der Sitzung der PK vom 14. 5. 1932, RGASPI 495/4/188a: 39. Beschluss des Zentralkomitees der KPD, in: Rote Fahne vom 13. 11. 1931. Vgl. dazu Rosenhaft, Beating the Fascists?, S. 77–79, und dies., KPD der Weimarer Republik, S. 413 f., v. a. Fn. 62.

73 Heinz Neumann vor dem Zentralkomitee der KPD vom 16./17. 7. 1930, zitiert nach: Mevius, Vijandige Broeders, S. 83. Zu den Widerständen von Teilen der KPD-Basis gegen die Abschwächung der Gewalt vgl. auch Rosenhaft, Die KPD in der Weimarer Republik, v. a. S. 415, und Wirsching, Vom Weltkrieg zum Bürgerkrieg?, S. 565, 581–583.

74 Zu den Widerständen gegen die Abkehr vom Terror vgl. Mallmann, Kommunisten, S. 376, Wirsching, Vom Weltkrieg zum Bürgerkrieg?, S. 565, 581–583 (mit Schwerpunkt auf dem „Kampfbund gegen den Faschismus") und Rosenhaft, Die KPD in der Weimarer Republik, S. 415–419 (mit Schwerpunkt auf dem KJVD).

ganz überzeugt sind von unserem Beschluss".[75] Das war noch sehr zurückhaltend formuliert – Informanten der Polizei in Berlin erfuhren, dass der öffentliche Gewaltverzicht in Teilen der Basis als „verkalkt" und „versöhnlerisch" verspottet wurde und man der KPD-Spitze vorwarf, sie „kneife" und sei „zu schlapp".[76] Die Berliner KJVD-Gruppe zeigte sich empört, dass sie sich wegen der „Furcht vor der Illegalität" davon abhalten lassen solle, auf SA-Überfälle mit „Wiedervergeltung" zu reagieren.[77] Noch im Frühjahr 1932 berichtete Thälmann der Kominternführung, in der KPD meinten einige, die NSDAP sei groß geworden, „weil sie durch ihren Terror und durch ihre Mordtaten gegen die revolutionäre Arbeiterklasse bei dem Kleinbürgertum Respekt bekommen haben." Diese Genossen verlangten daher, gegen die Nationalsozialisten mit ähnlichen Methoden vorzugehen.[78]

Um zu verhindern, dass die kommunistische Basis dennoch Gewalt ausübte, wurden Schlägereien mit politischen Gegnern und Angriffe auf die Polizei schließlich zum parteifeindlichen Akt erklärt: Manuilskij erklärte im Oktober 1931, die Gewalttäter seien meist entweder „agents provocateurs" der Polizei oder „klassenfremde Elemente", die es durch ihre „anarchistischen" Terrorakte darauf anlegten, der Partei zu schaden.[79] Dies nutzte allerdings wenig, da die deutsche Partei ihre Anhänger teilweise nicht unter Kontrolle hatte: In einer gemeinsamen Sitzung des EKKI und der IKK Anfang Oktober 1931 berichtete der stellvertretende deutsche Vertreter, Sepp Schwab, dass mehrere politische Morde der vergangenen Monate, nach denen die deutsche Parteiführung zunächst jegliche kommunistische Beteiligung bestritten hatte, tatsächlich von kommunistischen Funktionären begangen worden seien – die KPD-Spitze sei über diese eigenmächtigen Gewalttaten einfach nur nicht informiert worden.[80] Zu den bekanntesten dieser Anschläge gehört der damals erst zwei Monate zurückliegende Doppelmord an zwei Polizisten auf dem Berliner Bülowplatz, an dem der spätere DDR-Minister für Staatssicherheit, Erich Mielke, beteiligt gewesen war.[81]

Hier rächte sich nun, dass die KPD mit ihrer revolutionären Propaganda nicht zuletzt für die Gruppen attraktiv wurde, die sich gerade von der Gewalttätigkeit ihrer Sprache angezogen fühlten: Jugendliche, radikalisierte Erwerbslose und offensichtlich auch nicht wenige Kleinkriminelle.[82] In diesem Teilmilieu der Arbei-

---

[75] Brief Thälmanns an Pieck vom 27. 11. 1931, RGASPI 495/292/56: 199–201, hier: 199.

[76] Bericht der Berliner Polizei über die innerparteiliche Lage der KPD vom 8. 12. 1931, zitiert nach: Wirsching, Vom Weltkrieg zum Bürgerkrieg?, S. 581.

[77] KJVD Gruppe Nordkap (Berlin) an ZK der KPD vom 19. 11. 1931, zitiert nach: Mallmann, Kommunisten, S. 376.

[78] Vgl. Thälmanns Ausführungen in der Sitzung der PK vom 14. 5. 1932, RGASPI 495/4/188a: 39.

[79] Referat Manuilskijs in der gemeinsamen Sitzung EKKI, IKK über die „Provokation" am 6. 10. 1931, RGASPI 495/18/864: 6–94, hier v. a.: 35.

[80] Bericht Schwabs auf der gemeinsamen Sitzung EKKI, IKK über die „Provokation" am 6. 10. 1931, RGASPI 495/18/864: 253–259, hier: 258. Er bezog sich hier v. a. auf die Ermordung eines Polizisten in der Frankfurter Allee in Berlin Friedrichshain.

[81] Zur inzwischen erwiesenen Ausführung der Morde durch Erich Mielke und Erich Ziemer vgl. Otto, Erich Mielke, S. 24–26.

[82] Vgl. Rosenhaft, Organising the „Lumpenproletariat".

terschaft war die Gewalt Teil des Alltags, wenngleich sie wohl nicht in dem Maße zum Lebensstil gehörte wie bei den Angehörigen der SA.[83] Das Versprechen Thälmanns vom Frühjahr 1929, diejenigen Teile des Proletariates für die KPD zu gewinnen, „die revolutionierender sind"[84], erwies sich für die kontrollsüchtigen Bolschewiki insofern als Danaergeschenk. Gusev warnte intern schon im Februar 1930 vor der Eigendynamik von Erwerbslosendemonstrationen: Arbeitslose seien „leicht zu beeinflussendes Material" und gingen bei unvorsichtiger Agitation schnell zu den „höchsten Kampfesformen" über.[85] Auch der Vorsitzende der Kommunistischen Jugendinternationale (KJI), Rafael' M. Khitarov, kritisierte zu dieser Zeit in einer eigens anberaumten Sitzung scharf die Auffassung deutscher Jugendfunktionäre, wonach „Demonstrationen bewaffnet sein müssen, dass man Waffen bei sich tragen muss, dass man nicht widerstandslos auseinanderlaufen soll".[86] Der bei dieser Sitzung ebenfalls anwesende Heckert fand mittlerweile viel kritischere Töne über gewalttätige Demonstrationen als noch einen Monat zuvor im MELS des EKKI. In Berlin ließen sich die jungen Kommunisten bei Demonstrationen „immer zu den dümmsten Teilen" hinüberziehen, stellte er jetzt fest: „Irgendein Autoreifen platzt – man schreit ‚Es ist geschossen worden' – die Demonstration ist im Nu auseinander, weil jeder natürlich an erster Stelle sein will, [um] eine persönliche Heldentat zu vollbringen."[87]

Die Komintern musste gleichwohl erkennen, dass sich die fluktuierende Anhängerschaft der KPD nicht in dem Maße disziplinieren ließ, wie sie sich das wünschte: Während auf der einen Seite „Opportunisten" die Gründung von Betriebszellen unterliefen, missachteten auf der anderen Seite vor allem radikalisierte Jugendliche das Gewaltverbot. Ein großer Teil der Gewaltaktionen war allerdings ein Produkt der Propaganda von Komintern und KPD: Indem ständig Gewalt und Bürgerkrieg als Mittel der Politik gepriesen wurden, baute die kommunistische Führung eine Erwartungshaltung auf, die sich unweigerlich in Gewalt entladen musste. Die Geister, die Komintern und KPD gerufen hatten, wurden sie nun nicht mehr los: Als die Moskauer Funktionäre den „individuellen Terror" im Herbst 1931 schließlich zum parteifeindlichen Akt deklarierten und unkontrollierte Gewaltakte der Basis zum Werk von „Provokateuren" erklärten, gestanden sie damit offiziell ein, die Kontrolle über die eigene Anhängerschaft verloren zu haben.

---

[83] Zur Gewalt als Teil der Lebenskultur in den faschistischen Milieus Italiens und Deutschlands vgl. Reichardt, Faschistische Kampfbünde.

[84] Thälmann in der Sitzung des PS am 27. 4. 1929, RGASPI: 495/3/101: 344.

[85] Gusev in der Sitzung der Deutschen Kommission des Erweiterten Präsidiums des EKKI vom 25. 2. 1930, RGASPI 495/24/101: 2–27, hier: 27.

[86] Khitarov in der Sitzung des MELS der KJI am 30. 1. 1930, RGASPI 533/8/328: 98–103, hier: 99.

[87] Heckert in der Sitzung des MELS der KJI am 30. 1. 1930, RGASPI 533/8/328: 115–120, hier: 120.

IV. Die Krise der „Sozialfaschismus"-Doktrin

Die Auseinandersetzungen zwischen den Kommunisten in Berlin und Moskau über die Frage der „revolutionären Perspektive" und der politischen Gewalt zeigen, wie schwer es der Komintern fiel, die KPD auf dem schmalen Grat zwischen Aufruhr und Aufstand zu halten. Weil den Kommunisten permanent Gewalt und Bürgerkrieg gepredigt wurden, hatte sich dieser Diskurs tief in die Mentalität vieler Funktionäre eingegraben und zudem Gruppen angezogen, die für diese Sprache der Gewalt besonders empfänglich waren und darauf drängten, sie auch in die Tat umzusetzen. Und nicht zuletzt waren die Bolschewiki selbst innerlich gespalten zwischen ihrer Sozialisation als Berufsrevolutionäre und der realpolitischen Erkenntnis, dass mit einem „vorzeitigen" Aufstand wie dem des Jahres 1923 weder der KPD noch der Sowjetunion gedient wäre.

Die Erkenntnis, dass sich die KPD zunächst um eine Mehrheit in den „ausschlaggebenden Schichten des Proletariats" bemühen müsse, bevor sie daran denken könne, eine Revolution durchzuführen, machte der Komintern aber auch bewusst, dass sich dieses Ziel nicht erreichen ließ, wenn man große Teile der Arbeiterschaft als „Sozialfaschisten" diffamierte. Aus diesem Grunde wurde zur Jahreswende 1929/30 eine taktische Kursänderung vollzogen. Diese Kursänderung wäre nur eine unter vielen anderen, wenn sich an ihr nicht zweierlei besonders deutlich zeigen ließe: Erstens führt dieses taktische Manöver vor Augen, welch großes Risiko offizielle Politikwechsel aus Moskauer Sicht darstellten, konnten sie doch missverstanden und vor allem in ihrer Tragweite überschätzt werden. Mit anderen Worten: Wie jeder Politikwechsel barg auch dieser die Gefahr, dass Funktionäre über das Ziel hinausschossen und zu „Abweichlern" wurden. Zweitens lässt sich an diesem Beispiel ein erster, ins Grundsätzliche zielender Konflikt zwischen der KPD-Spitze und den Bolschewiki ablesen.

Die Auseinandersetzung entstand, weil die deutschen Führungsfunktionäre damals daran zu zweifeln begannen, ob sich mit der „Sozialfaschismus"-Doktrin die soziale Wirklichkeit in Deutschland angemessen beschreiben ließe. Diese Zweifel wurden durch den damaligen rasanten Aufstieg des Nationalsozialismus und das Ende der SPD-geführten Koalition unter Reichskanzler Hermann Müller verstärkt. Zwischen deutschen Kommunisten und sowjetischen Bolschewiki war damals nicht nur umstritten, wie Sozialdemokratie und Nationalsozialismus zu bewerten seien, sondern auch, wodurch sich überhaupt eine „faschistische Diktatur" auszeichnete. Diese Streitpunkte waren nicht bloß scholastischer Natur: Sie veranschaulichen, wie die Wahrnehmungen der Ereignisse in Deutschland in Berlin und Moskau zunehmend auseinander klafften.

Wie schon das vorige Kapitel gezeigt hat, wäre es jedoch falsch, daraus zu folgern, die deutschen Kommunisten hätten eine durchgehend „realistischere" Sichtweise vertreten. Wie zu zeigen sein wird, bemühten sie sich, um diese Meinungsverschiedenheiten zu kompensieren, vielmehr weiterhin, sich von niemandem in ihrer Linientreue übertreffen zu lassen.

1. Der halbherzige Kampf gegen „ultralinke" Tendenzen

Es war für die Moskauer Funktionäre eine anspruchsvolle Aufgabe, einen Kurswechsel einzuleiten, ohne die eigene Position öffentlich zu revidieren. Das EKKI suchte sich daher zunächst einen Sündenbock, an dem sich ein Exempel gegen die „ultralinke" Politik statuieren ließ. Dafür bot sich die Kommunistische Jugendinternationale (KJI) an, deren Plenum Ende November 1929 tagte, da in den Jugendorganisationen die radikaleren Kräfte besonders stark vertreten waren. In seiner Rede vor den Delegierten kritisierte Manuilskij nun die Tendenz vieler Funktionäre zum „kleinbürgerlichen Radikalismus".[1] Manuilskijs Auftritt, den er zuvor mit Stalin besprochen hatte[2], verursachte unter den Delegierten große Empörung: Sie warfen Manuilskij vor, der „rechten Abweichung" verfallen zu sein. Angesichts des ungelösten Konflikts zwischen Komintern und KJI schrieben Khitarov, der Chef der KJI, und die Delegation des EKKI unabhängig voneinander jeweils einen Brief an Stalin, damit dieser den Streit jeweils in ihrem Sinne löse. Wie Pjatnickij kurz darauf Molotov berichtete, stellte sich Stalin erwartungsgemäß nicht nur eindeutig auf die Seite des EKKI, „sondern formulierte die Gefahr der ‚linken' Kinderei noch hundert mal schärfer. Er fügte zudem Korrekturen hinzu, in denen er die Führung der KJI als einen exklusiven Zirkel ‚linker' Schreihälse beschimpfte."[3] Der Brief Pjatnickijs ist im Übrigen ein bemerkenswertes Dokument dafür, wie Stalin als Schiedsrichter Richtungsentscheidungen treffen konnte, ohne selbst von sich aus aktiv zu werden.

Für Remmele, der als Mitglied der EKKI-Delegation an den Verhandlungen vor und hinter den Kulissen des KJI-Plenums teilgenommen und zudem mitbekommen hatte, dass Stalin persönlich hinter diesem Kurswechsel stand, waren diese Auseinandersetzungen ein deutliches Zeichen an die deutschen Kommunisten, ihre Politik ebenfalls zu mäßigen. Nach Berlin schrieb er eiligst:

> „Wichtige Entscheidung im innerparteilichen Kurs. Auf dem Jugendplenum wurde von der Komintern die Losung Kurs gegen ultralinke Krankheiten ausgegeben. Studiert sofort alle Materialien. Lasst Euch von den zurückkehrenden Jugendgenossen Bericht erstatten. An Teddi [d. i. Thälmann] habe ich die Resolution gesandt."[4]

Das Plenum der KJI wurde somit zum Ausgangspunkt für eine taktische Kurswende der deutschen Kommunisten. Remmeles Brief zeigt, dass die KPD keine direkten Befehle aus Moskau brauchte, sondern dass sich ihre Vertreter bemühten, die Rauchzeichen zu lesen, um eine Politikwende zu antizipieren, bevor sie ihr offiziell verordnet wurde.

---

[1] Diese Rede vor dem V. Kongress der KJI ist abgedruckt in: Die Kommunistische Internationale 10 (1929), S. 1811–1815.

[2] Am 28. 11. 1929 war Manuilskij zwischen 13.50 und 14.15 Uhr bei Stalin, vgl. Korotkov, Posetiteli kremlevskogo kabineta I. V. Stalina, Teil I, S. 18.

[3] Brief Pjatnickijs an Molotov vom 6. 12. 1929, RGASPI 495/19/236: 86–88, hier: 86 f.

[4] Brief Remmeles an Sekretariat des ZK der KPD vom 6. 12. 1929, RGASPI 495/292/44: 262. Remmele arbeitete zu dieser Zeit in Vertretung für den deutschen Vertreter der KPD beim EKKI, Ulbricht, der sich im Urlaub befand.

Freilich ist „Wende" ein zu starkes Wort für das, was eigentlich bezweckt war, nämlich gewissermaßen eine Feinjustierung. Denn am „strategischen" Ziel der KPD änderte sich ja nichts – von nun an sollte bei der Beschimpfung der Sozialdemokratie lediglich zwischen deren Führung und ihren einfachen Mitgliedern unterschieden werden, um letztere auf die Seite der KPD zu ziehen. Wenn auch die Parteilinie somit nur geringfügig modifiziert worden war, kam es dennoch in den folgenden Wochen zu einem scharfen Konflikt zwischen Paul Merker und den übrigen Mitgliedern der Parteiführung. Denn Merker weigerte sich, die jüngste argumentatorische Pirouette nachzuvollziehen und verharrte stattdessen auf der alten Linie, derzufolge die Sozialdemokraten insgesamt dem „faschistischen Lager" angehörten. Ein Bericht des deutschen Politbüros stellte Merkers Verhalten später so dar:

> „Wenn irgendwo von Sozialdemokratie und von sozialdemokratisch oder von Reformisten oder reformistisch gesprochen wurde, [...] erhob er die Anklage des Brandlerismus und der Abweichung von der Linie der Komintern und von den Parteitagsbeschlüssen, die angeblich nur den Terminus ‚Sozialfaschismus' zulassen."[5]

Was aus Sicht des Politbüros Ausfluss einer „fixen Idee" Merkers war[6], bildete für diesen die Grundlage seines politischen Denkens: Seiner Meinung nach war die Sozialdemokratie eine durchgehend „reaktionäre Masse", eine „Arbeiteraristokratie" gegen die ein – so wörtlich – „Vernichtungskampf" geführt werden müsse.[7] Anders als die übrigen Mitglieder der KPD-Führung wollte er auch nichts von dem Gedanken wissen, die einzelnen SPD-Mitglieder könnten möglicherweise bloß auf „Abwege" geraten sein. An Franz Dahlem schrieb er, es sei „unmöglich, ein ehrlicher Arbeiterfunktionär und gleichzeitig ein Mitglied der SPD zu sein".[8]

Als die KPD Ende Februar 1930 vom Erweiterten Präsidium damit beauftragt wurde, in ihren Reihen „revolutionäre Phrasen" zu bekämpfen[9], wertete die KPD-Führung um Thälmann dies als Bestätigung der taktischen Kurswende vom Dezember 1929. Kaum nach Berlin zurückgekehrt, machten sich Thälmann, Remmele und Neumann daher daran, die „vielen Entgleisungen, Übertreibungen und Überspitzungen in der Parteipresse" und „die verschiedenen neuen Theorien einiger Genossen in der Gewerkschaftsabteilung" – also diejenigen von Paul Merker – zusammenzustellen und zu verurteilen.[10]

---

[5] Interner Bericht des Politbüros der KPD „Über den Konflikt des Gen. Merker mit der Parteileitung der KPD" vom 10. 4. 1930, SAPMO-BArch RY 1-I/2/5/9: 133–178, hier: 137.

[6] Ebenda.

[7] Vgl. Merker, Das nächste Kettenglied, hier: S. 66 f.

[8] Brief Merkers an Dahlem vom 21. 2. 1930. Zitiert nach: Kinner, Der deutsche Kommunismus, S. 160. Paul Merker, Klare Fronten unten wie oben, in: Rote Fahne vom 22. 2. 1930.

[9] Zitiert nach: Carr, Twilight of Comintern, S. 11. Vgl. dazu auch den Bericht „Kampf gegen die Abweichungen in der Komintern" vom 22. 5. 1930, in dem auf die vor dem Plenum weitverbreiteten „linken Abweichungen" in verschiedenen Parteien West- und Mitteleuropas verwiesen wird, RGASPI 495/18/845: 38–46.

[10] Vgl. den internen Bericht des Politbüros der KPD „Über den Konflikt des Gen. Merker

Im Klartext bedeutete dies, dass Merker zunehmend ins Fadenkreuz der übrigen deutschen Spitzengenossen geriet. Remmele nahm in einer Reihe langatmiger Artikel, „eine konkretere Behandlung der linken Abweichung" vor.[11] Ohne dass Merkers Name erwähnt wurde, war an der Auswahl der Zitate klar zu erkennen, dass es sich bei dem von Remmele verspotteten „Doktor Eisenbart" um den Leiter der RGO handelte.[12]

Als Thälmann und Remmele mit dieser Attacke gegen Merker begannen, wähnten sie sich im Einklang mit der Kominternführung.[13] Neumann beschrieb nach Abschluss der Präsidiumssitzung das Verhältnis der deutschen Parteileitung zu den bolschewistischen Führungskadern in Moskau euphorisch mit den Worten: „Wohl niemals waren wir so befriedigt, niemals [gab es] soviel Anerkennung, Vertrauen, innere Verbundenheit, absolute politische und persönliche Unterstützung wie jetzt." Es sei eine „knorke deutsche Resolution" verabschiedet worden.[14]

Weil sich aber die Kominternführung so unentschlossen und widersprüchlich verhielt, fühlte sich auch Merker als Vertreter der offiziellen Linie, und beschwerte sich in einem Brief an das Politsekretariat des EKKI in Moskau über die politischen Angriffe Remmeles. Merker drehte den Spieß nun um und denunzierte Remmele als „Abweichler", dessen „Einschätzung des Sozialfaschismus vollständig der bisherigen Stellungnahme der Kommunistischen Internationale" widerspreche und der somit bewusst die „ideologischen Schranken" zwischen der Parteidoktrin und den Auffassungen der „rechten Liquidatoren und der Versöhnler" niederreiße.[15]

Die KPD-Führung reagierte heftig auf das Schreiben Merkers.[16] In einem Telegramm an das Politsekretariat des EKKI bezeichnete das Sekretariat des ZK der KPD Merkers Verhalten am 4. April als „systematische Fraktionsarbeit". Der Kominternführung wurde telegrafisch mitgeteilt, dass im Politbüro nun der Kampf gegen die „ultra-linken Parteifeinde" eröffnet und Merker von der Leitung der Gewerkschaftsabteilung entbunden werde.[17]

---

mit der Parteileitung der KPD" vom 10. 4. 1930, SAPMO-BArch RY 1-I/2/5/9: 133–178, hier: 139.

[11] Vgl. ebenda, und die Resolution des ZK der KPD vom 21. 3. 1930 „Über die Tagung des Präsidiums des EKKI und die Aufgaben der KPD", in: Inprekorr 10 (1930), Nr. 29 (28. 3.), S. 713–715.

[12] Vgl. Remmele, Schritt halten! Der erste Teil erschien am 15. 3. 1930, der vierte und letzte am 15. 5. 1930.

[13] Dass die Artikel Remmeles auch in Moskau durchaus als von der Komintern in Auftrag gegeben betrachtet wurden, lässt sich an dem Bericht „Kampf gegen die Abweichungen in der Komintern" vom 22. 5. 1930 ablesen, RGASPI 495/18/845: 38–46.

[14] Brief Neumanns an „Günther" vom 1. 3. 1930, RGASPI 526/1/93: 45–46ob.

[15] Brief Merkers an das PS vom 26. 3. 1930, RGASPI 495/19/522: 26–28. Am gleichen Tag schrieb Merker auch einen Brief an Thälmann, RGASPI 495/19/522: 13 f., und das Sekretariat des ZK der KPD, RGASPI 495/19/522: 18 f., in denen er sich ebenfalls über Remmeles Artikel beschwerte.

[16] Am 27. 3. 1930 hatte die Komintern bereits ein Telegramm von Merker erhalten, in dem er den Konflikt gemeldet hatte, am 29. 3. 1930 bat Moskau das ZK der KPD telegrafisch um weitere Informationen, am 30. 3. 1930 kam Merkers Brief in Moskau an. Vgl. Brief Pjatnickijs an Stalin vom 1. 4. 1930, RGASPI 495/19/242: 31.

[17] Telegramm des Sekretariats des ZK der KPD an das PS vom 4. 4. 1930, RGASPI 495/19/

In Moskau war man über die schnelle und eigenmächtige Entscheidung der KPD-Spitze gegen Merker jedoch wenig begeistert. Die Frage des Verhältnisses zu den Sozialdemokraten war aus Sicht der Komintern zu grundsätzlich, als dass man die KPD eigenständig darüber entscheiden lassen konnte. Pjatnickij hatte Stalin bereits von dem Konflikt berichtet und vorgeschlagen, „diese Frage im Büro der [russischen] Delegation zu besprechen".[18] Nachdem Stalin der deutschen Parteiführung zunächst telegrafisch mitteilen ließ, die Komintern sei über die „übermäßige Hast der Entscheidung [...] in der Merker-Remmele-Frage" erstaunt und „empfehle", die Entscheidung über Merker der Komintern zu überlassen[19], begannen die Moskauer Mühlen zu mahlen: Zwei Wochen lang arbeitete das Mitteleuropäische Ländersekretariat des EKKI an einem Geschlossenen Brief an das ZK der KPD, dessen Entwürfe immer wieder Stalin vorgelegt wurden.[20]

In der schließlich abgesandten Version des Briefes fiel die Kritik an Merker erwartungsgemäß lau aus. Letztlich sah die Komintern in seiner radikalen Einstellung lediglich „ein[en] Hemmschuh in der praktischen Überwindung der innerparteilichen Hauptgefahr – der rechten Gefahr".[21] Viel problematischer war aus Moskauer Sicht aber, wie Hermann Remmele den „Sozialfaschismus" einschätzte. Zwar unterschied sich seine Position letztlich nur in taktischen Feinheiten von der Position Merkers, doch war Remmele nach Meinung der Komintern in seinem Kampf gegen „linke Überspitzungen" über das Ziel hinausgeschossen: In der Sache stellte sich die Komintern daher faktisch auf die Seite Merkers, als sie Remmeles Artikel eine „nebelhafte und stellenweise sogar falsche Einstellung zur Frage des Sozialfaschismus" unterstellte.[22]

522: 56f. In russischer Sprache abgedruckt in: Gincberg, „Politsekretariat IKKI trebuet", S. 152f. Den entsprechenden Beschluss, Merker aus dem Sekretariat zu entfernen und aus der Gewerkschaftsabteilung des ZK abzuberufen, hatte das Sekretariat des ZK der KPD bereits am 1. 4. 1930 gefasst, nachdem es von Merkers Brief an die Komintern erfahren hatte, RGASPI 495/293/110: 33–36. Am 5. 4. 1930 wurde dieser Beschluss vom Politbüro des ZK der KPD vollzogen. Vgl. Winkler, Weg in die Katastrophe, S. 152.

18 Vgl. Brief Pjatnickijs an Stalin vom 1. 4. 1930, RGASPI 495/19/242: 31.

19 Entwurf für ein Telegramm Pjatnickijs an Thälmann o.D. [6. 4. 1930], RGASPI 495/19/522: 5f. In russischer Sprache abgedruckt in: Gincberg, „Politsekretariat IKKI trebuet", S. 152. Gincberg datiert den Entwurf allerdings fälschlicherweise auf den 4. 4. 1930, wodurch nicht erkennbar ist, dass dieses Telegramm eine Reaktion auf das Telegramm der KPD vom 4. 4. 1930 ist und auf einem Entwurf von Stalin basiert. Über die Annahme des Telegrammentwurfes im Politsekretariat: Protokoll des PS des EKKI Nr. 81 vom 6. 4. 1930, RGASPI 495/2/211: 2. Die Autorenschaft Stalins ergibt sich aus einem Schreiben Pjatnickijs an Stalin vom 10. 4. 1930 über das Antworttelegramm Thälmanns vom 9. 4. 1930 (Schreiben an Stalin: RGASPI 495/19/242: 33; Telegramm von Thälmann: RGASPI 495/293/110: 72). Am 6. 4. 1930 erhielt die Komintern auch mehrere Telegramme von KPD-Mitgliedern, die gegen Merkers Absetzung protestierten. Auf der Abschrift findet sich die handschriftliche Notiz (russisch): „Übersetzen und den Genossen Molotov und Stalin schicken", RGASPI 495/293/110: 58.

20 Vgl. die Briefe Pjatnickijs an Stalin vom 15. und 25. 4. 1930, RGASPI 495/19/242: 34, 39.

21 Brief des PS an das ZK der KPD vom 26. 4. 1930, SAPMO-BArch RY 5-I 6/3/211: 1–8; die russische Fassung ist abgedruckt in: Gincberg, „Politsekretariat IKKI trebuet", S. 153–157.

22 Entwurf des Geschlossenen Briefes des PS an Sekretariat des ZK der KPD, Fassung vom 23. 4. 1930, RGASPI 495/3/163: 84–95, hier: 93–95.

Die Kritik Remmeles an Merker, für diesen gebe es „keine Sozialdemokratie und keine Sozialdemokraten mehr, sondern nur noch Sozialfaschisten und Sozialfaschismus"[23], hatte in Moskau die Sorge geweckt, die deutsche Parteileitung könne es mit der Differenzierung zu weit treiben und schließlich die prinzipielle Frontstellung gegenüber der SPD lockern. Auch wenn man in Moskau verstärkt die „Massenbasis" der KPD verbreitern wollte, sollte darunter nicht das Grundaxiom der stalinistischen Kominternpolitik leiden. Der Geschlossene Brief des EKKI zum Merker-Remmele-Konflikt diente also vor allem dazu, der KPD-Führung eine verbindliche – und von Stalin persönlich abgesegnete – Definition des „Sozialfaschismus" zu liefern. Der Begriff „Sozialfaschismus", so wurde der KPD eingeschärft, diene nicht nur der „Bezeichnung einzelner Taten und Handlungen der Sozialdemokratie", sondern vielmehr „ihres politischen Wesens als Partei".[24] Remmele erwies sich schließlich als gehorsamer Parteisoldat: Im letzten Teil seiner Artikelserie, der am 1. Mai erschien, übernahm er die von höchster Stelle vorgegebene „Sozialfaschismus"-Definition beinahe wörtlich.[25]

In der bisherigen Forschung ist die These vertreten worden, die „Sozialfaschismus"-Doktrin sei Anfang 1930 unter anderem aufgrund der innersowjetischen Fraktionskämpfe und der zeitweisen Abbremsung der Kollektivierung der Landwirtschaft modifiziert worden.[26] Doch anders als bislang vermutet, wurde die taktische Kurswende zur „Einheitsfront von unten" nicht durch Stalins Artikel „Vor Erfolgen von Schwindel befallen" initiiert, mit dem der Generalsekretär am 2. März 1930 die Kollektivierungskampagne zeitweilig abgebremst hatte.[27] Wie die oben geschilderten Ereignisse verdeutlichen, war diese Wende vielmehr bereits gute zwei Monate vorher im Dezember 1929 auf der Tagung der Kommunistischen Jugendinternationale eingeleitet worden und fand somit in einem völlig entgegengesetzten politischen Kontext statt – nämlich wenige Wochen nachdem die vollständige Kollektivierung der sowjetischen Landwirtschaft beschlossen worden war. Die taktische Wende von Komintern und KPD lässt sich auch nicht mit der Schelte Molotovs an die Adresse von „Beso" Lominadze wegen dessen „,linken' Fehlern"[28] in Verbindung bringen, die Stalins Adlatus auf dem ZK-Plenum

---

23 Remmele, Schritt halten!, Teil I, S. 141.

24 Geschlossener Brief des PS an das ZK der KPD vom 26. 4. 1930, SAPMO-BArch RY 5-I 6/3/211: 1–8, hier: 7.

25 Vgl. Remmle, Schritt halten! Teil IV vom 15. 5. 1930, hier: S. 313: „Soweit eine unklare Stelle meines Artikels den Eindruck erwecken konnte, als bedeute der Sozialfaschismus lediglich eine *Bezeichnung für einzelne Taten und Handlungen der Sozialdemokratie*, betone ich ausdrücklich, dass der Sozialfaschismus der Ausdruck für den gesamten Charakter und das gesamte *politische Wesen der Sozialdemokratischen Partei* ist." (Hervorhebung B.H.)

26 Vgl. insbesondere Weingartner, Stalin und der Aufstieg Hitlers, S. 31 f.; Carr, Twilight of Comintern, S. 11–14; Weber, Hauptfeind, S. 26; Winkler, Weg in die Katastrophe, S. 149.

27 So vor allem Carr, Twilight of Comintern, S. 11 f., der einen direkten Zusammenhang zwischen der Resolution des Erweiterten Präsidiums des EKKI vom Februar 1930 und dem Artikel herstellt.

28 Vgl. die entsprechende Bemerkung Molotovs in seiner Rede auf dem November-Plenum des ZK der VKP(b) am 13. 11. 1929, in: Danilov, Kak lomali NEP, Bd. 5, S. 216–234, hier: 222.

der VKP(b) Mitte November 1929 eher beiläufig ausgesprochen hatte: Diese Kritik hatte weder in der Komintern noch in der KPD nennenswerten Nachhall gefunden. Im Gegenteil – obwohl Heinz Neumann bereits im September 1929 von der damals noch intern geäußerten Kritik an Lominadze wusste – dessen „„linker‘ Tanz" sei „vollkommen unsinnig und schädlich", schrieb Neumann an Flieg[29] – sah der deutsche Kommunist darin kein Zeichen für die KPD, einen Politikwechsel einzuleiten. Somit wird deutlich, dass die Kominternführung zur Jahreswende 1929/30 ihre Politik also tatsächlich in erster Linie deshalb änderte, um die kommunistische Anhängerschaft auf Kosten der Sozialdemokratie zu erweitern.

Jede Äußerung aber, die darauf hindeutete, dass diese taktische Kursänderung nur um wenige Grad zu weit getrieben wurde und zur „Sozialdemokratisierung" der KPD führen könnte, nahm die Kominternführung zum Anlass, den Kurs zu „korrigieren" und die deutschen Kader zurechtzuweisen.

Obwohl die Komintern also scharf auf Übertretungen reagierte, zeigt insbesondere der Konflikt zwischen Merker und dem KPD-Politbüro, dass auch in Moskau keine genauen Vorstellungen bestanden, wo genau der schmale Grat zwischen „Sektierertum" und „Opportunismus" verlief. Die Tatsache, dass sich die Moskauer Funktionäre nur zu einer milden Kritik an Merker entschlossen, ist auch darauf zurückzuführen, dass dieser sich taktisch geschickt ausschließlich jenes schablonenhaften Vokabulars bediente, das aus Moskau vorgegeben worden war: Merkers Deutung, wonach die SPD 1918/19 einen historischen „Verrat" an der Arbeiterschaft begangen habe, fügte sich nahtlos in die Verschwörungsdiskurse der Bolschewiki ein und entsprach dem Misstrauen der Moskauer Funktionäre gegenüber der breiten Masse der deutschen Arbeiterschaft, die in einem parlamentarischen System sozialisiert worden war.

2. Der Aufstieg der NSDAP und das Ende der Großen Koalition

Die Komintern hatte die deutsche Sozialdemokratie im Sommer 1929 auf dem 10. EKKI-Plenum zum „grundlegenden Träger der faschistischen Diktatur" erklärt.[30] An dieser Behauptung war immerhin zutreffend, dass die SPD tatsächlich *die* staatstragende Partei der Weimarer Republik darstellte. Da die tatsächlich faschistischen und völkischen Parteien seit dem Scheitern des Hitlerputsches im Jahre 1923 in der parlamentarischen Öffentlichkeit kaum eine Rolle gespielt hatten, störte es die Kommunisten nicht, mit dem Begriff des „Faschismus" wenig differenziert zu agieren. Die NSDAP spielte in ihren Augen schlicht keine Rolle.

Dies änderte sich allerdings spätestens mit der Kommunalwahl vom 17. November 1929, bei der die NSDAP teilweise aufsehenerregende Erfolge errang. Vor allem die Wahlergebnisse in der deutschen Hauptstadt wurden aufmerksam regis-

---

[29] Brief Neumanns an Flieg vom 21. 9. 1929, RGASPI 495/19/703: 1–8, hier: 4.
[30] So das MELS des EKKI noch einmal in dem Entwurf eines vertraulichen Briefes an das Sekretariat des ZK der KPD vom 13. 1. 1930, RGASPI 495/4/10: 34–49, hier: 43.

triert: Während die Nationalsozialisten in der Berliner Stadtverordnetenversammlung zuvor überhaupt nicht vertreten gewesen waren, zogen sie dort nun mit 13 Abgeordneten ein. Das waren zwar insgesamt nur so viel Mandate, wie die KPD hinzugewonnen hatte – sie stellte jetzt 56 Abgeordnete –, doch war die NSDAP nun selbst im „roten Berlin" über den Status einer Splitterpartei hinausgewachsen.[31]

Eine gute Woche nach der Wahl trat die Kominternführung in Moskau zusammen, um den Bericht Hermann Remmeles zu dem Urnengang und insbesondere das Ergebnis in Berlin zu hören. Das Stenogramm dieser Sitzung vermittelt einen plastischen Eindruck davon, wie unvorbereitet der Erfolg der Nationalsozialisten die Komintern traf: Die meisten Funktionäre in Moskau waren überhaupt nicht mehr im Bilde darüber, um was für eine Partei es sich bei der NSDAP eigentlich handelte. Sie mussten von Remmele erst einmal darüber aufgeklärt werden, dass „die faschistische Bewegung" in mehrere Strömungen aufgesplittet sei und diesmal „nur eine dieser Richtungen die ganze Wahlbewegung beherrscht" habe: die „nationalsozialistische Partei".[32] Die Funktionäre wurden hellhörig, als Remmele erwähnte, dass die Nationalsozialisten in Berlin „gleich nach den Wahlen einen Brief an uns gerichtet haben, in dem sie uns zu einer Sitzung einladen, wo ein gemeinsames Zusammengehen im Stadtparlament besprochen werden sollte".[33]

Was die Kominternfunktionäre angesichts des Berliner Wahlergebnisses vom November 1929 hingegen zunächst viel stärker interessierte, war die theoretisch mögliche Mehrheit von SPD und KPD in der Stadtverordnetenversammlung. Während die so genannte Etatmehrheit der Großen Koalition aus SPD, DDP, DVP und Zentrum verloren gegangen war, hatten SPD und KPD trotz der Verluste der SPD ihre rechnerische Mehrheit von 116 auf nun 120 der insgesamt 225 Sitze ausbauen können.[34] Nachdem Remmele der Kominternführung die neuen Mehrheitsverhältnisse erläutert hatte, kam die Rückfrage: „Kommunisten und Sozialdemokraten zusammen haben die Mehrheit?" worauf Remmele erwiderte: „Ja, aber keine regierungsfähige."[35] Freilich war diese Mehrheit nur deshalb nicht regierungsfähig, weil sich die KPD auf die „Sozialfaschismus"-Doktrin festgelegt hatte. Und deshalb war den Kommunisten ein solches Ergebnis wie in Berlin überaus unwillkommen, saßen sie doch in einer Zwickmühle: Ihnen fiel es zunehmend schwer, gegenüber den eigenen Wählern zu rechtfertigen, weshalb sie sich in dieser neuen Lage einer Zusammenarbeit mit den Sozialdemokraten verweigerten.[36]

---

31 Die Ergebnisse für Berlin insgesamt: SPD 64 Sitze (bisher 73), DNVP 40 (47), KPD 56 (43), DDP 14 (21), DVP 16 (14), Wirtschaftspartei 10 (10), Zentrum 8 (8), NSDAP 13 (0), drei weitere Parteien insgesamt 4 Sitze. Vgl. Schulthess' Europäischer Geschichtskalender, 70. Bd. 1929, München 1930, S. 199.
32 Sitzung des PS vom 26. 11. 1929, RGASPI 495/3/135: 4–33, hier: 22.
33 Ebenda.
34 Vgl. Schulthess' Europäischer Geschichtskalender, 70. Bd. 1929, München 1930, S. 199.
35 Alle Zitate aus der Sitzung des PS vom 26. 11. 1929, RGASPI 495/3/135: 4–33, hier: 22, 32.
36 Pjatnickij in der Sitzung des PS vom 26. 11. 1929, RGASPI 495/3/135: 4–33, hier: 32. Vgl. dazu auch Kapitel VI.

Die Komintern interessierte sich jedoch noch nicht dauerhaft für die National-sozialisten. Zwar berief die Kominternführung im Dezember 1929 eine Sitzung des Mitteleuropäischen Ländersekretariates über die NSDAP ein[37], es wurde ein Gutachten über den „Nationalfaschismus" in Auftrag gegeben[38] und die KPD-Führung gebeten, die Broschüre von Alfred Rosenberg über das Programm der Nationalsozialisten nach Moskau zu schicken.[39] Doch wurde der Nationalsozialismus überwiegend in den gewohnten materialistischen Denkschablonen analysiert. Sergej Gusev, der den ersten internen Bericht über die NSDAP kritisierte, weil darin nichts über den Antisemitismus dieser Bewegung gesagt worden sei[40], blieb mit seinem Interesse für diesen Aspekt des Nationalsozialismus allein. Sein späterer Nachfolger Knorin war dagegen überzeugt, dass die „Rassenfrage" Hitler noch „am wenigsten interessiert" habe.[41] In dieser Fehleinschätzung, die von den meisten Funktionären in Moskau geteilt wurde, liegt eine wesentliche Ursache dafür, dass die Komintern nicht in der Lage war, die genuinen Züge des National-sozialismus zu analysieren oder ihn als *eigenständige* Bewegung überhaupt wahr-zunehmen: Selbst als sich das MELS zur Jahreswende 1929/30 traf, um erstmals explizit über den Nationalsozialismus zu diskutieren, sprachen die Anwesenden binnen kurzer Zeit doch wieder nur über den „Sozialfaschismus".[42]

Die Komintern blieb Anfang 1930 zudem deshalb so hartnäckig auf die SPD fixiert, weil zu diesem Zeitpunkt kaum einer ihrer Funktionäre glaubte, dass die NSDAP fähig sei, ihre Wahlerfolge auch in politische Macht umzusetzen: Ob eine Partei als Gegnerin einzuschätzen sei, wurde in der Komintern vorrangig danach bemessen, wie wahrscheinlich ihre direkte oder indirekte Einbindung in die Re-gierung war und damit daran, ob sie sich also als „Werkzeug der Bourgeoisie" ein-setzen ließ. Die Basis der NSDAP erschien den Moskauer Funktionären als zu rebellisch, als dass sich die Partei in das politische System von Weimar einpassen ließe. In der Komintern wurde allgemein davon ausgegangen, dass die NSDAP vorrangig von „antikapitalistischen Elementen" getragen werde – eine Einschät-zung, die sich in einem anderen Zusammenhang noch als bedeutsam erweisen sollte – und sie somit schwerlich die Sozialdemokraten als wesentliche Stütze des Systems ablösen könne.[43]

Die Frage, wie sich der Aufstieg der NSDAP auf das politische Gefüge in Deutschland auswirken würde, tauchte allerdings bald wieder auf Umwegen auf der politischen Tagesordnung der Kommunisten auf – und löste erneut einen Konflikt zwischen KPD und Komintern über die „Sozialfaschismus"-Doktrin

---

[37] Vgl. die Sitzung des MELS vom 31. 12. 1929/1. 1. 1930, RGASPI 495/28/42.

[38] Vgl. Brief Pfeiffers an Ulbricht vom 20. 1. 1930, RGASPI 495/25/498: 5. Das Ergebnis war möglicherweise der undatierte Bericht „Der Nationalfaschismus in Deutschland", SAPMO-BArch RY 5/I 6/3/345: 1–3.

[39] Vgl. Brief Pfeiffers an das ZK der KPD vom 31. 1. 1930, RGASPI 495/25/498: 11.

[40] Stellungnahmen der Mitglieder des MELS des EKKI über den Bericht von Rosenthal über den Nationalsozialismus vom 11. 2. 1930, RGASPI 495/28/48: 4.

[41] Vgl. „Sokolik" [d. i. Knorin] in der Sitzung des MELS des EKKI am 22. 2. 1931, RGASPI 495/28/117: 102–113, hier: 112.

[42] Vgl. die Sitzung des MELS vom 31. 12. 1929/1. 1. 1930, RGASPI 495/28/42.

[43] Vgl. z. B.: Heckert in der Sitzung des MELS vom 5. 1. 1930, RGASPI 495/28/52: 11.

aus. Hintergrund des Konfliktes war die Frage, wie lange sich die SPD-geführte Große Koalition halten könne. Das Kabinett von Reichskanzler Hermann Müller war sehr heterogen und daher durch interne Differenzen belastet. Heinz Neumann rechnete schon im September 1929 mit einem baldigen Bruch des Kabinetts. „Die Regierung Müller wird im Winter bestimmt auffliegen", prognostizierte er in einem Brief an Leo Flieg und begründete seine Erwartung damit, dass die Sozialdemokraten nach der Beendigung der anstehenden Erwerbslosenreform in den Augen der „Bourgeoisie" „ihre gegenwärtige Arbeit im Wesentlichen beendet" haben würden.[44] Als die Spannungen in der Reichsregierung zur Jahreswende weiter wuchsen, spekulierte die *Rote Fahne* in ihrer Ausgabe vom 1. Januar 1930, die „Bourgeoisie" werde ihr „Bündnis mit der Sozialdemokratie" bald beenden und es – wie es im Sperrdruck hieß – durch „die *nackte Politik der faschistischen Diktatur* ersetzen".[45]

Diese Prognose ließ in der Komintern die Alarmglocken schrillen. Die Moskauer Funktionäre irritierte dabei nicht die übertriebene Schreckensvision, sondern die Tatsache, dass die *Rote Fahne* offen einräumte, dass die Sozialdemokratie keinesfalls der Gipfel der Unterdrückung war. Indem das KPD-Zentralorgan aber die Gleichsetzung von Sozialdemokratie und Faschismus in Frage stellte, entzog sie auch der „Sozialfaschismus"-Doktrin den Boden. Moskau legte daher großen Wert darauf, dass nicht prinzipiell zwischen Sozialdemokratie und Faschismus unterschieden wurde: In einem eilig verfassten Schreiben an die KPD-Führung wurde bemängelt, dass „ein einfacher Arbeiter" aus den „unglücklichen Formulierungen" der *Roten Fahne* nur herauslesen könne, „dass der Sozialfaschismus im Wesen etwas anderes ist als der Faschismus, dass er weniger gefährlich ist".[46]

Ganz so klar wurde dies in Berlin zu dieser Zeit zwar noch nicht gesehen – doch ein weiterer Artikel der *Roten Fahne*, in dem das Kabinett Müller als eine „Nicht-Regierung" bezeichnet wurde, die eigentlich nur noch pro forma bestehe[47], war aus Moskauer Sicht ein abermaliges Indiz dafür, dass sich die KPD auf einem Abweg befand: Es sei „grundfalsch" zu behaupten, so wurde der KPD-Spitze mit Bezug auf diesen zweiten Artikel mitgeteilt, „dass die Sozialfaschisten, der Mohr, seine Schuldigkeit der Bourgeoisie gegenüber bereits getan habe", denn dann könne man ja zu dem Schluss kommen, dass nicht die Regierung Müller, „sondern irgend eine andere Regierung die Vollstreckerin der faschistischen Diktatur sein wird".[48]

---

44 Brief Neumanns an Flieg vom 21. 9. 1929, RGASPI 495/19/703: 1–8, hier: 6. Zu den harten Auseinandersetzungen im Kabinett über die Reform der Erwerbslosenversicherung vgl. Winkler, Weimar, S. 352–354.
45 Rote Fahne 1. 1. 1930 (Hervorhebung im Original), zitiert nach dem vertraulichen Brief des MELS des EKKI an das Sekretariat des ZK der KPD vom 13. 1. 1930, RGASPI 495/4/10: 34–49, hier: 43.
46 Brief Heckerts und Gusevs an Sekretariat des ZK der KPD vom 12. 1. 1930, RGASPI 495/292/50: 8–12, hier: 9.
47 Rote Fahne vom 15./16. 1. 1930.
48 Brief Heckerts an Sekretariat des ZK der KPD vom 20. 1. 1930, RGASPI 495/292/50: 14–16, hier: 15.

In den folgenden Wochen und Monaten sollte sich zeigen, dass sich in der KPD in der „Sozialfaschismus"-Frage tatsächlich ein Sinneswandel abzuzeichnen begann. Zwar vollzog Thälmann nach dem Rüffel aus Moskau eine schon fast rituelle Unterwerfung: In einem Brief an Molotov erklärte der deutsche Parteivorsitzende devot, die KPD-Führung sei „bedingungslos" mit der Kritik aus Moskau einverstanden und versicherte, dass sich derartige „Fehler" in der *Roten Fahne* nicht wiederholen würden.[49] Auch verurteilte das Politbüro der KPD wenige Tage später folgsam die „brandleristisch-versöhnlerische" Auffassung, als bestünde ein prinzipieller Gegensatz zwischen Sozialdemokratie und Faschismus.[50] Doch waren dies nur Worte, die geschrieben worden waren, um den Moskauer Forderungen zu entsprechen. Die Differenzen hingegen blieben bestehen.

Diese Diskrepanzen wurden unter anderem durch die für die Komintern peinliche Tatsache geschürt, dass Moskau die politische Entwicklung in Deutschland falsch prognostiziert hatte: Noch im Januar 1930 war die KPD von der Komintern belehrt worden, dass die Sozialdemokratie „nicht so leicht aus der Regierung herausgehen" werde, weil sie zu sehr „mit dem bürgerlichen Staat verwachsen" sei[51] – doch keine zwei Monate später zerbrach am 12. März 1930 die SPD-geführte Reichsregierung an ihren internen sozialpolitischen Gegensätzen.[52]

Die KPD-Führung hatte diese Gegensätze schon früher erkannt und benannt, während sie von den Kominternfunktionären als prinzipiell unmöglich erklärt worden waren. Das Ende dieser Regierung ließ die Komintern daher ratlos zurück: Gusev charakterisierte das Auseinanderbrechen auf einer eigens anberaumten Sitzung des MELS als „unmotiviert" und konnte sich, als Bolschewist in Verschwörungstheorien geübt, den Weg der SPD in die Opposition lediglich mit dem Einfluss ausländischer Regierungen erklären.[53]

Angesichts der neuen innenpolitischen Lage in Deutschland stellte sich allerdings erneut die Frage, ob die „Antifaschismus"-Politik der KPD nicht überdacht werden sollte. Die deutschen Kommunisten zweifelten daran, dass es sinnvoll sei, eine Partei als „Hauptgegner" zu bekämpfen, die im Reichstag auf der Oppositionsbank saß. Zudem war mit der NSDAP eine Partei aufgestiegen, deren radialer Antikommunismus von keiner anderen politischen Bewegung der Weimarer Republik übertroffen wurde. Remmele hatte bereits im November 1929 in seinem Bericht über Kommunalwahlen eine neue Prioritätensetzung gefordert: Die NSDAP sei „eine reaktionäre Partei, die wir am stärksten bekämpfen müssen", hatte er damals festgestellt und hinzugefügt, dass diese Partei „in der Hauptsache die Front gegen die Kommunisten" darstelle.[54]

---

[49] Brief Thälmanns „An das PS! Zu Händen des Genossen Molotow!" vom 28. 1. 1930, RGASPI 495/293/110: 1 f. In russischer Übersetzung wurde dieser Brief an Stalin weitergeleitet, RGASPI 558/11/817: 116–119.

[50] Resolution des Politbüros der KPD „zu den aktuellen Fragen unserer Politik" vom 14. 2. 1930, SAPMO-BArch RY 1-I 2/3/10: 17 f.

[51] Vgl. den Entwurf eines vertraulichen Briefes des MELS des EKKI an das Sekretariat des ZK der KPD vom 13. 1. 1930, RGASPI 495/4/10: 34–49, hier: 43.

[52] Vgl. dazu zusammenfassend: Winkler, Weimar, S. 364–374.

[53] Gusev in der Sitzung des MELS vom 11. 4. 1930, RGASPI 495/28/59: 74–82, hier: 75.

[54] Remmele in der Sitzung des PS vom 26. 11. 1929, RGASPI 495/3/135: 4–33, hier: 19.

Es verwundert nicht, dass die Frage nach dem „Hauptgegner" der Kommunisten und ihrem Verhältnis zur NSDAP den Konflikt zwischen Merker und Remmele neu aufflammen ließ. Merker hatte Anfang Mai 1930, also Wochen nachdem die Regierung Müller zerfallen war, in einem Aufsatz behauptet, der „Sozialfaschismus" sei der größere und stärkere „Bruder" des Nationalsozialismus; aus diesem Grunde sei der „Sozialfaschismus" – trotz der Oppositionsrolle im Reich – als Werkzeug für die „Bourgeoisie" unersetzlich und habe als einzige politische Kraft die Macht, eine faschistische Diktatur zu errichten.[55] Remmele kritisierte diese Sichtweise zwei Wochen später in Moskau: In einer Sitzung der Politkommission des EKKI referierte er die Auffassung der KPD-Spitze, derzufolge es nicht die SPD, sondern vor allem „die bürgerlichen Parteien sind, die die Faschisierung durchführen werde".[56] Molotov, der sich Remmeles Referat anhörte, erkannte darin den Versuch, sich noch einmal von der Moskauer „Sozialfaschismus"-Interpretation zu distanzieren. Missgelaunt bemängelte Molotov daher, „dass der Gen. Remmele es für notwendig hält, seinen Artikel [„Schritt halten!"] erneut in jeder Beziehung zu verteidigen – das ist nicht richtig". Allerdings wusste Molotov auch nicht so richtig, was er denn nun auf Remmeles Einwände antworten sollte – und so wurde erst einmal eine Kommission eingesetzt, die zu diesem Thema eine Resolution verfassen sollte.[57] Das knapp zwei Wochen später angenommene Dokument, von dem anzunehmen ist, dass es wieder mit Stalin abgesprochen worden war, sollte von der „Sozialfaschismus"-Doktrin retten, was zu retten war, indem eine neue Rolle für die „Sozialfaschisten" gefunden wurde. Die „Bourgeoisie", so wurde die KPD daher in einer „Weisung" belehrt, habe der Sozialdemokratie nun „die überaus bedeutsame Rolle von Streikbrechern zugedacht".[58]

Vordergründig beugte sich die deutsche Parteiführung auch dieses Mal dem Druck aus Moskau, in jeder ihrer Verlautbarungen fortan als eine Art ceterum censeo die SPD zu verdammen: Als die KPD eine Woche später erstmals eine „Resolution zum Kampf gegen den Faschismus" veröffentlichte, betonte sie darin, dass die „Faschisierung Deutschlands" sowohl durch die „faschistischen Kampforganisationen als auch durch den bürgerlichen Staatsapparat und seine sozialfaschistischen Agenten" erfolge. Der Kampf gegen den Faschismus sei daher undenkbar ohne den schärfsten Kampf gegen die SPD und deren Führung, „die eine entscheidende Waffe der Faschisierung darstellt".[59] Doch nur auf den ersten Blick sah es so aus, als seien mit diesen Formulierungen die Vorgaben aus Moskau ge-

55 Merker, Der Kampf gegen den Faschismus.
56 Bericht Remmeles in der Sitzung der PK vom 17. 5. 1930, RGASPI 495/4/31: 6–71, hier: 30 f. Ähnlich hatte auch die Kritik an Merker in der Resolution des Politbüros der KPD vom 5. 4. 1930 gelautet, in der betont worden war, „Sozialfaschismus" sei nicht das Subjekt, sondern das Werkzeug der bürgerlichen Politik; abgedruckt in der Roten Fahne vom 8. 4. 1930.
57 Molotov zum Bericht Remmeles in der Sitzung der PK vom 17. 5. 1930, RGASPI 495/4/31: 6–11, hier v. a.: 10 f.
58 Brief der PK vom 28. 5. 1930, RGASPI 495/19/520: 65–67, hier: 65.
59 Resolution des Politbüros der KPD „zum Kampf gegen den Faschismus" vom 4. 6. 1930, veröffentlicht in der Roten Fahne vom 15. 6. 1930.

treu übernommen worden, denn es hieß in der Resolution lediglich, dass die SPD „eine" der entscheidenden „Waffen der Faschisierung" sei, und darüber hinaus wurde die Sozialdemokratie erst an dritter Stelle der Liste der Gegner genannt. Die deutschen Sozialdemokraten werden aus dem Text die halbherzige Resistenz der KPD sicherlich kaum herausgelesen haben. In Moskau hingegen wurden diese Feinheiten sehr genau registriert und prompt wurde der deutsche Vertreter beim EKKI mit den Worten zur Rede gestellt: „Was für eine merkwürdige Einstellung, jetzt sollen auf einmal nicht mehr die Sozialfaschisten, sondern die National-faschisten die große Gefahr sein!"[60] Dass dieser mündlichen Ermahnung kein neuerliches Schreiben an die deutsche Parteiführung folgte, lag daran, dass nur wenig später in Moskau selbst die Nationalsozialisten als entscheidende politische Gegner ausgemacht wurden.

3. Der Disput um die „faschistische Diktatur"

Obwohl sich Moskau und Berlin heftig darum stritten, ob die NSDAP oder die SPD für die „Faschisierung" der Weimarer Republik bedeutsamer seien, fühlten sich die deutschen Spitzenfunktionäre weiterhin als die ideologischen „Muster-knaben" der Komintern, die sich in ihrer Linientreue nicht einmal von den sowjetischen Führungskadern im EKKI übertreffen lassen wollten. Welche absurden Folgen sich daraus ergaben, zeigt beispielhaft der Konflikt, der sich einige Monate später – im Dezember 1930 – zwischen der KPD-Führung und dem EKKI um den „faschistischen Charakter" der Regierung Brüning entwickelte. Seinen Anfang nahm dieser Konflikt, als Reichskanzler Heinrich Brüning am 1. Dezember seine seit den Reichstagswahlen vom 14. September 1930 erste Notverordnung nach Artikel 48 der Weimarer Verfassung erließ – sie also am Parlament vorbei durch eine Unterschrift des Reichspräsidenten von Hindenburg in Kraft setzte.[61] Noch am gleichen Tage trat die KPD-Führung zusammen und erklärte diesen Schritt als den „Beginn der faschistischen Diktatur".[62] Zwar sind sich die Forscher heute darüber einig, dass 1930 mit dem Übergang zu den so genannten Präsidialregierungen tatsächlich ein entscheidender Schritt gemacht worden war, um die parlamentarische Demokratie der Weimarer Republik auszuhöhlen – von nun an bis 1933 wurden die Regierungen in Berlin gewissermaßen durch Kanzler „von Hindenburgs Gnaden" geführt.[63] Allerdings war es natürlich völlig übertrieben, daraus

---

60 Heckert am 28. 10. 1930 in der Sitzung des Präsidiums des EKKI im Rückblick auf den Juni 1930, RGASPI 495/2/136: 6–50, hier: 24. Er sagte in diesem Zusammenhang allerdings nicht, wer sich so geäußert hatte.

61 Die Verordnung sollte die Reichsfinanzen sanieren und sah unter anderem vor, die Beamtengehälter um sechs Prozent abzusenken und verschiedene Verbrauchssteuern zu erhöhen. Zu den Hintergründen der Notverordnung vgl. Winkler, Weg in die Katastrophe, S. 255–267, und Hömig, Brüning, S. 249 f.

62 Protokoll Nr. 99 des Sekretariates des ZK der KPD vom 1. 12. 1930, Pkt. 1, SAPMO BArch RY 1-I 2/5/3: 155.

63 Vgl. Bracher, Auflösung, S. 322–330; Winkler, Weg in die Katastrophe, S. 255–273; über die Zwickmühle der SPD, ob sie das gezielte Aushöhlen der verfassungsmäßigen Rechte

sogleich das definitive Ende der Demokratie abzuleiten – zumal Notverordnungen nach Artikel 48 bereits in früheren Jahren und auch von Brüning bereits Monate zuvor verabschiedet worden waren.

Die bereits am nächsten Tag in der *Roten Fahne* veröffentlichte Einschätzung
der Regierung Brüning[64] erregte in Moskau beträchtliche Unruhe: In Abstimmung mit Molotov wurde von der Kominterführung beschlossen, der KPD ein
Telegramm zu schicken, in dem die deutschen Führungsfunktionäre aufgefordert
wurden, ihre Einschätzung zu revidieren.[65] Doch mit bemerkenswerter Hart-
näckigkeit hielt die KPD-Führung an ihrer Überzeugung fest, dass Deutschland
nun in das Stadium des Faschismus eingetreten sei: In einem Entwurf des KPD-
Politbüros für eine Resolution „zur gegenwärtigen Lage" in Deutschland, der Stalin Mitte Dezember zugeleitet wurde, hieß es erneut, dass sich die Regierung Brüning in eine „faschistische Diktatur" verwandelt habe. Stalin jedoch ließ sich bei
seiner Bewertung des Entwurfes von dem doppelt unterstrichenen Hinweis, dass
der Text von der deutschen Parteiführung „einstimmig" verabschiedet worden sei,
nicht beeindrucken. Er strich den Satz über die „faschistische Diktatur" durch
und vermerkte auf der ersten Seite der Übersetzung, wie er den Text der KPD-
Führung bewertete: „Taugt nichts. St[alin]."[66]

Wenige Tage später kamen Thälmann und Neumann in Moskau an. Nach Stalins vernichtendem Urteil über den deutschen Resolutionsentwurf mussten sie für
das im Januar 1931 anstehende ZK-Plenum zunächst gemeinsam mit Knorin einen
neuen Text erarbeiten. Allerdings sprachen die KPD-Funktionäre auch in Moskau
unbeirrt von der „Regierung der faschistischen Diktatur". Die sowjetischen
Funktionäre dagegen wollten diesen Begriff um jeden Preis vermeiden. Umständlich und mit unfreiwilliger Komik hatten die Kominternvertreter die strittige
Frage in ihrem Gegenentwurf als Kompromiss formuliert: „Die Diktatur des Kapitals in Deutschland hat gegenwärtig die Form einer ausreifenden, wenn auch
noch nicht ausgereiften faschistischen Diktatur."[67]

Letztlich war aufgrund der Renitenz der deutschen Parteiführung wieder Stalin
als Schiedsrichter gefragt: Nach offensichtlich zähen Verhandlungen zwischen

---

des Reichstages durch die Tolerierung der Notverordnungen hinnehmen solle oder nicht,
vgl. Schönhoven, Der demokratische Sozialismus im Dilemma.

[64] [Heinz Neumann], Die Lage, in: Die Rote Fahne vom 2. 12. 1930. Die Autorenschaft
Neumanns ergibt sich aus der Aussage Thälmanns in der Sitzung der PK am 14. 5. 1932,
RGASPI 495/4/188a: 29–36, hier: 31.

[65] Vgl. Protokoll Nr. 105 der PK vom 8. 12. 1930, Pkt. 5, RGASPI 495/4/73: 2, und Protokoll Nr. 20 des PB der VKP(b) vom 15. 12. 1930, Entscheidung 18/23 vom 10. 12. 1930,
RGASPI 17/162/9: 94. „Entscheidungen" wurden außerhalb der Sitzungen des Politbüros
gefasst und in die nachfolgenden Protokolle aufgenommen. Die im Protokoll erwähnten
Personen haben sich mit den entsprechenden Punkten befasst, in diesem Falle waren dies
Molotov, Knorin, Manuilskij und Pjatnickij. Der Text des Telegrammes befindet sich in
den geschlossenen Beständen der OMS, des Geheimdienstes der Komintern.

[66] Resolutionsentwurf des Politbüros der KPD zur gegenwärtigen Lage, Übersetzung vom
18. 12. 1930, RGASPI 558/11/139: 66–75, die Bemerkung Stalins auf Blatt 66, der durch-
gestrichene Satz auf Blatt 67.

[67] Entwurf für eine „Resolution des Politbüros der KPD zur Charakteristik der gegenwärtigen Lage" vom 22. 12. 1930, RGASPI 558/11/139: 76–87, hier: 77f.

Neumann, Thälmann und Knorin wurde ihm ein Entwurf mit zwei deutlich gekennzeichneten Varianten präsentiert: erstens die Fassung der „deutschen Genossen" und zweitens die der Kominternführung.[68] Am späten Abend des 22. Dezember wurde die Kominternführung gemeinsam mit den deutschen Genossen von Stalin in dessen Arbeitszimmer empfangen[69], um dort über den Resolutionsentwurf zu diskutieren. Die KPD-Funktionäre waren selbst jetzt noch nur schwer von ihrer Überzeugung abzubringen. „Es war ein hartnäckiger Kampf, bis die Partei diese Parole fallen ließ", bemerkte Pjatnickij später über die Gespräche.[70]

Zwar stellten sich die deutschen Kommunisten nach dem Gespräch im Kreml weiterhin als gehorsame Parteisoldaten dar: Dem EKKI berichtete die KPD-Führung nach der Rückkehr Thälmanns und Neumanns aus Moskau eilfertig, aufgrund der „Besprechungen mit der Exekutive und dem Genossen Stalin" sei in „den Fragen der Analyse der gegenwärtigen Situation" in Deutschland „eine gewisse Klärung" vorgenommen worden.[71] Und tatsächlich enthielt die Resolution, die das Zentralkomitee der KPD am 16. Januar 1931 schließlich verabschiedete, die von Moskau verlangten, gedrechselten Formulierungen über die erst noch „ausreifende" Diktatur, die in der *Roten Fahne* im eingerückten Fettdruck wiedergegeben wurden.[72] Dennoch blieb die deutsche Parteiführung fest davon überzeugt, dass sie mit ihrer ursprünglichen Einschätzung der Regierung Brüning auf dem Boden der bisherigen EKKI-Beschlüsse gestanden hatte. Als Knorin im Januar 1931 nach Berlin reiste, um zu kontrollieren, wie die Moskauer Anweisungen umgesetzt wurden, sah er sich weiterhin mit KPD-Funktionären konfrontiert, die ihm offen erklärten: „Wir haben [in Deutschland] alles, wodurch im Programm [der Komintern] die faschistische Diktatur definiert wird, plus noch mehr."[73] Hatten die KPD-Funktionäre im Frühjahr 1930 noch darauf gepocht, die tatsächliche innenpolitische Entwicklung in Deutschland bei der Einschätzung der Lage stärker zu berücksichtigen, so zeigten sie sich nun als ultradogmatische Vertreter der reinen Linie, die meinten, sie könnten selbst ihren bolschewistischen Lehrmeistern in dieser Beziehung ein Vorbild sein.

Wieso legten Stalin und die Komintern aber so großen Wert darauf, dass das Kabinett Brüning *nicht* als „faschistische Diktatur" bezeichnet wurde, wo sie doch in Bezug auf die „Sozialfaschismus"-Doktrin die Grenzen offenkundig viel weiter zogen? Wie bei den meisten Eingriffen Moskaus so ist auch hier bislang vor

---

68 Ebenda.

69 Korotkov, Posetiteli kremlevskogo kabineta I. V. Stalina, Teil I, S. 27.

70 Pjatnickij in der Sitzung der PK vom 15. 3. 1932, RGASPI 495/4/177: 13–28, hier: 15. Später wurde Neumann angelastet, der Hauptverantwortliche gewesen zu sein. Vgl. Thälmanns Ausführungen in der Sitzung der PK vom 14. 5. 1932, RGASPI 495/4/188a: 29–36, hier: 31, und Pjatnickij, Die Arbeit der Kommunistischen Parteien Frankreichs und Deutschlands, S. 18.

71 Bericht der Orgabteilung der KPD über die Vorbereitung der Tagung des ZK der KPD vom 13. 1. 1931, RGASPI 495/293/117: 5–10, hier: 5.

72 „Die nächsten und höheren Aufgaben der KPD. Resolution zur politischen Lage und den Aufgaben der Partei", in: Die Rote Fahne vom 21. 1. 1931.

73 Brief „Sokoliks" [d. i. Knorin] an Pjatnickij vom 10. 1. 1931, RGASPI 508/1/124: 35 f., hier: 35. Aus einer Notiz auf dem Brief ist ersichtlich, dass Pjatnickij den Brief an Molotov weiterleitete.

allem auf die außenpolitischen Interessen der Sowjetunion verwiesen worden: Nachdem sich die deutsch-sowjetischen Beziehungen im Laufe des Jahres 1930 wieder etwas normalisiert hatten, sollten sie nicht durch die Ausfälle der KPD erneut beschädigt und Deutschland somit wieder näher an Frankreich gedrängt werden.[74] Diese These klingt auf den ersten Blick einleuchtend, doch erstaunlicherweise spielten die Äußerungen der KPD über die Notverordnung vom 1. Dezember 1930 in den Berichten der sowjetischen Diplomaten aus dieser Zeit überhaupt keine Rolle: Als der sowjetische Botschafter in Berlin, Lev M. Khinchuk, dem stellvertretenden Volkskommissar für auswärtige Angelegenheiten, Krestinskij, im Februar 1931 über die Ereignisse rund um Brünings Notverordnung berichtete, konzentrierte er sich vielmehr auf die SPD, die sich seinen Worten zufolge durch ihre Tolerierungspolitik vom „letzten Gegner" des Artikels 48 zu seinem „Hauptbefürworter" gewandelt habe.[75]

Entscheidend dürfte daher die Furcht der Moskauer Funktionäre gewesen sein, dass sich die KPD-Mitglieder und die kommunistischen Wähler nicht mehr mobilisieren ließen, wenn sie den Kampf gegen die „faschistische Diktatur" entweder bereits für verloren oder aber diese „Diktatur" als bloße Variante der bisherigen Regierungen hielten. Pjatnickij erklärte der KPD-Spitze später, diese erste Notverordnung nach der Reichstagswahl vom 14. September sei in der Bevölkerung als wenig dramatisch empfunden worden: Jeder „Arbeiter, wenn man ihm sagte, dass die Notverordnung dazu geführt hat, dass der Faschismus in Deutschland gesiegt hat, konnte sagen: der Faschismus ist nicht so schlimm".[76] Um eine wirkliche faschistische Diktatur zu errichten, erläuterte Manuilskij wenige Wochen nach dem Eingriff Moskaus auf einer Kommissionssitzung des EKKI Anfang 1931, müsse der Arbeiterklasse doch „zumindest" eine schwere Niederlage zugefügt werden. „Wenn aber die Arbeiterklasse nicht zerschlagen ist, dann darf man auch nicht von einer faschistischen Diktatur reden."[77]

Diese Differenzierungen hatten einen Haken – sie säten erneut Zweifel an der „Sozialfaschismus"-Doktrin. Denn wenn Brünings Regierung trotz Notverordnungen nicht „faschistisch" war, weshalb sollte man dann die parlamentarisch abgestützte Politik der SPD als „sozialfaschistisch" deklarieren? Manuilskij erkannte diesen Widerspruch und zog sich mit der dürftigen Einschränkung aus der Affäre, dass man natürlich keine „chinesische Mauer" zwischen der parlamentarischen Demokratie und dem Faschismus errichten dürfe, wie dies Remmele im Frühjahr 1930 getan habe.[78] Der KPD-Führung wurde aus Moskau eine weitere Variante der altbekannten Floskel mitgegeben, „dass der Unterschied zwischen der bürgerlich-demokratischen und der faschistischen Staatsform im Rahmen der Diktatur des Kapitals nur relativ" sei.[79]

---

[74] Vgl. u. a.: Weingartner, Stalin und der Aufstieg Hitlers, S. 49–53.
[75] Brief Khinchuks an Krestinskij vom 10. 2. 1931, AVP RF 082/14/63/5: 29–34.
[76] Pjatnickij in der Sitzung der PK vom 15. 3. 1932, RGASPI 495/4/177: 13–28, hier: 15.
[77] Manuilskij in der Sitzung der Kommission zum Kampf gegen Faschismus und Sozialfaschismus vom 26. 1. 1931, abgedruckt in: Komalova (Hg.), Komintern protiv fašizma, S. 263.
[78] Ebenda.
[79] So die in Moskau formulierte und vom ZK der KPD im Januar offiziell „verabschiedete"

An diese Formel erinnerten die Kominternfunktionäre während der verbleibenden zwei Jahre bis zur Machtübertragung an Hitler immer wieder: So warnte Manuilskij im April 1931 auf dem XI. EKKI-Plenum vor „allen krampfhaften theoretischen Bemühungen, die Kriterien der faschistischen Art der bürgerlichen Herrschaft zu suchen", weil dies schließlich dazu führe, den Faschismus als einen eigenständigen Staatstyp zu definieren: Es bleibe „grundfalsch", beispielsweise einen prinzipiellen Unterschied zwischen der SPD und der NSDAP finden zu wollen.[80]

Mit ihren widersprüchlichen Stellungnahmen stiftete die Komintern enorme Verwirrung: Wenn sich die parlamentarische Demokratie im Prinzip nicht von der faschistischen Diktatur unterschied, wenn die Regierung Müller bereits eine „Regierung zur Durchführung einer faschistischen Diktatur"[81] gewesen war und die Regierung Brüning nun für eine „faschistische Diktatur" stand, die „ausreift, wenn auch noch nicht ausgereift ist" – dann war der Unterschied zwischen all diesen Regierungsformen vernachlässigbar und der Begriff des Faschismus insgesamt wertlos.

Es kann daher nicht verwundern, dass die schillernden Faschismus- und Diktatur-Definitionen an der kommunistischen Basis eine heillose Verwirrung stifteten: Anfang 1932 berichtete Thälmann nach Moskau, dass laut einer Umfrage unter etwa 1000 KPD-Funktionären „nur 5% eine einigermaßen richtige Antwort über die Frage des Faschismus geben konnten".[82]

„Resolution zur politischen Lage und den Aufgaben der Partei", abgedruckt in: Die Rote Fahne vom 21. 1. 1931.

[80] Schlusswort Manuilskijs auf dem XI. EKKI-Plenum am 6. 4. 1931, RGASPI 495/169/87: 32. Mit den gleichen Argumenten auch der Vortrag Knorins im MELS des EKKI am 8. 1. 1932, RGASPI 495/28/172: 20.

[81] Vgl. Brief Heckerts an Sekretariat des ZK der KPD vom 20. 1. 1930, RGASPI 495/292/50: 14–16.

[82] Brief Thälmanns an Pieck vom 8. 1. 1932, RGASPI 495/292/61: 4f., hier: 4.

V. Die nationalsozialistische Konkurrenz

Schon die Zeitgenossen nahmen die KPD meist als eine rein internationalistisch ausgerichtete Partei wahr, der jeglicher Nationalismus fremd war. Um so größer war daher im August 1930 die Überraschung, als in der *Roten Fahne* die „Programmerklärung zur nationalen und sozialen Befreiung des deutschen Volkes" erschien. Dass im Titel die „nationale" vor die „soziale" Befreiung gesetzt wurde, kündigte an, in welchem Ton der Text gehalten war: So versprach die KPD in diesem Manifest nicht nur, nach ihrer „Machtergreifung" den „räuberischen Versailler ,Friedens'-Vertrag und den Youngplan, der Deutschland knechtet, [zu] zerreißen" und alle Reparationszahlungen zu annullieren, sondern erklärte darüber hinaus „denjenigen deutschen Gebieten, die den Wunsch danach äußern werden, die Möglichkeit des Anschlusses an Sowjetdeutschland [zu] sichern".[1]

Dieser offene Nationalismus der KPD wurde sowohl von vielen Zeitgenossen als auch später von Historikern als ein Bruch mit dem von den Kommunisten üblicherweise proklamierten Internationalismus gewertet. Weil in der Forschung zudem schon lange vermutet wurde, dass Stalin persönlich die „Programmerklärung" vom August 1930 initiiert habe[2], interpretierte man dieses Dokument häufig als Schachzug der sowjetischen Außenpolitik: Der sowjetische Generalsekretär habe mithilfe der nationalistischen Befreiungspropaganda der KPD die deutsch-französischen Beziehungen zu torpedieren versucht, weil er gefürchtet habe, dass sich Deutschland in die vermeintliche antisowjetische Front einreihe. Unmittelbarer Anlass sei der Plan des französischen Außenministers Briand vom 1. Mai 1930 gewesen, in dem dieser vorschlug, einen europäischen Staatenbund zu schaffen.[3]

Anhand der nun zugänglichen Akten lässt sich mittlerweile belegen, dass Stalin tatsächlich die „Programmerklärung" angeregt hat – doch werfen diese Dokumente ein anderes Licht auf seine Motive. Zwar dürfte Stalin in Briands Plan tatsächlich einen erneuten Vorstoß Frankreichs gesehen haben, eine antisowjetische Allianz zu schmieden: Wenige Wochen später bezeichnete er Frankreich mit Bezug auf diesen Plan als das „alleraggressivste, allermilitaristischste aller aggressiven und militaristischen Länder der Erde".[4] Der zeitliche Ablauf der Entstehung der „Programmerklärung" belegt jedoch, dass diese nicht als direkte Reaktion der sowjetischen Führung auf diese Initiative der französischen Regierung entstanden

---

[1] Die „Programmerklärung" erschien am 24. 8. 1930 in der Roten Fahne und ist wieder abgedruckt in: Weber, Der deutsche Kommunismus, S. 58–65. Vgl. dazu die aus dem Russischen übersetzte Vorlage vom 22. 7. 1930, RGASPI 495/3/170: 400–406.

[2] Vgl. Schüddekopf, Linke Leute von rechts, S. 289.

[3] Maßgeblich für diese Interpretation: Weingartner, Stalin und der Aufstieg Hitlers, S. 42 f. Vgl. ferner: Niclauss, Die Sowjetunion und Hitlers Machtergreifung, S. 21–42. Carr, Twilight of Comintern, lässt die Ursachen für die Programmerklärung außen vor.

[4] Stalins Rede vor dem 16. Parteitag der VKP(b) am 27. Juni 1930, in: ders., Werke, Bd. 12, S. 207–326, hier: S. 224.

ist, sondern bereits einige Monate früher als Reaktion auf den Aufstieg des Nationalsozialismus konzipiert wurde.

Um die Hintergründe der „Programmerklärung" der KPD angemessen bewerten zu können, ist es zunächst notwendig, erstens einen Blick auf den marxistischen Nationalismus zu werfen, zweitens kurz auf den Vorläufer der nationalpopulistischen Kampagne der KPD des Jahres 1930 hinzuweisen – den so genannten Schlageterkurs von 1923 – und drittens schließlich auf den meiner Meinung nach ausschlaggebenden Faktor für die Entstehung der „Programmerklärung" von 1930 einzugehen: Stalins Überlegungen zur „nationalen Frage", wie sie sich in der sowjetischen Nationalitätenpolitik niedergeschlagen haben. Erst diese Hintergründe ermöglichen es, die Entstehungsgeschichte der „Programmerklärung" selbst und die Reaktionen darauf zu analysieren.

1. Marxistischer Nationalismus und sowjetische Nationalitätenpolitik

Zu den am weitesten verbreiteten Missverständnissen der Kommunismusforschung gehört die Auffassung, der Nationalismus sei dem Marxismus fremd gewesen.[5] In diesem Zusammenhang werden meist die zwei berühmten Sätze aus dem *Kommunistischen Manifest* von Marx und Engels zitiert: „Die Arbeiter haben kein Vaterland. Man kann ihnen nicht nehmen, was sie nicht haben."[6] Die Nationalismen der kommunistischen Parteien und insbesondere Stalins Lobpreisungen der russischen Nation sind daher immer wieder als ein besonders krasses Beispiel einer „Abweichung" vom Marxismus gewertet worden.

In dieser Interpretation ist allerdings übersehen worden, dass es durchaus auch einen genuin *marxistischen* Nationalismus gab. Verkürzt ist die Sichtweise bereits in einem ganz direkten Sinne, denn die Passage des *Kommunistischen Manifestes* zur Bedeutung der Nation für das Proletariat wird meist unvollständig wiedergegeben. Unmittelbar im Anschluss an die Feststellung, dass die Arbeiter kein Vaterland hätten, schließt sich im Manifest folgende Passage an:

„Indem das Proletariat zunächst sich die politische Herrschaft erobern [muss], sich zur nationalen Klasse erheben, sich selbst als Nation konstituieren muss, ist es selbst noch national, wenn auch keineswegs im Sinne der Bourgeoisie. Die nationalen Absonderungen und Gegensätze der Völker verschwinden mehr und mehr schon mit der Entwicklung der Bourgeoisie [...]. Die Herrschaft des Proletariates wird sie noch mehr verschwinden machen."[7]

Zwar sahen Marx und Engels in der Nation also lediglich eine Zwischenstufe in der geschichtlichen Entwicklung, aber ihre Feststellung, dass die Arbeiter kein Vaterland hätten, bedeutete für Marx und Engels nicht, dass die Nation für das Proletariat deshalb irrelevant sei – sondern im Gegenteil: dass es sich dieses „Va-

---

5 Vgl. Mommsen, Die sozialistische Arbeiterbewegung und die nationale Frage, v. a. S. 87.
6 Marx/Engels, Das Kommunistische Manifest, in: dies., Werke, Bd. 4, S. 479.
7 Ebenda.

terland" noch erobern musste. Erst danach würde der weitere historische Prozess die Nationen miteinander verschmelzen lassen.

An dieser Stelle setzt nun der spezifische Nationalismus von Marx und Engels an, denn sie hatten schon recht konkrete Vorstellungen, in welcher Reihenfolge dieses „Verschmelzen" vonstatten gehen sollte, bewerteten sie doch die Nationen und nationalen Bewegungen ihrer Zeit höchst unterschiedlich. Die Lektüre der Schriften von Marx, vor allem aber von Friedrich Engels zeigt, dass sie seit 1848 von einer ausgeprägten Abneigung gegenüber den „kleinen" Nationen der Tschechen und Kroaten geprägt waren. Insbesondere die Tschechen hatten sich 1848 nämlich gegen die Pläne der Paulskirche für einen „modernen", auf Assimilation ausgerichteten deutschen Nationalstaat gewandt und es vorgezogen, auf Seite der Habsburger weiterhin in einem aus der Sicht von Marx und Engels „überlebten" multiethnischen Staat zu verbleiben. Die beiden deutschen Denker meinten, dass die kleinen Nationen bei der Bildung großer Nationalstaaten in der jeweiligen Titularnationen aufgehen und in einem „universalen revolutionären Sturm verschwinden" sollten. Doch anstatt diesen Schritt in die Moderne zu gehen, wie Marx und Engels ihn verstanden, hatten sich diese Nationen mit ihrer Option für das multiethnische Habsburger Reich auf die Seite der „Konterrevolution" gestellt, weil sie somit die „feudalen" Strukturen in Mitteleuropa stützten. Aus diesem Grunde unterschieden Marx und Engels (hierin Hegel folgend) zwischen „historischen" Nationen wie den Deutschen, den Polen und den Ungarn – also Nationen, die den „Fortschritt" verkörperten, weil sie gegen den Feudalismus aufbegehrten – und den „nichthistorischen" Nationalitäten, wie den Tschechen und Kroaten, die den Fortschritt aufhielten, indem sie sich von autokratischen Herrschern protegieren ließen.

Eine solche Auffassung, der zufolge die deutsche Nation und somit der 1871 gegründete deutsche Nationalstaat ein Träger des Fortschrittes waren, hielt sich in der deutschen Arbeiterbewegung bis zum Ersten Weltkrieg: Als die deutschen Sozialdemokraten 1914 im Reichstag die Kriegskredite bewilligten, taten sie dies nicht zuletzt, weil sie im Krieg gegen das zaristische Russland einen Kampf zwischen Fortschritt und Barbarei erblickten. Auf diese Weise war der Nationalismus lange vor 1917 zu einem integralen Bestandteil des Marxismus geworden.

Als nach dem Ersten Weltkrieg die Kommunistische Internationale gegründet wurde, wurde dies unter anderem damit begründet, dass die europäische Sozialdemokratie im Jahre 1914 historisch versagt habe, weil sie die nationale Loyalität über die internationale Klassensolidarität gestellt habe. Mit der Bewilligung der Kriegskredite hätten sich die Parteien der sozialistischen Internationale auf ewig diskreditiert. Jedoch spielten die Kommunisten nach 1918 selbst immer wieder mit dem Feuer des Nationalismus – die „Programmerklärung" der KPD von 1930 war längst nicht der einzige derartige Fall. Schon im Jahre 1923 hatten die Kommunisten während des „Ruhrkampfes" gegen die französische Besetzung des Ruhrgebietes mit dem so genannten Schlageterkurs Aufsehen erregt – damals ehrte der Deutschlandexperte der Komintern, Karl Radek, den Freikorpskämpfer Albert Leo Schlageter, der wegen Sprengstoffanschlägen von einem französischen Erschießungskommando hingerichtet worden war, öffentlich als „Märtyrer des deutschen Nationalismus" und „mutigen Soldaten der Konterrevolution", der es verdiene, „von uns Soldaten der Revolution männlich ehrlich gewürdigt zu werden".[8] Diese Rede bildete den Auftakt für eine mehrere Monate andauernde nationalistische Kampagne der KPD, in deren Verlauf sich die Partei als Kämpferin gegen den „französischen Imperialismus" zu profilieren versuchte.[9]

Ebenso wie die „Programmerklärung" von 1930 ist auch der „Schlageterkurs" von 1923 in der Forschung häufig als eine Initiative gewertet worden, die vorrangig den Interessen der sowjetischen Außenpolitik entsprang und dabei vor allem als Versuch interpretiert worden, den deutsch-französischen Gegensatz weiter zu verschärfen[10] oder auf diese Weise gar ein militärisches Bündnis zwischen Deutschland und der Sowjetunion herzustellen.[11] Wie neuere Forschungen zeigen, bedurfte es 1923 allerdings gar nicht solch plumper Signale, um die militärische Zusammenarbeit zwischen den beiden Staaten auf den Weg zu bringen, denn diese war damals bereits recht weit fortgeschritten.[12] Radek sah seine nationalistische Offerte denn auch im Zusammenhang mit der geplanten Revolution in Deutschland. Da er die faschistischen Kräfte in Deutschland als einen sehr starken Faktor einschätzte, wollte er erstens Auseinandersetzungen mit der radikalen Rechten während der bevorstehenden Revolution „auf jede Art und Weise vermeiden", indem er sie durch den kommunistischen Nationalismus – so seine Formulierung – „neutralisierte", und zweitens im rechtsradikalen Lager Verbündete für einen Staatsumsturz suchen.[13]

Anders als es die Vorstellung von der außenpolitischen Instrumentalisierung des kommunistischen Nationalismus nahe legt, musste die KPD damals zudem keinesfalls zu der nationalistischen Taktik gedrängt werden – im Gegenteil: Im Denken einiger Spitzenfunktionäre wie Clara Zetkin nahm der Nationalismus trotz der Ereignisse des Jahres 1914 einen breiten Raum ein. So wie sie schon 1910 von einem sozialistischen „dritten Reich" geträumt und sich bemüht hatte, auf diese Weise Sozialismus und Nationalismus zu verbinden[14], forderte sie auch nach dem Krieg immer wieder eine „nationale Wiedergeburt" oder die „Rettung Deutschlands".[15] Die nationalistische Taktik des Jahres 1923, zu deren Initiatoren Zetkin gehörte, passte sich somit in eine längerfristige politische Strategie der alten Spartakistin ein.

---

[8] Die Rede erschien am 26. 6. 1923 unter der Überschrift „Leo Schlageter, der Wanderer ins Nichts" auf der ersten Seite der Roten Fahne. Wieder abgedruckt in: Weber, Der deutsche Kommunismus, S. 142 ff.

[9] Zu dieser Phase vgl. Angress, Die Kampfzeit der KPD, S. 364–376 (Zitat S. 367); Schüddekopf, Linke Leute von rechts, S. 139–164; Luks, Entstehung der kommunistischen Faschismustheorie, S. 62–67. Dupeux, „Nationalbolschewismus" in Deutschland, S. 178–205; Zu Radeks Aktivitäten in Deutschland nach dem Ersten Weltkrieg vgl. Goldbach, Karl Radek und die deutsch-sowjetischen Beziehungen.

[10] Hermann Weber, Vorwort, in: Bayerlein, Deutscher Oktober, S. 19–34, hier: 24.

[11] Vgl. die Darstellung von: Fischer, Stalin und der deutsche Kommunismus, S. 318–333.

[12] Über die militärische Zusammenarbeit seit 1922 vgl. Gorlov, „Sovershenno sekretno", S. 75–89.

[13] Vgl. Protokoll der Debatte des Politbüros der RKP(b) über die internationale Lage am 21. 8. 1923, abgedruckt in: Bayerlein (Hg.), Deutscher Oktober 1923, S. 120 f.

[14] Vorwärts vom 22. 2. 1910, zitiert nach: Puschnerat, Zetkin, S. 335.

[15] Vgl. Puschnerat, Zetkin, S. 312–335.

Wenn sich nun ausgerechnet der Georgier Stalin zum „großrussischen Chauvinisten" wandelte, wie ihm auch Lenin schließlich vorwarf[16], so lag dies daran, dass er eine vergleichbare Vorstellung von Fortschritt besaß wie Marx und Engels: Auch für Stalin gab es „fortschrittliche" und „rückständige" Nationen und auch er bemaß diesen Fortschritt nicht nach ethnisch-rassischen Kriterien, sondern danach, wie weit eine Nation auf dem Weg in die „Moderne" gekommen war. In Stalins Augen waren die Russen vor allem deshalb fortschrittlicher als die übrigen Völker des russischen Imperiums, weil es in Russland bereits große Industriebetriebe und eine „Arbeiterklasse" gab.[17] Während Stalin die Russen als ein Volk betrachtete, das sich daher bereits der universalen, also supranationalen Zivilisation der Moderne angenähert habe, sah er die Ethnien des Kaukasus noch in „mittelalterlichen" Gebräuchen wie schiitischen Selbstgeißelungs-Prozessionen und der Blutrache gefangen.[18] Nicht weil er den Russen irgendwelche ethnischen Besonderheiten zuschrieb, sondern gerade weil ihnen diese Besonderheiten *fehlten*, sah Stalin in ihnen also die Träger des Fortschrittes.

Mit dieser Unterscheidung zwischen „progressiven" und „rückständigen" Nationen bewegte sich Stalin also durchaus in der marxistischen Tradition – sie führte ihn aber auch auf den Pfad eines missionarischen Imperialismus.[19] Schon im April 1905 zeigte er sich vor Erdöl-Arbeitern in Batumi am Kaspischen Meer davon überzeugt, dass die Bolschewiki nicht nur für das russische Proletariat und die Völker des russischen Imperiums, sondern sogar „für die gesamte Menschheit, für die gesamte moderne Zivilisation verantwortlich" seien.[20] Nachdem auf den russischen Oktoberumsturz keine erfolgreichen Aufstände in den industrialisierten Ländern Westeuropas folgten, festigte sich nicht nur bei Stalin diese Auffassung.[21] Wie bereits erwähnt sahen auch die meisten westeuropäischen Kommunisten im bolschewistischen Modell des gewaltsamen Aufstandes den einzig gangbaren Weg zur proletarischen Revolution und in den Bolschewiki daher die unbestrittenen Lehrmeister, nachdem die Misserfolge der KPD und die sowjetischen

---

16 Martin, The Affirmative Action Empire, S. 71.
17 Damit erklärte Stalin Ende 1919 auch den Vormarsch der Sowjettruppen gegen die Armeen Kolchaks und Denikins im Bürgerkrieg: Während die sowjetischen Truppen sich auf die industriellen, also revolutionären Zentren Russlands stützten, habe die „Konterrevolution" ihre Basis an der nicht industrialisierten Peripherie des Reiches. Vgl. Josef Stalin, Zur militärischen Lage im Süden, 26. 12. 1919, in: ders., Werke, Bd. 4, S. 250–258, hier, S. 253.
18 Vgl. Josef Stalin, Marxismus und nationale Frage, in: ders., Werke, Bd. 2, S. 266–333, hier: S. 300. In diesem Aufsatz schrieb Stalin ferner: „Die nationale Frage im Kaukasus kann nur im Geiste der Einbeziehung der zu spät gekommenen Nationen und Völkerschaften in den allgemeinen Strom der höheren Kultur gelöst werden." Ebenda, S. 319. Die Träger dieser vermeintlich „höheren" Kultur waren die Russen. Zu Stalins Auffassung über das kulturelle Niveau der Russen vgl. auch: van Ree, Political Thought, S. 62–72.
19 Vgl. Shapoval, Der russische Nationalismus.
20 Zitiert nach: van Ree, Political Thought, S. 69. Vgl. dazu auch: Josef Stalin, Die internationale Konterrevolution, in: ders., Werke, Bd. 1, S. 216–218: „Das Proletariat Russlands marschiert an der Spitze [!] der demokratischen Revolution [...]. Kein Zweifel, dass der kommende neue Ausbruch der russischen Revolution das europäische Proletariat noch entschiedener zum Kampf mobilisieren wird."
21 Vgl. van Ree, Political Thought, S. 70–72.

Siege nach dem Ersten Weltkrieg die bisherige Hierarchie in der internationalen Arbeiterbewegung auf den Kopf gestellt hatten.

Aus seiner Überzeugung, dass die Russen vor allem gegenüber den Angehörigen der „rückständigen" Nationen des sowjetischen Imperiums eine Führungsposition einnehmen sollten, ergab sich für Stalin paradoxerweise allerdings nicht der Schluss, dass diese Nationen schnellstmöglich in größeren und „fortschrittlicheren" Nationen aufgehen müssten[22], wie dies Marx und Engels als Weg in die Moderne vorgeschwebt hatte. Vielmehr war die von ihm und Lenin geprägte sowjetische Nationalitätenpolitik geradezu besessen von dem Gedanken, die verschiedenen Nationalitäten des russischen Imperiums in ihrer Entwicklung zu *fördern*, damit sie sich zu „vollwertigen" also ebenfalls „modernen" Nationen wandelten, wie dies bei den Russen der Fall war. Im Verlaufe dieser als „korenizacija" (Indigenisierung) bezeichneten Politik schufen die Bolschewiki nicht nur fest umgrenzte nationale Territorien und bildeten neue, einheimische Eliten aus, sondern gingen sogar so weit, zuweilen völlig neue Schriftsprachen schaffen zu lassen, wenn solche zuvor nicht existiert hatten. Die Partei sollte sich auf diese Weise an die Spitze des nicht-russischen Nationalismus stellen.[23] „Man kann nicht gegen die Geschichte anrennen", begründete Stalin im Jahre 1921 die Notwendigkeit, die Nationsbildungsprozesse innerhalb der Sowjetunion voranzutreiben, anstatt sie abzubremsen.[24] Die Sowjetunion ist in der amerikanischen Forschung daher als ein *affirmative action empire*, ein Imperium der positiven Diskriminierung bezeichnet worden.[25] Freilich bewegte sich diese Nationalitätenpolitik weiterhin im Rahmen der zivilisatorischen Mission der Bolschewiki. Denn nichts stand ihnen ferner als der „bürgerliche" Nationalismus: Die sowjetischen Nationalkulturen durften nämlich nur „ihrer Form nach" national sein, wie es Stalin im Jahre 1925 formulierte, diese „Form" aber sollte einen „proletarischen Inhalt" umkleiden.[26]

Einer solchen Politik, welche die Entwicklung von Nationalitäten demonstrativ förderte, hatten sich viele Funktionäre widersetzt, da sie im Nationalismus ein überlebtes Phänomen einer untergehenden Epoche sahen. Vor dem 12. Parteitag der VKP(b) im Jahre 1923, auf dem die Indigenisierung zur offiziellen Politik erhoben wurde, meldeten viele Bolschewiki Zweifel an dieser Linie an, und Zi-

---

[22] Zumindest gilt dies für die Zeit nach 1913. In den Jahren zuvor hatte er zeitweise die Meinung vertreten, dass die „so genannten ‚nationalen Interessen'" nicht wert seien, sich dafür einzusetzen. Vgl. dazu: van Ree, Political Thought, S. 61 f.; und: Josef Stalin, Welche Auffassung hat die Sozialdemokratie von der nationalen Frage? in: ders., Werke, Bd. 1, S. 28–48.

[23] Vgl. Slezkine, The USSR as a Communal Apartment.

[24] Josef Stalin, Schlusswort auf dem 10. Parteitag der KPR(b) [RKP(b)] am 10. 3. 1921, in: ders, Werke, Bd. 5, S. 39–42, hier S. 42.

[25] Vgl. Martin, The Affirmative Action Empire. Vgl. auch die Fallstudie zu Azerbajzhan: Baberowski, Der Feind ist überall, v. a. S. 184–214.

[26] Josef Stalin, Über die politischen Aufgaben der Universität der Völker des Ostens. Rede vor den Studenten der Kommunistischen Universität der Werktätigen des Ostens am 18. 5. 1925, in: ders., Werke, Bd. 7, S. 115–131, hier: S. 119. Später wurde daraus die prägnante Formel „Sozialistisch im Inhalt, national in der Form". Zu der Konzeption der sowjetischen Nationalitätenpolitik vgl. zusammenfassend die Rede Stalins vor dem 16. Parteitag der VKP(b) am 27. Juni 1930, in: ders., Werke, Bd. 12, S. 207–326, hier: S. 316–324.

nov'ev fragte erstaunt, ob „nicht irgend wo im Kommunistischen Manifest geschrieben [steht], dass das Proletariat kein Vaterland hat, Arbeiter der Welt vereinigt Euch, etc?"[27] Diese Auseinandersetzung hatte bereits Jahre zuvor auf dem 8. Parteitag der Bolschewiki im März 1919 einen ersten Höhepunkt erreicht, als über das von den Sowjets proklamierte Recht auf „nationale Selbstbestimmung" diskutiert wurde. Georgij Pjatakov und Nikolaj Bukharin nahmen in diesem Disput einen internationalistischen Standpunkt ein: Pjatakov sah in der Parole der nationalen Selbstbestimmung schlicht einen Schlachtruf der Konterrevolution[28] und Bukharin erklärte, dass sich diese Losung nicht mit der proletarischen Diktatur vereinbaren lasse, weil eine Nation neben dem Proletariat nun einmal auch andere Klassen umfasse.[29]

Im Bürgerkrieg mussten die Bolschewiki allerdings erkennen, dass ihnen die Existenz dieser nichtproletarischen Klassen vor allem an der kaukasischen und asiatischen Peripherie des russischen Imperiums das Leben schwer machte, fühlten sich diese doch weniger von den Parolen des Klassenkampfes als vielmehr von denen der nationalen Befreiungsbewegungen angezogen. Lenin und Stalin erkannten damals früher als andere, welche enorme mobilisierende Kraft dem Nationalismus weiterhin innewohnte. Lenin erklärte den Delegierten des 8. Parteitages, dass selbst die Proletarier in den „fortgeschrittenen" Ländern wie Polen und Deutschland noch starke nationale Bindungen empfänden, die sie gegen die sozialistische Revolution immunisierten.[30] An der Peripherie des übernommenen Imperiums jedoch gab es noch nicht einmal eine nennenswert große Gruppe, die sich als Proletariat bezeichnen ließ. Mit ihren sozialistischen Identitätsangeboten kamen die Bolschewiki dort daher nicht weit. Wenn man den nationalen Bedürfnissen der Menschen keine Konzessionen mache, so waren Lenin und Stalin deshalb überzeugt, werde man sie nicht für die Sowjetmacht gewinnen können. „Nationaler Nihilismus", so warnte Stalin schon 1918, schade dem Sozialismus, weil er letztlich den „bürgerlichen Nationalisten" in die Hände spiele.[31]

2. Die nationalpopulistische Wende der KPD

Die Erkenntnis von der Macht des Nationalismus hatte für Stalin eine universale Gültigkeit. Sie beeinflusste daher auch seine Auffassung darüber, wie sich die mittel- und westeuropäischen Kommunisten gegenüber dem Nationalismus verhal-

---

[27] So gab Zinov'ev, der zunächst selbst dieser Linie kritisch gegenüber gestanden hatte, die Kritik vieler Genossen wieder. Zitiert nach: Martin, The Affirmative Action Empire, S. 20.
[28] Martin, The Affirmative Action Empire, S. 2.
[29] Vgl. Baberowski, Der Feind ist überall, S. 195–197.
[30] Vgl. ebenda, S. 197. Angesichts dieser Feststellung ist es fraglich, ob Lenin den „Nationalbolschewismus", für den Radek im Januar 1920 plädierte, tatsächlich „glattweg als himmelschreienden Unsinn" ablehnte, wie dies Ruth Fischer behauptete. Vgl. Fischer, Stalin und der deutsche Kommunismus, S. 113.
[31] Josef Stalin, Schlusswort auf der Beratung über die Einberufung des Konstituierenden Kongresses der Tatarisch-Baschkirischen Sowjetrepublik vom 16. 5. 1918, in: ders., Werke, Bd. 4, S. 79 f. Vgl. van Ree, Political Thought, S. 78 f.

ten sollten. Besonders aufschlussreich ist in dieser Beziehung ein Tagebucheintrag Dimitrovs vom Mai 1934 über ein Gespräch mit Stalin über die „nationale Frage" und ihre Bedeutung insbesondere für Deutschland. Die Notizen Dimitrovs zu diesem Gespräch sind zwar äußerst knapp, doch belegen sie hinreichend, dass der sowjetische Diktator davon überzeugt war, dass sich der Nationalismus in anderen Ländern ebenso für die Ziele der Kommunisten instrumentalisieren ließ, wie dies in der Sowjetunion der Fall war: „Prolet[arischer] Internationalismus und Nationalismus. – Durch soziale Befreiung – nationale Unabhängigkeit."[32]

Hier wurde von Stalin kein Gegensatz formuliert, sondern ein Stufenmodell rekapituliert, das direkt aus den sowjetischen Erfahrungen abgeleitet war. Mit wenigen Worten hatte der Diktator die Grundidee eines kommunistischen Nationalismus umrissen: Die Kommunisten sollten die sozialistische Revolution als Königsweg zur nationalen Befreiung preisen und damit die Menschen gewinnen, die sich von den Parolen des Klassenkampfes nicht mitreißen ließen. Sein Gespräch mit Dimitrov war nicht die erste Gelegenheit, in der Stalin diesen Gedanken formuliert hatte: Schon im Sommer 1923 hatte er während der Beratungen des russischen Politbüros über die „deutsche Revolution" darauf hingewiesen, wie wichtig es für das Gelingen des kommunistischen Aufstandes sei, den „richtigen nationalen Ton" zu treffen.[33]

Welche Mobilisierungskraft Stalin zeit seines Lebens dem Nationalismus zumaß, zeigt sich auch daran, dass er dieses Thema selbst nach dem Zweiten Weltkrieg immer wieder aufgriff. So drängte er die SED-Führung noch nach dem Scheitern seines Wiedervereinigungsangebotes vom März 1952 – der berühmten „Stalinnote"[34] – sich weiterhin als Verteidiger der deutschen Einheit zu stilisieren und auf diese Weise bei der westdeutschen Bevölkerung mit nationaler Propaganda zu punkten: „Diese Waffe befindet sich jetzt in Euren Händen", schärfte er Ulbricht und Pieck ein, „sie muss man alle Zeit in den eigenen Händen behalten."[35]

Sowohl Stalins verschiedene Äußerungen zur „nationalen Frage" als auch die Entstehungsgeschichte der „Programmerklärung zur nationalen und sozialen Befreiung" von 1930 belegen, dass er fest daran glaubte, die KPD könne mit nationalistischen Parolen Anhänger gewinnen. In der Schlussphase der Weimarer Republik war dies eine riskante Strategie: Wie wir noch sehen werden, brachte diese Taktik aus Sicht der Bolschewiki schließlich ebenso unerwünschte Nebeneffekte hervor wie die Indigenisierungspolitik in der Sowjetunion.

32　Bayerlein, Dimitroff. Tagebücher, Bd. 1, S. 107.
33　Vgl. Protokoll der Debatte des Politbüros der RKP(b) über die internationale Lage am 21. 8. 1923, abgedruckt in: Bayerlein (Hg.), Deutscher Oktober 1923, S. 120, 127. Dass Stalin, wenn er über die „nationale Befreiung" redete, Deutschland in eine Reihe mit so genannten halbkolonialen Ländern wie China und Persien stellte, belegt seine Rede an der Sverdlov-Universität vom 9. 5. 1925, in: Stalin, Werke, Bd. 7, S. 135–182, hier: S. 145.
34　Vgl. jetzt: Zarusky, Die Stalinnote vom 10. März 1952.
35　Aufzeichnung von Semenov über das Gespräch zwischen Stalin und der SED-Führung am 7. 4. 1952 im Kreml, zitiert nach: Volkov, Die deutsche Frage aus der Sicht Stalins, S. 196 f.

Die konkrete Entstehungsgeschichte der „Programmerklärung" reicht bis in das Jahr 1929 zurück, als die NSDAP einen rasanten Aufstieg erlebte, der sich erstmals beim Ergebnis der Kommunalwahlen im November deutlich zeigte. Die Nationalsozialisten profitierten damals vor allem von der Diskussion um den Plan des amerikanischen Bankiers Owen D. Young zur Neuregelung der von Deutschland zu leistenden Reparationszahlungen.[36] Obwohl die neuen Regelungen für Deutschland recht günstig waren, boten sie der radikalen Rechten aufgrund der langen Vertragslaufzeit von 59 Jahren eine gute Gelegenheit, um die Mitglieder der Reichsregierung ein weiteres Mal als „Erfüllungspolitiker" der Entente zu denunzieren, gegen die Widerstand geleistet werden müsse. Bereits einen Monat nach Unterzeichnung des Vertrages auf der Pariser Sachverständigenkonferenz konstituierte sich am 9. Juli der „Reichsausschuss für das deutsche Volksbegehren" gegen den Youngplan. Zu den Unterzeichnern des Gründungsaufrufes gehörten neben den Vorsitzenden des Alldeutschen Verbandes, Heinrich Claß, des Stahlhelmes, Franz Seldte, und der DNVP, Alfred Hugenberg, auch Adolf Hitler für die NSDAP. Damit war es den Nationalsozialisten gelungen, aus ihrer politischen Nische auszubrechen und erstmals öffentlich als Partner der etablierten Rechten der Weimarer Republik akzeptiert zu werden.[37]

Die Anti-Youngplan-Kampagne selbst schlug im Ergebnis zwar fehl – während das Volksbegehren im Herbst zunächst Erfolg hatte, stimmten beim dadurch erzwungenen Volksentscheid am 22. Dezember 1929 nur 13,81 Prozent der Stimmberechtigten für das „Gesetz gegen die Versklavung des deutschen Volkes" –, doch für die NSDAP erwies sich die Kampagne als überaus nutzbringend. Mit den Mitteln des „Reichsausschusses" konnte die Partei eine ausgedehnte Propaganda betreiben und erhielt die kostenlose Unterstützung durch die Zeitungen des Hugenberg-Konzerns. Die Erfolge der NSDAP bei den Kommunal- und Landtagswahlen im Herbst 1929 wiesen die NSDAP schließlich als die eigentliche Gewinnerin der Anti-Youngplan-Kampagne aus. Stalin erkannte dies recht früh – früher als manche deutsche Zeitgenossen und erst recht früher als die meisten KPD-Funktionäre, die im Herbst 1929 meinten, die Kampagne der politischen Rechten sei „nicht von Belang", da der Volksentscheid sowieso keine Aussicht auf Erfolg habe.[38]

Stalin schätzte hingegen gerade die Anti-Youngplan-Kampagne ganz anders ein: Wie ein Brief von Heinz Neumann an seinen Freund Leo Flieg vom 21. September 1929 über seine Gespräche mit Stalin in dessen Feriendomizil am Schwarzen Meer belegt, plädierte der Diktator schon zu diesem frühen Zeitpunkt dafür, die Propaganda der KPD möglichst bald ebenfalls nationalistischer zu gestalten. Über die Unterhaltung mit Stalin berichtete Neumann an Flieg: „Politisch war das

---

[36] Zum Youngplan zusammenfassend mit weiterer Literatur: Winkler, Weimar, S. 348 f.

[37] Zur Kampagne gegen den Youngplan und ihre Bedeutung für die politische Entwicklung der Weimarer Republik vgl. Berghahn, Das Volksbegehren gegen den Youngplan; mit Blick auf die Bedeutung der Kampagne für den Aufstieg der NSDAP v. a.: Jung, Plebiszitärer Durchbruch 1929?; ders., Direkte Demokratie in der Weimarer Republik, S. 109–133.

[38] So im Rückblick die Beobachtung von Naum Lenzner in der Sitzung des MELS des EKKI vom 31. 12. 1929, RGASPI 495/28/42: 57–61, hier: 60.

Wichtigste, was er zur Reparationsfrage sagte. Wir müssen auf diesem Gebiet in Deutschland nach Annahme des Young-Planes unbedingt eine schroffe Wendung durchführen." Die KPD habe auf ihrem Weddinger Parteitag zwar einen Beschluss über die „revolutionäre Schuldenannullierung" gefasst, doch spiele diese Resolution in der KPD-Propaganda bislang keine Rolle.[39] In „keiner Erklärung, keinem Aufruf, keinem Artikel war die Stimme der deutschen Kommunisten zu hören, die zum Kampfe gegen den Youngplan als solchen aufrief". Von seinem Besuch bei Stalin brachte Neumann die Überzeugung mit, dass die Anti-Youngplan-Kampagne „der Schlüssel zum ‚Geheimnis' der plötzlichen Erfolge des Nationalsozialismus" sei:

„Es ist unvermeidlich, dass mit zunehmender Notlage in der Arbeiterschaft und darüber hinaus in den Volksmassen überhaupt eine mächtige Bewegung gegen den Youngplan, stärkste Unzufriedenheit mit den Sozialdemokraten, Entrüstung über den ‚Verkauf des deutschen Volkes an die ausländischen Kapitalisten' entstehen wird. Diese Bewegung hat bereits begonnen. Wenn wir sie nicht in die Hand nehmen, gerät sie unter die Führung der Faschisten. Unvermeidlich! [...] Wenn wir die angedeutete Wendung nicht sofort und öffentlich-demonstrativ vornehmen, erscheinen die Faschisten als die einzigen Vertreter der Volksinteressen und werden uns 100 000de, vielleicht Millionen von Kleinbauern, städtische Mittelschichten, ja sogar Arbeitermassen, die von der Sozialdemokratie fortgehen, entreißen."[40]

Neumann folgerte aus dieser Analyse, dass sich die KPD ihre „jetzige ‚Neutralität' d. h. Passivität in der Reparationsfrage" nicht länger leisten könne.[41]

Deutlicher als in diesem Gespräch mit seinem deutschen Gefolgsmann hat Stalin wohl nie die Notwendigkeit und Chancen einer nationalpopulistischen Wende begründet. Allerdings finden sich auch in öffentlichen Reden des Diktators Hinweise auf seine Einstellung. So bezeichnete er im Juni 1930 das Verhältnis zwischen Deutschland und den Siegermächten des Ersten Weltkrieges als eine Pyramide, „auf deren Spitze Amerika, Frankreich, England usw. wie die Herren thronen, mit dem Young-Plan in den Händen, auf dem geschrieben steht: ‚Zahle!', während unten Deutschland hingestreckt liegt, das sich abplagt [...]." Man müsse den Verstand verloren haben, so erklärte Stalin damals, wenn man glaube, dass das deutsche Proletariat sich diese Zahlungen „ohne ernstliche Kämpfe oder Erschütterungen abzapfen lassen" werde.[42] Entscheidend war für Stalin also, dass die Weimarer Republik der deutschen Öffentlichkeit als „geknechtete Nation" erschien – damit bestand aus seiner Sicht für die Kommunisten in Deutschland die Möglichkeit, sich zum Fürsprecher der nationalen Sache zu machen.

Zwar nahm Neumann die von Stalin geforderte „schroffe Wendung" in der Reparationsfrage hin zum Nationalpopulismus begierig auf, dennoch wurde sie vorerst nicht umgesetzt – sei es, weil Stalin selbst tatsächlich meinte, man müsse zunächst die Anti-Youngplan-Kampagne verstreichen lassen, um nicht den Ein-

---

[39] Vgl. allerdings den Aufruf, mit dem das EKKI schon im Jahre 1919 gegen den Versailler Vertrag Stellung bezog. Der Aufruf ist abgedruckt in: Weber, Die Kommunistische Internationale, S. 44–47.

[40] Brief Neumanns an Flieg vom 21. 9. 1929, RGASPI 495/19/703: 1–8, hier: 1.

[41] Ebenda.

[42] Josef Stalin, Politischer Rechenschaftsbericht an den XVI. Parteitag der KPdSU vom 27. 6. 1930, in: ders., Werke, Bd. 12, S. 207–236, hier: 219.

druck zu erwecken, die KPD laufe den Nationalsozialisten hinterher, sei es, weil der Generalsekretär während seines Gespräches mit Neumann nur einer spontanen Eingebung gefolgt war, der er vorerst selbst noch keine grundlegende Bedeutung beimaß. Jedenfalls folgte seinem Gespräch mit Neumann vorerst keine entsprechende „offizielle" Anweisung an das EKKI in dieser Angelegenheit.

Die Kominternführung hielt daher im Herbst 1929 vorerst an der Sichtweise fest, wonach der Nationalismus, wie er sich in dieser Kampagne ausdrückte, kapitalistisches Blendwerk sei: Anstatt auf den nationalistischen Zug aufzuspringen, forderte Sergej Gusev die KPD-Führung auf, das Volksbegehren der Rechtsparteien als ein „großzügiges Manöver zur Verwirrung der breiten werktätigen Massen [zu] enthüllen" und zum Boykott der Abstimmung aufzurufen. Seiner Meinung nach diente die Anti-Youngplan-Kampagne vorrangig dazu, „eine gute Agitationsmöglichkeit für die nationalistischen faschistischen Kreise zu schaffen".[43] In Moskau machten sich zur Jahreswende 1929/30 nur wenige Funktionäre Gedanken über die sich mittlerweile abzeichnenden Erfolge, welche die NSDAP infolge der Anti-Youngplan-Kampagne errungen hatte.[44] Zudem schien die Attraktivität der NSDAP als radikaler Oppositionspartei abzunehmen, nachdem in Thüringen am 14. Januar 1930 mit Wilhelm Frick erstmals ein Nationalsozialist in eine Landesregierung eingetreten war.[45] Die Popularität der NSDAP werde recht bald rapide schwinden, so der Tenor innerhalb der KPD, während sich die KPD selbst als einzige wirklich oppositionelle und revolutionäre Partei profilieren könne.[46] Bereits Anfang 1930 saßen die Kommunisten damit der Erwartung auf, die NSDAP werde sich schnell „entzaubern" lassen, wenn sie erst einmal in einer Regierung sitze – eine fahrlässige Fehleinschätzung, die bis zum Januar 1933 auch viele nichtkommunistische Zeitgenossen teilten.

Dieser Optimismus währte indes nur kurz, denn KPD und Komintern mussten bald feststellen, dass die NSDAP bei den folgenden Wahlen im Frühjahr und Sommer des Jahres 1930 von Sieg zu Sieg schritt. Das kommunistische Selbstbewusstsein wurde schließlich durch die Landtagswahl im Industrieland Sachsen am 22. Juni 1930 schwer erschüttert, bei der die NSDAP die Kommunisten überrun-

---

[43] Brief Gusevs an Flieg vom 15. 10. 1929, RGASPI 495/292/44: 203. Der Brief trägt die Unterschrift des damaligen deutschen Vertreters beim EKKI, Fritz Heckert; die Autorenschaft Gusevs ergibt sich aus einer Aussage Thälmanns vor der deutschen Kommission des Erweiterten Präsidiums des EKKI am 25. 2. 1930, RGASPI 495/24/101: 110–151, hier: 150. Die KPD hatte zu diesem Zeitpunkt allerdings mehrere Stellungnahmen zum Youngplan und der Kampagne der Rechtsparteien veröffentlicht. Vgl. u. a. „Unser Kampf gegen den Young-Plan", in: Die Internationale 12 (1929) vom 1. 10. 1928, S. 597 f.

[44] Naum Lenzner, Referent im MELS des EKKI, warf der KPD Ende Dezember 1929 vor, am Zeitgeist vorbei agitiert und die „große Kampagne" gegen den Youngplan „verpasst" zu haben. Sitzung des MELS vom 31. 12. 1929, RGASPI 495/28/42: 60f.

[45] Vgl. Schulthess' Europäischer Geschichtskalender, 71. Bd. 1930, München 1931, S. 4, 7.

[46] Vgl. Lenzners Ausführungen in der Sitzung des MELS des EKKI vom 11. 2. 1930, RGASPI 495/28/48: 4, Gerber, Über die jüngste Entwicklung der Bedingungen des Kampfes gegen die faschistische Diktatur in Deutschland; Norden, Hitler-Faschisten in der thüringischen Regierung.

dete und zur zweitstärksten Partei nach der SPD aufstieg.[47] Nun begannen einige Funktionäre darüber nachzudenken, ob die Partei Fehler gemacht habe. „Wir haben lange die Gefährlichkeit der nationalsozialistischen Bewegung unterschätzt", schrieb Hans Jacobs nach der Sachsenwahl in der *Internationalen Pressekorrespondenz* und stellte fest, es sei nun „höchste Zeit, Versäumtes nachzuholen...".[48]

Einen ersten Schritt zur Kurskorrektur hatte die KPD zu diesem Zeitpunkt bereits unternommen: Mit der am 4. Juni beschlossenen „Resolution zum Kampf gegen den Faschismus" hatte die KPD-Führung die NSDAP erstmals explizit als politischen Hauptgegner definiert[49] und mit dieser Einschätzung, wie bereits erwähnt, in Moskau zunächst noch Stirnrunzeln verursacht. Doch die Wahl in Sachsen brachte auch die Bolschewiki dazu, die NSDAP als politischen Gegner ernster zu nehmen. Darüber, wie mit diesem Gegner umzugehen sei, bestanden bei Stalin allerdings die erwähnten konkreten Vorstellungen – und so wurde in Deutschland im Juli 1930 die Wende hin zu einem „nationalen" Kommunismus vollzogen.

Dies war nun die große Stunde von Heinz Neumann, dem die Ehre zukam, Ende Juni 1930 als Gastredner auf dem XVI. Parteitag der VKP(b) zu sprechen. In seinem Referat über die deutsche Innenpolitik analysierte er den Erfolg der NSDAP bei der Landtagswahl in Sachsen und beschrieb, wie die KPD darauf zu reagieren habe. Der Erfolg der Nationalsozialisten, so Neumann, speise sich zwar wesentlich aus der Unzufriedenheit der „Kleinbourgeoisie" mit dem Kapitalismus, doch lasse sich diese Gruppe eher durch nationalistische Schlagworte als durch die Parolen des Klassenkampfes mobilisieren. Um diese Bevölkerungsschichten für die Sache des Kommunismus zu gewinnen, so betonte Neumann, sei deshalb der „ideologisch-politische Kampf" gegen den Nationalsozialismus „unter der Losung des revolutionären Kampfes gegen den Youngplan" zu führen.[50]

In der Rede Neumanns lassen sich die wesentlichen Elemente der Ideen Stalins vom Herbst 1929 wiederfinden. Dies ist wenig verwunderlich, schließlich hatte Neumann während des Parteitages den Text seiner Rede in Korridorgesprächen erneut mit Stalin und Knorin abgesprochen.[51] Die Wahlerfolge der NSDAP vor allem in Sachsen, auf die auch Molotov in seiner Parteitagsrede kurz eingegangen war[52], hatten den sowjetischen Generalsekretär davon überzeugt, dass seine Prog-

---

[47] Die SPD erhielt im Landtag nun 32 Mandate (vorher 33), die KPD 13 (12), die NSDAP 14 (5). Vgl. Winkler, Weg in die Katastrophe, S. 157, Anm. 29.

[48] Jacobs, Das Ergebnis der sächsischen Landtagswahlen. Vgl. auch Renner: Die Sachsenwahlen und ihre Lehren.

[49] „Resolution über den Kampf gegen den Faschismus" vom 4. 6. 1930, veröffentlicht in der Roten Fahne vom 15. 6. 1930.

[50] Neumann auf dem XVI. Parteitag der VKP(b), zitiert nach: Carr, Twilight of Comintern, S. 19 f.

[51] Vgl. die Bemerkungen von Thälmann in der Sitzung der PK am 14. 5. 1932 über die „Beratungen über die nationale Frage, die zurzeit des 16. Parteitages seitens der Genossen Stalin und Knorin mit dem Genossen Neumann stattfanden [...]", RGASPI 495/4/188a: 29–36, hier: 33.

[52] Vgl. Carr, Twilight of Comintern, S. 18. Die Ergebnisse der Landtagswahl in Sachsen wurden auch später in dem Brief des PS an die KPD-Führung „Zur Frage des Kampfes gegen den Nationalfaschismus in Deutschland" vom 22./28. 7. 1930 nochmals thematisiert, RGASPI 495/3/170: 385–389, hier: 385.

nose über die weitere Entwicklung des Nationalsozialismus richtig gewesen sei und ihn zu einem Machtwort bewogen, um die nationalpopulistische Wende endlich durchzusetzen: Wenn den NS-Anhängern keine nationalistischen Angebote gemacht würden, so wurde Neumann von Stalin am Rande des Parteitages nochmals eingeschärft, werde man den Siegeszug der NSDAP nicht stoppen können.[53] Die KPD müsse die Anhänger der NSDAP „entweder als Verbündete gewinnen oder neutralisieren", fasste Knorin diese Aufgabenstellung einige Monate später prägnant zusammen.[54]

Thälmann erinnerte sich später, wie „begeistert" Neumann aus Moskau zurückkam und von der nationalpopulistischen Konzeption des Generalsekretärs berichtete: Nach diesem Machtwort des Diktators „war das Problem für ihn gelöst".[55] Für den deutschen Parteivorsitzenden selbst galt dies allerdings nicht. Auf der zwei Wochen später angesetzten ZK-Sitzung räsonierte er:

„Die Kernfrage ist hier, dass eine große Scheu in unseren Reihen ist, die nationale Frage zu stellen. Wenn wir die Frage stellen, wir müssen die Nationalsozialisten schlagen, so müssen wir auch sehen, dass, wenn es ihnen erlaubt ist, zu sagen, sie sind für Freiheit und gegen Knechtschaft [durch den Versailler Vertrag], dasselbe auch bei uns erlaubt ist, aber unsere Genossen wagen nicht, zu sagen, sie sind für Freiheit und gegen Knechtschaft, weil sie dann bereits Angst haben, dass sie eine opportunistische Abweichung machen."[56]

Es waren wohl vor allem Thälmanns eigene Skrupel, auf der nationalistischen Klaviatur zu spielen, die der deutsche Parteivorsitzende hier verdeckt ausdrückte und die er einige Monate danach auch dem sowjetischen Generalsekretär mitteilte: Als Thälmann im Dezember 1930 gemeinsam mit Neumann von Stalin empfangen wurde[57], bemühte sich der Diktator jedenfalls vergeblich, diesem seine Konzeption des Nationalpopulismus nahezubringen. Thälmann habe einfach nicht verstanden, weshalb „die nationale Frage" so wichtig für die Kommunisten sei, lästerte Stalin später gegenüber Dimitrov über den deutschen Parteivorsitzenden:

---

53 Vgl. den Bericht von „Sokolik" [d. i. Knorin] zu den Besprechungen über die Ursprünge der „Programmerklärung" während des XVI. Parteitages der VKP(b) in der Sitzung des MELS des EKKI vom 22. 2. 1931, RGASPI 495/28/117: 102–113, hier: 111.
54 Ebenda, Blatt 103. Mit fast den gleichen Worten hatte übrigens bereits Clara Zetkin im Juni 1923 für einen nationalistischen Kurs der KPD plädiert: Die Menschen, die sich dem Faschismus in die Arme geworfen hätten, müssten entweder „für unsere Seite" gewonnen, oder zumindest als soziale Kräfte neutralisiert werden". Vgl. Protokoll der Konferenz der Erweiterten Exekutive der Kommunistischen Internationale, Moskau 12.–23. Juni 1923, S. 204–232.
55 Vgl. Thälmanns Ausführungen in der Sitzung der PK am 14. 5. 1932, RGASPI 495/4/188a: 29–36, hier: 33.
56 Thälmann in der Sitzung des ZK der KPD am 16./17. 7. 1930, zitiert nach: Mevius, Vijandige Broeders, S. 79.
57 Thälmann und Neumann wurden gemeinsam mit Pjatnickij, Knorin, Manuilskij und Kuusinen von Stalin empfangen. Vgl. Korotkov, Posetiteli kremlevskogo kabineta I. V. Stalina, Teil I, S. 27. Dass bei diesem Treffen über die „nationale Frage" gesprochen wurde, geht auch hervor aus dem Brief Knorins, Manuilskijs, Pjatnickijs, Kuusinens an Stalin und Molotov vom 28. 10. 1931, RGASPI 495/19/236: 120–128, hier: 125.

„Noch im Jahre 1930 habe ich mit ihm [darüber] gesprochen. Er hat [es] nicht verstanden...“[58]

Zwar konnte Stalin davon ausgehen, dass die deutsche Parteiführung die von ihm persönlich angeordnete Kurswende ungeachtet dieser Hemmungen Thälmanns gehorsam vollziehen würde – doch sicherheitshalber ergriff der Diktator zusätzlich persönlich die Initiative, um der KPD einen eindeutigen Leitfaden für ihre zukünftige Agitation an die Hand zu geben.[59] Am 18. Juli 1930 – also gerade an dem Tag, an dem Reichskanzler Heinrich Brüning den Reichstag auflöste, weil das Parlament eine weitere Notverordnung abgelehnt hatte[60] – trat die russische Delegation in Stalins Arbeitszimmer zusammen und Knorin, Kuusinen und Manuilskij wurden beauftragt, eine „Verordnung“ des EKKI zum „Kampf mit den Nationalsozialisten in Deutschland“ zu entwerfen. Als einzige, allerdings entscheidende inhaltliche Vorgabe Stalins wurde im Protokoll festgehalten, dass die Nationalsozialisten „als Elemente zu entlarven [sind], die dazu fähig sind, sich den Schöpfern von Versailles zu verkaufen, obwohl sie mit ihren Worten dagegen auftreten und zu unterstreichen, dass die Befreiung Deutschlands vom Versailler Vertrag [und dem] Youngplan nur durch den Sturz der Bourgeoisie möglich ist“.[61]

Auf diese Weise wurde bereits an dem Tage, an dem der deutsche Reichstag aufgelöst wurde, in Moskau über den Kernpunkt des Reichstagswahlprogramms der KPD entschieden.[62] Zwar sollte Thälmann laut Protokoll der russischen Delegation eigentlich gefragt werden, ob man den Entwurf dieser „Anweisung“ in seiner Anwesenheit besprechen solle oder ob er sich auf eine schriftliche Stellungnahme beschränken wolle. Offensichtlich wurde es in Moskau aber nicht für nötig befunden, den deutschen Parteivorsitzenden in dieser Frage *überhaupt* zu konsultieren – schließlich waren die Leitlinien für die Kurswende ja bereits mit Neumann besprochen worden. Binnen zweier Tage wurden sie ausformuliert, erneut eng abgestimmt mit Stalin und Molotov, mit denen sich die sowjetischen Mitglieder der

---

[58] Eintrag Dimitrovs in sein Tagebuch vom 2. 5. 1934, in: Bayerlein (Hg.), Dimitroff. Tagebücher, Bd. 1, S. 107.

[59] Dass Stalin persönlich die Initiative ergriff, erschließt sich aus dem Brief Knorins, Manuilskijs, Pjatnickijs und Kuusinens an Stalin und Molotov vom 28. 10. 1931, RGASPI 495/19/236: 120–128, hier: 120.

[60] Vgl. Winkler, Weg in die Katastrophe, S. 158–173; Schulz, Von Brüning zu Hitler, S. 115–120.

[61] Vgl. Protokoll Nr. 3 der russischen Delegation beim EKKI vom 18. 7. 1930, RGASPI 508/1/98: 1 f., hier: 1. Jetzt auch abgedruckt in: Komalova (Hg.), Komintern protiv fashizma, S. 234 f.

[62] Die Verordnung zur Auflösung des Reichstags wurde in Berlin kurz vor 15 Uhr Moskauer Zeit verlesen, um 18 Uhr Moskauer Zeit trat die russische Delegation zusammen. Vgl. Korotkov, Posetiteli kremlevskogo kabineta I. V. Stalina, Teil I, hier: S. 22. An der Sitzung nahmen neben Stalin unter anderem Manuilskij, Lozovskij, Pjatnickij, Knorin, Kuusinen und Molotov teil. Da die Izvestija bereits in ihrer Ausgabe vom 19. 7. 1930 auf die Reichstagsauflösung einging, ist davon auszugehen, dass die Mitglieder der russischen Delegation am 18. 7. 1930 davon erfahren hatten und die Reichstagsauflösung somit tatsächlich der unmittelbare Anlass für die „Programmerklärung“ gewesen sein könnte, gerade an diesem Tag ein Wahlprogramm für die KPD in Auftrag zu geben. Die Entscheidung für die Wende war zu diesem Zeitpunkt aber bereits grundsätzlich gefallen.

Kominternführung am nächsten Tag zu Besprechungen im Kreml trafen.[63] Erst nachdem die Grundlinien in Stalins Arbeitszimmer in diesem engen Kreis abgesteckt worden waren, wurde die weitere Bearbeitung dieses Themas den regulären Kominterngremien übergeben, in denen auch der deutsche Vertreter beim EKKI mitarbeitete.[64] Am 23. Juli „billigte" das Politsekretariat des EKKI schließlich einen Deklarationsentwurf zum Kampf gegen den Nationalsozialismus und einen erläuternden Brief an die KPD-Führung.[65]

Die KPD, so hieß es nun in dem Schreiben, habe die Aufgabe, „den Faschisten die Maske der Kämpfer um nationale Unabhängigkeit und soziale Befreiung der deutschen Werktätigen vom Gesicht zu reißen"[66] – und wie der beigelegte Entwurf für die „Programmerklärung" verdeutlichte, sollte dies geschehen, indem die KPD die nationalistische Agitation der NSDAP noch übertraf.[67] Der am 24. August 1930 in der *Roten Fahne* schließlich veröffentlichte Text lehnte sich dementsprechend stark an die Sprache des Nationalsozialismus an. So wurden unter anderem „alle Handlungen der verräterischen, korrupten Sozialdemokratie" als „fortgesetzter Hoch- und Landesverrat an den Lebensinteressen der arbeitenden Massen Deutschlands" gegeißelt und Hitler vorgeworfen, sich mit der Abtrennung von Südtirol (das vor dem Krieg allerdings nicht zu Deutschland, sondern zur Habsburger Monarchie gehört hatte) an Italien abzufinden.

Die KPD führte diese nationalistische Anbiederung von nun an weiter, ohne dazu im Einzelfall aus Moskau Anweisungen zu benötigen. Die Funktionäre im Karl-Liebknecht-Haus gingen schließlich so weit, die „Rededispositionen zum Bolschewismus und Nationalsozialismus" antisemitisch einzufärben. So sollten die Redner beispielsweise der NSDAP vorwerfen, für die „Judenrepublik" einzutreten.[68] Solche antisemitischen Elemente in der KPD-Propaganda waren schon 1923 im Verlaufe des „Schlageterkurses" aufgetaucht[69] und belegen, dass die deutschen Kommunisten zuweilen bereit waren, über den aus Moskau verordneten Nationalismus hinauszugehen. Erst Mitte September 1930 wurde das Spiel mit der Judenfeindschaft gezügelt, als das Sekretariat der KPD beschloss, dass die Parole „Hitler verrecke!" – eine doppeldeutige Anspielung auf das SA-Schlagwort „Juda verrecke!" – nicht mehr verwendet werden solle.[70]

Wie die Entstehung der „Programmerklärung" zeigt, wurde die wesentliche Arbeit für diese nationalpopulistische Wende der KPD in der engsten Umgebung Stalins – der russischen Delegation beim EKKI – erledigt; in den formell zuständigen Kominterngremien wurden der Deklarationsentwurf und der Brief an die

---

63 Vgl. Korotkov, Posetiteli kremlevskogo kabineta I. V. Stalina, Teil I, hier: S. 22.

64 Vgl. Protokoll Nr. 72 der PK vom 21. 7. 1930, Pkt. 2, RGASPI 495/4/43: 1.

65 Vgl. Protokoll Nr. 89 des PS vom 23. 7. 1930, Pkt. 5, RGASPI 495/3/170: 2.

66 Geschlossener Brief des PS an das ZK der KPD vom 22. 7. 1930, überarbeitete Fassung vom 28. 7. 1930, RGASPI 495/3/170: 385–389.

67 Vgl. den russischen Originalentwurf: „Deklaracija (Proekt Sredne-Evprop[ejskogo] Sekr[taria]ta" vom 22. 7. 1930, RGASPI 494/3/223: 266–271.

68 Vgl. Mevius, Vijandige Broeders, S. 89.

69 Vgl. Angress, Die Kampfzeit der KPD, S. 374–377.

70 Beschluss des Sekretariates des ZK der KPD Nr. 2 c vom 19. 9. 1930, SAPMO-BArch RY 1-I 2/5/3: 120.

KPD-Führung erst besprochen, als sie in ihren Grundzügen bereits vom General-sekretär abgesegnet waren. In Berlin trafen die beiden Dokumente Anfang August ein; Neumann bestätigte ihren Empfang und teilte Manuilskij mit, die Deklaration werde „entsprechend Ihrem Entwurf in der [nächsten] Pol[it]bürositzung vom 12. August" beschlossen und sodann sofort veröffentlicht werden.[71]

Die erstmals von Ossip K. Flechtheim ausgesprochene Vermutung, Heinz Neumann sei der Autor der „Programmerklärung" gewesen[72], kann damit zwar als widerlegt gelten[73], andererseits zeigt die Entstehungsgeschichte dieses Doku-mentes jedoch, dass Neumann frühzeitiger als irgendein anderer Funktionär der Komintern über dessen Grundthesen informiert war und diese bereits intern ver-breitete, bevor die ausformulierten Anweisungen aus Moskau in Berlin eintra-fen.[74] Auffällig ist in diesem Zusammenhang besonders Thälmanns Ankündigung vom 16. Juli 1930 vor dem ZK der KPD, die Partei werde bald ein Manifest ver-öffentlichen, um die Frage des Youngplanes offensiver als bisher zu stellen.[75] Zu diesem Zeitpunkt konnte sich der Parteivorsitzende nur auf Neumanns Berichte über seine Gespräche mit Stalin stützen, denn einen entsprechenden Beschluss fasste die russische Delegation beim EKKI erst zwei Tage später. Neumann erwies sich somit erneut als Stalins derzeitiger Mann in Berlin, der auch ohne schriftliche Anweisungen Politik im Sinne seines Patrons betrieb.

Welche enormen Erwartungen in Moskau in den Nationalpopulismus gesetzt wurden, verdeutlicht die Tatsache, dass auch die kommunistischen Parteien in an-deren Ländern dazu gedrängt wurden, sich als Vorkämpfer der nationalen Selbst-bestimmung in Szene zu setzen. Nach und nach verabschiedeten die meisten Sek-tionen der Komintern, in deren Land es ethnische Minderheiten gab, eigene „Pro-grammerklärungen zur nationalen und sozialen Befreiung" – dazu gehörten in erster Linie die kommunistischen Parteien Frankreichs, Österreichs, Tschechiens und Jugoslawiens.[76] Selbst die „Negerfrage" in den USA wurde von der Komin-tern unter dem Blickwinkel der „nationalen" Befreiung gesehen. Moskau forderte die amerikanischen Kommunisten 1930 auf, für die Gründung einer „Negerrepu-blik" in den Südstaaten einzutreten.[77]

Erst Ende 1932 sollte dem stellvertretenden Leiter des Mitteleuropäischen Län-dersekretariates des EKKI, Georgi Smoljanskij, auffallen, dass beispielsweise mit

---

[71] Brief Neumanns an Manuilskij vom 8. 8. 1930, zitiert nach: Mevius, Vijandige Broeders, S. 85, Anm. 317.

[72] Flechtheim, Die KPD in der Weimarer Republik, S. 275 f.

[73] Die von Kinner, Der deutsche Kommunismus, S. 167, vertretene Auffassung, die „Pro-grammerklärung" sei in einigen Punkten von der KPD verschärft worden, lässt sich im Vergleich mit dem Geschlossenen Brief an die KPD nicht bestätigen: Die von ihm ange-führten, verschärften Formulierungen sind in diesem Schreiben bereits enthalten.

[74] So lässt sich auch erklären, weshalb Neumann von Zeitzeugen wie dem damaligen Vorsit-zenden des Kommunistischen Jugendverbandes Deutschlands, Kurt Müller, als Initiator der Programmerklärung genannt wurde. Vgl. Weingartner, Stalin und der Aufstieg Hit-lers, S. 42, Anm. 97.

[75] Vgl. Coppi, Aufbruch, S. 52, Anm. 35.

[76] Zur entsprechenden kommunistischen Propaganda im Jugoslawien der Zwischenkriegs-zeit vgl. Ulam, Titoism and the Cominform, S. 16–19.

[77] Draper, American Communism, S. 352 f.

der entsprechenden Resolution der tschechischen KP über die Sudetendeutschen die Unterschiede zwischen den dortigen Kommunisten und Nationalsozialisten verwischt worden seien:

„Eine der wichtigsten Forderungen, die [von den tschechischen Kommunisten] aufgestellt worden ist, ist die Forderung der Einstellung deutscher Arbeiter in den Betrieben im deutschen Gebiet. Das ist eine Forderung, die die deutschen Hakenkreuzler auch popularisieren. Diese Forderung ist nicht Kampf für Internationalismus."[78]

Diese Forderung mag von einem orthodoxen Standpunkt aus betrachtet zwar wirklich nicht besonders internationalistisch gewesen sein, doch waren die tschechoslowakischen Kommunisten damit nur den Moskauer Weisungen nachgekommen, die Parole der „nationalen Selbstbestimmung" auch in ihrem Land konsequent zu propagieren.[79] Mehr noch: Die konkrete Forderung nach bevorzugter Einstellung von deutschen Arbeitern im Sudetenland entsprach exakt den Strategien der Indigenisierungspolitik des sowjetischen *affirmative action empire*, wonach in den nationalen Republiken und den Gebieten der nationalen Minderheiten die einheimischen Arbeitskräfte gegenüber den Zugewanderten bevorzugt werden sollten.[80]

Dass Smoljanskij sich Ende 1932 von derartigen Propagandaforderungen der tschechischen Kommunisten distanzierte, lag daran, dass der nationalpopulistische Kurs von der Komintern mittlerweile stark abgeschwächt worden war. 1930 hingegen beschwerten sich die Moskauer Funktionäre im Gegenteil noch, wenn sich die Parteien nicht nationalistisch genug gebärdeten.[81] So hatten die französischen Kommunisten (die wie ihre tschechischen Genossen aus bolschewistischer Sicht zu einer der so genannten Unterdrückernationen gehörten) zwar im Herbst 1930 in Straßburg eine Konferenz zur „nationalen Frage" in Elsass-Lothringen veranstaltet, auf der die Unabhängigkeit dieser Region gefordert wurde.[82] Doch bemerkenswerterweise stieß sich Manuilskij wenig später ausgerechnet daran, dass in dem von der Konferenz verabschiedeten Manifest klargestellt wurde, dass die nationale Unabhängigkeit nur durch eine soziale Revolution zu erreichen sei. Die nationale Befreiung von der sozialen Revolution abhängig zu machen, so monierte Manuilskij nun, bedeute aber, „den ganzen Fragenkomplex der nationalen Widersprüche zu verschieben bis zur proletarischen Revolution". Ganz offen verlangte er, die soziale Revolution in der kommunistischen Propaganda vorerst

---

[78] Smoljanskij in der Sitzung des MELS des EKKI vom 25. 11. 1932, RGASPI 495/28/216: 71–75, hier: 73.

[79] Allerdings hatte die KPTsch bereits auf ihrem V. Parteitag im Februar 1929 beschlossen, „entschieden für die Tagesforderungen der Werktätigen der unterdrückten Nationalitäten zu kämpfen". So die parteioffizielle Darstellung in: Geschichte der Kommunistischen Partei der Tschechoslovakei, Berlin 1981, S. 123.

[80] Vgl. Martin, The Affirmative Action Empire, v. a. S. 139–146; Baberowski, Der Feind ist überall, S. 321–346 über die Indigenisierung in Azerbajdžan.

[81] Vgl. Protokoll Nr. 89 des PS vom 23. 7. 1930, Pkt. 5, RGASPI 495/3/170: 2.

[82] Vgl. die Informationen über die Straßburger Konferenz vom 28. 10. 1930, RGASPI 495/32/93. Das Manifest der Konferenz wurde erst am 5. 1. 1931 in der Inprekorr veröffentlicht. Zu den ethnischen Konflikten in Elsass-Lothringen in der Zwischenkriegszeit vgl. Kohser-Spohn, Staatliche Gewalt und der Zwang zur Eindeutigkeit.

zurückzustellen und stattdessen ganz auf den Nationalismus zu setzen: Um die „nationale Frage" in der aktuellen Situation auszunutzen, solle die elsässische Unabhängigkeit „im Rahmen des Kapitalismus" propagiert und der Abzug der „französischen Okkupationstruppen" sowie der französischen Polizei und Beamten aus Elsass-Lothringen gefordert werden. Mit diesen Forderungen, so zeigte sich der Kominternsekretär fest überzeugt, ließen sich alle Autonomisten und Nationalisten in der Region schlagen.[83]

Der Grad an Begeisterung über die nationalistischen Parolen fiel in den verschiedenen Sektionen sehr unterschiedlich aus. Dass sich jedoch die französischen Kommunisten nicht für ihre neue Rolle als Vorkämpfer des Separatismus im eigenen Land erwärmen konnten, wird kaum verwundern: Erst ein Jahr zuvor, im Juni 1929, hatte die französische Parteiführung einen führenden kommunistischen Abgeordneten aus dem Elsass ausgeschlossen, weil dieser zu eng mit den elsässischen Autonomisten zusammengearbeitet hatte.[84] Die Parteiführung in Paris bekannte sich zwar offiziell immer wieder pflichtschuldig zur offiziellen Linie des EKKI in der nationale Frage[85], bemühte sich aber ansonsten, diesen Aspekt der Kominternpolitik zu ignorieren.[86] An der Konferenz über nationale Unterdrückung, die anlässlich des zehnten Jahrestages der Besetzung des Ruhrgebietes durch französische Truppen vom Westeuropäischen Büro Ende Dezember 1932 durchgeführt wurde, nahm bezeichnenderweise nur ein französischer Kommunist teil, der im Protokoll als Vertreter der „KP [der] Region Elsass-Lothringen" aufgeführt wurde, während der eingeladene Vertreter der KPF „während der ganzen Tagung nicht anwesend" war, wie das Protokoll festhielt.[87] Welche Haltung die Pariser KP-Spitze zur „nationalen Selbstbestimmung" im Elsass einnahm, ließ sich aus den Klagen des elsässischen Kommunisten ableiten, der sich bitter über die „imperialistisch" und „ausbeuterisch" handelnde französische Parteizentrale beschwerte.[88]

---

[83] Manuilskij über die nationale Frage in Elsass-Lothringen vom 26. 1. 1931, RGASPI 495/32/93: 96–110. Vgl. dazu auch den Brief Piecks (deutscher Vertreter beim EKKI) an Thälmann vom 2. 2. 1931 über die Sitzung im EKKI über die „nationale Frage", RGASPI 495/292/54: 27–34, hier: 32 f. Stalin hatte in einem Brief an Kuusinen zur Frage des Kampfes der Kommunisten für die elsässische Autonomie noch betont, die „Teilforderung" nach der Autonomie dürfe nur gemeinsam mit der „Hauptforderung" nach dem Sturz der „Bourgeoisie" propagiert werden, schon allein, um sich von den „National-Chauvinisten" abzusetzen. Vgl. Brief Stalins an Kuusinen vom 14. 8. 1926, RGASPI 558/11/755: 114.

[84] Vgl. Rothenberger, Die elsass-lothringische Heimat- und Autonomiebewegung, S. 180 f.

[85] Schon 1925 waren die französischen Kommunisten offiziell für das volle Selbstbestimmungsrecht Elsass-Lothringens eingetreten. Vgl. Mortimer, The Rise of the French Communist, S. 158. Zur Solidarisierung der KPF mit den Forderungen der deutschen „Programmerklärung" vgl. die Rede Jacques Doriots vor dem französischen Parlament vom 13. 11. 1930, abgedruckt in: Inprekorr 10 (1930), Heft 98 vom 18. 11. 1930, S. 2410 f.

[86] Vgl. den Brief Dimitrovs an das EKKI vom 14. 7. 1931, RGASPI 499/1/33: 72, und den Brief Heimos an Dimitrov vom 18. 7. 1931, RGASPI 499/1/33: 74 f.

[87] Vgl. Protokoll der „Essener Konferenz" des WEB des EKKI vom 30. 12. 1932, RGASPI 495/19/80: 12.

[88] Stellungnahmen des Vertreters der „KP von Elsass-Lothringen" auf der „Essener Konferenz" des WEB des EKKI vom 30. 12. 1932, RGASPI 495/19/80: 97–105, hier: 99.

Doch hing das Engagement nicht nur davon ab, ob eine Sektion nun wie die Tschechen, Franzosen und Serben (oder die Russen) den Part der sühnenden „Chauvinisten" auf sich nehmen mussten oder sich wie die Deutschen, Sudetendeutschen, Elsässer und Albaner (oder die Kasachen, Usbeken usw.) selbst als Opfer nationaler Unterdrückung darstellen durften. Auch die österreichischen Kommunisten hatten wenig Lust, der Moskauer Aufforderung[89] zu folgen und eine Programmerklärung nach deutschem Vorbild zu verfassen, in der der SPÖ und „Bourgeoisie" vorgeworfen werden sollte, „den Sklavenverträgen von St. Germain und Genf zugestimmt und damit Österreich national versklavt" zu haben. Möglicherweise schreckte die österreichischen Genossen die Vorstellung ab, sich für einen möglichen Anschluss Österreichs „an ein Sowjet-Deutschland" stark zu machen, hätten sie dann doch noch mehr als bisher schon unter der Fuchtel der besserwisserischen Deutschen gestanden – jedenfalls reagierte die KPÖ-Führung mit hinhaltendem Widerstand. Trotz häufiger Ermahnungen der Komintern[90] ging man in Wien mit unübersehbarer Unlust ans Werk, so dass sich auf dem Manuskript des schließlich veröffentlichten Entwurfes der österreichischen „Programmerklärung" der handschriftliche Hinweis eines Moskauer EKKI-Mitarbeiters findet: „hier gemacht".[91]

Die Reaktionen der deutschen Kommunisten auf die „Programmerklärung" der KPD-Führung waren sehr unterschiedlich. Einigen Funktionären scheint dieses Dokument aufgrund ihres eigenen Nationalismus aus der Seele gesprochen zu haben. Der RFB-Vorsitzende Willy Leow beispielsweise war sehr schlecht auf Polen zu sprechen, das nach dem Ersten Weltkrieg den größten Anteil der abgetretenen deutschen Gebiete erhalten hatte und das sich daher von der deutschen „Programmerklärung" mit ihren impliziten Grenzrevisionsforderungen besonders bedroht fühlen musste. In seinem bereits zitierten Gespräch mit dem deutschen Botschaftsattaché Brunhoff vom Dezember 1930 ereiferte er sich zunächst ausführlich über die Schikanen der polnischen Grenzbeamten bei seiner Reise nach Russland und bekannte nach Angaben des deutschen Diplomaten schließlich offenherzig: „Die Polen seien überhaupt ein ‚korruptes Pack' und die KPD würde für den Fall eines Krieges zwischen Deutschland und Polen ihre Hilfe nicht versagen."[92] Solche für einen Kommunisten ungewohnt patriotischen Töne speisten sich offensichtlich nicht aus taktischem Kalkül, sondern spiegelten ein tiefsitzendes Ressentiment gegenüber den östlichen Nachbarn. Bei Genossen wie Leow musste die Programmerklärung daher nicht *trotz*, sondern gerade *wegen* des darin formulierten Nationalismus auf Zustimmung stoßen.

---

[89] Brief Knorins an Kopleniki vom 17. 6. 1931, RGASPI 495/80/296: 34 f.

[90] Vgl. Protokoll Nr. 111 des PS vom 11. 7. 1931, RGASPI 495/3/203-Auszüge; Brief Smoljanskijs an Kopleniki vom 19. 8. 1931, RGASPI 495/80/296: 40–42; Protokoll Nr. 176 der PK vom 7. 9. 1931, Pkt. 9, RGASPI 495/4/136.

[91] Vgl. den Entwurf für die Programmerklärung vom 22. 9. 1931 in: RGASPI 495/80/296: 104–118, hier: 118. Vorher hatte die Kominternführung beschlossen, die Programmerklärung vom MELS des EKKI überarbeiten zu lassen. Vgl. Protokoll Nr. 179 der PK vom 17. 9. 1931, Pkt. 4a, RGASPI 495/4/138.

[92] Bericht Brunhoffs über ein Gespräch mit Leow vom 10. 12. 1930, BArch R 1501/20186: 287–292, hier: 291 f.

Ferner gab es ausreichend Funktionäre, die sich einfach über die nun ausgewei-
teten Agitationsmöglichkeiten freuten. Wenige Tage, nachdem das Manifest veröffentlicht worden war, berichtete Leo Flieg begeistert in einem Brief an Franz Dahlem über die Mobilisierungskraft der „Programmerklärung zur nationalen Frage"
– die „soziale" Frage erwähnte er bezeichnenderweise erst gar nicht. Die ganze
Partei sei „darüber erfreut, wie viele Zuschriften beweisen. Der Gegner ist ziemlich stark durcheinander gebracht, die Sozialdemokratie ist zu einer Diskussion
herausgefordert. Wir kommen hier zweifelsohne ein Stück vorwärts". Flieg erwartete vor allem, dass die „Programmerklärung" tatsächlich die KPD für Bauern,
Mittelständler und Angestellte attraktiver gemacht habe: „Unsere Versammlungen sind nach wie vor am glänzendsten besucht, zwar war das bisher ja nie ein
richtiger Maßstab für den Wahlausgang, aber dieses Mal muss man doch sehen,
wie viele neue Schichten zu uns strömen, um uns zu hören." Zufrieden bilanzierte
Flieg den Erfolg der „Programmerklärung" mit den Worten: „Franz, man kann
sagen, es ist eine Lust zu leben."[93]

Doch ist es zweifelhaft, ob Funktionäre wie Leow, Flieg, Neumann oder Ul-
richt, die sich nun in Diskussionsveranstaltungen mit NS-Größen wie Joseph
Goebbels maßen[94], für die deutsche Partei repräsentativ waren. Denn wie Thälmann noch Anfang 1932 auf einer ZK-Tagung feststellte, blieben in großen Teilen
der KPD-Basis weiterhin „die allergrößten Hemmungen" bestehen, offen nationalistisch aufzutreten (und auch hier scheint Thälmann nicht zuletzt über seine
eigenen Hemmungen gesprochen zu haben).[95] Dies betraf nicht nur die Agitation
im Inland: Auf der erwähnten Tagung des Westeuropäischen Büros vom Dezember 1932 über die französische Besetzung des Ruhrgebietes beklagten sich sowohl
der elsässische Kommunist als auch der Vertreter der tschechoslowakischen KP,
dass sich die deutschen Funktionäre überhaupt nicht für den Kampf ihrer Parteien
gegen die „Unterdrückung" der jeweiligen deutschen Minderheiten interessierten,
im Gegenteil: Während die tschechischen Anfragen in Berlin schlicht ignoriert
wurden, seien die elsässischen Kommunisten auf internationalen Konferenzen
von den deutschen und französischen Funktionären stets gemeinschaftlich als nationalistische Separatisten „verhauen" worden.[96]

Mit ihrem nationalistischen Kurs dürfte die KPD also zumindest Teile ihrer Stammwählerschaft verunsichert haben, wohingegen sie unter Nationalisten kaum zusätzliche Anhänger gewinnen konnte.[97] Im Karl-Liebknecht-Haus

---

93 Brief Fliegs an Dahlem vom 28. 8. 1930, RGASPI 495/292/51: 64 f.
94 Vgl. den Bericht des Vorwärts vom 29. 10. 1930.
95 Thälmann, Der revolutionäre Ausweg und die KPD, S. 46. Vgl. dazu: Schüddekopf, Linke
   Leute von rechts, S. 292–294; Fischer, The German Communists and the Rise of Nazism,
   S. 108.
96 Stellungnahmen der Vertreter der „KP von Elsass-Lothringen" und der KPTsch auf der
   „Essener Konferenz" des WEB des EKKI am 30. 12. 1932, RGASPI 495/19/80: 36–45,
   hier: 43 f. und 97–105, hier: 99.
97 Schüddekopf, Linke Leute von rechts, S. 289–292, geht davon aus, dass die KPD mit der
   Programmerklärung tatsächlich eine große Anziehungskraft auf nationalrevolutionäre
   Gruppen gehabt habe. Allerdings ist fraglich, ob diese Splittergruppen für die KPD quan-
   titativ bedeutsam waren. Vgl. dazu: Weingartner, Stalin und der Aufstieg Hitlers, S. 41 f.

scheint man diese Gefahr gesehen zu haben, denn die KPD betrieb schon im Herbst 1930 einen geradezu schizophrenen Wahlkampf: Während sich die Partei einerseits mit nationalistischen Parolen um potentielle NS-Wähler bemühte, trat sie andererseits gleichzeitig mit dem Anspruch an, die „einzige antifaschistische Partei" zu sein. Die Führungsfunktionäre versuchten diesen Widerspruch dialektisch zu überwölben. Die „Auseinandersetzung mit dem Faschismus" sei, so hieß es in einer internen Anweisung für den Wahlkampf, „zugleich das Kettenglied für die Partei, um an die SPD-Arbeiter heranzukommen".[98] Tatsächlich stellte die KPD-Propaganda im Reichstagswahlkampf 1930 dem Kommunismus erstmals nicht mehr nur unscharf den „Faschismus" als politischen Gegner gegenüber, worunter weiterhin auch die SPD gerechnet werden konnte, sondern versuchte zu belegen, dass die KPD sich besonders auf den Kampf gegen den Nationalsozialismus konzentriere.[99] Dennoch gestand die KPD mit dieser Vorgehensweise indirekt ein, dass die nationalpopulistische Wende der KPD an der Basis nicht überall auf Begeisterung oder gar Verständnis gestoßen war.

Und tatsächlich waren nicht die deutschen Kommunisten, sondern die Nationalsozialisten bei der Reichstagswahl vom 14. September 1930 die Gewinner. Die NSDAP, die bislang 12 Abgeordnete gestellt hatte, konnte nunmehr 107 Sitze im neugewählten Parlament besetzen (das entsprach einer Steigerung des Stimmenanteils von 2,6 auf 18,3 Prozent). Demgegenüber nahmen sich die Zuwächse der KPD bescheiden aus; die Kommunisten konnten sich von 54 auf 77 Sitze steigern, sie hatten nun 13,1 Prozent der Stimmen erhalten statt der 10,6 Prozent von 1928. Die SPD hatte vergleichsweise leichte, die DNVP dramatische Verluste erlitten. Die SPD sank von 29,8 auf 24,5 Prozent, die DNVP stürzte von 14,2 auf 7,0 Prozent ab.[100]

Die KPD-Führung gab sich nach der Reichstagswahl vom 14. September 1930 trotz des NS-Wahlsieges sowohl in ihren öffentlichen Stellungnahmen als auch im internen Rundschreiben an die Bezirke betont optimistisch: Zwei Tage nach dem Urnengang lasen die erstaunten Zeitgenossen in der *Roten Fahne*, die NSDAP trage nach ihrem überraschenden Erdrutschsieg bereits den „Keim kommender Zersetzung" in sich.[101] Der Aufstieg der NSDAP sei zwar, so wurden die Bezirksleitungen wenige Tage später in einem internen Rundschreiben belehrt, „in diesem Maße unerwartet" gekommen, letztlich aber „von zweitrangiger Bedeutung" – schließlich handele es sich hierbei lediglich um „Umgruppierungen innerhalb des bürgerlichen konterrevolutionären Lagers." Dass dieser Zweckoptimismus nicht

---

[98] Bericht über „Die Vorbereitung des Wahlkampfes der KPD" vom 31. 7. 1930, SAPMO-BArch RY 1/I 2/5/3: 110–113, hier: 113.

[99] Vgl. Ward, „Smash the Fascists...", S. 38, Anm. 30. Überschriften wie „Nationalsozialismus oder Bolschewismus?" waren aber teilweise wiederum auf NS-Anhänger ausgerichtet. Vgl. den vielsagenden Titel von: Remmele, Sowjetstern oder Hakenkreuz? Die Rettung Deutschlands aus Youngsklaverei und Kapitalsknechtschaft.

[100] Ergebnisse nach: Statistisches Jahrbuch für das Deutsche Reich, 52. Jg., 1933, S. 539. Zur Analyse der Wählerbewegungen: Winkler, Weg in die Katastrophe, S. 189–194.

[101] Die Rote Fahne vom 16. 9. 1930. Ähnlich: Ernst Thälmann in der Roten Fahne vom 20. 9. 1930.

allgemein geteilt wurde, verdeutlichte die Aufforderung, dass die Partei nun jeglicher „Panikmacherei [...] wegen des nationalsozialistischen Wahlerfolges" entgegentreten müsse.[102]

Auch in Moskau war man vom Erfolg der NSDAP überrascht worden – Karl Radek verglich den Aufstieg der NSDAP bildhaft mit der Entstehung einer vulkanischen Insel im Meer.[103] Wie immer, wenn sich Prognosen als falsch erwiesen, begann die Suche nach Sündenböcken. Als das EKKI-Präsidium über die Reichstagswahl beriet, herrschte dementsprechend eine angespannte Stimmung. Der deutsche Vertreter Heckert machte auf die „merkwürdige Übereinstimmung" aufmerksam, dass die NSDAP überall dort Erfolge errungen habe, wo die KPD zuvor mit „sektiererischen Tendenzen" im Sinne Paul Merkers aufgetreten sei und schob somit indirekt der Komintern die Verantwortung zu, die Merker gestützt hatte.[104] Pjatnickij dagegen führte den Sieg der NSDAP hauptsächlich darauf zurück, dass die KPD zu spät ihr nationales Profil verstärkt habe: Der Fehler der KPD sei gewesen, dass sie die Anti-Youngplan-Kampagne des „Nationalsozialist[en] Hugenberg" nicht ernst genommen habe und zu spät mit der nationalistischen „Programmerklärung" hervorgetreten sei. Erst als die KPD die „Programmerklärung" zum „Gemeingut" gemacht habe, so belehrte Pjatnickij den deutschen Vertreter, „da gingen Arbeiter, Angestellte und sogar ein Teil der Kleinbourgeoisie, die früher der Sozialdemokratie folgten, zu uns über". Der Kominternsekretär zeigte sich überzeugt, „dass wir einen größeren Erfolg gehabt und die Nationalsozialisten nicht so viele Stimmen bekommen hätten", wenn das Programm ein Jahr früher erschienen wäre.[105]

Ein Strategiewechsel war also nicht vorgesehen – und angesichts der wirren Analyse des Kominternsekretärs auch gar nicht möglich: Es blieb Pjatnickijs Geheimnis, wieso er ausgerechnet Wähler der Sozialdemokratie mit nationalistischen Parolen ködern wollte – und wie die Charakterisierung Hugenbergs als „Nationalsozialist" verdeutlicht, vermengten sich in seiner ideologisch geprägten Wahrnehmung grundlegende Fakten der deutschen Parteipolitik. Anstatt somit die nationalpopulistische Politik als Sackgasse zu erkennen, wurden die deutschen Kommunisten angegriffen, weil sie diese nicht konsequent genug durchgeführt hätten. Als Thälmann und Neumann Ende Dezember 1930 von Stalin empfangen wurden, um mit ihm die Resolution der bevorstehenden Tagung des ZK der KPD zu besprechen, wurde ihnen vom Generalsekretär deshalb aufgetragen, die nationalpopulistische Propaganda fortzusetzen.[106] Von nun an sollte die KPD mit

---

[102] Rundschreiben Nr. 12: Anweisungen des Sekretariates vom 18. 9. 1930, abgedruckt in: Weber, Generallinie, S. 204 f.

[103] Radek, Die Bilanz der Reichstagswahlen.

[104] Heckert über das Wahlergebnis in der Sitzung des EKKI-Präsidiums vom 28. 10. 1930, RGASPI 495/2/136: 6–50, hier: 23 f.

[105] Pjatnickij in der Sitzung des EKKI-Präsidiums vom 28. 10. 1930, RGASPI 495/2/136: 88–92, hier: 89 f. Pjatnickij sprach russisch, das Wort „Schlagworte" sprach er in deutsch aus.

[106] Vgl. u. a. den Brief Knorins, Manuilskijs, Pjatnickijs, Kuusinens an Stalin und Molotov vom 28. 10. 1931, RGASPI 495/19/236: 120–128, hier: 125.

der Parole der „Volksrevolution" auf Stimmenfang gehen – eine Parole, die von Thälmann folgsam auf dem ZK-Plenum der KPD im Januar 1931 propagiert wurde.[107]

3. Über das Ziel hinausgeschossen

Bislang wurde die Forschung von der These dominiert, der zufolge die national-populistische Politik der KPD in den Jahren 1930/31 maßgeblich von den Interessen der sowjetischen Außenpolitik bestimmt wurde. Wenn man dieser Prämisse folgte, musste jedoch unverständlich bleiben, warum diese Politik Mitte 1931 wieder weitgehend zurückgenommen wurde, obwohl sich in dieser Zeit weder die deutsch-sowjetischen Beziehungen noch die innenpolitische Situation in Deutschland wesentlich verändert hatten. Tatsächlich wandte sich die KPD aus anderen Gründen vom Nationalpopulismus ab: Aus Sicht der Komintern hatten sich die deutschen Kommunisten einer „nationalistischen Abweichung" schuldig gemacht – ein Vorwurf, der nur wenig später auch einigen Parteiführern in den sowjetischen Teilrepubliken gemacht wurde.

Zur Jahreswende 1930/31 war von diesem Konflikt noch nichts zu spüren – schließlich machte sich die KPD-Führung daran, die Vorgaben aus Moskau endlich eifrig umzusetzen. Das Werben um NS-Anhänger fiel den deutschen Kommunisten umso leichter, als sie zumindest eine Erwartung der Kominternfunktionäre teilten, dass nämlich die NSDAP in absehbarer Zeit zerfallen werde, weil ihre Anhängerschaft zu heterogen sei, um sie auf Dauer zusammenzuhalten.[108] Knorin sah schon im Juli 1930 in der Abspaltung der „revolutionären Nationalsozialisten" um Otto Straßer von der NSDAP[109] einen Beleg dafür, dass es den Nationalsozialisten nicht gelänge, die „proletarischen Elemente" in ihrer Partei auf Dauer „mit Hilfe einer nackten Demagogie" festzuhalten.[110] Nach der Wahl vom September 1930 gingen die Führungskader sowohl in Moskau[111] wie in Berlin[112] davon aus, dass die KPD den Anhang der Nationalsozialisten übernehmen könne, sobald dieser von der NSDAP enttäuscht sei. Wie wir gesehen haben, hatte diese Hoffnung schon im Februar 1930 getrogen, nachdem die NSDAP in die thüringische Landesregierung aufgenommen worden war, dennoch bezeichnete Thälmann die Wahlerfolge der NSDAP noch im Juni 1931 als „eine höchst kurzfristige

---

107 Thälmann, Volksrevolution über Deutschland, S. 20 f. Vgl. auch den Bericht der Roten Fahne vom 20. 1. 1931 („Unter dem Banner des Leninismus! Die Plenartagung unseres Zentralkomitees").
108 Heckert, Die deutschen Reichstagswahlen und die Aufgaben der KPD.
109 Zu Straßer vgl. Moreau, Nationalsozialismus von links.
110 Geschlossener Brief des PS an das ZK der KPD vom 22. 7. 1930, überarbeitete Fassung vom 28. 7. 1930, RGASPI 495/3/170: 385–389.
111 Zur sowjetischen Sicht vgl. u. a.: „Narastanie revoljucionnogo krizisa v Germanii" [Das Ansteigen der revolutionären Krise in Deutschland], in: Pravda vom 16. 9. 1930; Radek, Die Bilanz der Reichstagswahlen.
112 Rundschreiben Nr. 6. Anweisungen des Sekretariates des ZK der KPD vom 25. 3. 1931, abgedruckt in: Weber, Generallinie, S. 305 f.

Scheinblüte".[113] Wie gewohnt ließ sich Heinz Neumann auch in dieser Beziehung von keinem seiner Genossen übertreffen, als er im Mai 1931 in einem Brief an Leo Flieg erklärte, dass die *ur*sprüngliche *Stosskraft* der Nazibewegung" bereits gebrochen sei und die NSDAP „politisch-klassenmäßig ihren Höhepunkt *überschritten*" habe. Für diejenigen, die nicht an den baldigen Zerfall des Nationalsozialismus glauben mochten, hatte Neumann nur Spott übrig. Willi Münzenberg, so lästerte er beispielsweise in dem Brief an Flieg, sei von der „Nazipsychose" ergriffen worden, die in der deutschen Gesellschaft vorherrsche und leide „an herzergreifender Überschätzung der Nazis".[114]

Weil der Aufstieg des Nationalsozialismus als Anzeichen der Krise des Kapitalismus interpretiert wurde, als „Kehrseite" des revolutionären Aufschwunges[115], erschien er Kommunisten wie Neumann nicht einmal eindeutig negativ: Bereitete er nicht der proletarischen Revolution den Weg, indem er die bürgerliche Gesellschaft zersetzte?[116] Nach Ansicht der KPD-Führung wurde der Faschismus somit zu seinem eigenen Totengräber.

Als der Reichswehrleutnant Richard Scheringer von der NSDAP zur KPD übertrat, schien dies die Erwartung erneut zu bestätigen, dass die nationalsozialistische Partei zerfalle. Scheringer war während seiner Festungshaft im mecklenburgischen Gollnow von kommunistischen Funktionären überzeugt worden, dass die KPD „nationalrevolutionär" ausgerichtet sei. Hans Kippenberger, der Leiter des geheimen Militärapparates der KPD, verkündete am 19. März 1931 im Reichstag den Übertritt des ehemaligen Nationalsozialisten.[117] Noch im April 1931 kommentierte Manuilskij diesen Coup wohlwollend: Auf dem XI. EKKI-Plenum meinte er, Scheringer sei ein „interessanter Fall" und belege, dass die KPD mit dem Begriff der „Volksrevolution" einen Millionenanhang gewinnen könne.[118]

In den nächsten Monaten wurde Scheringer für die KPD zu einer zentralen Symbolfigur: Im Rahmen des nun so genannten Scheringer-Kurses arbeitete die deutsche Parteiführung daran, diejenigen Rechtsextremen, die von dem Legalitätskurs Hitlers[119] enttäuscht waren und auf einen gewaltsamen Umsturz der

---

[113] Thälmanns Rede im Sportpalast Berlin am 12. 6. 1931 wurde abgedruckt in der Roten Fahne vom 13. 6. 1931. Ähnlich: Thälmann, Vorwärts unter dem Banner der Komintern, S. 11–13, 31; und: ders., Die Lage in Deutschland, S. 32 (Thälmanns Referat vor dem XI. EKKI-Plenum).

[114] Brief Neumanns an Flieg aus Suksu vom 25. 5. 1931, RGASPI 495/19/527a: 207–214. Hervorhebungen im Original.

[115] Vgl. Resolution des Politbüros der KPD „zum Kampf gegen den Faschismus" vom 4. 6. 1930, veröffentlicht in der Roten Fahne vom 15. 6. 1930.

[116] Vgl. Weingartner, Stalin und der Aufstieg Hitlers, S. 50–52.

[117] Zu Scheringer und dem so genannten Scheringerkurs der KPD vgl. u. a.: Schüddekopf, Linke Leute von rechts, S. 287–305; Coppi, Aufbruch, S. 29–33; und die Erinnerungen Scheringers: Scheringer, Das große Los. Das Sekretariat des ZK der KPD beschloss in seiner Sitzung am 25. 3. 1931, den Übertritt Scheringers in einem „Traktätchen an die Nazis" zu erläutern und ein Flugblatt Scheringers mit einem Aufruf an die SA zu veröffentlichen, SAPMO-BArch RY 1/ I 2/5/3: 194.

[118] Schlusswort Manuilskijs vor dem EKKI-Plenum am 6. 4. 1931, RGASPI 495/169/87: 39.

[119] Hitler hatte in dem Hochverratsprozess gegen Scheringer und andere am 25. 9. 1930 unter Eid ausgesagt, dass die NSDAP ihre Ziele nur auf legalem, verfassungskonformem Wege erreichen wolle. Vgl. Winkler, Weg in die Katastrophe, S. 220 f.

Weimarer Republik sowie soziale Veränderungen hofften, an die KPD heranzuführen. In erster Linie dachten die Strategen der KPD dabei an Leute wie die Berliner SA-Männer unter Walter Stennes, die Anfang April 1931 gegen Hitler gemeutert hatten und schließlich in einem Akt „innerparteilicher Flurbereinigung" aus der Partei ausgeschlossen worden waren.[120] Seit Juli 1931 gab die KPD sogar ein spezielles Publikationsorgan heraus, das den erwarteten Massenübertritt aus dem rechten Lager beschleunigen sollte – die Zeitschrift trug den Titel „Aufbruch. Kampfblatt im Sinne des Leutnants a.D. Scheringer"; in ihr publizierten neben Kommunisten auch einige prominente Nationalrevolutionäre.[121]

Allerdings wurde man in Moskau schon bald unruhig, weil sich die KPD nach Ansicht der Komintern allzu intensiv um abtrünnige Rechtsextreme bemühte. Nachdem sich die KPD-Presse begeistert über den Wechsel der Landvolkführer Bruno von Salomon und Claus Heim zur KPD ausgelassen hatte, wurden die deutschen Genossen im Juni 1931 von der Komintern ermahnt, sich in ihren Zeitungen „doch nicht allzu viel mit solchen Leuten" zu beschäftigen – oder sich zumindest kritisch mit deren früheren Stellungnahmen auseinander zu setzen.[122] Aus Sicht der Komintern wurde die KPD nämlich mittlerweile von den übergelaufenen „Nationalrevolutionären" als Propagandaplattform ausgenutzt: Sicherlich sei der Leutnant Scheringer nützlich gewesen, um in die Reichswehr einzudringen und diese zu zersetzen, so kritisierte Knorin das Verhalten der KPD gegenüber dem Vorzeige-Nationalisten, doch „wenn Scheringer in unserer Partei die Gelegenheit hat, so zu sprechen und zu schreiben, wie er vor dem Eintritt in die kommunistische Partei gesprochen und geschrieben hat, wird er nur unsere Partei [d.h. die KPD] zersetzen".[123]

Die tieferen Ursachen für diese Entwicklung sah die Kominternführung in einer Fehlinterpretation der „Volksrevolutions"-Strategie durch die KPD: In den Augen der Komintern waren die deutschen Kommunisten über das Ziel hinausgestürmt, indem sie ihre Partei nicht mehr als dezidierte Arbeiter-, sondern gewissermaßen als Klassen überwölbende „Volkspartei" präsentierten. Tatsächlich erklärte die KPD ihre erhöhten Wahlkampfkosten gegenüber der Budgetkommission des EKKI noch Anfang 1932 unter anderem damit, dass sie ja für die verschiedensten gesellschaftlichen Gruppen spezielle Broschüren und Flugblätter drucken müsse.[124] Für eine Kampagne im August 1931 hatte die KPD beispielsweise mehrere hunderttausend Flugblätter für „Nazi[s]", für sozialdemokratische

---

120 So Wirsching, Vom Weltkrieg zum Bürgerkrieg?, S. 460 mit weiterführender Literatur zu diesem Ereignis.
121 Eine breite Auswahl von Artikeln aus dieser Zeitschrift ist abgedruckt in: Coppi, Aufbruch.
122 Protokoll Nr. 177 der PK vom 10. 6. 1931, Pkt. 4, RGASPI 495/4/114: 1. Ein entsprechendes Schreiben konnte leider noch nicht aufgefunden werden; wahrscheinlich wurde der KPD ein kurzes Telegramm geschickt. Die Telegramme der Komintern sind bislang nicht zugänglich.
123 Knorin im PS vom 1. 12. 1931, RGASPI 495/3/227: 369–389, hier: 386. Vgl. dazu auch das Referat von Manuilskij vor dem PS am 6. 10. 1931 über „politische Provokationen", RGASPI 495/18/864: 6–94, hier v.a.: 72f.
124 Vgl. Brief Golkes an Budgetkommission des EKKI mit Bitte um Wahlkampfkostenzuschuss vom 24. 3. 1932, SAPMO-BArch RY 1/I 2/704/8: 113–115.

und christliche Arbeiter, für Landarbeiter, für Bauern, Erwerbslose, Hausfrauen, Stahlhelm-Angehörige, Angestellte, Sozialrentner, Mittelständler, Beamte und Sparer drucken lassen.[125]

In einem Brief an Stalin und Molotov vom Oktober 1931 bemängelten die führenden Kominternfunktionäre daher, die KPD-Spitze habe allmählich aus den Augen verloren, dass die städtischen Mittelschichten sowie die Bauern und Angestellten „lediglich Verbündete des Proletariates sind, dass ihre Eroberung für die Revolution von zweitrangiger Bedeutung ist". Mit ihrer Propaganda habe die KPD nicht nur die „Vertuschung der führenden Rolle des Proletariates" gefördert, sie habe sich zudem völlig verzettelt: Die Partei konzentriere sich immer mehr auf allerlei „Volksaktionen", „Volkskongresse" und „Volkskomitees", die, „obwohl sie der Partei keine nennenswerten Schichten der städtischen Kleinbourgeoisie, der Angestellten und Bauern zuführten, dennoch die Aufmerksamkeit der Partei von den Fabriken und Betrieben abzogen, diesem wesentlichen Fundament ihrer Arbeit". Bedenklich sei vor allem, dass sich die deutschen Genossen durch ihre nationalistische Propagandaarbeit mittlerweile „den Einstellungen und Stimmungen" der rechtsradikalen Parteien angepasst hätten. Am deutlichsten habe sich dies gezeigt, als die KPD-Fraktion auf Beschluss des deutschen ZK hin im Reichstag den Antrag gestellt habe, Hjalmar Schacht, Hitler, Hugenberg und Seldte wegen „Volks- und Landesverrat" zu verhaften.[126]

Angesichts der Tatsache, dass der deutsche Parteivorsitzende die nationalpopulistische Politik, die Stalin persönlich initiiert hatte, zunächst nur widerstrebend verfolgt hatte und die KPD mehrmals von Moskau gerügt worden war, weil sie sich nicht nationalistisch genug gebärdet hatte, war diese Kritik erstaunlich. Doch muss der Brief der Kominternführung an Stalin vor dem Hintergrund gesehen werden, dass der Generalsekretär auf eine Fehlentwicklung hingewiesen werden sollte, die der KPD offensichtlich schadete, für die Stalin aber natürlich nicht verantwortlich gemacht werden durfte – gerade weil die entscheidenden Anregungen für diesen Kurs von ihm selbst gekommen waren. Das Problem bestand für die Kominternführung nun darin, wie sie diese „Volksrevolutions"-Strategie korrigieren sollte, ohne Stalins Hauptverantwortung offen zu legen. Die KPD-Führung musste daher ein weiteres Mal als Sündenbock herhalten. Sie wurde ermahnt, sich zukünftig stärker um – so Manuilskijs Worte in einer internen Sitzung der Kominternspitze – die „richtige Orientierung" ihrer Partei kümmern. Mit anderen Worten: Die deutschen Kommunisten sollten sich wieder mehr auf ihre „Klientel", die Arbeiterschaft, konzentrieren. Als sei die Idee, auch nichtproletarische NS-Anhänger für die KPD zu gewinnen, nicht ursprünglich von Moskau ausgegangen, erklärte Manuilskij: „Uns scheint, dass ein Betriebsarbeiter, der die Arbeiter des betreffenden Betriebes hinter sich führt, uns zehnmal teurer ist, als diese Leute."[127]

---

[125] Vgl. Brief Golkes an Budgetkommission des EKKI mit Bitte um Wahlkampfkostenzuschuss vom 29. 7. 1931, RGASPI 495/19/525: 35–37.
[126] Brief Knorins, Manuilskijs, Pjatnickijs und Kuusinens an Stalin und Molotov vom 28. 10. 1931, RGASPI 495/19/236: 120–128, hier: 121–123.
[127] Manuilskij in der Sitzung des PS vom 1. 12. 1931, RGASPI 495/3/227: 124–130, hier: 128.

Die Parallelität des Nationalpopulismus in Deutschland und der sowjetischen Nationalitätenpolitik ist offensichtlich: In beiden Fällen diente die nationalistische Rhetorik in erster Linie als Instrument, um zusätzliche Anhänger für den Kommunismus zu sammeln, die sich von den Klassenkampfparolen nicht begeistern ließen. In beiden Fällen aber sahen die Moskauer Funktionäre neben den Chancen auch Gefahren – und die Hauptgefahr lag darin, dass sich der instrumentalisierte Nationalismus verselbstständigte. Aus diesem Grunde wurde dann sowohl der Nationalpopulismus der KPD als auch die sowjetische Indigenisierungspolitik stark zurückgefahren: Gleich dem Zauberlehrling konnte die Moskauer Zentrale die Geister nicht mehr bändigen, die sie gerufen hatte.

Allerdings lag diese Fehlentwicklung in den Augen der bolschewistischen Führung nicht im Konzept der Instrumentalisierung des Nationalismus an sich begründet, sondern an den „Abweichungen" der ausführenden Funktionäre, die ihrer Propaganda nicht den nötigen „Klassengehalt" verpassten. Anders formuliert: Die nationale Form war in Ordnung, doch es fehlte der sozialistische Inhalt. Dass die „Volksrevolution" ein „Synonym" für die proletarische Revolution sein solle, schien der KPD aus Moskauer Sicht zunehmend aus dem Blick zu geraten, weshalb sich die Komintern Ende 1931 zum Eingreifen entschloss.

Aus ähnlichen Gründen beschloss das Politbüro der VKP(b) im Dezember 1932, die sowjetische Nationalitätenpolitik auf den Prüfstand zu stellen. Den Anlass für den abrupten Wandel bildete die Getreiderequirierungskrise im Hungerwinter 1932/33. Wenngleich die Indigenisierung nicht aufgegeben wurde, entschied sich die sowjetische Führung für einen Kurswechsel, weil sie die Krise darauf zurückführte, dass sich leitende ukrainische Funktionäre eher ihren nationalen Interessen als denen des Sowjetstaates verpflichtet fühlten.[128]

---

[128] Vgl. Martin, The Affirmative Action Empire, S. 273–307; Shapoval, Der russische Nationalismus, S. 296–305.

VI. Der „wiederentdeckte" Hauptgegner

Im August 1931 unterstützte die KPD den Volksentscheid zur Auflösung des preußischen Landtages – eine Initiative des Frontkämpferverbandes Stahlhelm, die von der DNVP und NSDAP unterstützt wurde. Das Ziel der radikalen Rechten war der Sturz der SPD-geführten Landesregierung unter Otto Braun. Indem sich die deutschen Kommunisten an dieser Aktion beteiligten, stellten sie faktisch eine „Einheitsfront" mit den Nationalsozialisten her. Lange ist in der Forschung gerätselt worden, wieso sich die KPD diesem Frontalangriff gegen die preußische Landesregierung – dem letzten „Bollwerk" der Weimarer Republik[1] – anschloss. Aufgrund der nun zugänglichen Quellen lassen sich an diesem Fallbeispiel einige grundlegende Aspekte der Kominternpolitik analysieren. Die Antworten auf die Frage, aus welchen Motiven die KPD an dem Volksentscheid teilnahm, und wie dieser Entschluss konkret gefasst wurde, führt vor Augen, auf welch chaotische Weise in der Komintern Politik gemacht und Entscheidungen gefällt wurden: Es lässt sich zeigen, dass die KPD eben nicht kühl kalkuliert gesteuert wurde, sondern dass die Kommunisten ihre Politik zuweilen gewissermaßen aus dem Bauch heraus machten – geprägt durch ihre verzerrten Wahrnehmungen und immer noch getrieben von ihren revolutionären Erwartungen.

1. Eine gute Gelegenheit

In der *Geschichte der Arbeiterbewegung*, dem maßgeblichen Werk der DDR-Geschichtsschreibung, das unter Aufsicht Walter Ulbrichts Mitte der 60er Jahre entstand, ist die Frage nach den Gründen für die Beteiligung am Volksentscheid zur Auflösung des Preußischen Landtages im August 1931 in gewohnter Sündenbockmanier personalisiert worden: Es seien einzig Neumann und letztlich vor allem Stalin gewesen, die die Entscheidung zur Teilnahme durchgesetzt hätten.[2] Die westliche Literatur schloss sich dieser Darstellung – wenn auch mit gebotener Distanz – grundsätzlich an, so dass die ost- und westdeutschen Historiker vor 1989/90 ungewohnt einmütig feststellten: die KPD sei von Moskau gezwungen worden, an dem Volksentscheid teilzunehmen und somit „gegen ihre eigenen Interessen" zu handeln.[3]

Interessanterweise entspricht diese Sichtweise auch den späteren Aussagen der führenden Kominternfunktionäre: Auch aus Moskau wurde der KPD später vor-

---

[1] Vgl. Ehni, Bollwerk Preußen?

[2] Ulbricht, Geschichte der deutschen Arbeiterbewegung, Bd. 4, S. 96 f.

[3] Grundlegend ist hier erneut die von anderen Autoren meist weitgehend übernommene Darstellung von Weingartner, Stalin und der Aufstieg Hitlers, S. 85–96, der sich wiederum stark auf die *Geschichte der Arbeiterbewegung* stützt. Da sich der Erkenntnisstand seit Weingartners Untersuchung nicht mehr erweitert hat, ist sein Werk auch auf den folgenden Seiten der wesentliche Kontrapunkt meiner Argumentation.

geworfen, sich zu spät – nämlich erst nach entsprechender Intervention des EKKI – zur Teilnahme am Volksentscheid entschieden und zuvor im Sommer 1931 den Kampf gegen die SPD zu lange vernachlässigt zu haben.[4] Tatsächlich hatte Manuilskij auf dem XI. EKKI-Plenum im April 1931 erneut das „Sozialfaschismus"-Mantra der Komintern wiederholt: In Deutschland sei nicht „der Faschismus Hitlerscher Färbung der Hauptfeind", so betonte er in seinem Referat, sondern die Regierung Brüning und vor allem die SPD, die dieses Kabinett im Reichstag toleriere.[5] Das ganze Plenum, so stellte Pjatnickij später fest, sei „faktisch gegen die Taktik der deutschen Partei gerichtet [gewesen], da die These vom Faschismus als Hauptfeind auf dem Plenum umgedreht wurde, dort war die Sozialdemokratie der Hauptfeind".[6] Die deutsche Parteileitung hatte daraufhin in einem internen Bericht an das EKKI im Mai 1931 pflichtschuldig „eingestanden", dass das EKKI-Plenum „die Bewertung des Faschismus auf das richtige Maß reduziert" habe[7], indem es ihn zu einem Gegner zweiten Grades herabstufte.

Nun wäre es allerdings falsch, aus der nachträglichen Behauptung Pjatnickijs zu folgern, dass sich hier wirklich ein erneuter Konflikt zwischen KPD und Komintern angebahnt hätte. Denn im Frühjahr 1931 stimmten die Spitzen der Komintern und KPD in ihrer Einschätzung der politischen Lage grundsätzlich überein: Erstens hatte die Moskauer Führung auf dem EKKI-Plenum gerade erst den „Scheringer-Kurs" gebilligt, der auf der nationalpopulistischen „Volksrevolutions"-Strategie aufbaute, wie sie Ende Dezember 1930 mit Stalin abgesprochen worden war. Und zweitens rannte die Komintern mit ihrer Forderung, schärfer gegen die Sozialdemokratie vorzugehen, bei der KPD-Führung offene Türen ein. Schließlich war man sich einig, dass die NSDAP nach der „Stennes-Revolte" kurz davor sei, in sich zusammenzufallen. In dem Maße, in dem die Mobilisierungskraft des Nationalsozialismus abzunehmen schien, trat somit die SPD als Hauptgegnerin erneut in den Vordergrund. Manuilskij erklärte den vermeintlichen Zerfall der NSDAP im April 1931 dementsprechend zu einer günstigen Chance, um die SPD-Strategie des „kleineren Übels" zu „entlarven": Wenn Hitlers Machtantritt immer unwahrscheinlicher werde, weil dessen Partei zerfalle, dann werde es der SPD zunehmend schwerer fallen, zu rechtfertigen, warum sie die Regierung Brüning weiter toleriere.[8]

Dass die Führungen der KPD und Komintern zu dieser Zeit gleichermaßen in der Sozialdemokratie den „Hauptgegner" sahen, belegt schließlich auch ein Brief Neumanns vom Mai 1931, in dem er seiner Begeisterung über die antisozialdemokratischen Resolutionen des XI. EKKI-Plenums freien Lauf ließ. Die bald anstehende preußische Landtagswahl[9], so schrieb er an Leo Flieg, werde die KPD „zu

---

4 So der Vorwurf von Pjatnickij in seinem Referat auf dem XII. EKKI-Plenum im September 1932, das als Broschüre gedruckt wurde. Vgl. Pjatnickij, Die Arbeit der Kommunistischen Parteien Frankreichs und Deutschlands, S. 15.
5 Schlusswort Manuilskijs vor dem EKKI-Plenum am 6. 4. 1931, RGASPI 495/169/87: 38.
6 Pjatnickij in der Sitzung der PK vom 10. 4. 1932, RGASPI 495/4/182a: 89–98, hier: 90f.
7 Bericht des Sekretariates der KPD „Über die Vorbereitung der ZK-Tagung der KPD am 14./15. 5. 1931" vom 13. 5. 1931, RGASPI 495/293/117: 14–16, hier: 14f.
8 Schlusswort Manuilskijs vor dem EKKI-Plenum am 6. 4. 1931, RGASPI 495/169/87: 38.
9 Der reguläre Termin war der April 1932. Aus den Dokumenten ist nicht ersichtlich, ob

einem einzigen bolschewistischen Feldzug gegen die SPD machen". Im Unterschied zum Reichstagswahlkampf von 1930 (als die NSDAP noch als Hauptkonkurrentin wahrgenommen wurde) müsse „die SPD-Frage" bis zur Preußenwahl daher zur „alles beherrschenden Kampflosung" gemacht werden: Jeder „Kommunist, jeder Arbeiter, jeder Kleinbürger muss *schon heute* wissen: der Hauptschlag geht gegen die SPD".[10] Wenn Pjatnickij also später im Rückblick auf das Jahr 1931 Meinungsverschiedenheiten konstruierte, so geschah dies, um der KPD erneut die Schuld dafür zuzuschieben, dass die Kominternpolitik nicht zum gewünschten Erfolg geführt hatte.

In der westlichen Literatur wurde entsprechend der Prämisse, dass die Komintern vorrangig ein außenpolitisches Instrument der Sowjetunion gewesen sei, ferner die These vertreten, die Teilnahme der KPD am Volksentscheid habe erneut gegen die prowestliche SPD gezielt: Weil Moskau befürchtet habe, die deutsche Regierung werde sich auf Druck der Sozialdemokratie verstärkt an Frankreich annähern, seien vor allem die *deutschen* Sozialdemokraten in den Thesen des XI. EKKI-Plenums als die „Initiatoren und aktivsten Verteidiger" einer antisowjetischen Front hervorgehoben worden.[11]

Diese Deutung der Ereignisse führt jedoch in die Irre. Denn erstens war die Furcht der sowjetischen Führung vor einer nahe bevorstehenden Intervention schon angewachsen, *bevor* die dezidiert antifranzösische NSDAP im Februar 1931 aus dem Reichstag auszog und somit „der politische Kurswert"[12] der SPD wieder anstieg: Den Tagesordnungspunkt „Gefahr der Intervention" hatte Stalin bereits lange zuvor im November 1930 auf die Agenda des XI. EKKI-Plenums gesetzt.[13] Zu diesem Zeitpunkt aber wurde in Moskau noch davon ausgegangen, dass die Regierung Brüning von den Nationalsozialisten gestützt würde.[14] Zweitens waren ausgerechnet die sowjetischen Berufsdiplomaten, auf deren Zeugnisse sich die bisherige Forschung im Wesentlichen stützte, im Februar 1931 gar nicht sonderlich davon beunruhigt, dass die Regierung Brüning nun stärker auf die SPD angewiesen war: Der sowjetische Botschafter in Berlin, Khinchuk, betonte drei

Neumann bereits zu diesem Zeitpunkt davon ausging, dass die Landtagswahl früher stattfinden könne. Für seine damalige Stellung gegenüber der Sozialdemokratie macht dies aber keinen Unterschied.

10 Brief Neumanns an Flieg vom 25. 5. 1931, RGASPI 495/19/527a: 207–214, hier: 210. Hervorhebung im Original unterstrichen.

11 Vgl. Weingartner, Stalin und der Aufstieg Hitlers, S. 78–81; ferner: Carr, Twilight of Comintern; Winkler, Weg in die Katastrophe, S. 307.

12 Winkler, Weg in die Katastrophe, S. 307.

13 Vgl. Brief Pjatnickijs an Molotov vom 12. 11. 1930, RGASPI 495/19/242: 107. Vgl. dazu auch die Anweisungen der PK an die Sektionen Europas und das WEB über den Prozess gegen die „Industriepartei", SAPMO-BArch RY 5-I 6/3/214: 46, die zwei Tage zuvor von Pjatnickij an Stalin zur Durchsicht und Billigung geschickt wurden. Vgl. Brief Pjatnickijs an Molotov vom 12. 11. 1930, RGASPI 495/19/242: 106.

14 Vgl. Pjatnickijs Ausführungen in der Sitzung des EKKI-Präsidiums vom 28. 10. 1930: „So haben wir es hier [bei den Nationalsozialisten] mit Arbeitsteilung zu tun, nicht mehr und nicht weniger, um das Vorgehen zu bemänteln, das sie im Reichstag gemacht haben. Hier sind wir [die NSDAP] für Streiks, für die Arbeiter, aber im Reichstag stimmen wir für die Regierung Brüning." RGASPI 495/2/136: 88–92, hier: 91 f.

Tage nach dem Auszug der NSDAP aus dem Reichstag in einem Brief nach Moskau, die Beziehungen Deutschlands zur Sowjetunion würden durch den gestiegenen Einfluss der SPD ebenso wenig belastet wie durch die mittlerweile verbesserte Atmosphäre zwischen der deutschen und der französischen Regierung.[15]

Von Moskau aus wurde im Frühjahr 1931 also keine Initiative gestartet, um die KPD zu schärferen Angriffen gegen die SPD zu drängen. Hingegen belegen die Unterlagen der Komintern, dass die deutsche Parteispitze schon lange vor dem Sommer 1931 die Idee diskutierte, die Regierung Braun durch einen Volksentscheid zu stürzen – und zwar ohne dafür Vorgaben aus Moskau erhalten zu haben: Kurz nachdem der Stahlhelm im Oktober 1930 angekündigt hatte, ein Volksbegehren zur Auflösung des Preußischen Landtages zu beantragen[16], machte Remmele in einer Sitzung der KPD-Führung im Januar 1931 den Vorschlag, den Rechtsparteien „zuvorzukommen" und selbst ein Volksbegehren zur Auflösung des preußischen Landtages zu initiieren.[17]

Die KPD entschied sich jedoch zunächst anders, weil die Bezirkssekretäre der KPD, als sie anlässlich der Tagung des ZK der KPD in Berlin um ihre Meinung gefragt wurden, das Vorhaben ablehnten. Die Partei würde dann, so gab Thälmann in Moskau später die Bedenken wieder, „Schwierigkeiten gegenüber den sozialdemokratischen Arbeitern bekommen".[18] Zwar wurde das Projekt somit nur aus wahltaktischen Gründen abgelehnt, dennoch war es vorerst vom Tisch. Als habe es keine eigenen Pläne in dieser Richtung gegeben, teilte die Parteiführung der Basis nach dem offiziellen Antrag des Stahlhelms auf Zulassung des Volksbegehrens vom 4. Februar 1931 in einem internen Rundschreiben mit, es sei „selbstverständlich ausgeschlossen", dass sich die KPD daran beteilige. Um der Sozialdemokratie jedoch durch eine „einfache Abstinenzpolitik" nicht unfreiwillig eine „indirekte Hilfestellung" zu leisten, beschloss die KPD-Spitze eine ihrer typischen Parallelaktionen zu starten: Die „Volksaktion gegen Faschismus und [preußische] Koalitionspolitik".[19] Mit dem üblichen „Zweifrontenkampf" sollte das rechte Volksbegehren gekontert werden.

Allerdings blieb die Aussicht, die von SPD geführte Koalition stürzen zu sehen, für die KPD-Führung äußerst attraktiv. Als daher das Volksbegehren das notwendige Quorum erzielt hatte, sich jedoch abzeichnete, dass ein in einem zweiten Schritt durchgeführter Volksentscheid, der nur durch die Rechtsparteien unterstützt würde, keine Erfolgsaussichten hatte[20], haderte Thälmann mit sich, ob sich

---

[15] Brief Khinchuks an den stellvertretenden Außenkommissar der Sowjetunion, Krestinskij, vom 10. 2. 1931, AVP RF 082/14/63/5: 29–34. Sechs Wochen später kommentierte Khinchuk allerdings die Pläne für eine deutsch-österreichische Zollunion positiv, weil damit die deutsch-französischen Beziehungen belastet würden. Vgl. Brief Khinchuks an Krestinskij vom 26. 2. 1931, AVP RF 082/14/63/5: 66–69.

[16] Vgl. Ehni, Bollwerk Preußen?, S. 199.

[17] „Herzen" [d. i. Hermann Remmele] „An die Kommission zur Untersuchung der Fraktionsarbeit in der K.P.D." vom 2. 8. 1933, SAPMO-BArch RY 5/I 6/3/469: 10–27, hier: 25.

[18] Thälmann vor der PK am 14. 5. 1932, RGASPI 495/4/188a: 27 f.

[19] Anweisungen an die Bezirke. Rundschreiben des Sekretariates des ZK der KPD vom 12. 2. 1931, in: Weber, Generallinie, S. 393 f.

[20] Das Volksbegehren war von 5,9 Millionen Wahlberechtigten gezeichnet worden, das waren nur 700 000 mehr als das erforderliche Quorum von 20 Prozent der Wahlberechtigten.

die KPD nicht doch am Volksentscheid beteiligen sollte, um somit die preußische Regierung zu stürzen. Bei einer erneuten Befragung der Bezirkssekretäre im Mai 1931 waren aber wieder alle Befragten dagegen, die Regierung Braun gemeinschaftlich mit dem Rechtsblock zu stürzen.[21]

Dass der KPD allerdings immer noch am Sturz der Regierung Braun gelegen war, demonstrierte sie am 9. Juli, als die Abstimmung über das Volksbegehren im Preußischen Landtag anstand und sie (schon im Widerspruch zu ihrer bisherigen Enthaltung in dieser Frage gegenüber der Öffentlichkeit) gemeinsam mit den Rechtsparteien für die Auflösung des Landtages stimmte. Mit den Stimmen der Regierungskoalition wurde das Volksbegehren erwartungsgemäß abgelehnt, worauf die Regierung den 9. August als Tag des Volksentscheides festlegte.[22]

2. Ein innerparteilicher Schachzug mit Folgen

Wenige Tage nach dieser Abstimmung im Landtag brach am 13. Juli die Danatbank zusammen; weitere Bankenzusammenbrüche, eine panikartige Kapitalflucht in das Ausland und somit der Kollaps des gesamten Kreditwesens schienen möglich. Im ganzen Reich begann ein Sturm auf Banken und Sparkassen, von denen die Menschen ihre Einlagen abheben wollten. Damit erlebte die seit Wochen schwelende Währungs- und Wirtschaftskrise einen dramatischen Höhepunkt.[23] Schon zuvor hatten sich selbst in der SPD die Zweifel verstärkt, ob der „Patient" Kapitalismus noch zu heilen sei.[24] Nun erblickte Neumann in dieser akuten Krise die Gelegenheit, dem Kapitalismus den Todesstoß zu versetzen: Er ging davon aus, dass sich aufgrund der allgemeinen Verunsicherung immer mehr Menschen den Sturz des gegenwärtigen Systems wünschten und daher die Chancen für den Erfolg des Volksentscheides aufgrund der Finanzkrise entscheidend gestiegen waren. Wichtig war es nun aus seiner Sicht, den Rechtsparteien das Thema aus der Hand zu nehmen, damit nicht sie, sondern die KPD von den anschließenden Neuwahlen profitierte. Späteren Aussagen Remmeles zufolge erschien Neumann nach den Bankenzusammenbrüchen in dessen Büro und erklärte: „Ich glaube es ist falsch, wenn wir uns am Volksentscheid nicht beteiligen, wir müssen uns beteili-

---

Die beteiligten Rechtsparteien hatten in Preußen bei den Reichstagswahlen am 14. 9. 1930 aber noch 9,5 Millionen Stimmen erhalten. Für den Erfolg bei einer Volksabstimmung mussten sich 50 Prozent der Wahlberechtigten (ca. 13,2 Millionen) beteiligen und von diesen wiederum mindestens 50 Prozent mit Ja stimmen. Da Gegner der Volksabstimmung diese boykottieren würden, war ein Zusammengehen von Rechtsparteien und KPD-Anhängern für einen Erfolg notwendig. Vgl. dazu: Bracher, Auflösung, S. 386.

21 Notizen von Wilhelm Pieck über die Entscheidungsfindung zur Teilnahme am Volksentscheid, o.D. (nach dem 9. 8. 1931, möglicherweise erst Frühjahr 1932), RGASPI 495/28/289: 39f., hier: 39. Pieck hat diese Notizen offensichtlich angefertigt, um sich selbst über den komplizierten Ablauf Klarheit zu verschaffen.

22 Vgl. Berghahn, Stahlhelm, S. 156–158.

23 Vgl. Winkler, Weg in die Katastrophe, S. 368.

24 Vgl. ebenda, S. 324–326 über den Leipziger Parteitag der SPD vom 31. 5.–5. 6. 1931 und das dort von Fritz Tarnow gehaltene Referat.

gen und den Volksentscheid zu einem roten machen." Gemeinsam gingen sie zu
Thälmann, doch dieser lehnte Remmele zufolge einen solchen Kurswechsel ab:
„Es ist unmöglich, wenn wir das machen, ist die Einheitsfront für lange Zeit unmöglich."[25] Angesichts des plötzlichen Vorstoßes Neumanns in dieser schon so
häufig diskutierten Frage vermutete der deutsche Parteivorsitzende, dass sein innerparteilicher Konkurrent nicht von allein auf die Idee gekommen sei, wie er der
Kominternführung einige Monate später freimütig in Moskau erzählte:

> „Was war das für eine Überraschung für uns, als Neumann plötzlich zu Genossen der Füh-
> rung und des Sekretariates kommt mit der Frage: Wir müssen uns mit dem Volksentscheid
> beschäftigen. Ich hatte den Eindruck, was ich nicht verhehlt habe, dass er von hier [aus Mos-
> kau] informiert war. Man kann anders nicht in 24 Stunden, wo man vorher keine andere Linie
> hatte, eine solche radikale Schwankung durchführen, wenn nicht bestimmte Vorausset-
> zungen dafür vorhanden sind."[26]

Thälmanns Verdacht ist verständlich, wenn man sich vergegenwärtigt, welche
Rolle Neumann bislang gespielt hatte, wenn es darum ging, Moskauer Vorstellungen in die KPD zu tragen: Vermutlich erinnerte sich der Parteivorsitzende noch
gut daran, wie Neumann im Sommer 1930 von seinem Russlandaufenthalt mit
dem Auftrag zurückgekehrt war, Stalins Konzept des Nationalpopulismus in der
KPD durchzusetzen.

Da Neumann aber nicht im Auftrage Moskaus handelte, sah Thälmann zunächst keinen Anlass, von seiner Position abzuweichen. Stattdessen einigte er sich
schließlich mit Neumann und Remmele darauf, das Politbüro in dieser Frage entscheiden zu lassen. Remmele erklärte später gegenüber der Kominternführung:
„Wir haben ihm gesagt, Du wirst die Sache vortragen und die Genossen sollen ihre
Meinung sagen und wenn die Mehrheit dafür ist, werden wir die Sache durchführen."[27] Angesichts der bisherigen Stellungnahmen der Mitglieder des Politbüros
aus den Bezirken befürchteten Neumann und Remmele aber offensichtlich, dass
diese für den 17. Juli angesetzte Abstimmung nicht in ihrem Sinne ausfallen
würde. Deshalb beschlossen sie, die Komintern einzuschalten, mit dem Ziel, eine
Entscheidung in ihrem Sinne herbeizuführen: Zwei Tage vor der entscheidenden
Politbürositzung verfassten sie einen Brief an den deutschen Vertreter beim
EKKI, Wilhelm Pieck, in dem sie sich für die Teilnahme aussprachen und dabei
den Eindruck erweckten, als sprächen sie im Namen der gesamten Parteiführung.
Tatsächlich aber verfassten sie den Brief hinter dem Rücken Thälmanns – der sich
wie so häufig in Hamburg befand[28] – und der anderen Mitglieder des Sekretariates
des ZK der KPD. Pieck wurden somit aus den angeblichen „ganz unverbindlichen
Vorbesprechungen" der deutschen Parteiführung in der Frage der Volksabstimmung nur jene Argumente mitgeteilt, die *für* eine Beteiligung sprachen.

---

[25] Remmele in der Sitzung der PK vom 10. 4. 1932, RGASPI 495/4/182a: 27–58 hier: 44 f.
[26] Thälmanns Ausführungen in der Sitzung der PK vom 14. 5. 1932, RGASPI 495/4/188a:
6–66, hier: 27. Bei diesem Text handelt es sich um das von Thälmann selbst korrigierte Stenogramm seiner Stellungnahme.
[27] Remmele in der Sitzung der PK vom 10. 4. 1932, RGASPI 495/4/182a: 27–58 hier: 44 f.
[28] Vgl. die Notizen von Wilhelm Pieck, o.D. [nach dem 9. 8. 1931], RGASPI 495/28/289:
39 f., hier: 39.

In dem Brief unterrichteten die beiden Funktionäre Pieck, der Erfolg des Volksentscheides sei „nach allen rechnerischen Grundlagen gesichert" und bei den dann erfolgenden Neuwahlen bestünden „große Aussichten", dass die KPD dabei „im entscheidenden Lande Deutschlands" zur „stärksten Partei" werde, da die Hochburgen der NSDAP alle außerhalb Preußens lägen. Die Niederlage der SPD bei diesen Wahlen wurde als so sicher angesehen, dass auf sie in dem Schreiben gar nicht explizit eingegangen wurde. Noch wichtiger als diese „statistische Seite", hieß es in dem Schreiben weiter, sei „aber die durch Neuwahlen in Preußen entstehende Verschärfung der Gesamtsituation und die Möglichkeit, den preußischen Regierungs- und Polizeiapparat, das stärkste Bollwerk der Sozialdemokratie, den stärksten Stützpfeiler des Brüning-Regimes zu zertrümmern".

Zwar hätte der Entschluss zur Teilnahme „wie jeder große politische Schritt auch negative Seiten" – es würde sicherlich „ein fürchterliches Geschrei über ‚Einheitsfront von Nazis und Kozis'" einsetzen, aber: „dieses Geschrei hören wir seit dem Freiheitsprogramm täglich, ohne dass es die Krise der SPD aufhalten kann." Entscheidend seien die „objektiven Tatsachen", die Möglichkeit, noch einmal in „einem ‚freien' Wahlkampf [...] unser gewaltiges Wachstum seit dem 14. September zu demonstrieren". Wenn sich die KPD hingegen der Stimme enthalte, gerate sie „objektiv" in eine Reihe mit der preußischen Regierung selbst. Dann wurde der eigentliche Zweck dieses Briefes an Pieck angesprochen:

„Wir teilen Dir diese Auffassung zunächst unverbindlich mit und bitten Dich, vorbereitend mit den Genossen Manuilskij, Knorin und Pjatnickij darüber zu sprechen, vielleicht auch die Meinung der Genossen des [sowjetischen] Politbüros einzuholen, ohne dass eine offizielle Beschlussfassung oder Stellungnahme des EKKI erforderlich wäre, bevor die Auffassung unseres Pol[it]büros vorliegt."

Man bitte die Exekutive um die Erlaubnis, so schloss der Brief in einem für Neumann ungewohnt devoten Ton, „den angedeuteten Schritt zu vollziehen". Ohne diese Erlaubnis werde die KPD-Führung „selbstverständlich nichts unternehmen".[29]

Wahrscheinlich erhielt das EKKI diesen „Sekretariatsbrief" am 17. Juli.[30] Bevor die Kominternfunktionäre aber den vermeintlichen Wunsch der deutschen Parteiführung billigen konnten, sich am Volksentscheid beteiligen zu dürfen, entschied das Politbüro der KPD am gleichen Tage *gegen* die Teilnahme: Wie verabredet, hatte Thälmann „die Sache vor[getragen] in dem Sinne, wie er die Sache auffasst", berichtete Remmele später, „und die Bezirkssekretäre, nachdem sie die Meinung des Genossen Thälmann hören, schließen sich ihr an".[31]

[29] Brief des Sekretariates des ZK der KPD [tatsächlich: Neumann und Remmele] an den deutschen Vertreter beim EKKI, Wilhelm Pieck, vom 15. 7. 1931, RGASPI 495/292/56: 121 f.

[30] Zur Datierung des Einganges siehe unten.

[31] Remmele in der Sitzung des PS am 10. 4. 1932, RGASPI 495/4/182a: 27–58, hier: 45. Übereinstimmend Pieck in seinem Brief an Pjatnickij vom 29. 7. 1931 über seine Gespräche mit der deutschen Parteiführung nach seiner Ankunft in Berlin, RGASPI 495/292/54: 188 f. Zum Beschluss selbst siehe das Protokoll des Politbüros der KPD vom 17. 7. 1931, SAPMO-BArch RY 1-I 2/3/11: 59. Der kompromissartige Beschluss des Politbüros verdeutlicht ein weiteres Mal, dass nur taktische Vorbehalte gegen die Teilnahme bestanden,

Neumann sicherte sich nach diesem negativen Votum des Politbüros nach zwei
Seiten ab, um das eigenmächtige Vorgehen hinter dem Rücken des Parteivorsitzenden zu vertuschen: Während er (wie Remmele auch) seine abweichende Meinung in der Politbürositzung für sich behalten hatte, bekannte er nach der Sitzung
im engsten Führungskreise, er halte den Beschluss gegen die Teilnahme für falsch
und „werde" einen Brief nach Moskau schreiben.[32] Damit wollte er vertuschen,
dass er bereits einen Brief nach Moskau geschickt hatte. Am folgenden Tag tele-
grafierte Neumann dann nach Moskau: „unser brief in abstimmungsfrage gegen-
standslos, da wir uns einstimmig für neinparole entschieden haben stop entsprechende schritte daher ueberfluessig. sekretariat."[33]

Zunächst sah es nicht so aus, als wenn Neumann mit seinem Vorgehen, auf dem
Umweg über Moskau einen Beschluss in seinem Sinne zu erzwingen, Erfolg haben würde. Denn zunächst sorgten die widersprüchlichen Mitteilungen aus der
Berliner Parteizentrale in Moskau nicht nur für Verwirrung, sondern auch für
einigen Unmut. Die Kominternspitze, die der Arbeit der deutschen Genossen ohnehin mit einiger Skepsis gegenüberstand, fühlte sich in ihren Zweifeln über die
politischen Fähigkeiten der deutschen Parteiführung einmal mehr bestätigt. Noch
Monate später erregte sich Pjatnickij darüber, wie dilettantisch die KPD-Führung
gehandelt habe:

„Wir bekommen einen Brief vom Sekretariat, dass man für die Teilnahme ist; danach erhalten
wir eine Depesche, dass das ganze Politbüro einstimmig gegen die Teilnahme ist. Das geschah
innerhalb von zwei Tagen. [...] Uns war das ganz unverständlich! Wie kann ein Brief vom
Sekretariat abgesandt werden: einstimmig angenommen, – und danach ein Beschluss vom
Pol[it]büro: einstimmig abgelehnt. Die Mitglieder des Sekretariates sind doch gleichzeitig
Mitglieder des Pol[it]büros."[34]

Pieck erhielt den Auftrag, das deutsche Politbüro aufzufordern, der Komintern
„sofort Informationen über die Gründe seines Beschlusses in der Abstimmungsfrage zu senden und den Beschluss bis zum Eintreffen unserer Antwort nicht zu
veröffentlichen".[35]

Diese Aufgabe erledigte Pieck noch am gleichen Abend durch ein Telefonat mit
Leo Flieg. In diesem Gespräch erhielt Flieg aber nicht nur Anweisungen: Er
erfuhr von Pieck auch, dass in Moskau selbst die „Meinungen geteilt" seien, ob

---

die KPD sich aber eigentlich gerne beteiligt hätte: Weiterhin sollte nämlich die „stärkste
Offensive" gegen die SPD, „vor allem gegen [die] Preußenregierung" geführt werden,
„wobei der bevorstehende Volksentscheid zur Massenaktion und Massenmobilisierung
benutzt werden muss, auch wenn wir uns nicht daran beteiligen." Vgl. Bericht des Sekretariates des ZK der KPD vom 19. 7. 1931 über die Sitzung des Politbüros am 17. 7. 1931,
RGASPI 495/293/117: 20–32, hier: 30f.
[32] Vgl. die Notizen von Wilhelm Pieck, o.D., nach dem 9. 8. 1931, RGASPI 495/28/289: 39f.,
hier: 39.
[33] Telegramm des Sekretariates [Neumann] an Pieck vom 18. 7. 1931, RGASPI 495/292/57:
39.
[34] Pjatnickij in der Sitzung der PK vom 10. 4. 1932, RGASPI 495/4/182a: 89–98, hier: 97.
Tatsächlich stand in dem Brief vom 15. 7. 1931 allerdings nicht explizit, dass bereits eine
„einstimmige" Meinung bestand, es wurde jedoch dieser Eindruck erweckt.
[35] Protokoll Nr. 157 der PK vom 18. 7. 1931, RGASPI 495/4/123: 1.

sich die KPD am Volksentscheid beteiligen solle.[36] Vor allem Manuilskij sprach sich – offenbar sehr massiv – gegen eine Teilnahme der KPD aus.[37] Wie in solchen Fällen, in denen die Kominternführung uneinig war, üblich, wurde Stalin um seine Stellungnahme gebeten. Wie dessen Entscheidung ausfiel, lässt sich an Piecks folgenden Schritten ablesen: In einem zweiten Telefongespräch mit Leo Flieg am 20. Juli übermittelte Pieck die Entscheidung nach Berlin: Der von der KPD getroffene „Beschluss sei falsch", in Moskau habe man sich „einmütig" gegen die Stimmenthaltung und für eine Teilnahme am Volksentscheid ausgesprochen. Auf die Rückfrage Fliegs, ob in der Komintern „alle dagegen" seien, bestätigte Pieck seinen Notizen zufolge ausdrücklich: „ja, auch an anderer Stelle (Stalin) (Molotov)".[38]

Sicherheitshalber schickte Pieck zusätzlich noch ein Telegramm[39] und einen umfangreichen Brief von zweieinhalb engbeschriebenen Seiten, in dem er ausführlich begründete, warum sich die Partei nach Meinung der Komintern „unbedingt an der Abstimmung beteiligen muss, natürlich für die Auflösung". Um angesichts der unklaren Situation sicherzugehen, dass eine Entscheidung im Sinne Stalins erfolgte, wies Pieck auch in diesem Brief an das Sekretariat der KPD noch einmal ausdrücklich darauf hin, dass die Komintern den Entschluss „nach Rücksprache mit den führenden Genossen der [russischen] Partei" – also Stalin und Molotov – gefasst habe. Diesem Hinweis folgte eine deutliche Standpauke für die Genossen in Berlin: „Peinlich an der ganzen Angelegenheit ist nur, dass Ihr die Entscheidung über diese Frage nicht erst vor die Politkommission der Komintern gebracht habt, und dadurch hätte vermieden werden können, dass solche gegensätzlichen Auffassungen zwischen Euch und den russischen Gen[ossen] entstanden. Aber hoffentlich ist es Euch doch gelungen zu vermeiden, dass das nach außen hin bemerkt wurde."[40]

Innerhalb der Komintern verstärkte der Vorfall den Eindruck, die KPD-Führung handele zu eigenmächtig. Wie sehr man der deutschen Parteiführung inzwischen misstraute, zeigt die Tatsache, dass die Politkommission zusätzlich zu Piecks informeller Rüge noch eine offizielle Abmahnung nach Berlin schickte. Sie beschwerte sich darin, dass sie „in der letzten Zeit ohne regelmäßige Information geblieben" sei und sich aufgrund des zeitweiligen Verbotes der *Roten Fahne* auch nicht aus der Parteipresse habe informieren können. Um „solche Fehler" wie in der Frage des Volksentscheides zu vermeiden, „wäre es doch besser gewesen, wenn wir rechtzeitig über Eure wichtigen Beschlüsse benachrichtigt worden wären und nicht erst nach der Veröffentlichung derselben". Die KPD wurde daher

---

[36] Notizen Piecks über Telefonat mit Flieg am 18. 7. 1931 um 19.20 Uhr, RGASPI 495/292/54: 342 f.

[37] Vgl. Brief Schwabs (Stellvertreter Piecks als KPD-Vertreter beim EKKI) an Sekretariat des ZK der KPD, RGASPI 495/292/54: 266 f., hier: 266.

[38] Notizen Piecks vom 20. 7. 1931, RGASPI 495/292/54: 342 f.

[39] Telegramm Piecks an das Sekretariat des ZK der KPD vom 20. 7. 1931, RGASPI 495/292/54: 177.

[40] Brief Piecks an das Sekretariat des ZK der KPD vom 20. 7. 1931, RGASPI 495/292/54: 180–182, hier: 180.

aufgefordert, zukünftig in Abständen von einigen Tagen „und besonders vor und nach gewissen politischen Ereignissen oder Aktionen" einen schriftlichen Bericht nach Moskau per Luftpost zu schicken, „chiffriert oder chemisiert".[41]

3. Reaktionen

Neumanns riskanter Plan war somit letztlich aufgegangen: Indem er eine Entscheidung auf höchster Ebene provozierte, gelang es ihm, sich gegen den Widerstand des Parteivorsitzenden und der Bezirkssekretäre durchzusetzen. Doch wie nahmen die Funktionäre der KPD und der übrigen europäischen Sektionen der Komintern diese abrupte Kehrtwende auf? Wie wurde der Beschluss, sich nun doch am Volksentscheid zu beteiligen, von den Kommunisten empfunden?

Problematisch ist, dass sich bis heute kaum etwas über die Gedankengänge der kommunistischen Kader über derartige Fragen herausfinden lässt. Zumindest für den deutschen Parteivorsitzenden spielte jedoch keine Rolle mehr, was er selbst für richtig hielt: Entscheidend war für ihn, dass Stalin eine klare Anweisung erteilt hatte. Remmeles Darstellung zufolge reagierte Thälmann beinahe ungerührt, als er von der Direktive aus Moskau benachrichtigt wurde, die seiner bisherigen Auffassung diametral widersprach: „Thälmann kam, er hörte sich das an und sagte: Selbstverständlich, wenn von drüben ein solcher Auftrag kommt, so muss man ihn durchführen."[42] Als einziges Indiz für Thälmanns Unzufriedenheit kann die Tatsache gewertet werden, dass er kurz darauf für Wochen nach Hamburg verschwand und die Durchführung der Volksentscheid-Kampagne weitgehend ihren Initiatoren überließ.[43]

Zuvor trat am 21. Juli aber noch das Sekretariat der KPD zusammen und „beschloss" offiziell die Teilnahme am Volksentscheid.[44] Um die zu erwartenden negativen Reaktionen der SPD-Anhänger auf dieses gemeinsame Vorgehen mit den Rechtsparteien abzumildern, versuchte Thälmann den überraschenden Wechsel zu verschleiern, indem er ihn mit einem unannehmbaren Ultimatum an die preußische Regierung verband: Braun und Severing wurden aufgefordert, binnen 24 Stunden das Verbot des RFB aufzuheben, andernfalls werde sich die KPD am Volksentscheid beteiligen. Pjatnickij lobte dieses Ultimatum später als „die einzige Rettung, es war ein ganz gutes und passendes Manöver".[45] Zweckoptimistisch behauptete die KPD-Führung wenige Tage später in einem internen Bericht für die Komintern, der Volksentscheid-Kampagne sei auf diese Weise „von Anfang an der selbstständige Stempel aufgedrückt" und die Gefahr vermieden wor-

---

41 Brief PK an das Sekretariat des EKKI vom 26. 7. 1931, RGAPI 495/4/124: 109.
42 Remmele in der Sitzung der PK vom 10. 4. 1932, RGASPI 495/4/182a, 27–58, hier: 46.
43 Thälmann trat noch am 24. 7. 1931 in Berlin auf. Vgl. Bracher, Auflösung, S. 387. Vermutlich ist er unmittelbar nach dieser Veranstaltung nach Hamburg gefahren.
44 Protokoll des Sekretariates des ZK der KPD vom 21. 7. 1931, SAPMO-BArch RY 1-I 2/5/3: 230.
45 Zwischenruf Pjatnickijs zur Stellungnahme Remmeles in der Sitzung der PK vom 10. 4. 1932, RGASPI 495/4/182a: 47.

den, dass die Partei für die Öffentlichkeit „in die Gefolgschaft von Hitler-Hugenberg" gerate.[46]

Severings ablehnende Antwort, die noch vor Ablauf der 24 Stunden erfolgte, hatte das Sekretariat der KPD einkalkuliert: Das Ultimatum sei „naturgemäß" seitens der preußischen Regierung abgelehnt worden, wurde Moskau unterrichtet.[47] Die Parteispitze hatte daher bereits vor dem Eintreffen der Antwort für den Vormittag des folgenden Tages Sitzungen des Politbüros, des ZK der KPD und schließlich eine Parteiarbeiterkonferenz aus ZK-Mitgliedern und Redakteuren angesetzt. Diese Gremien tagten an diesem 22. Juli nun im Stundenabstand und nickten jeweils „einstimmig" die Entscheidung zur Teilnahme am Volksentscheid ab.[48] Zeitgleich erlitt die Partei jedoch eine große Blamage, weil sie ihre eigenen Redakteure nicht von dem Ultimatum an die preußische Regierung und dem bevorstehenden Kurswechsel unterrichtet hatte: Noch am Morgen des 22. Juli – also kurz vor der Sitzung mit den Redakteuren der Parteiblätter – veröffentlichte das kommunistische *Ruhrecho* einen großen Leitartikel, in dem ausführlich begründet wurde, warum es falsch sei, am Volksentscheid teilzunehmen.

Moskau wurde am Tag nach dem Sitzungsmarathon telegrafisch mitgeteilt, die „Angelegenheit" mit dem Volksentscheid sei „in zustimmender Weise erledigt" worden.[49] Dennoch war die Kominternführung mit der KPD unzufrieden: In Anspielung darauf, dass sich die deutschen Funktionäre während der ungeliebten sommerlichen Antikriegskampagnen am liebsten an der Ostsee aufhielten, wurde die KPD-Spitze durch Pieck ermahnt, „alle Gen[ossen] vom Urlaub zurückzurufen und die Partei auf das stärkste zu mobilisieren".[50] Angesichts des nun notwendigen Drahtseilaktes – einerseits für den Volksentscheid einzutreten und sich andererseits gleichzeitig von dessen rechten Initiatoren zu distanzieren – waren alle Kräfte der Partei vonnöten.

Gegen die Kehrtwende wurde von der Funktionärselite so gut wie kein offener Widerstand geleistet. Einzig der Leiter der KPD-Agitpropabteilung Lenz teilte der Parteiführung nach der ZK-Tagung schriftlich mit, dass er die Propaganda für die Beteiligung „nicht durchführen könne, da diese Aktion falsch sei und er nichts

---

[46] Bericht des ZK der KPD [wahrscheinlich Werner Hirsch] über „Die Plenartagung des Zentralkomitees der KPD vom Mittwoch, den 22. Juli [1931]" vom 25. 7. 1931, RGASPI 495/293/117: 38–41, hier: 38 f.

[47] Ebenda.

[48] Vgl. Protokoll der Sitzung des Politbüros der KPD vom 22. 7. 1931, SAPMO-BArch RY 1-I 2/3/11: 63, Protokoll der Sitzung des ZK der KPD vom 22. 7. 1931, SAPMO-BArch RY 1-I 2/1/81, sowie den Bericht des ZK der KPD über die ZK-Tagung am 22. 7. 1931 vom 25. 7. 1931, RGASPI 495/293/117: 38–41, hier: 38. Insofern lässt sich die Verwirrung lösen, die die Angaben der *Geschichte der Arbeiterbewegung* verursacht hat, dass Politbüro und ZK *nach* dem Ultimatum für die Teilnahme am Volksentscheid stimmten (vgl. z. B. Weingartner, Stalin und der Aufstieg Hitlers, S. 87), da der eigentliche „Beschluss" vom Sekretariat des ZK der KPD bereits am 21. Juli gefasst wurde.

[49] Telegramm des Sekretariates des ZK der KPD an das EKKI vom 23. 7. 1931, RGASPI 495/292/41: 38.

[50] Brief Piecks an das Sekretariat des ZK der KPD vom 23. 7. 1931, RGASPI 485/292/54: 73. Vgl. das entsprechende Protokoll Nr. 158 der PK vom 23. 7. 1931, RGASPI 495/4/123: 4.

mit ihr zu tun haben wolle".[51] Charakteristisch für die Reaktionen der meisten Spitzenkader auf die Wende vom 21./22. Juli war dagegen, dass sich nun viele Spitzenkader gegenüber Moskau zu der Erklärung genötigt sahen, die neue Linie eigentlich schon immer vertreten zu haben. Bezeichnend ist hier vor allem die Haltung von Dimitrov, dem Chef des Westeuropäischen Büros der Komintern: Er war zwar wütend, dass er wie üblich vom deutschen Politbüro übergangen worden war, und beschwerte sich in Moskau über die Tatsache, dass das ZK „seinen Kurs sozusagen *über Nacht* geändert und in 24 Stunden eine ganz entgegengesetzte Position in dieser wichtigen Frage eingenommen" habe. Doch gewissermaßen im gleichen Atemzug beeilte er sich, der Komintern zu versichern, dass es natürlich besser sei, „lieber spät als *nie* einen richtigen Beschluss zu fassen".[52]

Der vorsichtige Pieck hatte sich zu diesem Zeitpunkt schon längst gegen mögliche Kritik an seiner Person abgesichert. Mit dem Bewusstsein, dass Stalin Position bezogen hatte, teilte er der KPD-Spitze bereits in seinem Brief vom 20. Juli aus Moskau mit, dass er „eigentlich froh war", als er den Sekretariatsbrief bekommen habe, in dem eine Mehrheit für die Teilnahme am Volksentscheid in Aussicht gestellt wurde, und tat damit so, als sei er selbst schon immer Befürworter einer Teilnahme am Volksentscheid gewesen.[53] Nachdem er zur Unterstützung der Volksentscheid-Kampagne von der Komintern nach Berlin delegiert worden war, bemühte er sich von dort aus, den Moskauer Funktionären zu suggerieren, dass auch die Mitglieder der deutschen Parteiführung so gedacht hätten: In einem Brief an Pjatnickij schrieb er, dass die Genossen mit ihrer ursprünglichen Entscheidung vom 17. Juli gegen die Teilnahme eigentlich „innerlich selbst nicht zufrieden" gewesen seien. Die Telefonate mit Moskau hätten daher „sofort einen völligen Umschwung der Stimmung herbeigeführt": Nachdem Thälmann am 22. Juli vor dem ZK für die Beteiligung plädiert habe, „kam eine völlige innere Übereinstimmung mit diesem Vorschlag zum Vorschein". Der Parteivorsitzende sei froh gewesen, den „Ausweg zu finden, durch das ZK diesen Beschluss zu korrigieren".[54] Das war sehr schön formuliert, hatte nur mit der Realität nicht viel gemein, schließlich hatte sich die Parteielite im Laufe des Jahres 1931 dreimal gegen eine Teilnahme am Volksentscheid ausgesprochen. Doch nun galt es, das revolutionäre Renommee der deutschen Kommunisten wiederherzustellen und ihren „Fehler" vergessen zu machen.

Die deutsche Parteiführung bemühte sich daher, gegenüber der Komintern den Eindruck zu erwecken, dass auch die Basis der plötzlichen Kehrtwende geradezu entgegengefiebert habe. In einem für Moskau bestimmten Bericht hieß es, dank des Beschlusses des ZK für die Teilnahme bestehe nun eine „vollständige und um-

---

51 „Herzen" [d. i. Hermann Remmele] „An die Kommission zur Untersuchung der Fraktionsarbeit in der KPD" vom 2. 8. 1933, SAPMO-BArch RY 5-I 6/3/469: 10–27, hier: 26.
52 Brief „Helmuths" [d. i. Dimitrov] an die PK vom 31. 7. 1931, RGASPI 499/1/33: 83 f. Hervorhebungen im Original.
53 Brief Piecks an das Sekretariat des ZK der KPD vom 20. 7. 1931, RGASPI 485/292/54: 180–182, hier: 180 f.
54 Brief Piecks an Pjatnickij vom 29. 7. 1931, RGASPI 495/292/54: 188 f. Die Anrede ist ausgeschnitten worden. Der Adressat ergibt sich aus dem Brief Piecks an Smoljanskij vom 1. 8. 1931, RGASPI 495/28/88: 14 f.

fassende Einmütigkeit der Partei". Durch die Volksentscheid-Kampagne sei der Widerspruch „zwischen der allgemeinen, täglich sich radikalisierenden Massenstimmung und der Aktivität der Partei" rasch überwunden worden.[55] Pieck hatte in einem Brief an die KPD-Führung am 20. Juli noch die Befürchtung geäußert, „dass unter Umständen doch nicht die 13 Millionen Stimmen herauskommen und die Neuwahl des Landtages nicht erfolgt", womit die KPD „um den eigentlichen Effekt" der Teilnahme am Volksentscheid gebracht würde.[56] Nach seiner Ankunft in Berlin warf er seine Bedenken endgültig über Bord, um keine Angriffsfläche zu bieten und begeisterte sich nun über die Auswirkungen der Moskauer Direktive: Der Beschluss zur Teilnahme am Volksentscheid habe „überall in der Arbeiterschaft die stärkste Begeisterung ausgelöst", berichtete er in einem Brief an Pjatnickij. Nur „vereinzelte Stimmen" gegen den Beschluss seien hörbar – überwiegend habe der Beschluss innerhalb der Partei „wie eine befreiende Tat [...] gegenüber der bisherigen nahezu kampflosen Situation" gewirkt. Die heikle Frage, wie sich die rot-braune Aktionseinheit jenseits der eigenen Mitgliedschaft auswirken werde, spielte er herunter: Es sei „schon heute so ziemlich sicher, dass die SPD-Arbeiter durch diesen Beschluss der Partei nicht in dem Maße abgestoßen wurden, als man das befürchtet hat".[57]

Auch Dimitrov bemühte sich, der Moskauer Zentrale gegenüber seine Zuversicht zu demonstrieren, indem er versuchte, die „negativen Momente" wie den „Schein eines ‚Zusammengehens' mit der faschistischen ‚nationalen Opposition'" herunterzuspielen: Er wagte die Prognose, der Beschluss zur Teilnahme werde „große positive Resultate" bringen, und gab sich überzeugt, dass die Kampagne die „weitere Erschütterung der Positionen der Sozialdemokratie" beschleunigen werde. Über negative Reaktionen seitens der kommunistischen Basis machte sich Dimitrov keine Sorgen. Er machte glauben, dass „die Parteimassen im allgemeinen Verständnis haben für die Änderung des Kurses".[58]

All diese wortreichen Erklärungen waren absurd in ihrer offensichtlichen Widersinnigkeit – hatte die mehrfache Ablehnung der Teilnahme doch demonstriert, dass sich auch die Mehrheit der deutschen Parteielite bewusst war, dass sich die KPD mit ihrer Aktion selbst ein Bein stellte. Wie stark es unter der Oberfläche rumorte, zeigte sich im parteiinternen Briefverkehr, der vom eigenen Nachrichtendienst überwacht und nach Moskau weitergeleitet wurde. In einigen Schreiben von Parteifunktionären wurde die Teilnahme am Volksentscheid als „ein sehr ver-

---

[55] Bericht des ZK der KPD über die ZK-Tagung am 22. 7. 1931 vom 25. 7. 1931, RGASPI 495/293/117: 38–41, hier: 38.

[56] Brief Piecks an das Sekretariat des ZK der KPD vom 20. 7. 1931, RGASPI 495/292/54: 180–182, hier: 181.

[57] Brief Piecks an Pjatnickij vom 29. 7. 1931, RGASPI 495/292/54: 188f., hier: 188. Schon zuvor hatte er erklärt, der „arbeiterfeindliche und konterrevolutionäre Charakter der Preußenregierung" sei offensichtlich genug, „dass es uns nicht allzu viel Mühe kosten wird, den Arbeitern verständlich zu machen, dass ihr Sturz von den Kommunisten unbedingt herbeigeführt werden muss". Brief Piecks an das Sekretariat des ZK der KPD vom 20. 7. 1931, RGASPI 495/292/54: 180–182, hier: 181.

[58] Brief „Helmuths" [d.i. Dimitrov] an die PK vom 31. 7. 1931, RGASPI 499/1/33: 83f., hier: 83.

hängnisvoller Beschluss" bezeichnet, der dazu beitrage, dass die KPD sich immer weiter isoliere: „Einige Genossen hoffen auf das Eingreifen der K[ommunistischen] I[nternationale]..."[59]

Der politische Kurswechsel der KPD hin zu einer De-facto-Kooperation mit den Nationalsozialisten schlug auch bei den anderen europäischen Sektionen der Kommunistischen Internationale hohe Wellen. Wie zu erwarten, sorgte der Alleingang der KPD für einigen Unmut, da er deren innenpolitischen Gegnern Munition lieferte. Selbst Dimitrov konstatierte, dass die europäischen Bruderparteien aufgrund der abrupten Wende der KPD „in große Verlegenheit" geraten seien.[60] Insbesondere der Kommunistischen Partei Österreichs fiel es schwer, das Vorgehen ihrer deutschen Schwesterpartei zu rechtfertigen. „Herta", die Instrukteurin bei der KPÖ, kritisierte zwei Tage nach der Abstimmung am 9. August, dass die Partei im Vorfeld des Volksentscheides nur noch „sehr wenig zur Aufklärung unserer Mitglieder" hätte leisten können, die nun zudem ratlos den heftigen Attacken der SPÖ ausgesetzt seien: „Unsere Genossen aus den Betrieben kommen direkt ins Sekretariat [und fragen], was sollen wir den Sozialdemokraten nur antworten, sie begrüßen uns mit Heil Hitler usw."[61] Eine Umfrage des EKKI unter den Parteivertretern in Moskau über die Auswirkungen der Teilnahme der KPD am Volksentscheid zeigte, dass dies die überwiegende Stimmung in ganz Europa war – die Ausnahmen waren lediglich Frankreich, wo die Bevölkerung laut dem KPF-Vertreter „nicht sehr berührt" von den Ereignissen in Deutschland gewesen sei, und die Niederlande, wo der Volksentscheid die allgemeine Erwartung geweckt habe, „es würde schon einen Umsturz in Deutschland geben".[62]

Im Gegensatz zu den nach Moskau übermittelten optimistischen Prognosen machte sich die deutsche Parteiführung nur wenig Illusionen über das zu erwartende Ergebnis des Volksentscheides. Leo Flieg rechnete im Auftrag Thälmanns Anfang August nochmals nach, welche Aussichten auf einen Erfolg bestanden, den Neumann in seiner früheren Prognose unter dem Eindruck der akuten Finanzkrise bereits für „rechnerisch gesichert" erklärt hatte, und kam zu einer weitaus pessimistischeren Einschätzung. Für einen Erfolg, so stellte Flieg in seinem Geheimbericht fest, seien 13,2 Millionen (Ja-) Stimmen notwendig. Zwar sei „ein Überraschungserfolg [...] angesichts der allgemeinen Gärung, nicht völlig ausgeschlossen", da aber die am Volksentscheid beteiligten Parteien bei der letzten Reichstagswahl in Preußen zusammen nur 12,5 Millionen Stimmen bekommen hätten, könne man „nicht damit rechnen". Realistisch sei ein Ergebnis von ledig-

59 Abschrift eines Briefes eines unbekannten KPD-Funktionärs von Ende Juli 1931, SAPMO-BArch RY 5-I 6/3/371: 6f. Am Rande ist auf Russisch handschriftlich notiert: „Gen[osse] Kuusinen hat [diesen Brief] gelesen. 7. VIII. [19]31." Vgl. auch die Abschrift eines weiteren kritischen Schreibens zu diesem Thema vom 2.8.1931, SAPMO-BArch RY 5-I 6/3/371: 8f.

60 Brief „Helmut" [d.i. Dimitrov] an die PK vom 31.7.1931, RGASPI 499/1/33: 83f., hier: 84.

61 Brief „Hertas" an Knorin vom 11.8.1931, RGASPI 495/80/306: 33–35, hier: 34.

62 Bericht für das PS „Tätigkeit der Parteien inbezug auf die Ereignisse in Deutschland" vom 6.9.1931, RGASPI 495/3/287: 327f.

lich 11–12 Millionen Stimmen.[63] Die KPD-Führung hatte ihre Erwartungen mittlerweile bereits auf ein Mindestmaß reduziert. Die Hoffnungen richteten sich nun
nicht mehr auf einen baldigen Staatsumsturz, von dem Neumann geträumt hatte,
und noch nicht einmal auf den Gewinn neuer Anhänger, sondern lediglich darauf,
dass die Partei an „innerer Festigkeit" gewinnen möge.[64]

Das Ergebnis des Volksentscheides am 9. August sollte allerdings selbst diese
bescheidenen Hoffnungen enttäuschen: Mit knapp 9,8 Millionen abgegebenen Ja-
Stimmen verfehlten die Initiatoren das Quorum noch deutlicher, als von Flieg
befürchtet worden war. Die sozialdemokratische Presse schrieb nur leicht über-
treibend von einem „Generalstreik der KPD-Wähler".[65] Tatsächlich hatten die
Parteien des Volksentscheides in den kommunistischen Hochburgen in Berlin-
Wedding und Friedrichshain *zusammen* weniger Stimmen erzielt, als die KPD bei
der Reichstagswahl von 1930 allein erreicht hatte.[66] Eine interne Analyse der KPD
zeigte deutlich, dass es ihr offensichtlich nicht einmal gelungen war, den harten
Kern der kommunistischen Anhängerschaft zu mobilisieren.[67] Der Unwille der
meisten Kommunisten, gemeinsam mit der NSDAP gegen die SPD vorzugehen,
ließ erstmals Anzeichen für die eigenwilligen antifaschistischen Tendenzen an der
KPD-Basis aufscheinen. Diese stellte die „Sozialfaschismus"-Doktrin angesichts
der nationalsozialistischen Herausforderung zunehmend infrage und bereitete
den Spitzenfunktionären in Berlin und vor allem Moskau seit dem Herbst 1931
zunehmend Sorge.

Ein Sieg der Demokratie war der 9. August 1931 gleichwohl nicht. Die Gegner
der Republik hatten sich nur zeitweise gegenseitig blockiert. Ganz zutreffend
hatte Pieck kurz vor der Abstimmung festgestellt, dass sich das ursprünglich
„große Interesse" der Rechtsparteien für den Volksentscheid „merklich abgeschwächt" habe, seit die Kommunisten zu ihrem „Roten Volksentscheid" aufrie-
fen[68], den die Kommunisten wie einen Warennamen demonstrativ mit zwei Groß-
buchstaben schrieben. Eine Landtagswahl ohne „Koalitionszwang" hätte daher
schon damals zu einer „negativen Mehrheit" geführt, so wie sie sich bereits im

---

[63] Bericht Fliegs über „Die Aussichten des Volksentscheides und ihre Beurteilung durch das
ZK der KPD" vom 5. 8. 1931, RGASPI 495/293/117: 55 f. Die Autorenschaft Fliegs ergibt
sich aus der Aussage Thälmanns vor der PK am 14. 5. 1932 über diesen Bericht, RGASPI
495/4/188a: 28. Nach dem Scheitern des Volksentscheides bemerkte das Sekretariat des
ZK der KPD am 11. 8. 1931, dass es aufgrund der Repressionsmaßnahmen der Regierung
„von vornherein klar" war, dass das notwendige Quorum nicht erreicht werden würde.
Vgl. „Beschluss des Sekretariates des Zentralkomitees über das Ergebnis des Roten Volksentscheides" vom 11. 8. 1931, RGASPI 495/4/128: 37–41, hier: 37.
[64] „Die Aussichten des Volksentscheides und ihre Beurteilung durch das ZK der KPD" vom
5. 8. 1931, RGASPI 495/293/117: 55 f.
[65] Zitiert nach: Winkler, Weg in die Katastrophe, S. 390.
[66] Vgl. Schulthess' Europäischer Geschichtskalender, 72. Bd. (1931), München 1932, S. 178 f.
(Gesamtergebnis); Winkler, Weg in die Katastrophe, S. 390 (Ergebnisse in Wedding und
Friedrichshain).
[67] Vgl. den Bericht über „Die Ergebnisse des Volksentscheides im Verhältnis zu den Ergebnissen der Reichstagswahlen September 1930", RGASPI 495/28/289: 45 f.
[68] Brief Piecks an Smoljanskij vom 1. 8. 1931, RGASPI 495/28/88: 14 f.

September 1930 bei der Reichstagswahl ergeben hatte und wie sie dann im April 1932 das Ergebnis der regulären preußischen Landtagswahl war. Trotz des offensichtlichen Misserfolges verschickte die KPD-Führung weiter die gewohnten Erfolgsmeldungen an die Komintern. So schrieb Leo Flieg Mitte August an den mittlerweile wieder nach Moskau zurückgekehrten Pieck, die Stimmung der Partei in den Bezirken sei teilweise „jetzt sogar noch besser als vor der Abstimmung".[69] Auch Heinz Neumann vermochte der gescheiterten Kampagne noch positive Aspekte abzugewinnen: Die Regierungen von Reich und Preußen sowie die Polizei, tönte er in einem Bericht nach Moskau, hätten nach dem Volksentscheid „die Hosen voll".[70] In ihrer für die Komintern bestimmten Resolution verzichtete die KPD-Spitze ebenfalls darauf, ihr Scheitern einzugestehen und schwadronierte stattdessen über den „*großen Erfolg* des revolutionären Proletariates", der „eine weitere *Erschütterung* des kapitalistischen Machtsystems" verursachen werde.

Es bedurfte allerdings einiger rhetorischer Verrenkungen, um die großzügig auf eine Zahl von zehn Millionen aufgerundeten Stimmen für den Volksentscheid als „revolutionäre Massenmobilisierung" zu verklären, durch die es der KPD gelungen sei, „einen tiefen Einbruch […] in die Anhängermassen der faschistischen Parteien" zu erzielen, und die es als nicht so tragisch erscheinen ließ, dass die „formell durch die bürgerliche Verfassung erforderte Stimmenzahl" nicht erreicht worden sei.[71]

Dieser angesichts des mageren Ergebnisses völlig unangebrachte Optimismus der KPD-Spitze schien selbst der an derlei substanzlose Erfolgsmeldungen gewöhnten Kominternführung offensichtlich übertrieben. Als sie sich Mitte August selbst mit der „Lage in Deutschland" befasste, sah sie sich daher gezwungen, die deutschen Kommunisten zu einer realistischeren Analyse des Abstimmungsergebnisses zu drängen: Der KPD wurde mitgeteilt, dass sie die zehn Millionen abgegebenen Stimmen nicht als einen „einheitlichen politischen Faktor" betrachten dürfe: schließlich müsse man bei einem großen Teil der Abstimmenden doch annehmen, „dass sie aus anderen politischen Beweggründen und auch mit anderen politischen Zielen am Volksentscheid teilgenommen haben, als der von uns beeinflusste Teil".[72] Einen völligen Misserfolg sahen die Moskauer Funktionäre in der Kampagne dennoch nicht – schließlich sei es der KPD gelungen, den „parlamentarischen Illusionen in der Arbeiterklasse" einen ernsthaften Schlag zu versetzen.[73]

---

[69] Brief Fliegs an Pieck vom 15. 8. 1931, RGASPI 495/292/56: 151.

[70] Brief „Max'" [d. i. Neumann] an Pieck vom 15. 8. 1931, RGASPI 495/292/56: 152.

[71] „Beschluss des Sekretariates des Zentralkomitees über das Ergebnis des Roten Volksentscheides" vom 11. 8. 1931, RGASPI 495/4/128: 37–41. Hervorhebungen im Original.

[72] Brief Piecks an das Sekretariat des ZK der KPD vom 20. 8. 1931, RGASPI 495/292/54: 236–241, hier: 236.

[73] Resolution des Politsekretariates zum Ausgang des Volksentscheides vom 18. 9. 1931, RGASPI 495/3/284: 371–379. In russischer Übersetzung wurde dieser Text bereits veröffentlicht. Vgl. Gincberg, „Politsekretariat IKKI trebuet", S. 148–174, hier: S. 159–162. Der Auftrag für das MELS des EKKI, eine solche Resolution zu entwerfen, wurde von der PK am 17. 8. 1931 erteilt. Vgl. das Protokoll der PK Nr. 166, RGASPI 495/4/128: 1.

4. Außenpolitik oder Revolutionserwartung?

Was lässt sich nun aus dieser chaotischen Entscheidungsfindung über die Ziele ablesen, die die deutschen und sowjetischen Kommunisten verfolgten? Was bezweckte Neumann mit seiner „Intrige"? Welche Erwartungen verband die Kominternführung mit dem Volksentscheid? Und: Wie war Stalins Entscheidung für die Teilnahme der KPD am Volksentscheid zu bewerten?

Wenden wir uns zunächst noch einmal den möglichen außenpolitischen Motiven für diese Entscheidung zu. Als Beleg für eine solche Motivation hat die bisherige Forschung die deutsch-französischen Regierungskonsultationen gesehen, die Mitte Juli, also just zu der Zeit, als in Moskau über die Frage der Teilnahme am Volksentscheid beraten wurde, stattfanden. Die *Pravda* wertete Brünings Reise nach Paris am 18. Juli und die anschließende Teilnahme des Reichskanzlers auf der Londoner Siebenmächte-Konferenz, auf der über ein einjähriges Schuldenmoratorium für Deutschland beraten wurde, als ein Anzeichen für die „Unterwerfung Deutschlands unter den französischen Imperialismus, die Einbeziehung Deutschlands unter den französischen Imperialismus".[74] Aus solchen Stellungnahmen wurde gefolgert, dass Moskau die nationalistische Stimmung in Deutschland durch die Teilnahme der KPD am Volksentscheid anheizen und konkret die prowestliche SPD als die damalige parlamentarische Hauptstütze der Reichsregierung treffen wollte, um Brüning zu einer härteren Haltung gegenüber Frankreich zu zwingen.[75]

Ein Blick in die nun zugänglichen Akten lässt jedoch eine veränderte Schwerpunktsetzung geboten erscheinen. Denn wie bereits Anfang 1931 so hielten es die sowjetischen Diplomaten auch im Juli nicht für notwendig, mittels der KPD die deutsch-französischen Beziehungen zu beeinflussen. Im NKID war man der Meinung, dass diese sowieso schon sehr angespannt seien.[76] Der sowjetische Botschafter in Berlin, Khinchuk, versicherte in seinem Bericht vom 18. Juli über die Lage in Deutschland, es sei höchst unwahrscheinlich, dass die SPD in absehbarer Zeit in die Regierung eingebunden werde und sich Deutschland schließlich in die „antisowjetische Front" einreihe.[77]

---

[74] Pravda vom 18. 7. 1931. Vgl. auch die Izvestija vom 17. 7. 1931, die zu Brünings Verhandlungen in Paris bemerkt hatte, eine deutsch-französische Einigung könne nicht von Dauer sein, wenn sie sich nicht auf die Sympathien der Massen stützen könne. Das Blatt deutete damit an, dass die Sowjetunion auf antifranzösische Stimmungen in Deutschland spekulierte.

[75] Diese These wurde erstmals von Sigmund Neumann vertreten: Neumann, Die Parteien der Weimarer Republik, S. 93 f. (erste Auflage 1932). Tatsächlich lehnte Brüning die französischen Vorschläge nicht zuletzt mit der Begründung ab, dass er von einer Welle der Empörung fortgetragen würde, wenn er sich der französischen Regierung aufgrund finanzieller Erwägungen unterwerfe. Vgl. Weingartner, Stalin und der Aufstieg Hitlers, S. 91 f. Zu Brünings Reise nach Paris und London vgl. Hömig, Brüning, S. 346–350.

[76] Bericht Khinchuks über die innen- und außenpolitische Lage Deutschlands vom 8. 6. 1931, AVP RF 082/14/63/5: 93–113, hier: 106.

[77] Bericht Khinchuks an Krestinskij vom 18. 7. 1931, AVP RF 082/14/63/5: 151 f. Erst einige Tage später mutmaßte Khinchuk, dass es während der Londoner Siebenmächte-Konferenz ein geheimes Abkommen zwischen Brüning und Laval gegeben haben könnte. Vgl.

Erneut zeigt sich: Die Politik der Komintern und KPD wurde zwar ohne Zweifel durch die sowjetische Außenpolitik beeinflusst – die konkrete Entscheidung aber, die KPD zur Teilnahme am Volksentscheid zu drängen, ist durch außenpolitische Überlegungen der sowjetischen Führung allenfalls *bestärkt*, nicht jedoch *verursacht* worden. Denn obwohl man im Kreml über die geplante Reise Brünings nach Paris bestens informiert war, hielt es die sowjetische Führung nicht für nötig, *von sich aus* auf die Teilnahme der KPD am Volksentscheid zu drängen. In Moskau hatte man sich bis zum 18. Juli (als Neumanns Brief in der Komintern besprochen wurde) offensichtlich weder im sowjetischen Politbüro noch im NKID oder der Kominternführung über dieses Thema Gedanken gemacht.

Stattdessen wurden die Funktionäre der Komintern vom „Sekretariatsbrief" vom 15. Juli völlig unvorbereitet getroffen, er sorgte für Konfusion und Streit: Zur Klärung dessen, worüber überhaupt diskutiert wurde, musste das Mitteleuropäische Ländersekretariat des EKKI erst einmal einen Bericht anfertigen, in dem dargestellt wurde, was es mit dem Volksentscheid überhaupt auf sich hatte.[78] Auffällig ist in diesem Zusammenhang der Brief Piecks vom 20. Juli, in dem er die KPD-Führung über die Entscheidung der Komintern für eine Teilnahme der KPD am Volksentscheid informierte und bemerkte: „Die Begründung für diese Stellungnahme entspricht ungefähr den in Eurem Sekretariatsbrief an mich niedergelegten Auffassungen."[79] Somit hat man sich in Moskau offensichtlich in erster Linie den Argumenten Neumanns und Remmeles angeschlossen, nicht jedoch eigene, gewissermaßen „dahinterstehende" oder „tatsächliche" außenpolitische Ziele verfolgt. Es ist aber in jedem Fall erstaunlich, wie zufallsbestimmt die Moskauer Politik entstand: In der sowjetischen Hauptstadt verfolgte man keine längerfristige Strategie, als die KPD dazu gedrängt wurde, sich am Volksentscheid zu beteiligen, sondern reagierte nur auf die eigenmächtige Initiative Heinz Neumanns.

Ob Stalin nicht doch vorrangig langfristige außenpolitischen Motive gehabt hat, als er die Teilnahme am Volksentscheid befürwortete, lässt sich zwar schwer sagen, weil dazu die Quellen fehlen. Nicht auszuschließen ist auch hier, dass er erneut anderer Meinung war als die sowjetischen Berufsdiplomaten. Auffällig ist aber, dass er sich sehr spontan für die Teilnahme der KPD aussprach – den erwähnten Hintergrundbericht des Mitteleuropäischen Ländersekretariates hatte er beispielsweise noch gar nicht lesen können, weil seine Entscheidung bereits vor dessen Vorlage gefällt hatte. Und in dieser „Spontaneität" liegt der Schlüssel für sein Verhalten: Offenbar handelte Stalin in diesem Falle nicht aufgrund eines abwägenden und zielgerichteten Kalküls, sondern ließ sich von tiefsitzenden Res-

---

sein Diensttagebuch, Eintrag vom 27. 7. 1931, AVP RF 082/14/63/5: 165–168. Zu diesem Zeitpunkt war die Entscheidung für die Teilnahme der KPD am Volksentscheid aber bereits gefallen.

[78] Bericht des MELS des EKKI „Zum [bevorstehenden] Volksentscheid des Stahlhelms auf Auflösung des Preußischen Landtages" vom 20. 7. 1931, RGASPI 495/28/289: 31–34. In gewohnter Manier wurde darin der KPD vorgeworfen, sich bislang zu wenig zu diesem Thema geäußert zu haben.

[79] Brief Piecks an das Sekretariat des ZK der KPD vom 20. 7. 1931, RGASPI 495/292/54: 180–182, hier: 180.

sentiments zu einem geradezu reflexartigen Handeln verleiten. So wie auch die antisozialdemokratischen Ergänzungen, die Stalin im April 1931 persönlich den Thesenentwürfen des XI. EKKI-Plenums hinzufügte[80], einer Gewohnheit entsprachen, der er seit 1928 jedes Mal frönte, wenn ihm ein Text der Komintern vorgelegt wurde, mit dem die politische Lage in Westeuropa charakterisiert werden sollte, so nutzte der sowjetische Diktator auch im Juli 1931, ohne lange zu überlegen, eine sich plötzlich bietende Gelegenheit, auf die Sozialdemokratie einschlagen zu lassen.

Welche weiteren Motive lassen sich in der Komintern für die Entscheidung finden, die KPD zum Volksentscheid zu drängen? In der bisherigen Forschung wurde unter anderem ein Erklärungsansatz vertreten, den man die „Laufrad-These" nennen könnte: Damit die häufig unberechenbare KPD nicht durch tatsächliche Gewaltakte oder Unruhen die deutsch-sowjetischen Beziehungen störe, habe man die Partei in einem künstlichen Zustand folgenloser Dauererregung gehalten. Der Volksentscheid war aus dieser Perspektive ein günstiger Moment, um die KPD gewissermaßen von der Leine zu lassen: weil sich die Komintern sicher gewesen sei, dass die deutschen Kommunisten mit dieser Aktion die Stellung der SPD nicht ernsthaft gefährden konnten, habe sie darin ein mögliches Ventil gesehen, um den revolutionären Überdruck innerhalb der deutschen Partei gefahrlos abzulassen.[81]

Selbst wenn man davon absieht, dass diese These voraussetzt, die sowjetischen Funktionäre hätten sich von ihrer Identität und Denkweise als Revolutionäre trennen können, verweisen auch die jetzt zugänglichen Archivquellen diese Annahme in den Bereich der Spekulation. Tatsächlich war im Sommer 1931 nämlich auch ein Teil der Kominternführung vom revolutionären Fieber der radikalen Kräfte in der KPD angesteckt worden: Als Neumann und Remmele im Juli 1931 vorhersagten, es könne tatsächlich „die Mehrheit der Arbeiterklasse" erobert werden, wenn die KPD am Volksentscheid teilnehme, hat ihre Argumentation offenbar auch einen Teil der Moskauer Funktionäre überzeugt. Infolge der Bankenkrise, vermeintlicher Schwächung der NSDAP und andauernden Flügelkämpfen innerhalb der SPD schien vielen Funktionären der Kapitalismus kurz vor dem Zusammenbruch zu stehen. Nicht nur Neumann, der bereits im Mai 1931 eine neue „revolutionäre Ära" heraufdämmern sah[82], sondern auch einige Kominterntheoretiker wie Karl Radek und Eugen Varga ergingen sich daher im Juli 1931 in revolutionsoptimistischen Träumereien. Nachdem die Partei auf dem Höhepunkt der Bankenkrise um den 13. Juli kaum von sich hören ließ, fragten sie in internen Sitzungen sogar ungeduldig, ob „die deutschen Freunde die Situation nicht schon verpasst hätten" – freilich ohne zu spezifizieren, wozu die KPD die Situation denn

---

[80] Ergänzungen Stalins zum Entwurf Manuilskijs für die Thesen für das XI. EKKI-Plenum vom 1. 4. 1931, RGASPI 558/1/st 3709: 23–37, hier: 31. Vgl. dazu die veröffentlichten Thesen des XI. EKKI-Plenums „Über die Aufgaben der Sektionen der Kommunistischen Internationale im Zusammenhang mit der Vertiefung der Wirtschaftskrise und der Steigerung der Voraussetzungen der revolutionären Krise in einer Reihe von Ländern" in: Inprekorr 11 (1931), Nr. 38 vom 24. 4. 1931, S. 946–952.

[81] So v. a. Weingartner, Stalin und der Aufstieg Hitlers, S. 79, 96 f.

[82] Brief Neumanns an Flieg vom 25. 5. 1931, RGASPI 495/19/527a: 207–214, hier: 214.

nun *genau* hätte ausnutzen sollen.[83] Auch Dimitrov, der die Partei in Berlin aus nächster Nähe beobachtet hatte, hielt die Passivität der deutschen Genossen nach dem Zusammenbruch der Danatbank für ein „beunruhigendes Zeichen". Die Parteiführung habe nichts unternommen, um die Unruhe auszunutzen, klagte er. „Man kann ohne Übertreibung sagen, dass die Massen faktisch vier Tage lang auf sich selbst angewiesen waren."[84]

Die Bankenkrise elektrisierte jedoch nicht nur Neumann und Dimitrov, Radek und Varga, sondern auch den engeren Kreis der Kominternführung: Am 15. Juli, also am gleichen Tag, an dem Neumann und Remmele in Berlin ihren „Sekretariatsbrief" verfassten, beriet die Politkommission in Moskau über die Lage in Deutschland und hielt es für möglich, dass dort in den nächsten Tagen etwas – so wörtlich – „Neues von besonders großer Bedeutung" eintrete. Der KPD wurde anheimgestellt, „sofort zu versuchen [...] breite Kampfausschüsse als Vertretungskörper der großen Masse der Arbeiterschaft zu schaffen sowie auch Kampfausschüsse der Erwerbslosen, der Landarbeiter und der armen Bauern" zu bilden.[85] Bislang hatte es die Komintern peinlichst vermieden, in ihren Anweisungen zu revolutionsoptimistisch zu wirken, und beispielsweise stets auf den Unterschied zwischen „Agitations"- und *„Kampf"*-Losungen geachtet und auch an diesem 15. Juli legte sich die Komintern nicht auf den heiklen Begriff der „revolutionären Situation" fest. Dennoch war der Beschluss der Politkommission nicht von der sonst üblichen Vorsicht geprägt. Während Pieck Ende August 1931 – also *nachdem* die Volksentscheid-Kampagne weitgehend wirkungslos verpufft war – vor der Politkommission dozierte, die Bankenkrise im Juli sei kein Vorgang gewesen, „von dem ernsthaft breite werktätige Massen erfasst" worden seien[86], und Manuilskij im September vor einer „hysterischen Politik" warnte, die jeden Bankenkrach sofort zu einer revolutionären Situation stilisiere[87], wurde dies am 15. Juli 1931 in der Kominternführung offensichtlich anders gesehen. Es wäre auch paradox gewesen, wenn ausgerechnet die Funktionäre der Moskauer Zentrale an die Selbstheilungskräfte des Kapitalismus geglaubt hätten, während in Deutschland nicht nur die linke Sozialdemokratie, sondern auch weite Teile der Öffentlichkeit damit rechneten, dass das Wirtschaftssystem in Mitteleuropa kurz vor dem Zusammenbruch stehe.[88]

---

[83] So zitiert von Sepp Schwab, dem stellvertretenden Vertreter der KPD beim EKKI, in seinem Brief an das Sekretariat des ZK der KPD vom 23. 9. 1931, RGASPI 495/292/54: 266 f. Vgl. dazu auch den Brief Piecks an das Sekretariat des ZK der KPD vom 20. 8. 1931, RGASPI 495/292/54: 236–241.

[84] Brief Dimitrovs an die PK vom 20. 7. 1931, RGASPI 499/1/33: 77 f.

[85] Protokoll Nr. 155 der PK vom 15. 7. 1931, RGASPI 495/4/122: 2 f., hier: 2.

[86] Brief Piecks an das Sekretariat des ZK der KPD vom 20. 8. 1931, RGASPI 495/292/54: 236–241, hier: 237. Vgl. dazu das Protokoll Nr. 166 der PK vom 17. 8. 1931, RGASPI 495/4/128: 1.

[87] Manuilskij in der Sitzung des MELS des EKKI vom 7. 9. 1931, zitiert nach dem Briefentwurf Schwabs an Sekretariat des ZK der KPD vom 12. 9. 1931, RGASPI 495/292/54: 258–260, hier: 259.

[88] Vgl. Peukert, Die Weimarer Republik, S. 238 f., 245 f., mit weiteren Literaturhinweisen. Smoljanskij äußerte sich Ende Juli, eine Woche nach der Entscheidung für die Teilnahme am Volksentscheid, ganz anders: Mit Blick auf die damalige soziale Zusammensetzung der

Vor diesem Hintergrund traf nun der „Sekretariatsbrief" aus Berlin ein, der scheinbar einen konkreten Weg wies, wie die akute Krise ausgenutzt werden konnte, um in absehbarer Zeit endlich die Mehrheit der Arbeiterklasse zu erobern. Wie der Konflikt zwischen Manuilskij und den anderen Kominternkadern zeigt, war man sich in Moskau allerdings keineswegs einig, ob die Teilnahme am Volksentscheid dafür tatsächlich das geeignete Mittel sei.

Die Rücksprache der Kominternführung mit Stalin entschied diesen Konflikt. Wie der Diktator argumentierte, lässt sich indirekt aus dem Bericht von Pieck ablesen, in dem er kurz nach diesem Gespräch über die nun geklärte Position der Kominternführung referierte: In einer Zeit, in der die Rechtsparteien für den Sturz der Preußenregierung agitierten, so beschrieb der deutsche Vertreter die Haltung im EKKI, könne die KPD nicht beiseite stehen. Die deutschen Kommunisten dürften nicht wie bei der Kampagne gegen den Youngplan erneut den Rechten die Initiative überlassen – andernfalls könne bei den rechten (!) Wählern der Eindruck entstehen, dass die Partei es mit dem Kampf gegen die preußische Regierung nicht ernst meine, wobei er ausdrücklich betonte: „Wir müssen aber auch diesen Teil der Massen für uns gewinnen."[89] Obwohl die Komintern bis zum Herbst 1931 die Einschätzung der KPD-Führung teilte, dass der Nationalsozialismus in seinem Wachstum gestopt sei[90], begriffen die Kominternfunktionäre die Rechtsextremen also immer noch als ernstzunehmende Konkurrenz.[91]

Die Komintern stimmte somit nicht für die Teilnahme am Volksentscheid, um eine deutsch-französische Einigung durch den Druck auf die SPD zu blockieren, sondern vielmehr um zu verhindern, dass sich die NSDAP regeneriere. Paradoxerweise waren sich die Moskauer Funktionäre aber durchaus darüber im Klaren, dass diese Strategie auch dazu führen konnte, dass die preußische Regierung vorerst „in die Hände Hitlers wechselt", wie Knorin einige Monate später im Rückblick eingestand.[92] Aber – mit Ausnahme von Manuilskij[93] – wurde eine

---

KPD konstatierte er, nur mit Arbeitslosen ließe sich keine Revolution machen, folglich habe die KPD auch keine Revolution verpasst. Bezeichnenderweise wurde diese dann veröffentlichte Stellungnahme aber um drei Wochen vordatiert, auf eine Zeit also, als in der Komintern noch ganz anders gedacht wurde. Vgl. Bericht Smoljanskij „Glavnaja Zadacha KPG" vor dem MELS des EKKI, o.D. [nach dem 21. 7. 1931], RGASPI 495/28/159: 207–228, hier: 222f. Auf Basis dieses Referates verfasste Smoljanskij unter dem Titel „Die Lage in Deutschland und die Aufgaben der KPD" einen Leitartikel für die Zeitschrift „Kommunistische Internationale" Heft 25/26 vom 7. 7. 1931 [sic! Tatsächlich wurde der Artikel Ende Juli verfasst], S. 1154.

89 Brief Piecks an das Sekretariat des ZK der KPD vom 20. 7. 1931, RGASPI 495/292/54: 180–182, hier: 180.

90 Vgl. z.B. den Bericht Smoljanskijs „Glavnaja Zadacha KPG" vor dem MELS des EKKI, o.D. [nach dem 21. 7. 1931], in dem er nochmals zustimmend die entsprechende Feststellung des XI. EKKI-Plenums erwähnt, RGASPI 495/28/159: 207–228, hier: 219.

91 Auch in der KPD-Führung sah man die Gefahr, dass die Nationalsozialisten „im Falle der Unterwerfung der Brüning-Regierung [unter die französische Regierung] einen Auftrieb haben werden [sic]." Vgl. den Bericht des Sekretariates des ZK der KPD vom 19. 7. 1931 über die Sitzung des Politbüros am 17. 7. 1931, RGASPI 495/293/117: 20–32, hier: 30f.

92 Knorin in der Sitzung der PK vom 15. 3. 1932, RGASPI 495/4/177: 39–46, hier: 42.

93 Hier sei noch einmal daran erinnert, dass Manuilskij ja schon Anfang 1931 davor gewarnt hatte, eine „faschistische Diktatur" leichtsinnig mit einer parlamentarischen Regierung

Regierung mit Beteiligung der NSDAP in Preußen zu *dieser* Zeit und in *dieser* Konstellation noch als ein Zwischenstadium gesehen, als verschmerzbare Kosten angesichts der weiter gepflegten Aussicht, sich gegenüber dem rechten Wählerspektrum profilieren zu können. Am 22. Juli erklärte das ZK der KPD dementsprechend, die Teilnahme am Volksentscheid ermögliche es der Partei, den „entscheidenden Einbruch in das Lager der Nationalsozialisten zu vollziehen".[94] Schnell schärfte die deutsche Parteiführung den Funktionären an der Basis ein, dass nun verstärkt der Kampf gegen den Youngplan und „das nationale Moment [...] in den Vordergrund gerückt werden muss".[95]

Diese Stoßrichtung der Volksentscheid-Kampagne lässt sich auch daran ablesen, für welche Wählerschichten die KPD nun Propagandamaterial produzierte.[96] Während für SPD-Wähler nur etwa zwei Millionen Flugblätter gedruckt wurden, bereitete die KPD für die Gruppe aus NS- und Stahlhelmanhängern sowie Bauern, Beamten, Angestellten und Mittelständlern eine Auflage von insgesamt vier Millionen Flugblättern vor; zudem waren je eine Million Flugblätter für Landarbeiter, Erwerbslose und „Hausfrauen" geplant.[97]

Es ist daher auch bezeichnend, dass die kurzfristige Euphorie der Moskauer Funktionäre zwar rapide abnahm, nachdem der Volksentscheid gescheitert war, ihr Blick aber weiterhin auf die Basis der NSDAP geheftet blieb: Gerade *weil* sich die Kominternführung bewusst war, dass ein Großteil der abgegebenen Stimmen nicht von Kommunisten, sondern von Rechtsradikalen stammte, verlangte Moskau nun von der deutschen Partei, „alles" daran zu setzen, um „diesen Teil der Abstimmenden aus der faschistischen Front loszulösen und in die Klassenfront einzureihen".[98] Insofern wurde durch den vorgeblich „Roten" Volksentscheid die nationalpopulistische Strategie noch einmal auf ihren letzten Höhepunkt getrieben – kurz bevor der KPD dann von Moskau vorgeworfen wurde, eben diese Strategie nicht „klassenbewusst" genug durchgeführt zu haben.

Der Blick auf die Eingriffe der Komintern im ersten Halbjahr 1931 offenbart somit ein einheitliches Motiv: Sowohl die Verschärfung des Kampfes gegen die

---

gleichzusetzen und auf die unterschiedlichen Herrschaftsmethoden dieser Systeme hingewiesen hatte. Vgl. Manuilskijs Ausführungen in der Sitzung der Kommission zum Kampf gegen Faschismus und Sozialfaschismus vom 26. 1. 1931, abgedruckt in: Komalova (Hg.), Komintern protiv fashizma, S. 263.

[94] Bericht des ZK der KPD über die ZK-Tagung am 22. 7. 1931 vom 25. 7. 1931, RGASPI 495/293/117: 38–41, hier: 41.

[95] Abschrift eines Briefes eines unbekannten KPD-Funktionärs von Ende Juli 1931 u. a. über den Auftritt eines politischen Redakteurs der *Roten Fahne* in einer Berliner Parteiarbeiterversammlung vom dem Beschluss zur Teilnahme am Volksentscheid, SAPMO-BArch RY 5-I 6/3/371: 6 f., hier: 6.

[96] So Thälmann auf der Tagung des ZK der KPD am 22. 7. 1931 laut dem Bericht des ZK der KPD „Die KPD und die SPD" vom 25. 7. 1931, RGASPI 495/293/117: 32–36, hier: 35. Ebenda auch die Bemerkung, dass Thälmann auf dieser Tagung „nur kürzer [sic] über die Frage der SPD sprach".

[97] Vgl. Brief Golkes an Pjatnickij vom 29. 7. 1931 über die von der KPD vorgesehenen Ausgaben für die bevorstehende Kampagne, RGASPI 495/19/525: 35–37.

[98] So der Brief Piecks an das Sekretariat des ZK der KPD vom 20. 8. 1931 über die Besprechung in der PK, RGASPI 495/292/54: 236–241, hier: 236.

Sozialdemokratie im Allgemeinen auf dem XI. EKKI-Plenum und die linke Sozialdemokratie im Besonderen nach dem Leipziger Parteitag Ende Mai 1931 als auch der Beschluss, die KPD am Volksentscheid teilnehmen zu lassen, zeigen, dass die Komintern ihre Strategie in Deutschland vorrangig danach ausrichtete, wie ihrer Meinung nach der Massenanhang der KPD am effektivsten zu verstärken sei. Außenpolitische Überlegungen haben in diesem Zusammenhang nur eine Nebenrolle gespielt. Die Kooperation mit der NSDAP durch die Teilnahme am Volksentscheid stellte sowohl für die KPD als auch für die Komintern dabei lediglich ein taktisches Problem dar: Es bestand aus Sicht der Führungskader zwar die Gefahr, die SPD-Anhänger durch die Aktionsgemeinschaft mit der radikalen Rechten zeitweise zu vergraulen, doch wurde dies als vorübergehende atmosphärische Störung in Kauf genommen, denn wenn die NSDAP erst einmal zerfallen sei, wie im Sommer 1931 noch angenommen wurde, würde sich an dieser „Episode" niemand mehr stoßen. Entscheidend war es aus Sicht derjenigen Mitglieder der Komintern- und KPD-Führung, die sich für die Teilnahme eingesetzt hatten, erstens mit der SPD-geführten Regierung Braun eine wichtige Stütze der Republik umzustoßen und zweitens die vermeintliche Chance zu ergreifen, den Massenanhang der deutschen Kommunisten entscheidend zu vergrößern. Damit wäre die wichtigste Vorbedingung für eine erfolgreiche Revolution in Deutschland erfüllt gewesen.

VII. Zusammenprall der Kulturen

Die Bolschewiki befanden sich in den ersten Jahrzehnten nach ihrem Putsch in Petrograd permanent im Krieg gegen das eigene Volk; zunächst während der Feldzüge gegen die Armeen der weißgardistischen Generale Kolchak und Denikin, sodann gegen die widerständigen Ethnien an der sowjetischen Peripherie, seit dem Ende der 20er Jahre gegen die Bauern der gesamten Sowjetunion, die sich der zwangsweisen Kollektivierung widersetzten, in den 30er Jahren gegen die imaginierten „Volksfeinde", „Spekulanten", „sozial gefährliche Elemente" sowie obdachlose Straßenkinder[1] und seit Beginn des Zweiten Weltkrieges schließlich wieder gegen komplette Ethnien und Völkerschaften, die der Kollaboration beschuldigt und in toto deportiert wurden.

Bei den meisten dieser Konflikte handelte es sich um brutalisierte Kulturkämpfe. Die Bolschewiki traten mit einem konkreten Erlösungsanspruch an: Sie wollten die Menschheit in eine lichte Zukunft führen – in eine Zukunft freilich, die nach ihren Vorstellungen gestaltet war. Zudem wollten sie nicht nur die Zukunft an sich gestalten. Die Traumlandschaften des Sozialismus mit ihren Traktoren, Aeroplanen und Hochspannungsleitungen mussten auch von den dazugehörenden „Neuen Menschen" bewohnt werden, die sich bruchlos in diese Moderne einpassten.

Wie neuere Forschungen zeigen, urteilten die Bolschewiki aber nicht nur aufgrund sozialer Kategorien. Ausgehend von dem Anspruch, die unterdrückten nationalen Minderheiten des russischen Imperiums zu befreien, hatten die neuen Machthaber in Moskau diese auch nach ethnischen Gesichtspunkten kategorisiert und unterteilt. In den Fragebögen mussten die Sowjetbürger neben ihrer sozialen immer auch ihre nationale bzw. ethnische Herkunft angeben. An der Peripherie des sowjetischen Imperiums zeigte sich aber schon bald, dass die Bolschewiki trotz der Politik der „korenizacija" (Indigenisierung) nicht bereit waren, die kulturellen Eigenarten der verschiedenen Völkerschaften zu akzeptieren, sofern sich darin tatsächliche Differenzen zu den Vorstellungswelten der Funktionäre des Zentrums offenbarten. Abweichende Verhaltensweisen und Traditionen, die den Bolschewiki fremd waren, empfanden sie als Bedrohung ihrer prekären, häufig genug nur als Anspruch bestehenden, hegemonialen Stellung. So wurde beispielsweise die verschleierte Frau in den islamischen Regionen zum Symbol der „Rückständigkeit" dieser Peripherie, die sich der bolschewistischen Moderne widersetzte. Diese „Rückständigkeit", so meinten die Bolschewiki, sei nur mit Feuer und Schwert zu bekämpfen.[2]

---

[1] Vgl. Hagenloh, „Socially harmfull elements"; Alexopoulos, Stalin's outcasts; Smirnova, „Byvshie ljudi" Sovetskoj Rossii.

[2] Zum Verständnis der Bolschewiki über ihre kulturelle Mission am Beispiel Aserbajzhans vgl. Baberowski, Der Feind ist überall, v. a. S. 553–668.

Offene Gewalt war vor allem in den Augen Stalins und seiner Kamarilla häufig das einzige Mittel, um ihren Machtanspruch und ihre politische Mission effektiv durchzusetzen. Allerdings markierte politische Gewalt zugleich das Scheitern der Bolschewiki. Denn das Ziel der Bolschewiki, den „Neuen Menschen" zu schaffen, ließ sich nur verwirklichen, wenn dessen Bewusstsein und Unterbewusstsein durch die bolschewistischen Ideale geprägt war, wenn die neue Macht „an die Individuen rührt, ihre Körper ergreift, in ihre Gesten, in ihre Einstellungen, ihre Diskurse, ihr Lernen, ihr alltägliches Leben" eingriff[3]: Die „Neuen Menschen" sollten ihr Tun also letztlich nicht gezwungenermaßen vollziehen, sondern aus eigenem Antrieb. Aus diesem Grunde waren Verhaltens- und Sprechweisen für die Bolschewiki so wichtig. Die bolschewistischen Rituale dienten dazu, die neuen Praktiken einzuüben und sich an die Moderne, so wie sie sich die sowjetische Parteispitze vorstellte, anzupassen. Proletarier zu sein bedeutete insofern auch einen Bewusstseinszustand.[4] Wer sich allerdings diesem Anpassungszwang widersetzte, der galt als Feind.

So wie die Ethnien an der sowjetischen Peripherie oder die Bauern im russischen Dorf nach Meinung der Führung in Moskau zu modernen Menschen „erzogen" werden mussten, so hatten die Bolschewiki auch den Anspruch, die ausländischen Kommunisten zu erziehen und diese auf den stalinistischen *way of life* mit seinen eigenen kulturellen Codes, Vorstellungswelten und Verhaltensweisen einzuschwören. Der sowjetische Kommunismus war letztlich ein radikalisiertes Produkt der europäischen Aufklärung und bezog sich auf den in Mitteleuropa entwickelten Marxismus – insofern schienen die Differenzen zwischen den Kommunisten in Moskau und Berlin auf den ersten Blick nicht so groß zu sein. Die Vorstellungswelten der bolschewistischen Führungsriege der „zweiten Generation" um Stalin, die den Emigranten um Lenin und Trockij in die Führungspositionen folgten, waren jedoch stärker von der spezifischen politischen Kultur Russlands und des Kaukasus, des Bürgerkrieges und des Kriegskommunismus geprägt.[5] In ihren Gedanken war Politik nicht anders als eine ununterbrochene Abfolge von Umstürzen, „Säuberungen" und Kriegen vorstellbar.[6] Die ausländischen Kommunisten hatten diese Erfahrungen hingegen – zumindest in dieser Radikalität – nicht gemacht.

Daher ist nun besonders interessant, wie sich die ausländischen Kommunisten verhielten, die in den Jahren des entstehenden Stalinismus mit dem bolschewistischen Herrschaftssystem in Berührung kamen, dessen sich ausbildende Verhaltensformen und Werte ihnen häufig nicht geläufig waren. Sie mussten sich in einem langwierigen Prozess oftmals an ungewohnte und zuweilen widersinnig erscheinende Handlungsmuster anpassen. Die dabei entstehenden Konflikte haben jedoch für den heutigen Historiker wertvolle Quellen hervorgebracht, weil in ihrem Verlauf die unterschiedlichen Wertmaßstäbe deutlich artikuliert wurden.

Da die ausländischen Kommunisten aus einem anderen kulturellen Kontext kamen, besaßen sie im Gegensatz zu den meisten Sowjetbürgern einen Vergleichs-

---

3 Foucault, Dispositive der Macht, S. 38.
4 Vgl. Halfin, From Darkness to Light.
5 Vgl. Baberowski, Der rote Terror, S. 89 f.
6 Vgl. Rittersporn, The Omnipresent Conspiracy.

maßstab, mit dem sie das Leben in der Sowjetunion und den Stalinismus bewerteten. Sie konnten sich somit – sofern sie in ihrer Heimat nicht verfolgt wurden – bewusst für oder gegen das Leben in der Sowjetunion bzw. im Stalinismus entscheiden.

Obwohl sich beispielsweise Clara Zetkin zunehmend fremd in der Komintern fühlte, hatte sie sich doch zumindest soweit akkulturiert, um die Verhaltensweisen der bolschewistischen Führungsfunktionäre großteils zu übernehmen. Heinrich Brandler hingegen brach diese ungeschriebenen Gesetze im Herbst 1928: Als ihm die Kominternführung keinen Pass für seine Reise nach Deutschland aushändigte[7] und er somit nicht „standesgemäß" mit gefälschten Papieren ausreisen konnte, holte er sich Ende Oktober „auf dem normalen Wege, d. h. auf dem bürgerlich-ge-setzlichen Wege", wie die KPD-Führung naserümpfend konstatierte, einen neuen Pass mit Ausreisevisum bei der deutschen Botschaft. Da dies nach Meinung der deutschen Parteispitze „nicht den Gepflogenheiten eines Kommunisten, der der VKP(b) und Kommunistischen Internationale angehört", entsprach, hatte Brandler damit aus ihrer Sicht mit der Partei endgültig gebrochen.[8]

Einer ganzen weltumspannenden Bewegung die eigenen Wertmaßstäbe und Verhaltensmuster nahe zu bringen, ihren Mitgliedern Grenzen aufzuzeigen und Tabus einzuimpfen war ein mühsames Geschäft. Die Erziehung der kommunistischen Funktionäre aus ausländischen Sektionen war eine der Hauptaufgaben der Komintern – und eine ihrer Hauptsorgen. Wie erfolgreich war Moskau aber in dem Unterfangen, auch die westeuropäischen Kommunisten in disziplinierte Kader umzuformen? In den folgenden Abschnitten soll diese Frage von zwei Seiten angegangen werden: Neben der Moskauer Perspektive, die vor allem widerspiegelt, wie sich die Komintern den idealen Funktionär vorstellte und was ihrer Meinung nach den ausländischen Kommunisten noch fehlte, um diesem Ideal zu entsprechen, wird der Blick der ausländischen Kommunisten thematisiert. Dabei soll erstens danach gefragt werden, inwieweit sie sich tatsächlich als revolutionäre Avantgarde und Musterexemplare des „Neuen Menschen" sahen und wie sie auf die Kritik des EKKI reagierten. Und zweitens wird zu untersuchen sein, welche unterschiedlichen kulturellen Prägungen das Verhalten der Kommunisten in Deutschland von dem der sowjetischen Bolschewiki trennten.

1. Schwatzende Salonbolschewisten und schweigsame Revolutionäre

Wenn deutsche Funktionäre nach Moskau reisten und im Hotel Lux abstiegen, trafen sie dort häufig alte Bekannte, die sie lange nicht gesehen hatten und mit denen sie dann Neuigkeiten austauschten und über ihre Arbeit fachsimpelten. Zwei

---

[7]　Vgl. Brief Brandlers an Molotov vom 13. 10. 1928, abgedruckt in: Reuter, Luxemburg oder Stalin, S. 91 f.

[8]　Brief des Sekretariates des ZK der KPD an alle Bezirksleitungen über die Rückkehr Brandlers nach Deutschland, RGASPI 495/293/95: 121–123, hier: 122.

solcher geselliger Treffen fanden am Nachmittag des 9. und am Abend des
10. September 1931 im Zimmer 352 des Hotel Lux statt, in dem der stellvertretende Vertreter der KPD beim EKKI, Joseph „Sepp" Schwab, wohnte. Neben
einigen deutschen Mitarbeitern des EKKI-Apparates fanden sich dort unter anderem August Creutzburg, der Orgsekretär der KPD, sowie Gustav Meyer
(„Gustl") und Josef Gutsche („Seppl") ein; letztere waren Dozenten an der Militärschule der Komintern und hatten zuvor als leitende Mitarbeiter des Militärapparates der KPD gearbeitet. Wie zwei weitere anwesende EKKI-Mitarbeiter wenige Tage später in Berichten an Pjatnickij festhielten, erzählte „Seppl" bei dieser
Gelegenheit freimütig über seine Arbeit als Sprengstofflehrer an der Militärschule.
Im weiteren Gespräch wurde über die Arbeit der verschiedenen geheimen KPD-
Apparate diskutiert; Creutzburg kritisierte, dass die verschiedenen deutschen Par-
tei-Geheimdienste trotz Verbots zusammengearbeitet und sich ihre Mitarbeiter an
bekannten Treffpunkten verabredet hätten. Diese Kontakte habe die Polizei über
Monate beobachtet, wusste der Orgsekretär zu berichten. Letztlich sei somit auch
der „Apparat der Russen" gefährdet worden, denn es habe nicht viel gefehlt,
„dann wären alle 160 Russen, die in diesem Apparat arbeiten, hochgegangen".
Ferner plauderte Creutzburg über verschiedene Spionagefälle – so sei der deutschen Regierung bekannt, dass der sowjetische Geheimdienst bei Danzig eine
Lauschstation eingerichtet habe, „nur unternähme sie nichts, weil dieses Unternehmen gegen Polen gerichtet sei".

Derartige Zusammenkünfte, so hieß es in einem der Berichte an Pjatnickij abschließend, hätten regelmäßig stattgefunden, seit „Seppl" und „Gustl" nach Moskau gekommen seien. „Ununterbrochen die ganze Zeit erzählte man über frühere
Erlebnisse im Apparat." Jeder Zeitungsbericht über ein entdecktes Waffenlager
oder eine enttarnte „Führersitzung" sei ausgiebig diskutiert worden – „ganz un-
bekümmert und gleichgültig, wer anwesend war".[9]

In der Komintern sorgten diese Berichte für einige Aufregung – insbesondere
die Mitteilung über die Arbeit und die Personalstärke des sowjetischen Geheimdienstes in Deutschland. Ohne explizit Creutzburgs Namen zu nennen, beschwerte sich Knorin sogleich schriftlich bei Thälmann: Ein kürzlich eingetroffe-
ner Funktionär habe im Kreise deutscher Genossen, zu denen er teilweise gar
keine Beziehung habe, über Dinge geredet, „von denen in der ganzen Partei nur
ein oder zwei Menschen überhaupt wissen sollten".[10] Wie Pieck der KPD-Führung später mitteilte, rätselten die Kominternfunktionäre insbesondere, wieso
„dieser Genosse, der doch nichts mit diesen Maßnahmen praktisch zu tun hat, davon überhaupt etwas weiß".[11]

Die mangelhafte Verschwiegenheit der ausländischen Kommunisten war in den
Augen der Moskauer Funktionäre schon seit längerem ein Problem und blieb es
auch in den folgenden Jahren. Selbst unter den angehenden Eliteschülern der In-

---

9 Berichte „Urbans" und Erna Hillers vom 14. 9. 1931, RGASPI 495/19/705: 16 f., 21.
10 Brief Knorins an Thälmann vom 16. 9. 1931, RGASPI 495/19/524: 21.
11 Brief Piecks an das Sekretariat des ZK der KPD vom 7. 10. 1931, RGASPI 485/292/54:
   104 f., hier: 105.

ternationalen Lenin-Schule, so wurde im EKKI empört festgestellt, bestand ein „nachlässiges Verhältnis" zur Konspiration[12]: Anstatt sich nach ihrer Ankunft in der sowjetischen Hauptstadt „nur zu den in Frage kommenden Kontrollinstanzen" über ihre Herkunft und den Grund ihrer Reise zu äußern, so berichtete Pieck im Dezember 1931 aus Moskau, würden die Neuankömmlinge unkontrolliert „quatschen" – selbst über „die internsten Dinge".[13] Ähnlich war die Lage an der aus Konspirationsgründen in die Umgebung von Moskau verlegten Militärschule. Noch in einem Bericht vom August 1932 wurde festgehalten, dass die Schüler die Geheimhaltungsregeln weitgehend ignorierten, weil sie ihre „völlige Isolation" in dem Dorf vor den Toren Moskaus nach einigen Wochen als „drückend" empfunden hätten – vor allem, da es in der Schule nicht einmal aktuelle Zeitungen zu lesen gab. Als den Schülern vorgeworfen wurde, durch den Kontakt mit Dorfbewohnern die Konspirationsvorschriften verletzt zu haben, entgegneten diese, sie wüssten selber, was „unter den gegebenen Umständen richtig ist zu tun".[14]

Manuilskij nahm den „Fall K." – wie Creutzburgs Gespräche im internen Schriftverkehr in korrekter Geheimnistuerei genannt wurden[15] – im Oktober 1931 zum Anlass, in einer gemeinsamen Sitzung des EKKI und der Internationalen Kontrollkommission (IKK) einen vierstündigen Vortrag über die „Schwatzhaftigkeit" und andere „Provokationen" ausländischer Kommunisten zu halten. Der Kominternsekretär ging dabei mehrmals – und wie Pieck feststellte: in „besonders aggressiver Form"[16] – auf Creutzburgs Verhalten bei der abendlichen Zusammenkunft im Hotel Lux ein: Dieser habe „bei sich junge Mädchen und junge Genossen versammelt" und sodann über Dinge geredet, „für die man den Mann an die Wand stellen kann".[17] Manuilskij meinte zu wissen, weshalb die ausländischen Funktionäre in der Sowjetunion die Regeln der Konspiration missachteten und zu „schwatzen" begannen:

„Psychologisch fühlen sich die Leute in Sicherheit. Sie denken, dass, wenn sie sich außerhalb des [Heimat-] Landes befinden, so können sie hier alles sagen. […] Die Schwatzhaftigkeit – das ist unser Feind, es ist die Schwatzhaftigkeit, die umgeht. Es ist lachhaft, bei uns in der Komintern gibt es nicht ein Geheimnis. […] Diese Schwatzhaftigkeit besteht im gesamten Apparat [der Komintern]. Ich habe von einem Fall erfahren, vor einigen Tagen, dass eine

---

12 Brief Angaretis an Pjatnickij vom 12. 9. 1931, RGASPI 495/4/137: 16.

13 Brief Piecks an das Sekretariat des ZK der KPD vom 2. 12. 1931, RGASPI 495/292/54: 311 f., hier: 312. Ähnlich die Feststellung des britischen Vertreters beim EKKI, Arnot, in einem Brief an Pollitt vom Februar 1931: Die „konspirative Natur der [Lenin-] Schule" scheine „in manchen Sektionen unserer Partei […] beinahe vergessen zu sein." Zitiert nach: Cohen, Stalin's Sausage Machine, S. 332.

14 „Bericht über die deutsche militär-politische Schule" vom 1. 8. 1932, RGASPI 495/25/ 1349: 25–47, hier: 39–41.

15 Vgl. Protokoll Nr. 187 der Politkommission vom 13. 10. 1931, Pkt. 5 b: Die Politkommission sei über die Handlungen von Creutzburg empört, das ZK der KPD solle ihn hart bestrafen, RGASPI 495/4/145: 6, und Brief Piecks an Pjatnickij vom 20. 10. 1931: Creutzburg habe die ihm zur Last gelegten Vorwürfe bestritten, RGASPI 495/292/54: 262 f.

16 Ebenda.

17 Referat Manuilskijs über Provokationen, 6. 10. 1931, RGASPI 495/18/864: 6–94, hier: 45.

Französin nach links und nach rechts über die Arbeit aller Genossen schwätzt, die sich auf illegaler Arbeit befinden. Unfug, Schmach, Schande! Ich spreche über den Apparat, über den technischen Apparat. Aber was, Genossen, wenn der Orgsekretär der deutschen Partei schwätzt? Schande!"[18]

Aus Sicht der Bolschewiki war es um die Einhaltung der Konspiration in den jeweiligen Heimatländern der ausländischen Kommunisten aber keineswegs besser bestellt. So wurde beispielsweise Anfang 1931 in einem langen Bericht über die Arbeit des Westeuropäischen Büros der Komintern und seine Verbindung zum Kominterngeheimdienst OMS kritisiert, dass die eigentlich streng geheime Arbeit des WEB in Berlin selbst bei den untergeordneten Funktionären des Karl-Liebknecht-Hauses zum Tagesgespräch gehöre. Drei Stenotypistinnen, die die KPD für das WEB bereitstellen sollte, hätten schon lange im Voraus „ungefähr von ihrer kommenden Arbeit" gewusst, weil ihre Auswahl im ZK „lang und breit" erörtert worden sei.[19] Auch über die Arbeit der Militärschule der Komintern wurde aus Sicht des EKKI in Deutschland „viel zu viel geredet".[20] Die Konspirationsprobleme der deutschen Kommunisten zeigten sich nach Meinung der Bolschewiki schon an der Art, wie in Berlin die angehenden Leninschüler verabschiedet wurden: Ein Lehrer der Leninschule spottete, die deutschen Genossen reisten sozusagen mit der *Roten Fahne* in der Hand nach Moskau, würden von der Partei „bis zu den Bahnhöfen" begleitet und bekämen „sicher auch Nachrufe in den Zeitungen".[21]

Manuilskij erkannte in dieser „Schwatzhaftigkeit", die in einigen Parteien „schreckliche Ausmaße angenommen" habe, eine Folge der politischen Kultur Westeuropas – dies betreffe selbst „die verehrte deutsche Partei", merkte er mit einem spöttischen Seitenhieb auf die bolschewistischen „Musterknaben" an. In diesem Zusammenhang kritisierte der Kominternsekretär vornehmlich die „politischen Cafés" in den jeweiligen Ländern, obwohl ihm diese Form der politischen Kommunikation durchaus selbst geläufig war, wie seine Ausführungen zeigen:

„In unseren Parteien, sowohl den legalen wie den illegalen, wissen wir, dass die meisten Treffen im Café stattfinden. Als ich früher nach Prag fuhr und ich die Fraktion von Shmeral finden musste, wusste ich, dass ich sie in diesem Café finden würde, und wenn ich die Fraktion von …[22] finden musste, dann ging ich in ein anderes Café. Jedes Land hat sein Café. Wer in Berlin war, kennt das berühmte Romanische Café, wo sich das ganze Politbüro versammelt und wo man alles erfahren kann, was in der Partei passiert. Diese Form der Spionage [sic!] ist auch außerordentlich verbreitet.
(Pieck: Mittlerweile gibt es das nicht mehr.)

---

18 Ebenda, Blatt 44–47.
19 Vgl. „Allgemeine organisatorische Fehler und Mängel in der Arbeit des WEB und seiner Hilfsorgane" und „Organisatorische Vorschläge für die zukünftige Arbeit des WEB", o.D., Anfang 1931, RGASPI 499/1/34: 214–217.
20 Brief Piecks an das Sekretariat des ZK der KPD vom 7. 10. 1931, RGASPI 485/292/54: 104 f., hier: 105.
21 Stenogramm der Sitzung der Schulleitung der ILS vom 23. 3. 1931, RGASPI 531/1/36: 41–59, hier: 55 f.
22 Die Leerstelle wurde im transkribierten Stenogramm nicht ausgefüllt.

Lieber Genosse Pieck, wenn Du ins Romanische Café gehst, wirst Du sehen, dass dort verschiedene Genossen sind und man alles erfahren kann, was Du willst. Wahrscheinlich bist Du da nicht gewesen.
(Pieck: Ich bin da nicht gewesen, aber ich kenne es von außen).
Ich bin dort auch nicht gewesen, aber Genossen, die es kennen, haben es mir erzählt."[23]

Wie Piecks Zwischenrufe demonstrieren, fühlte sich der deutsche Vertreter angegriffen – zu Recht, denn Manuilskij konstruierte mit seinem Vortrag ein Gefälle zwischen den erfahrenen russischen Revolutionären und den kommunistischen Funktionären in den kapitalistischen Ländern, die seiner Meinung nach noch nicht die angemessenen, bolschewistischen Verhaltensweisen eingeübt hatten und ihrer Umwelt nicht mit dem gebotenen Misstrauen begegneten: Vor allem die Tatsache, dass die westlichen Kommunisten sich immer noch in der Öffentlichkeit trafen, anstatt ihre Angelegenheiten ausschließlich in konspirativen Wohnungen zu besprechen, stieß Manuilskij übel auf.[24] Diese vermeintliche Unerfahrenheit und Blauäugigkeit der westeuropäischen Kommunisten machte Manuilskij für solche Fehler verantwortlich wie die eines französischen Funktionärs, der in Paris geheime Unterlagen der KPF in einem Taxi vergessen hatte, dessen Fahrer die Papiere prompt zur Polizei gebracht hatte. „Ist das etwa ein Revolutionär?" zürnte Manuilskij über den vergesslichen Kommunisten. „Das ist ein Spießer, eine Memme, aber kein Revolutionär." Er ließ es sich nicht nehmen, in diesem Zusammenhang auch noch darauf hinzuweisen, dass im ZK der französischen Partei mehrere Jahre ein Informant gesessen habe, wodurch „die Polizei eine halbe Stunde nach der Politbürositzung hervorragend darüber im Bilde war, was auf der Politbürositzung abgelaufen ist und ein Protokoll erhalten hat".[25]

Schon seit längerem waren viele EKKI-Mitarbeiter davon überzeugt, dass die Funktionäre der westlichen Sektionen entweder „untauglich oder unfähig zur konspirativen Arbeit" seien.[26] Manuilskij legte im Oktober 1931 noch einmal nach, als er vor den in der Komintern versammelten Funktionären höhnte, es liege etwas Wahres darin, was ein Polizist über die kommunistischen Parteien Westeuropas gesagt habe: Wenn man eine revolutionäre Organisation aufbauen wolle, so brauche man „einen Provokateur, zwei Schwätzer, die die Konspiration nicht halten können, und drei gutgläubige Idioten".[27]

Mit dem Bild des bloß schwatzenden Kaffeehaussozialisten griff Manuilskij ein Argumentationsmuster wieder auf, das er den Vertretern der ausländischen Sektionen schon ein Jahr zuvor im Juni 1930 in einer Sitzung des Politsekretariates entgegengeschleudert hatte und mit dem er zugleich die leitenden Funktionäre der

---

23 Bericht Manuilskijs über Provokationen, 6. 10. 1931, RGASPI 495/18/864: 6–94, hier v. a.: 44–47.
24 Zur Bedeutung solcher „politischen Cafés" für die politische Kultur im Frankreich der Dritten Republik vgl. Grévy, Les cafés républicains de Paris.
25 Ebenda.
26 Vgl. Brief „Alarichs" [d. i. Richard Gyptner] an Manuilskij vom 25. 4. 1929 über die Aussage des russischen Instrukteurs „Waise" über Hugo Eberlein und Leo Flieg, RGASPI 495/293/102: 1–14, hier: 13.
27 Bericht Manuilskijs in der Sitzung des PS vom 6. 10. 1931, RGASPI 495/18/864: 6–94, hier v. a.: 44–47.

stalinisierten Komintern von den bolschewistischen Führern der ersten Generation abgrenzte: In dieser Sitzung hatte er behauptet, dass sich die Komintern bis
zur Wende von 1928 zwar „nicht in den Ferien" befunden habe, sie sei aber fast
ausschließlich mit Propaganda beschäftigt gewesen. Dies sei auch kein Wunder
gewesen, hätten doch bis zum Beginn der „Dritten Periode" nur Leute vom
Schlage Zinov'evs, Bucharins und Radeks sowie ihre Gefolgsleute an der Spitze
der Komintern gestanden – also „reine Theoretiker", die keine Ahnung von praktischen Dingen hätten. Gleiches sei bis heute in den westeuropäischen Sektionen
zu beobachten, meinte Manuilskij: Deren Parteiführungen bestünden durchweg
aus „reinen Politikern", die in ihrem „ganzen Leben noch keine [Partei-] Zelle gegründet" hätten und von denen handfeste organisatorische Fragen als „irgend ein
Org-Kretinismus" betrachtet würde. Als positives Gegenbeispiel präsentierte er
das Politbüro der VKP(b), weil an dessen Spitze echte Organisationsfachleute
stünden.[28]

Wie schon der Verweis auf Trockij und Bucharin andeutet, entsprach diese Ge-
genüberstellung zwischen Intellektuellen und Praktikern der Bruchlinie, die die
bolschewistische Partei selbst durchlief: Mit Verachtung blickten viele der sowjetischen Funktionäre, die in der vorrevolutionären Zeit im Untergrund gearbeitet
hatten und häufig in die Verbannung nach Sibirien oder in das Gefängnis geschickt
worden waren, auf die Politemigranten herab, von denen beispielsweise Trockij
den regelmäßigen Besuchern der Wiener Kaffeehäuser als „der Herr aus dem *Café
National*" in Erinnerung blieb. In ihren veröffentlichten Erinnerungen und den
für die Kaderabteilung der Partei verfassten Lebensläufen stellten die bolschewistischen Untergrundkämpfer ihre entbehrungsvolle Tätigkeit dem beinahe bürgerlichen Dasein der Emigranten in Westeuropa gegenüber.[29]

Aus diesen unterschiedlichen Erfahrungen aus der Zeit vor 1917 speiste sich zu
einem guten Teil der Hass Stalins und seiner Gefolgsleute auf ihre innerparteilichen Gegner: Die Führer der innersowjetischen „Vereinigten Opposition" um
Trockij waren in den Augen des sowjetischen Generalsekretärs nichts weiter als
„eine Gruppe kleinbürgerlicher Intellektueller [...], losgerissen vom Leben, losgerissen von der Revolution, losgerissen von der Partei und der Arbeiterklasse".[30]
Gegenüber dem deutschen Journalisten Emil Ludwig erklärte Stalin Ende 1931,
die in Russland verbliebenen Untergrundarbeiter hätten einen größeren Anteil an
der Revolution gehabt als die Emigranten, die lediglich „jahrelang in Cafés he-
rumsaßen" und „Bier tranken". Aus diesem Grunde sei es vorteilhaft, dass im
sowjetischen Zentralkomitee mittlerweile nur noch wenige der ehemaligen Emigranten säßen.[31] Schon 1925 hatte der Generalsekretär erklärt: Dieser „Prozess des

---

[28]	Manuilskij in der Sitzung des PS vom 24. 6. 1930, RGASPI 495/3/219: 9–15, hier: 11 f. Vgl.
	die ähnlich gelagerte Kritik von Pjatnickij in der Sitzung des MELS des EKKI vom 7. 9.
	1931, RGASPI 495/28/89: 4–13, hier: 5.
[29]	Vgl. Easter, Reconstructing the state, S. 48–52.
[30]	Josef Stalin, Politischer Rechenschaftsbericht des Zentralkomitees [auf dem XV. Parteitag
	der VKP(b) am 3. 12. 1927], in: ders., Werke, Bd. 10, S. 235–307, hier: S. 292. Vgl. Löh-
	mann, Der Stalinmythos, S. 87.
[31]	Josef Stalin, Unterredung mit dem deutschen Schriftsteller Emil Ludwig am 13. 12. 1931,
	in: ders., Werke, Bd. 13, S. 93–109, hier: S. 107 f. Zur Entwicklung der Zusammensetzung

Absterbens einer ganzen Reihe alter führender Funktionäre aus den Kreisen der Literaten und alter ‚Führer'" sei ein notwendiger Bestandteil der „Erneuerung der leitenden Kader einer lebendigen und sich entwickelnden Partei".[32] In den Augen der von Stalin geformten Kominternführung erschienen nun die westeuropäischen Spitzenfunktionäre der Gegenwart als ebenso behäbige „Salonbolschewisten" wie die russischen Emigranten der Vorkriegszeit.

Wie dies schon bei den Spannungen zwischen sowjetischen Diplomaten und Parteifunktionären der Fall war, beruhte allerdings auch die Fremdheit zwischen ausländischen und sowjetischen Kommunisten auf Gegenseitigkeit. Denn nicht nur die ehemaligen bolschewistischen Untergrundkämpfer schauten mit zuweilen kaum verhohlener Verachtung auf die Politnovizen der westeuropäischen Parteien herab. Wie stark sich die Rollenbilder dieser beiden Gruppen unterscheiden konnten, führt der Bericht eines deutschen Kommunisten vor Augen, der im Auftrage der Internationalen Arbeiterhilfe Arbeitsstätten ausländischer Arbeiter in der Sowjetunion inspiziert hatte. Voller Erstaunen beschrieb er darin den Direktor eines Unternehmens, der auch im Büro einen Revolver trug, und bemerkte dazu sarkastisch, dass diese Waffe für dessen Verwaltungstätigkeit zweifellos notwendig sei.[33] Dem deutschen Kommunisten erschien dieses Gebaren widersinnig. Dass sich der Direktor aber offensichtlich nicht *trotz*, sondern gerade *wegen* seines Büroarbeitsplatzes einen Revolver zugelegt hatte, erkannte der Kommunist nicht. Nicht nur die Sprache der Bolschewiki war gespickt mit Begriffen wie „Krieg", „Angriff" und „Kampf", seit dem Bürgerkrieg war auch ihr gesamter Habitus militärisch geprägt. Lederstiefel, Militärkleidung und Waffen zu tragen war für diese Männer, die sich auch im Alltag als „Revolutionskrieger" sahen (selbst dann, wenn sie Büroarbeit verrichteten), selbstverständlich und nicht zuletzt auch eine Frage des Prestiges.[34] Dies galt natürlich erst recht für Stalin und dessen engste Gefolgschaft, die sich darüber hinaus durch eine exzessive Schießleidenschaft auszeichnete: Im Sommer 1932 wurde Heinz Neumann während eines Besuches in der Sommerresidenz des Diktators Zeuge, wie im Garten des Anwesens plötzlich alle Umstehenden begannen, mit ihren Waffen ein Wettschießen auf Vögel zu veranstalten, während Neumann untätig daneben stand, weil er als einziger keine Waffe trug – ganz dem von Stalin so verachteten Typen des Parteiintellektuellen entsprechend.[35] Manuilskij versuchte, den ausländischen Kommunisten den militärischen Habitus der Bolschewiki und die damit verbundenen Handlungsmaximen als Leitmaßstab zu vermitteln. Die Pflicht zur Konspiration um Angriffe auf die Partei abzuwehren, ging auf diese Weise Hand in Hand mit dem Versuch, die ausländischen Kader zu disziplinieren. Ein richtiger Revolutionär, so belehrte Manuilskij

des sowjetischen Zentralkomitees in den Jahren 1923–1939 vgl. Mawdsley, The Soviet Elite from Lenin to Gorbachev, S. 34–90.

[32] Josef Stalin, Brief an den Genossen Me-ert [d. i. Maslow] vom 28. 2. 1925, in: ders., Werke, Bd. 7, S. 36–40, hier: S. 37.

[33] Brief Arthur Fritsches an die deutsche Vertretung beim EKKI vom 2. 4. 1932, RGASPI 4957292/62: 40f.

[34] Vgl. Fitzpatrick, Everyday Stalinism, S. 17.

[35] Vgl. Buber-Neumann, Von Potsdam nach Moskau, S. 302.

im Oktober 1931 seine Zuhörer im EKKI, „schwätzt keine überflüssigen Worte", halte sich immer im Zaume und sei nicht leichtsinnig. Was auf den ersten Blick der Beschreibung einer der Detektivfiguren aus den Romanen von Raymond Chandler ähnelte, entsprach in der Wirklichkeit dem stalinistischen Leitbild eines militärisch agierenden Geheimdienstlers. Bezeichnenderweise hielt es Manuilskij denn auch für das Beste, wenn die Frage der Geheimhaltung innerhalb der Komintern „wie in der GPU" organisiert würde, und nannte als positives Beispiel ausgerechnet den deutschen Geheimdienst, aus dessen Regeln über die Konspiration er sogleich ausführlich zitierte:

„Schauen Sie, wie unser Klassenfeind die Frage der Konspiration bei sich stellt: ‚[…] Reden sie nicht über konspirative Angelegenheiten (hören Sie gut zu, Genossen!) im Café und während Straßenbahnfahrten (deutsche Genossen, das betrifft auch Sie); verbergen Sie im Ausland, dass Sie diese oder jene Sprache können.' "[36]

Aufgrund der zentralen Bedeutung, die die sowjetischen Funktionäre ihrer Geheimhaltungsmanie beimaßen, nahm das diesbezügliche Training der ausländischen Kader einen zentralen Platz im Lehrplan der Leninschule ein. Keine andere Institution schien besser geeignet zu sein, um die Elite der westeuropäischen Parteien nicht nur ideologisch zu beeinflussen, sondern auch ihr Verhalten den bolschewistischen Normen anzupassen.[37] Im Herbst 1931 wurde daher ein Regelwerk entworfen, das die Schüler zu größerer Disziplin anleiten sollte: Die Ankömmlinge wurden nicht nur verpflichtet, wie schon zuvor üblich, ihre bisherige Identität bei der Ankunft in Moskau aufzugeben: Ihren tatsächlichen Namen und Geburtsort, ihre bisherige Arbeit und Parteikarriere durften sie nur dem jeweiligen Parteivertreter beim EKKI und der Leiterin der Leninschule offenbaren. Es sollte ihnen zudem verboten werden, in Moskau nationale Klubs oder Veranstaltungen zu besuchen, weil sie dort von anderen ausländischen Kommunisten erkannt werden könnten. Es war ebenso untersagt, im Gebäude der Leninschule Besuch zu empfangen, wie auch sich fotografieren zu lassen oder ohne Erlaubnis der nationalen Vertretungen mit der Heimat zu korrespondieren.[38] Später wurde vorgeschlagen, einen „Isolator" für Schüler zu schaffen, über deren Aufnahme an der Schule noch nicht entschieden sei, damit sie im Falle eventueller Ablehnung nicht mit dem Institut bekannt würden; des weiteren sollten die Schüler bei jedem Ausgang in die Stadt die genaue Adresse hinterlassen, zu der sie gehen wollten – den Überwachungsfantasien waren somit keine Grenzen gesetzt.[39] Außerdem durften die Schüler die Existenz der Schule Außenstehenden gegenüber nicht einmal erwähnen.

---

[36] Bericht Manuilskijs über Provokationen, 6. 10. 1931, RGASPI 495/18/864: 6–94, hier: 90.
[37] Über die Tätigkeit der Internationalen Leninschule der Komintern vgl. Babichenko, Die Kaderschulung der Komintern; Schafranek, Österreichische Kommunisten an der „Internationalen Leninschule".
[38] Entwurf für Konspirationsregeln im Brief Angaretis an Pjatnickij vom 12. 9. 1931, RGASPI 495/4/137: 16.
[39] Stenogramm der Sitzung der Schulleitung der ILS vom 23. 3. 1931, RGASPI 531/1/36: 41–59, hier: 52f.

Dass die strengen Konspirationsregeln gerade an der Leninschule allerdings häufig eher der in den Jahren der Untergrundarbeit antrainierten bolschewistischen Geheimniskrämerei entsprangen, als dass damit tatsächlich geheime Informationen geschützt wurden, musste der überraschte Max Hoelz Anfang 1930 erfahren, als er an der Kaderschmiede der Komintern studierte. In sein Tagebuch notierte er, dass er in einer Sitzung des Parteizirkels der Schule über einige angeblich höchst geheime Dinge informiert worden sei, die die Anwesenden auf keinen Fall weitergeben durften. „Umso erstaunter war ich, als ich genau dieselben Mitteilungen, nur viel ausführlicher in der am 9. Febr[uar], also 5 Tage früher, erschienenen Nummer der ‚Moskauer Rundschau' las."[40]

Wer richtig zu schweigen lernte, musste andererseits auch richtig sprechen können. „Bolschewistisch" zu sprechen[41] hatte neben dem Einüben von neuen Werten und Sitten den Zweck, dass die Kader die Welt nur noch in den vorgegebenen Termini verstehen und wiedergeben sollten: Die „bolschewistische Neuerziehung" der Parteikader, mit der die Leninschule beauftragt worden war, zielte nicht nur darauf ab, die Parteien zu befähigen, eine „wahrhaft bolschewistische Propaganda" zu betreiben[42], sondern gar nicht erst Zweifel an der „Generallinie" aufkommen zu lassen.

In ihren Heimatländern stellten die kommunistischen Funktionäre jedoch bald fest, dass sie keine Begeisterungsstürme auslösten, wenn sie virtuos mit den in Moskau erlernten Begriffen jonglieren konnten. Die Erziehung an der Leninschule war im Prinzip für die Arbeit in einem sozialistischen Staat zugeschnitten worden. Hier musste niemand mehr überzeugt werden, weil er beim geringsten Zweifel, den er an der bolschewistischen Ideologie äußerte (und bald auch, ohne das getan zu haben), als „Abweichler" oder gar „Schädling" denunziert werden konnte. Im kapitalistischen Mitteleuropa half es den Absolventen der kommunistischen Kaderschmiede hingegen nicht weiter, wenn sie „bolschewistisch" sprachen – denn nun verstand sie niemand mehr.

Am deutlichsten wurde dies, wenn sich die Kommunisten mit ihren eifrigsten Konkurrenten auf dem Gebiet der Propaganda verglichen, den nationalsozialistischen Agitatoren. In der Komintern und KPD besaß man gegenüber der NSDAP ein ambivalentes Verhältnis: „Ich werde nicht übertreiben", lobte Pjatnickij im März 1932 in einer Sitzung der Kominternführung die NS-Propaganda, „wenn ich sage, dass die Methoden der Agitation der Nazis fast dieselben sind wie die bolschewistischen in der Zeit von der Februar- bis zur Oktober-Revolution 1917. Der Methode nach!"[43] Ihm imponierte in erster Linie, wie sich die Nationalsozialisten ihrem jeweiligen Publikum anpassten. Die Anpassungsfähigkeit der nationalsozialistischen Agitatoren wurde auch von den deutschen Funktionären be-

---

[40] Tagebuch von Max Hoelz, Eintrag vom 14. 2. 1930, abgedruckt in: Plener (Hg.), Hoelz, S. 44.
[41] Vgl. Kotkin, Magnetic Mountain, Kapitel 5.
[42] So der Brief des stellvertretenden Rektors der Leninschule an das ZK der KPÖ über die Auswahl neuer Funktionäre für die Leninschule, o. D. [Ende 1928], RGASPI 531/1/146: 23 f.
[43] Pjatnickij in der Sitzung der PK vom 15. 3. 1932, RGASPI 495/4/177: 13–28, hier: 17.

wundert. Im Frühjahr 1932 berichteten einige deutsche Leninschüler in einer Mischung aus Verachtung und Neid, wie professionell die NS-Agitatoren vorgingen: „Sie gehen z. B. zu den Angestellten mit Schlips und Kragen, und zu den Hafenarbeitern ohne Schlips und Kragen, sie nehmen den Kragen ab, schlagen das Hemd um, machen sich die Hände schmutzig."[44] Die Kommunisten hingegen träfen oft nicht den Nerv ihrer Zuhörer: Auf einer Landarbeiterversammlung habe der kommunistische Redner nach dem sehr geschickten Auftritt des NS-Redners nur „Knüppelpolitik" betrieben. „Als es dann zur Diskussion kommen sollte, meldete sich kein Mensch."[45]

Auch die vielbeschworene „Einheitsfront von unten" mit sozialdemokratischen Arbeitern scheiterte häufig an dieser Sprachbarriere: Die kommunistischen Funktionäre zeigten sich zunehmend unfähig, die Welt in anderen als den vorgegebenen Begriffen zu beschreiben. Als sich die KPD im Herbst 1932 beispielsweise vornahm, die SPD mit einem Blatt zu zersetzen, das vermeintlich vom linken Parteiflügel hergestellt wurde, hatte sie damit wenig Erfolg. Man habe sofort gemerkt, dass dieser *Rote Vorwärts* „von Kommunisten kommt", kommentierte selbst der Kominternmitarbeiter Andrej Karolski diesen Versuch der KPD-Funktionäre, sich in ihren politischen Gegner hineinzuversetzen. „Wenn man schreibt ‚Genosse Severing, Genosse Grzezinski' usw., so heißt das noch nicht, das ist ein sozialdemokratisches Blatt." Ein Anwesender entgegnete darauf, es sei eben „schwer zu schreiben auf sozialdemokratisch".[46]

Am problematischsten erwies sich allerdings, dass die Absolventen der Leninschule zum Teil nicht einmal mit der eigenen Basis auf einer Augenhöhe reden konnten. Der österreichische Vertreter beim EKKI, Arthur Horner, beklagte sich im Dezember 1931 über die mangelnde Bodenhaftung der in Moskau ausgebildeten Instrukteure: Einige der ehemaligen Leninschüler verstünden nicht, wie sie mit den Genossen umgehen sollten. „Sie schmeißen mit Leninzitaten herum, die sie auf der Schule gelernt haben und zerstören die Initiative der Genossen. Einige von ihnen kann man nicht verwerten." Er schien allerdings den Widerspruch zu seinen eigenen Aussagen, die er kurz zuvor gemacht hatte, nicht zu bemerken. Über die zur KPÖ stoßenden Sozialdemokraten hatte er nämlich noch sehr verächtlich geurteilt: Diese müssten noch „ganz umgeformt und umgearbeitet werden. Viele wissen nicht die einfachsten Abkürzungen wie Komintern, Profintern usw. Es ist nun unsere Aufgabe, diese Arbeiter zu schulen."[47] Die kommunistische Sprache, das zeigte sich hier besonders deutlich, war ein spezieller Kommunikationsraum, in den nur diejenigen Zutritt erhielten, die die kulturellen Codes zu dieser Parallelwelt beherrschten. Zwei Jahre später brachte der britische KP-Vorsitzende Pollitt das Problem auf den Punkt, als er in Moskau berichtete: „Ich

---

[44] ILS-Schüler Dering am 7. 5. 1932 vor dem MELS des EKKI über den Nationalsozialismus, RGASPI 495/28/193: 18–20, hier: 19.

[45] ILS-Schüler Rotgart am 7. 5. 1932 vor dem MELS des EKKI über nationalsozialistische und kommunistische Agitatoren, RGASPI 495/28/193: 14 f.

[46] Karolski in der Sitzung des MELS des EKKI vom 25. 11. 1932, RGASPI 495/28/216: 21.

[47] Horner in der Sitzung des MELS des EKKI über kommunistische Kader in Mitteleuropa vom 15. 12. 1931, RGASPI 495/28/150: 40.

habe festgestellt, dass viele Genossen von der Leninschule, die in England einfach
und klar mit den Arbeitern sprechen konnten, eine fremde Sprache sprechen,
wenn sie zurückkommen."[48] Damit sprach Pollitt die Kehrseite des „bolschewistischen Sprechens" an: Die Kommunikationsformen waren in erster Linie dafür
entwickelt worden, um die Funktionäre auf Linie zu halten – und erwiesen sich
in dieser Beziehung auch häufig genug als erschreckend effektiv. Die Genossen
hätten „eine Psychologie entwickelt", erläuterte Pollitt, aufgrund derer sie dachten, sie seien keine echten Kommunisten, wenn sie nicht ständig Ausdrücke wie
„Orientierung", „Faschisierung" oder „Sozialfaschismus" benutzten[49], die magischen Begriffe der kommunistischen Sprache. Doch in dem Maße, in dem die
Kommunisten sich der vorgegebenen Formeln bedienten, wurden sie für Außenstehende, für Mitglieder anderer sozialer Systeme immer unverständlicher[50]: Wie
die abfälligen Bemerkungen über die Arbeiter zeigen, die sich mit den sowjetischen Kompositwörtern nicht auskannten, war der gemeinsame Vorrat an sprachlichen Bildern und Begriffen bald aufgebraucht, der Zerfall des „linksproletarischen Milieus" manifestierte sich auch an der Sprache. Vor diesem Hintergrund
stellte sich für einige Kommunisten schließlich die Frage, ob die Konditionierung
der Kader in Moskau überhaupt Sinn mache. 1936 – also bezeichnenderweise erst
ein Jahr nach der Wende der Komintern zur *Volks*front-Politik – bemerkte der damalige österreichische Vertreter während einer erneuten Besprechung in Moskau
über die zurückkehrenden Leninschüler: „Wir versuchen die Schüler zunächst
unten einzubauen, damit sie einen Teil des hier Gelernten wieder vergessen und
lernen, in der Sprache der Wiener Arbeiter zu sprechen."[51]

2. „Vegetarische Parteien" und gläserne Funktionäre

Die bolschewisierten Parteikader sollten nach Meinung der Kominternführung
nicht nur auf ihr eigenes Verhalten achten – mindestens ebenso wichtig war es,
selbst den Menschen in ihrer Umgebung mit dem angemessenen Misstrauen zu
begegnen, um die Parteien und die Komintern vor vermeintlichen „Saboteuren"
und „Schädlingen" zu schützen, die vom „Klassenfeind" ausgesandt wurden. Gerade hier zeigte sich aber ein fundamentaler kultureller Unterschied zwischen den
Bolschewiki und ihren westeuropäischen Genossen, die aus Moskauer Sicht erst
noch zu einer linienkonformen Einstellung gegenüber dem Gegner erzogen werden mussten. In der Kominternführung war man sich dieses Unterschiedes durchaus bewusst. Gerade deshalb erinnerte Manuilskij seine Zuhörer im Oktober 1931

---

48 Pollitt auf dem XIII. EKKI-Plenum der Komintern am 1. 12. 1933, zitiert nach: McDermott, Comintern, S. 106.
49 Ebenda.
50 Zur Kommunikation in und zwischen sozialen Systemen: Luhmann, Die Politik der Gesellschaft, v. a. S. 171 f.
51 Zitiert nach: Schafranek, Österreichische Kommunisten an der „Internationalen Leninschule", S. 454.

an den Lernprozess der sowjetischen Revolutionäre, die „durch einen jahrzehnte-
langen Untergrundkampf gegangen sind und Erfahrung und Stählung in ihrer
klassenmäßigen Unversöhnlichkeit gegenüber dem Feind besitzen". Die kommunistischen Bruderparteien hingegen, so konstatierte er, bestünden „aus völlig jungen, unerfahrenen Kadern", die sich von geschulten Geheimdienstlern mühelos
„umdrehen" ließen.[52] Aus diesem Grunde müssten die Parteien viel härter gegen
„Provokateure", Spitzel und „Schwätzer" vorgehen; bislang würden diese nämlich viel zu nachsichtig behandelt:

„Ich werde Ihnen ein konkretes Beispiel aus der deutschen Partei anführen, der besten Sektion der Kommunistischen Internationale. Vor einigen Tagen unterhielt sich einer unserer
Genossen mit Schülern der Leninschule, die hierher gekommen waren und denen folgende
einfache Frage gestellt wurde: ‚Sag Genosse [sic], was muss man mit enttarnten Provokateuren machen?' – Wissen Sie, was dieser Genosse geantwortet hat? ‚Man darf sie nicht zu ver-
antwortungsvoller Arbeit zulassen.'
(Lachen [der Zuhörer])."

Wieder hatte Manuilskij die deutschen Kommunisten als naive Politnovizen dar-
gestellt und somit der Lächerlichkeit preisgegeben. Wenn es im Denken dieses
Kominternsekretärs eine Rangordnung gab, so war dies eine Rangordnung der
Versager: Ironisch bemerkte Manuilskij, ungeachtet der Naivität dieses deutschen
Leninschülers müsse er feststellen, dass die KPD „keinesfalls eine vegetarische
Partei" sei. „Die französische Partei, die kann man vegetarisch nennen."[53]

Eine „vegetarische Partei" zeichnete sich dadurch aus, dass sie ihre Reihen nicht
sorgfältig und regelmäßig „säuberte", wozu die Kominternsektionen bereits gemäß der 21 Bedingungen verpflichtet waren, die auf dem II. Weltkongress der
Komintern im August 1920 verabschiedet worden waren.[54] Angesichts dessen,
dass die Welt „unzweifelhaft auf die entscheidenden Klassenzusammenstöße" zu-
gehe, wurde es nach Ansicht von Manuilskij immer wichtiger, die Parteien wirksam vor den verschiedenen Arten von „Provokateuren" zu schützen und sie zur
Härte gegenüber den eigenen Mitgliedern zu erziehen. Am besten ginge man gegen Funktionäre schon dann vor, wenn gegen sie auch nur der geringste Verdacht
bestünde, ein „Provokateur" (also ein Spion, Spitzel, *agent provocateur*) zu sein.

In diesem Zusammenhang erwiesen sich die erwähnten vorrevolutionären Erfahrungen der Bolschewiki als prägend[55]: Ausdrücklich wies Manuilskij seine
Zuhörer darauf hin, welchen Schaden die Arbeit von Spitzeln der *Okhrana*, der
vorrevolutionären politischen Polizei, in der Partei vor 1917 verursacht habe.[56]

---

[52] Bericht Manuilskijs über Provokationen, 6. 10. 1931, RGASPI 495/18/864: 6–94, hier: 23.
[53] Ebenda.
[54] Der Stellvertreter Piecks als deutscher Vertreter beim EKKI, Sepp Schwab, legte in seinem
Diskussionsbeitrag in der Sitzung des Politsekretariates vom 6. 10. 1931 Wert auf die Feststellung, dass die KPD im Laufe des Jahres 1930 immerhin 79 „Spitzel und Provokateure"
der Polizei und politischer Gegner enttarnt und dies öffentlich gemacht habe, RGASPI
495/18/864: 253–259, hier: 253f. Siehe auch die schwarze Liste der KPD vom Februar
1932 über enttarnte Spitzel, RGASPI 495/293/123: 77–85.
[55] Vgl. Löhmann, Der Stalinmythos, S. 89f.
[56] Bericht Manuilskijs über Provokationen, 6. 10. 1931, RGASPI 495/18/864: 6–94, hier: 24,
83–87.

Tatsächlich waren sämtliche russischen Untergrundorganisationen unablässig infiltriert und ausgehorcht worden[57], weshalb die Untergrundarbeiter ständig mit der Furcht lebten, verraten zu werden. So wurde beispielsweise Stalin 1913 von einem Spitzel denunziert und daraufhin nach Sibirien verbannt. „Provokateure [d. h. Spitzel] fanden sich allenthalben“, erinnerte sich der einstige bolschewistische Untergrundaktivist Valentin Trifonov, „sie waren damals für alle revolutionären Parteien eine alltägliche Erscheinung und allnächtlicher Alptraum.“[58]

Die ständige Furcht vor Verrätern verursachte bei den damaligen Bolschewiki ein regelrechtes Verrätersyndrom, über das Pjatnickij in seinen Erinnerungen schrieb: „Wie entsetzlich: man trifft einen Genossen, bespricht mit ihm Fragen des Klassenkampfes, er aber entpuppt sich nachher als ein Judas, der die Interessen der eigenen Klasse verrät! Das schlimmste dabei ist, dass man schließlich anfängt, in jedem Genossen einen Verräter zu sehen.“[59] Obwohl Pjatnickij also selbst feststellte, dass die Furcht vor „Provokateuren“ zu einer wahren Psychose geführt hatte, mochten weder er noch die anderen sowjetischen Mitglieder der Kominternführung von der Vorbildfunktion dieser bolschewistischen Erfahrungen abrücken.

Die unterschiedliche politische Kultur in den demokratischen Ländern, die Sozialisation der westeuropäischen Kommunisten in parlamentarischen Systemen und vergleichsweise offenen Gesellschaften wurden vielmehr als Bedrohung für den Bestand der Parteien wahrgenommen: Die Nachrichtendienste der westlichen Sektionen, so klagte Manuilskij, hätten bei der Suche nach „Provokateuren“ bislang weitgehend versagt: Spitzel und Spione seien bestenfalls zufällig enttarnt worden. Doch auf den Zufall mochte Manuilskij sich nicht verlassen: Er forderte, das Personal der Parteigeheimdienste regelmäßig auszutauschen, „denn ehrlich gesagt: wenn Leute im Laufe der Zeit sehr häufig mit der Polizei in Berührung kommen, dann hat das einen zersetzenden Einfluss“.[60] Dass Manuilskij mit seinem Vorwurf, die Nachrichtendienste der westlichen Sektionen gingen allzu blauäugig vor und ließen das notwendige Misstrauen vermissen, allerdings nicht ganz Recht hatte, belegt beispielsweise ein ausführlicher Bericht des österreichischen Abwehrdienstes über Werner Hirsch, der unter dem Parteinamen „Peter“ von Hermann Remmele als Chefredakteur der Roten Fahne in Wien eingesetzt worden war. 1925 überwachte der Abwehrdienst der KPÖ Werner Hirsch über mehrere Monate hinweg bis in die Abendstunden hinein und durchsuchte mehrmals seine Aktentasche. Man war durch seinen auffälligen Lebensstil misstrauisch geworden: Hirsch habe ein Schließfach in der Bank, fahre selbst die kurzen Strecken von der Redaktion zum Gasthaus im Taxi, obwohl er über Geldmangel klage, und

---

[57] Vgl. beispielhaft die Sammlung von Berichten eines solchen „Provokateurs“: Pavlov, Pis'ma Azefa, in denen er u. a. über die Bolschewiki schreibt.

[58] So der Bericht über die Erfahrungen von Valentin Trifonov, aufgeschrieben von seinem Sohn: Trifonov, Widerschein des Feuers, S. 36.

[59] Pjatnickij, Deckname Freitag, S. 222 f.

[60] Bericht Manuilskijs über Provokationen, 6. 10. 1931, RGASPI 495/18/864: 6–94, hier: 83–87.

sei nach mehreren Verhaftungen stets auffällig schnell wieder freigelassen worden.[61]

Manuilskij forderte aber nicht nur, künftig schärfer gegen überführte Missetäter vorzugehen: Anstatt „Provokateure" fatalistisch als unvermeidliche Nebenerscheinung revolutionärer Tätigkeit hinzunehmen, sollten die Parteien ihre Funktionäre lückenlos überwachen, um zu verhindern, dass Spitzel einsickern. Künftig sollten Kader bereits im Vorfeld durchleuchtet werden, bevor überhaupt ein konkreter Verdacht gegen sie vorlag, und diejenigen identifiziert und ausgesiebt werden, von denen zu *erwarten* war, dass sie zu Verrätern würden. Der Kominternsekretär empfahl deshalb, die gesamte Persönlichkeit der Funktionäre und ihr Umfeld unter die Lupe zu nehmen:

> „Wir brauchen eine sehr ernste Untersuchung der politischen Physiognomie, der moralisch-politischen Physiognomie dieser Genossen, ihrer Standhaftigkeit und Härte, ihres persönlichen Mutes, ihrer Verbindungen, ihres persönlichen Wesens, ihrer Lebensweise und ihres familiären Umfeldes. Man muss jeden Genossen überprüfen. […] Dieses Überprüfungssystem muss im Zusammenhang mit dieser Kampagne in allen Parteien errichtet werden. Ich denke, dass es uns niemand übelnehmen wird, […] dass wir außerdem eine Überprüfung unseres Führungspersonales in allen Parteien durchführen müssen. Was ist daran beleidigend? Die Überprüfung muss unter dem Blickpunkt der politischen Zuverlässigkeit dieses Personals durchgeführt werden."[62]

Damit hatte Manuilskij die Grundzüge eines umfassenden Überwachungsapparates entworfen; seine Rede bezeichnet die Geburtsstunde der „Kaderabteilung" der Komintern, die im folgenden Jahr errichtet wurde.[63] Schon seit dem Bestehen der kommunistischen Parteien hatten die Funktionäre der Komintern immer wieder geklagt, dass die kommunistischen Parteien von Spitzeln und „Saboteuren" unterwandert würden, die mühsam herausgesäubert werden mussten – mit Manuilskijs Vision des gläsernen Funktionärs ging Moskau nun von der Bestrafung zur Prävention über.

Dass sein Ansinnen, auch die Parteiführungen dieser hochnotpeinlichen Überprüfung zu unterwerfen, durchaus „beleidigend" war, erkannte Manuilskij sehr wohl. Schließlich stellte er die leitenden Funktionäre damit unter einen Pauschalverdacht. Doch war das durchaus beabsichtigt. Ebenso wie bereits die Kritik an der mangelhaften Konspiration der Politintellektuellen in den westlichen Parteien war auch dieser Schritt dazu gedacht, die Autorität der Kominternführung gegenüber den selbstbewussten nationalen Parteispitzen zu stärken und so die bestehende Hierarchie innerhalb der kommunistischen Weltbewegung zu festigen.

Dieser Pauschalverdacht gegen die kommunistischen Funktionäre Westeuropas verschärfte sich in den folgenden Jahren durch die innere Logik des von Manuilskij entworfenen Überwachungsapparates, der nun eine beträchtliche Eigendynamik entwickelte und sich mit der um sich greifenden Phobie vor ausländischen Spionen verband. Dies gipfelte schließlich darin, dass Stalin im Jahre 1937 dem

---

61 Bericht des Abwehrdienstes der KPÖ über Werner Hirsch vom 26. 8. 1925, RGASPI 495/19/459: 38–41.

62 Bericht Manuilskijs über Provokationen, 6. 10. 1931, RGASPI 495/18/864: 6–94, hier: 81.

63 Zur Bedeutung der Kaderabteilung der Komintern für den stalinistischen Terror vgl. Vatlin, Kaderpolitik und Säuberungen; Studer, Der stalinistische Parteikader, S. 88–94.

neuen Generalsekretär der Komintern Dimitrov ganz offen an den Kopf warf:
„Ihr alle dort in der Komintern arbeitet dem Feind in die Hände…"[64] Während
die Karriere eines Funktionärs innerhalb der Komintern und in der Führungs-
schicht seiner Sektion bislang wesentlich davon abhängig gewesen war, welchen
personalen Netzen er angehörte, so konnten sich diese „Verbindungen" unter diesen Bedingungen in den folgenden Jahren schnell als tödliche Falle erweisen[65]:
„Verbindungen" zu suchen (oder zu konstruieren) wurde zur vornehmsten Aufgabe des sowjetischen Inlandsgeheimdienstes NKVD.[66] Viele Funktionäre ver-
strickten sich in den „Seilschaften", die zuvor ihr Fortkommen gesichert hatten,
da in den Jahren des Terrors das Prinzip der „Kontaktschuld" galt[67]: Wer mit einer
Person bekannt war, die dem NKVD als „Feind" aufgefallen war, hatte sich in den
Augen der „Instanzen" bereits infiziert und galt als wahrscheinliches Mitglied in
einer antisowjetischen Verschwörung.[68] Es ist eine bittere Ironie, dass ein großer
Teil der bolschewistischen Führungsfunktionäre der Komintern – unter ihnen
Pjatnickij und Knorin – schließlich selbst in diesen Sog geriet und während des
Großen Terrors als angebliche Mitglieder einer faschistischen Spionageorganisa-
tion verhaftet und erschossen wurde.[69]

Bevor aber dieser Überwachungsapparat, der sich später immer weiter auf-
blähte, in den einzelnen Parteien aufgebaut wurde, musste die Kominternführung
zunächst feststellen, dass sie nicht einmal wusste, wer im eigenen Hause ein- und
ausging. Kurz nach Manuilskijs Vortrag hatte Jan Cirul, der Vorsitzende der
„Kleinen Kommission" des EKKI, den Auftrag erhalten, sich einen Überblick
über den Personalbestand der Kominternbürokratie zu verschaffen. Cirul, der
sonst für die Mitarbeiter des Kominterngeheimdienstes zuständig war[70], stellte zu
seinem eigenen Entsetzen fest, dass in der bisherigen Personalabteilung des EKKI
ein völliges „Chaos" herrsche und es daher gar nicht möglich sei, genaue Zahlen
zu nennen: Da von einem bedeutenden Teil der Mitarbeiter keinerlei Personalakten bestünden und viele es versäumt hätten, die ausgeteilten Fragebögen auszufüllen, könne er nur schätzen, dass im EKKI „etwa 500" Personen arbeiteten. Insgesamt gebe es nur über 331 Mitarbeiter der Komintern ausreichendes Material,
„das eine Vorstellung davon gibt, um was für Personen es sich bei ihnen handelt.
Solch eine Lage ist meiner Meinung nach unnormal."[71]

---

64 Tagebucheintrag Dimitrovs vom 11. 2. 1937, in: Bayerlein (Hg.), Dimitroff. Tagebücher,
   Bd. 1, S. 149.
65 Vgl. Fitzpatrick, Everyday Stalinism, S. 114.
66 Vgl. die Berichte der sowjetischen Geheimdienste in: Khaustov (Hg.), Lubjanka. Stalin i
   VChK-GPU-OGPU-NKVD; sowie: ders. (Hg.), Lubjanka. Stalin i Glavnoe upravlenie
   gosbezopasnosti.
67 Vgl. Müller, Menschenfalle Moskau.
68 Vgl. Fitzpatrick, Everyday Stalinism, S. 109–114.
69 Vgl. die Auszüge der Verhörprotokolle Pjatnickijs und Knorins, sowie des Kominterninstrukteurs Madyar und des Leiters der OMS Abramov in: Pjatnickij, Zagavor protiv
   Stalina.
70 Vgl. Adibekov, Organizacionnaja struktura Kominterna, S. 145.
71 Bericht Ciruls an die Kleine Kommission über den Personalbestand des EKKI vom 21. 10.
   1931, RGASPI 495/6/48: 5–10, hier v. a.: 5 f.

„Eine Vorstellung" von den zahlreichen kommunistischen Funktionären rund um die Welt zu bekommen, war von nun an eines der Hauptziele des EKKI. Zu diesem Zwecke wurde die „Spezialabteilung" des EKKI, die bislang für die Überprüfung der Kader durch die sowjetischen Geheimdienste zuständig gewesen war, mit der Personalabteilung des EKKI zusammengelegt. In das so entstehende „Personalarchiv" sollten aber nicht nur die Akten der EKKI-Mitarbeiter, sondern auch die Personalbögen der Leninschule und der anderen Lehrinstitute der Komintern und möglichst alle Kaderakten der kommunistischen Parteien aufgenommen werden.[72] Der stellvertretende Leiter des Mitteleuropäischen Ländersekretariates, Smoljanskij, berichtete den anwesenden Parteivertretern im Dezember über die vorläufigen Planungen: „Es ist der erste Versuch, von den Genossen, die die Arbeit leiten, einen besonderen Bericht zu bekommen, einen Bericht über den Stand der Kader überhaupt, zahlenmäßig, Arbeit der Fraktionen, die politische Erziehung, Heranziehung von neuen Kadern, neuen Arbeiterelementen."[73]

Um die Kaderabteilung des EKKI mit den entsprechenden Informationen zu versorgen, wurden auch in den einzelnen Sektionen Kaderkommissionen gegründet, die alle Funktionäre von der Führung bis hin zu den Redakteuren der Zeitungen überprüfen mussten. Die Kommissionen wurden verpflichtet, neben den jeweiligen Lebensläufen auch „andere charakteristische Materialien" über die Genossen zu sammeln, Gespräche mit ihnen selbst und „zum Zwecke einer Kontrolle und genauerer Feststellung der einzelnen biographischen Angaben auch mit Genossen [zu führen], die diese Funktionäre aus ihrer Arbeit kennen". Um mögliche „Provokateure" schnell erkennen zu können, interessierte sich das EKKI besonders dafür, wie sich die jeweiligen Kader in der Haft, bei Verhören oder vor Gericht verhalten haben, ob – und wenn ja: warum – sie vor Ablauf der Frist entlassen wurden, was für ein Leben sie führten, welche Charakterschwächen sie hatten, und was andere Genossen über ihre Autorität in der Partei wussten.[74] Das gesammelte Material sollte, so forderte es die Komintern Mitte April 1932, schnellstmöglich nach Moskau geschickt und ständig aktualisiert werden, „um die Bewegung der Funktionäre systematisch verfolgen zu können".[75]

---

[72] Vgl. die „Instruktion über die Organisation der inneren Arbeit der Kaderabteilung des EKKI und die Beziehung mit der Spezialabteilung und den Ländersekretariaten" vom 22. 2. 1932, RGASPI 495/18/945: 10–13, und den Entwurf zur Bearbeitung der Kaderfrage im Apparate des EKKI vom 7. 4. 1932 von Cirul und Krajewskij. Anlage zum Protokoll Nr. 234 der PK vom 9. 4. 1932, Pkt. 4, RGASPI 495/4/182: 64–67.

[73] Smoljanskij in der Sitzung des MELS des EKKI über die Kader der Parteien vom 15. 12. 1931, RGASPI 495/28/150: 16.

[74] Entwurf einer Instruktion zur Arbeit der Kaderkommissionen bei den ZK der kommunistischen Parteien vom 19. 4. 1932, RGASPI 495/4/185: 25–29. Vgl. auch das bereits im Herbst 1931 nach sowjetischem Vorbild entwickelte Schema für Lebensläufe („Autobiographien") vom 27. 10. 1931, abgedruckt in: Vatlin, Kaderpolitik und Säuberungen, S. 90–92.

[75] Brief des PS an das Sekretariat des ZK der KPD vom 13. 4. 1932, RGASPI 495/28/168a: 131 f. Am 16. 4. 1932 wurde ein Musterfragebogen an die großen westeuropäischen Sektionen geschickt, der von den leitenden Funktionären auszufüllen war. Darin wurden folgende Angaben verlangt: 1. Mitgliedsbezirk, 2. Name, 3. Alter, 4. soziale Lage und Beruf,

Diese Nachforschungen zielten darauf ab, gemäß Manuilskijs Vorgabe vom Oktober 1931 ein möglichst umfassendes Bild der jeweiligen Funktionäre zu schaffen. Die Kader waren zu überprüfen hinsichtlich „ihrer richtigen Ausnützung, ihrer Erprobtheit und Ergebenheit gegenüber der Partei, der Möglichkeit ihrer Ausnützung für vertrauliche und illegale Arbeit usw."[76] Von Moskau aus sollten die Kaderleiter der zuständigen Ländersekretariate die Sektionen bei diesem Personalmanagement unterstützen: Ihre Aufgabe bestand darin, den Parteien zu helfen, einen Apparat „von standhaften und erprobten Genossen" zu schaffen, die westlichen Kommunisten zu instruieren, wie sie die „leitenden Kader unserer Feinde" besser kennenlernen sowie die „Agenten der Bourgeoisie innerhalb der Partei" ausfindig zu machen.[77]

Bei der Analyse der kommunistischen Funktionäre konnten die „Kadrowniks", wie die Mitarbeiter der Kaderabteilung in der eigentümlichen deutsch-russischen Mischsprache der Komintern hießen, auf Vorarbeiten zugreifen, die an der Leninschule geleistet worden waren. Dort wurden den angehenden Führungskadern seit 1928 zum Abschluss ihres Studiums so genannte Charakteristiken ausgestellt, in denen empfohlen wurde, wie die jeweiligen Absolventen in ihren Herkunftsländern am besten einzusetzen seien.[78] Die Charakteristiken in den Jahren 1928/ 29 behandelten noch vor allem politische Fragen. Im Juli 1929 erschöpfte sich die Auskunft der Leninschule an die KPD-Führung beispielsweise in der positiven Feststellung, dass die deutschen Absolventen „ideologisch fest sind und auf der Linie der KI stehen".[79] Danach verschob sich der Schwerpunkt der Einzelbewertungen 1930 auf eine bemerkenswerte Weise; nun wurden die Charaktereigenschaften der jeweiligen Funktionäre in den Vordergrund gestellt. Auffällig ist dabei, wie stereotyp die Leninschüler beschrieben werden: „Ist diszipliniert und kameradschaftlich. Lässt sich bei politischen Beurteilungen manchmal von subjektiv gefühlsmäßigen Gesichtspunkten leiten." „Ist diszipliniert, fügt sich leicht in eine kollektive Arbeit ein, ist kameradschaftlich." „Seine Meinung vertritt er sehr entschieden, erkennt schnell seine Fehler an und revidiert sie selbstkritisch." „Er hat die Eigenschaft, auf seinen Fehlern zu beharren und sie nicht anzuerkennen."

---

5. Dauer der Parteizugehörigkeit („seit wann politisch organisiert, i[m] spez[iellen] Dauer der Zugehörigkeit zur Sozialdemokratie"), 6. etwaige Gewerkschaftszugehörigkeit, 7. gegenwärtiger Parteiposten, 8. Anzahl der Jahre bezahlter Parteiarbeit, 9. Zeitpunkt, an dem aus Betrieb ausgeschieden, 10. Dauer der Arbeit im Betrieb, 11. seit wann im gegenwärtigen Parteiamt tätig, 12. welche Parteiposten bisher innegehabt, 13. etwaige Ehrenämter in Massenorganisationen, RGASPI 495/28/47: 52 f.

[76] Entwurf einer Instruktion zur Arbeit der Kaderkommissionen bei den ZK der kommunistischen Parteien vom 19. 4. 1932, RGASPI 495/4/185: 25–29.

[77] Entwurf einer Instruktion der Kaderleiter der Ländersekretariate des EKKI. Anlage zum Protokoll Nr. 234 der PK vom 9. 4. 1932, Pkt. 5, RGASPI 495/4/182: 76–80.

[78] Vgl. Brief Remmeles (als deutscher Vertreter beim EKKI) an die Leitung der Leninschule vom 6. 4. 1928 mit der Bitte um entsprechende „Abschlusszeugnisse", RGASPI 495/293/ 97: 3.

[79] Brief der Leitung der Leninschule an das ZK der KPD vom 5. 7. 1929, RGASPI 531/1/ 146: 4.

„Eine besondere Schwäche von ihr ist ihr kleinbürgerliches ‚Heldentum' in der Verteidigung ihrer Fehler, was sie zu Prinzipienlosigkeit geführt hat."[80]

Die eigentlichen Personen verschwanden hier fast völlig hinter einer Wand bolschewistischer Floskeln – doch gerade weil die Kader so formelhaft beschrieben wurden, lässt sich ablesen, welche Tugenden einen Revolutionär auszeichnen sollten und welche Laster ihn nach Meinung der Komintern daran hinderten, zu einem wertvollen Führungskader aufzusteigen.

Insbesondere die Selbstkritik[81] diente dazu, den Kadern diese neuen Werte anzutrainieren. In diesem Ritual, das immer mehr zur einer alltäglichen Übung wurde, sollten die Funktionäre ihre politischen „Sünden" beichten und sich demonstrativ zur „richtigen" Parteilinie bekennen. Dabei kam es vor allem auf zwei Aspekte an: Erstens mussten die Kader lernen, über sich und ihre Umwelt in korrekten Begriffen zu sprechen. Die kommunistischen Funktionäre sollten somit in das Machtgeflecht der Bolschewiki eingebunden werden. Erst wenn die Kader sich nur noch der im Wortsinne „herrschenden Diskurse" bedienten, wenn sie lernten, „bolschewistisch zu sprechen", so die Erwartung der Bolschewiki, würden diese Kader tatsächlich ein Bestandteil ihres Machtsystems sein.[82] Zweitens sollten die Kommunisten im Rahmen der Selbstkritik neue Verhaltensformen einüben; sie durften sich nicht rechtfertigen, sondern im Gegenteil selbst nach eigenen Fehlern und Unzulänglichkeiten suchen. Daher war es wichtig, die eigene Person vollständig dem Kollektiv unterzuordnen. Wenn ein Funktionär auf seiner Meinung bestand, galt dies nicht als Standhaftigkeit, sondern als „Überwertung der eigenen Person", als „kleinbürgerlicher Individualismus".[83]

Das Prinzip der Selbstkritik barg allerdings einen wesentlichen Nachteil. Da sich alle Kader der verordneten Sprache bedienen und der Selbstkritik unterwerfen mussten, standen schon die Zeitgenossen vor dem gleichen Problem wie die Historiker heute: Wo äußerten sich ehrliche Überzeugungen und wo trugen Funktionäre bloße Lippenbekenntnisse vor?[84] Änderte sich tatsächlich das Bewusstsein der Kommunisten, wenn sie lernten, „bolschewistisch zu sprechen"? Dass selbst in internen Sitzungen längst eine formelhafte Sprache an der Tagesordnung war, hinter der sich Zweifel und Kritik verbergen konnten, war allen bewusst.[85] Doch indem die Bolschewiki die offene Diskussion verboten, hatten sie selbst die Voraussetzungen für diese unübersichtliche Situation geschaffen: Der Italiener Togliatti, der von der Komintern wegen seiner Zweifel am ultralinken Kurs über Monate hin unter Druck gesetzt worden war, brachte dies im Juli 1929

---

80 16 Charakteristiken von deutschen Absolventen der Leninschule vom 21. 7. 1930, RGA-SPI 531/1/146: 16–22.

81 Vgl. Unfried, Rituale von Konfession und Selbstkritik; Getty, Samokritika Rituals; Erren, Zum Ursprung einiger Besonderheiten der sowjetischen Parteiöffentlichkeit.

82 Vgl. Kotkin, Magnetic Mountain, Kapitel 5.

83 Vgl. Studer, „Das Private ist öffentlich", S. 97.

84 Vgl. Halfin, Looking into the Oppositionists' Souls.

85 Vgl. z. B. Brief Zlichenkos an Stalin vom 4. 1. 1929 über ein Gespräch mit Humbert-Droz: In diesem Privatgespräch habe sich dieser wohl offener als in den Kominternsitzungen geäußert, RGASPI 558/11/735: 52.

auf den Punkt. Ganz offen erklärte er, dass „jeder von uns [weiterhin] diese Dinge denken wird, sie aber nicht länger sagen wird".[86] Mit den Ritualen der Selbstkritik wurde versucht, die verordneten Wahrheiten zum festen Bestandteil des Bewusstseins der Funktionäre zu machen. Weil die Bolschewiki jedoch wussten, wie aussichtslos dieses Unterfangen war, regierte unter ihnen das Misstrauen: Hinter jeder Aussage konnte sich eine Lüge verbergen, jedes Reuebekenntnis mochte in Wirklichkeit die Finte eines „Parteifeindes" sein, der sich nur aus der Schusslinie bringen wollte: „Ich meine, dass dieser Herr [gospodin] einstweilen kein Vertrauen verdient", notierte beispielsweise Stalin im Sommer 1933 auf die Eingabe eines ehemaligen Trockij-Anhängers, der seine Abkehr von seinen alten Ansichten mit dem Hinweis zu untermauern versuchte, niemals der „Doppelzüngigkeit" verfallen zu sein.[87] Dass jedem Funktionär, der seine „Vergehen" eingestand, eben diese „Doppelzüngigkeit unterstellt wurde, hatte schon zuvor der Vorsitzende des KJVD, Kurt Müller, bei seiner „Selbstkritik"-Sitzung erfahren müssen. Ihm wurde Ende 1932 vorgeworfen, als Mitglied der fraktionellen „Neumann-Remmele-Gruppe" gegen den deutschen Parteivorsitzenden intrigiert zu haben. Als er vor der Leitung der Kommunistischen Jugendinternationale Besserung gelobte, reagierten die Anwesenden mit Gelächter:

„Indem ich meine Fehler offen entlarve [...] werde ich mit aller Kraft an der Seite der Partei, an der Seite des Genossen Thälmann ... (Lachen)
– Genossen, mir ist es bitter ernst um die Liquidierung meiner Fehler –
... an der Seite des E[xekutiv] K[omitees] der KJI den Kampf gegen jede Weiterführung des Gruppenkampfes und zur Überwindung seiner Überreste führen."[88]

Das höhnisch gemeinte Lachen der Zuhörer verdeutlicht, dass Müllers Versicherung nicht geglaubt wurde. Letztlich erwies sich somit das Ritual der Selbstkritik meist als stumpfe Waffe: Es vermochte weder, das Bewusstsein der Funktionäre zu beeinflussen, noch konnte man angesichts des auf sie ausgeübten Druckes ihren Aussagen glauben. Die bolschewistische Führung scheiterte somit an der von ihr selbst geförderten sozialen Praxis, weil sie erkennen musste, dass die Angegriffenen versuchten, sich zu entlasten, indem sie lediglich öffentlich die jeweils geltende Parteilinie reproduzierten. Die Bolschewiki waren sich dieser Verteidigungsstrategien bewusst – und so waren sie davon überzeugt, von „verborgenen Feinden" umgeben zu sein, die sich hinter vorgetäuschten Schwüren versteckten.[89] Wenn die „Kameradschaftlichkeit" eines Funktionärs gelobt wurde, verstanden die Kaderleiter dies deshalb grundlegend anders als viele der westeuropäischen Kommunisten: Jeder müsse „in kameradschaftlicher Weise mithelfen, die Schwächen anderer zu beseitigen", indem er mithelfe, deren Fehler aufzuspüren, hieß es

---

[86] Zitiert nach: McDermott, Comintern, S. 87.
[87] Brief des „Trotzkisten" Karl Grjunshtejn (Grünstein) an Stalin vom 26. 7. 1933, abgedruckt in: Khaustov (Hg.), Lubjanka. Stalin i VChK-GPU-OGPU-NKVD, S. 451–453, hier: S. 453. Vgl. dazu: Halfin, Looking into the Oppositionists' Souls.
[88] Stenogramm der Erklärung Müllers vor dem EK der KIM am 1. 1. 1933, RGASPI 495/205/47: 142–152, hier: 144.
[89] Vgl. Beyrau, Das bolschewistische Projekt als Entwurf und soziale Praxis, v. a. S. 24–30.

1936 in einem Entwurf über Kaderfragen.[90] Wie sich die Bolschewiki diese Form der „Kameradschaftlichkeit" vorstellten, führten sie bereits lange vor den Jahren des Terrors vor: Im Zuge der seit 1929 periodisch wiederholten „Säuberungen" in der VKP(b) und Komintern veranstalteten die Parteizellen und Kontrollkommissionen inquisitorische Sitzungen, in denen alle Anwesenden aufgefordert waren, sich an der „Durcharbeitung" des Delinquenten zu beteiligen. Wer sich dieser Treibjagd entzog, handelte sich den Vorwurf ein, „die Gruppendisziplin über die Parteidisziplin" zu stellen.[91] Es überrascht also nicht, dass Manuilskij in seiner Rede im Oktober 1931 auch auf diesen Aspekt kommunistischen Verhaltens einging und forderte, dieses „kleinbürgerliche, spießerhafte Verhältnis der guten Nachbarschaft" zwischen den einzelnen Genossen zu beenden.[92]

Auf diese Weise wurde die Denunziation – verbrämt als „bolschewistische Wachsamkeit" – zur Pflicht eines jeden Funktionärs erklärt: Nicht nur die Kaderabteilungen der kommunistischen Sektionen sollten die Angaben überprüfen, die die einzelnen Parteigenossen in ihren Lebensläufen (den so genannten Autobiographien) und auf den Fragebögen gegeben hatten – vielmehr waren seit Frühjahr 1932 sämtliche „Genossen, welche interne Korrespondenz von Parteien erhalten", verpflichtet, „dem Kaderleiter alle Stellen, die sich auf die Kader beziehen, mitzuteilen".[93]

Wer denunzierte, bewies darüber hinaus seine Loyalität zur Partei. Gerade weil die Augen und Ohren des Regimes nicht überall sein konnten, war die Denunziation wichtig, um die Funktionäre und Untertanen des Regimes zu beherrschen: Sie sollten sich gegenseitig kontrollieren und somit den überforderten Machthabern einen Teil der Arbeit abnehmen. In der Sowjetunion entstand zu dieser Zeit ein regelrechter Kult der Denunziation: Als Ende 1932 ein Bauernsohn, der seinen Vater bei den Behörden denunziert hatte, von den Einwohnern seines Dorfes gelyncht wurde, errichtete man dem Denunzianten im ganzen Lande Denkmäler und benannte Straßen nach ihm, weil er aus Sicht des Regimes in vorbildlicher Weise die Loyalität zur Sowjetmacht über seine familiären Bindungen gestellt hatte.[94]

Die Funktionäre brauchten zu Denunziationen jedoch häufig nicht erst explizit ermuntert werden – die bewusst instrumentalisierten Beschwerden betrogener Ehefrauen und die Denunziationen gekränkter Parteiführer belegen vielmehr, dass die Jagd nach „Abweichungen" genutzt wurde, um persönliche Rechnungen zu begleichen.[95] Welche enorme soziale Eigendynamik sich in solchen Ausein-

---

90 Entwurf der auf der Brüsseler Konferenz gewählten Zentralen Kontrollkommission zu Kaderfragen. Zitiert nach: Studer, „Das Private ist öffentlich", S. 97.
91 So die Kritik an der späteren Mitarbeiterin der Kaderabteilung Grete Wilde in ihrer Abschlusscharakteristik als Leninschülerin vom 21. 7. 1930, RGASPI 531/1/146: 18.
92 Manuilskij am 6. 10. 1931, RGASPI 495/18/864: 6–94, hier: 81.
93 Entwurf einer Instruktion der Kaderleiter der Ländersekretariate des EKKI. Anlage zum Protokoll Nr. 234 der PK vom 9. 4. 1932, Pkt. 5, RGASPI 495/4/182: 76–80, hier: 78.
94 Vgl. Druzhnikov, Donschik 001.
95 Vgl. dazu Studer, „Das Private ist öffentlich", S. 99–108; und Studer, Der stalinistische Parteikader, S. 267–299; und: Entwurf einer Instruktion der Kaderleiter der Ländersekretariate des EKKI. Anlage zum Protokoll Nr. 234 der PK vom 9. 4. 1932, Pkt. 5, RGASPI 495/4/182: 76–80, hier: 78.

andersetzungen entwickelte, führt auf eindrückliche Weise den Konflikt in der Führungsebene der KPD vor Augen, der Ende 1931 offen ausgebrochen war und bald die Arbeit der deutschen Parteispitze zu lähmen drohte. Mit einem leicht resignativen Unterton berichtete der Kominterninstrukteur Madyar im März 1932 über diesen Konflikt zwischen Thälmann, Neumann und Remmele: „Es werden fleißig Materialien, Zitate gesammelt, einzelne Stellungnahmen ‚systematisiert'. [...] Es ist ja nicht schwer, Fehler, unrichtige Formulierungen, unrichtige Stellungnahmen bei allen Genossen zu finden."[96]

Thälmann befand sich in diesem Kampf als Parteivorsitzender in einem strukturellen Vorteil, konnte er doch über den Nachrichtendienst der KPD verfügen, um seine Gegner zu überwachen[97], wobei er schließlich sogar ihre Schreibtische durchsuchen ließ.[98] Als sein Konflikt mit Neumann im Herbst 1931 ausbrach, begann Thälmann das KPD-Archiv nach Akten zum Fall Wittorf zu durchsuchen, um Neumann eine falsche Stellung nachzuweisen[99]; parallel dazu beauftragte er seinen persönlichen Sekretär Werner Hirsch, kompromittierende Aussagen über seine Konkurrenten zusammenzutragen und seinem Privatarchiv einzuverleiben.[100] Ein Teil der so zusammengetragenen Dokumente schickte Thälmann nach Moskau[101], wo Neumann und Remmele im April 1932 in einer Sitzung der Kominternführung mit den Denunziationen konfrontiert wurden. „Das sind die Hirsch'schen Protokolle!" rief Neumann empört aus und Remmele ergänzte: „Jeden Tag geht Hirsch herum und sammelt Dokumente!"[102] Im Sommer 1932 – Neumann war mittlerweile nach Moskau abgeschoben worden – hatte Thälmann sein persönliches Überwachungssystem innerhalb des KPD-Apparates perfektioniert: Remmele berichtete der Komintern, er habe nun zwei Vertraute des Parteivorsitzenden direkt vor seiner Zimmertüre sitzen, die neben ihrer Arbeit

---

96 Brief Madyars an Kun vom 25. 3. 1932, RGASPI 495/19/326: 6–12, hier: 9.

97 Vgl. dazu auch: Wehner, Zeugnis, S. 81.

98 Vgl. den Brief des Politbüros der KPD an die PK des EKKI vom 29. 6. 1933 über das Ergebnis der Durchsuchung des Schreibtisches von Remmele, RGASPI 508/1/129: 10, und den Bericht Schindlers über die Tätigkeit des Nachrichtendienstes der KPD nach dem 30. 1. 1933 vom 13. 12. 1937, RGASPI 495/205/6159: 252–256, hier: 252.

99 Neumann in der PK vom 10. 4. 1932 zu den Konflikten in der KPD-Spitze, RGASPI 495/4/182a: 9–26.

100 Die Akte RGASPI 525/1/89 aus dem Thälmann-Bestand im ehemaligen Komintern-Archiv besteht nur aus Denunziationen und ähnlichem „Kompromat". Anhand der Paginierung der Dokumente lässt sich feststellen, dass in ihr ursprünglich ca. 500 Blatt enthalten waren, von denen aber nur knapp 90 Blatt übriggeblieben sind: Das Privatarchiv von Thälmann wurde im Mai 1933 vom sowjetischen Geheimdienst aus Deutschland evakuiert (vgl. dazu die Dechiffrierungsschlüssel vom 5. 5. 1933, RGASPI 525/1/89: 1–3) und bei dieser Gelegenheit offensichtlich „gesäubert".

101 Ein großer Teil der Akten des Bestandes des Sekretariates Pjatnickij ist mit derlei „Material" gefüllt, da Pjatnickij als ehemaliger Chef der OMS auch mit der Überwachung der kommunistischen Funktionäre beauftragt war. Vgl. z.B. „Feststellungen und Tatsachen zu unwahren Behauptungen von Neumann und Remmele" o.D. [nach dem 10. 4. 1932], RGASPI 495/19/527a: 187–197.

102 Zwischenrufe von Neumann und Remmele zur Stellungnahme von Manuilskij in der PK vom 10. 4. 1932 zu den Konflikten in der KPD-Spitze, RGASPI 495/4/182a: 70–81, hier: 74.

noch darauf achten sollen, „wer bei mir ein und aus geht". Der gesamte Apparat der KPD sei mittlerweile umgebaut worden, um die Überwachung durch die Leute des Parteivorsitzenden zu gewährleisten:

> „An die Spitze jeder Abteilung wird ein Leiter gestellt und gleich neben ihm steht – ein sogenannter Unterleiter, der in Wirklichkeit ein Überleiter ist. Der Danebengestellte ist der Beobachter, der Bespitzeler, der besondere Vertrauensmann Thälmanns. [...] Die Spitzel, die die besonderen Vertrauensleute von Th[älmann] sind, schimpfen über ihn, um so die, die bespitzelt werden sollen, zu erwünschten Äußerungen zu provozieren, die ihm dann sofort hinterbracht werden und mit den Nachrichten, mit denen er dann nach Herzenslust wüten und toben kann, oder auch Material sammelt, um die betreffenden Genossen von ihren Funktionen zu entfernen."[103]

Es wurde häufig nicht deshalb denunziert, das zeigt dieser Fall besonders deutlich, weil die Denunzianten den Interessen der bolschewistischen Führung dienen wollten, sondern weil sie darin ein probates Mittel des persönlichen Fortkommens sahen.[104] Wie die Ursprünge dieser Praxis zeigen, erschienen derartige Denunziationen aus stalinistischer Sicht jedoch nicht als Fehler des Systems: Trotz der von Madyar beklagten Reibungsverluste waren sie vielmehr dessen logische und wünschenswerte Konsequenz. Die allgegenwärtigen Denunziationen gehörten untrennbar zur politischen Kultur der Bolschewiki.

3. Vom Versuch, ein „Neuer Mensch" zu werden

Im Sommer 1931 berichtete eine junge deutsche Kommunistin, die in einem Leningrader Betrieb arbeitete, dem deutschen Vertreter beim EKKI, Wilhelm Pieck, über ihre Erfahrungen mit ihren deutschen Kollegen, unter denen sich auch mehrere Mitglieder der KPD befanden. In dem Schreiben räsonierte sie darüber, warum sich selbst unter den führenden deutschen Genossen in ihrem Betrieb die gleiche Unzufriedenheit mit dem Leben in der Sowjetunion breit machte wie unter den „bürgerlichen" deutschen Ingenieuren. Sie kam zu dem Schluss, dass die ausländischen Kommunisten ebenso wie die „Spezialisten" noch zu stark von ihrer alten, kapitalistischen Umwelt geprägt seien:

> „Mit unserem Eintritt in die kommunist[ische] Bewegung haben wir noch lange nicht das bürgerliche Leben überwunden. [...] Das neue Leben, das sozialistische, gemeinschaftliche, ist den Massen noch nicht bekannt und auch unseren Führern (Deutsche) nicht in Fleisch und Blut übergegangen. Es ist nicht so leicht, etwas von sich zu streifen, was einem jahrhundertelang eingepaukt wurde."[105]

Nachdem in den letzten beiden Abschnitten vor allem die bolschewistischen Rollenbilder und Verhaltensweisen sowie die Versuche der Komintern, die ausländi-

---

[103] Brief Remmeles an Manuilskij, Pjatnickij, Kuusinen, Knorin vom 17. 6. 1932, RGASPI 495/19/526: 39–47, hier: 44.

[104] Vgl. Baberowski, „Die Verfasser von Erklärungen jagen den Parteiführern einen Schrecken ein."; sowie die entsprechenden Forschungen zum NS-Regime wie beispielsweise: Thonfeld, Sozialkontrolle und Eigensinn.

[105] Brief Frida Schmidts an Pieck vom 28. 6. 1931, RGASPI 495/292/59: 105 f., hier: 105.

schen Kommunisten zu disziplinieren, im Mittelpunkt standen, soll nun schwerpunktmäßig der schwierigen Frage nachgegangen werden, inwiefern die neuen
Werte von den ausländischen Kommunisten internalisiert wurden. Wie die Erzie-
hungsversuche des Bolschewismus anschlugen, blieb bislang auch bei vielen neueren Untersuchungen zur Mentalitätsgeschichte des Stalinismus unklar. Dies liegt
erstens daran, dass sich auch die innovativen Arbeiten meist vorrangig mit dem
Soll- und weniger mit dem Ist-Zustand beschäftigen: Zwar geben die Aussagen
der inquisitorischen „Kritik- und Selbstkritik“-Sitzungen und die zahlreichen
Denunziationen beredte Auskunft darüber, welches Menschenbild den bolschewistischen Machthabern vorschwebte. Ob die Bolschewiki mit ihren Bemühungen, auf diesem Wege den „sozialistischen Werten“ zum Durchbruch zu verhel-
fen, erfolgreich waren und in welchem Umfang die Adressaten die bolschewistischen Werte wirklich verinnerlichten, muss meist offen bleiben. Zweitens macht
sich hier der zeitliche Schwerpunkt vieler Arbeiten bemerkbar, die überwiegend
die Zeit des stalinistischen Massenterrors in der zweiten Hälfte der 30er Jahre ab-
decken. Was aber blieb den Funktionären angesichts der sich immer weiter ver-
schärfenden Repressionen anderes übrig, als sich zu den von der Stalin'schen Führung propagierten Werten zu bekennen?[106]
   Die Frage, wie sich die bolschewistische Konditionierung der kommunistischen Funktionäre auswirkte, lässt sich nur anhand von so genannten Egodoku-
menten beantworten – also Aufzeichnungen, die privat verfasst wurden und nicht,
um der Parteiöffentlichkeit oder den Instanzen der Kaderabteilung die eigene
„Neugeburt“ zu demonstrieren oder den Geheimdienst von seiner Ergebenheit
gegenüber dem Bolschewismus zu überzeugen. Tagebücher aus der Zeit des Stalinismus sind jedoch gerade aus diesem Grunde selten[107]: Sie widersprachen dem
Grundsatz, wonach es keine Grenze zwischen dem privaten und dem öffentlichen
Leben gab.[108] Einem Tagebuch seine Gedanken anzuvertrauen, wurde zunehmend zu einem per se subversiven Akt, erweckte dies doch den Anschein, dass es
da etwas zu verbergen (bzw. aus Sicht der Partei: zu „entlarven“) gebe. Die wenigen erhaltenen Tagebücher der 30er Jahre zeichnen sich daher häufig dadurch aus,
dass ihre Einträge zunehmend knapper und formelhafter ausfallen und sich teilweise schließlich sämtlicher persönlicher Kommentare enthalten.[109]
   Daher bietet der Fall des deutschen Kommunisten Max Hoelz die seltene Möglichkeit, einen Kommunisten bei seinen Versuchen zu beobachten, sich zu einem
„Neuen Menschen“ zu wandeln: Sein Tagebuch, das er vom Zeitpunkt seiner Ankunft in der Sowjetunion im Jahr 1929 bis zu seinem Tod auf dem russischen Fluss
Oka im Jahr 1933 führte, gibt in Verbindung mit weiteren Dokumenten Auf-
schluss darüber, wie Hoelz seine neue Umgebung wahrnahm, wie er sich bemühte, sich an die Verhaltensweisen in der Sowjetunion anzupassen – und wie er
damit schließlich scheiterte. Hoelz ist zwar aufgrund seiner Persönlichkeit nicht
unbedingt „repräsentativ“ für die Mehrzahl der ausländischen kommunistischen

---

106 Zu diesem Problem vgl. Hoffmann, Stalinist Values, S. 79–87.
107 Vgl. dazu die Auszüge aus Tagebüchern der Stalinzeit in: Garros, Das wahre Leben.
108 Vgl. Studer, „Das Private ist öffentlich“.
109 Vgl. Müller, „Das große Reinemachen“; und Dimitrovs Tagebücher der Jahre bis 1941.

Funktionäre, doch gerade die Tatsache, dass er aus dem Rahmen fiel, provozierte sowohl bei ihm als auch in seiner Umgebung Reaktionen, die in überspitzter Form verdeutlichen, welche Probleme den westlichen Kadern insgesamt beim Versuch entstanden, sich an die politische Kultur des Stalinismus anzupassen.

Max Hoelz gehörte zu den proletarischen Helden, mit denen sich die KPD in der Endphase der Weimarer Republik in der Öffentlichkeit gerne schmückte, während die Parteiführung intern ein eher distanziertes Verhältnis zu der umstrittenen Figur hatte.[110] Aus dem Ersten Weltkrieg mit einem Eisernen Kreuz zurückgekehrt, machte Hoelz in den bürgerkriegsähnlichen Wirren der Nachkriegszeit vor allem während der so genannten Märzaktion der KPD im Jahre 1921 mit abenteuerlichen Aktionen wie Banküberfällen und Gefangenenbefreiungen auf sich aufmerksam und wurde noch im selben Jahr für diese Taten zu lebenslangem Zuchthaus verurteilt.[111] Seit diesem Zeitpunkt galt Hoelz als kommunistischer Held. Seine vorzeitige Entlassung am 18. Juli 1928 wurde von der KPD noch groß gefeiert[112], doch war das Verhältnis der Partei zu Hoelz stets zwiespältig, schließlich war der „mutige Rebell" als disziplinloser und unkontrollierbarer Hitzkopf schon einmal im Jahr 1920 zeitweise aus der Partei ausgeschlossen worden. Mittlerweile war er zwar wieder Parteimitglied, doch hielt es die KPD-Führung für sicherer, den einstigen Bürgerschreck bald nach seiner Entlassung in die Sowjetunion zu komplimentieren[113], nachdem er mehrere „Zusammenstöße mit einigen Leuten" in der Partei hatte.[114] Dort kam Hoelz zunächst in den Genuss, einige Wochen Urlaub an der „roten Riviera"[115] – in den Badeorten Sotchi und Gagry am Schwarzen Meer – zu verbringen.

Stalin wollte sich die Gelegenheit nicht entgehen lassen, den Volkshelden aus der Nähe kennenzulernen und lud ihn zu sich auf seine Ferienresidenz ein. Der Generalsekretär gab wieder den bescheidenen, geradezu gütigen Patron und unterhielt sich stundenlang mit seinem Gast aus Deutschland, der nur von seinem Dolmetscher begleitet wurde.[116] Welchen Eindruck dieser Besuch bei Stalin hinterließ, ist nicht bekannt, doch offensichtlich wollte sich der Diktator mit eigenen Augen davon überzeugen, ob sich dieser hemdsärmelige, offenbar durchaus populäre „Haudegen", der eigentlich gar nicht dem Bild vom disziplinierten Kader entsprach, als populäre massenwirksame Ikone aufbauen ließ. Schon im Sep-

---

[110] Zur Biographie von Max Hoelz vgl. Müller, Menschenfalle Moskau, S. 104–108; und die überwiegend unkritische Einleitung in Plener (Hg.), Hoelz, S. 9–52.

[111] Vgl. dazu: Angress, Die Kampfzeit der KPD, S. 182–197, und Koch-Baumgarten, Aufstand der Avantgarde, S. 169–174.

[112] Vgl. Protokoll Nr. 57 des Politbüros der KPD vom 16. 7. 1928 über die Organisierung des Empfanges von Max Hoelz in der Freiheit, SAPMO-BArch RY 1-I 2/5/2: 124.

[113] Im sozialdemokratischen Vorwärts war damals über seine „Verbannung" in die Sowjetunion durch Thälmann berichtet worden. Hoelz war darauf sogar von der deutschen Besatzung des Schiffes angesprochen worden, mit dem er 1929 nach Leningrad reiste. Vgl. Eintrag Tagebuch von Max Hoelz vom 31. 5. 1933, abgedruckt in: Plener (Hg.), Hoelz, S. 376.

[114] Aufzeichnungen Hoelz' für Bela Kun, o.D. [Sept. 1932], abgedruckt in: Plener (Hg.), Hoelz, S. 315–332, hier: 327.

[115] Knickerbocker, Der rote Handel droht!, S. 128.

[116] Siehe dazu die bereits im ersten Kapitel zitierten Tagebuchaufzeichnungen von Hoelz.

tember 1922 hatte die bolschewistische Führung versucht, Hoelz gegen einen in sowjetischer Haft sitzenden prominenten Sozialrevolutionär auszutauschen, weil er – wie Zinov'ev damals an Stalin schrieb – „unter den Arbeitern in Deutschland einer der populärsten Menschen" sei.[117] Der nunmehrige Test Stalins war anscheinend positiv ausgefallen, denn in seinen ersten Monaten in der Sowjetunion wurde Hoelz überaus bevorzugt behandelt. Stalin überließ Hoelz schon während dessen Aufenthalt an der Schwarzmeerküste im September 1929 mehrmals seinen Wagen samt Chauffeur, um an der Küste herumzufahren; später reiste Hoelz per Flugzeug anstatt mit dem Zug zurück nach Moskau.[118]

In den folgenden Monaten führte Hoelz das Leben eines proletarischen Popstars. Die Internationale Rote Hilfe (MOPR) organisierte eine Propaganda-Tournee durch die Sowjetunion, in deren Verlauf er sich auf öffentlichen Veranstaltungen bejubeln ließ, zur Eröffnung großer Kulturhäuser sprach und schließlich bei einem Festabend der Militärschule im Kreml feierlich in die Rote Armee aufgenommen wurde, wobei er sich über die schöne Uniform freute, die er bei dieser Gelegenheit geschenkt bekam. Die vielen „Meetings", so vermerkte er jedoch in seinem Tagebuch, „bringen mich gesundheitlich auf den Hund. Bin immer zum Umfallen müde".[119] Im Januar 1930 reiste er nach Leningrad, wurde gleich am Bahnhof abgeholt und mit „sausendem Tempo" durch die eiskalte Winterluft in einem offenen Wagen zu einer neuen großen Kleiderfabrik gefahren (wobei sich Hoelz prompt erkältete). In dem Werk, das kurz zuvor nach ihm benannt worden war, hielt Hoelz wieder eine Ansprache. „Nach Schluss der Kundgebung wurde ich, wie das in russischen Meetings üblich ist, von den Versammlungsteilnehmern in die Luft geschleudert und zwar so lange und intensiv, dass mir sämtliche Knochen im Leibe krachten."[120]

Hoelz ging völlig in dieser Scheinwelt auf, zu deren festen Personal er jetzt gehörte: Nachdem er im November 1929 am Revolutionsfeiertag dem stundenlangen Zug der sowjetischen Komsomolzen und Rotarmisten auf dem Roten Platz zugesehen hatte, notierte er am gleichen Abend begeistert in sein Tagebuch: „Man spürt, dieses Land mit seinen Menschen, die eine neue Welt und Menschheit formen, ist unbezwinglich."[121]

Sein Leben als Vorzeigerevolutionär hinterließ bei Hoelz zugleich den Eindruck, stärker im Kontakt mit den Arbeitern zu stehen als die auch von Stalin verachteten „Bürokraten". Über eine Geburtstagsfeier „bei russischen Intellektuellen oder Halbintellektuellen", zu der er eingeladen worden war, notierte er in sein Tagebuch: „Das war ein verlorener Abend, verlorene Stunden. Die Männer gingen noch einigermaßen, aber die Frauen waren physisch und ideologisch ungenießbar. Bei diesen Menschen kann man nicht warm werden, man friert bei ihnen

---

117 Vgl. Protokoll Nr. 27 des PB der VKP(b) vom 21. 9. 1922, Pkt. 14, abgedruckt in: Adibekov, Politbjuro RKP(b)-VKP(b) i Komintern, S. 141 f. Der Brief Zinov'evs wird in der Fußnote zu diesem Dokument zitiert.
118 Vgl. die Einträge im Tagebuch von Max Hoelz vom September und Oktober 1929, abgedruckt in: Plener (Hg.), Hoelz, S. 58–67.
119 Eintrag Tagebuch von Max Hoelz vom 2. 12. 1929, ebenda, S. 76.
120 Eintrag Tagebuch von Max Hoelz vom 4. 1. 1930, ebenda, S. 100 f.
121 Eintrag Tagebuch von Max Hoelz vom 7. 11. 1929, ebenda, S. 68.

trotz der entsetzlichen Hitze im Zimmer. Man findet keinen Kontakt mit ihnen – weil sie selbst keinen Kontakt mit den Arbeitern haben."[122]

Wilhelm Pieck, der als deutscher Spitzengenosse seinen Urlaub ebenfalls am Schwarzen Meer verbringen durfte – wenngleich er im Gegensatz zu Neumann und Hoelz offenbar nie in Stalins Residenz geladen wurde –, war gar nicht begeistert, wie der revolutionäre Held in der Sowjetunion gefeiert wurde. Missmutig schrieb er schon kurz nach der Ankunft von Hoelz in der Sowjetunion im September 1929 an Elena Stassowa, die Vorsitzende der MOPR:

„Hoelz ist nun auch in der Sowjetunion, sogar in meiner nächsten Nähe, in Sotchi. Leider soll man ihm schon den Roten-Fahnen-Orden [sic] verliehen haben. Hoffentlich hat es damit ein Ende. Es ist besser, ihm etwas mehr seine wirkliche Rolle zum Bewusstsein zu bringen. Er markiert mir zuviel Bescheidenheit. Nur durch straffe Erziehungsarbeit wird er zu einem brauchbaren Kommunisten werden. Vielleicht hilft der Besuch der Leninschule etwas dazu, obwohl ich sehr große Zweifel habe, ob das zunächst das richtige Mittel ist."[123]

Tatsächlich bekam Hoelz, der sich schnell an seinen hervorgehobenen Status gewöhnt hatte, ständig Probleme wegen seiner Ansprüche. So lehnte es Elena Stassova strikt ab, ihm für jede Reise in die Provinz einen persönlichen Dolmetscher zur Verfügung zu stellen; Hoelz notierte hoffnungsvoll, dass sich nun aber „Genosse Jagoda" (der Chef der sowjetischen Geheimpolizei) um diesen Wunsch kümmern wolle.[124] Bald jedoch geriet Hoelz ausgerechnet mit dem Überwachungs- und Kontrollsystem in der Sowjetunion in Konflikt. Mehrmals prügelte er sich mit Kontrollposten, die ihn nicht durchlassen wollten, weil sein Passierschein abgelaufen war und er sich nicht auf Russisch verständigen konnte.[125]

Auf die „straffe Erziehungsarbeit" der Leninschule, in der Pieck schon im September 1929 die einzige Möglichkeit gesehen hatte, den anarchischen Rebellen zu disziplinieren, setzte auch Hoelz selbst seine Hoffnungen. Wie viele sowjetische Parteikader war auch Hoelz unsicher, wie er sich gemäß seiner Rolle als Angehöriger der Avantgarde zu verhalten habe.[126] Nachdem er seine Auftritte absolviert hatte, begann er, an der Kaderschmiede zu studieren. Den Einträgen in seinem Tagebuch ist deutlich anzumerken, dass er darin von nun an für sich selbst seine Entwicklung zu einem „Neuen Menschen" dokumentieren wollte. Gewissenhaft hielt er darin fest, wie er seinen Tag eingeteilt, womit er sich beschäftigt – und vor allem welches Lesepensum er bewältigt hatte:

---

[122] Eintrag Tagebuch von Max Hoelz vom 17. 11. 1929, ebenda, S. 72.
[123] Brief Piecks an Stassova vom 7. 9. 1929, SAPMO-BArch NY 4036/600: 39f. Die Ordensverleihung an Hoelz verursachte erneut diplomatische Komplikationen. Der deutsche Botschafter in Moskau, von Dirksen, beschwerte sich im Namen der deutschen Regierung. Vgl. den Eintrag von Litvinov vom 20. 2. 1930 in sein Diensttagebuch, zitiert in: Djakov (Hg.), Fashistkaja mech kovalsja v SSSR, S. 105. Die sowjetische Seite berief sich wie üblich darauf, dass Partei und Staat in der Sowjetunion getrennt seien. Vgl. Aufzeichnungen des sowjetischen Botschafters in Berlin Krestinskij über sein Gespräch mit Schubert vom 19. 2. 1930, AVP RF 082/13/53/10: 4–11.
[124] Eintrag Tagebuch von Max Hoelz vom 3. 1. 1930, abgedruckt in: Plener (Hg.), Hoelz, S. 99f.
[125] Vgl. Müller, Menschenfalle Moskau, S. 110, und Eintrag Tagebuch von Max Hoelz vom 10. 2. 1930, abgedruckt in: Plener (Hg.), Hoelz, S. 111.
[126] Vgl. Hoffmann, Stalinist Values, S. 63f.

„Heute, am 14. November [1929], bin ich spät aufgestanden, ¼8 Uhr [...]. Von 9 bis 1 Uhr war Unterricht bei Gen. Segal (Polit-Oekonomie). Nachm[ittags] von 2 bis ½9 in der Lese-Abteilung gearbeitet. Von ¾9 bis 10 Uhr abends mit Gen. Wollenberg in meinem Zimmer gesprochen. Von 10 bis ½1 Uhr nachts gelesen und gearbeitet in Engels ‚Anti-Dühring' S. 274–286 und 286–306 und Rosa L[uxemburg] ‚Einführung in die National-Oekonomie' S. 1 bis 78. ½1 Uhr ins Bett gegangen."[127]

Schon am zweiten Tag seines Studiums aber stellte Hoelz fest, dass es noch ein weiter Weg war, bis er sich einen „Neuen Menschen" nennen konnte, der nicht nur seinen Verstand, sondern auch sein Unterbewusstsein und seine Triebe im Griff hatte. Nach dem Abendessen bei Bekannten wollte er auf seinem Zimmer noch etwas lesen:

„Aber als ich zu arbeiten begann, merkte ich, dass die 2 Glas Wein, die ich zum Essen bei Miranows getrunken hatte, mich müde und faul stimmten. Ich legte mich schon um 9 Uhr schlafen, ohne etwas ersprießliches gearbeitet zu haben. Und am nächsten Morgen stand ich erst um 8 Uhr auf, versäumte die Ganzwaschung und die Gymnastik. So fing der Tag gleich schlecht an. Das darf natürlich nicht wieder geschehen. Ich trinke leidenschaftlich gern ein Glas guten Wein (wer tut das – oder täte das – nicht gern), aber ich muss unbedingt darauf verzichten, wenigstens solang ich die Leninkurse besuche. Ich muss lernen, lernen, lernen. [...] Das ist nicht so einfach, denn dazu muss ich viel, viel lesen. Marxistische Literatur."[128]

Seit Ende der 20er Jahre wurden in der Sowjetunion „kulturvolles" und „moralisch korrektes" Verhalten in Broschüren mit Titeln wie „Wie man kulturvoll wird"[129] propagiert.[130] Disziplin, Lektüre in der Freizeit, Körperertüchtigung und das Vermeiden sexueller Ausschweifungen galten nun als besonders erstrebenswerte Tugenden, während die russische Volkskrankheit Alkoholismus als „moralische Degeneration" oder gar gleich als „antiparteiliches Verhalten" verurteilt wurden.[131]

Auch Hoelz geriet in diesen moralischen Sog und musste feststellen, dass er noch nicht über die offiziell geforderte „Macht über die eigene Natur"[132] verfügte. Immer wieder notierte er selbstkritisch in sein Tagebuch, wenn er sein selbst aufgestelltes Morgenritual nicht vollzogen hatte: „Spät aufgestanden (8 Uhr) nicht geturnt, nicht kalt abgerieben."[133] Optimistisch stimmte ihn hingegen, dass er sich zumindest das Rauchen „schon ganz abgewöhnt" habe – einem Laster, so vertraute er seinem Tagebuch an, dem er noch Ende August häufig gefrönt habe, als er in die Sowjetunion gekommen sei. „Besonders die russischen Zigaretten rauche ich leidenschaftlich gern, ebenso eine gute deutsche Zigarre." Dass er während seines Kuraufenthaltes in Sotchi mit dem Rauchen aufgehört hatte, war für Hoelz daher ein Zeichen für bolschewistische Entbehrungbereitschaft und Selbstzucht,

127 Eintrag Tagebuch von Max Hoelz vom 14. 11. 1929, abgedruckt in: Plener (Hg.), Hoelz, S. 69.
128 Eintrag Tagebuch von Max Hoelz vom 15. 11. 1929, ebenda, S. 70.
129 Torpokov, Kak stat' kulturnym.
130 Vgl. Hoffmann, Stalinist Values, S. 64–67.
131 Vgl. ebenda, S. 69.
132 Torpakov, Kak stat' kulturnym, S. 71.
133 Eintrag Tagebuch von Max Hoelz vom 16. 11. 1929, abgedruckt in: Plener (Hg.), Hoelz, S. 70.

das zeigte, dass er auf dem richtigen Weg war und seine persönlichen Bedürfnisse dem Dienst als kommunistischer Agitator unterordnen konnte:

„Ich wollte gesund werden, dazu musste ich das Rauchen radikal einstellen. Also seit ca. 3 Monaten auf das Rauchen verzichtet [zu haben], das ist ein Erfolg, über den ich mich freue. Ein Zeichen, dass ich mich noch in der Gewalt habe und auf Dinge verzichten kann, die irgendwie meine Gesundheit und meine politische Tätigkeit stören. Das Rauchen wirkte sehr schädigend auf meine Sprechorgane, [den] Hals usw."[134]

In einem anderen Bereich hatte sich Hoelz dagegen nicht in dem Maße „in der Gewalt", wie er das mit Blick auf das Rauchen stolz festgestellt hatte: In kurzen Abständen ließ er sich mit jungen Komsomolzinnen „ehelich registrieren"[135], was ihm den Vorwurf des „unkommunistisches Verhalten gegenüber Frauen" eintrug.[136] Schon wenige Wochen nachdem Hoelz in Moskau angekommen war und noch auf der Leninschule studierte, meldete Heckert in einem Bericht an die KPD-Führung, dass Hoelz schon wieder eine neue Frau habe, mit der er auf Kosten der MOPR in einem Hotel wohne und wegen der er „auch sonst höhere Ausgaben" habe.[137] Das Antwortschreiben aus Berlin offenbart den Zynismus der deutschen Führungskader, die Hoelz zwar als Propagandaikone ausnutzten, ihn ansonsten aber offensichtlich von Herzen verachteten. Heckerts Ausführungen zum Liebesleben des Vorzeigerevolutionärs kommentierte Flieg mit der Frage: „Kann man ihn nicht kastrieren?"[138]

Hoelz änderte sein sexuelles Verhalten sehr zum Ärger der deutschen Funktionäre nicht – er missachtete vielmehr sogar die informellen Kastengrenzen zwischen „Proletariern" und Abkömmlingen der „bürgerlichen Intelligenz", die in der Sowjetunion errichtet worden waren. So teilte Pieck der deutschen Parteispitze im Juli 1931 mit, Hoelz habe zu seiner Kur auf die Krim „ein ganz junges Mädel mitgenommen, die die Tochter eines Ingenieurs sein soll, gegen den schon früher ein Verfahren wegen des Verdachts von Schädlingsarbeit geführt wurde".[139]

Es hat wohl kaum einen deutschen Kommunisten in Moskau gegeben, dessen Auftreten so sehr dem bolschewistischen Ideal eines disziplinierten Revolutionärs widersprach, wie Max Hoelz. Komintern und KPD wussten bald nicht mehr, was sie mit dem einstigen Revolutionshelden anfangen sollten. Bei einem Gespräch mit Thälmann erhielt Hoelz auf die Frage, ob er dem Parteivorsitzenden behilflich sein könne, die Antwort: „Ja, du kannst mir meine Schuhe putzen."[140] Es hatte sich erwiesen, dass er nur schwer zu instrumentalisieren war, weil er sich als anpassungsunfähig und undiszipliniert erwies. Nicht nur seine wechselnden Liebschaften kosteten viel Geld, Hoelz lud zudem immer wieder eigenmächtig deut-

---

[134] Eintrag Tagebuch von Max Hoelz vom 15. 11. 1929, ebenda, S. 70.
[135] Plener (Hg.), Hoelz, S. 42 (Einleitung).
[136] Vgl. Müller, Menschenfalle Moskau, S. 110 f.
[137] Brief Heckerts an Flieg vom 18. 12. 1929, RGASPI 495/292/44: 276.
[138] Brief Fliegs an Heckert vom 27. 12. 1929, RGASPI 495/292/44: 282.
[139] Brief Piecks an Flieg vom 8. 7. 1931, RGASPI 495/292/54: 158 f.
[140] Zitiert nach: Plener (Hg.), Hoelz, S. 46. Am Tag nach diesem Gespräch am 26. 12. 1930 beantragte Hoelz, nach Deutschland zurückkehren zu dürfen.

sche Delegationen zu Rundreisen in die Sowjetunion ein.[141] Mit seinem „Individualismus" und seinen Extrawünschen entfernte sich Hoelz immer weiter von der kommunistischen Norm und taugte somit nicht mehr als Vorbild. Sein Fehler sei, dass er „nicht die dritte Geige spielen wolle", wurde ihm vorgehalten.[142] Fritz Heckert beschied Hoelz im Januar 1933, er sei „nicht genügend bescheiden", es könne für ihn keine „Ausnahmebedingungen" geben: „Jeder muss sich eingliedern."[143]

Sehr zum Ärger der Kominternfunktionäre und der KPD-Führung genoss Hoelz aber lange Zeit eine ausgesprochene Vorzugsbehandlung – wohl nicht zuletzt aufgrund seines Besuches beim sowjetischen Diktator. Er wohnte im luxuriösen Hotel Metropol und kaufte im Laden der sowjetischen Geheimpolizei ein.[144] Mit unterschwelligem Groll vermerkte Pieck im Sommer 1931, dass Stalins Sekretariat „den Hoelz'schen Anforderungen immer sogleich" nachkomme: Anstatt „nützliche Massenarbeit" in einem sowjetischen Industriegebiet zu leisten, habe sich Hoelz vom sowjetischen ZK einen mehrmonatigen Aufenthalt in Sanatorien an der Schwarzmeerküste bewilligen lassen: „Ich muss gestehen, dass ich mir die Parteiarbeit von H[oelz] etwas anders vorgestellt habe [...]."[145] Insgesamt verbrachte Hoelz von den 27 Monaten, die er in der Sowjetunion bis zu seinem Tod im August 1933 verbrachte, 9 Monate in Erholungsheimen.[146]

Allerdings fühlte sich Hoelz trotz seines Lebens als bolschewistischer Dandy in der Sowjetunion bald unwohl, was nicht zuletzt daran lag, dass er es schaffte, sich schnell viele Feinde zu schaffen. Mit der MOPR-Vorsitzenden Elena Stassova beispielsweise habe er es sich gleich zu Beginn seines Aufenthaltes in der Sowjetunion verdorben, konstatierte er rückblickend im Januar 1933. Dass sie „im Laufe der Zeit hysterisch geworden ist und gar keine Kritik" von seiner Seite mehr vertragen konnte, lag allerdings wohl daran, dass er sie wegen nichtiger Dinge zweimal bei der Kontrollkommission angezeigt hatte.[147] Im Dezember 1930 (also bereits ein gutes Jahr nach seiner Ankunft in Moskau), beantragte Hoelz wieder, nach Deutschland zurückkehren zu dürfen.[148] Obwohl er der Kominternführung unbequem war, wollte man ihn auch nicht ausreisen lassen.[149] Zum einen befürch-

---

[141] Vgl. z. B. Brief Piecks an das Sekretariat des ZK der KPD vom 11. 3. 1931, RGASPI 495/292/54: 65–68, hier: 65, und Brief Piecks an das Sekretariat des EKKI vom 13. 3. 1931, RGASPI 495/19/525: 5 f., über eine Delegation aus Falkenheyn.

[142] Aufzeichnungen Hoelz' für Bela Kun, o.D. [Sept. 1932], abgedruckt in: Plener (Hg.), Hoelz, S. 315–332, hier: 331.

[143] Stenogramm Besprechung Hoelz' mit Manuilskij, Heckert und Marty am 23. 1. 1933, RGASPI 495/3/271: 3–14.

[144] Eintrag Tagebuch von Max Hoelz vom 12. 2. 1930, abgedruckt in: Plener (Hg.), Hoelz, S. 115.

[145] Brief Piecks an Flieg vom 8. 7. 1931, RGASPI 495/292/54: 158 f.

[146] Vgl. Plener (Hg.), Hoelz, S. 30 (Einleitung).

[147] Brief Max Hoelz' an Traute Hoelz vom 6. 1. 1933, abgedruckt in: Plener (Hg.), Hoelz, S. 348–354, hier: S. 348.

[148] Vgl. Eintrag Tagebuch von Max Hoelz vom 26. 12. 1930, abgedruckt in: Plener (Hg.), Hoelz, S. 119, und Müller, Menschenfalle Moskau, S. 109–114.

[149] Vgl. Brief Hoelz' an Pjatnickij vom 19. 5. 1931 u. a. über ein entsprechendes Gespräch mit Pieck, RGASPI 495/19/525: 11.

tete die Komintern, aufgrund seiner Vergangenheit könne dieser Schritt als Signal für einen kommunistischen Aufstandsversuch gewertet werden.[150] Tatsächlich hatten die deutschen Behörden die Propagandaartikel der sowjetischen Presse für bare Münze genommen, dass Hoelz in der Sowjetunion „nicht nur theoretisch, sondern auch praktisch" auf die Revolutionierung Deutschlands vorbereitet werde.[151] Zum anderen – und das war wohl entscheidend – wollte man den Rebellen lieber unter Kontrolle behalten. Falls er nach Deutschland zurückkehre, bekam Hoelz Anfang 1933 von Manuilskij zu hören, dann werde er aufgrund seines bisherigen Verhaltens wohl schon bald die Partei und die Sowjetunion insgesamt kompromittieren.[152] Hoelz galt als so unberechenbar und durch seine zahlreichen Konflikte mit führenden Kominternfunktionären „aufgehetzt", dass sogar befürchtet wurde, er könnte in Deutschland zum politischen Gegner überlaufen.[153]

Weil er darauf bestand, nach Deutschland zurückzukehren, lernte Hoelz die repressive Seite der Komintern kennen. Er musste feststellen, dass es eben nicht seine „persönliche Angelegenheit"[154] war, wo er arbeiten wollte. Wie alle ausländischen Kommunisten hatte Hoelz nach seiner Einreise in die Sowjetunion seinen Pass bei der Komintern abgegeben, und wie im Falle von Heinrich Brandler weigerte man sich auch jetzt wieder, ihm das Reisedokument wieder auszuhändigen. Das Kalkül war einfach: Wenn Hoelz wie Brandler Ende 1928 zur deutschen Botschaft ginge, um sich einen neuen Pass ausstellen zu lassen und gegen den Willen der Komintern ausreiste, dann vollzöge er damit den Bruch mit der Partei. Für einen Menschen wie Hoelz, für den die Partei die einzige Heimat und somit ein zentrales Element seines Selbstverständnisses war, kam dieser Schritt nicht wirklich in Frage. Schon Mitte der 20er Jahre hatte er in einem Brief geschrieben, selbst im Falle eines Parteiausschlusses weiter für die Kommunisten zu arbeiten: „Für die Partei kann es also sehr wohl eine Trennung von Hoelz geben, nicht aber für mich ein Trennung von der Partei."[155] So drohte Hoelz zwar Ende 1932, er werde notfalls zu Fuß über die Grenze gehen, worauf Heckert die deutsche Parteispitze

---

[150] Vgl. Tagebuch von Max Hoelz über ein Gespräch mit Pieck am 18. 6. 1932: „Er [Pieck] sagt, dass alle Gegner der KPD sofort die Darstellung kolportieren werden, als sei ich auf Befehl von Moskau nach Deutschland gesandt, um ‚Putsche' usw zu inszenieren." Abgedruckt in: Plener (Hg.), Hoelz, S. 300.

[151] Brief des Auswärtigen Amtes an das Reichsinnenministerium vom 15. 2. 1930, BArch R 1501/ alt St 10/ Nr. 186: 3.

[152] Stenogramm der Besprechung Hoelz' mit Manuilskij, Heckert und Marty am 23. 1. 1933, RGASPI 495/3/271: 3–14. Vermutlich spielten hier die Ereignisse eine Rolle, die sich im September 1930 während Hoelz' mehrwöchiger Reise nach Deutschland abspielten, als er sich an der Reichstagswahlkampagne der KPD beteiligte. Hoelz war als revolutionäre Symbolfigur Zielscheibe nationalsozialistischer Angriffe. Vgl. Hoelz' Bericht über einen nationalsozialistischen Überfall auf ihn in Bad Elster am 9. 9. 1930, abgedruckt in: Plener (Hg.), Hoelz, S. 151–155.

[153] So soll sich Thälmann Hoelz zufolge Ende 1930 gegenüber Dritten geäußert haben. Vgl. Brief Max Hoelz' an Traute Hoelz vom 6. 1. 1933, abgedruckt in: Plener (Hg.), Hoelz, S. 348–354, hier: S. 350.

[154] Ebenda, S. 351.

[155] Zitiert nach: Plener (Hg.), Hoelz, S. 16 (Einleitung). Er selbst bestritt den Ausschluss: seine voigtländische Ortsgruppe habe ihn ununterbrochen als Mitglied geführt. Vgl. ebenda, S. 16, Fn. 4.

warnte, nun könne bald der schon länger befürchtete „Hoelz-Skandal" eintreten[156], doch als Hoelz schließlich im März 1933 (!) tatsächlich die deutsche Botschaft kontaktierte, bereute er dies sogleich: Bebend vor innerer Erregung beichtete er seinem Freund Wollenberg, dass er „etwas Furchtbares" gemacht habe und setzte selbst einen Bericht an Manuilskij über diesen Fehltritt auf.[157] Gegen das Misstrauen und die Verachtung, die ihm entgegengebracht wurden, versuchte er sich seit dem Sommer 1932 zu wehren, indem er einforderte, möglichst sofort einer „Säuberung" unterzogen zu werden.[158] Er verstand diesen Prozess also ganz wörtlich, als „Reinigung" seiner Person von falschen Anwürfen – und zeigte sich dementsprechend frustriert, dass man ihm diese Möglichkeit verwehrte.

Wenn Hoelz jedoch nicht ausreisen durfte, so hieß dies, dass er der Komintern weiter zur Last fallen würde. Daher wurde beschlossen, ihn einer konzertierten Disziplinierungsaktion zu unterwerfen: Hoelz werde von nun an anders behandelt, „damit wir nicht mehr in einer bedingten Abhängigkeit von diesem Menschen sind" und er zukünftig seine „Späße nicht mehr aufführen kann", berichtete Heckert im Januar 1933 nach Berlin.[159] In einem Gespräch mit Manuilskij, Heckert und dem französischen Kommunisten André Marty wurde Hoelz schließlich am 23. Januar 1933 ins Gebet genommen, um ihm bolschewistische Disziplin einzubleuen. Nachdem der einstige Vorzeigerevolutionär durch seine Eskapaden und ständigen Konflikte bei den Funktionären des sowjetischen ZK alle Sympathien verspielt hatte, signalisierten die ausbleibenden Reaktionen Stalins auf seine Briefe, dass er auch die Protektion des Diktators verloren hatte. Es war nun die Zeit gekommen, Hoelz zu verdeutlichen, dass er sich eingliedern und „seinen Platz hier in unserer Partei" finden müsse: „Man kann aber nicht immer leben von dem, was man gemacht hat", erklärte Manuilskij und fuhr an Hoelz gewandt fort:

„Deine ganze persönliche Tragödie besteht eben darin, dass Du eben nicht genügend vorbereitet bist. Du musst eben lernen, Du musst studieren. Man soll arbeiten, sich disziplinieren, seinen Charakter bilden, als ganzer Kommunist leben. Ich stelle die Frage ganz offen im Namen der Komintern: Bist Du bereit, Dich den Bedingungen zu unterwerfen, die wir Dir stellen, also kannst Du hier hierbleiben und arbeiten[?] Hier stellen wir die Frage.
Hoelz: Vielleicht."

Doch eingeschüchtert und in die Enge getrieben erklärte sich Hoelz am Ende der Sitzung bereit, sich nun „in allen Dingen der Partei" unterzuordnen und die vorgelegten Verhaltensregeln zu unterschreiben.[160] „Am Schluss der Sitzung", so berichtete Heckert nach Berlin, „machte er den Eindruck eines von einem schweren Druck befreiten Menschen."[161]

Was sagt nun das Beispiel von Max Hoelz über die sozialen Praktiken, das Menschenbild und die Wertemuster der stalinisierten Komintern aus? Es zeigt zum

---

[156] Brief Heckerts an Sekretariat des ZK der KPD vom 17. 1. 1933, RGASPI 495/292/63: 3–8, hier: 6.
[157] Vgl. Müller, Menschenfalle Moskau, S. 118 f.
[158] Vgl. Plener (Hg.), Hoelz, S. 47 (Einleitung).
[159] Brief Heckerts an Sekretariat des ZK der KPD vom 21. 1. 1933, RGASPI 495/292/63: 12.
[160] Stenogramm Besprechung Hoelz' mit Manuilskij, Heckert und Marty am 23. 1. 1933, RGASPI 495/3/271: 3–14.
[161] Brief Heckerts an Sekretariat des ZK der KPD vom 23. 1. 1933, RGASPI 495/292/63: 12.

einen, wie sich ein Mensch, der von der kommunistischen Sache voll überzeugt war und in der Sowjetunion Stalins die Verkörperung seiner Ideale erblickte, sich bemühte, den bolschewistischen Lehrsätzen des idealen Kaders zu entsprechen. Insofern führt uns dieses Beispiel vor Augen, wie kommunistische Funktionäre aus eigenem Antrieb sich der bolschewistischen Sozialdisziplinierung unterwarfen. Das Beispiel von Max Hoelz erzählt aber zum anderen, welche Folgen es für den Einzelnen im entstehenden Stalinismus hatte, wenn er sich den herrschenden Normen nicht anpassen wollte oder konnte. Ohne Zweifel hätte ein Mensch, der eine solche außergewöhnliche und geradezu egomanische Persönlichkeit besaß wie Hoelz (von der schon seine riesenhafte Handschrift zeugt), auch in anderen politischen Systemen Probleme gehabt, sich in Gemeinschaften einzuordnen und also überhaupt mit irgendeiner Form von Disziplinierung zurechtzukommen. Entscheidend ist jedoch, wie die stalinistischen Funktionäre auf sein Verhalten reagierten: Weil Hoelz darin versagte, sich zu disziplinieren und den geforderten Werten zu unterwerfen, bekam er den entstehenden Repressivapparat des Stalinismus mit voller Wucht zu spüren: Als in der Führung des EKKI über seine Sache verhandelt wurde, konnten sich die Funktionäre bereits auf ein umfangreiches Personaldossier der Kaderabteilung der Komintern stützen, in dem im Laufe der Zeit die verschiedensten Materialien zusammengetragen worden waren, die seinen Werdegang – und vor allem seine Fehltritte – minutiös dokumentierten. Der „Fall" Hoelz führt beispielhaft vor Augen, wie abweichendes Verhalten schon bald nicht mehr nur als „lästig" bewertet, sondern als politische Bedrohung empfunden wurde: Das Verhalten von Hoelz, so schrieb Heckert im Januar der deutschen Parteiführung, mache „ihn zum Sammelpunkt vieler unzufriedener Elemente, oft auch zu ihrem Sprachrohr".[162] Weil im Stalinismus die Unterscheidung zwischen Privatsphäre und Parteiöffentlichkeit aufgehoben war, wurden die sexuellen Eskapaden von Hoelz und seine sonstigen moralischen Grenzüberschreitungen als Anzeichen dafür gewertet, dass er auch politisch unzuverlässig sei – galt doch persönliches Fehlverhalten häufig als erster Hinweis auf politischen Verrat.[163]

Als die Internationale Kontrollkommission (IKK) begann, die „Angelegenheit Hoelz" zu untersuchen, wurde er zielgerichtet stigmatisiert. Der deutsche Kommunist Hermann Taubenberger, den Hoelz oft in seinem beengten Quartier im Hotel Lux besucht hatte und der mittlerweile selbst in das Fadenkreuz der Kominterninstanzen geraten war, versuchte sich auf Kosten von Hoelz als erbarmungsloser Bolschewist zu profilieren: Im Frühjahr 1933 schrieb er eine Eingabe an die IKK, in der er Hoelz als „hemmungslos demoralisiert" beschrieb. Er beantragte deshalb, Hoelz, dessen „Leichnam anfängt zu stinken", aus der KPD auszuschließen. Um seinen eigenen Kopf aus der Schlinge zu ziehen, denunzierte Taubenberger seinen einstigen Freund und hielt sich somit genau an das Verhaltensmuster, das Manuilskij 1931 als vorbildlich präsentiert hatte. Dem politischen

---

162 Brief Heckerts an Sekretariat des ZK der KPD vom 17. 1. 1933, RGASPI 495/292/63: 3–8, hier: 7.

163 Zur Verbindung von Moral und dem Vorwurf von „Abweichungen" vgl. Hoffmann, Stalinist Values, S. 74 f.

Tod von Hoelz folgte alsbald sein physisches Ableben: Kurz bevor im September 1933 endlich die auch von ihm langerwartete „Tschistka", die „Parteisäuberung" stattfand, kam er in der Nähe von Nizhni Novgorod unter ungeklärten Umständen ums Leben – wahrscheinlich durch die Hand der sowjetischen Geheimpolizei.[164]

4. Katholische Hausfrauen in der KPD

Die westeuropäischen und die sowjetischen Funktionäre lebten in zwei unterschiedlichen Welten. Sie bezogen sich zwar auf die gleiche Ideologie, sprachen und dachten aber häufig nicht in den gleichen Begriffen, sie gehörten zwar einer weltumspannenden Partei an, unterschieden sich aber häufig in ihrem Selbstverständnis und in ihrem Habitus. An kaum einem anderen Thema lassen sich die Differenzen zwischen diesen beiden Welten so deutlich zeigen wie an der Frage, ob die kommunistischen Sektionen Kaderparteien oder Massenbewegungen sein sollten. Wenn die Spitzenfunktionäre der Komintern sich schon so große Sorgen um die „Neuerziehung" der Kader der kommunistischen Sektionen machten, wie dies in den letzten Abschnitten beschrieben wurde, wenn sie aufgrund der sich ausbreitenden Spionage- und Sabotagephobie selbst die Mitglieder der Parteiführungen unter einen Pauschalverdacht stellten und schließlich begannen, einen ausgeklügelten innerparteilichen Überwachungsapparat aufzubauen – dann hatten sie ein ernsthaftes Problem: Denn wie sollten die kommunistischen Parteien zu machtvollen Massenorganisationen heranwachsen und die „Mehrheit der Arbeiterklasse" hinter sich versammeln und zugleich dem bolschewistischen Ideal der disziplinierten Kaderpartei verpflichtet bleiben? Diese Anforderungen schlossen sich gegenseitig aus, sie erwiesen sich als die Quadratur des Kreises. Über diesen Widerspruch zwischen Kaderpartei und Massenbewegung wurde in Berlin und Moskau viel diskutiert und gestritten. Diese Konflikte offenbaren ein weiteres Mal, welche fundamentalen Unterschiede zwischen der politischen Kultur der deutschen und sowjetischen Führungskader bestanden.

Wie widersprüchlich sich die Kominternfunktionäre gegenüber der Anhängerschaft der KPD verhielten, zeigt sich schon daran, wie sie über die kommunistischen Wähler sprachen. Zwar wurde in der Eroberung der „Mehrheit der Arbeiterklasse" die wesentliche Voraussetzung für eine erfolgreiche Revolution gesehen, doch gleichzeitig bestand in der bolschewistischen Führung ein tiefes Misstrauen gegenüber den zu erobernden Massen. So blickte man in Moskau einerseits gebannt auf die Wahlergebnisse der KPD: Obwohl die Kommunisten die parlamentarische Demokratie aus Prinzip ablehnten, sahen sie in den Urnengängen – wie schon Ruth Fischer 1925 während ihrer Zeit als Parteivorsitzende erklärte – eine Art „Revolutions-Thermometer", mit dem sich abschätzen ließ, ob die Zeit für einen kommunistischen Umsturz schon gekommen sei. Die Anzahl der Stimmen, die für die KPD abgegeben wurden, galt als Indikator dafür, wie

---

164 Zu diesen letzten Monaten von Hoelz vgl. Müller, Menschenfalle Moskau, S. 122–126.

viele Menschen bereit waren, sich für die Ziele der KPD einzusetzen. Dabei betonten die Kominternfunktionäre, eine solche Mehrheit sei natürlich nicht „formal" oder „statistisch" zu verstehen (in dem Sinne, dass gewissermaßen zunächst ein Plebiszit über die Revolution abgehalten werde). Sie sahen es vielmehr als entscheidend an, ob die KPD zur „Führung der Massenkämpfe des Proletariates" fähig sei.[165] Typisch ist hier eine Äußerung des Profinternvorsitzenden Lozovskij über das Ergebnis des ersten Durchganges der Reichspräsidentenwahl vom 13. März 1932: Er äußerte sich zwar enttäuscht über das Wahlergebnis des KPD-Vorsitzenden, meinte aber, dass die knapp fünf Millionen Wähler, die ihre Stimme für Thälmann abgegeben hatten, immerhin „eine gewaltige Armee" seien, auf die die Kommunisten bauen könnten.[166] Zwar sprach Lozovskij nur im übertragenen Sinne von einer „Armee" – dennoch war dies keineswegs bloß eine Floskel, sondern zeigt vielmehr, dass die Bolschewiki von der Wählerschaft der KPD eine *aktive* Anteilnahme an der kommunistischen Politik erwarteten. Aus diesem Grunde registrierten die Kominternfunktionäre mit Erstaunen, wie die Wahlerfolge der KPD immer wieder wirkungslos verpufften, anstatt in die erhofften Streiks, Protestmärsche oder andere Formen des praktischen Engagements zu münden.[167] Die Erklärungsansätze, die sich den sowjetischen Funktionären für dieses Phänomen aufdrängten, zeigen, wie stark sie vom Misstrauen gegen die eigene Anhängerschaft beherrscht waren. So führte Manuilskij die Diskrepanz zwischen dem Erfolg der KPD an den Urnen und dem fehlenden praktischen Engagement ihrer Wähler 1930 auf die „sozialdemokratischen Überreste" und „demokratischen Illusionen" der kommunistischen Basis zurück: Diese beschränke ihre politische Tätigkeit im Wesentlichen auf den Wahlakt und zöge sich anschließend ins Privatleben zurück.[168]

Diese vermeintlichen „sozialdemokratischen Überreste" mochten bei der Wählerschaft der KPD lediglich zu einer enttäuschenden Passivität führen, falls sie aber auch in den Reihen der Partei selbst dominieren sollten, war dies in den Augen der Komintern eine große Gefahr. Zwar wünschte man sich die KPD in Moskau eigentlich als eine Massenpartei: Begeistert wurde das nach 1928 einsetzende „stürmische Wachstum" der deutschen Partei kommentiert und ebenso sorgenvoll die enorme Mitgliederfluktuation registriert. Weil ein großer Teil der Mitglieder nur wenige Monate in der Partei blieb[169], wurde 1931 eine Kommission eingesetzt, um den Ursachen für dieses Phänomen auf den Grund zu ge-

165 Vgl. Dimitrij Manuilskij, Die Kommunistische Internationale im Kampf um die Mehrheit in der Arbeiterklasse (Referat vor dem 10. EKKI-Plenum am 3. 7. 1929), in: Protokoll. 10. Plenum des Exekutivkomitees der Kommunistischen Internationale, S. 50–85, hier: S. 54.

166 Lozovskij in der Sitzung der Politkommission vom 15. 3. 1932, RGASPI 495/4/177: 28–38, hier: 35.

167 Vgl. als eines der letzten Beispiele die Ausführungen Pjatnickijs in der Sitzung der PK vom 15. 3. 1933 über die Passivität der KPD-Wählerschaft nach der Reichstagswahl vom 5. 3. 1933, RGASPI 495/4/235: 275–284, hier: 282.

168 Manuilskij in der Sitzung des PS vom 24. 6. 1930, RGASPI 495/3/219: 9–15, hier: 12 f.

169 Zur Fluktuation in der KPD-Mitgliederschaft vgl. Pjatnickij, Brennende Fragen; Mallmann, Kommunisten, S. 87–93.

hen.[170] Doch gleichzeitig fürchtete die Komintern, die KPD könne von unliebsamen Neuzugängen „unterwandert" werden. Die Moskauer Funktionäre waren sich daher gar nicht sicher, wie weit – und vor allem für wen – sich die KPD öffnen solle.

Das Misstrauen betraf insbesondere die von der SPD zur Partei stoßenden Arbeiter, die einerseits stark umworben, dann aber alles andere als begeistert aufgenommen wurden: Solange in der KPD noch nicht alle Überreste sozialdemokratischer Traditionen verdrängt seien, betonte beispielsweise Gusev Anfang 1930 in einer Sitzung des Kominternpräsidiums, werde die Partei in „neue Schwierigkeiten" geraten, falls es zu einem Masseneintritt „Zehntausender" sozialdemokratischer Arbeiter kommen sollte – schließlich hätten sich deren Gehirne „20 Jahre lang von sozialdemokratischem Gift ernährt".[171] Noch fast zwei Jahre später sorgte sich Knorin, dass zu viele ehemals sozialdemokratische Arbeiter in die kommunistischen Parteien Österreichs und Deutschlands strömten: Diese neuen Mitglieder, so behauptete er im Dezember 1931, bildeten die „Basis für allerlei Abweichungen, [...] für allerlei antiparteiliche, antikommunistische Stimmungen".[172] Die Sorge vor einer Schwemme sozialdemokratischer Dissidenten war jedoch unbegründet: Die reichsweit 3556 Sozialdemokraten, die in der zweiten Jahreshälfte 1931 zur KPD stießen, machten nur 2,8 Prozent aller Neuaufnahmen aus.[173]

Ein solches Misstrauen brachten die Kominternfunktionäre aber nicht nur den Sozialdemokraten entgegen. Auch der nationalpopulistische „Scheringer-Kurs" der KPD wurde vom EKKI explizit deshalb kritisiert, weil man in Moskau den schädlichen Einfluss der ehemaligen Nationalsozialisten fürchtete: Als Protestwähler waren die Nationalsozialisten also durchaus willkommen, doch sollten sie möglichst auf Distanz gehalten werden und daher nicht unbedingt auch in die Partei aufgenommen werden.

Aufgrund dieses Misstrauens gegen Neumitglieder, denen in Moskau unterstellt wurde, ihrem alten politischen Umfeld verhaftet zu bleiben, entwickelten die Kominternfunktionäre eine ausgeprägte Wagenburgmentalität: Geradezu erleichtert zeigte sich beispielsweise Gusev Anfang 1930 über die Tatsache, dass die sozialdemokratischen Arbeiter „glücklicherweise [...] weder in die KPD eintreten, noch ihre Anhänger werden".[174] Knorin meinte im Dezember 1931, die französische Partei befinde sich momentan in einer „günstigeren Lage" als die KPÖ und KPD, da sie „einstweilen keine Sozialdemokraten in ihre Reihen" aufnehme.[175] Und Manuilskij sah die KPD gar im März 1933, als sich viele Mitglieder von der

170 Vgl. Bericht Kolokolcevas vom 12. 8. 1932, RGASPI 495/4/128: 71f.
171 Gusev in der Sitzung der Deutschen Kommission des Erweiterten Präsidiums des EKKI vom 25. 2. 1930, RGASPI 495/24/101: 2–27, hier: 9f.
172 Knorin in der Sitzung des PS vom 1. 12. 1931, RGASPI 495/3/227: 369–389, hier: 386. Vgl. dazu auch das Referat von Manuilskij vor dem PS am 6. 10. 1931 über „politische Provokationen", RGASPI 495/18/864: 6–94, hier v. a.: 72f.
173 Vgl. Mallmann, Kommunisten, S. 120.
174 Gusev in der Sitzung der Deutschen Kommission des Erweiterten Präsidiums des EKKI vom 25. 2. 1930, RGASPI 495/24/101: 2–27, hier: 9f.
175 Knorin in der Sitzung des PS vom 1. 12. 1931.

Partei infolge der Verfolgung durch das NS-Regime abwandten, dem stets propagierten Vorbild der vorrevolutionären Bolschewiki besonders nahe: Der Verlust so vieler Mitglieder sei einerseits ein großer Schlag für die KPD, doch andererseits komme es nun ebenso wie im Russland vor 1917 zu einer „Härtung der Partei, weil hier die schwachen Elemente, die schwanken, weglaufen werden, und wir werden den Kern erhalten, der absolut notwendig ist".[176]

Eine Partei, die sich „glücklich" schätzen sollte, dass sie ihrer größten Konkurrenz keine Anhänger abzuwerben vermag und die sich unter den Schlägen der NS-Schergen dem bolschewistischen Ideal annäherte – in dieser unfreiwilligen Komik offenbart sich der Grundkonflikt zwischen dem Bedürfnis nach Massenrückhalt einerseits und elitärem Selbstverständnis andererseits.

Das bolschewistische Ideal der Kaderpartei beinhaltete die Vorstellung, dass sich die Funktionäre völlig der Parteilinie unterwarfen und sie diszipliniert durchführten. Die Herkunft aus anderen politischen Bewegungen oder Parteien bildete für die sowjetischen Funktionäre daher eine Quelle ständigen Misstrauens. Sie gingen davon aus, dass die politische Sozialisation in diesen Organisationen Spuren in den Menschen hinterlassen habe und fürchteten, dass solche politischen Traditionen das Deutungsmonopol der Parteiführung in Frage stellten. Zwar bemerkte selbst der sonst als „Falke" auftretende Lozovskij hellsichtig, falls ehemalige Sozialdemokraten keine Kommunisten sein könnten, müssten dreiviertel der Mitglieder der Komintern ausgeschlossen werden.[177] Doch scheint diese Erkenntnis nicht besonders tief gedrungen zu sein: Als in einem Bericht des ZK der KPD vom Juli 1931 über die zur KPD gewechselten SPD-Funktionäre angemerkt wurde, dass Personen ihre politischen Überzeugungen ja ändern könnten, wurde dieser Satz von einem aufmerksamen Leser im Kominternapparat mit einem Fragezeichen versehen.[178] Mit dem Aufbau der Kaderabteilungen und der Speicherung der Lebensläufe der einzelnen Funktionäre wurde dieses Misstrauen institutionalisiert.

Ähnliche Vorbehalte wie gegenüber politischen Konvertiten bestanden in der Sowjetunion gegenüber Menschen mit einer nichtproletarischen Herkunft: Als die Kominterninstrukteurin Kolokolceva im Sommer 1931 durch Deutschland reiste, um die Mitgliederentwicklung und Werbearbeit der KPD zu untersuchen, da bemängelte sie, dass die deutschen Funktionäre das proletarische Profil ihrer Partei vernachlässigten. In Hamburg fanden sich für ihren Geschmack zu viele Angestellte in der KPD und im Örtchen Blankenstein bei Bochum traf sie auf eine kommunistische Zelle, die aus mehreren „Kleinbürgern" und Ladeninhabern bestand sowie zwei Hausfrauen, „von denen uns gesagt wurde, dass sie unter dem Einfluss der katholischen Kirche stehen und die Kirche besuchen. Sie sehen",

---

176 Manuilskij in der Sitzung der PK vom 15. 3. 1933, RGASPI 495/4/235: 261–267, hier: 263.
177 Lozovskij in der Sitzung der Deutschen Kommission des Erweiterten Präsidiums des EKKI am 25. 2. 1930, RGASPI 495/24/101: 72–81, hier: 80.
178 Bericht des ZK der KPD [Hirsch] über „Die KPD und die SPD" vom 25. 7. 1931, RGASPI 495/293/117: 32–36, hier: 35.

schloss Kolokolceva, „dass in dieser kleinen Organisation die Zusammensetzung nicht besonders gut ist."[179]

Zwar betrachteten die sowjetischen Parteiführer das Proletariat zunächst weniger als soziale Kategorie, sondern eher als eine Art höheren Bewusstseinszustand[180] und sahen somit im Begriff des „Proletariers" ein Synonym für den zu schaffenden „Neuen Menschen", der seine Triebe zu beherrschen lernte, der alle Grundlagen seines früheren Daseins vergaß und sich aus sich selbst heraus neu schuf. Doch im Laufe der 20er Jahre entstanden zunehmend Zweifel daran, ob sich die nach 1917 besiegten ehemaligen „Klassengegner" tatsächlich umerziehen ließen. Auf der Suche nach verborgenen Feinden gerieten nun diejenigen, die als „Kulaken", Adelige, Geistliche oder Angehörige einer anderen Elite geboren worden waren, in das Fadenkreuz der Sowjetmacht. Diesen „Ehemaligen" gelang es nicht mehr, das Kainsmal ihrer einstigen Klassenzugehörigkeit abzuwaschen, vielmehr wurden selbst die Kinder dieser „sozial fremden Elemente" gesellschaftlich stigmatisiert und ihnen beispielsweise der Zugang zu Universitäten verwehrt.[181] Wer aus Arbeiterfamilien abstammte, strich dies in seinen Lebensläufen und Autobiografien stolz hervor. Wer hingegen das Kind von „Kulaken" war, versuchte dies häufig zu verbergen[182], da aus einer solchen Herkunft also nur Nachteile erwachsen konnten.[183]

Dass die sowjetischen Funktionäre in der Kominternführung ein solches Misstrauen gegenüber neuen Parteimitgliedern hegten, lag ferner nicht nur in ihrer prinzipiellen Abneigung gegenüber politischen und sozialen „Ehemaligen" begründet, sondern hing auch mit den Erfahrungen zusammen, die die Bolschewiki seit der Revolution von 1917 im eigenen Land gemacht hatten: Denn in der Sowjetunion ließ sich die VKP(b) selbst bald nicht mehr als straffe Kaderorganisation bezeichnen. Schon Trockij hatte davor gewarnt, dass die Partei „offen fremde Elemente wie übereifrige Diener, Karrieristen und politische Gnadenbrotempfänger" anziehe wie ein großer Magnet.[184] Und tatsächlich war die Partei insbesondere an der muslimischen Peripherie von Clans regelrecht geentert worden, die mit den ideologischen Zielen der Bolschewiki nichts anfangen konnten, sondern sie als zeitgemäßes Machtinstrument nutzten. Parteiinterne Untersuchungen brachten Ende der 20er Jahre zutage, dass viele Parteimitglieder die Sprache der Bolschewiki überhaupt nicht verstanden, weil deren Begriffe aus einer ihnen völlig fremden Welt stammten: So glaubten einige Kommunisten im aserbaidschanischen Baku, der Kommunismus werde 1942 erreicht sein, weil dann ihre Parteiausweise

---

179 Kolokolceva in der Sitzung des PS vom 26. 8. 1931, RGASPI 495/3/209: 36–38, 147.
180 Vgl. Halfin, From Darkness to Light.
181 Vgl. Fitzpatrick, Ascribing class; Baberowski, Der rote Terror, S. 114 f.
182 Siehe den Fall von Stepan Podlubnyj, den Sohn eines ukrainischen „Kulaken", der aufgrund seiner von ihm verborgenen Herkunft ständig fürchtete, „demaskiert" zu werden. Vgl. Hellbeck, Tagebuch aus Moskau.
183 Häufig wurden beispielsweise Kinder von so genannten Ehemaligen der Schule verwiesen. Über den Umgang des Regimes mit diesen stigmatisierten Menschen vgl. Fitzpatrick, Everyday Stalinism, S. 115–122.
184 Trotzkij, Novij kurs, S. 167. Zur Partei als Sammelbecken für Karrieristen vgl. Fitzpatrick, Everyday Stalinism, S. 16 f.

ungültig würden.[185] Vor diesem Hintergrund dienten die „Säuberungen" von 1929 und 1933 nicht nur dem Kampf gegen ideologische „Abweichungen", sondern sollten die Partei auch von Karrieristen aller Art befreien.[186]

Die KPD war in der Weimarer Republik jedoch prinzipiell anderen Anforderungen ausgesetzt als die VKP(b) – und deshalb war das bolschewistische Konzept der Kaderpartei, das im Untergrund entstanden und nach 1917 aufgrund der neuen Aufgaben der VKP(b) als Machtinstrument weiterentwickelt worden war, nicht auf die KPD übertragbar. Erstens konnte die deutsche Partei in den Jahren der Weimarer Republik schwerlich als Karrieresprungbrett gesehen werden – vielmehr fanden sich die deutschen Kommunisten häufig genug selbst innerhalb der Arbeiterbewegung völlig isoliert. Dies war nicht nur dem sektiererischen Kurs der KPD geschuldet, sondern ergab sich in der Endphase der Weimarer Republik auch aus der weitverbreiteten Furcht, arbeitslos zu werden. Im Juni des Krisenjahres 1932, als sich die Arbeitslosenzahlen auf ihren Höhepunkt zu bewegten, berichtete beispielsweise ein Mitglied der Betriebszelle des AEG-Werkes in Henningsdorf bei Berlin der Komintern: „Wenn ein Arbeiter merkt, dass ein Kommunist zu ihm kommt, lässt er sich nicht mehr aus, weil er Angst hat, dass er, wenn man sieht, dass er mit einem Kommunisten spricht, entlassen wird."[187] Schon 1928 hatte Remmele in einem Brief nach Moskau berichtet, dass die Kommunisten meist als erste entlassen würden und es für die KPD daher sehr viel schwerer sei als für die SPD, Sympathisanten auch zum Eintritt in die Partei zu bewegen.[188] Aus dem gleichen Grunde trauten sich auch viele Mitglieder der KPÖ nicht, in der Öffentlichkeit als Kommunisten aufzutreten: Es gebe weit mehr Genossen, so wurde der Komintern aus Österreich berichtet, die nachts Plakate kleben wollten, als Parteimitglieder, die tagsüber Flugblätter verteilten.[189]

Zweitens ließ sich das sowjetische Kadermodell nicht auf die Verhältnisse in der Weimarer Republik übertragen, weil es dort (wie die Komintern ja selbst immer wieder betonte) darauf ankam, Mehrheiten zu gewinnen. Die deutschen Funktionäre waren sich dessen offensichtlich überwiegend bewusst. Denn es bestanden zwar auch in der KPD selbst Tendenzen, sich zu isolieren: Dies zeigte sich insbesondere Anfang 1930 in Paul Merkers Abneigung gegenüber ausnahmslos allen „Sozialfaschisten" sowie in dem Misstrauen, das vielen neuen Mitgliedern in den Parteizellen entgegenschlug.[190] Zum Standardrepertoire der Propaganda der Parteiführung gehörte es schon 1929, vor den „sozialdemokratischen Traditionen" zu warnen, die von SPD-Dissidenten in die KPD eingeschleppt würden.[191] Doch

---

[185] Vgl. Baberowski, Der rote Terror, S. 157–159.

[186] Vgl. Werth, Etre communiste en U.R.S.S., S. 227–229.

[187] Besprechung im MELS des EKKI vom 14. 6. 1932, RGASPI 495/28/206: 19.

[188] Brief Remmeles an Lozovskij vom 28. 1. 1928, RGASPI 495/292/42: 2–24, hier: 10. Zu den Entlassungswellen, die bereits seit Mitte der zwanziger Jahre vor allem Kommunisten trafen, vgl. Wirsching, Vom Weltkrieg zum Bürgerkrieg?, S. 178 f., 194 f.

[189] Infobulletin des MELS des EKKI o.D. [1930], RGASPI 495/28/84.

[190] Vgl. dazu: Der Parteiarbeiter 8 (1930), Nr. 10, S. 306; Schumann, Politische Gewalt, S. 287.

[191] Vgl. z.B: Remmele, Tempoverlust. Vor oder hinter den Massen?, S. 218.

trotz des sektiererischen Kurses, den die KPD in der Endphase der Weimarer Republik verfolgte, blieb die Aufnahmepraxis in der deutschen Partei wesentlich weniger restriktiv, als es den sowjetischen Funktionären lieb war. Ein deutscher Betriebsarbeiter fasste während einer Besprechung im EKKI im Sommer 1932 den Unterschied mit den Worten zusammen: „Bei uns steht ja die Frage der Kandidaten nicht wie in der Sowjetunion. Die Zelle nimmt den Aufnahmeschein zur Kenntnis und wenn nicht irgendwelche Einwendungen vorhanden sind, ist der Genosse Mitglied unserer Partei."[192]

Ein streng isolationistischer Kurs hätte von vornherein ausgeschlossen, jemals eine Massenbasis zu gewinnen. Wenn sich die deutschen Kommunisten zu sehr von den Sozialdemokraten abkapselten, so hatte Thälmann daher schon zu Beginn des Konfliktes mit Merker in einer Kominternsitzung gewarnt, „so würde das bedeuten, dass wir dem Sozialfaschismus Millionen Menschen überlassen".[193] Im Sommer 1931 hielt das deutsche Politbüro die KPD schließlich sogar für „reif genug", um selbst einige der ehemals führenden SPD-Funktionäre – so wörtlich – „zu verdauen".[194] Daraufhin suchte Werner Hirsch mit Einverständnis von Thälmann die inzwischen aus der SPD ausgeschlossenen Spitzenfunktionäre Rosenfeld und Seydewitz in ihren Wohnungen auf, um (allerdings erfolglos) zu versuchen, sie zum Eintritt in die KPD zu überreden.[195]

Auch gegenüber Nichtproletariern bestanden, wie schon im Kapitel über die „nationale Frage" anklang, bei vielen KPD-Funktionären wenig Berührungsängste. Die Kominterninstrukteurin Kolokolceva umschrieb dies missmutig mit den Worten, dass in der deutschen Partei noch viele „Unklarheiten" über die führende Rolle des Proletariates im Klassenkampf bestünden – mit anderen Worten: dass die KPD-Funktionäre das bolschewistische „Reinheitsgebot" bezüglich der sozialen Zusammensetzung ihrer Partei missachteten. In Hamburg, so berichtete sie im Sommer 1931 der Kominternführung, waren beispielsweise „einige Genossen der Org[anisations]abteilung der Meinung: Wir haben in Hamburg 200 000 Angestellte und 200 000 Arbeiter. Darum sind die Angestellten für die Aufnahme in die Partei ebenso wichtig." Auch hier bestand aus Sicht der Komintern somit die Gefahr, dass sich die KPD sukzessive in eine Art Volkspartei verwandelte und so der „Klassenstandpunkt" verloren ginge. In Essen besaßen die verantwortlichen Funktionäre Kolokolcevas Meinung zufolge in dieser Beziehung überhaupt kein Gefahrenbewusstsein. Dort erklärte man ihr, „die Tür der Partei steht offen und deshalb können wir in den Versammlungen alle Werktätigen aufrufen, in die

---

192 Stenogramm der Besprechung mit kommunistischen Betriebsarbeitern aus Deutschland im MELS des EKKI am 14. 6. 1932, RGASPI 495/28/206: 3.
193 Schlusswort Thälmanns in der Sitzung der Deutschen Kommission des Erweiterten Präsidiums des EKKI vom 25. 2. 1930, RGASPI 495/24/101: 86–151, hier: 95. Losovskij hatte sich von dieser Sichtweise allerdings mittlerweile gelöst.
194 Bericht des ZK der KPD [Hirsch] über die Krise in der KPD vom 25. 7. 1931, RGASPI 495/293/117: 32–36, hier: 33.
195 So Remmele in der Sitzung der Politkommission vom 10. 4. 1932, RGASPI 495/4/182a: 41.

Partei einzutreten. Die Genossen sagen: dabei ist keine Gefahr, weil nichtproletarische Elemente nicht in die Partei gehen."[196]

Indem die Bolschewiki in der Komintern diese Praxis der KPD kritisierten, demonstrierten sie ihren Unwillen oder ihre Unfähigkeit, die Besonderheiten der politischen Arbeit in pluralistischen Gesellschaften zu akzeptieren. Aufgrund ihrer Erfahrungen als ehemalige Untergrundkämpfer und jetzige Vertreter der diktatorischen Regierungsmacht konnten sie sich eine kommunistische Partei nur als Kaderorganisation vorstellen. Doch wie sollten die deutschen Kommunisten eine solche Kaderpartei aufbauen, die weder von politisch vorbelasteten, noch von „sozial fremden" Personen unterwandert wurde und dennoch eine Massenbasis besaß? Die Lösung für dieses Problem sahen die Moskauer Spitzenkader in den parteilosen Arbeitern – waren diese doch gewissermaßen unbeschriebene Blätter, unbeleckt von wie auch immer gearteten Traditionen, formbares Menschen-„Material". Mit Blick auf parteilose Arbeiter, die sich bei Streikaktionen engagiert hatten, forderte Pjatnickij Anfang 1930: „Wir brauchen solche Elemente, die uns mit den breiten Arbeitermassen verbinden. Die Aufgabe ist es, sie so umzuarbeiten, dass sie unser Programm und unser Statut kennenlernen und die Disziplin der Partei einhalten."[197]

Zum Leidwesen der Komintern sollte sich aber bald zeigen, dass ausgerechnet dieser Personenkreis sich offensichtlich kaum in die Partei integrieren ließ: Gerade in den Jahren 1929 bis 1933 „ähnelte die Partei eher einem Taubenschlag als einer Festung", wie Klaus-Michael Mallmann treffend formulierte.[198] 1929 habe die Partei über 50 000 Neuaufnahmen verzeichnet, die aber zum größten Teil nach wenigen Monaten wieder verschwunden seien, stellte der Organisationsleiter der KPD, August Creutzburg, Anfang 1931 fest[199]; Pjatnickij ergänzte, 1930 habe die Partei 143 000 Mitglieder gewonnen, im gleichen Zeitraum aber auch 95 000 verloren.[200] Offensichtlich, so spekulierte Pjatnickij in einer internen Sitzung über den Bericht von Creutzburg, hätten die Parteiorganisationen der KPD „dem revolutionären Arbeiter nicht das gegeben [...], was er in der Partei eigentlich suchte".[201] Damit suggerierte Pjatnickij, dass die KPD vielen Arbeitern zu „lasch" erschienen sei und stimmte damit ein weiteres Mal das hohe Lied vom tatendurstigen unorganisierten Arbeiter an, der die in bloßer Rhetorik verharrende deutsche Partei aufrütteln würde, wenn man ihn nur ließe.

Tatsächlich aber waren die Motive, aus der KPD auszutreten, häufig viel prosaischer: Viele Neumitglieder gaben nur deshalb ein kurzes Gastspiel in der KPD, weil sie entweder die Mitgliedsbeiträge nicht zahlen konnten oder bald das Interesse an der mühsamen Parteiarbeit verloren hatten, die mit dem Anstieg des Na-

[196] Referat Kolokolcevas in der Sitzung des PS vom 26. 8. 1931, RGASPI 495/3/209, hier: 36–38, 147.
[197] Pjatnickij in der Sitzung der Deutschen Kommission des Erweiterten Präsidiums des EKKI vom 25. 2. 1930, RGASPI 495/24/101: 50–55, hier: 52 f.
[198] Mallmann, Kommunisten, S. 92.
[199] Creutzburg, Der Stand der Organisationsarbeit der KPD, S. 291.
[200] Pjatnickij, Brennende Fragen, S. 40.
[201] Pjatnickij in der Diskussion über den Organisationsbericht von Creutzburg im MELS des EKKI am 30. 1. 1931, RGASPI 495/28/105: 31–56, hier: 34.

tionalsozialismus zudem zunehmend gefährlicher wurde. Kolokolceva befragte im Sommer 1931 etwa 300 der 720 Personen, die vom Mai 1930 bis Ende März 1931 im Berliner Unterbezirk Nord aus der KPD ausgetreten waren. Davon gaben 96 finanzielle, aber nur 24 politische Gründe an, immerhin weitere 28 bekundeten „Interesselosigkeit". Die übrigen Befragten gaben verschiedene unpolitische Gründe an, von Krankheit bis zur Verärgerung, im Karl-Liebknecht-Haus nicht die Fenster putzen zu dürfen.[202]

Auch die Gründe, in die KPD *ein*zutreten, waren in vielen Fällen weniger „revolutionär", als in Moskau oftmals vermutet wurde. Wie schon Sigmund Neumann 1932 in seiner Studie über die Parteien der Weimarer Republik feststellte, bestand bei einem großen Teil der neuen Mitglieder anscheinend nur ein diffuses Bedürfnis nach einer Partei links von der SPD, weil sich viele Arbeiter von der Sozialdemokratie in ihren konkreten Interessen angesichts der Wirtschaftskrise und des Sozialabbaus nicht mehr vertreten fühlten.[203] Der Eintritt in die KPD war dann weniger ein Ausdruck von Fundamentalopposition und des bewussten Wechsels in die kommunistische Parallelwelt, sondern schlicht ein Akt des Protestes.[204] Vielen Neuzugängen war das bolschewistische Konzept der Kaderpartei daher reichlich fremd und sie konnten sich in der ihnen neuen kommunistischen „Orgwelt" nicht orientieren. Viele dieser Genossen verstünden gar nicht, so berichtete Kolokolceva im Sommer 1931 „was sie in der Partei machen sollen". Einige der neuen Mitglieder hätten nicht einmal gewusst, „dass sie in die Partei eingetreten sind, sie dachten, dass sie in die RGO eingetreten sind".[205]

5. Fundamentalopposition versus „Legalismus"

Zu den zentralen Interessen der Kommunismusforschung gehört die Frage, inwieweit sich die Mitglieder der KPD von der Gesellschaft, in der sie lebten, abschotteten: Waren sie noch Teil eines „linksproletarischen Milieus" oder kapselten sie sich zunehmend in einer „Gegenwelt" ab? Diese Frage ist in der Forschung sehr umstritten. Im Groben lassen sich zwei Interpretationen festmachen: Der einen Sichtweise zufolge hatte sich lediglich die schmale Schicht der Parteielite völlig von den anderen Strömungen der Arbeiterbewegung isoliert, während an der Basis noch vielfältige Beziehungen zwischen den Mitgliedern der verfeindeten Arbeiterparteien bestanden. Zwischen der Führungsebene und Parteibasis der KPD habe ein Strukturkonflikt bestanden, der sich aus der unterschiedlichen Perspektive der Akteure auf die politische Szenerie ergab: Die konkrete kommunisti-

---

[202] Vgl. „Statistik über Parteiaustritte v[om] Mai 1930 bis März 1931 im U[nter]B[ezirk] Nord [Berlin]" vom 17. 8. 1931, RGASPI 495/4/128: 106 f. Für den Bezirk Halle-Merseburg lassen sich für diesen Zeitraum ähnliche Motivlagen für Parteiaustritte ablesen. Vgl. Schumann, Politische Gewalt, S. 287.

[203] Neumann, Die Parteien der Weimarer Republik, S. 88.

[204] Vgl. Schumann, Europa, der Erste Weltkrieg und die Nachkriegszeit.

[205] Schlusswort Kolokolcevas in der Sitzung des PS vom 26. 8. 1931 über die Arbeit der KPD und die Fluktuation der Mitgliedschaft, RGASPI 495/3/209: 147.

sche Politik sei daher im „Spannungsfeld zwischen Beschlusslage und lokaler Wirklichkeit" vor allem auf lokaler Ebene oft erheblich von der „Generallinie" abgewichen, wie sie in Moskau und Berlin festgelegt wurde. Im Zuge einer „roten Kirchturmpolitik" hätten sich die Funktionäre vor Ort häufig stärker den lokalen Interessen als der Parteispitze in Berlin verpflichtet gefühlt – und zwar bis in die unmittelbare Endphase der Weimarer Republik hinein.[206]

Gegen diese These eines an der Basis weiterbestehenden „linksproletarischen Milieus" wurde eingewandt, dass sich der Riss zwischen Kommunisten und Sozialdemokraten in der Endphase der Weimarer Republik auch an der Basis kontinuierlich zu einer kaum noch zu überwindenden Kluft vertieft habe. Dies sei einerseits auf die ideologische Voreinstellung der Kommunisten zurückzuführen und andererseits darauf, dass die beiden Lager der Arbeiterbewegung zunehmend auch unterschiedliche Lebenswelten ausgebildet hätten. Tatsächlich spalteten sich im Laufe der 20er Jahre schließlich sogar viele Arbeitersportvereine auf, nahmen Sozialdemokraten und Kommunisten in manchen Betrieben ihr Frühstück in unterschiedlichen Räumen ein oder fuhren in getrennten Abteilen zur Arbeit.[207] Insofern hätten sich die KPD-Mitglieder immer stärker vom Rest der Gesellschaft isoliert und eine radikale „Gegenwelt" aufgebaut.[208]

Wie lässt sich nun untersuchen, wie stark die Kommunisten in die Weimarer Gesellschaft eingebunden bzw. von ihr isoliert waren? Da uns in diesem Zusammenhang vor allem interessiert, wie sich die unterschiedliche politische Kultur der deutschen und sowjetischen Funktionäre ausdrückte, soll diese Frage anhand der Themen behandelt werden, die zwischen KPD und Komintern besonders intensiv diskutiert wurden. Hierfür ist es notwendig, in einem ersten Schritt einen Blick auf die Teilnahme der Kommunisten am politischen Leben der Volksvertretungen von Reichs- bis zur Kommunalebene sowie dem Genossenschaftswesen zu werfen: Passten sich die KPD-Funktionäre dort dem politischen System der Weimarer Republik an – und wenn ja: inwieweit – oder betrieben sie durchgehende Fundamentalopposition? In einem zweiten Schritt wird sodann der Frage nachgegangen, inwieweit die KPD bereit war, mit den deutschen Behörden Arrangements einzugehen. In beiden Fällen wird zu untersuchen sein, wie die Komintern das Handeln der deutschen Genossen bewertete und welche Konflikte in diesen Fragen zwischen Moskau und Berlin entstanden.

In der Konzeption der Komintern sollten die Volksvertretungen lediglich als Agitationsplattformen dienen, um die kommende proletarische Revolution zu propagieren. Eine konstruktive Mitarbeit widersprach damit den Zielen der Kom-

---

[206] Vgl. Mallmann, Kommunisten, v. a. S. 304–364.

[207] Zur Spaltung der Arbeiterkultur- und Sportvereine vgl. Wunderer, Arbeitervereine und Arbeiterparteien. Zur Trennung beim Frühstück und der Fahrt zur Arbeit vgl. den internen Bericht der Bezirksleitung Halle-Merseburg vom November 1926 über die Situation in Zeitz, demzufolge in diesem Falle allerdings die Sozialdemokraten die treibende Kraft zur Trennung waren. Zitiert bei Schumann, Politische Gewalt, S. 218.

[208] So v. a. mit dem vergleichenden Blick auf die eindeutig stärker in die umgebende Gesellschaft eingebundenen französischen Kommunisten: Wirsching, „Stalinisierung" oder entideologisierte „Nischengesellschaft"?; ders., Vom Weltkrieg zum Bürgerkrieg?, S. 166–195, v. a. S. 194 f.

intern. Dennoch ergibt sich ausgerechnet für die kommunistischen Abgeordneten des Reichstages – also für die Mitglieder der Parteielite selbst – ein widersprüchliches Bild: Nachdem Ruth Fischer als Parteivorsitzende abgesetzt worden war, die den Reichstag in ihrer Jungfernrede noch als „Hochverehrtes Affentheater" diffamiert hatte, vollzog sich in der Arbeit der KPD-Fraktion ein deutlicher Wandel: Während sich die kommunistischen Abgeordneten im Plenum (also nach außen hin) weiterhin als handfeste Klassenkämpfer darstellten, arbeiteten sie in den Ausschüssen zeitweise und in einem freilich nur begrenzten Maße konstruktiv mit, insbesondere, wenn der Reichstag beispielsweise über neue Sozialgesetze beriet. Auf diese Weise verschwamm ihre harte Programmatik und geriet in Widerspruch zu der lautstark verkündeten Systemfeindschaft. Diese Zusammenarbeit erreichte bemerkenswerterweise gerade in den Jahren zwischen 1928 und 1930 – also zu Beginn der ultralinken Phase der Komintern – ihren Höhepunkt und brach erst nach der Septemberwahl 1930 zusammen: Von der Parteiführung wurde eine neue Generation kommunistischer Abgeordneter aufgestellt, die durchdrungen von der Feindschaft zur Sozialdemokratie war und deshalb kein Interesse mehr an irgendwelchen Formen der Zusammenarbeit hatte.[209]

Ein ähnlicher Zyklus lässt sich auch in der Kommunalpolitik beobachten, wo die Kommunisten sich anscheinend erst in den letzten zwei Jahren der Weimarer Republik mehr oder weniger durchgehend auf Radaupolitik beschränkt haben. In den Jahren zuvor schirmten einige kommunistische Stadtverordnete ihre beschränkte Zusammenarbeit auf kommunaler Ebene gegenüber den Aufpassern der Parteiführung ab, indem sie sich in einem ausgeprägten Scheinradikalismus ergingen. So gab die kommunistische Stadtratsfraktion von Wilhelmsburg bei Hamburg 1925 zwar zu Beginn der Sitzungsperiode eine Erklärung ab, in der sie jegliche parlamentarische Volksvertretung vom Reichstag bis zur Gemeindevertretung entsprechend der Definition des II. Kominternkongresses als „Machtinstrument der herrschenden Klassen" bezeichnete, doch widmeten sich ihre Mitglieder dann den anstehenden Sachproblemen.[210] Noch 1930 beklagte Manuilskij mit Blick auf diese Praxis, viele Kommunisten könnten zwar „hervorragende Resolutionen" schreiben, seien aber „im Grunde von sozialdemokratischen Traditionen und Arbeitsmethoden durchdrungen".[211] Wenige Monate zuvor hatte das EKKI-Präsidium festgestellt, auf kommunaler Ebene sei die 1928 propagierte Linkswende noch nicht einmal in Angriff genommen worden: Anstatt die Notwendigkeit des revolutionären Kampfes zu predigen, würden „demokratische Illusionen" gepflegt, anstatt die „sozialdemokratischen Traditionen" in den eigenen Reihen auszumerzen, werde mit den Sozialdemokraten zusammengearbeitet, anstatt auch die Gemeindeparlamente als „Tribüne zur Agitation und Propaganda des Kommunismus" zu nutzen, legten die kommunistischen Gemeindefraktionen in ihrer „erdrückenden Mehrzahl" bei den Parteikampagnen eine „unzulässige Passivität an

---

209 Vgl. Mergel, Parlamentarische Kultur, S. 314–320.
210 Über die kommunistische Kommunalpolitik vgl. Mallmann, Kommunisten, S. 327–339, das Beispiel aus Wilhelmsburg ebenda, S. 334 f.
211 Manuilskij in der Sitzung des PS vom 24. 6. 1930, RGASPI 495/3/219: 9–15, hier: 12 f.

den Tag".[212] Die Arbeit der kommunistischen Stadtverordneten, so fasste Molotov in den Beratungen zu dieser Resolution die Kritik zusammen, unterscheide sich eigentlich gar nicht von der ihrer sozialdemokratischen Kollegen. Um das revolutionäre Profil der kommunistischen Kommunalarbeit zu schärfen, schlug er vor, in den Gemeindeparlamenten mit spektakulären Forderungen aufzutreten: Mit dem Antrag „zwei, drei Häuser" reicher Bürger zu enteignen, um dort Arbeitslose einzuquartieren, so war er überzeugt, ließen sich die „Massen" mobilisieren.[213]

Freilich war eine solche begrenzte Zusammenarbeit in den Stadträten, wie sie die Komintern kritisierte, kein Ausweis von quasiparlamentarischer Gesinnung. Vielmehr befanden sich die Kommunisten allein dadurch, dass sie sich an Wahlen beteiligten, zwangsläufig in dem Dilemma, ungewollt Verantwortung aufgebürdet zu bekommen – vor allem, wenn sich aus diesen Wahlen „rote Mehrheiten" ergaben. Lediglich, wo die KPD sowieso hoffnungslos in der Minderheit blieb, sich also gar nicht aussichtsreich für konkrete Änderungen einsetzen konnte, ließ sich die fundamentaloppositionelle Attitüde durchhalten, ohne die eigene Wählerschaft durch Tatenlosigkeit zu enttäuschen. Dessen war sich sogar die Kominternführung bewusst: Nachdem beispielsweise SPD und KPD bei den Kommunalwahlen vom November 1929 in Berlin zusammen 120 von 225 Stadtverordneten stellten, die Parteien der „Weimarer Koalition" hingegen ihre Mehrheit verloren hatten[214], räsonnierte Pjatnickij in einer internen Sitzung der Kominternführung, ob die Kommunisten angesichts dieses Ergebnisses nun „mitarbeiten, d.h. positive Arbeit leisten" oder weiterhin in der Fundamentalopposition verharren sollten. Letzteres sei den Arbeitern nur schwer zu vermitteln, konstatierte Pjatnickij und seufzte angesichts dieser selbstgeschaffenen Zwickmühle: „Ja, wo wir [zusammen mit der SPD] eine Mehrheit haben, ist es viel schlimmer, als dort, wo wir nur in Opposition stehen."[215]

Nun soll hier nicht der Eindruck vermittelt werden, die KPD sei gegen den Willen der Komintern in die Arme der Sozialdemokratie getrieben worden. Ein Blick über die Grenze nach Frankreich ist auch in diesem Zusammenhang aufschlussreich – zeigt er doch, dass die deutschen Kommunisten in der Kommunalpolitik längst nicht so integriert waren wie ihre französischen Genossen. Vor allem in den „roten Vororten" von Paris hatten die Kommunisten einige Bürgermeisterposten erobern können und vermochten so ihren Handlungsspielraum auszuweiten. Mit Erfolgen in der Sozialpolitik wollten sie nun Überzeugungsarbeit für das Endziel der proletarischen Revolution leisten.[216] Nicht umsonst wurden in Moskau gerade die französischen Kommunisten als besonders krasse

---

[212] „Aufgaben der Kommunalarbeit der KI-Sektionen". Entwurf für eine Resolution des EKKI-Präsidiums vom 10. 2. 1930, RGASPI 495/3/153: 184–201.
[213] Molotov in der Sitzung des PS über die Kommunalpolitik der kommunistischen Parteien vom 17. 2. 1930, RGASPI 495/3/153: 153–163, hier: 154 f.
[214] Vgl. Schulthess' Europäischer Geschichtskalender, 70. Bd. 1929, München 1930, S. 199.
[215] Pjatnickij in der Sitzung des PS vom 26. 11. 1929, RGASPI 495/3/176: 4–33, hier: 32.
[216] Vgl. Wirsching, Vom Weltkrieg zum Bürgerkrieg?, S. 145, 410 f.

Beispiele für „opportunistische Verfehlungen" in der Kommunalpolitik gebrandmarkt.[217] Zumindest in Berlin kam eine solche Zusammenarbeit nicht in Frage – erstens hatte die KPD den Berliner „Blutmai" erst wenige Monate zuvor zum Anlass genommen, die SPD als „Sozialfaschisten" zu beschimpfen, und zweitens wäre ein Kooperationsangebot an die Sozialdemokraten in der deutschen Hauptstadt aufgrund seiner Signalwirkung einem Kurswechsel gleichgekommen. Allerdings wäre eine solche Zusammenarbeit auch dann kaum möglich gewesen, wenn sie die KPD angestrebt hätte: Denn dort wo KPD-Mitglieder als Kommunalbeamte gewählt wurden, annullierten die preußischen Behörden dieses Ergebnis grundsätzlich.[218] Auf diese Weise schränkten sowohl die kommunistischen Spitzenfunktionäre in Berlin und Moskau als auch die deutschen Behörden die Möglichkeit sehr stark ein, die deutschen Kommunisten in das politische System einzubinden. Es blieb den Kommunisten unter diesen Bedingungen bestenfalls die für sie unattraktive Option übrig, eine Tolerierungspolitik durchzuführen, wie sie auch die SPD im Reichstag in der Ära Brüning verfolgte – ihre Aktivitäten waren somit strukturell auf wenig öffentlichkeitswirksame Verhandlungen in den Ausschüssen und auf außerparlamentarische Aktionen begrenzt.[219]

Ausgestanden war das Problem, wie sich die Kommunisten verhalten sollten, wenn sie das Zünglein an der Waage spielten, damit jedoch noch längst nicht. Vor allem angesichts der Wahlerfolge der NSDAP stellte sich für die deutschen Kommunisten immer häufiger die Frage, ob sie jegliche Zusammenarbeit mit den demokratischen Parteien ablehnen konnten. Unter dem Druck der Öffentlichkeit blieb der KPD schließlich häufig nichts anderes übrig, als gemeinsam mit den Sozialdemokraten gegen nationalsozialistische Bürgermeisterkandidaten zu stimmen, um nicht als Steigbügelhalter der NSDAP zu gelten.[220] Wie wir im nächsten Kapitel sehen werden, beschränkte sich dieses Dilemma längst nicht auf die kommunale Ebene, sondern erwies sich im Jahre 1932 als eines der zentralen Probleme kommunistischer Politik, die die „Sozialfaschismus"-Doktrin ernsthaft in Frage stellten.

Die begrenzte Mitarbeit der Kommunisten in den Volksvertretungen – vom Reichstag bis zum Gemeindeparlament – resultierte ferner aus der „institutionellen Sozialisation", die die kommunistischen Abgeordneten in den Gremien durchliefen. Auch wenn sie an ihrer prinzipiellen Ablehnung der Republik festhielten, fügten sie sich schon allein dadurch partiell in das abgelehnte politische System ein, indem sie die Verfahrensregeln dieser Institutionen akzeptierten.[221] Bemerkenswerterweise kehrten die kommunistischen Reichstagsabgeordneten 1930 zwar zur Obstruktionspolitik der früheren Jahre zurück, gingen damit aber

---

[217] „Aufgaben der Kommunalarbeit der KI-Sektionen". Entwurf für eine Resolution des EKKI-Präsidiums vom 10. 2. 1930, RGASPI 495/3/153: 184–201.
[218] Vgl. Fülberth, Die Beziehungen zwischen SPD und KPD in der Kommunalpolitik, S. 360f.
[219] Vgl. Wirsching, Vom Weltkrieg zum Bürgerkrieg?, S. 410.
[220] Vgl. Mallmann, Kommunisten, S. 338.
[221] Mergel, Parlamentarische Kultur, S. 313.

nicht so weit wie beispielsweise Goebbels, der bei seinen Reden im Parlament prinzipiell auf die dort üblichen Höflichkeitsformeln wie vor allem die Anrede des Plenums verzichtete. Für kommunistische Gemeindevertreter spielten zudem lokale Bindungen eine große Rolle: „Wir sind gute Kommunisten, aber wir haben das Mandat von den Einwohnern der Gemeinde und nicht allein von den Kommunisten", wurde beispielsweise der vogtländischen KPD-Bezirksleitung schon im Jahre 1925 beschieden.[222]

Je niedriger die Ebene angeordnet war, auf denen kommunistische Funktionäre tätig wurden, desto stärker scheinen konkurrierende Identitäten, Lokalpatriotismus und alte Bindungen sowie auch abweichende Meinungen gewirkt zu haben: Das EKKI dürfte noch 1930 nicht umsonst gezürnt haben, die kommunistische Kommunalarbeit bilde die wesentliche „Zufluchtsstätte opportunistischer Elemente".[223] Hier gab es aus Moskauer Sicht zu viele Funktionäre, die – so ein damals in der Komintern vielbenutzter Ausdruck – in den Niederungen der praktischen Arbeit „versumpft" waren, anstatt die reine kommunistische Lehre zu verkünden und die Institutionen zu „zersetzen", in die sie gewählt worden waren. Einen noch schlechteren Ruf als die Kommunalpolitik hatte nur die Arbeit in den Genossenschaften, freilich aus den gleichen Gründen: Auch hier befürchtete man, die Basis könne schrittweise „sozialdemokratisiert" werden, indem sie sich zu sehr auf eine reformistische Politik der kleinen Schritte und der alltäglichen Verbesserung der Lebensverhältnisse konzentriere: Viele Genossenschaftler glaubten, so klagte das Mitteleuropäische Ländersekretariat Ende 1930, dass die Genossenschaften „so etwas wie sozialistische Oasen darstellen könnten" – was ja wirklich von keiner besonders revolutionären Einstellung zeugte. Unter den kommunistischen Genossenschaftlern, so zeigte man sich in Moskau denn auch überzeugt, ließen sich so viele „Renegaten" finden, wie es sie „nicht einmal in der Kommunalpolitik" gebe: In den Genossenschaften bestehe ein „relativ großer Prozentsatz unserer eigenen Funktionäre aus solchen Genossen, die zu 95% erstmal ‚Genossenschaftler' und nur zu den restlichen 5% Parteimitglieder, also in Wirklichkeit keine Bolschewisten sind".[224]

Das war der Alptraum der Führungskader der Komintern: Dass sich vor allem die unteren deutschen Funktionäre schließlich recht bequem in einer Nische einrichteten und sich somit partiell in die Gesellschaft integrierten.[225]

Diese konkurrierenden Identitäten und Bindungen sowie die institutionelle Sozialisation führten aus Sicht der Komintern dazu, dass zu viele kommunistische Funktionäre bloß Lippenbekenntnisse zur neuen radikalen Generallinie ablegten. Schon im Januar 1929 hatte Manuilskij auf einer Konferenz der KPD beobachtet, dass die Delegierten zwar „aufmerksam eine gute Rede von Thälmann angehört"

---

[222] Zitiert nach: Mallmann, Kommunisten, S. 329.

[223] „Aufgaben der Kommunalarbeit der KI-Sektionen". Entwurf vom 10. 2. 1930, RGASPI 495/3/153: 184–201, hier: 184.

[224] Brief des MELS des EKKI an das ZK der KPD über die Genossenschaftsarbeit vom 10. 12. 1930, RGASPI 495/28/47: 109–126, hier: 112.

[225] Vgl. Groh, Negative Integration und revolutionärer Attentismus, der von Mallmann als Ausgangspunkt für seine These genommen wurde, dass diese partielle Integration der Kommunisten in der Weimarer Republik weit verbreitet war.

und sodann einmütig für einen verschärften Gewerkschaftskurs gestimmt hätten, dass ihnen aber offensichtlich die „innere Überzeugung" gefehlt habe.[226] Im Mai 1930 konstatierte das EKKI schließlich eine „Krise der alten Kader": Zwar sei auf die Parteiführungen nach den „Säuberungen" mittlerweile weitgehend Verlass, die mittleren und unteren Funktionäre hingegen stimmten der Generallinie nur mit Worten zu und würden dann aber eine andere durchführen.[227]

Für Moskau war nun die entscheidende Frage, wie sich dieses Verhalten erklären ließ. Der deutsche Vertreter Fritz Heckert, der nicht zuletzt durch seine Arbeit in Moskau darin trainiert war, die Gedankengänge der sowjetischen Kominternfunktionäre zu antizipieren, hatte Anfang 1930 erklärt, dass viele Funktionäre immer noch an der „alte[n] USP[D]-Krankheit" litten, „die sagen zu allem Ja und Amen, weil sie Ruhe und Frieden haben wollen, aber sie sabotieren die Arbeit".[228] Trotz der ressentimentgeladenen Sprache lag Heckert mit seiner Analyse nicht ganz falsch: Ein entscheidender Faktor für das „opportunistische" Verhalten vieler kommunistischer Funktionäre war ihre politische Sozialisation, die sie offensichtlich weder ohne weiteres abstreifen konnten noch wollten. Die meisten der aktiven Reichstagsabgeordneten hatten beispielsweise tatsächlich früher der USPD angehört, so dass sie aller Propaganda zum Trotz ihre Nähe zur Sozialdemokratie nicht völlig verleugnen konnten.[229] Die „sozialdemokratischen Überreste" kamen somit nicht erst durch SPD-Dissidenten in die Partei, sie gehörten vielmehr zum eigenen, wenngleich ungeliebten Traditionsbestand.

Für die Spitzenfunktionäre waren diese „sozialdemokratischen Überreste" zum Synonym für die zu starke Anpassung der deutschen Kommunisten an die politische Kultur der Weimarer Republik und ihre vermeintliche Einbindung in die deutsche Gesellschaft geworden. Schon in der Vorkriegszeit hatte Pjatnickij – damals noch bolschewistischer Untergrundparteiarbeiter – einen veritablen Kulturschock erlebt, als er in Berlin zum ersten Mal mit SPD-Mitgliedern zusammentraf:

„Als ich zum ersten Mal in eine Versammlung kam und dort gut gekleidete Herren erblickte, die vor Bierkrügen an Tischen saßen, glaubte ich in eine Versammlung von Bourgeois geraten zu sein, da ich solchen Arbeitern in Russland nie begegnet war. Es war aber doch eine Parteiversammlung."[230]

Dass sich ein solcher Habitus für Revolutionäre erst recht nicht ziemte, verdeutlichte Manuilskijs bereits zitierte Kritik am Treffen der deutschen Politbüromitglieder im *Romanischen Café* in Berlin: Wer Seit an Seit mit der literarischen Boheme der Weimarer Republik einen kleinen Braunen zu sich nahm, wirkte nicht besonders umstürzlerisch.

---

226 Brief Manuilskijs an Pjatnickij vom 28. 1. 1929, RGASPI 558/11/763: 59–61, hier: 59.
227 Bericht „Die Krise der alten Kader" vom 15. 5. 1930, RGASI 495/18/845: 8–12.
228 Heckert in der Sitzung des MELS des EKKI vom 1. 1. 1930, RGASPI 495/28/42: 18.
229 Mergel, Parlamentarische Kultur, S. 319.
230 Pjatnickij, Deckname Freitag, S. 57. Vgl. auch S. 183. Freilich bekannte Pjatnickij, dennoch ein Bewunderer der Vorkriegssozialdemokratie gewesen zu sein, weil sie so stark war.

Auf solche „feinen Unterschiede" (Pierre Bourdieu) legten die Bolschewiki
großen Wert. Wie Pjatnickijs Erinnerungen zeigen, waren für sie aber nicht nur
die Formen der politischen Zusammenkünfte wichtig, sondern auch die Kleidung
– entsprach ein betont militärisches Outfit mit Lederstiefeln und dunklem Hemd
zu dieser Zeit doch am besten dem bolschewistischen Selbstverständnis.[231] Pieck
war sich dessen bewusst: Voller Stolz berichtete er der Komintern schon im Sommer 1929, dass sich der Habitus der Teilnehmer von zwei Demonstrationen der
SPD und KPD, die zeitgleich in Berlin stattgefunden hatten, wesentlich unterschieden habe, während die Sozialdemokraten „alle mit Kragen und Wäsche"
marschiert seien, hätten die kommunistischen Demonstranten erstmals überwiegend ihre Arbeitskleidung getragen.[232]

Mindestens ebenso wichtig wie die Kleidung der Kommunisten war ihr Verhältnis zu den traditionellen Feiertagen. Für die Bolschewiki waren Feiern, Feste
und Demonstrationen zentrale Instrumente, mit denen sie sich in das Leben und
Denken ihrer Untertanen einschreiben wollten.[233] Daher sollten auch in Deutschland die Demonstrationen erstens mehr als nur politische Kundgebungen sein,
sondern vielmehr der Ausdruck eines neuen Lebensgefühls werden, und zweitens
in demonstrative Konkurrenz zu den traditionellen Festen der deutschen Gesellschaft treten. Dass dies den deutschen Kommunisten lange Zeit nicht gelungen war, machte Heckert im Januar 1930 deutlich. Bislang, so stellte er in einer Sitzung der Komintern fest, sei es „praktisch unmöglich" gewesen, „in Deutschland
14 Tage vor Weihnachten noch etwas [Politisches] zu machen". Um so größer war
nun sein Stolz, dass er der Komintern vermelden konnte: „In diesem Jahr hat sich
eine wesentliche Besserung vollzogen. Das beweist die Arbeitslosendemonstration am 24. Dezember. Diese Weihnachtsdemonstration ist wirklich ein erster
großer Bruch mit dem Weihnachtsfest. Das soll man als einen sehr großen Fortschritt bewerten."[234]

Ungewollt offenbarten Pieck und Heckert mit diesen Berichten vor allem, wie
stark auch die KPD-Mitglieder zu dieser Zeit noch vom traditionellen Demons-
trationshabitus geprägt waren. Wie wir noch sehen werden, blieben Demonstrationen sehr zum Leidwesen der Komintern auch für die Kommunisten in
Deutschland in erster Linie gesellschaftliche Ereignisse, die in ihrer Mehrzahl eher
Volksfesten ähnelten, als dass sie als Präludien zum sozialen Umsturz begriffen
wurden.

Neben dem ungewohnt bürgerlichen Habitus der deutschen Kommunisten
achtete die Komintern stark auf den vermeintlichen „Legalismus" in der KPD.
Wie wir schon im Zusammenhang mit der Frage der politischen Gewalt gesehen
haben, wurde zwar einerseits dem radikalen Segment der deutschen Kommunisten immer wieder vorgeworfen, „putschistischen" Neigungen nachzugeben, doch

---

231 Vgl. Fitzpatrick, Everyday Stalinism, S. 17; Trockij, Iosif Stalin. Opyt kharakteriski,
　　S. 405 f.
232 Pieck in der Sitzung des MELS des EKKI vom 7. 8. 1929, RGASPI 495/28/124: 1–31,
　　hier: 4.
233 Zu dieser Bedeutung der sowjetischen Festkultur vgl. Rolf, Constructing a Soviet Time.
234 Heckert in der Sitzung des MELS des EKKI vom 1. 1. 1930, RGASPI 495/28/42: 72.

andererseits kritisierte Moskau, dass die meisten Funktionäre und Anhänger der KPD zu großen „Respekt vor den bürgerlichen Gesetzen" hätten und sich überhaupt zu wenig revolutionär gäben.[235]

Schon der Berliner „Blutmai" von 1929 hatte in Moskau recht unterschiedliche Reaktionen hervorgerufen: So hatte Manuilskij, der wenige Wochen vor den Ausschreitungen in einer „sehr kämpferischen Stimmung" aus Deutschland zurückgekommen war[236], Mitte Mai ein Schreiben an den deutschen Parteivorsitzenden verfasst, in dem er die „unerträglich schlechte Organisation der Demonstration" rügte. Der gleiche Funktionär, der die deutschen Kommunisten im April 1931 vor revolutionärem Überschwang warnen sollte, zeigte sich im Frühjahr 1929 unzufrieden damit, dass es die deutsche Parteiführung nicht geschafft habe, eine zünftige „Kampfdemonstration" durchzuführen. „Die Partei verfügt über dutzende Abgeordnete, aber dennoch [...] haben diese Abgeordneten nirgendwo versucht, sich mit einer kurzen Rede an die Massen zu wenden." Auch wenn die KPD natürlich nicht leichtfertig ihre Existenz aufs Spiel setzen solle, so dürfe sie sich doch keinesfalls den „Beschränkungen durch die bürgerliche Legalität" beugen – schließlich lasse sich eine Partei mit 100 000 Mitgliedern und 3,4 Millionen Wählern nicht einfach verbieten: „In der Geschichte der russischen bolschewistischen Partei kann man nicht wenige Beispiele finden, wo die Bolschewiki, indem sie sich auf die Massen stützten, die Verbote der zaristischen Regierung faktisch liquidiert haben."[237]

Dieser Brief drückt nicht nur einen unglaublichen Leichtsinn aus – er weist zudem erneut darauf hin, dass die deutschen Kommunisten aus Sicht der Komintern einen Ruf als Revolutionäre, als „Avantgarde des Proletariates" zu verlieren hatten. Die Ermahnung, weder der geschichtlichen Entwicklung „vorauszueilen", also einen „verfrühten" Aufstand zu wagen, noch den sich radikalisierenden Massen „hinterher zu schwänzeln", gehörte zum Standardrepertoire der zahlreichen Schreiben, die das Karl-Liebknecht-Haus und andere Parteizentralen aus Moskau erhielten.[238] Insofern waren die Ereignisse in Berlin aus Manuilskijs Sicht eine eindeutige Blamage, weil die „Initiative" dort von den „Massen" ausgegangen war, während sich die Berufsrevolutionäre nirgends blicken ließen. Dass hier von den deutschen Funktionären eine unmögliche Gratwanderung verlangt wurde, scheint der Kominternführung nicht aufgefallen zu sein.

Als Blamage wurde in Moskau auch das bereits erwähnte Gespräch zwischen Werner Hirsch und Reichsinnenminister Joseph Wirth vom August 1931 gewertet, in dem der KPD-Funktionär erklärt hatte, seine Partei sehe mit Rücksicht auf

---

[235] So z. B. in der Resolution der Vereinigten Fraktionen von RGI und der deutschen Delegation [des IV. RGI-Kongresses] zum VI. Komintern-Kongress vom 20. 9. 1928, RGASPI 534/6/52: 57–66, hier: 64 f.

[236] Brief Vasilevs an Pjatnickij vom 13. 3. 1929, RGASPI 495/19/426: 47.

[237] Brief „Richards" [d. i. Manuilskij] an „Teddi" [d. i. Thälmann] vom 10. 5. 1929, RGASPI 495/19/77: 46–53.

[238] Auch diese Ermahnung wurde von der stalinisierten KPD-Führung getreulich in einen entsprechenden Appell an die eigenen Funktionäre gegossen. Vgl. Remmele, Tempoverlust. Vor oder hinter den Massen?

die Sowjetunion vorerst von einer Revolution ab. Pieck hatte als deutscher Vertreter im EKKI sofort die Brisanz des Berichtes erkannt, in dem Hirsch voller Stolz über das Gespräch berichtet hatte. Der deutschen Parteiführung schrieb er daher, es gebe „zu allergrößten Bedenken Anlass, wenn Hirsch dem Wirth auseinandergesetzt hat, was für friedliebende Staatsbürger wir gegenwärtig seien, an keine ernsthaften revolutionären Massenkämpfe denken und Wirth sich darüber sehr befriedigt geäußert habe". Wenn solcher „Bockmist" dann auch noch der Komintern in Berichten übermittelt werde, sei das „geradezu geeignet, die Parteiführung bei der Komintern zu diskreditieren".[239]

Dieses Dilemma – weder dem militanten Überschwang eines Teiles der KPD-Mitgliedschaft nachzugeben, noch ein zu angepasstes Erscheinungsbild abzugeben – prägte in den folgenden Jahren vor allem die widersprüchliche Einstellung der Komintern zu den Demonstrationen der deutschen Partei. Aus Sicht des EKKI hatten die deutschen Kommunisten aus dem Desaster des Berliner „Blutmai" nämlich den falschen Schluss gezogen: Ungeachtet der martialischen Sprache, die die KPD vor allem anlässlich ihrer Totengedenktage verwendete, und mit der sie unverdrossen zum Sturz des „Systems" aufrief[240], achtete die Parteiführung seit 1929 im öffentlichen Raum nämlich sehr wohl auf die „Beschränkungen durch die bürgerliche Legalität" und bemühte sich häufig darum, den Verlauf von Demonstrationen im Vorfeld mit den Behörden abzusprechen, um Ausschreitungen zu vermeiden.[241] Während Wilhelm Pieck die Stimmung in der KPD im März 1929 vor den blutigen Ausschreitungen noch angeheizt hatte, indem er auf einer Parteiversammlung großspurig betonte, es sei notwendig, „gegen den Zörgiebel-Erlass das Recht auf die Straße zu erkämpfen"[242], ärgerten sich die Kominternfunktionäre im darauffolgenden Sommer, dass die deutschen Kommunisten gegenüber der Polizei zu nachgiebig seien. Tuure Lehen wusste dem EKKI nun zu berichten, dass beispielsweise die KPD in Aachen auf Verlangen der belgischen Besatzungsbehörde das internationale Treffen zur Antikriegskampagne um eine Woche verschoben habe, weil der ursprüngliche Termin auf den belgischen Nationalfeiertag fiel. Am meisten empörte Lehen, dass dieses Einknicken vom Politbüro der KPD bestätigt worden war. Dies zeige, dass die deutschen Genossen vor allem an einem „glatten Verlauf" der Kampagne interessiert gewesen seien.[243] Für einen Bolschewisten wie Pjatnickij lag dieses Verhalten in der „Unterwürfigkeit unter das Gesetz um jeden Preis" begründet, mit dem die Sozialdemokraten in

---

239 Brief Piecks an das Sekretariat des ZK der KPD vom 20. 8. 1931, RGASPI 495/292/54: 236–241, hier: 240.
240 Vgl. Wirsching, Vom Weltkrieg zum Bürgerkrieg?, S. 342–348.
241 Insofern erschließt sich das Phänomen der kommunistischen Demonstrationen nicht vollständig, wenn man sich vorrangig auf den „Blutmai" von 1929 konzentriert, wie dies Wirsching, Vom Weltkrieg zum Bürgerkrieg?, S. 419–436, v. a. S. 428–431, tut.
242 Zitiert nach: Wirsching, Vom Weltkrieg zum Bürgerkrieg?, S. 428 f.
243 Lehen in der Sitzung des MELS des EKKI vom 7. 8. 1929, RGASPI 495/28/124: 1–31, hier: 25 f. Zu Absprachen zwischen der Berliner Bezirksleitung der KPD und dem Polizeipräsidenten Zörgiebel war es auch im Januar 1929 gekommen. Gusev hatte damals diesen „Legalismus" in einem Schreiben an die KPD-Führung scharf kritisiert. Vgl. Brief Gusevs an Sekretariat des ZK der KPD vom 15. 2. 1929, RGASPI 495/28/30: 8–129.

den Jahren vor 1914 die Arbeiterschaft „zu einer übermäßigen Legalität" erzogen hätten: „Es tat weh, mitansehen zu müssen", schilderte Pjatnickij seine Erlebnisse im Vorkriegsdeutschland, „wie die Berliner Sozialdemokraten auf eine Demonstration [...] nur deshalb verzichteten, weil die Polizei diese Demonstration nicht erlaubte."[244]

Auch Quellen von neutraler Seite bezeugen, wie domestiziert sich die KPD häufig gab: So veröffentlichte Siegfried Kracauer, Korrespondent der *Frankfurter Zeitung*, im Frühjahr 1930 eine Reportage über die Maidemonstration der KPD in Berlin, in der er den Protestzug als proletarisches Volksfest beschrieb, auf dem saure Gurken verkauft wurden und sich kaum jemand für die Reden auf dem Podium im Lustgarten interessierte. Besonders fiel ihm das friedliche Nebeneinander von kommunistischen Musikkapellen und blauen Polizeiuniformen auf, die ein politisches System symbolisierten, das die Demonstranten bekämpften: Beide Seiten hätten „gewissermaßen einen Waffenfrieden" miteinander abgeschlossen und arbeiteten Hand in Hand. „Der Protest gegen die Ordnung ist von dieser geregelt."[245] Der „Kampf um die Straße" sah anders aus.

Der Instrukteur der Komintern, der nach Moskau über den gleichen Aufmarsch berichtete, war vom reibungslosen Zusammenspiel zwischen Ordnungshütern und Revolutionären in spe dementsprechend sehr viel weniger angetan. Die Tatsache, dass auch diese Demonstration in Abstimmung mit den Behörden zeitlich geringfügig verlegt worden war (wodurch Zusammenstöße mit anderen Kundgebungen vermieden werden sollten), erkannte „Alex" zwar als „richtig und notwendig" an. Doch ihn ärgerte, dass es die *Rote Fahne* zu einer „Ehrensache des proletarischen Berlins" erklärt hatte, vor dem Zeitpunkt im Lustgarten einzutreffen, den der Polizeipräsident Zörgiebel als Veranstaltungsbeginn festgesetzt hatte, und ab dem die Polizei keine weiteren Teilnehmer hineinlassen werde:

„Obwohl in diesem Falle es notwendig war, die Organisationen auf Pünklichkeit hinzuweisen, ist die wiederholte Betonung der Pünktlichkeit (Rote Fahne vom 29. und 30. April) als Antwort auf Zörgiebel politisch falsch. Trotz aller Pünktlichkeit hätte die Rote Fahne die Notwendigkeit des revolutionären Aufmarsches betonen müssen und dass es der revolutionären Arbeiterschaft gelingen würde, auch diese Polizeikordons zu durchbrechen usw."

Im Zentralorgan der KPD, so kommentierte der Instrukteur missmutig, habe sich eben eine „gewisse legalistische Stimmung" breitgemacht.[246] Er machte deutlich, dass die *Rote Fahne* stattdessen einen umstürzlerischen Popanz hätte aufbauen müssen, um zu verdecken, dass sich die KPD hinter dieser revolutionären Schaufassade den Anweisungen der Behörden beugte: Pragmatisches Verhalten war nur so lange akzeptabel, solange es nicht als solches erkennbar war.

Obwohl Demonstrationen in der Spätphase der Weimarer Republik immer häufiger in Schlägereien mündeten, wenn Kommunisten und Nationalsozialisten

---

244 Pjatnickij, Deckname Freitag, S. 186.
245 Siegfried Kracauer, „1. Mai in Berlin", in: ders., Berliner Nebeneinander, S. 39–42, hier: S. 40.
246 Bericht „Alex'" vom 23. 5. 1930 über die Durchführung des 1. Mai 1930 in Berlin, RGA-SPI 495/25/502: 22–29, hier: 25. Auslassung im Original.

aufeinander trafen[247], waren es meist nicht die großen Aufzüge, von denen die Gewalt ausging, sondern die Aktionen kleinerer Trupps, die sich daran machten, gegnerische Versammlungen zu sprengen oder Lokale zu stürmen. Paradoxerweise wurde die Kritik der Komintern an der vermeintlichen Friedlichkeit der deutschen Kommunisten ausgerechnet im Jahre 1932 am lautesten, dem Jahr in der Endphase der Weimarer Republik seit 1928, in dem die meisten Menschen politischen Gewaltakten zum Opfer fielen. So klagte Tuure Lehen im Herbst dieses Jahres in seinem Bericht über den BVG-Streik in Berlin, bei dem Kommunisten und Nationalsozialisten Seite an Seite standen, dass sich die Nationalsozialisten mit Ausschreitungen gegen Streikbrecher[248] die Sympathien der Bevölkerung gesichert hätten, während „sogar die R.F.B.-Leute [...] in den Streiktagen ganz ruhig für den Wahlfond der KPD sammelten". Der NSDAP war es in Lehens Augen auf diese Weise gelungen, die KPD an „revolutionärer Kompetenz" zu überbieten und somit an der proletarischen Basis Punkte zu sammeln.[249]

Der „Legalismus" der deutschen Kommunisten blieb für die sowjetischen Bolschewiki ein Quell ständigen Ärgers aber auch Spottes – schon die Vorkriegssozialdemokraten hätten sich „beinahe für Märtyrer" gehalten, berichtete Pjatnickij, wenn ihr Dachboden durchsucht worden sei „oder wenn die preußische Polizei sie kurz vor Weihnachten aus Preußen nach Sachsen abgeschoben hatte, vier Eisenbahnstunden von Berlin".[250] Und Stalin wiederholte in seinem Gespräch mit Emil Ludwig im Dezember 1931 die alte Geschichte der deutschen Sozialdemokraten, die sich nicht trauten, den Bahnhof zu verlassen, weil an der Schranke kein Kontrolleur stand, der ihnen vorschriftsmäßig hätte die Fahrkarten abnehmen können.[251]

Stärker noch als bei Demonstrationen war dieser „Legalismus" aus Sicht der kommunistischen Führungskader aber bei der Arbeit im Betrieb zu beobachten. Remmele, der sich in dieser Beziehung längst in den bolschewistischen Vorstellungswelten eingerichtet hatte, stellte Anfang 1928 in einem Brief an Lozovskij fest, dass die illegale Arbeit für die deutschen Arbeiter eine „sehr unbekannte und ungeübte Sache" darstelle: Selbst viele Kommunisten, so berichtete er dem Vorsitzenden der Profintern, seien es „gewohnt, in der parteipolitischen und gewerkschaftlichen Betätigung offen und legal vorzugehen, meist noch von einem illusionären ‚Gerechtigkeitsgefühl', für ‚Gleichberechtigung' und durch ‚demokratische Grundsätze' erblich vorbelastet".[252] Wenn solchen Kadern, die zu lange legal gearbeitet hätten, plötzlich die Arbeit im Betrieb verboten werde, schlug Manuilskij

---

[247] Vgl. Rosenhaft, Beating the Facists?; Schumann, Politische Gewalt, v. a. S. 228–245; Weitz, Creating German communism, S. 160–185; Ehls, Protest und Propaganda.

[248] Zu den Ausschreitungen in Berlin vgl. insbesondere die Reportage „Berlin ohne Verkehrsmittel", in: Vorwärts vom 3. 11. 1932.

[249] Brief „Alfreds" [d. i. Tuure Lehen] an „Michael" [d. i. Pjatnickij] vom 15. 11. 1932, RGASPI 495/293/123: 53 f.

[250] Pjatnickij, Deckname Freitag, S. 187.

[251] Josef Stalin, Unterredung mit dem deutschen Schriftsteller Emil Ludwig am 13. 12. 1931, in: ders., Werke, Bd. 13, S. 93–109, hier: S. 108. Stalin fügte allerdings hinzu, dass sich die Deutschen in dieser Hinsicht „in der letzten Zeit sehr geändert hätten".

[252] Brief Remmeles an Lozovskij vom 27. 1. 1928, RGASPI 495/292/42: 2–24, hier: 11.

im Sommer 1930 in die gleiche Kerbe, dann seien sie nicht in der Lage, diese illegal weiter zu führen.[253]

Allerdings waren sich die Spitzenkader der KPD durchaus bewusst, dass diese Scheu kommunistischer Arbeiter vor illegalen Aktionen schlicht aus deren Furcht resultierte, arbeitslos zu werden: In seinem eben zitierten Brief an Lozovskij hatte Remmele schon 1928 selbst festgestellt, dass mittlerweile fast alle Großbetriebe „kommunistenfrei" seien: Nachdem beispielsweise die Leitung des Siemens-Werkes in Berlin einige Mitglieder der Betriebszelle entlassen habe, seien die übrigen in völlige Passivität verfallen, weil sie fürchteten, das gleiche Schicksal zu erleiden. Unter diesen Umständen war an illegale Arbeit selbstverständlich überhaupt nicht zu denken. Intern erkannte die KPD-Führung diesen Sachverhalt durchaus an: Im Juni 1929 konnte der britische Kommunist Pollitt am Rande des 10. EKKI-Plenums bei der deutschen Delegation erlauschen, dass die KPD illegale Streiks in Großbetrieben eigentlich ablehnte – schließlich wolle man ja nicht als „Partei der Arbeitslosen" enden.[254] Das wollten die Kominternfunktionäre zwar auch nicht, weil Arbeitslose ja weder streiken noch sich im Kriegs- oder Revolutionsfalle der Schlüsselindustrie bemächtigen konnten. Nicht zuletzt deshalb wurde in Moskau besorgt registriert, dass sich die KPD seit 1930 eben doch zu einer Partei entwickelte, deren Mitgliederschaft in ihren Hochburgen zu weit über 80 Prozent aus Arbeitslosen bestand.[255] Dennoch beharrte die Komintern darauf, dass die kommunistische Basis sich durch illegale Aktivitäten auszeichnen müsse. Mit Blick auf den hohen Anteil der Arbeitslosen an der KPD-Mitgliedschaft wunderte sich Pjatnickij daher: „Man sagt, die Arbeiter haben Angst und führen deshalb keinen Streik. Die Erwerbslosen brauchen doch keine Angst zu haben, sie sind außerhalb der Betriebe, warum ist dort keine Bewegung?"[256]

Dass das Leben in einer parlamentarischen Demokratie gewissermaßen den bolschewistischen Charakter verdarb, zeigte sich aber selbst bei den Funktionären der Komintern: Ein Bericht über die Arbeit des Westeuropäischen Büros von 1931 hielt fest, dass sowohl die Verbindung suchenden westlichen Genossen „als auch hin und wieder einzelne Genossen des WEB [...] ‚demokratische Illusionen' in

---

253 Manuilskij in der Sitzung des PS vom 24. 6. 1930, RGASPI 495/3/219: 9–15, hier: 12 f. Auch unter den hauptamtlichen Funktionären der KPD war die Enttäuschung groß, als sich beispielsweise der RFB nach seinem Verbot tatsächlich weitgehend auflöste. Vgl. Kurz, Feindliche Brüder im deutschen Südwesten, S. 163.

254 Diskussionsbeitrag Pollitt vor dem 10. EKKI-Plenum am 5. 7. 1929, in: Protokoll des X. EKKI-Plenums, S. 236–241, hier: S. 239.

255 Vgl. die entsprechenden Zahlen im Bericht des Orgsekretärs der KPD vom Januar 1931: August Creutzburg, Die Organisations-Arbeit der KPD, Hamburg 1931; und die Zahlen vom Sommer 1931 im Bericht Kolokolcevas über die Arbeit der KPD in den Betrieben vom 12. 8. 1931, die abschließend feststellte: „Somit besteht die KPD zu 4/5 aus Erwerbslosen." RGASPI 495/4/128: 71 f. In ihrem Brief an Stalin vom 28. 10. 1931 gingen Pjatnickij, Knorin, Manuilskij und Kuusinen ebenfalls auf diese Zahlen ein, RGASPI 495/19/236: 120–128, hier: 127.

256 Pjatnickij in der Sitzung des MELS des EKKI vom 7. 9. 1931, RGASPI 495/28/89: 4–13, hier: 5.

Hinsicht auf die deutsche Demokratie und die Polizei" entwickelt hätten.[257] Mit anderen Worten: die Funktionäre vertrauten auf die Tatsache, dass sie in einem Rechtsstaat lebten, in dem sie vor willkürlichen Verhaftungen geschützt waren.

Die sowjetischen Funktionäre registrierten mit Erstaunen, dass den meisten Genossen in Deutschland die bolschewistische Verfolgungsparanoia und Verschwörungsphantasien offensichtlich fremd waren – sie konnten diesen vergleichsweise routinierten Umgang mit dem politischen Gegner nicht als Ausdruck einer anderen politischen Kultur sehen, in der den Kommunisten ein hohes Maß an Meinungsfreiheit zugestanden wurde. Die bolschewistischen Spitzenkader und ihre deutschen Adepten, deren Vorstellungswelten sich vorrangig in den Kategorien des bewaffneten Kampfes bewegten und deren Denken durch Stalins Frage „Wer besiegt wen?" konturiert wurde, sahen in dieser Prägung durch die politische Kultur einer pluralistischen Gesellschaft nur eine Verweichlichung der Funktionäre.

Nicht zuletzt deshalb hegte man im EKKI auch gegenüber der KPD-Spitze ein gewisses Misstrauen, selbst wenn sich deutsche Spitzenfunktionäre wie Heckert und Remmele als besonders scharfe Kritiker „sozialdemokratischer Traditionen" in der KPD hervortaten. Die Komintern sah nämlich ausgerechnet in zwei Bereichen, die in der Forschung maßgeblich dafür verantwortlich gemacht werden, dass sich in der Endphase der Weimarer Republik eine Atmosphäre der permanenten Bürgerkriegsfurcht ausbreitete – nämlich den kommunistischen Demonstrationen sowie der Parteipresse – Anzeichen dafür aufscheinen, dass die deutsche Parteiführung den Weg des geringsten Widerstandes verfolgte und sich somit ungewollt an die politische Kultur der parlamentarischen Demokratie anpasste.

Die „legalistische Stimmung" in der KPD – also die Bereitschaft zur Kooperation mit den Behörden – bereitete den Kominternfunktionären ständige Kopfschmerzen. Dies erschien insbesondere dann schwerwiegend, wenn die deutschen Kommunisten nicht nur ausdrücklich die „Grenzen der bürgerlichen Legalität" achteten und sich darum bemühten, Absprachen mit den Behörden einzuhalten – wie dies bereits bei den Großdemonstrationen der Fall war –, sondern sich zu allem Überfluss auch noch auf „bürgerliche" Gesetze beriefen. Wer aber dies tat, der erkannte sie damit auch an. Ein Leitartikel der *Roten Fahne* beispielsweise, der sich im Juli 1931 mit dem Vorgehen der preußischen Behörden gegen Kommunisten befasste, die illegal Waffen besaßen, verkündete, man werde abwarten, ob der preußische Innenminister Severing „die objektive Staatsautorität seinen eigenen Genossen gegenüber ebenso gewissenhaft anwendet wie bei revolutionären Arbeitern".[258] Sogleich beschwerte sich Dimitrov in einem Brief an die KPD-Führung über den Artikel: „So kann man die Frage [nur] stellen", befand er, „wenn man auf der Grundlage der heutigen Gesetzlichkeit steht."[259] Das sollten die deutschen Kommunisten natürlich nicht tun – entsprechend entsetzt war die Kominternführung daher, als die KPD-Reichstagsfraktion ebenfalls im Sommer

---

[257] „Allgemeine organisatorische Fehler und Mängel in der Arbeit des WEB und seiner Hilfsorgane", o.D., 1931, RGASPI 499/1/34: 214–217.

[258] Rote Fahne vom 4. 7. 1931.

[259] Brief Dimitrovs an Flieg vom 6. 7. 1931, RGASPI 499/1/33: 63.

1931 den Antrag stellte, eine Reihe rechter Politiker, darunter Hitler und Hugenberg, „wegen Volks- und Landesverrats" zu verhaften.[260] Für einen richtigen Revolutionär sollte der „Landesverrat" (jedenfalls der an einer bürgerlichen Regierung) gewissermaßen Ehrensache sein – wie sollte man sonst einen Umsturz vollziehen können?[261] Ein weiterer Konfliktpunkt war die Frage, wie die KPD auf Presseverbote reagieren sollte. Die Drohung mit dieser Maßnahme erwies sich als ein wirksames Druckmittel, um die KPD zu disziplinieren: So hatte die Parteiführung beispielsweise im Herbst 1930 einen unvorsichtigen Redakteur der *Roten Fahne* entlassen, weil die Zeitung aufgrund eines von ihm verfassten Artikels für eine Woche verboten worden war. Zuvor hatten man ihn öfter (vergeblich) ermahnt, „jedes Wort in der Zeitung mit größter Vorsicht zu wählen".[262] Indem die Partei ihre Propaganda mäßigen musste, damit ihre Zeitungen nicht verboten wurden, passte sie sich – freilich wider ihren Willen und nur partiell! – an die bestehende Ordnung an. Anfang 1932 entschuldigte sich Thälmann daher in Moskau, dass die starke Kontrolle der Presse durch die Polizeibehörden in letzter Zeit „eine gewisse Einschränkung der revolutionären Problemstellung" verursacht habe[263] – mit anderen Worten: dass die KPD kaum noch zum Aufstand aufrufen konnte.

Wie wichtig den Führungskadern dieses Agitationsmedium aber trotz aller Beschränkungen war, hatten sie zuvor im Herbst 1931 demonstriert, als sie sich nicht nur *passiv* mäßigten und Aussagen vermieden, mit denen sie bestehende Gesetze verletzten, sondern sich *aktiv* verpflichten wollten, die bestehenden Gesetze zu achten. Damit beispielsweise das Verbot des in Altona erscheinenden KPD-Blattes *Hamburger Volkszeitung* wieder aufgehoben würde, hatte dessen Geschäftsführer im Sommer 1931 eine Erklärung der preußischen Behörden unterzeichnet, wonach die Partei zukünftig nur noch im Rahmen des Republikschutzgesetzes handeln werde. Kaum hatte die KPD-Spitze von dieser Aktion erfahren, schickte sie den Geschäftsführer des Blattes auf das Polizeipräsidium, um die Erklärung wieder zurückzuziehen.[264] Einige Wochen später wollte die Parteiführung jedoch selbst diesen Weg beschreiten, denn am 21. September 1931 waren die *Rote Fahne* und dreizehn weitere Parteizeitungen verboten worden, weil das Zentralorgan der KPD ein Solidaritätstelegramm der deutschen Parteiführung an streikende englische Matrosen abgedruckt hatte, das diese zum Aufstand aufforderte.[265] Carl Severing bot der KPD daraufhin an, das Verbot der *Roten Fahne* aufzuheben, falls

---

260 Brief Manuilskijs, Pjatnickijs, Knorins und Kuusinens an Stalin und Molotov vom 28. 10. 1931, RGASPI 495/19/236: 120–128, hier: 120–122.
261 Freilich setzte die KPD mit diesem Antrag im Grunde nur die Ankündigungen in die Tat um, die in der von Stalin angeregten „Programmerklärung" enthalten waren. Der einzige Unterschied des Antrages der kommunistischen Reichstagsabgeordneten lag darin, dass in der „Programmerklärung" nicht rechten Politikern, sondern den Sozialdemokraten fortgesetzter Hoch- und Landesverrat vorgeworfen worden war.
262 Protokoll des Sekretariates des ZK der KPD vom 10. 11. 1930, SAPMO-BArch RY 5-I 2/ 5/3: 142.
263 Brief Thälmanns an Pieck vom 8. 1. 1931, RGASPI 495/292/61: 4f., hier: 4.
264 So die Darstellung von Remmele in der PK vom 10. 4. 1932, RGASPI 495/4/182a: 50f.
265 Vgl. das Protokoll des Sekretariates des ZK der KPD vom 19. 9. 1931, in dem das „englische Telegramm" beschlossen wurde, SAPMO-BArch I 2/5/3: 261.

der Verlag der Zeitung öffentlich sein Bedauern ausdrücke, „dass durch die Art
der Ausdrucksweise der Eindruck entstanden ist, als ob in dem Telegramm an die
englischen Matrosen eine Aufreizung zur Nichtbefolgung deutscher Gesetze enthalten war", und zudem erkläre, in Zukunft bestrebt zu sein, „derartige Schwierigkeiten zu vermeiden".[266]

  Hätte die KPD tatsächlich eine solche Erklärung abgegeben, wäre dies eine Sensation gewesen, denn damit hätten die deutschen Kommunisten faktisch eine Art
„Legalitätseid" abgelegt, wie dies Hitler für die NSDAP bereits im September
1930 während des Prozesses gegen Scheringer getan hatte. Mehr noch: Severings
Text wollte den Eindruck erwecken, als bekenne die KPD indirekt, ihre revolutionäre Propaganda sei reine Rhetorik und bedauere, dass ihre Anhänger überzogene
Schlüsse daraus gezogen hätten.

  Die Moskauer Funktionäre waren dementsprechend erschüttert, als sie erfuhren, dass die deutsche Parteiführung auf den Vorschlag des preußischen Innenmi-
nisters eingehen wollte: Der Politkommission des EKKI war der Entwurf Severings am 22. September telefonisch übermittelt und dazu mitgeteilt worden, „dass
die deutschen Genossen geneigt seien, eine solche Erklärung abzugeben".[267] Die
Kominternführung lehnte noch am gleichen Tage „die Abgabe einer solchen Erklärung kategorisch" ab und untersagte einstweilen ihre Veröffentlichung.[268]

  Im Sekretariat der KPD regte sich nach einigem Zögern Widerstand gegenüber
dieser Entscheidung aus Moskau. Zwar hatte die KPD-Führung in einem Bericht
für die Komintern zwei Monate vor dieser Angelegenheit zu den damals aktuellen
Zeitungsverboten noch erklärt: Dieser Zustand „einer stark geminderten Legalität" sei eine „günstige Vorschule" für die Illegalität, weil „die Kinderkrankheiten
auf dem Gebiet der illegalen Arbeit in einer verhältnismäßig ungefährlichen Situation leichter überwunden werden können, als das zu einem späteren Zeitpunkt
der Fall sein wird".[269] Doch dieser Bericht war offensichtlich nur verfasst worden,
um das Image der KPD in Moskau etwas aufzubessern. Intern waren derartig heroische Töne nämlich nur selten zu hören und im September 1931 schoben sich
die aktuellen Anforderungen des politischen Meinungsstreites in einer parlamentarischen Demokratie in den Vordergrund. Für die KPD-Führung war es nunmehr von zentraler Bedeutung, dass das Zeitungsverbot aufgehoben wurde, damit
die Partei im Hinblick auf die anstehenden Hamburger Bürgerschaftswahlen und
die Streiks im Ruhrgebiet agitationsfähig blieb: „In einer solchen Lage ohne
Presse zu bleiben", erklärte ausgerechnet der sonst so radikal auftretende Neumann am 24. September in einem Telefonat mit Aleksandr Abramov, „ist für die

---

[266] Entwurf einer Bedauernserklärung zur Veröffentlichung in der Roten Fahne, o.D. [wahr-
scheinlich 21. 9. 1931], Anlage zum Protokoll Nr. 180 der PK vom 22. 9. 1931, Pkt. 2,
RGASPI 495/4/139: 4.
[267] Notiz über ein Telefonat zwischen Kurt Müller und Neumann vom 22. 9. 1931, RGASPI
495/4/139: 4.
[268] Protokoll Nr. 180 der PK vom 22. 9. 1931, Pkt. 2, RGASPI 495/4/139: 2.
[269] Bericht des ZK der KPD über Maßnahmen im Falle einer Zuspitzung der Lage in
Deutschland vom 19. 7. 1931, RGASPI 495/293/117: 18–20, hier: 19. Vgl. dazu auch: Anweisungen des EKKI für die Arbeitsweise des Politbüros der KPD vom 26. 7. 1931,
RGASPI 495/19/524: 4–6.

Partei absolut undenkbar". Die Aufzeichnungen Abramovs über dieses Gespräch dokumentieren die unterschiedlichen Maßstäbe, an denen die Funktionäre in Moskau und Berlin die Erklärung maßen. In Moskau fürchtete man einen Gesichtsverlust der Kommunisten. Abramov warf Neumann vor, die KPD lasse sich von der Regierung aufs Kreuz legen, wenn sie die von Severing vorgelegte öffentliche Reueerklärung abdrucke. Die Abgabe einer solchen Erklärung, so warnte er die KPD, wäre ein „neuer 4. August" – also ebenso verhängnisvoll wie die Bewilligung der Kriegskredite durch die SPD im August 1914, durch die sich die deutsche Sozialdemokratie in den Augen der Bolschewiki in das Lager der „Klassenfeinde" gestellt hatte. Neumann versuchte derlei Bedenken zu zerstreuen und versicherte, dass mit einer solchen Erklärung nur der Schein gewahrt werde und die KPD auch bei ihren Anhängern keinen Ansehensverlust erleiden werde: Mehrmals betonte er gegenüber Abramov, „dass die Arbeiter über eine solche Verpflichtung lachen werden und es für absolut möglich halten, eine solche abzugeben". Zudem sei der Verlag der *Roten Fahne*, in dessen Namen die Erklärung offiziell abgegeben werden sollte, „bürgerlich", weshalb sich (formell gesehen) weder die KPD noch die Redaktion der Zeitung verpflichteten.[270] Doch in den Ohren der Bolschewiki klang der von Severing durchgegebene Text anders: Im Protokoll des sowjetischen Politbüros, dem die Entscheidung schließlich übertragen wurde, war von der vermeintlichen Absicht der KPD die Rede, „zukünftig nicht mehr die deutschen Gesetze zu verletzen". Ein so verstandenes Ansinnen lehnte die bolschewistische Führung natürlich ab.[271]

Obwohl die KPD-Führung nach diesem Machtwort einlenkte, hatte die Angelegenheit in Moskau doch einen „sehr unangenehmen Eindruck" hinterlassen, wie Kaganovich dem am Schwarzen Meer weilenden Stalin am nächsten Tage mitteilte. Pjatnickij habe erzählt, so berichtete Kaganovich in dem Schreiben an den Generalsekretär weiter, „dass es überhaupt noch andere Tatsachen dieser Art gebe. […] Möglicherweise ist das ein Zeichen für schwerwiegendere Prozesse in der deutschen Partei."[272]

Diese „anderen Tatsachen" waren vor allem die erwähnten Gespräche von Hirsch mit Reichsinnenminister Wirth, in denen der kommunistische Funktionär den Eindruck erweckt hatte, die KPD strebe vorerst keine Revolution an und richte sich deshalb bis auf weiteres im aktuellen politischen System ein. In beiden Fällen – der Diskussion um die von Severing vorgelegte Reueerklärung wie auch in dem Gespräch von Hirsch mit Wirth um die angebliche Bereitschaft der KPD, auf eine Revolution vorerst zu verzichten – spielte sich der Konflikt zwischen den Kommunisten in Moskau und Berlin auf zwei Ebenen ab. Zum einen fürchtete man in der Kominternführung, die KPD könne an Einfluss in der Arbeiterschaft

---

270 Gesprächsnachschrift des Telefonates zwischen Abramov und Neumann am 24. 9. 1931, vom 25. 9. 1931, RGASPI 495/4/141: 4 f.

271 Protokoll Nr. 64 der Sitzung des PB der VKP(b) vom 25. 9. 1931, Pkt. 6: „Bekanntmachung von Manuilskij (Sondermappe)", RGASPI 17/162/11: 12. An dieser Sitzung nahmen außerdem Pjatnickij und Knorin teil.

272 Brief Kaganovichs an Stalin vom 26. 9. 1931, abgedruckt in: Khlevnjuk (Hg.), Stalin i Kaganovich, S. 120.

einbüßen, wenn sie sich in ihrer revolutionären Propaganda zu sehr mäßige.[273] Zum anderen aber sorgte man sich in Moskau, eine gemäßigte Propaganda könne schließlich zur tatsächlichen Domestizierung der KPD beitragen. Dass sich die KPD-Führungskader zu „friedliebenden Staatsbürgern" entwickeln würden, die die deutschen Gesetze achten – eine solche Entwicklung erschien den Bolschewiki, die an die bewusstseinsprägende Kraft der Sprache glaubten, als reale Gefahr. Sie befürchteten somit, selbst die deutsche Parteispitze könne in der parlamentarischen Demokratie „versumpfen", sich also ungewollt in das bekämpfte System einfügen, und die ehernen Grundsätze des Marxismus-Leninismus über Bord werfen, als deren Gralshüter sich die Moskauer Funktionäre somit umso mehr empfinden mussten.

Diese Folgen der unwillkommenen Sozialisierung und der „Zersetzung" durch die demokratischen Systeme mussten nach Meinung der Komintern beseitigt werden. In der jetzt anbrechenden neue Zeit, so schrieb Manuilskij schon im Mai 1929, eine Woche nach dem Berliner „Blutmai" an Thälmann, könne man mit den alten Kadern nichts mehr anfangen: „Diese Kader sind unter den anderen Bedingungen der ‚Stabilisierungs'-Windstille aufgewachsen, sie arbeiten mit Methoden die jener Zeitspanne angemessen waren", nun aber sei ein „neuer Typ" gefragt, der sich im „Zustand der permanenten Offensive" vor allem gegen die Sozialdemokratie befinde.[274] Um die Partei auf eine „neue, höhere Stufe ihrer bolschewistischen Entwicklung" zu bringen, so wurde den westlichen Sektionen daher im Sommer 1930 geraten, müsse sie sich vom „Ballast" der alten Kader befreien[275] und insbesondere die kommunistischen Kommunalfraktionen von der dort herrschenden „opportunistischen Übermacht" und den „kleinbürgerlichen Elementen" säubern, von denen sie bislang noch „sehr verunreinigt" seien.[276] Auch die Fraktionsarbeit in den Genossenschaften lasse sich nur dann richtig durchführen, so ließ das Mitteleuropäische Ländersekretariat die deutsche Parteiführung wissen, wenn sie die „unlebendige[n], verkalkte[n] Elemente" entferne und diese „‚Parteimenschen' durch junge, frische, aktive Parteigenossen" ersetze.[277]

Der Komintern kam es dabei ausdrücklich nicht darauf an, dass die neuen Funktionäre in Gemeindeparlamenten und Genossenschaften durch Sachkenntnis glänzten: Es sei nicht entscheidend, ob sie sich in den „Gesetzesfolianten" auskennen, erklärte das EKKI-Präsidium zu diesem Thema, sondern dass sie „über die wichtigste Eigenschaft verfügen: revolutionäre Härte, bolschewistische Unversöhnlichkeit, Verbindung mit den Massen".[278] Lozovskij meinte gar, „dass uns die

---

273 Brief Knorins an Thälmann vom 15. 9. 1931, RGASPI 495/19/524: 22.

274 Brief „Richards" [d. i. Manuilskij] an „Teddi" Thälmann vom 10. 5. 1929, RGASPI 495/19/77: 46–53, hier: 50ob.

275 Bericht des MELS „Über den Kampf gegen den Opportunismus in der Praxis und über die Kaders [sic]" vom 29. 6. 1930, RGASPI 495/28/47: 61–66.

276 „Aufgaben der Kommunalarbeit der KI-Sektionen" vom 10. 2. 1930, RGASPI 495/3/153: 184–201, hier: 198.

277 Brief MELS des EKKI an das ZK der KPD über die Genossenschaftsarbeit vom 10. 12. 1930, RGASPI 495/28/47: 109–126, hier: 112.

278 „Aufgaben der Kommunalarbeit der KI-Sektionen" vom 10. 2. 1930, RGASPI 495/3/153: 184–201, hier: 199.

[kommunistischen] Stadträte nützlicher sind, wenn sie im Gefängnis sitzen", als wenn sie sich brav in die Alltagsarbeit der Gemeinden einspannen ließen.[279] Frauen und unqualifizierte Arbeiter, so machte die Komintern an anderer Stelle deutlich, waren die geeignetsten Kandidaten, um einer Partei, die sich zu sehr an die bestehenden Verhältnisse angepasst habe, den notwendigen revolutionären Schwung einzuhauchen[280]: Diese Gruppen waren einerseits in der sozialen Gliederung ganz unten angeordnet und galten andererseits als politisch „unbelastet".

Wenngleich es auch immer wieder Stimmen gab, die vor der Auffassung warnten, „als wenn die alten Genossen nichts wert wären, als wenn sie zu dumm wären"[281], und die Tendenz kritisierten, das gesamte bisherige Parteiaktiv „vollständig ins Archiv" abzugeben[282], so wurde die Empfehlung, „frische" Kader heranzuziehen, zu einem Leitmotiv, wann immer über den Mitgliederbestand der kommunistischen Parteien geredet wurde: Schon Ende 1929 hatte Heckert begeistert davon berichtet, dass in einer kommunistischen Betriebsversammlung einige Parteilose „vom Faustrecht Gebrauch gemacht" und einige Parteimitglieder verprügelt hätten, „weil diese die Linie der Partei aufgeben wollten".[283] Viele Genossen wurden durch diesen Diskurs in die Passivität getrieben: „Insbesondere die Genossen im mittleren Alter verweigern jede Arbeit mit der Begründung, dass sie nach Ansicht der Partei zu verkalkt seien und sie sich wundern würden, dass man nicht auch in der Führung der KPD die Genossen Thälmann und Remmele absetze, die viel älter seien als sie", berichtete Anfang 1932 ein Instrukteur aus Stuttgart.[284]

Mit dem Austausch der „verbrauchten" Kader, denen der politische Alltag in der Demokratie gewissermaßen den Charakter verdorben hatte, war es aus Sicht der Spitzenfunktionäre aber nicht getan, um auch zukünftig eine Entwicklung zu verhindern, die sich mit „Wandel durch Zusammenarbeit" umschreiben ließe. Es galt daher, die kommunistischen Kader auf Distanz zur bürgerlichen Ordnung und deren Repräsentanten zu halten. Schon 1928 kehrte die KPD daher zur erwähnten „Politik der roten Handschuhe" zurück, wie sie während der ultralinken Periode in der Mitte der 20er Jahre verfolgt worden war. Den kommunistischen Abgeordneten in Stadt- und Landesparlamenten wurde explizit untersagt, an parlamentarischen Bierabenden teilzunehmen. Den „korrumpierten Sozialdemokraten", so hieß es aus der Parteizentrale, könne man andernfalls nicht mit einer „wirklich proletarischen Kritik" entgegentreten.[285] Wer eine neue Welt aufbauen wollte, durfte mit dem „Klassenfeind" nicht abends gesellig zusammensitzen.

---

279 Molotov und Lozovskij in der Sitzung des PS über die Kommunalpolitik der kommunistischen Parteien, RGASPI 495/3/153: 153–163, hier: 158.

280 Bericht des MELS „Über den Kampf gegen den Opportunismus in der Praxis und über die Kaders" vom 29. 6. 1930, RGASPI 495/28/47: 61–66.

281 So der Vertreter der KPÖ, Horner, über die „Überspitzungen" in der Kaderfrage in der Sitzung des MELS des EKKI vom 15. 12. 1931, RGASPI 495/28/150: 39.

282 So die Kritik von Kun in seinem Brief an Manuilskij vom 7. 9. 1931, RGASPI 495/4/409: 46.

283 Bericht Heckerts in der Sitzung des Mitteleuropäischen Ländersekretariates vom 31. 12. 1929, RGASPI 495/28/42: 1–28.

284 Zitiert nach: Mallmann, Kommunisten, S. 364.

285 „Verhalten von Landes- und Gemeindeparlamentariern bei geselligen Veranstaltungen, Besichtigungen etc." 1928, zitiert nach: Mergel, Parlamentarische Kultur, S. 319.

Dass Manuilskij in seinem Referat vom Oktober 1931 seinen Generalverdacht gegenüber den westlichen Kommunisten auch auf deren Spitzenfunktionäre ausdehnte, bezeugt allerdings die Furcht der Komintern, dass selbst diese die notwendige habituelle Distanz zum „Klassenfeind" nicht besonders ernst nahmen. Auch hier dürften die geheimen Gespräche von Werner Hirsch mit Reichsinnenminister Wirth eine zentrale Rolle gespielt haben, denn in Hirschs Bericht klang an, dass bei den Verhandlungen mit Wirth ein fast herzliches Gesprächsklima geherrscht habe. Dies stieß den Kominternfunktionären übel auf. Obwohl Hirsch diese freundliche Atmosphäre zum Bestandteil seines Täuschungsversuches erklärte, meinte man im EKKI, Hirsch habe durch die Art seiner Gesprächsführung mit Wirth faktisch fraternisiert. Knorin wies Thälmann mit Blick auf dieses Gespräch darauf hin, dass es gerade bei Verhandlungen mit Regierungsvertretern notwendig sei, „mit der vollen Würde eines Revolutionärs und Kommunisten" aufzutreten.[286] Damit verlangte der Kominternfunktionär von den KPD-Kadern, gewissermaßen wie Parlamentäre aufzutreten, die ihren Bürgerkriegsgegnern ihre Forderungen überbringen. Alles, was darüber hinaus ging, wurde als Kungelei angesehen. Zwar erlaubte sich die bolschewistische Führung sogar in der Phase, in der reihenweise vermeintliche Spione und Saboteure kapitalistischer Länder in Schauprozessen abgeurteilt wurden, weiterhin intensive Kontakte mit den Wirtschaftskapitänen und Militärs eben dieser Länder – doch vergaß die sowjetische Führung dabei nie, demonstrativ die Distanz zu wahren. Der sowjetische Kriegskommissar Kliment Voroshilov betonte beispielsweise im Herbst 1929 in einem Gespräch mit dem Generaloberst der deutschen Reichswehr, Kurt von Hammerstein-Equord, zwischen Deutschland und der Sowjetunion bestünden aufgrund der gegensätzlichen Gesellschaftssysteme lediglich „rein geschäftliche Beziehungen".[287]

Für die ausländischen Kommunisten galten im Umgang mit demselben „Klassenfeind" ungleich strengere Verhaltensregeln, da sie sich aus Moskauer Sicht wie in einer Welt von Sündern bewegten und daher beständig korrumpierenden Versuchungen ausgesetzt waren. Die Reaktion der stalinistischen Kominternführung auf das „Fehlverhalten" von Hirsch war Remmele im Dezember 1932 anscheinend noch in guter Erinnerung, als er an Pjatnickij und Stalin in einem umfangreichen Pamphlet über die Kontakte zwischen kommunistischen Spitzenfunktionären mit Vertretern der Regierung (und was er nicht ausdrücklich erwähnte: der SPD)[288] schrieb:

„Ich erinnere Euch an die ständigen Geheimberatungen einiger führender KPD-Abgeordneter, wie Torgler, Kasper, Koenen etc. und Nichtabgeordneter wie Hirsch mit den jeweiligen aktiven Reichs- und Landesministern, Regierungsräten, Chefs der politischen Geheimpolizei etc., wobei sie ungeheuer stolz darauf sind, von diesen ‚hohen Herren' anerkannt zu werden. [...] Der Exekutivausschuss des deutschen Finanzkapitals ‚erkennt' die Führer der KPD als

---

[286] Brief Knorins an Thälmann vom 15. 9. 1932, RGASPI 495/19/524: 22.
[287] Vgl. den Auszug aus dem Stenogramm des Gespräches Voroshilov-Hammerstein am 5. 9. 1929, abgedruckt in: Djakov (Hg.), Fashistkaja mech kovalsja v SSSR, S. 100f.
[288] Solche Gespräche fanden angesichts des Aufstieges der NSDAP 1932 häufiger statt. Siehe dazu das nächste Kapitel.

‚stubenrein', als ‚verhandlungswürdig', als ‚gleichberechtigt' an, was die Hirsch und Genossen mit viel Ruhmredigkeit und größter Freude verkünden."[289]

Dieses Dokument ist deshalb so interessant, weil es wie viele andere Berichte von kommunistischen Spitzenkadern auch eine Mischung aus aufmerksamen Beobachtungen und ideologisch überformter Denunziation ist. Indem Remmele über den Stolz der deutschen Funktionäre lästerte, dass sie von Regierungsvertretern als Ihresgleichen anerkannt wurden, beschrieb er damit einerseits ein Phänomen, das sich in vergleichbarer Weise auch bei Nationalsozialisten beobachten lässt: Als *underdogs* der deutschen Gesellschaft verspürten die führenden deutschen Kommunisten zwar einerseits Hass auf die Spitzen der Gesellschaft, entwickelten andererseits teilweise aber auch einen ausgeprägten Minderwertigkeitskomplex: Wenn sie nun von den Regierungsvertretern empfangen wurden, die jene Macht besaßen, die sie selbst wünschten, so fiel ein schwacher Abglanz dieser Macht zumindest für einen kurzen Moment auch auf sie, immerhin konnten sich die Funktionäre in der Illusion wiegen, irgendwie „wichtig" zu sein – ein Vorgang, der sich besonders in dem zitierten Bericht von Hirsch über sein Treffen mit Wirth beobachten lässt.

Andererseits war Remmeles Bericht von dem Bemühen geprägt, den Bolschewiki nach dem Mund zu reden und zu diesem Zweck das Verhalten der KPD-Kader, die er denunzierte, in etwas grelleren Farben zu schildern: Zu diesem Zeitpunkt war Remmele in Moskau nämlich in Ungnade gefallen und versuchte nun, seine eigene Position zu verbessern, indem er die anderen Führungsfunktionäre der KPD bei der Komintern anschwärzte. Diese empfänden trotz ihrer verwerflichen Kontakte zu den kapitalistischen Regierungen kein „Gefühl der Scham und Schmach", empörte er sich, „weil sie gar nicht ernsthaft an die Revolution glauben und daher zu jedem Kompromiss mit der jeweiligen Regierung bereit" seien.[290] Remmeles Aussagen zeigen indirekt, wie wichtig es war, nicht in den Geruch der Kumpanei mit Vertretern der „anderen Seite" der Barrikade zu kommen. Wilhelm Pieck versuchte ein solches Misstrauen in Moskau gar nicht erst aufkommen zu lassen. Deshalb war er im Umgang mit der Komintern darum bemüht, sich vor allem von seiner Tätigkeit als Abgeordneter der KPD zu distanzieren: Als er der MOPR-Vorsitzenden Elena Stassova im Februar 1930 mitteilte, er sei inzwischen nicht nur Reichstagsabgeordneter, sondern auch noch Mitglied der Berliner Stadtverordneten-Versammlung, der Steglitzer Bezirksverordneten-Versammlung und des Preußischen Staatsrates, da beeilte er sich gleich, ihr zu versichern: „Das ist ein bisschen viel von diesem parlamentarischen Gerümpel, aber Du brauchst keine Besorgnis zu haben, dass ich dabei etwa parlamentarisch versumpfe; denn davor bewahrt mich nicht nur mein Temperament, sondern auch die Erkenntnis von der Bedeutungslosigkeit dieser Tätigkeit."[291]

---

[289] „Der westeuropäische Kommunismus", Bericht Remmeles an Stalin und Pjatnickij vom 25. 12. 1932, RGASPI 508/1/129: 65–136, hier: 119.
[290] Ebenda.
[291] Brief Piecks an Stassova vom 10. 2. 1930, SAPMO-BArch NY 4036/600: 47–49, hier: 47.

VIII. Von der „Dritten Periode" zum „Dritten Reich"

Während im letzten Kapitel die unterschiedlichen Normen und Werte sowie die Fallstricke interkultureller Kommunikation thematisiert wurden, soll es im Folgenden darum gehen, wie die Kommunisten in Moskau und Deutschland auf den weiteren Aufstieg der NSDAP reagierten und welche Konsequenzen sie daraus für ihr Verhältnis zur Sozialdemokratie zogen. Hierbei wird nicht nur erneut der entscheidende, persönliche Einfluss Stalins deutlich, der einmal mehr jegliche Abmilderung der Konfrontation gegenüber der SPD abblockte, es lassen sich an diesem Problem auch die unterschiedlichen Wahrnehmungsweisen der kommunistischen Kader in den Führungsetagen in Moskau und Berlin sowie an der KPD-Basis aufzeigen. Diese dissonanten Erwartungen und Befürchtungen mussten zwangsläufig zu Interessenkonflikten führen.

Aus heutiger Sicht stellt sich die Frage, aus welchen Gründen die Gefahr, die von der NS-Bewegung ausging, seitens der Kommunisten bis zum Schluss unterschätzt wurde. Waren die Kominternfunktionäre wirklich davon überzeugt, dass die nationalsozialistische Gefahr lediglich von den Sozialdemokraten im eigenen Interesse aufgebauscht wurde? Wie stellte man sich in Moskau die weitere politische Entwicklung in Deutschland vor?

In Teilen der Forschungsliteratur wird bis heute die These vertreten, Stalin habe seit dem Herbst 1931 nicht nur mit der Machtergreifung der NSDAP gerechnet, sondern sogar gezielt darauf hingearbeitet: In der Überzeugung, dass eine Revolution in Westeuropa bis auf weiteres nicht zu erwarten sei, gleichzeitig aber die Sowjetunion durch eine antibolschewistische Front ausländischer Mächte bedroht werde, habe der sowjetische Diktator nach Strategien gesucht, um den „Aufbau des Sozialismus in einem Land" abzuschirmen. Eine NS-Regierung in Deutschland sei ihm hierbei als wirksames Mittel erschienen, weil diese sich vermutlich so ausschließlich mit dem französischen „Erbfeind" beschäftigen würde, dass die Bolschewisten derweil in Ruhe den Sozialismus aufbauen könnten.[1]

Diese These bezieht einen Teil ihrer Plausibilität aus der unzulässigen Rückprojektion jener Motive, die zum Hitler-Stalin-Pakt führten, auf Stalins Deutschlandpolitik der Jahre bis 1933, und stützte sich hauptsächlich auf die Memoiren der Lebensgefährtin von Heinz Neumann, Margarete Buber, die über ein Gespräch zwischen Neumann und Stalin berichtet, in dem der Diktator diese Strategie angeblich unverblümt offenbart habe.[2] Die nun zugänglichen Dokumente ergeben jedoch ein anderes Bild.

---

[1] Vgl. Tucker, Stalin in Power, S. 223–237, v.a. 229–232; Pipes, Kommunismus, S. 110 f.; 138 f.; Payne, Soviet Anti-Fascism, S. 12–18.

[2] Vgl. Buber-Neumann, Von Potsdam nach Moskau, S. 270–272. Dieses Gespräch soll nach ihrer Darstellung im Herbst 1931 stattgefunden haben. Bei dem einzigen Treffen Neumanns mit Stalin in diesem Zeitraum am 31. 10. 1931 waren allerdings noch die gesamte

1. „Das Geschrei über Hitler"

Allen anderslautenden Resolutionen zum Trotz waren sich die Moskauer Funktionäre im Herbst 1931 einig, dass die KPD längst nicht so erfolgreich war, wie sie es erhofft hatten: Weder durch den „Roten Volksentscheid" im August 1931 noch in der Gewerkschaftsarbeit hatten die deutschen Kommunisten ihren Einfluss ausbauen können. Die Partei trat auf der Stelle. Sie war nicht zu der gesellschaftlichen Kraft aufgestiegen, die eigenständig in der Lage gewesen wäre, durch Streiks, Demonstrationen und Wahlerfolge ihre politische Agenda erfolgreich in das Zentrum der politischen Öffentlichkeit zu stellen. Wenn die KPD im kommenden, dem voraussichtlich „schlimmsten Winter des Kapitalismus", keinen „wirklichen Fortschritt" erziele, so warnte Manuilskij daher im September in einer internen Sitzung, dann würden die deutschen Arbeiter daran zweifeln, ob die KPD politikfähig sei: „Ich halte die heutige Lage für sehr ernst."[3]

Angesichts des ausbleibenden Erfolges der KPD stellte sich den Moskauer Funktionären schließlich auch die Frage, ob die bisherige Haltung gegenüber der Sozialdemokratie überdacht und revidiert werden sollte. Doch die in der stalinisierten Führung des EKKI allgegenwärtige Angst, sich durch Kritik an der „Generallinie" als „Abweichler" zu disqualifizieren, würgte jede Diskussion über diese Frage bereits im Ansatz ab: Als Bela Kun in einer internen Sitzung laut überlegte, ob die Beschlüsse des XI. EKKI-Plenums, die die Sozialdemokratie als Hauptgegnerin definierten, vielleicht „ergänzt" werden müssten, wurde er von Manuilskij reflexartig unterbrochen: Es sei nicht notwendig, die Linie zu ändern. Daraufhin versicherte Kun eilig, er „habe nicht über [eine] Änderung der Linie gesprochen, sondern [darüber,] dass sie vollkommen richtig ist". Diese Erwiderung kommentierte Pjatnickij trocken: „Das sagt jeder: ich bin einverstanden."[4] Auf diese Weise verhinderte das auf Stromlinienförmigkeit getrimmte Denken der Kominternkader jegliche Überlegungen, die sie dazu hätten veranlassen können, neue Problemlösungen zu suchen.

Nach außen hin durfte natürlich nicht bekannt werden, wie ratlos die Komintern war – selbst gegenüber der KPD-Spitze schwieg sich Moskau aus, weil man, wie der deutsche Vertreter beim EKKI Sepp Schwab nach Berlin berichtete, „die Auslösung einer Panikstimmung" in der KPD befürchtete, wenn dort bekannt würde, wie desorientiert die Komintern sei.[5] Allerdings zeigte sich hier wohl eher die eigene Unsicherheit der sowjetischen Funktionäre, denn just zu dieser Zeit hielt sich Stalin in seiner Residenz am Schwarzen Meer auf und war für die Führungskader des EKKI kaum erreichbar. Erst als der Diktator Mitte Oktober 1931 in die sowjetische Hauptstadt zurückkehrte, war die Komintern wieder entschei-

---

Kominternführung sowie Thälmann und Pieck zugegen. Keiner dieser Beteiligten hat in späteren Dokumenten auf diese angebliche Aussage Stalins Bezug genommen.

[3] Zitiert nach: Brief Schwabs an Sekretariat des ZK der KPD vom 12. 9. 1931, RGASPI 495/ 292/54: 258–260, hier: 259.

[4] Stenogramm der Sitzung des MELS des EKKI vom 7. 9. 1931, RGASPI 495/28/89: 4–13, hier: 12.

[5] Brief Schwabs an Sekretariat des ZK der KPD vom 23. 9. 1931, RGASPI 495/292/54: 266f.

dungsfähig: Thälmann und Neumann erhielten einen konkreten Termin für ihren mehrmals verschobenen Besuch in Moskau, um mit Stalin persönlich über die künftige Politik der KPD zu beraten.[6]

In der Zwischenzeit bestand somit ein gewisses Vakuum, in dem die Komintern ohne klare Vorgaben des Generalsekretärs blieb. Bemerkenswerterweise nutzte ausgerechnet Manuilskij diese Situation, um einen Kurswechsel vorzuschlagen: Der Fehlschlag der bisherigen Kominternpolitik war so offensichtlich, dass sogar ein linientreuer Stalinist wie er sich genötigt sah, diese zu revidieren. In einer Sitzung des Politsekretariates erklärte Manuilskij Mitte September kurzerhand die „ganze politische Linie" des von Knorin geleiteten Mitteleuropäischen Ländersekretariates für falsch: Anstatt die Sozialdemokratie frontal anzugreifen, müssten die Kommunisten ihre Taktik flexibler gestalten. Anders als es die deutschen Kommunisten mit Thälmann bei der Reichspräsidentenwahl 1925 getan hatten, sollten die österreichischen Kommunisten bei der demnächst in Österreich anstehenden Wahl des Bundespräsidenten nicht ihren Parteivorsitzenden Johann Koplening als Kandidaten aufstellen. Stattdessen, so schlug Manuilskij vor, sollte sich die KPÖ bereit erklären, den sozialdemokratischen Kandidaten zu unterstützen, falls die SPÖ „eine Reihe von Forderungen" erfülle.[7]

Es wäre allerdings verfehlt, in diesem Vorschlag den Versuch zu sehen, die „Volksfront"-Politik bereits 1931 einzuführen. Denn Manuilskij beabsichtigte keineswegs, die kommunistische Strategie grundlegend zu ändern. Vielmehr schwebte ihm eine flexiblere Taktik gegenüber der Sozialdemokratie vor. So sollte verhindert werden, dass potentielle Wähler weiter durch eine kommunistische Radaupolitik verschreckt wurden, wie dies in Deutschland beim „Roten" Volksentscheid der Fall gewesen war. Darüber hinaus blieb unklar, welche „Forderungen" nach Ansicht von Manuilskij an die Sozialdemokraten gestellt werden sollten – in den bisherigen Fällen waren diese bewusst so formuliert worden, dass sie unannehmbar waren.

Es wäre allerdings vergebens, sich über diese Frage allzuviel Gedanken zu machen, denn Manuilskij konnte sich mit diesem begrenzten Vorschlag innerhalb der Kominternführung sowieso nicht durchsetzen: Die übrigen Mitglieder fürchteten, dass die Kommunisten mit einem solchen Schritt die Sozialdemokraten fak-

---

[6] Anfang Oktober meldete Pieck, das EKKI habe sich noch nicht entscheiden können, eine Einladung ergehen zu lassen. Vgl. Brief Piecks an das Sekretariat des ZK der KPD vom 7. 10. 1931, RGASPI 485/292/54: 104 f. Am 16. 10. 1931 erhielten Thälmann und Neumann schließlich die Einladung, zur Besprechung „einer ganzen Reihe aktueller Fragen" nach Moskau zu kommen. Vgl. Telegramm Piecks an Neumann/Thälmann vom 16. 10. 1931, RGASPI 495/19/524: 27. Zur Vorbereitung dieses Treffens schickten Knorin, Pjatnickij, Manuilskij und Kuusinen am 28. 10. 1931 einen Bericht an Stalin und Molotov, in dem sie eine Übersicht über die Politik der KPD, die Lage in Deutschland und die Eingriffe der „russischen Delegation" während der letzten 16 Monate gaben, RGASPI 495/19/236: 120–128.

[7] Brief Schwabs an Sekretariat des ZK der KPD vom 23. 9. 1931, RGASPI 495/292/54: 266 f. Die Zitate stammen aus diesem Brief. Vgl. zu dieser Diskussion auch den Brief Piecks an das Sekretariat des ZK der KPD vom 7. 10. 1931 [auf dem Brief irrtümlicherweise mit „September" datiert] RGASPI 485/292/54: 104 f., hier: 104.

tisch als Bündnispartner anerkennen und sich somit zumindest ansatzweise der bestehenden Ordnung anpassen würden.[8] Offensichtlich waren sich die meisten in diesem Kreis bewusst, dass Manuilskij der Rückhalt Stalins für seine Pläne fehlen würde – zu Recht, wie sich herausstellte. Denn während die Funktionäre in Moskau noch diskutierten, verfasste der Diktator in seiner Urlaubsresidenz einen Brief an Kaganovich, in dem er forderte, den Ton der Kominternpresse weiter zu verschärfen. Damit blockierte Stalin von sich aus jeden Gedanken einer Mäßigung der Kominternpolitik.[9] Obwohl die Kominternspitze einen Monat später in ihrem Bericht über die Lage in Deutschland Stalin ausdrücklich auf die wachsende Gefahr aufmerksam machte, die vom Nationalsozialismus ausging[10], wurde die vorangegangene Debatte über eine partielle „Einheitsfront von oben" nach seiner Rückkehr nach Moskau dann auch stillschweigend übergangen. Als Stalin die KPD-Führung am 30. und 31. Oktober in seinem Arbeitszimmer im Kreml empfing[11], beharrte er stattdessen gegenüber den deutschen Genossen auf einer starren Frontstellung gegen die SPD.

Für die Sozialdemokraten mussten die nun von der KPD ausgesandten politischen Signale widersprüchlich bleiben. Die bei dem Treffen der beiden Deutschen mit Stalin Ende Oktober 1931 vom Diktator durchgesetzte öffentliche Absage der KPD an den „individuellen Terror" schien darauf hinzudeuten, dass sich die Kommunisten in ihrer Politik mäßigen würden – doch als der Vorsitzende der SPD-Fraktion im Reichstag, Rudolf Breitscheid, diesen Schritt der KPD lobte und erklärte, damit sei ein Hindernis für ein antifaschistisches Bündnis zwischen der Sozialdemokratie und der Kommunistischen Partei gefallen[12], verfasste Neumann für die *Rote Fahne* einen Artikel, in dem er – wie er der Kominternführung später erzählte – einige der „Anregungen" verwandte, „die wir von Gen. Stalin bekamen, so den Gedanken, dass der Hauptschlag gegen die Sozialdemokratie zu führen ist".[13] Die KPD habe nicht dem Terror entsagt, hieß es daraufhin in Neu-

---

[8] Vgl. Brief Schwabs an Sekretariat des ZK der KPD vom 23. 9. 1931, RGASPI 495/292/54: 266 f. Die Idee erübrigte sich dann allerdings sowieso, weil der christlich soziale Bundespräsident Wilhelm Miklas schließlich nicht direkt gewählt, sondern kurzerhand vom Bundesparlament in seinem Amt bestätigt wurde. Ich danke Barry McLoughlin für diesen Hinweis.

[9] Brief Stalins an Kaganovich vom 23. 9. 1931, RGASPI 558/11/76: 76ob.

[10] Vgl. Brief Knorins, Manuilskijs, Pjatnickijs und Kuusinens an Stalin und Molotov vom 28. 10. 1932, RGASPI 495/19/236: 120–128.

[11] Zunächst besprach sich der Diktator am späten Abend des 30. Oktober mit Thälmann, der von Molotov, Manuilskij und Pjatnickij begleitet wurde (später stießen noch Kriegskommissar Kliment Voroshilov und der Geheimdienstchef Jan Berzin hinzu); am nächsten Abend wurde die Runde um Neumann, Knorin und Pieck ergänzt – beide Treffen dauerten jeweils bis nach Mitternacht an. Vgl. Korotkov, Posetiteli kremlevskogo kabineta I. V. Stalina, Teil I, S. 38. Ob von diesen Gesprächen Aufzeichnungen gemacht wurden, ließ sich bislang nicht in Erfahrung bringen.

[12] Vgl. „Um Herrschaft und Freiheit", in: Vorwärts vom 17. 11. 1931. Vgl. Winkler, Weg in die Katastrophe, S. 444 f.

[13] Neumann über das Gespräch mit Stalin in der Sitzung der PK vom 10. 4. 1932, RGASPI 495/4/182a: 9–26, hier: 10.

manns Artikel, „um Wels und Breitscheid einen Gefallen zu erweisen", sondern im Gegenteil, um ihrer Partei „den vernichtenden Stoß" zu versetzen.[14] Diese Situation, dass einerseits die Nationalsozialisten periodenweise in den Fokus der kommunistischen Politik gerieten, die KPD dann aber faktisch in erster Linie doch gegen die SPD kämpfte, war paradox. Doch erklärte sich dieser Widerspruch daraus, dass die Sozialdemokratie vor allem in Moskau, wo die Funktionäre eine vom politischen Alltag abgehobenere und dogmatischere Sicht der Dinge pflegten, weiterhin als strategische Konkurrentin der KPD wahrgenommen wurde. Aus diesem Grunde zogen auch ausgerechnet linkssozialdemokratische Splitterparteien wie die im Oktober 1931 von den SPD-Dissidenten Rosenfeld und Seydewitz gegründete Sozialistische Arbeiterpartei Deutschlands (SAP)[15] den Hass der Komintern auf sich: Diese Partei wurde in Moskau als hastig konstruiertes Auffangbecken für Arbeiter gewertet, die mit der SPD unzufrieden waren. Das EKKI kritisierte gegenüber Stalin, dass die KPD dieses „Manöver" nicht klar genug „entlarve": Die SAP werde selbst in der *Roten Fahne* als eine Partei bezeichnet, die „zwischen den Klassen schwanke" – anstatt sie eindeutig als ein weiteres Werkzeug der „Bourgeoisie", als Bestandteil des feindlichen Lagers zu brandmarken.[16] Die Moskauer Funktionäre hatten sich so stark in die Sozialdemokratie verbissen, dass sie auch die Einheitsfrontangebote der SAP nur als perfides Manöver werteten, mit dem diese Partei von ihrer vermeintlich konterrevolutionären Rolle ablenken wolle. Zum Leidwesen der Spitzenfunktionäre in Moskau und Berlin wurde die NSDAP von vielen KPD-Mitgliedern an der Basis jedoch als weitaus gefährlicher eingeschätzt. Angesichts ihrer Erfahrungen im politischen Alltag dürfte dies kaum überraschen: Eine Aufstellung der linksliberalen *Welt am Montag* vom Herbst 1931 über die Opfer der politischen Gewalttaten der vorhergehenden zwei Jahre zeigt, dass sich die Gewalt vorrangig zwischen Kommunisten und Nationalsozialisten abspielte und nur zu einem deutlich geringeren Teil zwischen Kommunisten und Polizisten sowie Sozialdemokraten.[17] Aus Sicht vieler KPD-Mitglieder war eine „Einheitsfront" zwischen Kommunisten und Sozialdemokraten selbstverständlich, da sie häufig gleichermaßen Opfer von SA-Über-

---

[14] „Die Einheitsfront, die siegen wird", in: Die Rote Fahne vom 17. 11. 1931.

[15] Zur Abspaltung der SAP von der SPD im Herbst 1931 vgl. zusammenfassend: Winkler, Weg in die Katastrophe, S. 399–410. Zur Geschichte dieser Partei vgl. Drechsler, Sozialistische Arbeiterpartei Deutschlands.

[16] Vgl. Brief Knorins, Manuilskijs, Pjatnickijs und Kuusinens an Stalin und Molotov vom 28. 10. 1932, RGASPI 495/19/236: 120–128. Ähnlich Knorin in der Sitzung des PS vom 18. 11. 1931 über „unklare Auffassungen" der KPD über die SAP, RGASPI 495/3/227: 10–26, hier: 20.

[17] Demnach hatten politische Gewalttaten in Deutschland zwischen 1929 und Ende Juli 1931 insgesamt 155 Personen das Leben gekostet. Darunter fanden sich 108 Kommunisten und 31 Rechtsradikale, aber „nur" 8 Angehörige republiktreuer Organisationen und zehn Polizisten. Unter den Personen, die in diesem Zeitraum bei politischen Auseinandersetzungen verletzt wurden, fanden sich immerhin 31 Angehörige republiktreuer Organisationen und 35 Polizisten, aber 165 Kommunisten und 194 Rechtsradikale. Welt am Montag vom 12. 10. 1931, zitiert nach: Schumann, Politische Gewalt, S. 306 f.

griffen wurden.[18] Thälmann selbst berichtete entschuldigend nach Moskau, dass es häufig zu spontanen Einheitsfrontvereinbarungen käme, wenn ein Arbeiter durch Rechtsradikale attackiert worden sei.[19] Bezeichnend ist in diesem Zusammenhang die Reaktion des Publikums auf eine Rede Thälmanns im Berliner Sportpalast im April 1932: Als er dort erwähnte, dass soeben die SA wegen ihrer Gewalttaten von den Behörden verboten worden sei, wurde dies von seinen Zuhörern mit Begeisterung begrüßt. Entsetzt berichtete der Kominterninstrukteur Lajos Madyar nach Moskau, dass „unsere eigenen Genossen Beifall klatschten und Hindenburg und Groener [somit] Applaudissemente von den Kommunisten erhielten".[20]

In einem Vortrag vor der Politkommission klagte Knorin im Dezember 1931, die kurz zuvor verabschiedeten Resolutionen der Berliner Unterbezirkskonferenzen seien „fast nur gegen die Nazis gerichtet" – ein Faktum, in dem sich für ihn die „außerordentlich starken Rechtsgefahren" in der KPD manifestierten, die in einigen Fällen bereits „zur völligen Kapitulation vor dem sozialdemokratischen Einheitsfrontmanöver" geführt hätten.[21]

Ein offenes Machtwort aus Moskau, auf das die Komintern bislang auf Bitten Thälmanns verzichtet hatte[22], schien dem EKKI in dieser Situation unausweichlich. In einem vertraulichen Brief der Politkommission wurde die KPD zur Jahreswende 1931/32 ermahnt, sie dürfe sich nicht durch antifaschistische Stimmung der Arbeiter „irreführen" lassen – schließlich solle „das Geschrei über Hitler", das die Sozialdemokratie anstimme, ja bloß davon ablenken, dass diese selbst die faschistische Diktatur unterstütze.[23] Wenige Wochen später wurde Thälmann diese Position noch einmal in einem direkten Gespräch mit Stalin eingebleut[24], als der deutsche Parteivorsitzende – wie schon ein Jahr zuvor – nach Moskau gereist war, um die Resolution des nächsten ZK-Plenums der KPD zu besprechen. Gehorsam wetterte Thälmann nach seiner Rückkehr aus der Sowjetunion über die Sozialdemokratie als „die gefährlichste Stütze der Bourgeoisie" und warnte, nichts sei verhängnisvoller „als die opportunistische Überschätzung des Hitlerfaschismus".[25]

---

[18] Häufig waren die Kommunisten allerdings selbst die Angreifer und gaben somit ihren nationalsozialistischen Gegnern die Argumente in die Hand, politische Gewalt als legitime Notwehr zu definieren. Vgl. oben Kapitel III und Schumann, Politische Gewalt, S. 314, sowie Wirsching, Vom Weltkrieg zum Bürgerkrieg?, S. 588. Zur Gewalt der SA und den „Kampf um die Straße" vgl. ebenda, S. 584–594; Merkl, Formen nationalsozialistischer Gewaltanwendung; sowie nun v. a.: Reichardt, Faschistische Kampfbünde.

[19] Vgl. Brief Thälmanns an Pieck vom 27. 11. 1931, RGASPI 495/292/56: 199–201.

[20] Brief Madyars an Pjatnickij vom 26. 4. 1932, RGASPI 495/19/326: 19–21, hier: 19. SA und SS waren am 13. 4. 1932 verboten worden. Vgl. AdR, Kabinette Brüning, Bd. 3, Dok. No. 716 (Ministerbesprechung vom 13. 4. 1932); Bracher, Auflösung, S. 481–489; Schulz, Von Brüning zu Hitler, S. 754–766.

[21] Zitiert nach: Brief Piecks an Thälmann vom 27. 12. 1931, RGASPI 495/292/54: 337.

[22] Ebenda.

[23] Vertraulicher Brief der PK an das Politbüro der KPD vom 2. 1. 1932, RGASPI 495/4/159: 13–15.

[24] Diese Besprechung mit Stalin fand im Beisein von Molotov, Pjatnickij, Knorin und Manuilskij am 26. 1. 1932 von 18.20 bis 20.25 Uhr statt. Vgl. Korotkov, Posetiteli kremlevskogo kabineta I. V. Stalina, Teil II, S. 132.

[25] Thälmann, Der revolutionäre Ausweg und die KPD, S. 23 f., 37.

Die KPD, so hieß es in der *Internationale*, müsse die „Manöver der Klassenfeinde" durchkreuzen, die dem „Proletariat mit dem Popanz Hitler bangemachen".[26] Angesichts derartiger Aussagen verwundert es nicht, dass schon unter den Zeitgenossen die Verschwörungstheorie kursierte, Stalin wolle die Machtergreifung Hitlers absichtlich herbeiführen, um außenpolitisch davon zu profitieren – eine Vermutung, die vor allem durch das Verhalten der KPD bei der Reichspräsidentenwahl im Frühjahr 1932 genährt wurde. Die SPD stand vor dem Dilemma, dass ein Sieg Hitlers nur zu verhindern war, wenn Hindenburg in seinem Amt bestätigt wurde. Schweren Herzens entschied sich die SPD daher für die Unterstützung Hindenburgs.[27] Vor diesem Hintergrund empfanden die Sozialdemokraten die von vornherein aussichtslose Kandidatur Thälmanns als umso ärgerlicher, zog er doch wichtige Stimmen von Hindenburg ab und leistete somit faktisch aktive Wahlkampfhilfe für Hitler. In Karikaturen wurde Thälmann daher in der Uniform der Roten Armee dargestellt, wie er vor Hitler salutierte.[28] Von dem Hinweis, dass Thälmanns Kandidatur *faktisch* Hitler in die Hände spiele, war es nur noch ein kurzer Weg zu der Vermutung, dass er dies auf Anweisung Moskaus *absichtlich* tue. Tatsächlich veröffentlichten verschiedene sozialdemokratische Zeitungen vor der Reichspräsidentenwahl gefälschte Protokolle der Kominternführung, denen zufolge es Moskau begrüße, wenn Hitler an die Macht käme, weil die kapitalistischen Staaten dann untereinander in Konflikt kämen und daher vorerst von der Sowjetunion abgelenkt würden.[29] Ein Teil der KPD-Anhänger, dessen Größenordnung in der Forschung noch immer umstritten ist, gab Hitler beim zweiten Wahlgang am 10. April tatsächlich seine Stimme[30], in der Erwartung, ein Machtantritt Hitlers könne die Revolution beschleunigen.[31] Anders jedoch als insbeson-

26 „Nach dem Februarplenum des ZK der KPD", in: Die Internationale 15 (1932), S. 126.
27 Über die Diskussionen innerhalb der SPD, ob Hindenburg unterstützt werden solle, vgl. Winkler, Weg in die Katastrophe, S. 511–514.
28 Ebenda, S. 517.
29 In der Sozialdemokratischen Partei-Korrespondenz Nr. 3 vom März 1932 erschien unter der Überschrift „Gemeinsamer Weg mit – Hitler" ein Bericht über angebliche Geheimverhandlungen des Präsidiums der Komintern, die am 15. 12. 1931 und vom 26. bis 29. 1. 1932 stattgefunden haben sollten. Das Blatt bezog sich dabei auf die vorausgehenden Veröffentlichungen in Das Reichsbanner 9, Nr. 8 vom 20. 2. 1932 („Moskau und das Braune Haus") und Der Gerade Weg, Nr. 4 vom 24. 1. 1932 („Geheimbericht aus Moskau"). Die Berichte wurden auch von der Leipziger Volkszeitung am 2. 3. 1932 veröffentlicht („Moskau wünscht Hitlers Sieg"). Dass es sich bei diesen Dokumenten um Fälschungen handelte, ließ sich schon daran erkennen, dass Max Hoelz darin eine führende Rolle in der KPD zugesprochen wurde, die der unbequeme Rebell nie hatte. An den angegebenen Tagen fanden überhaupt keine Präsidiumssitzungen statt; die angeblichen Protokolle waren frei erfunden.
30 Vgl. Winkler, Weg in die Katastrophe, S. 529.
31 Vgl. Pyta, Gegen Hitler und für die Republik, der von einem beträchtlichen Wählerwechsel ausgeht. Dagegen kommt Schumann, Politische Gewalt, S. 290, für die kommunistische Hochburg Halle-Merseburg zu dem Schluss, dass sich dort zumindest rechnerisch kein Stimmenübergang von Thälmann zu Hitler nachweisen lässt. Rohe, Wahlen und Wählertraditionen, S. 155, meint mit Blick auf die gesamten Wählerwanderungen in der Endphase der Weimarer Republik sogar, es spreche vieles „für die durch statistische Schät-

dere in der älteren Forschung vermutet[32], unterschätzten die Spitzen der Komintern und KPD zwar die NSDAP, waren aber dagegen, Hitler absichtlich an die Macht kommen zu lassen. Die Forderung, man solle Hitler doch einmal „abwirtschaften lassen", wurde von der deutschen Parteiführung immer wieder explizit verurteilt[33], und die Kominternspitze sah in diesen vereinzelten Aufrufen gar einen Beleg für die von ihr konstatierten „ungesunde[n] Erscheinungen" in der KPD.[34]

Dass eine solche Taktik von Moskau nicht ins Auge gefasst wurde, lag schon allein daran, dass man in der Kominternführung selbst im Frühjahr 1932 gar nicht mit einem Sieg der NSDAP rechnete. Der Blick der Moskauer Funktionäre war deshalb nicht auf Hitler gerichtet, weil sie sich weiterhin darauf konzentrierten, wie sich die Arbeiterschaft für die KPD mobilisieren ließ. Und da erschien der Komintern die Absage der SPD, zur Reichspräsidentenwahl einen eigenen Kandidaten aufzustellen, wie ein Geschenk des Himmels. Denn wenn nun – wie selbst ein Mann wie Carl von Ossietzky feststellte – Thälmann der einzige „Mann der Linken" war[35], so würden ihn auch Nichtkommunisten wählen und der KPD einen noch nie dagewesenen Wahlerfolg bescheren.

Obwohl sich die Kominternführung bewusst war, dass Thälmann letztlich ein „Zählkandidat" war, der keine Chance hatte, die Wahl zu gewinnen[36], brach im EKKI daher ein regelrechtes Wettfieber aus.[37] Wie vor einem Fußballspiel wurde in der Kominternführung ein Zettel herumgereicht, auf dem die leitenden Funktionäre ihren Tipp für das Wahlergebnis notierten[38] und von bis zu zehn Millionen Stimmen für Thälmann träumten.[39] (Zum Vergleich: Bei der Reichstagswahl von 1930 hatte die KPD nur knapp 4,6 Millionen Stimmen erhalten.) Knorin musste sich anhören, er sei ein „Defätist", weil er auf lediglich 5,5 Millionen Stimmen für Thälmann getippt hatte[40]: Im Krieg der Klassen durfte am Sieg der Kommunisten nicht gezweifelt werden. Der diesmal sehr vorsichtige Bela Kun, der gar nur mit 4 Millionen Stimmen für Thälmann gerechnet hatte, fürchtete, dass man ihm diesen Pessimismus dereinst zum Vorwurf machen könne und weigerte sich

---

zungen abgestützte Annahme, dass ehemalige Wähler des sozialistischen Lagers, die zur NSDAP überwechselten, stärker von der SPD als von der KPD kamen.

[32] Vgl. z. B.: Bracher, Auflösung, S. 504.

[33] Vgl. dazu die Warnung der KPD-Führung vor solchen Überlegungen in den „Anweisungen des Sekretariates an die Bezirksleitungen" vom 6. 4. 1932, in: Weber, Generallinie, S. 474.

[34] Bericht von Manuilskij, Kuusinen, Gusev, Knorin, Pjatnickij vom 10. 5. 1932 über die bevorstehende Besprechung mit der KPD-Führung, RGASPI 495/19/236: 161–166, hier: 162.

[35] Carl von Ossietzky, Gang eins, in: Die Weltbühne 28/1, 1932, Heft 9 vom 1. 3., S. 311–315, hier: S. 315.

[36] Vgl. Pjatnickij in der Sitzung der PK vom 15. 3. 1932, RGASPI 495/4/177: 13–19, hier: 14.

[37] Vgl. die Stellungnahme von „Aleksandr Martynov" [d. i. Pikker] auf der Vorbereitungssitzung für das XII. EKKI-Plenum vom 25. 3. 1932, abgedruckt in: Drabkin (Hg.), Komintern i ideja mirovoj revoljucii, S. 768.

[38] Vgl. Pjatnickij in der Sitzung der PK vom 15. 3. 1932, RGASPI 495/4/177: 13–19, hier: 14.

[39] Vgl. Pieck in der Sitzung der PK vom 15. 3. 1932, RGASPI 495/4/177: 3–12, hier: 3.

[40] Vgl. Knorin in der Sitzung der PK vom 15. 3. 1932, RGASPI 495/4/177: 39–45, hier: 39.

deshalb, diese Zahl auf den Tippzettel zu schreiben, damit – wie sich Lozovskij später erinnerte – „kein Dokument darüber bleibt".[41]
Die Ergebnisse des ersten Wahlganges der Reichspräsidentenwahl am 12. März sorgten dann für Ernüchterung: Hindenburg hatte 18,65 Millionen Stimmen erhalten (49,6 Prozent), Hitler 11,34 Millionen (30,1 Prozent), Thälmann hingegen nur 4,98 Millionen (13,2 Prozent). Im Vergleich zur letzten Reichstagswahl im September 1930 hatten die Kommunisten somit nur etwa 400 000 Stimmen hinzugewonnen, während die Nationalsozialisten ihre Stimmenzahl fast verdoppeln konnten.[42] „Hitlers Zuwachs beträgt soviel wie unsere Gesamtstimmenzahl", fasste Pieck das Ergebnis in einer Sitzung der Politkommission zusammen und konstatierte, „im Verhältnis zu diesem Vormarsch der Nazis wird natürlich unser Erfolg, den wir erzielt haben, herabgemindert."[43]
Angesichts dieses katastrophalen Ergebnisses geriet ein Teil der deutschen Parteispitze zunächst „in Panikstimmung".[44] Die meisten Mitglieder der Kominternführung mochten sich hingegen selbst im internen Kreis das Scheitern ihrer Politik nicht eingestehen. Selbst Knorin, der mit seiner Schätzung doch eigentlich recht genau gelegen hatte, stotterte: „Ich denke, dass, natürlich, man nicht davon reden darf, und nicht die Rede sein kann von einer Niederlage. Hier gibt es keine Niederlage. Wir haben keine Erfolge errungen, keinerlei bedeutsame Erfolge haben wir errungen." Lozovskij kommentierte dieses Gestammel spöttisch: „Wir haben Erfolge erlitten."[45]
Mit seinem Spott stellte Lozovskij den bemühten Zweckoptimismus Knorins bloß – doch blieb er der einzige, der sich offen wegen des Erfolges der NSDAP sorgte. Seine Befürchtung, Hitler werde nun nach Mussolinis Vorbild möglicherweise durch einen Marsch auf Berlin die Macht an sich reißen, wurde von den anderen Teilnehmern der Sitzung als „Unsinn" bezeichnet.[46] Denn nicht wegen Hitlers Aufstieg sorgte sich die Kominternführung, sondern wegen der Tatsache, dass Hindenburg offensichtlich tatsächlich viele Stimmen von SPD-Anhängern erhalten hatte. Knorin fasste prägnant zusammen, was auch andere Redner vor und nach ihm ausdrückten:

„Die Gefahr liegt nicht darin, dass mal zehn- oder mal hunderttausend Arbeiter für Hitler stimmen – wenn sie heute für Hitler stimmen, dann können sie morgen auch für uns stimmen – daran ist nichts schlimmes, sondern die Gefahr liegt darin, dass wir es nicht geschafft haben, die sozialdemokratische Ideologie zu zerschlagen."[47]

---

[41] Lozovskij in der Sitzung des Präsidiums des EKKI vom 19. 5. 1932, RGASPI 495/2/160: 99–108, hier: 106.
[42] Am 14. 9. 1930 hatte die NSDAP 6409 Millionen Stimmen erhalten. Zu den Ergebnissen der Reichstagswahlen 1919–1933 vgl. Statistisches Jahrbuch für das Deutsche Reich, 52. Jg., 1933, S. 539.
[43] Vgl. Pieck in der Sitzung der PK vom 15. 3. 1932, RGASPI 495/4/177: 3–12, hier: 4f.
[44] Vgl. den vermutlich von Werner Hirsch verfassten Bericht „Tatsachen und Feststellungen zu unwahren Behauptungen in Reden von Remmele und Neumann vom 10. 4. 1932" o.D. (April/Mai 1932), RGASPI 495/19/527a: 187–197.
[45] Zwischenruf Lozovskijs in der Sitzung der PK vom 15. 3. 1932, RGASPI 495/4/177: 45.
[46] Lozovskij in der Sitzung der PK vom 15. 3. 1932, RGASPI 495/4/177: 28–38, v.a.: 35.
[47] Knorin in der Sitzung der PK vom 15. 3. 1932, RGASPI 495/4/177: 39–45, hier: 45.

Und der Kominterninstrukteur Lajos Madyar ergänzte unabhängig davon in einem Brief aus Berlin: „Grob und vereinfacht gesagt, könnte man behaupten, dass Hitlers und Duesterbergs[48] Wähler einerseits und Thälmanns Wähler andererseits einsehen, dass es ohne Bürgerkrieg nicht geht" – eine Einsicht, die jenen Arbeitern fehle, die an der weit verbreiteten „Hitler-Psychose" litten: Diese glaubten, „dass parlamentarische Manöver, Abstimmung für Hindenburg, die ganze sozialdemokratische Schweinerei eine bessere Kampfmethode ist, als die Methode der KPD".[49]

Pjatnickij wollte deshalb gleich die nächste sich bietende Chance nutzen, um die „sozialdemokratische Ideologie zu zerschlagen", und so doch noch den Einbruch in die Anhängerschaft der SPD schaffen.[50] Als Anlass bot sich die Ankündigung des ADGB von Anfang April 1932 an, einen weiteren Lohnabbau nicht mehr weiter kampflos hinzunehmen. Pjatnickij regte an, diese Streikdrohung des ADGB als „elendes Wahlmanöver" zugunsten der SPD zu „entlarven". Die KPD solle öffentlich erklären, nur eine solche Gewerkschafts-Organisation zu unterstützen, die „tatsächlich einen Kampf gegen den Lohnraub führen will".[51] Anders als bislang angenommen, war der vorgesehene „Aufruf an alle Arbeiter" also nicht der Beginn einer zaghaften Kurskorrektur, die durch die erschreckenden Wahlerfolge der NSDAP angestoßen wurde[52], sondern zielte ganz im Gegenteil weiterhin hauptsächlich gegen die SPD. Allerdings wurde der eiligst verfasste Text des Aufrufes[53] von der KPD weder wie vorgesehen noch rechtzeitig vor dem zweiten Durchgang der Reichspräsidentenwahl am 10. April, noch wenigstens vor der preußischen Landtagswahl am 24. April veröffentlicht – es seien doch, so lautete die Antwort aus der KPD-Zentrale an die Adresse der empörten Genossen in Moskau, „schon zuviel andere Aufrufe herausgegeben" worden.[54]

Thälmann lag es jedoch fern, auf diese Weise seine Unzufriedenheit mit dem Kurs der Komintern auszurücken: So hatte er nach dem ersten Wahlgang der Reichspräsidentenwahl den *Pravda*-Kommentar abgewartet, der dann auf sein Geheiß beinahe unverändert als Resolution des deutschen Politbüros veröffentlicht wurde.[55] In einem Brief an Pjatnickij kommentierte er sein enttäuschendes Abschneiden mit den Worten: „Hier haben wir eine neue Ohrfeige [bekommen]

---

[48] Theodor Duesterberg war der Kandidat des „Stahlhelmes".

[49] Brief Madyars an Pjatnickij vom 25. 3. 1932, RGASPI 495/19/326: 6–12, hier: 6 f.

[50] Vgl. die Ausführungen im Entwurf von Knorin für einen Bericht der Kominternführung an Stalin und Molotov über die Lage in der KPD vom 8. 5. 1932, RGASPI 495/19/526: 1–10, hier: 6 f. Die entsprechende Passage ist in der endgültigen Fassung als Detail gestrichen worden.

[51] Brief des deutschen Vertreters bei der Profintern an das Reichskomitee der RGO vom 11. 4. 1932, RGASPI 534/6/56: 44 f.

[52] Vgl. Winkler, Weg in die Katastrophe, S. 553 f.; Weingartner, Stalin und der Aufstieg Hitlers, S. 135–137; Carr, Twilight of Comintern, S. 56.

[53] Protokoll Nr. 234 der PK vom 9. 4. 1932, Pkt. 32 über die „fliegende Abstimmung" am 6. 4. 1932, RGASPI 495/4/182: 7. Vgl. den Text des Aufrufes vom 5. 4. 1932, RGASPI 495/293/123: 41.

[54] Vgl. Brief Piecks an Thälmann vom 21. 4. 1932, RGASPI 495/292/60: 103 f.

[55] Vgl. Remmele in der Sitzung der PK vom 10. 4. 1932, RGASPI 495/4/182a: 26–58, hier: 33.

wegen des nicht genügenden prinzipiellen Kampfes gegen die Sozialdemokratie." Den Kampf gegen die NSDAP erwähnte Thälmann in diesem Brief erst gar nicht.[56] Offensichtlich nahm er die Gefahr, die von den Nationalsozialisten ausging, damals für eine kurze Zeit tatsächlich nicht mehr so ernst. Denn weil Hindenburg den zweiten Durchgang der Reichspräsidentenwahl für sich entschied und überdies drei Tage später auch noch die SA per Notverordnung verboten wurde, glaubte „eine Reihe von verantwortlichen Genossen", so Madyars Beobachtung aus Privatgesprächen mit der KPD-Spitze, „dass der Hitler-Faschismus in Deutschland überwunden ist". In ihren Reden vor der Landtagswahl am 24. April hätten die deutschen Führungskader daher ausschließlich gegen die Sozialdemokratie agitiert, berichtete der Kominterninstrukteur weiter, den „Hitler-Faschismus gab es bereits nicht mehr oder nur so als Nebensache".[57]

2. Wahrnehmungsmuster

Der Eifer, mit dem Thälmann sich bemühte, Stalins Hass auf die Sozialdemokratie zu reproduzieren und gleichzeitig die NSDAP weitgehend auszublenden, stieß sogar bei Neumann und Remmele auf Kritik. Neumann berichtete in einem Gespräch mit der Kominternspitze am Tage des zweiten Durchganges der Reichspräsidentenwahl am 10. April 1932, er habe in den Sitzungen der KPD-Führung wiederholt gefordert, „dass man auch gegen Hitler kämpfen muss". Thälmann habe jedoch stets nur vom Kampf gegen „Hitler-Severing-Brüning" gesprochen, „also gegen alle drei zusammen. Ein spezieller Kampf gegen Hitler wurde überhaupt nicht mehr geführt."[58]

Zwar sahen auch Neumann und Remmele weiterhin in der Sozialdemokratie ihre Hauptgegnerin[59], aber sie erkannten immerhin, dass sich die KPD mit ihrer Haltung in der Arbeiterschaft zunehmend isolierte. Das sah schließlich auch die Komintern ein. Instrukteure berichteten über die enorme Kluft, die sich vielerorts im Alltag zwischen Sozialdemokraten und Kommunisten auftat und gewissermaßen das Gegenstück zu den Einheitsfrontinitiativen vor Ort bildeten: Im Hoesch-Stahlwerk habe sich ein SPD-Funktionär geweigert, in die Leitung eines von der

---

[56] Brief Thälmanns an Pjatnickij vom 16. 3. 1932, RGASPI 495/19/527a: 1–7, hier: 3. In dem Rundschreiben des Sekretariates des ZK der KPD vom 6. 4. 1932 wurde zwar festgestellt, der Erfolg der NSDAP erfordere „eine Verschärfung unseres Kampfes gegen die Hitlerpartei", doch wurde dies gleich mit der Bemerkung eingeschränkt, „ohne dass wir im geringsten den Kampf gegen die SPD abschwächen". Vgl. Weber, Generallinie, S. 473.

[57] Brief Madyars an Pjatnickij vom 26. 4. 1932, RGASPI 495/19/326: 19–21, hier: 19.

[58] Neumann in der Sitzung der PK vom 10. 4. 1932, RGASPI 495/4/182a: 9–26, hier: 15.

[59] Ganz das Gegenteil behauptete Margarete Buber-Neumann in ihren Memoiren. Vgl. dies., Von Potsdam nach Moskau, v.a. S. 272–275. Ähnlich jetzt: Gincberg, Frakcionnaja bor'ba v KPG. Tatsächlich aber hatte Neumann selbst noch wenige Wochen zuvor auf dem ZK-Plenum im Februar 1932 gewarnt: „Wir dürfen keinesfalls die Frage des Hitlerfaschismus über den Kampf gegen die SPD stellen", und Remmele hatte bei dieser Gelegenheit „opportunistische Schwankungen" in der Frage des Hauptstoßes gegen die Sozialdemokratie attackiert. Vgl. Kinner, Der deutsche Kommunismus, S. 214.

KPD initiierten Streikes einzutreten, weil man ihn als einen Sozialfaschisten beschimpft hatte. „Statt nun diesen Arbeiter zu überreden und aufmerksam aufzuklären, sagt man ihm: ‚Dadurch, dass Du Dich weigerst, bestätigst Du eben, dass Du ein Sozialfaschist bist'."[60] Diese Entfremdung war zwar bereits Teil eines längerfristigen Trends[61], doch hatte sie sich nun durch die Agitation der KPD entscheidend verschärft. Nach den Frühjahrswahlen 1932 erzählten die KPD-Funktionäre des Krupp-Werkes in Essen, „es habe bei den sozialdemokratischen Arbeitern noch nie solch eine Aufregung und eine solche Aggressivität gegen uns gegeben wie jetzt".[62] Allerdings hatte gerade die Reichspräsidentenwahl offensichtlich bei vielen Kommunisten für ein Umdenken gesorgt. Angesichts des schlechten Abschneidens von Thälmann erkannte Remmele, dass die kommunistische Agitation gegen die Politik des „kleineren Übels" wohl nicht nur bei den SPD-Anhängern fehlgeschlagen war: Die Reichspräsidentenwahl – so konstatierte er später – habe gezeigt, dass auch viele kommunistische Anhänger „auf ihre Art ‚realpolitisch' eingestellt sind und einfach gewählt haben zwischen Republik und Faschismus" und daher für Hindenburg gestimmt hätten.[63]

In Moskau setzte sich diese Erkenntnis, dass selbst in der Anhängerschaft der KPD angesichts der zugespitzten Lage immer weniger Verständnis für ein Beharren auf der „Sozialfaschismus"-Parole aufgebracht wurde, jedoch erst endgültig durch, nachdem auch die wichtige Landtagswahl im republikanischen „Bollwerk Preußen"[64] am 24. April für die KPD weit schlechter ausfiel als erwartet. Als Thälmann knapp drei Wochen später nach Moskau reiste, konnte er feststellen, dass das Preußenwahlergebnis von der Kominternführung „sehr schlecht" aufgenommen worden war.[65] Dazu bestand auch aller Grund, denn die NSDAP hatte wieder einen spektakulären Sieg errungen und weit über 9 Millionen Stimmen erobert. Damit war sie von 1,8 Prozent im Jahre 1928 auf nun 36,3 Prozent der abgegebenen Stimmen emporgeschnellt. Die KPD hingegen hatte im Vergleich zur letzten Landtagswahl kaum 600 000 Stimmen hinzugewonnen und mit ihren 2,8 Millionen Stimmen sogar schlechter abgeschnitten als bei der Reichstagswahl von 1930 – damals hatte sie auf preußischem Gebiet 3,1 Millionen erhalten – und beim ersten Durchgang der Reichspräsidentenwahl, bei dem ihr auf preußischem Gebiet 3,2 Millionen Wähler ihre Stimme gegeben hatten.[66]

---

[60] So zitiert im Bericht Karolskys über eine Reise durch das Ruhrgebiet in der Sitzung des Exekutivbüros der Profintern vom 25. 5. 1932, RGASPI 534/3/761: 158–222, hier: 189–191. Vgl. auch die Berichte kommunistischer Betriebsräte und Instrukteure in der Sitzung des MELS des EKKI vom 14. 6. 1932, RGASPI 495/28/206.

[61] Dass der Kommunismus in Deutschland spätestens Ende der 20er Jahre selbst bei Vorfeldorganisationen wie Arbeitersportvereinen „milieusprengende Tendenzen" aufwies, betont Wirsching, „Stalinisierung" oder entideologisierte Nischengesellschaft?, S. 453–461, gegen die These von Mallmann, die meisten Kommunisten seien trotz ihrer Mitgliedschaft in der KPD weiterhin in einem linksproletarischen Milieu verankert geblieben.

[62] Zitiert im Bericht Karolskys vom 25. 5. 1932, RGASPI 534/3/761: 158–222, hier: 189–191.

[63] Brief Remmeles an Pjatnickij vom 11. 8. 1932, RGASPI 495/19/527: 34–46, hier: 40.

[64] Vgl. Ehni, Bollwerk Preußen?

[65] Brief Thälmanns an Hirsch vom 14. 5. 1932, RGASPI 526/1/93: 6 f.

[66] Vgl. Schulthess' Europäischer Geschichtskalender, 73. Bd. (1932), S. 89, und Falter, Wahlen und Abstimmungen in der Weimarer Republik, S. 78 f., 101.

Nur wenige Wochen nachdem Thälmann der Komintern zugesagt hatte, noch
schärfer gegen die Sozialdemokratie vorzugehen, versuchten nun die Spitzenkader des EKKI eine verspätete Kehrtwende: In einem Bericht für Stalin vom
10. Mai durchbrachen sie erstmals den bislang üblichen Zweckoptimismus und
präsentierten eine ungeschminkte Bestandsaufnahme der kommunistischen Politik in Deutschland. Der Diktator erfuhr, dass die KPD bei den Preußenwahlen
selbst in einigen ihrer traditionellen Hochburgen eingebrochen und unter das Niveau der Reichstagswahl von 1928 gesunken sei und dass die SPD zwar an Einfluss
verliere, dieser aber nicht der KPD zugute komme, sondern überwiegend der
NSDAP. Der Zustand der deutschen Partei, so das Resumée der Kominternführung, gebe „Anlass zu ernster Besorgnis". Eine „schnelle Wende" sei daher drin-
gend notwendig.[67] Anders als im Herbst 1931, als Manuilskij mit seinen Gedanken über eine Änderung der Kominternpolitik noch allein geblieben war, erschien
der Mehrheit der Funktionäre die Lage nun so dramatisch, dass sie gegenüber Stalin eine Initiative wagten, die dessen bisheriger Linie deutlich widersprach.

Bemerkenswert war vor allem, dass das Reichstagswahlergebnis von 1928 in
dem Bericht an Stalin so deutlich hervorgehoben als positiver Vergleichsmaßstab
genannt wurde: Denn erst nach dieser Wahl war die „Sozialfaschismus"-Doktrin
nach mehrjähriger Pause wieder verstärkt propagiert worden. Da Stalin, der diese
Politik maßgeblich initiiert hatte, nicht dafür kritisiert werden konnte, wurden
wie üblich die deutschen Kommunisten als die Sündenböcke präsentiert: Als hätte
Moskau die KPD nicht selbst immer wieder vor der „liberalen Gegenüberstel-
lung" von SPD und NSDAP gewarnt, wurden die Deutschen in dem Bericht an
Stalin nun dafür kritisiert, Sozialdemokraten und Nationalsozialisten in einen
Topf geworfen zu haben. Nach dem Muster von Stalins Artikel „Schwindelig vor
Erfolgen" wurde den deutschen Kommunisten wieder vorgehalten, die richtige
Politik der Komintern vor Ort falsch umgesetzt zu haben: Die sowjetischen Füh-
rungskader betonten in dem Bericht an Stalin, die deutschen Genossen hätten eine
Reihe von „bedeutenden Fehlern" gemacht, die die „russische Delegation" dann
„bei laufendem Betrieb korrigieren musste".[68]

Wenn der Instrukteur Madyar nun nach Moskau berichtete, „unsere deutschen
Genossen schämen sich noch immer auszusprechen, dass Hitler ein ganz großes
Übel ist"[69], beschrieb er damit die Folge solcher „Korrekturen". Die deutschen
Kader waren in einem Dilemma gefangen: Entweder verhielten sie sich gegenüber
den Anweisungen der Komintern loyal und redeten den Nationalsozialismus
klein oder sie zogen selbstständig Konsequenzen aus dem, was sie als politische
Realität wahrnehmen konnten. Es galt jedoch geradezu als unschicklich, den vor-
gegebenen und lange eingeübten Sichtweisen zu widersprechen. Um nicht als
„Abweichler" zu gelten, entschieden sich viele Funktionäre sowohl an der Basis
als auch in der Parteiführung, den Anweisungen aus Moskau zu folgen. Viele
Funktionäre waren durch diese Furcht vollständig gelähmt, wie ein Instrukteur

---

[67] Bericht von Manuilskij, Kuusinen, Gusev, Knorin, Pjatnickij vom 10. 5. 1932, RGASPI
495/19/236: 161–166.
[68] Ebenda.
[69] Brief Madyars an Pjatnickij vom 26. 4. 1932, RGASPI 495/19/326: 19–21, hier: 20 f.

der Profintern erkannte: Um nicht „in den Geruch einer linken oder rechten Abweichung" zu kommen, zögen sie es vor, überhaupt keine politische Arbeit mehr zu leisten.[70]

Die KPD-Führung saß in einer Zwickmühle: Versuchte sie auf eigene Initiative die bisherige Strategie zu korrigieren und den neuen Herausforderungen anzupassen, wurde sie vom EKKI abgestraft. Setzte sie hingegen die Vorgaben aus Moskau loyal um, wurde sie für alle Misserfolge haftbar gemacht.

Thälmann akzeptierte dennoch wie gewohnt die Rolle des Sündenbockes und übte auf der Präsidiumssitzung des EKKI am 19. Mai gehorsam Selbstkritik an der fehlerhaften „Gleichsetzung von Faschismus und Sozialfaschismus" und der vermeintlichen Unterschätzung der NSDAP durch die KPD. Bemüht scherzhaft meinte Thälmann am Ende der Sitzung, eigentlich habe er am Abend ein „russisches Schwitzbad" nehmen wollen; dies habe er aber jetzt schon genossen.[71]

Wie gekünstelt dieser Scherz war, wird deutlich, wenn man sich vor Augen führt, dass die gesamte Sitzung zwei Tage zuvor in einer fast fünfstündigen Aussprache in Stalins Arbeitszimmer im Kreml sorgfältig choreografiert worden war, an der neben Thälmann auch Neumann, Remmele, Pieck und Ulbricht und die Kominternführung teilgenommen hatten und in der der KPD der Auftrag für eine taktische Wende erteilt worden war.[72] Thälmann war also längst mit der „Kritik" der Kominternführung konfrontiert worden; sein Rechenschaftsbericht vor dem EKKI-Präsidium war gewissermaßen nur noch die Generalprobe, bei der er beweisen sollte, dass er die neue Parteilinie auf der Sitzung des ZK der KPD „eigenständig" vertreten konnte. Als das ZK der KPD am 24. Mai die „Antifaschistische Aktion" proklamierte[73], erwies es sich damit ein weiteres Mal als bloßes Verlautbarungsorgan einer in Moskau bis ins Detail vordiktierten Taktik.

Auch wenn dieser Aufruf erstmals den Nationalsozialismus zum „Hauptfeind" der Arbeiterklasse erklärte, entsprang diese Kurswende erneut rein taktischen Überlegungen. Während die DDR-Geschichtswissenschaft in der „Antifaschistischen Aktion" einen der wichtigsten politischen Schritte der KPD sah, die bestrebt gewesen sei, mit dieser Initiative die Weimarer Republik zu retten[74], zielte diese tatsächlich weiterhin in erster Linie gegen die SPD. Der Sozialdemokratie sollte nun lediglich nicht mehr länger die Chance gegeben werden, die KPD als

---

[70] Bericht Kastaniens über die Arbeit der RGO in Deutschland vom 28. 5. 1932, RGASPI 495/170/40: 124.

[71] Zitiert nach: Wirsching, „Hauptfeind Sozialdemokratie", S. 119.

[72] Die KPD-Führung wurde begleitet von Knorin, Manuilskij, Pjatnickij, Lozovskij, Gusev und Kuusinen. Bei Stalin befanden sich noch Kaganovich und Kalinin. Das Treffen dauerte laut Besucherbuch von 15.50 Uhr bis 20.30 Uhr. Vgl. Korotkov, Posetiteli kremlevskogo kabineta I. V. Stalina, Teil II, S. 144.

[73] Vgl. Die Rote Fahne vom 26. 5. 1932. Der Aufruf ist abgedruckt in: Karl, Antifaschistische Aktion.

[74] Vgl. beispielhaft die Einleitung in: Karl, Antifaschistische Aktion. Den instrumentellen Charakter der „Antifaschistischen Aktion" betont demgegenüber: Wirsching, „Hauptfeind Sozialdemokratie". Auch der ostdeutsche Historiker Kurt Finker kann nach der Wende in der „Antifaschistischen Aktion" „keine grundsätzliche Änderung des bisherigen Kurses" erkennen. Vgl. Finker, KPD und Antifaschismus, S. 392.

Bündnispartner der NSDAP darzustellen.[75] Der Arbeiterschaft sollte vermittelt werden, allein die KPD kämpfe tatsächlich gegen den Nationalsozialismus, um „neue Menschenmassen von der Sozialdemokratie" loszulösen.[76]

Ob Thälmann an den Erfolg dieser neuen Taktik glaubte, lässt sich schwer nachprüfen. Remmele machte aus seiner Skepsis gegenüber der Konzeption der „Antifaschistischen Aktion" keinen Hehl: „Sobald die Funktionäre anderer Parteien auch nur davon hören, dass sie nichts anderes als eine Wahlhelfertruppe für die KPD sein sollen, ist es mit der Einheitsfront vorbei."[77] Auch Thälmann musste bald feststellen, dass sich mit der neuen Linie schwerlich Vertrauen aufbauen ließ. Selbst die handverlesenen sozialdemokratischen Funktionäre, mit denen sich der KPD-Vorsitzende am 8. Juli 1932 traf, ließen ihr Misstrauen gegenüber der kommunistischen Einheitsfronttaktik durchblicken. Nachdem der Parteichef minutenlang umständlich um das Thema herum geredet hatte, entgegnete einer der Anwesenden trocken: „Der Genosse Thälmann hätte eine etwas klarere Formulierung betr[effs] der Zerschlagung der SPD gebrauchen sollen." Und ein anderer SPD-Arbeiter ergänzte, selbst seine kommunistischen Kollegen hätten aufgetragen, bei Thälmann darauf zu dringen, dass „die gehässige Kampfesweise zwischen SPD- und KPD-Führer aufgegeben werden soll".[78]

In der KPD entwickelte die neue Taktik eine Eigendynamik, die von der Parteiführung nicht vorgesehen und schwer zu kontrollieren war.[79] Die KPD-Führung war sich durchaus bewusst, dass sowohl unter Sozialdemokraten als auch unter Kommunisten „antiautoritäre Stimmungen" vorherrschten, die darauf hinausliefen, eine Einheitsfront „über die Köpfe aller Führer hinweg" durchzuführen.[80]

Bemerkenswerterweise zeigte sich dann allerdings ausgerechnet Thälmann selbst von „opportunistischen" Anwandlungen nicht frei. Angesichts der nach der preußischen Landtagswahl entstandenen Situation versuchte er, den Spielraum der „Antifaschistischen Aktion" bis zum Äußersten auszureizen. Dabei handelte der Parteivorsitzende, der sich für gewöhnlich besonders loyal gab, schließlich sogar expliziten Anweisungen der Komintern zuwider.[81] Den Anlass für seinen Verstoß

---

[75] Vgl. Pjatnickij, Die Arbeit der kommunistischen Parteien Frankreichs und Deutschlands, S. 19, und seine Stellungnahme in der Sitzung des Präsidiums des EKKI vom 19. 5. 1932, RGASPI 73–85, hier: 74.

[76] Zitiert nach: Wirsching, „Hauptfeind Sozialdemokratie", S. 119. Vgl. auch das in diesem Sinne verfasste „Rundschreiben Nr. 11. Anweisungen des Sekretariates" vom 4. 6. 1932, abgedruckt in: Weber, Generallinie, S. 502.

[77] Brief Remmeles an Pjatnickij, Manuilskij, Kuusinen und Knorin vom 17. 6. 1932, RGASPI 495/19/526: 39–47, hier: 40.

[78] Stenogramm des Gespräches zwischen Thälmann und SPD-Arbeitern im Karl-Liebknecht-Haus in Berlin am 8. 7. 1932, SAPMO-BArch RY 1/41: 91, 124. Auf Grundlage dieses Stenogrammes wurde dann eine Broschüre veröffentlicht, die mit der tatsächlichen Unterhaltung allerdings kaum noch etwas zu tun hatte. Vgl. Wie schaffen wir die Rote Einheitsfront? Thälmanns Antwort auf 21 Fragen von SPD-Arbeitern!, Berlin 1932.

[79] Vgl. Wirsching, „Hauptfeind Sozialdemokratie", S. 121; Ferner: Weber, Hauptfeind, S. 51 f.; Winkler, Weg in die Katastrophe, S. 618–620; Mallmann, Kommunisten, S. 377–380, jeweils mit Literaturangaben zu lokalgeschichtlichen Fallstudien.

[80] Vgl. Brief Remmeles an Manuilskij, Pjatnickij, Kuusinen und Knorin vom 17. 6. 1932 über sozialdemokratische Arbeiter, RGASPI 495/19/526: 39–47, hier: 46 f.

[81] Zum Folgenden vgl. auch: Wirsching, „Hauptfeind Sozialdemokratie", S. 123–128.

gegen die „bolschewistische Disziplin" bildete die Wahl des preußischen Landtagspräsidenten: Das Zentrum hatte zu erkennen gegeben, dass es bereit sei, vom
bisherigen parlamentarischen Brauch abzuweichen, wonach der stärksten Partei
im Landtag (dies war nun die NSDAP) dieses Amt zustand. Die Wahl eines nationalsozialistischen Landtagspräsidenten am 22. Juni hing somit – wie Thälmann an
den neuen deutschen Vertreter in Moskau, Wilhelm Florin, schrieb – „ausschließlich von unserer Stellungnahme ab".[82] Ein solches gemeinsames Vorgehen mit
Zentrum und SPD, um einen sozialdemokratischen statt eines nationalsozialistischen Landtagspräsidenten zu wählen, kam jedoch der offiziell weiterhin abgelehnten „Einheitsfront von oben" bereits ziemlich nahe. Darum vermied es Thälmann sorgfältig, dies in seinem Schreiben nach Moskau offen auszusprechen.[83]
Stattdessen erging er sich wortreich darin, die hervorragende Chance zu preisen,
Sozialdemokratie und Zentrum bei dieser Gelegenheit zu „entlarven".

Gleichzeitig machte Thälmann gegenüber Moskau aber auch deutlich, was bei
dieser Wahl auf dem Spiel stand: Die neue Einheitsfronttaktik würde bei der Basis
sofort unglaubwürdig, wenn die KPD wie bisher aussichtslose kommunistische
Kandidaten aufstellen und damit einem Nationalsozialisten ins Amt verhelfe. Ein
solches Vorgehen, so Thälmann in seinem Brief nach Moskau, wäre „zweifelsohne
[…] von sehr nachteiliger Wirkung bei der Fortführung der antifaschistischen Aktion".[84]

Die Moskauer Funktionäre waren sich allerdings nicht einig, ob sie einer solchen „Einheitsfront von oben" zustimmen sollten: Die Mehrheit in der Kominternführung stimmte für Thälmanns Vorschlag – und hielt es darüber hinaus sogar
für möglich, dass die KPD im preußischen Landtag für einen Kandidaten des Zentrums stimmte, um einen nationalsozialistischen Landtagspräsidenten zu verhindern. Die Hardliner Knorin und Pjatnickij dagegen lehnten jegliche Abmachun-
gen im Parlament weiterhin strikt ab. Da sich Stalin am Schwarzen Meer befand
und deshalb in der Eile nicht konsultiert werden konnte, mussten Molotov und
Kaganovich entscheiden.[85] Ihre Antwort findet sich als Beschluss der Komintern-

---

[82] Brief Thälmanns an Wilhelm Florin vom 18. 6. 1932, RGASPI 495/4/198: 5–7, hier: 5.

[83] Eine solche hatte es zwar schon gegeben: Auf Anweisung Moskaus hin hatte sich die KPD
dem Ansinnen der NSDAP verweigert, die am 12. April 1932 geänderte Geschäftsordnung des Preußischen Landtages wiederherzustellen. Mit dieser neuen Geschäftsordnung
war faktisch ein konstruktives Misstrauensvotum eingeführt worden, weil der amtierende
Ministerpräsident nun nur noch abgelöst werden konnte, wenn ein Nachfolger mit der absoluten Mehrheit der abgegebenen Stimmen gewählt wurde. In der Frage der Wahl des
Landtagspräsidenten war die Situation nun aber anders: Jetzt trat Thälmann dafür ein,
nicht nur gegen einen Vorschlag der NSDAP zu stimmen, sondern aktiv für einen Kandidaten der SPD einzutreten. Zur Änderung der Geschäftsordnung vgl. Möller, Parlamentarismus in Preußen, S. 386–388; Schulze, Otto Braun, S. 726 f. Zur Stellung der Kominternführung in dieser Frage vgl. den Bericht von Manuilskij, Kuusinen, Gusev, Knorin,
Pjatnickij vom 10. 5. 1932, RGASPI 495/19/236: 161–166, und Pjatnickij in der Sitzung
des Präsidiums des EKKI vom 19. 5. 1932, RGASPI 73–85, hier: 75.

[84] Brief Thälmanns an Wilhelm Florin vom 18. 6. 1932, RGASPI 495/4/198: 5–7.

[85] Vgl. Brief Pjatnickijs, Knorins, Gusevs, Lozovskijs an Molotov und Kaganovich vom
20. 6. 1932, RGASPI 508/1/126: 1 f.

führung wieder: Die KPD durfte für einen Kandidaten der SPD stimmen, musste dies aber an Bedingungen knüpfen.[86]

Die kommunistische Landtagsfraktion jedoch ignorierte diese zusätzliche Anweisung: Obwohl SPD und Zentrum die Bedingungen der KPD sofort ablehnten, stimmten die kommunistischen Abgeordneten dennoch für den sozialdemokratischen Kandidaten.[87] In Moskau wurde dies als schwerer Vertrauensbruch gewertet: Ärgerlich fragte die Komintern in Berlin nach, warum die KPD nicht ihre Anweisungen für ihr Verhalten im preußischen Landtag befolgt habe.[88] Dies war übrigens das ominöse Telegramm, das lange Zeit nur durch die Erinnerungen Herbert Wehners bekannt war, mit dem die Komintern „opportunistische Auswüchse" der Einheitsfronttaktik kritisierte. Wehner selbst kannte das Telegramm allerdings nur aus zweiter Hand; dennoch folgerten viele Forscher mangels Originalquellen fälschlicherweise, die Komintern habe damit schon im Juni 1932 für eine *generelle* Abkehr von der damals praktizierten, „flexibleren" Einheitsfronttaktik plädiert.[89] Tatsächlich bezog sich die Kritik Moskaus aber konkret auf das Vorgehen der KPD im Preußischen Landtag.

Obwohl der deutsche Parteivorsitzende mit diesem eigenmächtigen Vorgehen im preußischen Landtag faktisch eine Wende zur Einheitsfront „von oben" vollzogen hatte, so lehnte er es doch ab, diese Wende auch öffentlich als solche offensiv zu vertreten. Auf einen entsprechenden Vorschlag Heckerts und Dahlems während einer Politbürositzung reagierte Thälmann lautstark: Es sei „das dümmste von der Welt, wenn wir das jetzt in der Öffentlichkeit sagen würden. Dann hätten ja die Sozialdemokraten und Brandleristen recht, die behaupten, wir haben unsere Taktik geändert."[90]

Zeugte dieser Widerspruch nun von der heillosen Verwirrung eines Kommunisten, der selbst nicht mehr wusste, ob die Einheitsfronttaktik der Spaltung oder Einheit dienen sollte?[91] Oder resultierte er aus einem realpolitischen „Lernprozess" Thälmanns, der aber in der eigenen Partei auf Widerstand stieß?[92] Entscheidend für sein inkonsequentes Verhalten war wohl insbesondere, dass sich der deutsche Parteivorsitzende bewusst war, von Moskau bei jeden seiner politischen Schritte beobachtet zu werden. Seine Politik offen zu ändern, kam für ihn daher nicht in Frage. Hinzu kam seine auf Loyalität getrimmte Persönlichkeit: Obwohl er in der Einheitsfrontpolitik anscheinend über die von der Komintern gesteckte Grenze hinausgehen wollte, blieb für ihn jeglicher offener Widerstand gegen die

[86] Protokoll Nr. 141 der außerordentlichen Sitzung des PS vom 20. 6. 1932, RGASPI 495/3/251: 1.

[87] Vgl. Brief Remmeles an Manuilskij, Pjatnickij, Kuusinen und Knorin vom 24. 6. 1932, RGASPI 495/19/526: 89–95, hier: 89 f.

[88] Protokoll Nr. 255 der PK vom 27. 6. 1932, RGASPI 495/4/200: 1 f.

[89] Vgl. Wehner, Zeugnis, S. 47 (Wehner hatte von dem Telegramm nach eigenen Worten erst auf der so genannten Brüsseler Konferenz im Jahre 1935 erfahren); Weber, Hauptfeind, S. 54; Weingartner, Stalin und der Aufstieg Hitlers, S. 161–163.

[90] Vgl. Brief Remmeles an Manuilskij, Pjatnickij, Kuusinen und Knorin vom 29. 6. 1932, RGASPI 495/19/703: 80–86, hier: 81.

[91] Vgl. Wirsching, „Hauptfeind Sozialdemokratie", S. 127.

[92] Vgl. Kinner, Der deustche Kommunismus, S. 217.

von Stalin festgelegte „Sozialfaschismus"-Doktrin sakrosankt. Wenn er in Einzel-
fällen doch einmal – wie eben im Preußischen Landtag – von der geltenden „Generallinie" abweichen wollte, so musste er sich als Kompensation gegenüber der
Moskauer Führung als umso treuerer Erfüllungsgehilfe präsentieren.[93]

Die Folge war ein Schlingerkurs der KPD-Führung in der Einheitsfrontfrage,
der die Parteimitglieder völlig verwirrte: Nach der Kritik aus Moskau an dem Verhalten im preußischen Landtag blies die KPD-Spitze am 14. Juli zunächst zum
Rückzug in der Einheitsfrontpolitik[94], nur um den Führungen von SPD und
ADGB keine Woche später nach der verfassungswidrigen Absetzung der Regierung Braun anzubieten, gemeinsam einen Generalstreik zu organisieren. Freilich
bemühte man sich, in der Öffentlichkeit tunlichst zu verschleiern, dass es sich hier
um eine „Einheitsfront von oben" handelte.[95] Bald danach dominierte wieder die
„Sozialfaschismus"-Doktrin die Verlautbarungen der KPD. Der Chefredakteur
des sozialdemokratischen *Vorwärts*, Friedrich Stampfer, versuchte vergeblich,
über die sowjetische Botschaft in Berlin eine Art Waffenstillstand zwischen Kommunisten und Sozialdemokraten auszuhandeln.[96] Stampfer habe „sich – verständ-
licherweise – darüber beschwert, dass ihn die Kommunisten einen Faschisten nennen", berichtete der sowjetische Botschaftsrat Vinogradov Ende August 1932
nach Moskau.[97]

Obwohl die Kominternführung nach den schlechten Wahlergebnissen für die
KPD Anfang Mai selbst zunächst darauf gedrängt hatte, die Politik der KPD zu
ändern und in dem seit dem 30. Mai 1932 amtierenden Kabinett Franz von Papen
eine Regierung sah, „die aus Leuten besteht, die zwar nicht formell, aber doch faktisch, wenn nicht der nationalsozialistischen Partei, so doch auf jeden Fall aus ihr
nahestehenden Vertretern der Junker, der Schwerindustrie und der Reichswehrge-
neralität besteht [...]"[98], blieb in Moskau dennoch alles beim Alten: Wie üblich
konzentrierte man sich im EKKI auf die Frage, wie die KPD die Anhänger der
SPD gewinnen könne. Der Regierungswechsel wurde insofern gerade deshalb als
wunderbare Gelegenheit betrachtet, weil er eine Zuspitzung der innenpolitischen
Lage in Deutschland versprach. In Moskau entwickelte sich daher eine geradezu
fieberige Erwartungshaltung, in der die Hauptsorge der Frage galt, ob die deutschen Kommunisten die Chance zur eigenen Machtübernahme verspielten. Der
KPD wurde daher als Handreichung ein Memorandum zur Lage in Deutschland

---

[93] Vgl. dazu: Brief Remmeles an Manuilskij, Pjatnickij, Kuusinen und Knorin vom 11. 8.
1932, RGASPI 495/19/527: 34–46, hier: 38.

[94] „Rundschreiben Nr. 14. Anweisungen des Sekretariates" des ZK der KPD an die Bezirksleitungen vom 14. 7. 1932, abgedruckt in: Weber, Generallinie, S. 526–528.

[95] Der Aufruf wandte sich „an die deutsche Arbeiterschaft". Abgedruckt in: Karl, Antifaschistische Aktion, S. 193 f. Der tschechische Kommunist Josef Guttmann kritisierte auf
dem XII. EKKI-Plenum Anfang September 1932 genau diesen Widerspruch, vgl. Weingartner, Stalin und der Aufstieg Hitlers, S. 164, Fn. 468.

[96] Zu den Kontakten des Chefredakteurs Friedrich Stampfers mit der sowjetischen Botschaft
und der KPD-Führung vgl. Stampfer, Erfahrungen und Erkenntnisse, S. 263–270.

[97] Diensttagebuch Vinogradovs vom 20. 8. 1932, AVP RF 05/12/84/34: 153.

[98] Knorin in der Sitzung des PS vom 11. 6. 1932, RGASPI 495/3/249: 168–187, hier: 175. Er
trug hier im Wesentlichen sein Memorandum „O polozehnie v Germanii" vom 9. 6. 1932
vor, RGASPI 495/3/249: 315–324.

zugeschickt, in dem der Partei aufgetragen wurde, im „entsprechenden Augenblick", wie z. B. einer „Machtergreifung durch die Nazis in Preußen", die Gewerkschaften bis hin zu deren Zentralvorständen zu einem „politischen Massenstreik" aufzurufen.[99] In der Kominternführung dachte aber niemand an eine tatsächliche, bedingungslose Zusammenarbeit: Falls vom ADGB auf einen solchen Aufruf „keine Antwort, eine schwankende Antwort oder eine Antwort mit Vorbehalten" erfolge, müsse dies „zur Entlarvung der Reformisten" ausgenutzt werden.[100]

Die bolschewistische Führung war von diesem Memorandum der Kominternführung hingegen gar nicht begeistert – ihr erschien der Text allzu revolutionär. Es sei noch zu früh, sich über die Durchführung eines Generalstreikes Gedanken zu machen, denn ein solcher sei ja schließlich auf die „Entfaltung von revolutionären Kämpfen" angelegt, schrieb Kaganovich an Stalin.[101] Dem stimmte der Diktator zu: Stalin beschied Kaganovich in seiner Antwort lakonisch, dass er mit dessen skeptischen Ansichten, was „Deutschland und den Generalstreik" betreffe, übereinstimme.[102]

Ähnlich reagierte Stalin auf den so genannten Preußenschlag vom 20. Juli 1932, als Reichskanzler Papen die geschäftsführende preußische Regierung Braun durch eine Notverordnung absetzte und sich zum Reichskommissar für Preußen erklärte.[103] Aus Sicht der Kominternführung war das der Moment, auf den man so lange gewartet hatte: Die EKKI-Funktionäre hofften, der Sturz der amtierenden Landesregierung werde von der deutschen Arbeiterschaft ebenso mit einem Generalstreik gekontert, wie dies 1920 mit dem Kapp-Lüttwitz-Putsch geschehen war.[104] Noch fünf Wochen nach dem „Preußenschlag" schwärmte Knorin von der Gelegenheit des 20. Juli: Wäre die Situation richtig ausgenutzt worden, dann hätte die KPD eine „große revolutionäre Bewegung in Deutschland auslösen können".[105] Das war jedoch genau das Szenario, das die bolschewistische Führung vermeiden wollte. Gerade weil Moskau am 21. Juli noch davon ausging, dass in Preußen bereits das Kriegsrecht eingeführt und Berlin von der Reichswehr umstellt sei[106], sollte die KPD aufgefordert werden, sich „nicht zu bewaffneten Aus-

---

[99] „O polozehnie v Germanii". Memorandum Knorins vom 9. 6. 1932, RGASPI 495/3/249: 315–324.

[100] Protokoll (A) Nr. 250 der außerordentlichen Sitzung der PK vom 10. 6. 1932, Pkt. 1, RGASPI 495/4/196: 2f.

[101] Brief Kaganovichs an Stalin vom 17. 6. 1932, RGASPI 558/11/740: 67f. Zwei Tage später schickte Kaganovich eine neue Fassung des Briefes der Komintern an die KPD, die „bedeutend weicher" formuliert war, insbesondere in der Frage des Generalstreikes. Vgl. Brief Kaganovichs an Stalin vom 19. 6. 1932, RGASPI 558/11/740: 73.

[102] Brief Stalins an Kaganovich, o.D. [nach dem 21. 6. 1932], abgedruckt in: Khlevnjuk (Hg.), Stalin i Kaganovich, S. 186f.

[103] Zum Preußenschlag vgl. u. a.: Morsey, Zur Geschichte des „Preußenschlages"; Schulz, „Preußenschlag" oder Staatsstreich?

[104] Vgl. den Entwurf der PK vom 22. 7. 1930 für eine Direktive an die KPD, zum Generalstreik aufzurufen, RGASPI 495/3/252: 184.

[105] Knorin auf dem XII. EKKI-Plenum am 5. 9. 1932, RGASPI 495/170/214: 43.

[106] Vgl. Telegramm Kaganovichs an Stalin vom 21. 7. 1932, RGASPI 558/11/78: 70f. Eine erste Nachricht über den Staatsstreich hatte Stalin bereits am 20. 7. 1932 erreicht. Darin

einandersetzungen provozieren zu lassen". Am besten sei es, so kamen Stalin und Kaganovich überein, wenn die deutschen Kommunisten sogar darauf verzichteten, in Berlin und Umgebung Demonstrationen abzuhalten.[107]

Andererseits widersetzten sich Stalin, Molotov und Kaganovich weiterhin allen Initiativen, eine „Einheitsfront von oben" aufzubauen. Der weitreichendste Vorstoß dieser Art kam eine gute Woche vor Papens Staatsstreich – und ging bemerkenswerterweise ausgerechnet von den Hardlinern Knorin und Pjatnickij aus. Angesichts der dramatischen Entwicklung in Deutschland machten sie sich nun einen Vorschlag von Willi Münzenberg zu eigen, mit dem Chef des sozialdemokratischen Reichsbanners, Karl Höltermann, über ein antifaschistisches Bündnis zu verhandeln.[108] In der KPD-Führung gab es zu dieser Zeit neben Münzenberg mehrere Funktionäre, die mit demokratischen Politikern im Kontakt standen, um über ein gemeinsames Vorgehen gegenüber den Nationalsozialisten zu beraten.[109] Auch Höltermann selbst hatte sich über Mittelsmänner bereits an die KPD-Spitze gewandt und für ein Zusammengehen von SPD und KPD gegen die Nationalsozialisten mit dem Argument geworben, er wolle ja nicht nur die Weimarer Republik verteidigen, sondern darüber hinaus eine „soziale Republik" erkämpfen.[110] Dass sich die KPD-Spitze vorstellen konnte, mit einem Mann zusammenzuarbeiten, der ein Jahr zuvor noch öffentlich als „sozialfaschistischer Reichsbannergeneral" beschimpft worden war[111], zeigt den Wandel, der mittlerweile stattgefunden hatte.

Auch die Kominternführung war nun also bereit, sich an solchen Gesprächen zu beteiligen und hatte diesmal offensichtlich *nicht* vor, die Sozialdemokraten ein weiteres Mal als Scheinoppositionelle zu „entlarven". Denn anstatt wie üblich der SPD öffentlich unerfüllbare Forderungen zu präsentieren, sollte ein Emissär des EKKI nun zunächst geheim und direkt mit Höltermann verhandeln. Im EKKI war man somit offensichtlich an einem realen Erfolg interessiert.[112]

---

wurde auch korrekt gemeldet, dass nicht Braun und Severing, sondern der Berliner Polizeipräsident Grzesinski und seine Stellvertreter Weiss und Heimsberg (kurzfristig) verhaftet worden waren. Vgl. das Telegramm von Poskrebyshev an Stalin vom 20. 7. 1932, RGASPI 558/11/78: 60.

[107] Vgl. Brief Kaganovichs an Stalin vom 21. 7. 1932, abgedruckt in: Khlevnjuk (Hg.), Stalin i Kaganovich, S. 238 f., und die Antwort von Stalin: Telegramm Stalins an Kaganovich vom 21. 7. 1931, RGASPI 558/11/78: 68.

[108] Über die Gespräche zwischen den sozialdemokratischen Reichstagsabgeordneten Carlo Mierendorff und Emil Kirschmann mit Willi Münzenberg vgl. Kirschmann, Preußens Ausklang, v. a. S. 87 f.

[109] Anfang Juni hatte sich Wilhelm Abegg, Staatssekretär im preußischen Ministerium des Innern, mit dem KPD-Reichstagsabgeordneten Torgler und zwei Mitgliedern der KPD-Fraktion im preußischen Landtag getroffen, um die KPD zur Mäßigung aufzurufen. Vgl. dazu: Aufzeichnung des Ministerialrates Wienstein vom 19. 7. 1932 über eine Unterredung in der Wohnung des Regierungsrates Diels, in: AdR, Kabinett Papen, Dok. No. 66.

[110] Vgl. Brief Remmeles an Pjatnickij, Manuilskij, Kuusinen und Knorin vom 17. 6. 1932, RGASPI 495/19/526: 39–47, hier: 41.

[111] Vgl. die Zeitschrift Der rote Stern 9 (1932), Heft 30.

[112] Brief Knorins und Pjatnickijs an Kaganovich vom 10. 7. 1932 mit einem Memorandum über Karl Höltermann, RGASPI 495/19/236: 167 f.

Doch dieser erste – und vor 1934 einzige – nennenswerte Versuch der Kominternführung, eine Art Volksfront aufzubauen, wurde von Stalin im letzten Moment abgeblockt. Die Komintern *„darf* sich da nicht einmischen", wies der Diktator Kaganovich kategorisch an. *„Örtliche* Kampfabsprachen muss man zulassen, ohne das ZK der KPD *offiziell* in diese Angelegenheit zu verwickeln. Dies unter der Bedingung der Sicherstellung der faktischen *Führung* durch die Organisationen der KPD."[113] Damit war der Vorschlag abgelehnt. Wenig später teilte Münzenberg seinem Kontaktmann bei der SPD mit, dass seine Versuche, eine „Einheitsfront von oben" aufzubauen, von der Parteiführung abgelehnt worden seien.[114]

1932 hatte sich also bis zu den Hardlinern in der Kominternspitze die Einsicht durchgesetzt, dass „das Geschrei über Hitler" vielleicht doch nicht übertrieben war. Obwohl in mehreren Anläufen versucht wurde, den bisherigen Kurs zu ändern, scheiterten alle Initiativen letztlich am Veto Stalins. Aufgrund der Struktur der Kominternführung und der persönlichen Verpflichtung aller Führungsfunktionäre auf den sowjetischen Diktator traute sich niemand, gegen die Anweisungen Stalins offen zu opponieren.

3. Von der Unterschätzung Hitlers zur vorauseilenden Appeasement-Politik

Während in der Forschung bislang angenommen wurde, die sowjetische Führung sei 1933 von Hitlers „Machtergreifung" überrascht worden, so zeigen die nun zugänglichen Dokumente, dass Stalin bereits im Sommer 1932 mit einer baldigen Regierungsbeteiligung der NSDAP rechnete. Vor diesem Hintergrund stellt sich um so dringender die Frage, weshalb Stalin seine Politik gegenüber der SPD nicht revidierte, um zu versuchen, den Aufstieg der NSDAP zu verhindern.

Zum einen scheint es so, als habe der sowjetische Diktator das Interesse an der KPD wie auch an der Komintern insgesamt weitgehend verloren. Für die Zeit seit dem Frühjahr 1932 lassen sich immer weniger Kontakte zwischen Stalin und der Kominternführung nachweisen. Andere Probleme, wie der militärische Konflikt an der Grenze zu Japan sowie innenpolitische Fragen nahmen ihn offenbar weit stärker in Anspruch. Im April 1932 erklärte Stalin gegenüber Neumann in einem vertraulichen Gespräch ganz offen, er beschäftigte sich momentan nicht mit Kominternangelegenheiten, da ihm die „Kriegsfrage" keine Zeit dazu lasse.[115]

---

[113] Brief Stalins an Kaganovich vom 17. 7. 1932 (Hervorhebungen im Original), abgedruckt in: Khlevnjuk (Hg.), Stalin i Kaganovich, S. 231. Kaganovich meldete Stalin am 21. 7. 1932 telegrafisch, dass er Pjatnickij Stalins Meinung übermittelt habe, RGASPI 558/11/740: 98.

[114] Vgl. Kirschmann, Preußens Ausklang, S. 87 f. Kirschmann datierte dieses Gespräch allerdings bereits auf Anfang Juni 1932.

[115] Vgl. die Notizen Piecks über das Gespräch Neumanns mit Stalin am 7. 4. 1932, RGASPI 495/19/527a: 159.

Während Deutschland auf eine Diktatur von rechts zusteuerte, und die Spitzen der KPD und Komintern auf eine entschiedene Reaktion Stalins auf diese Vorgänge warteten, setzte der sowjetische Diktator offenbar andere Prioritäten. Von der einstigen revolutionären Grundeinstellung Stalins war vor dem Hintergrund der scheinbar immer weiter ansteigenden Kriegsgefahr kaum etwas mehr übrig geblieben – nun interessierte ihn hauptsächlich die Frage, wie sich die ausländischen Kommunisten im Falle eines Angriffes der „imperialistischen Mächte" auf die Sowjetunion besser als „fünfte Kolonne" im Rücken des Feindes einsetzen ließen. Vor dem XII. EKKI-Plenum regte Stalin an, dass die ausländischen Parteien Aktionskomitees gründen sollten, die Waffentransporte in ihren Ländern behindern sollten, wenn sich diese im Krieg mit der Sowjetunion befänden.[116]

Für die Ergebnisse des XII. EKKI-Plenums selbst mochte sich Stalin hingegen kaum Zeit nehmen. Damit der Diktator wenigstens grob über den Verlauf des Plenums orientiert war, wurde ein zusammenfassender Bericht mit den angenommenen Thesen an ihn geschickt. „Wir bitten sehr, die Dokumente durchzusehen", schrieb Pjatnickij in dem Anschreiben an Stalin und Molotov und fügte hinzu: „Wenn es nicht möglich sein sollte, alle Dokumente durchzusehen, dann wäre es wünschenswert, die Thesen zum ersten, dritten und vierten Tagesordnungspunkt durchzusehen."[117]

Die überhand nehmenden innen- und außenpolitischen Probleme veranlassten Stalin im Sommer 1932, eine Außenpolitik zu verfolgen, die sich stärker an den Handlungsmustern orientierte, die sowjetische Diplomaten stets eingefordert hatten. Während Stalin die sowjetischen Diplomaten immer wieder als potentielle „Rechtsabweichler" diffamiert hatte, weil er fand, dass sie den „revolutionären Aspekt" der Außenpolitik vernachlässigten, so legte er auf diesen Punkt nun selbst kaum noch Wert. Je weniger Stalin an eine erfolgreiche Revolution in Deutschland glaubte, desto größere Bedeutung gewann für ihn die Aufrechterhaltung ungestörter wirtschaftlicher, politischer und militärischer Beziehungen zu Deutschland. Die scharfen Kommentare von *Pravda* und *Izvestija* über die neue Regierung von Papen erregten daher den Zorn des Diktators:

„Unsere Zeitungen haben in Hinsicht auf die neue deutsche Regierung den falschen Ton gewählt. Sie schimpfen und schmähen diese. Dies ist eine falsche Position, die ‚revolutionär' gedacht ist, tatsächlich aber denen nützt, die einen Bruch zwischen der UdSSR und Deutschland anstreben. Diesen Fehler muss man korrigieren."[118]

---

[116] Brief Stalins und Molotovs an Kaganovich vom 16. 8. 1932, abgedruckt in: Khlevnjuk (Hg.), Stalin i Kaganovich, S. 281. Entsprechende Bemühungen unternahm die Komintern bereits seit Anfang 1932, wenngleich mit bescheidenen Erfolgen. Vgl. Brief Madyars an Kun vom 20. 2. 1932, wo er über die im letzten Telegramm Kuns angeordnete „ernste Aktion" schrieb: „Was die Eisenbahntransporte anbelangt", seien die Kommunisten in Tschechien und Deutschland pessimistisch, dass „im gegebenen Moment" Streiks organisiert werden könnten, weil sie unter den Eisenbahnern sehr schwach vertreten seien, RGASPI 495/60/238: 11–14, hier: 13.

[117] Brief Pjatnickijs an Stalin und Molotov vom 21. 9. 1932, RGASPI 495/19/243: 36f.

[118] Telegramm Stalins an Kaganovich vom 5. 6. 1932, RGASPI 558/11/77: 13. Stalin bezog sich dabei u. a. auf den Artikel der Pravda vom 3. 6. 1932.

Diese Forderung Stalins, gegenüber der Regierung von Papen eine beschwichtigendere Haltung einzunehmen, überrascht, galt der neue Kanzler doch schon den Zeitgenossen als Anhänger einer deutsch-französischen Zusammenarbeit und Gegner der Rapallopolitik. Die sowjetischen Diplomaten fürchteten daher, dass mit Papens Regierungsantritt – wie sich der sowjetische Botschaftsrat Boris Stein gegenüber Ernst von Weizsäcker ausdrückte – es nun mit der „deutsch-russischen Freundschaft zu Ende" sei.[119] Im NKID hielt man eine vollständige Änderung der deutschen Russlandpolitik für möglich.[120]

Ob Stalin diese pessimistische Einschätzung teilte, ist nicht klar. Solange der bereits im August 1931 ausgehandelte Nichtangriffspakt mit Frankreich noch nicht unterzeichnet worden war und damit noch keine stabile Alternative zu den bislang privilegierten deutsch-sowjetischen Beziehungen in Sicht war, hielt es der Diktator offensichtlich für klüger, sich die Position des sowjetischen Außenkommissars Litvinov zu eigen zu machen[121]: Litvinov, dem in der bisherigen Forschung gemeinhin eine germanophobe Einstellung nachgesagt wurde[122], hatte im Herbst 1931 zu Kaganovich gesagt: „Wir tanzen jetzt auf dem deutschen Bein, solange sich mit Frankreich nichts ergibt."[123] Diese Haltung prägte nun auch Stalins Stellungnahme zur sowjetischen Berichterstattung über die neue deutsche Regierung: Es galt, sich gegenüber von Papen zurückzuhalten, bis eine gleichwertige Alternative in Sicht war.

Vom Mobilisierungspotential der deutschen Kommunisten, das mittelfristig eine revolutionäre Perspektive in Deutschland eröffnet hätte, war Stalin dagegen spätestens seit dem Misserfolg Thälmanns bei der Reichspräsidentenwahl im März 1932 schwer enttäuscht. Weil die KPD in den Jahren 1931/32 dabei versagt hatte, sich einen solch aktivistischen Massenanhang zu schaffen, wie ihn die NSDAP scheinbar unaufhaltsam aufbaute, verlor sie für ihn als politischer Faktor immer mehr an Bedeutung: „Jeder sowjetische Traktor ist mehr wert als zehn ausländische Kommunisten", soll Stalin später geäußert haben.[124] Die abfälligen Kommentare, die sowjetische Diplomaten in Gesprächen mit deutschen Politikern über die KPD abgaben[125], spiegelten nunmehr auch die Haltung der bolschewistischen Führung gegenüber der KPD wider.

Anstatt sich nach den Wahlsiegen der NSDAP im Frühjahr 1932 für ein Bündnis von KPD und SPD stark zu machen, begann sich Stalin offensichtlich mit der Prognose des sowjetischen Botschafters in Berlin zu arrangieren, derzufolge Hit-

---

[119] von Weizsäcker, Erinnerungen, S. 91.
[120] Zur Einschätzung der Regierung von Papen durch die sowjetischen Diplomaten vgl. Weingartner, Stalin und der Aufstieg Hitlers, S. 139–157.
[121] Die Paraphierung hatte bereits am 24. 8. 1931 stattgefunden, die Unterzeichnung gelang erst am 29. 11. 1932.
[122] Vgl. insbesondere wieder Weingartner, Stalin und der Aufstieg Hitlers; Carr, Twilight of Comintern. In diesem Zusammenhang wird immer wieder auf Litvinovs englische Ehefrau verwiesen.
[123] So zitierte Kaganovich Litvinov in einem Brief an Stalin vom 16. 9. 1932, RGASPI 558/ 11/739: 122.
[124] Zitiert nach: Slutsch, Deutschland und die UdSSR 1918–1939, S. 68.
[125] Vgl. Weingartner, Stalin und der Aufstieg Hitlers, S. 143.

ler „früher oder später" die Machtübernahme gelingen werde.[126] Der Diktator begann sich auf diese Situation vorzubereiten, indem er sich über die außenpolitischen Pläne der Nationalsozialisten informierte und sich im Juni 1932 vom sowjetischen Geheimdienst ein Memorandum über Hitler zusammenstellen ließ.[127]

Aufgrund der jahrelangen Unterschätzung des Phänomens Hitler durch die gesamte sowjetische Parteiführung bestand damals ein großes Informationsdefizit. Die außenpolitische Orientierung der NSDAP war Moskau ein großes Rätsel. Schon im Dezember 1930 hatte Litvinov einen deutschen Journalisten gefragt, wieso sich die Nationalsozialisten in ihrer Politik ebenso gegen Frankreich wie gegen die Sowjetunion wandten? „Das schließe eine erfolgreiche Außenpolitik doch aus."[128] Im NKID wurde daraus die Schlussfolgerung gezogen, dass sich die NSDAP irgendwann einmal für eine Option entscheiden müsse – und so arbeiteten die sowjetischen Diplomaten folglich intensiv daran, die Vertreter einer prosowjetischen Orientierung zu unterstützen. Seit der Abspaltung des Otto-Straßer-Flügels und der „Stennes-Revolte" waren die sowjetischen Diplomaten ebenso wie die Komintern überzeugt gewesen, dass die NSDAP ein höchst labiles – und somit beeinflussbares – Gebilde darstellte: So meinte Khinchuk im Juni 1931, in der nationalsozialistischen Partei gebe es Tendenzen, ihren „nominellen Führer" Hitler zu isolieren. Auch der Stern von Goebbels, der für den sowjetischen Diplomaten „psychologisch gesehen ein pathologisches Subjekt und prinzipienloser Karrierist" war, sei im Sinken begriffen.[129] Folglich schien es den sowjetischen Diplomaten erfolgversprechend, diesen vermeintlichen Spaltungsprozess innerhalb der NSDAP zu befördern und im eigenen Sinne zu steuern.[130] Besonders interessierten sie sich für den nationalsozialistischen Reichstagsabgeordneten Graf von Reventlow, der schon in den 20er Jahren offen für ein Bündnis mit der Sowjetunion eingetreten war. Die sowjetischen Botschaftsangehörigen in Berlin

---

[126] Sowjetische Diplomaten rechneten offensichtlich sehr früh mit einer Regierungsbeteiligung und versuchten die möglichen Folgen für die deutsch-sowjetischen Beziehungen zu ermitteln. Vgl. Aufzeichnung eines Gespräches zwischen Boris Stein und dem deutschen Diplomaten Twardowski vom 12. 12. 1931, AVP RF 082/14/62/2: 367. Vgl. dazu: Slutsch, Deutschland und die UdSSR 1918–1939, S. 65.

[127] Der Eingang dieser *sprawka* an Stalins Urlaubsresidenz wurde für den 21. 6. 1932 eingetragen, vgl. das Verzeichnis der Materialien, die Stalin zugeschickt bekam, RGASPI 558/11/79: 87–138. Das Memorandum selbst befindet sich möglicherweise noch im Präsidentenarchiv der Russischen Föderation. Dass sich Stalin vor dem Frijahr 1932 noch nicht für die außenpolitische Orientierung der NSDAP interessiert hat, schließe ich daraus, dass dieses Thema in seiner Urlaubs-Korrespondenz vor diesem Zeitpunkt keine Rolle spielt, während es im Sommer 1932 mehrfach erwähnt wird.

[128] Bericht Wilhelm Hacks über seine Moskauer Unterredung mit Litvinov und Voroshilov im Dezember 1930, zitiert nach: Weingartner, Stalin und der Aufstieg Hitlers, S. 45.

[129] Bericht Khinchuks über die innenpolitische Lage in Deutschland vom 8. 6. 1931, AVP RF 082/14/63/5: 93–113, hier: 93 f.

[130] Zu den vermeintlichen Spaltungstendenzen vgl. den Bericht des sowjetischen Botschaftsrates Vinogradov über die innenpolitische Lage in Deutschland vom 16. 8. 1932, AVP RF 05/12/84/34: 145–152. Zu den unterschiedlichen außenpolitischen Vorstellungen innerhalb der NSDAP vgl. Aufzeichnung eines Gespräches zwischen dem Mitarbeiter der sowjetischen Botschaft in Berlin, Michailski, und Oberst Fischer vom 27. 8. 1932, AVP RF 05/12/84/34: 175 f.

verkannten, dass von Reventlow in der NSDAP ein krasser Außenseiter war, und bemühten sich 1932 um engen Kontakt mit ihm.[131] Ein weiterer Gesprächspartner der Botschaft war der Reichswehroffizier Niedermayer, der als langjähriger Organisator der geheimen militärischen Zusammenarbeit zwischen Reichswehr und Roter Armee ebenfalls an gleichbleibend guten deutsch-sowjetischen Beziehungen interessiert war: Er bot der sowjetischen Botschaft im Juli 1932 an, den Kontakt zu Hermann Göring herzustellen und damit eine ständige Verbindung zur NSDAP aufzubauen.[132]

In der bolschewistischen Führung sorgten diese Berichte für ein falsches Bild der außenpolitischen Ziele der NSDAP. So schrieb Kaganovich im Juni 1932 erleichtert an Stalin, dass „selbst so ein Nat[ional] Sozialist wie Reventlow" erklärt habe, Deutschland werde die Sowjetunion niemals angreifen.[133] Nach dem Wahlsieg der NSDAP bei der Reichstagswahl vom 31. Juli 1932, bei der sie mit 37,3 Prozent der abgegebenen Stimmen die Zahl ihrer Mandate mehr als verdoppeln konnte und somit im Zenit ihres politischen Erfolges stand, hielt es Kaganovich für geboten, die Kontakte zur NSDAP zu intensivieren: Drei Tage nach der Wahl schickte er Stalin den Bericht über Niedermayers Angebot für ein Gespräch mit Göring und bemerkte dazu, der Bericht sei „von Interesse".[134]

Stalin stand der Idee einer Annäherung an eine vermeintliche prosowjetisch-antiwestliche „Gruppe" in der NSDAP positiv gegenüber. Am 6. August billigte er daher sogar den Vorschlag Litvinovs, auf ein Gesprächsangebot Reventlows einzugehen: „Wenn Reventlow nach einem Treffen mit Litvinov trachtet, muss man die Zustimmung zu einem Treffen geben", entschied der Diktator.[135] Nachdem die Verhandlungen zwischen Schleicher und Hitler über eine Regierungsbeteiligung der NSDAP Mitte August scheiterten, wurde das geplante Treffen zwischen Litvinov und Reventlow zwar abgesagt[136], die Kontakte zwischen sowjetischer Botschaft und Reventlow blieben jedoch bestehen.[137]

---

131 Vgl. Diensttagebuch Vinogradovs über Gespräch mit Reventlow vom 20. 8. 1932, AVP RF 05/12/84/34: 155f.

132 Der Bericht des sowjetischen Botschaftsrates Aleksandrovskijs vom 28. 7. 1932 ist abgedruckt in: D'jakov (Hg.), Fashistskja mech, S. 132f. Vgl. dazu auch den entsprechenden Eintrag in Stalins Materialfindbuch, RGASPI 558/11/79: 87–138. Der Bericht über das Gespräch mit Reventlow hat sich bislang nicht finden lassen. Vgl. auch den Brief Kaganovichs an Stalin vom 3. 8. 1932, abgedruckt in: Khlevnjuk (Hg.), Stalin i Kaganovich, S. 259.

133 Brief Kaganovichs an Stalin vom 9. 6. 1932, abgedruckt in: Khlevnjuk (Hg.), Stalin i Kaganovich, S. 153–156.

134 Brief Kaganovichs an Stalin vom 2. 8. 1932, abgedruckt in: Khlevnjuk (Hg.), Stalin i Kaganovich, S. 258.

135 Chiffretelegramm Stalins an Kaganovich vom 6. 8. 1932, RGASPI 558/11/78: 127. Vgl. dazu die Anfrage von Kaganovich und Molotov vom 5. 8. 1932, RGASPI 558/11/78: 128.

136 Vgl. dazu den Bericht des sowjetischen Botschaftsrates Vinogradov über die innenpolitische Lage in Deutschland vom 16. 8. 1932, AVP RF 05/12/84/34: 145–152, und B. Steinemann, Nach dem Scheitern der Regierungsbildung mit Hitler, in: Inprekorr 1932, Nr. 68 vom 16. 8. 1932, S. 2177.

137 Vgl. Diensttagebuch Vinogradovs über ein Gespräch mit Reventlow vom 20. 8. 1932, AVP RF 05/12/84/34: 155f.

Die Hoffnungen Moskaus, dass sich auch innerhalb der NSDAP schließlich die Vertreter einer „realpolitischen" Außenpolitik durchsetzen würden, erhielt Ende 1932 neue Nahrung und Aktualität: Nachdem die NSDAP bei der Reichstagswahl vom 6. November 1932 empfindliche Verluste erlitten hatte, aber weiterhin stärkste Partei geblieben war, versuchte der neue Reichskanzler von Schleicher, die Nationalsozialisten an der Regierung zu beteiligen. Er bot Gregor Straßer, dem Reichsorganisationsleiter der NSDAP, das Amt des Vizekanzlers an. Schleicher beabsichtigte, Hitler auf diese Weise auszubooten, der in den Verhandlungen mit Hindenburg stets auf dem Posten des Reichskanzlers für sich beharrt hatte. War Hitler erst neutralisiert, so Schleichers Kalkül, ließe sich die NSDAP leicht „zähmen".[138] In Moskau wurde dieser Versuch mit großem Interesse beobachtet. Die *Izvestija* widmete Straßer Mitte Dezember 1932 einen ausführlichen Artikel, in dem dieser als Gegenstück zum fanatischen Demagogen Hitler, als Staatsmann und Realist gezeichnet wurde.[139] Zum Zeitpunkt dieser Veröffentlichung war Schleichers „Zähmungskonzept" allerdings bereits gescheitert, weil sich Straßer nicht gegen Hitler auflehnen wollte und das Angebot des Reichskanzlers ablehnte.

Nur wenige sowjetische Stimmen warnten davor, sich über die außenpolitischen Ziele der Nationalsozialisten Illusionen zu machen und überzogene Hoffnungen in eine Spaltung der NSDAP zu setzen. So berichtete der Kominterninstrukteur Madyar im April 1932 von der Rede Hitlers vor dem Düsseldorfer Industriellen-Club.[140] Hitler habe bei dieser Gelegenheit erklärt, dass er den Bolschewismus nicht nur in Deutschland, sondern auch in der Sowjetunion vernichten wolle. „Das Stenogramm der Rede liegt am Kusnetzki Most oder bei den Nachbarn [d.h. beim sowjetischen Geheimdienst]. Wir konnten hier das Stenogramm nicht erhalten. Man müsste es verschaffen und hier veröffentlichen."[141] Ganz ohne geheimes Material, sondern nach eingehender Lektüre von Hitlers „Mein Kampf" und verschiedener Studien über die nationalsozialistische Außenpolitik kam ein Agent der sowjetischen Militäraufklärung, der als Mitarbeiter der sowjetischen Botschaft in Berlin arbeitete, zu dem Schluss, dass deren „Generallinie' der Kampf gegen die Sowjetunion" sei. Die „sozialistische" Opposition innerhalb der NSDAP hielt er für nicht durchsetzungsfähig.[142]

Doch seine Warnung fand kein Gehör: Zunächst vertrauten die sowjetischen Diplomaten und Bolschewiki weiterhin den Beteuerungen Schleichers und anderer Reichswehroffiziere, die Nationalsozialisten würden selbst im Falle einer Regierungsbeteiligung „nicht die Herren sein".[143] Als sie es dann aber doch wurden,

---

[138] Vgl. Schildt, Militärdiktatur mit Massenbasis?
[139] Vgl. Izvestija vom 12. 12. 1932.
[140] Diese Rede hatte Hitler allerdings schon am 27. 1. 1932 gehalten. Vgl. Kershaw, Hitler. 1888–1936, S. 451 f.
[141] Brief Madyars an Kun vom 6. 4. 1932, RGASPI 495/60/238: 83 f.
[142] Diensttagebuch Girschfelds vom 17. 5. 1932, AVP RF 05/12/84/34: 134–136.
[143] Oberst Fischer zu Michalski am 27. 8. 1932, zitiert nach: Slutsch, Deutschland und die UdSSR 1918–1939, S. 65. Ähnlich hatte sich bereits Schleicher gegenüber dem sowjetischen Botschafter geäußert. Vgl. Weingartner, Stalin und der Aufstieg Hitlers, S. 150, und

trösteten sich die meisten sowjetischen Diplomaten mit der Erwartung, die NSDAP werde schließlich auf einen prosowjetischen Kurs einschwenken, weil dies den gemeinsamen Interessen Deutschlands und der Sowjetunion diene.[144] In Moskau wachte man nicht einmal dann auf, als die Komintern eine Protokollnachschrift von Hitlers Ansprache vor den Befehlshabern der Reichswehr am 3. Februar 1933 erhielt. In dieser Rede, die der Nachrichtendienst der KPD binnen einer Woche nach Moskau übermittelte, hatte Hitler seinen Antikommunismus in aller Deutlichkeit ausgedrückt und die Grundzüge seiner gegen die Sowjetunion gerichteten „Lebensraum"-Politik erläutert.[145] Spätestens ab diesem Zeitpunkt hätten eigentlich keine Zweifel mehr an Hitlers mittelfristiger Absicht, es auf eine militärische Kraftprobe mit der Sowjetunion ankommen zu lassen, bestehen dürfen. Aus Unkenntnis der nationalsozialistischen Weltanschauung hielten die Sowjets diese Erklärungen für unrealisierbare Hirngespinste. Auch die antikommunistischen und antisowjetischen Ausschreitungen der SA, die im Februar 1933 teilweise gewaltsame Übergriffe auf sowjetische Einrichtungen beging, interpretierten die sowjetischen Diplomaten daher nicht als Zeichen einer strategischen Orientierung des Nationalsozialismus, sondern als lästige Nebenerscheinung des Wahlkampfes für die Reichstagswahl am 5. März 1933.[146] Nach dem Urnengang, so war der stellvertretende Außenkommissar Krestinskij überzeugt, werde Hitler diese Angriffe abstellen oder zumindest abschwächen lassen.[147] Hitlers Reichstagsrede vom 23. März, in der er außenpolitische Kontinuität versprach, verstärkten diese Illusionen.[148] Selbst als die antisowjetischen Übergriffe im April 1933 noch immer andauerten, wollte Khinchuk weiterhin nicht an einen Wechsel der deutschen Außenpolitik glauben: Hitler, der noch „kein außenpolitisches Programm" habe, sei einfach gezwungen, die aufgepeitschten Massen in langsamen Schritten von der antikommunistischen Propaganda zu entwöhnen, bevor auch er sich offen zur Rapallo-Politik bekennen könne, schrieb der Botschafter nach Moskau.[149] Sowohl im Politbüro als auch im NKID war man sicher, dass die Nationalsozialisten aufgrund der Sachzwänge zur Vernunft kommen würden.[150]

Die sowjetische Führung beschränkte sich daher darauf, das NS-Regime vorerst nur moderat in der Öffentlichkeit zu kritisieren und über die diplomatischen Kanäle weiterhin Verhandlungsbereitschaft zu signalisieren. Diese sowjetische

das Telegramm Khinchuks über ein Treffen mit Schleicher vom 27. 6. 1932, abgedruckt in: Sevost'janov (Hg.), Dukh Rapallo, S. 266.

144 Vgl. Slutsch, Deutschland und die UdSSR 1918–1939, S. 65.

145 Zum Dokument selbst vgl. Wirsching, „Man kann nur Boden germanisieren". Zur Überlieferungsgeschichte des Dokumentes und über den Übermittlungsweg nach Moskau vgl. Müller, Hitlers Rede vor der Reichswehrführung 1933.

146 Vgl. Bericht Vinogradovs vom 28. 2. 1933, AVP RF 09/8/23/27: 67–69.

147 Brief Krestinskijs an Khinchuk vom 5. 3. 1933, AVP RF 09/8/23/27: 70f.

148 Vgl. Weingartner, Stalin und der Aufstieg Hitlers, S. 201.

149 Brief Khinchuks an Krestinskij vom 12. 4. 1932, zitiert nach: Slutsch, Deutschland und die UdSSR 1918–1939, S. 65 f.

150 Litvinov zeigte sich in dieser Beziehung allerdings kritischer. Vgl. Weingartner, Stalin und der Aufstieg Hitlers, S. 202, Fn. 563.

Form der Appeasement-Politik führte schließlich sogar dazu, dass Litvinov in einem Schreiben an Stalin im April 1933 vorschlug, auf die „rassische Zusammensetzung" der sowjetischen Botschaftsspitze in Berlin zu achten.[151] Erst im Juli 1933 folgte das späte Erwachen. Allerdings plädierten die sowjetischen Diplomaten selbst zu dem Zeitpunkt, als sie bereits realisiert hatten, dass die Rapallo-Politik endgültig tot war, weiterhin dafür, nicht gleich „die Maske fallen zu lassen und eine zügellose antideutsche Kampagne zu eröffnen".[152] Denn nachdem die Verlängerung des Freundschaftsvertrages zwischen Deutschland und der Sowjetunion von 1926 (Berliner Vertrag[153]) mit zweijähriger Verzögerung vom Reichstag im Mai 1933 endlich ratifiziert worden war, hatte dies in Moskau noch kurz die Hoffnung geweckt, die bilateralen Beziehungen könnten sich normalisieren. Doch dann kühlten sich die Kontakte zu Deutschland im Laufe des Jahres immer weiter ab. Die endgültige Abkehr Moskaus vom Zweckoptimismus ließ sich am deutlichsten daran erkennen, dass die Sowjetunion schließlich die militärische Zusammenarbeit mit Deutschland aufkündigte, die seit 1922 angedauert und bislang noch jedem politischen Sturm getrotzt hatte.[154]

Wie aber nahmen die Funktionäre der Komintern und KPD die dramatischen Monate zwischen dem „Preußenschlag" vom 20. Juli 1932 und dem 30. Januar 1933, dem Tag von Hitlers „Machtergreifung", wahr?[155] Die Kominternführung blieb nach Stalins deutlicher Abfuhr für eine „Einheitsfront von oben" im Netz der „Sozialfaschismus"-Doktrin gefangen. Auf dem XII. EKKI-Plenum, das vom 27. August bis zum 15. September in Moskau tagte, wurde daher nur wiederholt, was von der Komintern schon oft zu hören war. Die Delegierten erlebten im Wesentlichen eine Neuauflage der „ideologischen Offensive", der Jagd nach Abweichungen. Im Zentrum zahlreicher Attacken stand die KP der Schweiz, deren ZK den Ausgang der preußischen Landtagswahl ganz offen als Resultat einer verfehlten Kominternpolitik bezeichnet und Thälmanns Taktik im Preußischen Landtag als ersten Schritt in die richtige Richtung gewertet hatte.[156] Humbert-Droz, der mittlerweile wieder in der Schweiz arbeitete, wurde daraufhin nach Moskau bestellt, um ihn wegen dieses „Defätismus" in die Mangel zu nehmen. Vor dem Plenum, so unterrichtete Manuilskij Molotov schadenfroh, habe Hum-

---

[151] Vgl. Slutsch, Deutschland und die UdSSR 1918–1939, S. 69.
[152] Vgl. Brief Khinchuks an Kaganovich vom 8. 7. 1933, RGASPI 17/120/107: 87.
[153] Zum Vertrag vgl. Mick, Freundschaftsvertrag.
[154] Zur sowjetischen Deutschlandpolitik nach dem 30. 1. 1933 vgl. Bordjugov, Machtergreifung Hitlers. Demgegenüber betont Slutsch, Deutschland und die UdSSR 1918–1939, S. 70–72, zwar habe Krestinskij Ende 1933 in seinen Notizen über die Beziehungen der Sowjetunion zu Deutschland verdeutlicht, dass das „nationalsozialistische Deutschland vom Weg antisowjetischer Aggressionspolitik nicht abrücken kann." Stalin habe ihm darin aber offensichtlich nicht folgen wollen, weil er im außenpolitischen Teil seiner Rede auf dem XVII. Parteitag Anfang 1934 noch nicht einmal erwähnt habe, dass sich die Beziehungen zu Deutschland überhaupt verschlechtert hätten.
[155] Vgl. Bahne, Die kommunistische Partei Deutschlands, S. 675–681.
[156] Vgl. Studer, Un parti sous influence, S. 74–77; Weingartner, Stalin und der Aufstieg Hitlers, S. 164.

bert-Droz dann „wieder mit einer Büßer-Rede" auftreten und seine Fehler bekennen müssen.[157]

Für so selbstkritische Überlegungen, wie sie die Schweizer Kommunisten gefordert hatten, fand sich auf dem EKKI-Plenum aber kein Raum. Im Gegenteil: Plötzlich malten die führenden Kominternfunktionäre die Zukunft der deutschen Kommunisten wieder in rosigen Farben. Die Skepsis, die die Moskauer Funktionäre noch bis zum Juli 1932 nach einer Politikwende verlangen ließ, war nach dem Wahlerfolg der KPD am 31. Juli vollständig verflogen. Eine kommunistische Mehrheit in der Arbeiterschaft schien näher zu rücken: Während die SPD im Juli weitere Stimmen eingebüßt hatte, zeichnete sich bei der KPD mit der Juliwahl eine Trendwende ab, mit der die Wahldebakel des Frühjahrs überwunden schienen. Angesichts der weiter steigenden Verelendung und der wachsenden Arbeitslosigkeit gaben immer mehr Wähler der KPD ihre Stimme.

Anders als bislang in der Forschung beschrieben, war das XII. EKKI-Plenum auch nicht dazu vorgesehen, „linkssektiererische" Stimmungen zu dämpfen.[158] Während die KPD bislang immer wieder durch das EKKI in ihrem umstürzlerischen Überschwang gebremst werden musste, wurden nun gewissermaßen die Rollen getauscht. So ließ sich Manuilskij auf dem XII. EKKI-Plenum – ganz entgegen seiner sonst üblichen Vorsicht – zu der Prognose hinreißen, in keinem Land stünde die proletarische Revolution so dicht bevor, wie in Deutschland.[159] In den Thesen des EKKI-Plenums habe man die Formulierung, dass sich das Proletariat auf die kommenden Kämpfe vorbereiten müsse, so korrigiert, erklärte Manuilskij in einem Bericht für Molotov über das Plenum, „dass klar wird, dass diese Aufgabe nicht rein agitatorischen und propagandistischen Charakters ist".[160] Hinter den Kulissen beschuldigten sich die Funktionäre des EKKI inzwischen gegenseitig, nicht vehement genug für „Massenaktionen" einzutreten[161] – unter den Kominternkadern machte sich die Furcht breit, zu wenig revolutionär zu wirken. Diese Stimmung kontrastierte auffällig mit Stalins betont realpolitischer Einstellung in dieser Zeit. Knapp zwei Jahre später sollte sich Stalin gegenüber Dimitrov über diese revolutionäre Begeisterung mit der Bemerkung lustig machen, dass Manuilskij jedes Jahr eine proletarische Revolution vorhergesagt habe, dann aber nie eine gekommen sei.[162]

Um die vermeintlich bevorstehende Eroberung der Arbeiterklasse zu beschleunigen und gleichzeitig der Sozialdemokratisierung der kommunistischen Mitglie-

---

157 Bericht Manuilskijs an Molotov, o.D. [vor dem 21. 9. 1932], über das XII. EKKI-Plenum, RGASPI 495/19/243: 38–50, hier: 47.
158 Vgl. Winkler, Weg in die Katastrophe, S. 754 f.; Weingartner, Stalin und der Aufstieg Hitlers, S. 164–169; Carr, Twilight of Comintern, S. 64–74.
159 Vgl. Carr, Twilight of Comintern, S. 69.
160 Vgl. Bericht Manuilskijs an Molotov, o.D. [vor dem 21. 9. 1932], RGASPI 495/19/243: 38–50, RGASPI 495/19/243: 38–50, hier: 40 f., 49 (Zitat); und das Stenogramm des Coreferates von Lenski zum Bericht von Thälmann auf dem XII. EKKI-Plenum, RGASPI 495/170/265.
161 Vgl. Brief Martynovs an die PK vom 27. 9. 1932 über einen solchen Konflikt mit Kuusinen, RGASPI 495/4/419: 14 f.
162 Vgl. Tagebucheintrag Dimitrovs vom 7. 4. 1934, in: Bayerlein (Hg.), Dimitroff. Tagebücher, Bd. 1, S. 98.

derschaft entgegenzuwirken, konzentrierte sich die Komintern wieder darauf, die Sozialdemokratie zu „entlarven". Ihren „linken Manövern" widmete die Kominternführung Ende Oktober 1932 sogar eine spezielle Tagung leitender Funktionäre, auf der Manuilskij die Parteien aufforderte, sich an jede sich entwickelnde soziale Protestbewegung zu „klammern und diese Bewegung zu höheren Formen vorwärts [zu] treiben".[163]

In Deutschland bot sich diese Gelegenheit Anfang November beim Streik der Beschäftigten der Berliner Verkehrsgesellschaft (BVG), die gegen massive Lohnkürzungen protestierten.[164] Bei dem Versuch, die RGO an die Spitze der Protestbewegung zu stellen, billigten es die Kommunisten sogar, dass Nationalsozialisten in die Streikleitung eintraten und somit faktisch eine Einheitsfront mit der NSDAP entstand.[165] Doch zu den von Manuilskij verlangten „höheren Formen" schwang sich dieser Ausstand zur Enttäuschung der Komintern nicht auf: Der Instrukteur Tuure Lehen meldete einige Tage später aus Berlin, der BVG-Streik sei zwar eine „richtige Volksbewegung" gewesen – die Hauptverkehrsstraßen waren nach seinen Worten „abends schwarz von Menschen", die sich mit den Streikenden solidarisierten, doch leider habe die KPD-Spitze die Gunst der Stunde nicht genutzt, weil sie sich weiterhin nur auf den aktuellen Wahlkampf zur Reichstagswahl am 6. November 1932 konzentriert habe.[166]

Es war jedoch ausgerechnet das Ergebnis dieser Wahl, das die revolutionäre Euphorie im EKKI noch verstärkte: Die NSDAP verlor fast zwei Millionen Stimmen und errang nur noch 196 Mandate (bei der Reichstagswahl im Juli 1932 waren es noch 230 gewesen, der Stimmenanteil sank von 37,3 auf 33,1 Prozent). Sie war damit zwar immer noch die stärkste Fraktion, doch gewann die KPD ca. 700 000 Stimmen gegenüber der letzten Reichstagswahl und konnte damit die Zahl ihrer Mandate von 89 auf 100 steigern (von 14,3 auf 16,9 Prozent der Stimmen), während die SPD 500 000 Stimmen verlor und nur noch 121 statt zuvor 133 Abgeordnete stellte (20,4 statt 21,6 Prozent der Stimmen).[167] Trotz der angeblichen Versäumnisse hatten die Kommunisten einen weiteren Wahlerfolg errungen. Begeistert wurde von der *Pravda* verkündet, dass die KPD in den entscheidenden Industriebezirken fast schon die Mehrheit der Arbeiterschaft erobert habe. Der große Umschwung schien nahe: „Immer größere werktätige Massen gehen in das Lager der Revolution. Revolutionäre Riesenkämpfe [!] stehen bevor."[168] Die

---

163 Vgl. Manuilskij in der Sitzung der „Manuilskij-Kommission über die linken Manöver der Sozialdemokratie" am 25. 10. 1932, RGASPI 495/18/916: 146–154, hier: 153.

164 Zum Streik zusammenfassend: Winkler, Weg in die Katastrophe, S. 765–773.

165 Zur Bewertung dieser „Einheitsfront" zwischen NSDAP und KPD vgl. die konkurrierenden Positionen bei: Oltmann, Das Paradepferd der Totalitarismustheorie; Röhl, Nähe zum Gegner. Über die Unruhe in Moskau, weil sich die KPD zu wenig von den am Streik beteiligten NSDAP-Mitgliedern absetzte, vgl. auch den Bericht Smoljanskijs in der Sitzung des PS vom 29. 11. 1932, RGASPI 495/3/265: 2–24, hier: 18–21.

166 Brief „Alfreds" [d. i. Tuure Lehen] an „Michael" [d. i. Pjatnickij] vom 15. 11. 1932, RGASPI 495/293/123: 53 f.

167 Vgl. Statistisches Jahrbuch für das Deutsche Reich, 52. Jg., 1933, S. 539.

168 Pravda vom 10. 11. 1932. Das kapitalistische Deutschland befinde sich „in der Sackgasse", kommentierte das Zentralorgan der VKP(b) eine gute Woche später den Rücktritt von

Kominternfunktionäre sahen den Zeitpunkt nahen, an dem die politische Situation zugunsten der KPD kippen würde. Allerdings hatte die KPD, die bei der Reichstagswahl in Berlin zur stärksten Partei geworden war, diesen Erfolg offensichtlich nicht errungen, weil die Arbeiter nun von ihren revolutionären Plänen überzeugt waren, sondern weil sie sich in einer Zeit, als sich die Konjunktur erholte, gegen Lohnkürzungen stark gemacht hatte.[169]

Die Komintern aber sträubte sich gegen derartige Einsichten. Hartnäckig hielt sie nun an einem revolutionsoptimistischen Kurs fest und rügte die KPD-Führung Anfang Dezember 1932, weil sie es gewagt hatte, in einer ZK-Resolution[170] die revolutionsoptimistischen Formulierungen der Thesen des XII. EKKI-Plenums abzuschwächen[171]: So war in der deutschen Resolution die Feststellung gestrichen worden, dass die Welt vor „einem neuen Turnus von Revolutionen und Kriegen" stehe; dort war nur noch von „großen Zusammenstößen" die Rede. Anstatt von „bevorstehenden Kämpfen um die Macht, um die Diktatur des Proletariats" sprach die KPD-Resolution nur noch allgemein von „bevorstehenden größeren Kämpfen". Die Losung des „sozialistischen Sowjetdeutschlands" erwähnte die KPD schließlich überhaupt nicht und schrieb stattdessen nur noch vom „Sieg des Sozialismus".[172] Insgesamt war die deutsche Resolution somit wesentlich weniger revolutionsoptimistisch – und damit hatte sich das Verhältnis zwischen KPD und Komintern umgekehrt: Hatten die Kominternfunktionäre häufig alle Zeichen revolutionären Überschwanges der KPD verurteilt, preschten sie nunmehr selbst voran, während die deutschen Kommunisten eine bedächtigere Haltung an den Tag legten.

Innerhalb der KPD-Führung hatte seit dem Spätherbst 1931 ein Denkprozess eingesetzt, der sich immer wieder an den von Moskau vorgegebenen Dogmen stieß. Dies lässt sich am deutlichsten an der III. Parteikonferenz der KPD vom Oktober 1932 zeigen, auf der Max Opitz ganz offen das Verhältnis der KPD zur Weimarer Republik zur Diskussion stellte.[173] Auf dem XII. EKKI-Plenum hatte Knorin noch betont, die „schwierige parlamentarische Taktik" der KPD im preußischen Landtag dürfe nicht so verstanden werden, dass die KPD „auf einmal das Weimarer System unterstützt".[174] Opitz schlug nun auf dieser Konferenz, die eigentlich nur die EKKI-Beschlüsse abnicken sollte, faktisch genau diesen Kurs ein, als er die Artikel des im Juni 1932 abgelösten Chefredakteurs der *Roten Fahne*, Alexander Abusch (Pseudonym: Ernst Reinhardt), scharf kritisierte. Der hatte unter anderem geschrieben, dass die deutsche Arbeiterschaft trotz der nationalsozialistischen Gefahr für die Weimarer Verfassung „keinen Finger krumm"

Papens als Reichskanzler: Ganz gleich welche Regierung Hindenburg nun berufen werde, sie werde keinen Bestand haben. Vgl. Pravda vom 19. 11. 1932.

169 Vgl. Winkler, Weg in die Katastrophe, S. 772; Weingartner, Stalin und der Aufstieg Hitlers, S. 153 f.

170 Abgedruckt in: Die Rote Fahne vom 27. 11. 1932.

171 Vgl. Thesen und Resolution des XII. EKKI-Plenums, Abschnitte I.4; IV.3; V.2.

172 Brief MELS des EKKI an das ZK der KPD vom 5. 12. 1932, SAPMO-BArch RY 5-I 6/3/226: 22–24.

173 Vgl. Kinner, Der deutsche Kommunismus, S. 219.

174 Knorin in der 15. Sitzung des EKKI-Plenums am 5. 9. 1932, RGASPI 495/170/214: 35 f.

machen sollte. Mit einer solchen Einstellung, so stellte Opitz fest, gebe man die „errungenen Rechte des Proletariates aus der Novemberrepublik" preis.[175] Remmele beschwerte sich später bei Stalin und Pjatnickij, dass Thälmann mit keinem Wort gegen diese „trotzkistischen Ausführungen" vorgegangen sei, die auch noch den Beifall der Delegierten gefunden hätten, obwohl diese Worte doch auf die Verteidigung der Verfassung herausliefen.[176] Das stimmte: Zwar spulte Thälmann auf der Tagung routiniert die ewig gleichen Formeln ab und erklärte in seiner Rede die Sozialdemokratie erneut zur sozialen Hauptstütze der „Bourgeoisie" und zum Zwillingsbruder des Faschismus.[177] Auch in seinem Brief an Knorin über die Parteikonferenz vermittelte der Parteivorsitzende den Eindruck, als habe es solche realpolitischen Überlegungen auf der Tagung überhaupt nicht gegeben.[178] Andererseits aber unternahm er keine Schritte, um Opitz, der sich für einen Kommunisten plötzlich ziemlich staatstragend gegeben hatte, wegen seines Redebeitrages zur Rechenschaft zu ziehen – stattdessen wurde Opitz nach der „Machtergreifung" Hitlers sogar als KPD-Kandidat für die Reichstagswahl am 5. März 1933 aufgestellt. Thälmann tolerierte somit einen Politikwandel, den er offensichtlich selbst für notwendig hielt, vermied es aber tunlichst, sich selbst ausdrücklich dazu zu bekennen, weil er den offenen Konflikt mit Moskau scheute.

Die Briefe, die Thälmann in den letzten Monaten der Weimarer Republik an Knorin richtete, zeichnen sich in erster Linie durch ihre unübertroffene Phrasenhaftigkeit aus. Die aktuellen Entwicklungen in Deutschland spielten darin kaum noch eine Rolle, im Vordergrund stand stets der innerparteiliche Kampf gegen Remmele und Neumann.[179] Thälmanns Berichte ähnelten somit immer stärker den für die Öffentlichkeit bestimmten propagandistischen Erfolgsmeldungen – kurz vor Hitlers „Machtergreifung" hatte er der Komintern nichts mehr von Belang mitzuteilen. Noch am 27. Januar 1933 begeisterte er sich in einem Brief an Knorin pflichtschuldig über den „steigenden revolutionären Aufschwung" in Deutschland sowie die vermeintlichen Zersetzungserscheinungen in der SPD und NSDAP.[180] Möglicherweise hat er diese Propaganda selbst geglaubt, wahrscheinlicher aber ist, dass es sich hier um eine spezifische Form des „bolschewistischen Sprechens" handelte: Thälmann lieferte mit dieser Verdrängung, Ablenkung und Schönfärberei der Komintern einfach nur, was sie hören wollte.

---

[175] Max Opitz (Ruhrgebiet) auf der III. Parteikonferenz der KPD vom 15.–18. 10. 1932, SAPMO-BArch RY 1-I 1/2/7: 469–475, hier: 472 f.

[176] Vgl. Bericht Remmeles an Pjatnickij und Stalin vom 25. 12. 1932, RGASPI 508/1/129: 65–136, hier: 119 f.

[177] Vgl. Thälmann, Im Kampf gegen die faschistische Diktatur, S. 4 f., 12. An anderer Stelle hatte sich Thälmann explizit von der Auffassung distanziert, die KPD kämpfe für die Weimarer Republik. Diese sei nicht durch den Faschismus besiegt worden, sondern finde im Faschismus „ihren krassesten, unverhülltesten Ausdruck". Vgl. Thälmann, Was will die Antifaschistische Aktion?, S. 8.

[178] Vgl. Brief Thälmanns an Knorin vom 20. 10. 1932, RGASPI 495/19/527: 104–112.

[179] Vgl. die Briefe Thälmanns an Knorin vom 13. 11. 1932, RGASPI 495/19/526: 164–170 und 495/19/526: 174–179.

[180] Brief Thälmanns an Knorin vom 27. 1. 1932, RGASPI 495/19/530: 11–19.

4. Der Untergang des deutschen Kommunismus

Weder das EKKI noch die KPD erkannten im 30. Januar 1933 einen epochalen Bruch. In der Kominternführung war man von der vermeintlichen neuen Stärke der KPD so berauscht, dass Lozovskijs Vorschlag abgelehnt wurde, die KPD aufzufordern, am 29. Januar an der im Berliner Lustgarten stattfindenden Demonstration teilzunehmen, die die SPD unter das Motto „Berlin bleibt rot!"[181] gestellt hatte. Es ist fraglich, ob eine Einheitsfront der Arbeiterparteien zu diesem Zeitpunkt die Entscheidungsfindung in Hindenburgs Kamarilla noch beeinflusst hätte, doch wirft das Festhalten der Komintern an der „Sozialfaschismus"-Doktrin unmittelbar vor der „Machtergreifung" Hitlers ein grelles Licht auf die Fehleinschätzung Moskaus. Im Angesicht des Untergangs betrieb die Komintern business as usual.

Dass sich die politischen Umstände grundlegend gewandelt hatten, erlebten die deutschen Kommunisten jedoch schon bald nach dem 30. Januar 1933 am eigenen Leib. Nachdem Hindenburg eine „Verordnung zum Schutze des deutschen Volkes" unterzeichnet hatte, die den Behörden weitreichende Vollmachten zum Verbot von Versammlungen und Druckschriften einräumte, setzte eine breite Verfolgungswelle gegen KPD und SPD ein. *Vorwärts* und *Rote Fahne* wurden in den folgenden Wochen immer wieder tageweise verboten, am 23. Februar wurde das Karl-Liebknecht-Haus nach einer Durchsuchung endgültig von der Polizei geschlossen. Am 7. Februar traf sich das ZK der KPD letztmals zu einer geheimen Tagung in Ziegenhals bei Berlin; das Treffen wurde prompt gesprengt, ein Teil der Funktionäre entkam per Boot über den nahegelegenen See.[182] Nach diesem Zwischenfall zeigten sich die leitenden Kader kaum noch in der Öffentlichkeit. Die Kominternführung warf der KPD daraufhin Feigheit vor dem Feinde vor. Die kommunistischen Funktionäre hätten sich so gut versteckt, erregte sich Pjatnickij einige Wochen später, „dass nicht nur die Polizei, sondern auch die Arbeiterklasse sie nicht findet".[183] Über den deutschen Vertreter wurde die KPD ermahnt, Thälmann solle wenigstens unangekündigt „an einem gut gesicherten Platz" mit einer Rede auftreten, über die dann die Parteipresse berichten könne: „Das Nichterscheinen der führenden Freunde in Wort und Schrift in der Öffentlichkeit wirkt deprimierend."[184]

Die Kominternführung unterschätzte die Gefahr, die von der neuen Regierung ausging, zunächst weitgehend, weil sich die sowjetischen Funktionäre aufgrund ihrer eigenen Erfahrungen im zaristischen Russland nicht vorstellen konnten, mit

181 Vgl. Protokoll der PK Nr. 291, Pkt. 19 vom 27. 1. 1933, RGASPI 495/4/228: 3.
182 Vgl. Die illegale Tagung des Zentralkomitees der KPD am 7. Februar 1933 in Ziegenhals bei Berlin, Berlin 1981.
183 Pjatnickij in der Sitzung der PK vom 15. 3. 1933, RGASPI 495/4/235: 275–286, hier: 280. Fast die gleiche Formulierung hatte auch der Mitarbeiter des Militärapparates der KPD Karl Gröhl („Karl Friedberg", „Karl Retzlaw") in einem Brief an Stalin gebraucht. Vgl. Brief „Karl Friedbergs" [d. i. Karl Gröhl] an Stalin vom 1. 3. 1933, RGASPI 495/19/243: 65–67. Zu Gröhl vgl. Karl Retzlaw [d. i. Karl Gröhl], Spartakus. Aufstieg und Niedergang eines Parteiarbeiters, Frankfurt 1971.
184 Brief Heckerts an das Sekretariat der KPD vom 23. 2. 1932, RGASPI 495/292/63: 32.

welcher brutalen Konsequenz die Nationalsozialisten ihre Gegner verfolgen würden. Zudem hätten die sowjetischen Mitglieder der Kominternführung in diesen Wochen „viele andere Sorgen, russische Sorgen", wie Pjatnickij Ende Februar 1933 ganz offen in einem Gespräch mit Karl Retzlaw, einem Mitarbeiter des Militärapparates der KPD bekannte[185]: In Moskau beschäftigte sich das sowjetische ZK seit Ende 1932 damit, die letzten Überreste oppositioneller Gruppen in der Partei zu beseitigen und hatte zu diesem Zweck eine umfassende „Parteisäuberung" angesetzt. Auf diese Weise um sich selbst kreisend, waren die Moskauer Kader von den Vorgängen in Deutschland abgelenkt.

Doch ebenso wie die Komintern die Gefahr weiterhin unterschätzte, so begann auch die KPD-Führung in ihrer Vorsicht nachzulassen, als es nicht sofort zu dem befürchteten großen Schlag gegen die Partei kam. In Berlin spielten sich nun sonderbare Szenen ab, die illustrieren, in welchem eigenartigen Zustand zwischen Verfolgungsfurcht und Gewohnheitstrott die Führungsfunktionäre gefangen waren. Bezeichnend ist der Bericht eines Mitarbeiters des Nachrichtendienstes der KPD, der sich nach dem 30. Januar mit dem Kassierer der KPD, Arthur Gohlke, in einem Restaurant in der Berliner Friedrichstraße traf, um dessen Evakuierung in die Sowjetunion zu besprechen:

„Kurz nach seiner Ankunft betraten auch zwei Kriminalbeamte das Lokal, die von ihm als solche erkannt wurden. Ich riet Gohlke, das Lokal sofort durch einen Nebeneingang zu verlassen. Als er sich dorthin begab, ging ihm ein Beamter nach und sagte zu ihm: ‚Gohlke, Du brauchst unseretwegen nicht zu gehen, denn wir sind nicht Deinetwegen hierhergekommen!' "[186]

Thälmann hielt sich derweil zwar in einer „konspirativen" Wohnung versteckt, doch nutzte er dieses Quartier schon seit 1924 und war den Nachbarn gut bekannt. Nicht einmal nach dem Reichstagsbrand am Abend des 27. Februar hielt er es für nötig, sein Versteck zu wechseln – er beschloss lediglich, die Wohnung vorerst nicht zu verlassen. Am 3. März wurde er dort verhaftet.[187]

Als am Abend des 27. Februar 1933 der Reichstag in Flammen aufging, stellten die Nationalsozialisten dies als „Fanal zum blutigen Aufruhr und zum Bürgerkrieg" dar und erhöhten den Verfolgungsdruck nochmals deutlich.[188] Der nur Stunden zuvor von der KPD-Führung gefasste Beschluss, mit der SPD über einen gemeinsamen Generalstreikaufruf zu verhandeln[189], war damit hinfällig: es gab

---

[185] Brief Karl Friedbergs [d. i. Karl Gröhl/Retzlaw] an Pjatnickij vom 6. 11. 1933, RGASPI 495/19/530: 133–135. Vgl. auch die Erinnerungen Retzlaws, in denen er dieses Gespräch ebenfalls erwähnt: Retzlaw, Spartakus, S. 356 f.

[186] Bericht Schindlers über das Verhalten einiger KPD-Spitzenfunktionäre nach dem 30. 1. 1933 vom 13. 12. 1937, RGASPI 495/205/6159: 252–256, hier: 253.

[187] Vgl. Kaufmann, Nachrichtendienst, S. 274. Vgl. auch das Protokoll Nr. 169 des PS, das sich bereits am 28. 2. 1933, dem Tage nach dem Reichstagsbrand, dazu ermächtigt hatte, „falls die bestehende Leitung [der KPD] unter den gegebenen Umständen nicht funktionieren kann, eine neue Leitung zu schaffen.", RGASPI 495/3/280: 1.

[188] Vgl. Horkenbach, Das Deutsche Reich von 1918 bis heute, Jg. 1933, S. 72. Zum Reichstagsbrand vgl. Bracher, Stufen der Machtergreifung, S. 119–137; Backes, Reichstagsbrand.

[189] Vgl. Protokoll Nr. 10 der Sitzung des Sekretariates des ZK der KPD vom 27. 2. 1933, SAPMO-BArch RY 1-I 2/5/4: 156.

für die KPD nun in Deutschland keinen politischen Raum mehr für derartige Aktionen. Es ist allerdings überaus fraglich, ob dieses Treffen irgendein Ergebnis gebracht hätte, wenn es nicht durch den Brand verhindert worden wäre. Denn nicht nur in der KPD bestanden Vorbehalte gegen eine Einheitsfront. Mit der neuen Verfolgungswelle seit dem 28. Februar rückte auch die SPD von der KPD deutlich ab, um nicht mit ihr zusammen in den Abgrund gerissen zu werden.[190] Für eine Volksfront war es zu diesem Zeitpunkt aus Sicht der Sozialdemokraten längst zu spät.

Die Reichstagswahl, die Hitler als seine erste Handlung als Reichskanzler für den 5. März angesetzt hatte, konnte angesichts des nationalsozialistischen Terrors nur eine Farce sein. Erstaunlicherweise erlitten die Kommunisten aber trotz der Verfolgung nur vergleichsweise mäßige Verluste: Immerhin noch 4,8 Millionen Wähler gaben einer Partei ihre Stimme, die von Hitler nur aus taktischen Gründen noch nicht verboten worden war, weil er ihre Wähler nicht der SPD zutreiben wollte.[191]

Nicht zuletzt dieses immer noch bemerkenswerte Wahlergebnis führte dazu, dass leitende Kominternfunktionäre dem Untergang des deutschen Kommunismus ratlos gegenüberstanden: Denn fassungslos mussten sie beobachten, wie die angesichts der Verfolgung immer noch beachtliche Unterstützung an der Wahlurne vollständig verpuffte. Genau ein Jahr zuvor hatte selbst der tendenziell pessimistische Lozovskij über die ebenfalls knapp fünf Millionen Wähler, die bei der Reichspräsidentenwahl für Thälmann gestimmt hatten, gesagt, diese seien zwar prozentual nur ein kleiner Teil der Wähler, dafür aber „die Avantgarde, eine große Kraft", die bereit sei, unter allen Umständen zur KPD zu stehen.[192]

Von dieser „großen Kraft" war indes nichts zu spüren, als die Nationalsozialisten nun ihre neue Machtposition mit Gewalt ausbauten. Die Reaktionen vieler Kommunisten auf die einsetzenden Verfolgungen bezeugen einerseits ein Gefühl von Resignation, führen andererseits aber vor Augen, dass sich viele trotz des brutalen Terrors nicht bewusst waren, welche fundamentale Zäsur sie gerade erlebten.[193] Nach der Verhaftung Thälmanns, so berichtete der deutsche Genosse Köhler Mitte März 1933 den Mitgliedern der Politkommission des EKKI, habe „sich in den Betrieben nichts gerührt". Im AEG-Hauptwerk in Berlin-Wedding sei der Betriebsrat mit seiner Initiative gescheitert, wenigstens einen Proteststreik gegen die Verhaftung von Thälmann durchzuführen: „Die Belegschaft hat abgelehnt:

---

[190] Vgl. Winkler, Weg in die Katastrophe, S. 882. Schon im Sommer 1932 hatten ähnliche Gründe die SPD-Führung bewogen, die Einheitsfrontangebote der KPD abzulehnen: Neben der berechtigten und grundsätzlichen Skepsis, ob die Angebote der Kommunisten ernst gemeint waren, fürchteten die Sozialdemokraten, durch eine solche Zusammenarbeit Papen ein Argument in die Hände zu spielen, um die SPD als Unterstützerin revolutionärer Umtriebe von der Macht in Preußen zu verdrängen.

[191] Zum Wahlausgang ausführlich: Bracher, Stufen der Machtergreifung, S. 137–190; vgl. ferner: Falter, Wahlen und Abstimmungen in der Weimarer Republik, S. 884–888.

[192] Lozovskij in der Sitzung der PK vom 15. 3. 1932, RGASPI 495/4/177: 28–38, hier: 35.

[193] Eine Ausnahme bildeten Hermann Remmele (siehe dazu unten) und Karl Gröhl, der in einem Brief an Stalin vom 1. 3. 1933 forderte, die KPD-Führung zu „Abwehrmaßnahmen" gegen die Nationalsozialisten zu verpflichten, RGASPI 495/19/243: 65–67.

[…] Thälmann ist sowieso verhaftet. Und wenn wir jetzt streiken, fliegen wir aus dem Betriebe heraus." Einige Funktionäre fanden sogar, die unteren Kader hätten sich genug verausgabt und meinten, „wenn mal ein Bonze verhaftet wird, schadet es auch nichts. Man soll auch mal Bonzen verhaften."[194]

Pjatnickij konnte diese Lähmung der KPD nicht begreifen: Eine revolutionäre Partei, die nicht einmal mehr öffentliche Protestaktionen organisieren konnte, fand in seiner Vorstellungswelt offensichtlich keinen Platz. Das Stenogramm einer Sitzung der Kominternführung vom 15. März über die Ereignisse in Deutschland seit Hitlers „Machtergreifung" zeigt, wie sich bei Pjatnickij die Autosuggestion von der starken kommunistischen Massenpartei mit der Schuldzuweisung an die untergeordnete deutsche Sektion vermengte: „Man hat uns doch belogen! Eine Partei von 300 000 Mitgliedern hat nicht die Möglichkeit, den Kampf in den Betrieben gegen die Verhaftung des Führers der Partei aufzunehmen!" Sarkastisch bemerkte er: „In Berlin kann man auf den Straßen für den Sarg von Thälmann sammeln, wo wir [bei den Reichstagswahlen] noch jetzt 700 000 Stimmen bekommen haben, also Leute, die mit uns sympathisieren! Man hat sie nicht aufrütteln können. Warum?"[195]

Vor allem die Verhaftung Thälmanns hatte seiner Meinung nach erneut gezeigt, dass die KPD sich nicht in der Illegalität zu bewegen wusste: Das Verbot von 1923, das er während seines viermonatigen Aufenthaltes in Deutschland erlebt habe, sei ein „Kinderspiel" gewesen; hätte die Polizei damals „wirklich den Versuch gemacht, sie hätte alle Abgeordneten des Reichstages und des Landtages festnehmen können". Daher müsse der KPD nun unter die Arme gegriffen werden. Die deutschen Kommunisten waren in seinen Augen nicht mehr die „Musterknaben" der Komintern, sondern im Wortsinne blutige Amateure: Alle Probleme der KPD seien entstanden, weil die deutschen Genossen „keine Erfahrung haben".[196]

Die Kominternführung flüchtete sich angesichts des stillen Desasters der KPD in einen ausgeprägten Zweckoptimismus und bestätigte sich gegenseitig, dass die neue Regierung keine Zukunft habe: Deutschland sei nicht Italien, hatte Karl Retzlaw bei seinem Besuch in Moskau schon Ende Februar immer wieder zu hören bekommen.[197] Mit anderen Worten: Das EKKI meinte, dass sich in einer industrialisierten Gesellschaft wie der deutschen keine „faschistische" Diktatur würde halten können. Die „Hysterie auf den Straßen" dürfe nicht den Blick für das Wesentliche trüben, verlangte Manuilskij. „Jetzt hat in Deutschland die Klein-Bourgeoisie noch Illusionen." Sei die Regierung aber erst einmal drei bis vier Monate „am Ruder, dann wird sich die Enttäuschung zeigen. Bauernschaft und Kleinbürgertum werden erkennen, dass ihnen diese Regierung nichts geben kann." Faktisch übernahm die Kominternführung damit die Abwirtschaftungstheorie, nach der eine Hitler-Regierung das notwendige Durchgangsstadium vor einer proletarischen Revolution sei. Und tatsächlich erklärte Manuilskij die gegenwärtige Situation zur „Vorstufe" einer „großen Umwälzung." Auch der Tatsa-

---

[194] Köhler in der Sitzung der PK vom 15. 3. 1933, RGASPI 495/4/235: 234–248, hier: 243.
[195] Pjatnickij in der Sitzung der PK vom 15. 3. 1933, RGASPI 495/4/235: 275–286, hier: 284.
[196] Ebenda, Blatt 278–280.
[197] Retzlaw, Spartakus, S. 356 f.

che, dass nun viele Genossen der Partei den Rücken kehrten oder zur NSDAP überliefen, gewann der Kominternsekretär positive Züge ab: Nun vollziehe sich „eine Härtung der Partei, weil hier diese schwachen Elemente, die schwanken, weglaufen werden, und wir werden den Kern erhalten, der absolut notwendig ist".[198]

In Pjatnickijs kaum verhohlener Verachtung für die unerfahrenen deutschen Revolutionäre und Manuilskijs Überzeugung, dass die Verfolgung durch die Nationalsozialisten das Feuer sei, in dem die KPD zu wahrhaft bolschewistischem Stahl gehärtet werde, zeigt sich zweierlei: Erstens hatten die deutschen Kommunisten in den Augen der Bolschewiki trotz des jahrelangen Einflusses der Komintern ihre „sozialdemokratischen Überreste" immer noch nicht abgeworfen, waren sie noch zu sehr Genossen des Wortes statt der Tat, Kaffeehaussozialisten, die die Gewaltkultur der Bolschewiki immer noch nicht ausreichend verinnerlicht hatten. Schon die Sitzung der Kominternführung am 26. Februar war nach den Erinnerungen Karl Retzlaws „eigentlich keine Konferenz, sondern eher ein Verhör" gewesen, wo die anwesenden Deutschen über Ursachen für das „Versagen" der KPD ausgefragt wurden.[199] Verrat durch Überläufer und Passivität der Funktionäre bestätigten die Überzeugung der Kominternführung, dass die KPD das bolschewistische Konzept der Kaderpartei nicht entschieden genug durchgeführt hatte. Allerdings ließ die Kominternspitze die Frage offen, wie die Aktionen denn hätten aussehen sollen, die von ihr eingefordert worden waren. Ein bewaffneter Aufstand, wie ihn Hermann Remmele im Sinne gehabt hatte[200], wird der Komintern kaum vorgeschwebt haben.

Zweitens markiert die Kritik von Pjatnickij und Manuilskij den Schlusspunkt der Bemühungen, die deutschen Kommunisten dem Moskauer Willen zu unterwerfen. Aus Sicht der Komintern war die Niederlage der KPD ein Desaster, aber auch eine Gelegenheit: Wie alle kommunistischen Sektionen, die in ihrem Heimatland verboten waren und deren Funktionäre sich zu großen Teilen in das sowjetische Exil flüchten mussten, hatte auch die KPD nun keine Basis mehr, von der aus sie den Anweisungen der Komintern und ihrer Vertreter entgegentreten konnte. Zwar waren sämtliche Widerstände auch in den Jahren vor 1933 immer wieder gebrochen worden – doch von nun an sollte es nicht einmal mehr den Versuch geben, eigene Akzente zu setzen.

Die Resolution des EKKI-Präsidiums, die zwei Wochen später verabschiedet wurde, war angesichts der unübersehbaren Niederlage der KPD von einem erstaunlichen Zweckoptimismus geprägt und vermied es tunlichst, den leisesten Hauch der Verwirrung widerzuspiegeln, die die Kominternführung zunächst erfasst hatte. Selbstsicher erklärte das Präsidium, dass „die politische Linie und die organisatorische Politik, die das ZK der Kommunistischen Partei Deutschlands mit dem Genossen Thälmann an der Spitze bis zum Hitlerschen Umsturz und im Augenblick dieses Umsturzes verfolgte, vollständig richtig war". Der Regierungs-

---

[198] Manuilskij in der Sitzung der PK vom 15. 3. 1933, RGASPI 495/4/235: 261–267.
[199] Retzlaw, Spartakus, S. 356 f.
[200] Stellungnahme von „Herzen" [d. i. Remmele] zur Resolution des Politbüros der KPD zur Lage in Deutschland vom 20. 3. 1933, RGASPI 495/19/530: 79–102, hier: 94.

antritt Hitlers wurde als Akt der Verzweiflung der deutschen „Bourgeoisie" charakterisiert, die sich angesichts des Aufstieges der KPD nicht mehr anders zu helfen gewusst habe.[201] Der Aufstieg des Kommunismus hatte für Hitlers „Machtergreifung" tatsächlich eine Rolle gespielt – allerdings vor allem dadurch, dass der NSDAP mit dem bolschewistischen Schreckgespenst Anhänger zugetrieben wurden und der Kamarilla des greisen Reichspräsidenten Hindenburg ein weiteres Argument in die Hand gegeben wurde, um dessen Zweifel beiseite zu schieben, ob es wirklich notwendig sei, die Nationalsozialisten an der Regierung zu beteiligen.

---

[201] Resolution des Präsidiums des EKKI zum Referat des Genossen Heckert über die Lage in Deutschland, angenommen am 1. April 1933, zitiert nach: Pirker, Utopie und Mythos der Weltrevolution, S. 173. Die KPD-Führung beschränkte sich darauf, diese Einschätzung in ihren Resolutionen vom 21. 6. und 14. 7. 1933 zu wiederholen. Vgl. Bahne, Die Kommunistische Partei Deutschlands, S. 696.

IX. Selbstzerstörung

Ein Aspekt ist im vorigen Kapitel nur kurz angerissen worden, der in der bisherigen Forschung meist in einen engen kausalen Zusammenhang mit der Einheitsfronttaktik der Komintern gestellt wurde: der Konflikt innerhalb der deutschen Parteiführung zwischen Thälmann auf der einen Seite sowie Neumann und Remmele auf der anderen. Diese Auseinandersetzung gipfelte im Herbst 1932 schließlich darin, dass die Komintern die angeblich parteifeindlichen Aktivitäten Neumanns öffentlich verurteilte und ihn sowie Remmele in der Partei isolierte.[1] Das Ende der politischen Karrieren dieser beiden einst engsten Mitstreiter Thälmanns wurde bislang häufig auf ihre politischen Einstellungen zurückgeführt: Als Moskau die KPD im Herbst 1931 dazu drängte, dem Terror öffentlich abzuschwören und im Frühjahr 1932 die „Antifaschistische Aktion" ausrief, da habe – so die These – vor allem Neumanns „Gewaltbereitschaft" und „Sektierertum" nicht mehr in das politische Konzept der Komintern gepasst.

Waren es aber tatsächlich politische Gründe, die zu Neumanns Verurteilung auf dem XII. EKKI-Plenum führten? Dieser These hatten sich vor allem die Parteihistoriker der DDR verschrieben, die dem Erklärungsmuster der Komintern folgten, Neumann für die linksradikale Politik in der Endphase der Weimarer Republik verantwortlich zu machen.[2] Oder dienten Neumann und Remmele bloß als Sündenböcke, um zu erklären, weshalb die KPD so erfolglos blieb, wie dies in der westlichen Forschung in den Vordergrund gestellt wurde?[3] Beide Thesen lassen sich nur in Teilen bestätigen und vermögen daher nicht, die eigentlichen Ursachen des Machtkampfes in der deutschen Parteiführung und der Entscheidungen Moskaus befriedigend zu erklären.

Inzwischen lässt sich zeigen, dass dieser Machtkampf weniger durch politische Meinungsverschiedenheiten ausgelöst wurde, sondern vielmehr durch die persönliche Rivalität zwischen den Führungsfunktionären der KPD. Im Folgenden soll diese Kabale im deutschen Politbüro genauer analysiert werden. Der erst jetzt möglich gewordene Blick auf die persönlichen Machtbedürfnisse der Spitzenkader und ihre gegenseitige Abneigung vermittelt charakteristische Züge der stalinschen Machtbeziehungen und wirft ein Schlaglicht auf die spezifische Form der Anleitung der KPD durch die von Stalin geknüpften personalen Netze. Dabei wird zudem sichtbar, welche Rollenverteilung die sowjetischen Funktionäre für die Mitglieder der deutschen Parteiführung vorsahen und welche selbstzerstörerische Dynamik diese Form der Personenführung auch innerhalb der KPD entwickelte.

---

1 Der bisherige Forschungsstand zu diesem innerparteilichen Konflikt findet sich knapp zusammengefasst bei: Weber, Hauptfeind, S. 86–93.
2 Vgl. u. a.: Ulbricht, Geschichte der deutschen Arbeiterbewegung, Bd. 4, S. 283, 301–303, 326f.; Karl, Antifaschistische Aktion, S. 10f; Hortzschansky, Thälmann, S. 531–533, 544.
3 Vgl. Bahne, Die Kommunistische Partei Deutschlands, S. 677f.; Weber, Hauptfeind, S. 89–91.

1. Wetteifern um Stalins Gunst

Innerparteiliche Meinungsverschiedenheiten wurden von den Bolschewiki als Anzeichen für gefährliche „Fraktionsbildung" gewertet und deshalb schärfstens verfolgt. Nicht nur nach außen, sondern auch nach innen galt es, unverbrüchliche Einigkeit zu demonstrieren. Bukharin, der seinen „Abweichungen" mittlerweile abgeschworen hatte, erklärte im Januar 1933: „Sowohl unsere innere, wie unsere äußere Lage ist so, dass die eiserne Disziplin [der Partei] unter keinen Umständen gelockert werden darf. [...] Wir befinden uns gegenwärtig im Krieg und wir müssen die strikteste Disziplin wahren."[4] Die Funktionäre in der deutschen Parteispitze waren sich dieses Verhaltenskodexes bewusst, den sie im Zuge der Stalinisierung der KPD seit Mitte der 20er Jahre übernommen hatten.[5] Entsprechend wehrten sie vor dem großen Konflikt zwischen Thälmann und Remmele geradezu reflexhaft alle Hinweise auf inhaltliche Differenzen ab. Als der Vorsitzende der Jugendinternationale Khitarov Anfang 1930 in einer Sitzung des EKKI-Präsidiums beispielsweise bemängelte, dass in der deutschen Parteispitze unterschiedliche Meinungen zur Frage vertreten würden, ob der Jugendverband des RFB weiter bestehen solle, rief Thälmann sofort dazwischen: „Wir haben keine Meinungsverschiedenheiten!"[6]

Wie wir gesehen haben, bestanden natürlich zu einzelnen politischen Fragen innerhalb der KPD-Führung durchaus unterschiedliche Meinungen – indes resultierte dies eher aus dem unterschiedlichen Temperament ihrer Mitglieder, nicht aber aus unterschiedlichen Konzeptionen. Wenn Neumann den deutschen Parteivorsitzenden im Mai 1931 in einem Privatbrief als Zauderer darstellte[7], so drückte er damit also vor allem seine persönliche Antipathie aus, die sich aus Thälmanns bedächtigerer Taktik speiste.

Im Verlaufe der Diskussion um den „Roten Volksentscheid" vom August 1931 entwickelte sich diese Antipathie dann allerdings zu einer veritablen Feindschaft: Thälmann klagte nach einem Streit mit Neumann, dessen Äußerungen trügen mittlerweile den „Charakter des Hasses und des Misstrauens".[8] Der Nachrichtendienst der KPD berichtete, dass sich der Konflikt schließlich sogar in einer „richtigen Boxerei" zwischen Neumann und Thälmann entladen habe.[9]

Im Spätsommer 1931 erfuhr man in Moskau von diesen Auseinandersetzungen: Ende August schrieb Pieck besorgt an die KPD-Spitze, in der Komintern werde

---

4 Bukharin vor dem Plenum des ZK der VKP(b) vom 7.–12. 1. 1933, zitiert nach: Getty (Hg.), The Road to Terror, S. 95 f.
5 Vgl. dazu: Weber, Wandlung, Bd. 1.
6 Zwischenruf Thälmanns in der Deutschen Kommission des Erweiterten EKKI-Präsidiums vom 25. 2. 1930, RGASPI 495/24/101: 84.
7 Vgl. Brief Neumanns an Flieg vom 25. 5. 1931, RGASPI 495/19/703: 5–25. In dem Brief wurde für Thälmann der Tarnname „Eugen Dühring" gewählt. Vgl. dazu die Teil-Abschrift dieses Briefes vom April 1932 mit der Aufschlüsselung, RGASPI 495/19/703: 26 f.
8 Vgl. Brief Thälmanns an Flieg vom 20. 8. 1932 über eine Aussprache mit Neumann am Vortag, RGASPI 495/19/527a: 198–200.
9 Vgl. Berichte des Nachrichtendienstes über Konflikte zwischen Neumann und Thälmann vom Oktober 1931, SAPMO-BArch RY 5-I 6/3/467, 51.

„das Geschwätz von erheblichen Differenzen zwischen Teddy und Heinz und von anderen ernsten Differenzen in der engeren Führung kolportiert".[10] Gerüchte über solche Konflikte hatte es schon in den Jahren zuvor gegeben[11], doch im Herbst 1931 verdichteten und konkretisierten sie sich zu Gewissheiten. Die Kominternführung berichtete Stalin und Molotov, die Führungsarbeit der KPD sei weitgehend gelähmt, die Parteispitze treffe kaum noch zusammen, Thälmann halte sich überwiegend in Hamburg auf.[12]

Weil der Konflikt in der deutschen Parteiführung, der sich im Spätsommer 1931 abzeichnete, einen empfindlichen Nerv des bolschewistischen Selbstverständnisses berührte, bildete er Ende Oktober 1931 einen zentralen Punkt der Beratungen Thälmanns und Neumanns mit Stalin: Der sowjetische Diktator und die Kominternspitze wollten vor allem wissen, ob die Differenzen zwischen den beiden Spitzengenossen, die seltenen Politbürositzungen und Thälmanns ständige Aufenthalte in Hamburg auf prinzipielle Meinungsverschiedenheiten in politischen Fragen, also auf eine verbotene „Fraktionsbildung", zurückzuführen seien. Da Thälmann und Neumann übereinstimmend versicherten, in politischen Fragen keine prinzipiellen Differenzen zu haben, führte Stalin die Auseinandersetzungen auf persönliche Animositäten zurück: „Man sieht Euch an den Augen an, dass ihr nicht mehr Freunde seid!"[13] Er ermahnte die Kontrahenten, besser zusammenzuarbeiten.[14]

Schon bald aber war es mit dem Bild der politischen Einmütigkeit vorbei, das Thälmann und Neumann gezeichnet hatten: Sie überschütteten sich gegenseitig mit Vorwürfen, eine „opportunistische Politik" zu betreiben oder eine Fraktion bilden zu wollen und klagten sich gegenseitig bei der Komintern an. Thälmann war geradezu besessen davon, seine Gegner politisch zu vernichten: Er ließ den Nachrichtendienst die Schreibtische von Neumann und Remmele (der mittlerweile auch in sein Fadenkreuz geraten war) durchsuchen, um Belastungsmaterial zu finden, und ließ denunziatorische Berichte sammeln.[15] Im Gegenzug sah Neu-

---

10 Brief Piecks an das Sekretariat des ZK der KPD vom 20. 8. 1931, RGASPI 495/292/54: 236–241.
11 Vgl. Brief Ulbrichts an Sekretariat des ZK der KPD vom 3. 4. 1929 u. a. über in der Komintern kursierende Gerüchte über Konflikte zwischen Thälmann und Remmele, RGASPI 495/292/44: 93 f.
12 Vgl. Brief Pjatnickijs, Manuilskijs, Kuusinens und Knorins an Stalin und Molotov vom 28. 10. 1931, RGASPI 495/19/236: 120–128, hier: 127 f.
13 Da sich von dieser Besprechung bislang keine Aufzeichnungen finden ließen (falls es solche geben sollte, befinden sie sich wahrscheinlich im Archiv des Präsidenten der Russischen Föderation, wo auch mehrere Aufzeichnungen von Besprechungen Stalins mit der SED-Führung nach 1945 aufgefunden wurden), muss ihr Inhalt vor allem aus späteren Äußerungen der Beteiligten erschlossen werden. Vgl. dazu die Einführungsworte von Pjatnickij in der Sitzung der PK am 10. 4. 1932, RGASPI 495/4/182a: 2 f., Thälmanns Darstellung des Gespräches bei Stalin am 31. 10. 1931 (Zitat) in der Sitzung der Politkommission am 14. 5. 1932, RGASPI 495/4/188a: 50 f., und die Abschrift des Briefes Neumanns an Thälmann vom 7. 1. 1932, RGASPI 495/19/527a: 201 f.
14 Vgl. u. a. Abschrift des Briefes Neumanns an Thälmann vom 7. 1. 1932, RGASPI 495/19/527a: 201 f., hier: 201.
15 Vgl. Brief Piecks an Pjatnickij vom 11. 3. 1932, RGASPI 495/19/527a: 19–21. Nach dem ersten Wahldurchgang am 13. 3. 1932 trafen in Moskau fast täglich Briefe aus Hamburg

mann Reden von Thälmann auf kompromittierende Stellen durch.[16] Einige Denunzianten berichteten dem Parteichef, dass Neumann zudem am Rande von Wahlkampfveranstaltungen im März 1932 über angebliche politische Fehler Thälmanns gesprochen habe.[17] Ein Brief Thälmanns an Pieck zeigt, wie es in ihm brodelte: „Ich bleibe völlig *ruhig* und *besonnen* und erreiche dadurch, dass sie immer mehr Schweinereien durchführen, ohne dass sie ahnen, dass mir schon *viele* dieser Tatsachen bekannt sind."[18] Zu diesem Zeitpunkt hatte er bereits verlangt, Neumann aus Deutschland abzuberufen.[19]

Dass der Konflikt in dieser Weise eskalierte, wurde durch Stalins Führungsstil wesentlich begünstigt. Da persönliche Kontakte zum „Khozajn", dem „Herrn", die politische Karriere bestimmten, war entscheidend, wer die engeren Beziehungen zu Stalin unterhielt. Bis 1931 war Neumann in diesem Konkurrenzkampf stets im Vorteil gewesen: Wie bereits erwähnt, sprach er als einziger deutscher Spitzengenosse nicht nur fließend russisch, sondern war zudem von allen KPD-Funktionären mit Abstand am häufigsten von Stalin empfangen worden und hatte den Generalsekretär mehrmals in dessen Ferienresidenz am Schwarzen Meer besuchen dürfen. Schon deshalb betrachtete sich Neumann als den tatsächlichen Parteiführer. Außerdem waren Thälmanns intellektuelle Fähigkeiten so deutlich erkennbar begrenzt, dass das jüngste Führungsmitglied der deutschen Sektion auch von Außenstehenden als der eigentliche Kopf der KPD gesehen wurde.[20]

Im Herbst 1931 begann Neumanns Stern jedoch zu sinken: Bei der Besprechung mit Thälmann und Neumann im Oktober 1931 hatte Stalin bereits eindeutig erklärt, „dass die Führung Thälmann gehört".[21] Trotz dieses eindeutigen Schiedsspruchs Stalins im innerparteilichen Machtkampf zeigte sich Neumann jedoch weiterhin nicht dazu bereit, seine bisherige Position in der KPD zu räumen: Nachdem Thälmann und er im November 1931 aus Moskau zurückgekehrt waren, machte er sich daran, die mitgebrachten politischen „Anregungen" in einem Leitartikel der *Roten Fahne* zu verbreiten – ganz so, wie er sich auch in den Jahren zuvor als Stalins Sprachrohr betätigt hatte. Thälmann begriff dies als Angriff auf seine eben erst in Moskau bestätigte Führungsposition. Wie Neumann später in Moskau erzählte, empörte sich Thälmann über diesen Vorstoß, „das sei eine Gemeinheit von mir, dass *ich* die politischen Ideen [Stalins] in die Zeitung bringe, das würde *er* tun, er wird einen Artikel darüber schreiben".[22]

---

oder Berlin ein oder riefen die Kontrahenten im EKKI an, um über den Konflikt mit der Gegenseite zu berichten. Vgl. u. a.: Brief Thälmanns an Pjatnickij vom 16. 3. 1932, eingetroffen in Moskau am 25. 3. 1932, RGASPI 495/19/527a: 1–7; Notizen von Pieck über Telefongespräche mit Hirsch, Neumann, Remmele, Flieg am 16. 3., 17. 3., 21. 3.–24. 3. 1932, RGASPI 495/292/60: 60–62; 67 f.; 71; 78 f., 81.

[16] Vgl. Erklärung Kurt Müllers an das Exekutivkomitee der KIM vom 26. 12. 1932, RGASPI 495/205/47: 129–141, hier: 135.

[17] Mitteilung Davids an Thälmann vom 14. 3. 1932, RGASPI 495/19/527a: 22.

[18] Brief Thälmanns an Pieck vom 16. 3. 1932, RGASPI 495/292/61: 57–59. Hervorhebungen im Original.

[19] Vgl. dazu den Brief Piecks an Thälmann vom 13. 3. 1932, RGASPI 495/292/60: 58.

[20] Vgl. Neumanns Charakterisierung durch den Vorwärts vom 18. 8. 1931.

[21] Neumann in der Sitzung der PK vom 10. 4. 1932, RGASPI 495/4/182a: 9–26, hier: 9.

[22] Ebenda, Blatt 10. Hervorhebung im Original. Thälmann verfasste daraufhin den Aufsatz

Wie in einem Brennglas zeigt diese Episode eines der wesentlichen Motive, warum sich Thälmann und Neumann in ihrer Radikalität häufig gegenseitig überboten: Die deutschen Spitzenkader stimmten mit Stalin nicht nur in ideologischer Hinsicht prinzipiell überein – sie wollten ihm auch vorführen, wie loyal sie seine Politik durchführten, wie gut sie ihm „entgegenarbeiteten", um ihre persönliche Machtstellung in der Parteiführung auszubauen.

In diesem Streit, wer Stalins politische Ideen verbreiten durfte, wurde somit ganz offensichtlich um das entscheidende Prestige gerungen. Zum endgültigen Bruch kam es schließlich während der Sylvesterfeier im Karl-Liebknecht-Haus, wo sich Neumann und Thälmann „ziemlich scharf die Meinung" sagten und Neumann dem Parteivorsitzenden „Byzantinismus" vorwarf.[23] Thälmann bemühte sich von nun an darum, Neumann von Stalin fernzuhalten, um seinen Rivalen auf diese Weise von dessen Machtquelle abzuschneiden. So fuhr er Ende Januar 1932, statt wie vorher üblich mit Neumann, nun mit Hirsch nach Moskau, um mit Stalin persönlich die Resolution für das anstehende ZK-Plenum abzustimmen.[24] Der sowjetische Diktator suggerierte Thälmann bei diesem Besuch, dass er von nun an auf ihn setzen werde, und gab dem KPD-Vorsitzenden eine kleine Nachhilfestunde zum Thema „Wie sichere ich meine Stellung in der Parteiführung?" Neumann berichtete der Komintern später, wie Thälmann sein Gespräch mit Stalin gegenüber der deutschen Parteiführung wiedergab:

„Nach seiner Rückkehr machte Thälmann eine Sitzung mit mir und Flieg und erklärte uns, Stalin hätte gesagt, er (Thälmann) ist der einzige Führer [der KPD], entweder mit uns oder gegen uns. [...] Außerdem habe ihn Stalin gefragt, wieviel Sekretäre er habe. Thälmann hätte geantwortet: sieben. Darauf hätte Stalin gesagt, das sei viel zu wenig, er braucht zwanzig! Ferner sagte Thälmann, er habe auch meine Beschuldigung des Byzantinismus gestellt; Stalin hätte gesagt, es sei viel zu wenig Byzantinismus [sic], es müsse mehr sein! Und er würde den ganzen Apparat ändern."[25]

Damit hatte Stalin dem KPD-Vorsitzenden ganz offen die Grundlagen seiner eigenen Machtbasis in der Partei vor Augen geführt. Thälmann beherzigte den Rat des Diktators: „Ich habe auf Anregung des Gen. Stalin meine Leute noch mehr herangezogen", teilte er Pjatnickij einige Wochen später mit.[26] Er baute daraufhin nach Stalins Vorbild eine parallele Führungsstruktur in der KPD auf, die aus ihm treu ergebenen Funktionären bestand.[27] Im Gegenzug wurden die enge-

---

„Einige Fehler in unserer theoretischen und praktischen Arbeit und der Weg zu ihrer Überwindung".

23 Ebenda, Blatt 12.

24 Neumann bat daraufhin in einem Brief an Pjatnickij vom 14. 1. 1932, ebenfalls nach Moskau kommen zu dürfen, RGASPI 495/19/527a: 13.

25 Neumann in der Sitzung der PK vom 10. 4. 1932, RGASPI 495/4/182a: 9–26, hier: 12. Das Treffen Thälmanns mit Stalin fand in Begleitung von Pjatnickij, Knorin, Manuilskij und Molotov am 26. 1. 1932 statt, vgl. Korotkov, Posetiteli kremlevskogo kabineta I. V. Stalina, Teil II, S. 132. Dass Thälmann diesen Abschnitt des Gesprächs in seinem Kern korrekt wiedergegeben hat, lässt sich durch den Brief Thälmanns an Pjatnickij vom 16. 3. 1932 belegen, der im nächsten Absatz zitiert wird.

26 Brief Thälmanns an Pjatnickij vom 16. 3. 1932, RGASPI 495/19/527a: 1–7, hier: 4.

27 So erhielten die engen Mitarbeiter von Thälmann, Werner Hirsch und Erich Birkenhauer, immer weitergehende Machtbefugnisse. Vgl. Weber, Hauptfeind, S. 92, Fn. 458.

ren Mitarbeiter Neumanns und Remmeles schrittweise von ihren Positionen verdrängt.[28]

Dieser „Gruppenkampf" sollte das innerparteiliche Leben der KPD in den folgenden Monaten prägen. Denn im Gegensatz zu Trockij wusste Neumann, wie wichtig es war, Allianzen zu schmieden. Beide Seiten versuchten nun, Verbündete zu gewinnen, wobei sie sich immer wieder auf ihre jeweiligen „russischen Freunde" beriefen, um die eigene Autorität zu steigern.[29] Dieses Intrigieren[30] war eine heikle Aufgabe – nicht allein wegen des formellen Fraktionsverbotes, sondern auch, weil gemäß dem bolschewistischen Selbstverständnis der Konflikt nicht publik werden durfte. Sämtliche Dokumente darüber unterlagen strengster Geheimhaltung; Pieck musste selbst seine handschriftlichen Notizen, die er als deutscher Vertreter beim EKKI über den Konflikt angefertigt hatte, an Pjatnickij übergeben.[31] Dementsprechend hitzig wurde später in einer Sitzung der Politkommission mit Neumann und Remmele darüber gestritten, wer diese Schweigepflicht[32] gebrochen und mit „Außenstehenden" über den Konflikt gesprochen hatte.

„Manuilskij: […] Aber heute wissen wir schon, dass Sie [Neumann] mit Torgler[33] [über den Konflikt mit Thälmann] gesprochen haben, immer unter dem Vorwand: wir kämpfen nicht gegen Thälmann, sondern *um* Thälmann, wir wollen ihn retten.[34] – Sie wollten auch mit Kasper[35] darüber sprechen.
Neumann: Ich *habe* mit ihm gesprochen, aber kein Wort über innere Differenzen!
Manuilskij: Auch mit Florin haben Sie versucht, über dieses Thema zu sprechen.
Neumann: Mit Florin hat Thälmann gesprochen![36]
Remmele: Wenn das alles drin steht in diesen Dokumenten, ist das schon *Beweis*?
Manuilskij: Aber Torgler? Ist es wahr, dass Sie mit Torgler gesprochen haben? […]"[37]

Im Bewusstsein, dass für die bolschewistische Führung das Gerede über eine Fraktionsbildung fast ebenso verwerflich war, wie die Fraktion selbst, meldete Thälmann im März 1932 triumphierend nach Moskau, er habe Berichte erhalten, wonach Remmele zu einigen guten Genossen „hysterische Bemerkungen" über den Konflikt in der Führung gemacht habe. Im Gegenzug warf Neumann Thälmann vor, dieser selbst habe schon am Abend des 31. Oktober 1931, also sofort

[28] Vgl. u. a. Brief Remmeles an Pjatnickij vom 17. 6. 1932, RGASPI 495/19/526: 39–47, hier: 44.
[29] Vgl. z. B. Brief Thälmanns an Pjatnickij vom 16. 3. 1932 über entsprechende Aussagen Neumanns gegenüber Dritten, RGASPI 495/19/527a: 1–7, hier: 2.
[30] Vgl. dazu auch: Frank, Walter Ulbricht, S. 91 f.
[31] Die meisten dieser Materialien befinden sich im RGASPI in der Akte 495/19/527a.
[32] Vgl. dazu den Brief Piecks an Pjatnickij vom 11. 3. 1932 über die entsprechende Abmachung vom 31. 10. 1931, RGASPI 495/19/527a: 19–21.
[33] Ernst Torgler, damals Vorsitzender der KPD-Reichstagsfraktion.
[34] Vgl. Bericht über die Aussage Torglers über ein Gespräch mit Neumann am 27. 2. 1932, RGASPI 526/1/89: 5 f.
[35] Wilhelm Kasper, Mitglied des Preußischen Landtages.
[36] Zu diesem Gespräch vgl. Brief Thälmanns an Pjatnickij vom 16. 3. 1932, RGASPI 495/19/527a: 1–7.
[37] Stenogramm der Sitzung der Politkommission vom 10. 4. 1932, RGASPI 495/4/182a: 70–81, hier: 73 f.

nach der ersten Besprechung über den Konflikt bei Stalin, im Hotel „Metropol" den Moskauer Vertreter des RFB über den Konflikt informiert.[38]

Dass sich Stalin im Januar 1932 zum zweiten Mal hinter Thälmann gestellt hatte, bedeutete indes nicht, dass er sich für den deutschen Parteichef entschieden hätte und Neumann planmäßig aus der Führung verdrängen wollte – die Ereignisse der folgenden Monate deuten eher auf das Gegenteil hin. So lehnte der sowjetische Generalsekretär paradoxerweise lange den Vorschlag Thälmanns ab, Neumann nach Moskau abzuberufen, um die Machtfrage endgültig zu entscheiden. Pjatnickij und Manuilskij, die ihn in dieser Frage sprechen wollten, wurden von ihm noch nicht einmal empfangen.[39] Als die Kominternführung Ende März schließlich Neumann und Remmele „zur Behandlung ihrer oppositionellen Handlungen im ZK der KPD" einbestellte und ankündigte, Neumann aus Deutschland abzuberufen[40], griff Stalin sogar aktiv ein. Unmittelbar nach Neumanns Ankunft in Moskau empfing er ihn am 7. April zu einer knapp einstündigen Unterredung.[41] Als Neumann auch dieses Mal versicherte, er führe keinen Fraktionskampf, war der Diktator beruhigt und sah vorerst keinen Grund für dessen Abberufung aus der KPD-Spitze. Seine Bemerkung, dass er sich momentan „nicht mit Kominternfragen" beschäftige, fiel übrigens in diesem Gespräch.[42] Das drei Tage später stattfindende Verhör Neumanns und Remmeles durch die Mitglieder der Politkommission hatte nach dieser Unterstützung Neumanns durch Stalin keine ausschlaggebende Bedeutung mehr – die Entscheidung wurde bis zum Mai vertagt.[43] Wie zuvor Thälmann im Januar 1932, so fühlte sich nun

---

38 Neumann in der Sitzung der Politkommission vom 10. 4. 1932, RGASPI 495/4/182a: 9–26, hier: 11.

39 Die Existenz eines entsprechenden Briefes an Stalin erschließt sich nur aus den Notizen von Pieck über Neumanns Gespräch mit Stalin am 7. 4. 1932, RGASPI 495/19/527a: 159.

40 Vgl. Protokoll Nr. 230 (b) der Sitzung der PK vom 25. 3. 1932 (Zitat), RGASPI 495/4/179: 7, und Protokoll Nr. 232 der außerordentlichen Sitzung der PK am 31. 3. 1932, RGASPI 495/4/181: 2. Das Protokoll vom 31. 3. 1932 ist außergewöhnlicherweise in Russisch abgefasst, an der Sitzung nahmen nur die Mitglieder der russischen Delegation teil. Der Text des Telegrammes an die KPD erschließt sich aus der Aussage Pjatnickijs in der Sitzung der PK am 10. 4. 1932, RGASPI 495/4/182a: 6.

41 Vgl. Korotkov, Posetiteli kremlevskogo kabineta I. V. Stalina, Teil II, S. 38 f.

42 So Neumann über Stalins Äußerungen in diesem Gespräch laut den Notizen von Pieck vom 8. 4. 1932, RGASPI 495/19/527a: 159. Diese Notizen sind das einzige Dokument, aus dem der Inhalt dieses Gespräches geschlossen werden kann. Bezeichnenderweise befinden sich diese handschriftlichen Aufzeichnungen in einer Akte des Sekretariates Pjatnickij. Die Möglichkeit, dass Neumann das Gespräch mit Stalin grob verfälscht wiedergab, um seine Abberufung zu hintertreiben, ist auszuschließen, da der Diktator seine Entscheidung der Kominternführung auch direkt übermittelte. Vgl. Manuilskijs Ausführungen in der Sitzung der Politkommission vom 10. 4. 1932 über ein Telefongespräch mit Stalin über den Konflikt zwischen Thälmann und Neumann, RGASPI 495/4/182a: 70–81, hier: 76. Von der Abberufung Neumanns war in dieser Sitzung anders als im Telegramm an Thälmann vom 31. 3. 1932 keine Rede mehr (Das Telegramm selbst befindet sich in den geschlossenen Beständen der OMS, sein Text wird zitiert von Pjatnickij in der Sitzung der Politkommission vom 10. 4. 1932, RGASPI 495/4/182a: 6).

43 Vgl. das Stenogramm der Sitzung der PK vom 10. 4. 1932, RGASPI 495/4/18; Protokoll (B) Nr. 234 der PK vom 11. 4. 1932, RGASPI 495/4/182: 48 f., und den Brief der Polit-

auch Neumann durch den Diktator gestärkt: Seinen Freunden berichtete er, bei „Stalin sei eine kritische Einstellung zur Tätigkeit und Führung der deutschen Partei" – also zu Thälmann – vorhanden.[44]

Es erstaunt daher nicht, dass sich Thälmann „etwas ungehalten" zeigte, seinen verhassten Rivalen Neumann vorerst in die Parteiführung zurückkehren zu sehen.[45] Doch Neumann hatte sich zu früh gefreut, wenn er glaubte, seine Position in der KPD-Spitze sei nun gesichert: Denn nach dem Wahlmarathon des Frühjahrs 1932 wurde der Konflikt in einer Besprechung der Führungen der KPD und Komintern mit Stalin am 17. Mai zugunsten Thälmanns entschieden.[46] Es wurde beschlossen, Neumann „für eine gewisse Zeit" aus der deutschen Parteiführung abzuziehen und im EKKI arbeiten zu lassen, weil er die kollektive Arbeit im Politbüro unmöglich gemacht habe.[47]

Mit seinen widersprüchlichen Entscheidungen – sowohl Thälmann als auch den aufsässigen Neumann zu stützen – hatte Stalin den Konflikt in der KPD-Spitze bis zu dieser Entscheidung im Mai 1932 eher geschürt, als dass er ihn gelöst hätte. Über seine Motive lässt sich bis heute nur spekulieren. Vielleicht ließ er den Streit einfach schleifen, weil es für ihn in dieser Zeit Wichtigeres gab. Möglicherweise hatte er die Auseinandersetzungen aber auch absichtlich angeheizt – hielten sich Thälmann und Neumann doch auf diese Weise gegenseitig in Schach, wenn einem von ihnen einmal Zweifel an der Taktik der Komintern kommen sollten. Falls Stalin im Frühjahr 1932 wirklich diese Absicht hatte, so demonstriert die Eskalation des Streites zwischen den Kontrahenten jedoch, dass sein Kalkül nicht aufging. Die Situation geriet außer Kontrolle: Anstatt die KPD auf Linie zu halten, entwickelte der Konflikt zwischen Neumann und Thälmann selbstzerstörerische Ten-

---

kommission an Thälmann über die Gespräche mit Neumann und Remmele am 10. 4. 1932 vom 12. 4. 1932, RGASPI 495/4/183: 59 f.

[44] So Kurt Müller, Orgsekretär des KJVD und Freund Neumanns, über dessen Äußerungen nach seinem Gespräch mit Stalin am 7. 4. 1932 in einem Brief an Thälmann vom 2. 1. 1933, RGASPI 495/205/47: 171–180, hier: 177.

[45] Vgl. Notizen von Pieck über Telefonate mit Neumann und Hirsch im Auftrag von Thälmann (dort das Zitat) am 27. 4. 1932, RGASPI 495/292/60: 112.

[46] Kurz vor der Ankunft von Thälmann, Neumann, Remmele und Ulbricht in Moskau wurde Stalin von der russischen Delegation im EKKI über die bevorstehenden Besprechungen mit den deutschen Genossen unterrichtet und um Anweisungen gebeten, wie die „Angelegenheit fortgeführt werden soll". Vgl. Brief Pjatnickijs an Stalin vom 10. 5. 1932 mit dem beigelegten Bericht von Manuilskij, Pjatnickij, Gusev, Knorin und Kuusinen über die Lage der KPD, RGASPI 495/19/236: 154 (Anschreiben), 161–167 (Bericht).

[47] Vgl. Protokoll Nr. 242 der außerordentlichen Sitzung der PK vom 20. 5. 1932, RGASPI 495/4/190: 7. Vgl. Hortzschansky, Thälmann, S. 567 f., wo nicht erwähnt wird, dass die Abberufung Neumanns noch nicht endgültig war. Zuvor hatte zunächst am 14. 5. 1932 eine Sitzung der Politkommission stattgefunden, in der Thälmann Gelegenheit erhielt, seine Sicht der Dinge darzulegen. Vgl. das Stenogramm in: RGASPI 495/4/188a. Am 17. 5. 1932 wurden dann Thälmann, Neumann, Remmele, Pieck und Ulbricht gemeinsam mit Manuilskij, Pjatnickij, Knorin, Gusev, Lozovskij, Kalinin, Enukidze und Kaganovich von 15.50 bis 20.35 in Stalins Arbeitszimmer empfangen. Vgl. Korotkov, Posetiteli kremlevskogo kabineta I. V. Stalina, Teil II, S. 133. Bei dieser Gelegenheit wurden die Führungsprobleme der KPD besprochen und die Grundzüge für die „Antifaschistische Aktion" festgelegt. Dazu siehe oben Kapitel VII.

denzen. Mit Neumanns Abberufung aus Deutschland gestand sich der Diktator somit ein, dass dieses Vorgehen gescheitert war.

Es steht jedoch fest, dass Neumanns zunächst vorläufige Abberufung aus Deutschland *nicht* mit der Proklamation der „Antifaschistischen Aktion" zusammenhing, wie dies lange vermutet wurde[48]: In Moskau fürchtete man weder, dass Neumann diese neue Linie sabotieren würde, noch wurde er demonstrativ zum Sündenbock gestempelt, um einen Politikwechsel durchführen zu können – als „Sektierer" wurde Neumann interessanterweise erst bezeichnet, als die Komintern selbst wieder auf die vorrangig antisozialdemokratische Taktik einschwenkte, die ihre Politik vor der „Antifaschisten Aktion" geprägt hatte.[49]

2. Führerbild und Rollenverteilung

Es gibt neben der möglichen Interesselosigkeit Stalins an der Komintern oder seiner Absicht, Thälmann und Neumann durch gegenseitige Kontrolle auf Linie zu halten, noch einen dritten Erklärungsansatz, weshalb der sowjetische Diktator gezögert haben mag, den Konflikt in der KPD durch die Abberufung Neumanns zu lösen: Möglicherweise wollte Stalin die KPD-Spitze in ihrer bislang bewährten Zusammensetzung beibehalten – schließlich war sie sein Werk. Entscheidend war hierbei freilich, dass die Mitglieder der deutschen Parteiführung auch die Rollen spielten, die ihnen 1928 zugewiesen wurden und darauf achteten, dementsprechend in der Öffentlichkeit und der Partei aufzutreten.

Im Zuge des innerparteilichen Konfliktes wurden aber sowohl die Rollenverteilung als auch die Außendarstellung der Spitzenfunktionäre in Frage gestellt. Am schärfsten trat dies während der Kampagne der KPD zur Reichspräsidentenwahl im März 1932 zutage, die geradezu die Züge eines Personenkultes annahm. Innerhalb der KPD-Führung stieß diese auf Thälmann fixierte Kampagne auf Unwillen. Einen Tag nach dem Urnengang beschwerte sich Hermann Remmele in einem Brief an Pieck: „1930 führten wir den Wahlkampf ‚für den Kommunismus', dieser Wahlkampf jetzt wurde geführt ‚für Thälmann'." Es habe zwar verschiedene Plakatmotive gegeben, „aber sämtlich mit dem Bild Thälmanns in den verschiedenen Stellungen und Aufnahmen". Die Nationalsozialisten hingegen hätten es verstanden, „vorzügliche Plakate, die das Elend der Massen darstellen", herzu-

---

[48] Dass Neumann nach Moskau geschickt wurde, um ihm die Möglichkeit zu nehmen, die „politische Arbeit der KPD weiterhin mit sektiererischen Aktionen und Erklärungen zu stören", behauptete v. a. die DDR-Geschichtsschreibung. Vgl. Hortzschansky, Thälmann, S. 567 f. In der westlichen Forschung wurde bereits vor 1989 vermutet, dass Neumanns Verbannung Folge seines Machtkampfes mit Thälmann war, wenngleich davon ausgegangen wurde, dass Neumann aufgrund seiner taktischen Differenzen mit Stalin schon damals zum Sündenbock gestempelt wurde und sich der Diktator „endgültig" auf die Seite des deutschen Parteichefs gestellt habe. Vgl. Winkler, Weg in die Katastrophe, S. 556; Weber, Hauptfeind, S. 90.

[49] Vgl. Weber, Hauptfeind, S. 93.

stellen und „Hitler als den Mann, der den Ausweg bringt, darzustellen".[50] Auch
Pieck konnte sich mit einigen Aspekten der Wahlkampagne nicht recht anfreun-
den – noch am Tag der Reichspräsidentenwahl forderte er in einem persönlichen
Brief Thälmann auf, die „eingerissene Methode, die besonders in der ‚R[oten]
F[ahne]' geübt wird, von der Partei Thälmanns zu reden, schnellstens auszurot-
ten". Der deutsche Vertreter meinte, diese Personalisierung der Partei entspreche
nicht dem „Wesen" der KPD und sei „eine Methode, die bisher noch in keiner
Sektion der K.I. angewandt worden ist" – man könnte hinzufügen: Mit Ausnahme
der VKP(b). Gleichzeitig versicherte Pieck dem deutschen Parteivorsitzenden jedoch, dass sich dieser Einwand „nicht etwa gegen die Popularisierung Deiner Person wendet". Die Genossen in Moskau seien „absolut dafür, dass Deine Person in
den Vordergrund gestellt wird. Aber in dieser Verbindung mit der Partei ist das
unzulässig."[51]

Auf die Kritik der übrigen Mitglieder der offiziellen Parteiführung an dem
stark personalisierten Wahlkampf[52] reagierte Thälmann nach Piecks Mitteilung
gelassen. Auf den Druck des deutschen Parteichefs hin verabschiedete die KPD-
Führung eine Resolution über den Wahlausgang, die im Wesentlichen auf einem
Pravda-Artikel vom 17. März basierte.[53] „Eine Änderung hat man dabei vorgenommen", berichtete Neumann der Politkommission einen Monat später. „In der
Pravda hieß es: Fünf Millionen Stimmen für die proletarische Revolution und die
proletarische Diktatur. Thälmann hat das durch Hirsch geändert: Fünf Millionen
Stimmen für Thälmann, den Führer unserer Partei!"[54]

Pieck hatte mit seinem Brief vom 13. März bereits deutlich gemacht, dass die
Kritik des EKKI an Thälmanns Personenkult keineswegs prinzipieller Natur war,
sondern sich nur gegen Details richtete. Der Personenkult um den deutschen Parteichef selbst hatte ja auch nicht erst seit dem Reichspräsidentenwahlkampf ein-

---

[50] Brief Remmeles an Pieck vom 14. 3. 1932, SAPMO-BArch RY 1-I 2/3/204: 450f., hier:
451.

[51] Brief Piecks an Thälmann vom 13. 3. 1932, RGASPI 495/292/60: 58.

[52] Vgl. den undatierten Entwurf eines Aufrufes zum zweiten Durchgang der Reichspräsi-
dentenwahlen (entstanden zwischen dem 18. und 22.3. 1932), in dem es heißt: „Der
Hauptmangel unseres Wahlkampfes im allgemeinen bestand darin, dass er zu sehr parla-
mentarisch-personell und zu wenig politisch-klassenmässig geführt wurde." Thälmann
wurde dieser Entwurf am Telefon vorgelesen; er ließ dem Sekretariat ausrichten, dass dieser Satz „unter keinen Umständen enthalten sein soll. Stattdessen [solle] die Feststellung
[aufgenommen werden]: ‚Unsere Kandidatur und Politik ‚Klasse gegen Klasse' wurde zu
schematisch behandelt und nicht mit den konkreten Fragen der Tagespolitik verbunden.' ", RGASPI 495/19/526: 217–227, hier: 222, 226.

[53] Auf diesen von Knorin verfassten Artikel hatte ihn Pieck in einem Brief vom 17. 3. 1932
aufmerksam gemacht, RGASPI 495/292/60: 67f., hier: 67. Über die Sitzung des Sekretariats der KPD siehe auch den Brief Thälmanns an Pieck vom 23. 3. 1932, SAPMO-BArch
RY 1-I 2/3/204: 459–461.

[54] Neumann in der Sitzung der PK vom 10. 4. 1932, RGASPI 495/4/182a: 59–65, hier: 63f.
Der deutsche Parteivorsitzende sollte sich später gegen diese Vorwürfe mit dem Argument
wehren, dass außer der Parole „Wählt Thälmann" alle beantragten politischen Slogans von
der Polizei verboten worden seien. Vgl. „Feststellungen und Tatsachen zu unwahren Behauptungen in den Reden von Remmele und Neumann", o.D. [nach dem 10. 4. 1932],
RGASPI 495/19/527a: 187–197, hier: 191.

gesetzt, sondern war ein längst bekanntes Phänomen. Schon das Protokoll des 12. Parteitages der KPD von 1929 hatte festgehalten, wie Thälmann zunächst „eine stürmische Ovation" bereitet wurde: „Die Delegierten erheben sich und singen die ‚Internationale'. Die Jugenddelegation begrüßt den 1. Vorsitzenden der Partei mit einem dreifachen ‚Heil Moskau'."[55] Im Jahr darauf war Thälmann bei einer Veranstaltung im Sportpalast unter Fanfarenklängen auf den Schultern von Mitgliedern des mittlerweile verbotenen RFB zum Rednerpult getragen worden.[56] Für die sowjetischen Mitglieder der Kominternführung mag dies gar nicht so befremdlich gewirkt haben, eiferten in der Sowjetunion doch viele der bolschewistischen Provinzpotentaten dem Personenkult Stalins in noch viel dreisterer Weise nach und ließen sich in offenen Wagen durch die Stadt fahren oder gar Gebirgsgipfel nach sich benennen.[57] Formen der Führerverehrung waren außerdem zu Beginn der 30er Jahre auch in einigen Ländern Europas ein bekanntes Phänomen, das selbst in bürgerlichen Parteien wie dem deutschen Zentrum zu beobachten war. Hierin spiegelte sich die Sehnsucht nach dem charismatischen Führer wider, der die Probleme der Gegenwart lösen und die gesellschaftlichen Verkrustungen aufbrechen könne. Insofern speiste sich der Personenkult der KPD aus zwei unterschiedlichen Quellen: aus der politischen Kultur des stalinistischen „Personenverbandsstaates" sowie aus der parlamentarismusmüden westeuropäischen Gesellschaft.

Remmele hatte an dieser Praxis erst in jenem Moment Anstoß genommen, als die Spannungen in der Führung wuchsen. Im Frühjahr 1932 wies er nun mit Ingrimm auf eine kürzlich erschienene Biographie Thälmanns hin, die nicht nur dessen Eltern übermäßig viel Platz einräume und zahlreiche Fotos aus „Privatbesitz" enthalte, sondern zudem in einer Reihe mit dem Titel „Männer und Mächte" erschienen sei, die auch einen Band über Hitler umfasse.[58] Auch Neumann klagte, dass Thälmann „aus der KPD eine ‚KPTh' gemacht" habe[59], und sprach vom „Größenwahn"[60] und den „Staralüren"[61] des Parteichefs. In der Sitzung der Politkommission am 10. April beschwerte er sich über den negativen Einfluss der Komintern auf den deutschen Parteivorsitzenden:

„Thälmann hat in den letzten Jahren – teilweise auch durch unsere Schuld und teilweise auch (ich sage das in aller Bescheidenheit) durch die Einwirkung der Komintern eine solche Selbstüberschätzung angenommen, dass er glaubt, er könne als Einzelperson die Partei führen. Es gibt nur zwei Leute: Thälmann und Stalin, – das ist wirklich seine Auffassung. Er will

---

55 Vgl. Protokoll der Verhandlungen des 12. Parteitages der KPD, S. 43, 300.
56 Bericht vom 13. 9. 1930 über eine am 12. 6. 1930 abgehaltene Veranstaltung der KPD mit Thälmann im Sportpalast von der Abteilung I A der preußischen Polizei, SAPMO-BArch NY 4003/101: 34–37.
57 Vgl. Baberowski, Der rote Terror, S. 160–163.
58 Remmele in der Sitzung der PK vom 14. 5. 1932, RGASPI 495/4/188a: 75–80, hier: 79f. Gemeint war das Buch: Maslowski, Thälmann.
59 So z. B. Kurt Müller über seine Gespräche mit Neumann in einem Brief an Thälmann vom 2. 1. 1933, RGASPI 495/205/47: 171–180, hier: 175.
60 Vgl. Brief Piecks an Pjatnickij vom 11. 3. 1932, in dem er sich auf die Ergebnisse der Spitzeltätigkeit Thälmanns bezieht, RGASPI 495/19/527a: 19–21, hier: 20.
61 Vgl. Bericht Hirschs über ein Gespräch zwischen Torgler und Neumann am 27. 2. 1932, RGASPI 495/19/527a: 79.

als Thälmann allein die Partei führen. Er hat keine große Meinung von uns und auch nicht von den Genossen der Komintern, sondern er glaubt, dass er wirklich eine Persönlichkeit ist vom Format Stalins und Lenins."[62]

Es darf allerdings bezweifelt werden, ob Thälmann sich wirklich so einschätzte: Seine häufigen Fluchten aus Berlin in seine Heimatstadt deuten eher darauf hin, dass er sich überfordert fühlte und ihm die Arbeit in der Parteizentrale nicht besonders lag. Neumanns Worte spiegeln eher den gekränkten Stolz eines ehrgeizigen Funktionärs angesichts der Tatsache wider, dass nicht er selbst, sondern ein ihm intellektuell weit unterlegener Hafenarbeiter aus Hamburg an der Spitze der Partei stand. Er versuchte nun seinen Konkurrenten ans Messer zu liefern, indem er ihn bezichtigte, sich mit Lenin und Stalin gleichzustellen. Offensichtlich wollte Neumann auf diese Weise Misstrauen gegen Thälmann säen.

Die Kominternspitze jedoch betrachtete den Personenkult um den KPD-Chef weiterhin ausgesprochen positiv: Thälmann verkörpere „alles, was gut ist im deutschen Proletariat", entgegnete Manuilskij auf Neumanns Klage. Nach dem Willen der Komintern diente Thälmann als populäre Leitfigur der deutschen Arbeiterschaft[63] – so wie der französische KP-Chef Maurice Thorez einige Jahre später von seiner Partei als „Fils du peuple" (Sohn des Volkes) gefeiert wurde, in dessen Biografie „jeder Arbeiter […] einen Moment seines Lebens wiederfinden" könne.[64] Von den übrigen Mitgliedern der deutschen Parteiführung wurde daher erwartet, dass sie sich dieser Strategie unterordnen und ihre eigene Person in der Öffentlichkeit hinter Thälmann zurückstellen. Die Mitglieder der Politkommission meinten im April 1932, vor allem Neumann habe diese Rollenverteilung verletzt. Die Kominternführung sei beispielsweise während der Kampagne zum Volksentscheid in Preußen, als sich Thälmann in Hamburg aufhielt, „sehr unruhig" gewesen, bemerkte Manuilskij an Neumann gewandt: „Sie hielten z.B. eine große Rede, sofort wurde sie in der ‚Roten Fahne' veröffentlicht, und Thälmann war im Schatten. Was ist das für eine Methode?"[65] Dementsprechend hatte Knorin im Herbst 1931 auch Neumanns Vorschlag abgelehnt, anstelle von Thälmann im österreichischen Präsidentenwahlkampf zu sprechen, falls der Parteichef einen Auftritt dort weiter ablehne: Knorin begründete seine Ablehnung mit dem Argu-

---

[62] Neumann in der Sitzung der PK am 10. 4. 1932, RGASPI 495/3/182a: 59–65, hier: 59.

[63] Schon 1924 hatte Zinov'ev Thälmann als das „Gold der Arbeiterklasse" bezeichnet, in dieses Lob aber auch Remmele eingeschlossen. Vgl. Weber, Thälmann und Stalin, die VKP(b) und die KPD, S. 17.

[64] L'Humanité vom 31. 10. 1937, zitiert nach: Robrieux, Maurice Thorez, S. 216. Die Originalausgabe von Thorez, Fils du peuple, erschien am 1. Oktober 1937. Der Verweis auf das „Volk" im Titel deutet auf die inzwischen vorgenommene Wende zur Volksfrontpolitik hin. Zur Stilisierung von Thorez vgl. ebenda, S. 169–227; Kriegel, Les communistes français, S. 150–156; Durand, Maurice Thorez; Pennetier, Stalinisme, culte ouvrier et culte des dirigeants.

[65] Manuilskij in der Sitzung der PK vom 10. 4. 1932, RGASPI 495/3/182a: 70–81, hier: 73. Die Tatsache, dass Thälmann „im Schatten" blieb, hing in diesem Falle jedoch wohl eher mit seinem von Neumann und Remmele ausführlich beschriebenen Widerwillen zusammen, sich an der Kampagne zu beteiligen.

ment, dass für den Wahlkampf jemand gebraucht werde, „der breite Schultern hat".[66]

Aus dieser Perspektive betrachtet, bekommt die Unterstützung Thälmanns durch die Komintern einen bemerkenswerten Charakter: Moskau war von Anfang an klar, wie Sergej Gusev in der Sitzung der Politkommission bekannte, dass Thälmann „ein fähiger, aber theoretisch nicht sehr geschulter Arbeiter" sei, dem Neumann und Remmele bei theoretischen Arbeiten unter die Arme greifen sollten. Die KPD werde jedoch „keinen anderen Führer in der deutschen Partei finden", konstatierte er und fuhr frei von jeder Ironie fort, dass „selbst die Komintern, die sonst alles kann, [...] für sie keinen anderen Führer finden" werde. Thälmann sei „ein Führer von besonderem Typus, und deshalb muss man zu ihm eine besondere Einstellung haben".[67] Damit hatte Gusev bis in die Wortwahl das vernichtende Urteil Clara Zetkins über den deutschen Parteichef wiederholt. Zetkin hatte Bukharin unter anderem geschrieben, dass „Teddy kenntnislos und theoretisch ungeschult ist [...] und der Selbstbeherrschung mangelt [sic!]".[68]

Dass Thälmanns Fähigkeiten begrenzt waren, darüber bestand schon seit langem unter den unterschiedlichsten Gruppen Konsens. So schrieb schon 1921 ein Informant des Reichskommissars zur Überwachung der öffentlichen Ordnung über den späteren Parteivorsitzenden, der nach der „Märzaktion" der KPD eher unverhofft an die Spitze der Hamburger Kommunisten gerückt war: „Thälmann weiß genau, dass er nicht der Mann ist, eine Ortsgruppe zu führen. Er wird auch nicht als Führer, sondern nur als Wortführer der Partei im Parlament angesehen."[69] Doch viele Zeitgenossen meinten, dass die Worte eher Thälmann führten als umgekehrt: So hatte beispielsweise ein Funktionär Thälmanns Schlusswort auf dem ZK-Plenum der KPD im Januar 1932 mit den Worten kommentiert, die Rede sei so schlecht gewesen, dass jeder andere „Prügel dafür bekommen hätte".[70]

Auch in der Komintern hielt man intern mit der Verachtung für Thälmanns überlange Reden nicht hinter dem Berg. Schon 1927 hatte „Beso" Lominadze in einem Brief an Pjatnickij konstatiert, Thälmann habe in seinem Schlusswort auf dem 11. Parteitag der KPD „nur gähnende Langeweile" verbreitet, woraufhin die Zuhörer in Scharen das Weite gesucht hätten.[71] Im September 1932 äußerte sich Manuilskij ähnlich abschätzig über Thälmanns langatmiges Referat auf dem XII. EKKI-Plenum: Das Referat sei „sehr chaotisch" gewesen, schrieb der Kominternsekretär an Molotov und fügte hinzu, dass in den Diskussionen niemand

---

[66] So die Aussage Neumanns in der Sitzung der PK am 10. 4. 1932, RGASPI 495/3/182a: 59–65, hier: 60. Schon im Juni 1931 hatte die Politkommission Thälmann und Remmele als Delegierte der Komintern zum Parteitag der KPÖ geschickt. Thälmann sollte aber vor allem in der Öffentlichkeit auftreten. Vgl. die Vorschläge Knorins vom 17. 6. 1931 für den Parteitag der KPÖ, RGASPI 495/4/115: 49f.

[67] Gusev in der Sitzung der PK vom 10. 4. 1932, RGASPI 495/4/182a: 82–88.

[68] Vgl. Brief Zetkins an Bukharin vom 11. 9. 1927, abgedruckt in: Lewerenz, Zum Kurswechsel in der KPD, S. 779.

[69] Zitiert nach: Wehner, Kaderkarrieren, S. 39.

[70] Mitteilung Davids an Thälmann vom 14. 3. 1932, RGASPI 495/19/527a: 22.

[71] Abschrift Brief Lominadzes an Pjatnickij vom 11. 4. 1927, RGASPI 558/11/758: 74f.

darauf Bezug genommen habe – „so als ob es überhaupt nicht gehalten worden sei".[72] Der Vortrag hatte neun Stunden gedauert.

Dass diese herablassenden Einschätzungen über Thälmann auch von Stalin und seiner engsten Gefolgschaft geteilt wurden, bezeugen die Erinnerungen Molotovs. Noch über vierzig Jahre nach diesen Ereignissen kam er im Gespräch mit Feliks Chuev immer wieder auf die mangelhafte Bildung Thälmanns zurück und nutzte dabei fast die gleichen Worte, wie sie die zitierten Dokumente überliefern, um den deutschen Parteivorsitzenden zu charakterisieren:

„Thälmann war ein bemerkenswert guter Mann, aus einer Arbeiterfamilie. Sehr standhaft. Aber nicht ausreichend gebildet. Dieser Kerl Neumann half ihm für gewöhnlich, seine Reden zu schreiben, um sie theoretisch zu fundieren. Neumann war ein Trockij-Typ, aber gebildet, schnell und belesen, und gebildet. [...] Er [Thälmann] war ein großer, starker Mann. Ich habe ihn getroffen. Aber offenbar fehlte es ihm an Bildung, es fiel ihm schwer, dem deutschen Volk den Kommunismus und den Marxismus zu erklären. Eine Menge Leidenschaft und ein revolutionärer Charakter; er war sehr engagiert, aber es fehlte ihm an Bildung."[73]

Die Komintern machte sich um die dürftigen intellektuellen Fähigkeiten Thälmanns aber weiter keine Sorgen, weil diese sowieso zweitrangig waren. Gusev brachte die Arroganz der Bolschewiki auf den Punkt: „Ich kann es so ausdrücken: wenn in Russland nicht Sozialismus wäre, wenn es keine Komintern gäbe, würde Thälmann kein Führer sein, würde die deutsche Kommunistische Partei und die ganze Entwicklung anders sein." Gegenüber Neumann und Remmele offenbarte er den zynischen Pragmatismus der sowjetischen Führung, die kein Problem darin sah, den Führern der kommunistischen Parteien in den kapitalistischen Ländern, die „keine Lenins und Stalins haben", zu helfen, „indem wir ihnen alles geben, was ihnen daran fehlt, wirkliche Führer zu sein".[74]

Über die engere Frage des Machtkonfliktes in der deutschen Parteiführung hinaus legt dieses Zitat noch einmal die Grundzüge der Politikauffassung der Bolschewiki offen: Für sie waren die ausländischen Kommunisten unmündig wie Kinder, die der Anleitung durch die erfahrenen Funktionäre der russischen Partei bedurften. Die Bolschewiki waren von ihrer Mission und ihrem Weitblick so überzeugt, dass sie sich für berechtigt hielten, die Führungskader der ausländischen Parteien wie auf einem Schachbrett hin- und herzuschieben.

Sollte sich Neumann ernsthaft Hoffnungen gemacht haben, Thälmann ganz offen von seiner Führungsposition zu verdrängen, so hätte er also nicht zuletzt deshalb von der Komintern keine Unterstützung erfahren, weil er nicht wie Thälmann als politische Symbolfigur der einzig „wahren" Arbeiterpartei taugte: ihm fehlte der proletarische Stallgeruch.

---

[72] Bericht Manuilskijs an Molotov, o.D. [vor dem 21. 9. 1932], über das XII. EKKI-Plenum, RGASPI 495/19/243: 38–50, hier: 42.

[73] Molotov im Gespräch mit Feliks Chuev am 9. 6. 1976, in: Molotov remembers, S. 79.

[74] Gusev in der Sitzung der PK vom 10. 4. 1932, RGASPI 495/4/182a: 82–88. Thälmanns Rolle als Aushängeschild wurde allerdings selbst von Clara Zetkin als notwendiges Übel akzeptiert: „Teddy ist das Symbol revolutionärer proletarischer Führung der Partei", schrieb sie an Bukharin. Vgl. Brief Zetkins an Bukharin vom 11. 9. 1927, abgedruckt in: Lewerenz, Zum Kurswechsel in der KPD, S. 781. Zu dieser Einschätzung Thälmanns in KPD und Komintern vgl. auch Buber-Neumann, Von Potsdam nach Moskau, S. 253–255.

Umgekehrt bedeutet dies aber auch, dass sich die Verwendbarkeit des deutschen Parteivorsitzenden für Moskau mit seiner Instrumentalisierung als Symbolfigur auch schon fast erschöpft hatte. Dies sollte sich deutlich zeigen, nachdem Thälmann verhaftet worden war: Zwar führte die Bemerkung eines deutschen Genossen, der in der Wahlnacht des 5. März 1933 beim Abhören der Ergebnisse in einem Zimmer des Hotels Lux meinte, „Gott sei Dank, dass der Trottel, der Teddy, verhaftet ist, das hat sich gelohnt!"[75] wenig später zu einer Verfolgungswelle unter den KPD-Emigranten.[76] Die bolschewistische Führung war aber offensichtlich ebenfalls wenig darüber erschüttert, dass der deutsche Parteichef nun im Gefängnis saß – der Versuch, Thälmann aus dem Gefängnis zu befreien, wurde 1935 von der Komintern abgesagt.[77] Auch nach Abschluss des Hitler-Stalin-Paktes zerschlug sich die Hoffnung Thälmanns, das neue deutsch-sowjetische Verhältnis werde seine Freilassung bringen. Stalin, der den deutschen Parteiführer im kleinen Kreise bereits 1934 als begriffsstutzigen Dogmatiker verspottet hatte[78], sah darin keinen Vorteil.[79] Obwohl es der sowjetischen Parteiführung 1939 auf diplomatischem Wege vermutlich möglich gewesen wäre, verzichtete sie darauf, Thälmanns Ausreise durchzusetzen und ließ ihn bewusst in nationalsozialistischer Haft sitzen. Thälmann hatte als Parteiführer offensichtlich ausgedient und schien Stalin nunmehr nützlicher in der Rolle des vom NS-Regime geknechteten Proletariers.

3. Todsünde Illoyalität

Als Neumann im Mai 1932 nach Moskau versetzt wurde, hatte Thälmann damit immer noch nicht den vollständigen Sieg errungen, den er sich erhofft hatte. Denn obwohl der deutsche Parteichef fleißig weiteres Belastungsmaterial über Neumann nach Moskau geschickt hatte[80], war es ihm nicht gelungen, seinen Rivalen wegen politischer Abweichungen verurteilen zu lassen. Der Beschluss, Neumann nur „für eine gewisse Zeit" aus der deutschen Parteiführung abzuziehen, deutete zudem darauf hin, dass seine politische Karriere noch keineswegs zu Ende war. Es war auch keine Rede davon, Neumann wie zuvor die „Versöhnler" Ewert und Humbert-Droz nach Südamerika zu delegieren. Stattdessen bezog er mit seiner Lebensgefährtin Margarete Buber-Neumann ein Zimmer in der prestigeträchtigen

---

[75] Bericht Karl Schmidts an Heckert vom 11. 3. 1933, abgedruckt in: Müller, Menschenfalle Moskau, S. 86.

[76] Vgl. Müller, Menschenfalle Moskau, S. 59–103.

[77] Vgl. Kaufmann, Nachrichtendienst, S. 327–331. Zuvor hatte es noch eine internationale Kampagne der Komintern zur Freilassung Thälmanns gegeben.

[78] Vgl. den Eintrag Dimitrovs in sein Tagebuch vom 2. 5. 1934, in: Bayerlein (Hg.), Dimitroff. Tagebücher, Bd. 1, S. 107.

[79] Vgl. Volkogonov, Stalin, S. 674 f. Die Briefe Thälmanns an Stalin aus seiner Haft sind abgedruckt in: Schütrumpf, Ernst Thälmann.

[80] Vgl. „Tatsachen und Feststellungen zu unwahren Behauptungen in Reden von Remmele und Neumann vom 10. 4. 1932" o.D., April/Mai 1932, RGASPI 495/19/527a: 187–197.

Beletage des Hotels Lux[81] und wurde in die gleiche Gehaltsklasse wie die Spitzenfunktionäre Pjatnickij, Manuilskij und Knorin eingeordnet.[82] Trotz seiner „Verbannung" nach Moskau konnte Neumann also seinen Status wahren.

Gegenüber Freunden gab sich Neumann deshalb zuversichtlich, dass seine Abberufung aus der KPD-Spitze nur von kurzer Dauer sei; er werde von der Komintern wieder nach Deutschland geschickt, sobald Thälmann „abgewirtschaftet"
habe.[83] Mit dieser Einschätzung stand Neumann nicht allein: So kursierte unter
den ausländischen Kadern in Moskau das Gerücht, Neumann sei „der zukünftige
Mann der deutschen Partei" und habe nur aus taktischen Gründen eine Zeit lang
aus Deutschland verschwinden müssen[84] – offensichtlich konnten viele dieser
Funktionäre nicht glauben, dass Neumann, dessen langjährige Protektion durch
Stalin allgemein bekannt war, das Ränkespiel gegen Thälmann verloren hatte.
Aufgrund der Misserfolge der KPD bei der Reichspräsidentenwahl und der preußischen Landtagswahl wurde damit gerechnet, dass die Komintern irgendwann
eine politische Wende vornehmen und Neumann als Verkörperung dieser neuen
Politik gegen Thälmann einwechseln werde. Der Vorschlag Knorins und Pjatnickijs, mit Höltermann ein Bündnis zu sondieren, könnte vor diesem Hintergrund
auch als Testballon der Kominternführung interpretiert werden, ob Stalin für eine
solche Wende zu gewinnen sei.

Die Hoffnung, in die deutsche Politik zurückzukehren, schien sich für Neumann auch tatsächlich zu erfüllen, als Stalin ihn im Juli 1932 erneut auf seine Ferienresidenz in Mazesta bei Sotchi am Schwarzen Meer einlud.[85] Voller Stolz berichtete Neumann in Briefen[86] über seine mehrstündigen Unterhaltungen mit
dem Diktator (bei denen dieser ausgiebig über Thälmann gespottet habe):

„Ich war gestern wieder 4 Stunden bei Hilde [d. i. Stalin] und habe rein politisch (innerpar-
teilich), ohne Regeln [!] usw. gesprochen: vollkommen klare Linie, nicht der leiseste Zweifel,
dass der Kurs auf ‚alle Macht den Bolschewiki' geht. Und zwar ohne dazwischenliegende
Kompromißlösungen, nochmaligen Brei usw."[87]

Mit den „Bolschewiki" meinte Neumann in diesem Falle sich selbst und seine
Freunde. Im Geiste sah er sich bereits an der Spitze der KPD und erzählte nach
seiner Rückkehr nach Moskau von der Aussprache mit Stalin, der ihn zu sich ein-

---

[81] Vgl. Buber-Neumann, Von Potsdam nach Moskau, S. 283–286.
[82] Vgl. Protokoll Nr. 119 der Kleinen Kommission des EKKI vom 13. 6. 1932, RGASPI 495/
7/22: 23.
[83] Erklärung Kurt Müllers an das Präsidium der KIM vom 26. 12. 1932, RGASPI 495/205/
47: 129–141.
[84] Vgl. Brief Schwabs an Pjatnickij vom 15. 6. 1932, RGASPI 495/19/527a: 84.
[85] Über diesen Besuch gab es bislang nur das Zeugnis von Neumanns Lebensgefährtin, die
allerdings schrieb, während seines Urlaubes sei Neumann zwar mehrmals zu Stalin eingeladen worden, habe aber nie die Gelegenheit gehabt, mit dem Diktator „das gewünschte
Gespräch über Deutschland zu führen." Vgl. Buber-Neumann, Von Potsdam nach Moskau, S. 294–296, 301–304, Zitat S. 301.
[86] Bislang hat sich von diesen Briefen leider erst einer auffinden lassen. Auf die übrigen gibt
es Hinweise in der Korrespondenz zwischen Stalin und Kaganovich.
[87] Brief Neumanns an unbekannt vom 26. 7. 1932, RGASPI 495/19/703: 29–32.

geladen und von seiner baldigen „Rückkehr in die deutsche Parteiführung gesprochen" hätte, die dann kräftig umgebaut werden müsse.[88] Wie die weiteren Ereignisse zeigen, hatte der Diktator offensichtlich aber nur die Loyalität des jungen Kommunisten testen wollen, an der er wohl schon lange gezweifelt hatte, die er aber – wie im ersten Kapitel gezeigt – für unabdingbar hielt, um die bolschewistische Führungsgruppe zusammenzuhalten. Schon seit Anfang der 30er Jahre soll Neumann bei seinen Treffen mit Stalin von diesem angeblich stets als erstes nach seinem alten Freund Lominadze gefragt worden sein[89], der gemeinsam mit Sergej I. Syrcov Ende 1930 wegen seines Widerstandes gegen die Durchführungsweise der Kollektivierung aus dem ZK der VKP(b) abberufen worden war.[90] Es erregte stets das Misstrauen des Diktators, wenn seine Gefolgsleute Freundschaften zu Personen fortsetzten, die er selbst aus seiner nächsten Umgebung verstoßen hatte.[91] Als 1935 beispielsweise auch Abel' Enukidze, ein weiterer langjähriger Gefährte Stalins, bei diesem in Ungnade fiel, schrieb der Diktator an Kaganovich: „Enukidze ist uns fremd. Es ist sonderbar, dass Sergo [Ordzhonikidze] und Orahelashvili weiterhin mit ihm befreundet sind."[92] Dass Ordzhonikidze und Neumann an ihren jeweiligen alten Freundschaftsbeziehungen festhielten, widersprach dem Verlangen Stalins, dass sich seine Gefolgsleute vor allem ihm gegenüber völlig loyal zu verhalten hatten.[93]

Auch Neumanns bisheriges Verhalten gegenüber Thälmann erregte das Misstrauen Stalins: Nachdem sich Thälmann und Neumann am Sylvesterabend 1931 lautstark gestritten hatten[94] und Neumann dem Parteivorsitzenden dessen „Byzantinismus" vorgeworfen hatte, schrieb Neumann wenige Tage später an Thälmann, er bedaure, dass zwischen ihnen „scharfe, grobe und freche Worte" gefallen seien, und versprach, „mit ganzer Kraft unter Deiner Leitung weiterzuarbeiten, so wie wir es drüben bei St[alin] vereinbart haben".[95] Stalin, der diesen Brief

---

88 Erklärung Kurt Müllers an das Präsidium der KIM vom 26. 12. 1932, RGASPI 495/205/ 47: 129–141, hier: 135 f.

89 So die Auskunft der in dieser Beziehung allerdings sonst nur mit äußerster Vorsicht zu behandelnden Memoiren von Buber-Neumann. Vgl. Buber-Neumann, Von Potsdam nach Moskau, S. 286.

90 Vgl. Davies, The Syrtcov-Lominadze-Affair; Hughes, Patrimonialism and the Stalinist System; Khlevnjuk, Politbjuro, S. 44–46; ders., Stalin's Shadow, S. 30–39; ders., Stalinskoe Politbjuro, S. 88–106. (Dort wird die Annahme geäußert, Stalin habe die „Syrcov-Lominadze-Affäre" mithilfe eines *agent provocateur* produzieren lassen. Dies würde mit Stalins Vorgehen im Sommer 1932 gegenüber Neumann übereinstimmen, wo Stalin selbst den *agent provocateur* spielte.)

91 Vgl. Cohen, Des lettres comme action, S. 326–333.

92 Brief Stalins an Kaganovich vom 8. 9. 1935, abgedruckt in: Khlevnjuk (Hg.), Stalin i Kaganovich, S. 558.

93 Dieses Misstrauen war einer der Faktoren, weshalb Stalin Ordzhonikidze so unter Druck setzte, dass dieser 1937 Selbstmord beging. Ein weiterer Faktor war die permanente Weigerung Ordzhonikidzes, die irrwitzigen Vorgaben Stalins widerspruchslos hinzunehmen und mit anzusehen, wie zahlreiche Facharbeiter von der Geheimpolizei verhaftet wurden. Vgl. Khlevnjuk, Ordzhonikidze, v. a. S. 143–162.

94 Über die Auseinandersetzungen zwischen Thälmann und Neumann vgl. Buber-Neumann, Von Potsdam nach Moskau, S. 262 f.

95 Abschrift Brief Neumanns an Thälmann vom 7. 1. 1932, RGASPI 495/19/527a: 201 f.

als Abschrift erhielt, soll ihn Ende Januar 1932 Thälmann gegenüber mit den Worten kommentiert haben, das Schreiben „sei ein Manöver, denn so schnell könne ein Mensch sich nicht ändern".[96] Wenn sich Neumann nun im Gespräch mit Stalin im Juli 1932 so offen über die Aussicht freute, er könne Thälmann als Parteivorsitzenden ablösen, musste dies den Diktator darin bestärkt haben, dass sein Misstrauen vom Januar richtig gewesen sei, und er Neumann zu Recht als unzuverlässig und illoyal eingeschätzt hatte.

Ein weiteres Motiv für Stalin, sein einstiges Sprachrohr in der KPD auf seine Loyalität zu überprüfen, lag in Neumanns überhandnehmendem Selbstbewusstsein. Schon 1929 hatte er in einem Brief an Stalin bekannt, dass er „weder an verlogener noch an übermäßig tatsächlicher Bescheidenheit leide"[97] – doch damals war es um den Kampf gegen die „Rechten" und „Versöhnler" gegangen, die gemeinsamen innerparteilichen Gegner. Seitdem aber hatte sich Neumann immer wieder renitent gezeigt und gegenüber Moskauer Kominternkadern sogar wiederholt betont, dass die deutschen Funktionäre „keine Kinder" seien.[98] In einer solchen Einstellung sah Stalin aber bereits Aufsässigkeit: Neumann war ihm nicht willfährig und untertänig genug.

Dass Neumann nicht sah, auf welch dünnem Eis er sich hier bewegte, ist erstaunlich, hatte er doch im Falle seines Freundes Lominadze erkannt, wohin ein zu großes Bedürfnis nach Eigenständigkeit führte. Lominadze hatte ein gutes Jahr, bevor er Ende 1930 selbst aus dem ZK abgesetzt wurde, Lazar' Shackin verteidigt, der öffentlich das Recht auf Kritik an Parteidirektiven eingefordert hatte. Wenn sich diese Kritik im Rahmen der „Generallinie" halte, sei daran nichts Verwerfliches, meinte Lominadze.[99] Stalin, dessen allgegenwärtiges Misstrauen selbst gegenüber engsten Vertrauten durch diese Stellungnahme jedoch sofort geweckt wurde, kommentierte sie mit den sarkastischen Worten, Shackin und Lominadze forderten im Grunde genommen „die Freiheit [...], die Generallinie zu revidieren, die Freiheit, die Parteidisziplin zu schwächen, die Freiheit, die Partei in einen Debattierclub zu verwandeln".[100] Im Herbst 1929 hatte Neumann zu diesem Verhalten von Shackin und Lominadze noch bemerkt, diese Sache könne „sehr schlimm enden". Shackin habe ohne jeden Zweifel einen „parteifeindlichen Weg" beschritten: „Wenn man hier nicht zupackt, entsteht eine neue Opposition, eine Fraktion."[101] Im Sommer 1932 aber bemerkte Neumann nicht, wie sich über ihm

---

[96] So gab Neumann in der Sitzung der PK vom 10. 4. 1932 den Bericht Thälmanns über dessen Treffen mit Stalin am 26. 1. 1932 wieder, RGASPI 495/4/182a: 9–26, hier: 12. Obwohl dies eine Darstellung aus zweiter Hand ist, scheint sie in ihrem Kern dem tatsächlichen Gesprächsverlauf zu entsprechen, da der Ratschlag, den Stalin dem deutschen Parteichef in dieser Unterhaltung gab (nämlich in der Parteiführung mehr eigene Leute heranzuziehen), ebenfalls durch Neumann überliefert wurde und sich durch einen Brief Thälmanns an Pjatnickij vom 16. 3. 1932 bestätigen lässt.

[97] Brief Neumanns an Stalin vom 30. 1. 1929, RGASPI 558/11/776: 25–29, hier: 26.

[98] Vgl. die bereits zitierte Gesprächsnachschrift des Telefonates zwischen Abramov und Neumann am 24. 9. 1931 um 17.15 Uhr, vom 25. 9. 1931, RGASPI 495/4/141: 4f.

[99] Khlevnjuk, In Stalin's Shadow, S. 32f.

[100] Brief Stalins an Molotov vom 29. 7. 1929, abgedruckt in: Koshelova (Hg.), Pis'ma Stalina, S. 136.

[101] Brief Neumanns an Flieg vom 21. 9. 1929, RGASPI 495/19/703: 1–8, hier: 4.

dunkle Wolken zusammenzogen, nachdem er selbst aufbegehrt und eine Reihe fundamentaler Regeln der stalinistischen Führungsgruppe missachtet hatte. Jedenfalls lief Neumann völlig arglos in die Falle, die Stalin ihm im Juli 1932 gestellt hatte. Er war sich der Rückendeckung durch Stalin so sicher, dass er seine Briefe aus Sotchi sogar von dessen persönlichen GPU-Leuten nach Moskau mitnehmen ließ[102], die sie offensichtlich direkt bei der Kominternführung ablieferten. Pjatnickij ließ Stalin Übersetzungen der Briefe übermitteln und beantragte, disziplinarisch gegen Neumann vorzugehen.[103] Nachdem Stalin die Briefe gelesen hatte, ordnete er an, Neumann wegen Fraktionsarbeit endgültig aus der KPD-Führung abzuberufen, der dieser bis dahin noch als Kandidat des Politbüros angehört hatte.[104] Die Kominternführung wollte daraufhin ihre bolschewistische Unerbittlichkeit unter Beweis stellen und regte an, Neumann „noch härter zu schlagen", ihn also auch aus dem ZK der KPD auszuschließen und öffentlich an den Pranger zu stellen[105], doch wurde dieses Ansinnen vorerst abgelehnt.

Zu spät erkannte Neumann auch, dass er einen fundamentalen Fehler begangen hatte, indem er Stalins unter vier Augen geäußerte Vorbehalte gegenüber Thälmann in Briefen an seine Freunde ausgeplaudert hatte.[106] Vergeblich bemühte sich Neumann noch Anfang 1933 mit einem Brief an den Diktator, seine politische Karriere zu retten. Zerknirscht entschuldigte er sich dafür, dass er die „Warnungen" Stalins – genau genommen waren es hinterhältige Loyalitätsprüfungen – nicht begriffen und weiter gegen Thälmann intrigiert habe. Unterwürfig bat er um Verzeihung:

„Werter Gen[osse] Stalin, vor allem bringt mich der Umstand in Verlegenheit, dass ich Ihren Namen in diese Angelegenheit hineingezogen habe. Hier fühle ich mich schrecklich schuldig und bitte wirklich um Ihre Entschuldigung. Am schwersten, schmerzlichsten ist für mich der Gedanke daran, dass Sie meine Dummheit als einen Bruch jenes kommunistischen Vertrauens betrachten, das Sie mir so lange und so oft erwiesen haben."[107]

Neumanns Bitte, von Stalin empfangen zu werden, kam der Diktator jedoch nicht nach. Stalin notierte auf das Schreiben Neumanns, man solle diesem ausrichten, dass er „momentan sehr beschäftigt" sei und daher keine Zeit habe.

---

[102] Brief Neumanns an unbekannt vom 26. 7. 1932, RGASPI 495/19/703: 29–32, hier: 29. Über die Kommunikationsstränge zwischen Moskau und Stalins Villa am Schwarzen Meer in dieser Zeit vgl. auch: Cohen, Des lettres comme action, S. 312.

[103] Vgl. Brief Kaganovichs an Stalin vom 2. 8. 1932, abgedruckt in: Khlevnjuk (Hg.), Stalin i Kaganovich, S. 258; und Brief Kaganovichs an Stalin vom 5. 8. 1932, abgedruckt in: ebenda, S. 267.

[104] Vgl. Brief Stalins an Kaganovich vom 8. 8. 1932, abgedruckt in: ebenda, S. 270.

[105] So die Mitteilung Kaganovichs über sein Gespräch mit den „Kominternovcy" über Neumann in seinem Brief an Stalin vom 16. 8. 1932, abgedruckt in: Khlevnjuk (Hg.), Stalin i Kaganovich, S. 282.

[106] Vgl. dazu den Brief Neumanns an Stalin vom 25. 5. 1935, RGASPI 558/11/776: 37 f.

[107] Brief Neumanns an Stalin, o.D. [9. 2. 1933], RGASPI 558/11/776: 30–34. Das Datum erschließt sich aus dem Schreiben Knorins an Stalin, Molotov und Kaganovich vom 10. 7. 1933, RGASPI 508/1/129: 23–26, hier: 23.

4. Verschwörer

Mit dem Ende der Sonderbeziehung zwischen Neumann und Stalin, die spätestens seit 1926 bestanden hatte, im Sommer 1932 war der Konflikt in der KPD-Spitze aber noch nicht beendet. Denn Neumanns engster Gefährte, Hermann Remmele, gehörte dem deutschen Führungszirkel weiterhin an. Seine ausführlichen Briefe, die er beginnend mit seiner Rückkehr aus Moskau nach Berlin seit dem Juni 1932 an Pjatnickij, Manuilskij, Kuusinen und Knorin schickte, um Thälmanns inkonsequente Linie, seine „Fehler" und sonstigen vermeintlichen oder tatsächlichen Unzulänglichkeiten zu schildern, bieten trotz aller Einseitigkeit ein dichtes Bild der gespannten Atmosphäre im Karl-Liebknecht-Haus.

Anstatt gegen Neumann richtete Thälmann seine Aggressionen nun gegen Remmele. Dieser berichtete gleich in seinem ersten Brief nach Moskau, wie der deutsche Parteichef wegen einer kritischen Bemerkung Remmeles zu einigen Personalvorschlägen Thälmanns in Rage geraten war: „Plötzlich sprang T[hälmann] von seinem Stuhl auf, stürzte auf mich zu, schimpfte in der unflätigsten Weise (Lümmel, Schuft etc.), fuchtelte mit den Fäusten und drohte, mich niederschlagen zu wollen."[108]

Damit hatte sich der deutsche Parteivorsitzende auch in seiner Ausdrucksweise den engsten Gefährten Stalins angepasst, die eine gewalttätige Sprache pflegten, mit welcher sie sich von den bolschewistischen Parteitheoretikern vom Schlage Bukharins und Trockijs absetzten: Es dürfte kein Zufall sein, dass sich eine Szene wie Thälmanns Wutausbruch gegen Remmele in fast der gleichen Weise drei Jahre zuvor bereits im Politbüro der VKP(b) ereignet hatte. Damals war Kriegskommissar Voroshilov während eines Streites mit Bukharin so in Rage geraten, dass er ihn voller Hass als „Lügner, Schweinehund" bezeichnete und schrie, Bukharin gehöre „eins in die Fresse".[109]

Trotz der dramatischen innenpolitischen Lage und des steilen Aufstiegs der NSDAP gab es für Thälmann seit dem Frühjahr 1932 und bis unmittelbar zur „Machtergreifung" Hitlers kaum ein wichtigeres Thema als den innerparteilichen Machtkampf; in fast all seinen Briefen an das EKKI aus dieser Zeit spielt er eine zentrale Rolle. Dimitrov berichtete der Kominternführung bereits im September 1932 mit aller Vorsicht, aber in unmissverständlicher Deutlichkeit, dass der deutsche Parteichef „verbittert", „empfindlich und voreingenommen" sei, dass er sich „ungerecht verfolgt" fühle, und daher „oft unter einem Mangel an Objektivität" gegenüber vermeintlichen Anhängern von Neumann und Remmele leide – mit anderen Worten: dass Thälmann von seinem Verfolgungswahn besessen sei (auch dies eine bemerkenswerte Parallele zu seinem Patron in Moskau). Dimitrov regte daher an, den Parteichef zur „Unterlassung kleinlicher und administrativer Übertreibungen" beim innerparteilichen Kampf aufzufordern.[110]

---

[108] Brief Remmeles an Pjatnickij, Manuilskij, Kuusinen und Knorin vom 8. 6. 1932, RGASPI 495/19/526: 27–38, hier: 27.

[109] Zitiert nach: Baberowski, Der rote Terror, S. 89.

[110] Brief „Helmuths" [d. i. Dimitrov] an die PK, o.D. [vor dem 15. 9. 1932], RGASPI 499/1/37a: 20–25, hier: 24.

Tatsächlich bemühten sich die Kominternfunktionäre, den Furor des deutschen Parteichefs zu mäßigen, der nach seinem Sieg über Neumann die innerparteilichen Gegner ebenso hemmungslos verfolgen wollte wie nach der Wittorf-Affäre. So hatte Thälmann bereits während des XII. EKKI-Plenums im September 1932 verlangt, nicht nur Neumann, sondern gleich auch noch Remmele sofort aus der KPD-Spitze zu entfernen. Dies wurde ihm von Pjatnickij und Manuilskij ausgeredet. Es wurde vereinbart, dass Thälmann zum Ausgleich in seinem Schlusswort um so härter auf Neumann – so wörtlich – „einschlagen" dürfe.[111]

Zwar wurde Remmele somit von der Kominternführung vorerst aus Thälmanns Schusslinie genommen, doch dafür begannen andere, sich auf ihn einzuschießen. So setzte beispielsweise der neue Vorsitzende der Jugendinternationale, Chemodanov, den damaligen Chef des KJVD, Walter, unter Druck, weil dieser Remmele, Neumann und Flieg zu den Sitzungen des EKKI-Plenums begleitete und sich auch abends mit ihnen privat traf. Damit, so erklärte Chemodanov dem deutschen Funktionär, betätige er sich „parteifeindlich", er solle besser Pieck begleiten.[112] Auf diese Weise machte Remmele mit der Praxis der sozialen Ausgrenzung Bekanntschaft: Ebenso wie Neumann war auch er selbst zu einem politisch Aussätzigen geworden, obwohl man ihn noch gar nicht wegen fraktionellen Verhaltens verurteilt hatte.

Dass sich Privatleben und Politik in der Komintern nicht mehr trennen ließen[113], mussten Remmele und Neumann somit nun am eigenen Leib erfahren. In einer politischen Kultur, die Macht im Wesentlichen durch persönliche Beziehungen ausübte, erwiesen sich ebendiese schnell als Fallstricke. Hier lässt sich schon das Prinzip der „Kontaktschuld"[114] erkennen, das in den Jahren des Terrors unzähligen Menschen Freiheit und Leben kosten sollte. Stalins Angewohnheit, Namen zu Gruppen zusammenzuziehen[115], kennzeichnet seine Sicht, nahezu jeden Kontakt zwischen Personen als Anzeichen für eine zielgerichtete Organisation zu werten.[116] Wer mit „Parteifeinden" in Verbindung gestanden hatte, machte sich daher allein durch diese Bekanntschaft verdächtig.

Die soziale Ächtung der politisch verfemten Funktionäre prägte bald die privaten Beziehungen in der Komintern. Neben den indirekten Angriffen auf Remmele während des XII. EKKI-Plenums zeigte sich dies 1932 vor allem am Bekanntenkreis Neumanns. Kurt Müller, Orgsekretär des KJVD, hatte zunächst an seiner Freundschaft zu Neumann festgehalten, als dieser bereits als „Sektierer" verurteilt worden war. Er sei davon ausgegangen, erklärte er am Neujahrstag des Jahres 1933 dem Exekutivkomitee der Jugendinternationale, „dass Freundschaft und Politik

---

111 Bericht Manuilskijs an Molotov, o.D. [vor dem 21. 9. 1932], über das XII. EKKI-Plenum, RGASPI 495/19/243: 38–50, hier: 47.

112 Brief Remmeles an die PK vom 4. 9. 1932, RGASPI 495/4/212: 19.

113 Vgl. dazu: Studer, „Das Private ist öffentlich", S. 99–108.

114 Vgl. dazu insbesondere: Müller, Menschenfalle Moskau.

115 Vgl. Brief Stalins an Molotov vom 29. 7. 1929 (über die „Gruppe Shackin-Averbakh-Sten-Lominadze") und Brief Stalins an Molotov, o.D. [vor dem 15. 9. 1930], (über die „Schüler von Bogolepov-Groman-Sokolnikov-Kondrat'ev"), abgedruckt in: Koshelova (Hg.), Pis'ma Stalina, S. 136, 220 f.

116 Zu den Auswirkungen im Jahre 1937 vgl. Easter, Reconstructing the State, S. 149–160.

zweierlei sei". Diese „falsche Kameradschaft" wurde Müller in langen Selbstkritiksitzungen gründlich ausgetrieben. Danach erklärte er, er habe „die Lehre gezogen und alle freundschaftlichen und politischen Beziehungen zu Neumann und allen anderen Genossen, die zu dieser Gruppe gehörten abgebrochen".[117] Auch Neumann selbst bekannte später in einer Reueerklärung, dass „es für Parteileute keinerlei ‚Privatbriefe' oder ‚Privathandlungen' gibt".[118]

Der Führungsstreit in der KPD hatte auch Auswirkungen auf die Stellung der deutschen Kommunisten in der Komintern. Besonders deutlich zeigte sich dies auf dem eben erwähnten XII. EKKI-Plenum, über dessen Verlauf und Hintergrundgespräche sich ein einzigartiger Bericht aus der Feder von Manuilskij erhalten hat. Die KPD-Führung sei dort eigentlich nicht als eine Delegation aufgetreten, so berichtete er darin, sondern als „zwei sich einander feindliche Delegationen" – Thälmann, Ulbricht und der deutsche Vertreter beim EKKI, Wilhelm Florin, auf der einen Seite und Remmele, Neumann und Leo Flieg auf der anderen. Im Vergleich zum XI. EKKI-Plenum im Vorjahr hätten die Deutschen daher diesmal keine herausragende Rolle gespielt. Ebenfalls anders als im Vorjahr sei die Arbeit der KPD im Referat von Pjatnickij nun ganz offen kritisiert worden, statt hinter verschlossenen Türen in den Gemeinschaftssitzungen von deutscher und russischer Delegation. Diese offene Kritik sei „eine Sensation für sich" gewesen, betonte Manuilskij, „denn, wie die Delegierten sagten, wurde die deutsche Kompartei bislang immer nur dann [offen] kritisiert, wenn ihre Führung beseitigt werden sollte".[119]

Einige Delegierte der anderen Sektionen meinten daher, die Zeit sei gekommen, es den häufig so arrogant auftretenden deutschen „Musterknaben" einmal heimzuzahlen. Während die Delegierten der KPD in ihren Referaten vor allem mit sich selbst beschäftigt waren, konzentrierten sich fast alle Redner der anderen Sektionen auf die Fehler der KPD. Besonders taten sich hierbei die tschechischen Kommunisten hervor, die von Moskau zuvor als besonders erfolgreich gelobt worden waren. Diese Erfolge seien ihnen wohl zu Kopf gestiegen, meinte Manuilskij, denn sie hätten ihre Auftritte vor dem Plenum dazu benutzt, der KPD „alle möglichen Ratschläge zu geben". Die deutschen Delegierten sahen dies offensichtlich als Anmaßung an, denn nach Manuilskijs Beobachtung waren sie über die Beiträge der Tschechen „nicht wenig empört".[120]

Thälmanns Kampf gegen innerparteiliche Gegner hatte sich längst in einen persönlichen Rachefeldzug verwandelt. Und diese Rache konnte er nur voll auskosten, wenn er sie in aller Öffentlichkeit vollziehen konnte. Bis zu diesem Zeitpunkt hatten aber fast nur die Funktionäre in den Führungsetagen der KPD und Kom-

---

[117] Müller in der Sitzung des EK der KIM vom 1. 1. 1933, RGASPI 495/205/47: 142–152, hier: 144.

[118] Erklärung von Heinz Neumann vom 13. 1. 1934, zitiert nach: Studer, „Das Private ist öffentlich", S. 103. Allerdings war sein Brief an Remmele vom März 1933, auf den er sich hier bezog, tatsächlich eine Aufforderung zur „Fraktionsarbeit" gewesen. Vgl. die Abschrift des Briefes Neumanns an Remmele vom 7. 3. 1933, RGASPI 508/1/129: 15.

[119] Bericht Manuilskijs an Molotov über das XII. EKKI-Plenum, o.D. [vor dem 21. 9. 1932], RGASPI 495/19/243: 38–50, hier: 42.

[120] Ebenda, Blatt 46 f.

intern von dem Konflikt in der deutschen Parteiführung gewusst – an der Basis waren bestenfalls Gerüchte umgelaufen, was wohl am klarsten verdeutlicht, wie sehr sich die kommunistische Politik mittlerweile in den Hinterzimmern der Macht abspielte. Nachdem Neumann auf dem XII. EKKI-Plenum öffentlich verurteilt worden war, bereitete es Thälmann daher eine besondere Befriedigung, diesen Sieg über seinen bisherigen Rivalen auf der III. Parteikonferenz der KPD Mitte Oktober 1932 zu verkünden. In einem Brief an Knorin berichtete er genüsslich, die ahnungslosen Delegierten seien „von den Tatsachen sensationell überrascht" gewesen: Nur Remmeles Selbstkritik habe anfangs nicht seinen Erwartungen entsprochen. Daraufhin habe er – hier zeigte sich Thälmann als aufmerksamer Schüler Stalins – die Delegation aus seiner Heimatstadt Hamburg vorgeschickt, die Remmeles „feiges Herumdrücken" beanstandete. Remmele sei deshalb abends zu ihm gekommen, um mit ihm zu klären, „wie er seine verfehlte Diskussionsrede gegenüber der Konferenz wieder gut machen kann". Allerdings sträubte sich Remmele, das entwürdigende Unterwerfungs- und Bußritual zu vollziehen, wie es in der VKP(b) längst üblich geworden war: Thälmann bemerkte in seiner ihm typischen, umständlichen Diktion, es sei sehr schwer gewesen, Remmele „zu der Schärfe der Erklärung soweit zu bringen, wie es notwendig war".[121]

Welche Besessenheit der Parteichef in seinem Kampf gegen Remmele und Neumann entwickelte, lässt sich daran erkennen, dass zwischen der Parteikonferenz im Oktober und der Jahreswende 1932/33 nur zweimal das Politbüro der KPD zusammentrat – und bei diesen Treffen ausschließlich innerparteiliche Fragen behandelte. Remmele beschrieb Ende 1932, wie der Kampf gegen Thälmanns Gegner von der Parteiführung geschickt so gelenkt wurde, dass er den Anschein einer Bewegung der Parteibasis erwecke:

> „Und so beschäftigt sich der gesamte Parteiapparat bis zur letzten Zelle in allen Winkeln Deutschlands immer nur mit den entsprechenden ‚Fällen', die oben in der Leitung auf die Tagesordnung gestellt und dann am nächsten Tage durch Instrukteure und Rundschreiben ins Reich getragen werden, um dann von dort als ‚Massensturm der Mitglieder' wieder in Resolutionen und Anträgen wieder an das ZK zu gelangen, das doch nichts anderes kann, als von der Komintern zu fordern, dass dem ‚einmütigen Willen der Mitglieder Rechnung getragen werden' müsse."[122]

Während Hitler schon längst ein Hotelzimmer mit Blick auf die Reichskanzlei bezogen hatte, zerfleischte sich die KPD-Führung selbst. Remmele realisierte allerdings nicht, dass seine Schlacht gegen den KPD-Vorsitzenden längst verloren war. Die eben zitierte Beschreibung entstammt einem gut 70-seitigen Traktat, mit dem er Ende Dezember 1932 detailliert nachzuweisen versuchte, dass nicht er und Neumann, sondern Thälmann und dessen gegenwärtige Gefolgschaft die eigentlichen „Parteifeinde" seien: Anders als bislang aufgrund der verfälschten Wiedergabe dieses Textes auf dem XIII. EKKI-Plenum im Dezember 1933 vermutet[123],

---

121 Brief Thälmanns an Knorin vom 20. 10. 1932, RGASPI 495/19/527: 104–110.

122 Bericht Remmeles an Stalin und Pjatnickij über den „westeuropäischen Kommunismus" und die Auseinandersetzungen in der KPD vom 25. 12. 1932, RGASPI 508/1/129: 65–136, hier: 135f.

123 Vgl. Weingartner, Stalin und der Aufstieg Hitlers, S. 230–234.

versuchte Remmele in seinem Traktat nicht einen von ihm selbst vertretenen „westeuropäischen Kommunismus" theoretisch zu begründen. Er warf vielmehr dem deutschen Parteivorsitzenden vor, der Hauptvertreter einer solchen, gegen Moskau ausgerichteten Strömung zu sein. Anstatt die Politik des Marxismus-Leninismus und der Komintern verträten Thälmann und seine Gefolgsleute eine eigenständige „Theorie", die ihre Politik bestimme, erklärte Remmele. In der Praxis näherten sie sich daher immer stärker den Positionen an, die einst von den „Versöhnlern" in der KPD vertreten worden seien. Hierbei hatte Remmele vor allem die widersprüchlichen Initiativen im Rahmen der „Antifaschistischen Aktion" im Blick, bei der Thälmann ja tatsächlich die „Sozialfaschismus"-Doktrin teilweise gegen die Anweisungen der Komintern unterlaufen hatte. Sich selber und Neumann bezeichnete Remmele hingegen als Vertreter der „bolschewistischen Linken" – einer immer größer werdenden Gruppe, die frei sei von den Traditionen der Sozialdemokratie, deren Mitglieder häufig bereits die Leninschule durchlaufen hätten und die aus diesen Gründen besonders moskautreu seien.[124]

Remmele hätte sein Traktat aber kaum zu einem ungünstigeren Zeitpunkt verfassen können. Obwohl er versicherte, er wolle seine Thesen nicht „ohne den Willen und die Zustimmung der Komintern und der Leitung der VKP(b)" zur Diskussion stellen und das Traktat daher nur an Pjatnickij schickte, mit der Bitte, den Text für Stalin zu übersetzen[125], schrillten in der Kominternführung die Alarmglocken: In Moskau konnte man nicht glauben, dass sich Remmele in dem umfangreichen Schriftstück nur mit Thälmann auseinandersetzte, sondern befürchtete eine Verbindung zur innersowjetischen Opposition.

Obwohl seit Bukharins Unterwerfung und dem Ausschluss von Syrcov und Lominadze aus dem ZK der VKP(b) Stalins Kurs in der engeren sowjetischen Parteiführung weder prinzipiell noch bezüglich seiner taktischen Ausrichtung kritisiert wurde, blieben der Diktator und seine Umgebung überaus nervös. Sie vermuteten, dass sich der Widerstand bloß in den „Untergrund" begeben hatte. Ihre schlimmsten Befürchtungen schienen sich zu bestätigen, als der sowjetischen Geheimpolizei im Sommer 1932 die „Rjutin-Plattform" in die Hände fiel – das Manifest einer Gruppe von „Alten Bolschewisten" um den 1930 aus der VKP(b) wegen „Rechtsopportunismus" ausgeschlossenen Martem'jan Rjutin. In dem Text mit dem Titel „Stalin und die Krise der proletarischen Diktatur" wurde ganz offen gefordert, den sowjetischen Generalsekretär abzusetzen, weil dieser das Land in den Abgrund treibe und die kommunistische Sache verraten habe.[126] Wie sehr die Führung dieses Manifest fürchtete, zeigt schon allein die Tatsache, dass sich bislang keine einzige Originalfassung des Textes in den russischen Archiven finden ließ – er bedrohte das Monopol des Stalin'schen Politbüros zur Definition der politischen Wirklichkeit.[127] Aus Sicht der Bolschewiki kam die Forderung nach Sta-

---

[124] Bericht Remmeles an Stalin und Pjatnickij vom 25. 12. 1932, RGASPI 508/1/129: 65–136, hier: 136.
[125] Brief Remmeles an Pjatnickij vom 4. 1. 1933, RGASPI 508/1/129: 6f. Tatsächlich wurde von dem kompletten Text eine russische Übersetzung angefertigt.
[126] Abgedruckt in: Kurilova, Reabilitacija, S. 334–443.
[127] Vgl. Getty (Hg.), The Road to Terror, S. 58.

lins Absetzung einem Aufruf zum bewaffneten Aufstand gleich – die Mitglieder der Gruppe wurden daher im Oktober 1932 zu zehn Jahren Haft wegen konterrevolutionärer Tätigkeit verurteilt.[128] Ende 1932 verkündete dann Trockij von seinem Pariser Exil aus, in der Sowjetunion eine Organisation der „Bolschewisten-Leninisten" aufzubauen und knüpfte über seinen Sohn Lev Sedov Kontakte mit alten Gefolgsleuten in Moskau. Diese Gruppe wurde ebenfalls schnell von der Geheimpolizei aufgedeckt und ihre Mitglieder verhaftet oder verbannt.[129] Über Stalins Absetzung wurde schließlich auch bei einem Treffen in der Wohnung des russischen Volkskommissars für Versorgung, N. B. Ejsmont, gesprochen, was der Diktator alsbald von einem Denunzianten erfuhr[130] und als Vorbereitung eines Mordkomplottes gegen sich betrachtete.[131] Die sowjetische Führung sah sich somit im zweiten Halbjahr 1932 einer Reihe von Versuchen ausgesetzt, Stalin aus seiner Position zu vertreiben und seine Politik zu ändern. Diese Ereignisse fielen mit der hausgemachten Hungersnot in der Ukraine zusammen, die im Winter 1932/33 Millionen von Menschenleben kostete, von Stalin und seinen Gefährten jedoch als bewusst herbeigeführte Krise gewertet wurde, mit der die Sowjetmacht gestürzt werden sollte.[132]

Remmeles Manifest wurde von den führenden Bolschewiki vor dem Hintergrund dieser innersowjetischen Auseinandersetzungen rezipiert. Schon im April 1932 hatte Stalin von Neumann bei ihrem Gespräch unter vier Augen ausgerechnet wissen wollen, ob der Streit in der KPD-Führung mit dem Buch zusammenhänge, das Remmele über die Sowjetunion schreibe.[133] Den sowjetischen Parteichef interessierte also schon damals die Frage, ob sich die deutschen Funktionäre einer möglichen innersowjetischen Opposition anschließen könnten – schließlich hatte er selbst KPD und Komintern in den Jahren 1924–1928 als Nebenschauplatz in seinem Kampf gegen Trockij, Zinov'ev und Bukharin genutzt.

Ende 1932 drängten sich die Ähnlichkeiten zwischen Remmeles Manifest und den innersowjetischen Oppositionsgruppen förmlich auf: Da war zum ersten die Tatsache der „Fraktionsbildung" selbst, mit der eine eherne Regel der bolschewistischen politischen Kultur gebrochen wurde. Zwar hatte Remmele noch keine formelle Fraktion gebildet, doch machte er klar, dass es in der KPD Gleichgesinnte gebe, die Thälmanns Führungsanspruch weiterhin und angeblich aus politischen Gründen in Frage stellten. Zweitens hatte Remmele ungünstigerweise mit der Bezeichnung „linke Bolschewisten" für seine Gesinnungsgenossen einen Namen gewählt, der dem von Trockij gewählten „Bolschewisten-Leninisten" sehr nahe kam. Drittens hatte Remmele einen Text verfasst, der die Kominternfunktionäre

128 Zu den Gerüchten, im sowjetischen Politbüro habe sich bei der Behandlung der Rjutin-Gruppe ein Riss zwischen „Tauben und Falken" gezeigt, vgl. Khlevnjuk, Politbjuro, S. 74–77.
129 Ebenda, S. 62f.
130 Vgl. Tepcov, Tajnij agent Iosifa Stalina, hier: S. 72–101. Über die Behandlung dieses Falles im ZK der VKP(b) vgl. Getty (Hg.), The Road to Terror, S. 74–102.
131 Vgl. Vatlin, Iosif Stalin auf dem Weg zur absoluten Macht, hier: S. 90f.
132 Getty (Hg.), The Road to Terror, S. 573–576.
133 So Neumann über Stalins Äußerungen in diesem Gespräch laut den Notizen von Pieck vom 8. 4. 1932, RGASPI 495/19/527a: 159. Gemeint war: Remmele, Die Sowjetunion.

allein schon durch seinen enormen Umfang einschüchterte: Auch wenn Remmele
in seinem Brief an Pjatnickij versicherte, er habe bislang mit niemandem über die
in dem Text niedergelegten Auffassungen gesprochen und den Text eigenhändig
getippt[134], betrachtete die Kominternführung das umfangreiche Manifest als politische Plattform einer ganzen Gruppe und konnte nicht recht glauben, dass Remmele der alleinige Autor sei.[135] Spätestens als im Sommer 1933 im Schreibtisch von
Remmele ein Brief Neumanns entdeckt wurde, in dem dieser ihn wenige Tage
nach der Verhaftung Thälmanns faktisch zum Aufstand gegen die verbliebene
KPD-Führung aufforderte[136], festigte sich in der Kominternführung daher der
Eindruck, dass sich Neumann und Remmele gegen das EKKI verschworen hätten.

Stalin musste aufgrund seines Politikverständnisses, das Herrschaft nur in
Form von Männerbündnissen kannte, ihre Angriffe auf Thälmann als Angriffe auf
sich selbst interpretieren. Diese Einsicht eröffnete sich Neumann und Remmele
zu spät. „Ich hatte nicht verstanden", so bekannte Neumann im Mai 1935 in einem
Brief an Stalin, „dass die Angelegenheiten der einzelnen Sektionen und der
VKP(b) ‚unteilbar' sind".[137]

Am 2. Juni 1933 veröffentlichte das ZK der KPD auf Betreiben der Komintern
eine Entschließung, in der Remmeles Thesen als ein „krasses Gemisch von nack-
tem Opportunismus, hinterhältigem Trotzkismus und blankem Putschismus"
bezeichnet wurden.[138] Im November 1933 wurde Remmele endgültig aus der
Führung der KPD entfernt, der er sowieso nur noch pro forma angehört hatte;
Neumann arbeitete zu diesem Zeitpunkt bereits in Spanien.

Auf diese Weise füllten sich die Akten, die in der Kaderabteilung der Komintern und das NKVD über Neumann und Remmele geführt wurden, mit Dokumenten, die während des Großen Terrors als Indizien für ihre Beteiligung an einer
großen antisowjetischen Verschwörung innerhalb der Komintern gewertet wurden. Beide Funktionäre wurden 1937 verhaftet und bald darauf vom NKVD er-
mordet.[139]

---

[134] Brief Remmeles an Pjatnickij vom 4. 1. 1933, RGASPI 508/1/129: 6 f.

[135] Brief Knorins, Pjatnickijs, Lozovskijs, Manuilskijs, Kuusinens an Stalin, Molotov, Kaganovich vom 13. 2. 1933, RGASPI 508/1/129: 1–5, hier: 1.

[136] Wörtlich hieß es darin: „Es geht wirklich darum, die Rolle von Karl L[iebknecht] und
nicht Hugo Haase zu spielen." Vgl. die Abschrift des Briefes Neumanns an Remmele
vom 7. 3. 1933, RGASPI 508/1/129: 15. Über die Umstände, unter denen dieses Dokument gefunden wurde, vgl. den Brief des Politbüros der KPD an die PK vom 29. 6. 1932,
RGASPI 508/1/129: 10.

[137] Brief Neumanns an Stalin vom 25. 5. 1935, RGASPI 558/11/776: 37 f.

[138] Vgl. Bahne, Die Kommunistische Partei Deutschlands, S. 695 f.

[139] Zu den Verfolgungen deutscher Kommunisten nach 1933 vgl. Müller, Der Fall des Antikomintern-Blocks; ders., Menschenfalle Moskau; Tischler, Flucht in die Verfolgung; Vatlin, Kaderpolitik und Säuberungen; Bayerlein, Vom Geflecht des Terrors zum Kartell des
Todes?; mit Ausschnitten aus den Verhören Pjatnickijs und Knorins, die der Mitgliedschaft in den vermeintlichen antisowjetischen Verschwörungen angeklagt waren: Pjatnickij, Zagovor protiv Stalina.

Fazit

„Was ist bis jetzt gewesen? Wir haben viele Depeschen geschickt. Wir haben Leute instruiert. Wir haben Reden gehalten, diese Reden gedruckt und – die Parteien haben nichts
getan oder sehr wenig. Lesen Sie alle unsere Beschlüsse!
Hätte die deutsche Partei die Hälfte [davon] durchgeführt,
hätte ein solcher Zustand nicht kommen können! [...] Kann
man denn das zulassen, was jetzt in Deutschland war?"

*Osip Pjatnickij in der Sitzung der Politkommission des EKKI
vom 15. 3. 1933 über die Ursachen der Zerschlagung der
KPD[1]*

Im März 1933 stand Osip Pjatnickij vor den Trümmern seiner politischen Arbeit
der letzten zehn Jahre. Seine hilflose Verzweiflung, die sich in seiner rhetorischen
Frage bündelte, ob man „denn das zulassen" könne, was gerade in Deutschland
passiere, konstrastiert auffällig mit dem Bild, das lange Jahre die Vorstellung von
den Beziehungen zwischen Moskau und der KPD beherrschte. Wenngleich Pjatnickijs Worte nicht zuletzt auch darauf angelegt waren, die Schuld für das Desaster auf die KPD abzuschieben, die die guten Ratschläge aus Moskau nicht beher-
zigt habe, zeigt seine Aussage doch zugleich, wie fassungslos diesen altgedienten
Stalinisten die Erkenntnis machte, dass die Komintern das politische Geschehen
in Deutschland offensichtlich nur begrenzt beeinflussen konnte.

Die Erkenntnis, dass sich Politik nicht allein im Verfassen, Veröffentlichen und
konspirativem Zustellen von Manifesten, Resolutionen und Direktiven erschöpft,
und dass es auch nicht ausreicht, den ausländischen Sektionen der Komintern von
Zeit zu Zeit die Folterinstrumente der stalinistischen Inquisition zu zeigen, diese
Erkenntnis stand am Beginn meiner Untersuchung über den sowjetischen Einfluss auf die Politik der Komintern und KPD in den Jahren 1928 bis 1933. Um diesen differenziert beschreiben und analysieren zu können, wurden für diese Arbeit
die neuen Möglichkeiten genutzt, die der Zugang zu Dokumenten bietet, die lange
Jahre in den einstigen Parteiarchiven verschlossen waren. Anstelle der die Komin-
ternforschung lange Jahre beherrschenden Ideologiegeschichte wurde hier der
konkrete politische Alltag untersucht – ein Alltag, wie er sich abzeichnet in den
Beziehungen zwischen den bolschewistischen Spitzenfunktionären um Stalin, der
Moskauer Kominternführung, den sowjetischen Diplomaten und den deutschen
Kommunisten vor allem in der Berliner Parteispitze. Wer diesen Alltag untersucht, vermag nicht nur klarer herauszuarbeiten, wie abhängig die KPD von Moskau tatsächlich war, es zeigen sich ihm vor allem auch die persönlichen Motive

---

1 Protokoll Nr. 299 der PK, RGASPI 495/4/235: 275–286, hier: 282. In diesem Sinne auch:
„Einleitende Bemerkungen zu einigen wichtigen Dokumenten der deutschen Partei"
(Rückblick des EKKI auf die Politik der KPD der Jahre 1929–1933) vom 17. 8. 1933,
RGASPI 495/25/548a: 17–32.

und strukturellen Faktoren, die dieses Abhängigkeitsverhältnis bestimmten. Aus diesem Grunde wurde danach gefragt, wie die Beziehungen zwischen den verschiedenen Gruppen geformt waren, welche sozialen Praktiken sich herausgebildet hatten und was dies für die jeweiligen Wahrnehmungsmuster und Problemlösungsansätze bedeutete. Stärker als bisher wurde die Komintern dabei als ein „multikultureller" Raum wahrgenommen, in dem eine stete Spannung bestand zwischen einer gemeinsamen Ideologie und den sehr unterschiedlichen Prägungen sowie Machtressourcen und intellektuellen Kapazitäten der einzelnen Funktionäre. Im Folgenden sollen nun einige der wesentlichen Ergebnisse dieser Untersuchung zusammengefasst werden.

Stalins Gefolgschaft und die Anleitung der KPD

Zu den Voraussetzungen, die die Einflussnahme Moskaus auf die KPD erst ermöglichten, gehörte erstens die freiwillige Verpflichtung auf das bolschewistische Modell, das nicht nur für die Bolschewiki selbst, sondern auch für viele westeuropäische Kommunisten als die einzige Methode galt, eine soziale Revolution erfolgreich durchzuführen. Die daraus entstandene „Moskaubedürftigkeit" und zuweilen sogar „Moskausüchtigkeit" der deutschen Kommunisten schien noch 1932 in der enttäuschten Klage Wilhelm Piecks auf, die deutschen Kommunisten bekämen aus Moskau zu häufig nur „sehr allgemeine Anweisungen" anstatt der erhofften praktischen Hinweise[2] – die ausländischen Kommunisten verlangten also oft genug selbst, dass die Bolschewiki in ihre Politik eingriffen.

Zweitens gewann das bolschewistische Modell Ende der 20er Jahre in der Arbeiterschaft zusätzliche Attraktivität, da es den materiellen Wohlstand zu versprechen schien, der in Westeuropa immer stärker zusammenschmolz: Nunmehr nahm die Sowjetunion als „Land ohne Arbeitslose" teilweise über die Grenzen des kommunistischen Milieus hinaus eine vergleichbare Rolle ein, die die Vereinigten Staaten noch zu Beginn des 20. Jahrhunderts gespielt hatten – als Land der Verheißungen und unbegrenzten Möglichkeiten.

Diese schwierige wirtschaftlich-politische Lage der Weimarer Republik in den letzten Jahren ihres Bestehens bildete drittens eine entscheidende Voraussetzung dafür, dass die radikalen Parolen der Komintern in Deutschland einen stärkeren Widerhall fanden als in den anderen europäischen Industrienationen: Wie die unterschiedlichen Entwicklungen der west-und mitteleuropäischen Sektionen der Komintern zeigen, konnten die Thesen des EKKI kaum ihre fatale Wirkung entfalten, wenn sie zu offensichtlich den tatsächlichen Gegebenheiten vor Ort widersprachen.

Allerdings können weder die ideologische Verpflichtung der Kommunisten auf das bolschewistische Modell und die scheinbare Verifizierung der „ultralinken" Kominternpropaganda durch die lebensweltlichen Erfahrungen der kommunisti-

---

2 Pieck in der Sitzung der Vorbereitungskommission für das XII. EKKI-Plenum vom 7. 4. 1932, RGASPI 495/170/5: 65. Vgl. dazu auch: Studer, Bild der Komintern, S. 27.

schen Funktionäre und Anhänger vor Ort noch die vom EKKI im Zuge der „Bolschewisierung" der Sektionen angewandten Zwangsmittel hinreichend erklären, wie es der sowjetischen Führung gelang, die deutschen Kommunisten weitgehend „auf Linie" zu halten.

Denn erstens musste die Komintern immer wieder feststellen, dass sie das Handeln der ausländischen Sektionen schon allein aufgrund der mangelhaften Kommunikations-Verbindungen nicht vollständig kontrollieren konnte, und dass die nationalen Parteiführungen vielen konkreten Anweisungen des EKKI oder des WEB entweder mit offenem Widerstand begegneten oder sie unterliefen, indem sie beispielsweise – wie ein Mitarbeiter des WEB 1929 feststellte – „einfach die Feststellungen des 6. Kongresses (über die 3 Perioden etc.) nachplappern"[3] und im Übrigen weiterhin eine „opportunistische" Politik betrieben. Selbst Thälmann erkannte dieses Problem, als er im April 1932 meinte, dass sich innerhalb der Komintern drei „Scheren" öffneten: Eine „zwischen den Beschlüssen des EKKI und ihrem Verständnis durch die Partei[führung]en, eine zweite zwischen den Beschlüssen der Zentralkomitees und ihrer Durchführung durch die Mitgliedschaft und eine dritte zwischen der Partei und der Masse".[4]

Zweitens fehlte es der Komintern an effektiven Sanktionsmechanismen gegen unbotmäßiges Verhalten: Zwar hatte die Komintern die Macht, widerspenstige Parteiführungen abzusetzen, aber zum einen zeigte sich im Fall der Schweizer KP, dass selbst dieser letzte Pfeil im Köcher die Politik der jeweiligen Sektion nicht zwangsläufig nachhaltig änderte. Und zum anderen war man sich in Moskau selbst bewusst, dass die Komintern ebenso wie die Kommunisten vor Ort „mit dem politischen Kapital ihrer Partei – ihren Führern – sparsam umzugehen" hatte, wie sich Sergej Gusev im Frühjahr 1930 ausdrückte.[5] Wie wir gesehen haben, rügte die Komintern in vielen Fällen zwar das Verhalten der Parteispitze, doch folgten diesen Ermahnungen keine weiteren Konsequenzen. Den Emissären und Instrukteuren der Komintern fehlte es daher häufig an der nötigen Autorität, um sich gegenüber den nationalen Parteiführungen durchzusetzen.

Angesichts der Tatsache, dass der Komintern somit nur grobe Steuerungsinstrumente zur Verfügung standen – entweder der selbstzerstörerische Austausch der Führung oder ständige, aber „zahllose" Ermahnungen – war die Politik der personalen Netze effektiver, um den Einfluss Moskaus auf die KPD zu stärken. Diese Herrschaftsmethode wandte die bolschewistische Führung schon seit der Oktoberrevolution an, um die sowjetische Peripherie einzubinden – in der zweiten Hälfte der 20er Jahre wurde sie nun von Stalin auch auf die „deutsche Peripherie" übertragen. Zu der prinzipiellen ideologischen Übereinstimmung und der Selbstverpflichtung, sich den Beschlüssen des EKKI unterzuordnen, trat nun noch die persönliche Abhängigkeit von und die Loyalität zum sowjetischen Dik-

---

3 Bericht „Alarichs" [d.i. Gyptner] über die Parteitagsthesen der englischen KP in seiner Arbeit des WEB des EKKI vom 12.1.1929, RGASPI 495/19/9: 18.
4 Brief „Ludwigs" [d.i. Madyar] an „Michael" [d.i. Pjatnickij] vom 7.4.1932 über ein Gespräch mit Thälmann, RGASPI 495/60/238: 85–86ob, hier: 85.
5 Sergej Gusev, Entwurf des Geschlossenen Briefes des PS an das ZK der KPD vom 23.4.1930, RGASPI 495/3/163: 84–95, hier: 95.

tator – zwei Faktoren, die die deutschen Spitzenkader sowohl disziplinierten als auch mobilisierten: Wie das Beispiel Neumanns am eindrucksvollsten zeigt, standen Funktionären beachtliche Karrierechancen offen, wenn sie in das personale Netz des Diktators eingebunden waren. Umgekehrt allerdings war der Fall umso tiefer, wenn sie dessen Vertrauen verloren.

Aus der Perspektive Stalins waren diese persönlichen Faktoren ausschlaggebend, um seine Machtstellung zu sichern. Die Tatsache, dass Stalin die KPD-Führung auf die gleiche Weise wie seine sowjetischen Gefährten in sein personales Netz einwob, zeigt eindrucksvoll, dass sich der sowjetische Diktator Herrschaft gar nicht anders als in Form von hierarchisch organisierten Männerbünden vorstellen konnte.[6] Stalin zog ein solches „patrimonialisches" Herrschaftssystem auch deshalb der „bürokratischen" Variante vor, weil er ein tiefes Misstrauen gegenüber jeder Art von Fachleuten hegte. Aufgrund dieses Misstrauens setzte Stalin auf persönliche Gefolgsleute, denen er vertraute und von denen er daher annahm, dass sie eine Politik in seinem Sinne durchsetzten, sei es im Krieg gegen die sowjetischen Bauern, beim Aufbau einer neuen Schwerindustrie – oder eben bei der Anleitung der KPD. Loyalität war in Stalins Augen die bolschewistische Kardinaltugend schlechthin.

Seine deutschen Gefolgsleute – Thälmann, Neumann und Remmele – erfüllten in dieser Hinsicht weitgehend seine Erwartungen. Noch über vierzig Jahre später erinnerte sich Molotov, dass Thälmann in Moskau „einen sehr guten Eindruck gemacht" habe, weil er sich gegenüber der stalinistischen Führung „loyal" verhalten habe[7] (über die weiteren Qualitäten des deutschen Parteivorsitzenden machte man sich in Moskau, wie wir gesehen haben, keine Illusionen). Die deutschen Spitzenfunktionäre waren nicht nur bereit, sich in den innerparteilichen Konflikten „buchstäblich im Kampf […] zu zerreissen", wie sich Neumann im Januar 1929 Stalin gegenüber ausdrückte, wenn sie dadurch ihrem Patron ihre Loyalität beweisen konnten – sie bemühten sich auch, die Denkweise des Diktators zu antizipieren und ihm inhaltlich „entgegenzuarbeiten". Und dies bedeutete in der Regel eine Radikalisierung der Politik.

Allerdings verursachte diese Herrschaftsmethode geradezu selbstzerstörerische Entwicklungen innerhalb der Komintern und KPD: Indem persönliche Gefolgsleute rekrutiert und parallele Entscheidungskanäle geschaffen wurden, legte Stalin das institutionelle Gefüge der Komintern lahm und neutralisierte ihre interne Hierarchie. Dies verschärfte die Probleme der Moskauer Führungsgremien, denen es schwerfiel, sich insbesondere gegenüber der deutschen Parteileitung durchzusetzen, weil sich diese auf den „direkten Draht" zum Herrscher berufen konnten. Stalin sah in diesen „Reibungsverlusten" unvermeidliche politische Kosten, die er umso leichter verschmerzte, als sich diese Praxis für seine persönliche Machtstellung positiv auswirkte: Weil er immer wieder als Schiedsrichter angerufen wurde, konnte er entstehende Konflikte stets in seinem Sinne lösen.

Ähnlich wie im Falle des Nationalsozialismus lässt sich im Falle Stalins somit beobachten, dass ein – vorsichtig formuliert – in Ansätzen polykratisches System

---

6 Vgl. Baberowski, Der rote Terror, S. 179 f.
7 Gespräch Molotovs mit Feliks Chuev am 9. 6. 1976, in: Molotov remembers, S. 79.

entstanden war: Die Funktionäre von NKID, Komintern und KPD misstrauten sich gegenseitig, bearbeiteten unscharf gegeneinander abgegrenzte Zuständigkeitsbereiche und standen in ungeklärten Hierarchien zueinander. Gleichzeitig überwachten sich die kommunistischen Kader in Berlin und Moskau gegenseitig, durch ständige Appelle zur „bolschewistischen Wachsamkeit" darauf getrimmt, keine „opportunistischen Fehler" ihrer Konkurrenten zu übersehen. Auf diese Weise entstand ein überaus effektives System der Selbstkontrolle, das jegliche Abschwächung der kommunistischen Taktik unter den Generalverdacht des „Rechtsabweichlertums" stellte. Zwar war Stalin im Unterschied zu Hitler durch und durch ein Mann des Apparates, der diszipliniert ein gewaltiges Arbeitspensum absolvierte und häufig bis spät in der Nacht Besucher empfing, um mit ihnen politische Fragen zu besprechen, doch häufig beschränkte auch er sich darauf, lediglich „Signale" auszusenden. Da den Empfängern der genaue Sinn dieser Ausführungen oftmals unklar blieb, waren sie gezwungen, dem „Führer" – wie auch der sowjetische Diktator genannt wurde – „entgegenzuarbeiten", und dies hieß zumeist, möglichst lautstark auf einen vermeintlichen Feind einzuschlagen.[8] Sowohl im Nationalsozialismus als auch im Stalinismus baute die Monokratie des „Führers" auf der Polykratie der Herrschaftsstruktur und den persönlichen Abhängigkeitsverhältnissen zum Diktator auf.[9] Hier lässt sich am deutlichsten die Ähnlichkeit zum nationalsozialistischen Herrschaftssystem erkennen, in dem Hitler ebenfalls einerseits persönliche „Initiativen" der politischen Akteure zuließ und häufig nur unklare „Signale" aussandte, die erst in konkrete Politik umgesetzt werden mussten, andererseits aber auch einen Handlungskorridor vorgab, in dem sich die Initiativen „von unten" bewegen mussten. Eine solche Beobachtung widerspricht nicht der Feststellung, dass in der Komintern seit 1929 keine wesentliche Entscheidung mehr ohne Stalins Zustimmung getroffen werden konnte[10] – im Gegenteil: Es war ja gerade diese Machtstellung des Diktators, die die Handlungsfähigkeit der Komintern bremste.

Die Arbeit der Komintern wurde aber nicht nur durch den beständig schwärenden, strukturellen Kompetenzkonflikt belastet – sie litt aufgrund der Fixierung auf Stalin zudem an einem grundlegenden Wahrnehmungsdefizit. Zwar wurde der Diktator täglich mit einer Unmenge von Berichten und Dokumenten des Geheimdienstes, der sowjetischen Botschafter und Behörden eingedeckt, doch gerade angesichts dieses Berges von Informationen ist es fraglich, wieviel er davon überhaupt aufnahm. Häufig schien er sich nur auf die Berichte seiner engsten Vertrauten zu verlassen: „Wie ist die Lage im Ausland? Hat sich die Lage, beispielsweise in Deutschland, im Vergleich zum letzten Jahr verschlechtert oder nicht?" erkundigte sich Stalin im Juni 1932 in einem Brief an seinen alten Gefähr-

---

8 Über „Stalins Signale" am Beispiel seines Briefes an die Zeitschrift Proletarskaja Revoljucija vom Herbst 1931 vgl. Fitzpatrick, Everyday Stalinism, S. 24–28; Baberowski, Wandel und Terror, S. 127 f.

9 Vgl. Wehler, Gesellschaftsgeschichte, Bd. 4, S. 623–625; ebenfalls mit explizitem Vergleich zu der Diskussion über Hitlers Rolle im nationalsozialistischen Herrschaftssystem: Harris, Was Stalin a Weak Diktator?

10 McDermott, Comintern, S. 94; ders., Comintern, Stalinism and Totalitarism.

ten Enukidze, der jährlich zur Kur nach Österreich fuhr.[11] Wenige Monate zuvor hatte der sowjetische Diktator Karl Radek beauftragt, ein „Büro für internationale Informationen" zu gründen, das ihn parallel zum NKID mit Nachrichten versorgen sollte. Er hoffte, somit an verlässlichere Informationen zu gelangen, als die seiner Meinung nach unzuverlässigen Diplomaten zu liefern in der Lage waren.[12] Allerdings wagten auch die Funktionäre in seiner Umgebung nicht mehr alternative Sichtweisen zu äußern, da sie fürchteten, die eigene Stellung in Stalins Gefolgschaft zu gefährden. In seiner Villa am Schwarzen Meer war Stalin von den Vorgängen in Berlin somit nicht nur räumlich viel zu weit entfernt, um „angemessene" Entscheidungen zu fällen.

Schließlich wirkte sich die Herrschaftsmethode durch personale Netze auch in der KPD-Spitze selbstzerstörerisch aus: Die Parteiführung, die Stalin im Sommer 1928 um Thälmann herum geformt hatte und die mit der „Wittorf-Affäre" gewissermaßen ihre „Feuerprobe" bestand, war in den letzten 18 Monaten der Weimarer Republik zunehmend nicht mehr mit dem politischen Gegner, sondern immer stärker mit sich selbst beschäftigt. Die Konflikte in der KPD-Spitze hatten nur noch ganz nebensächlich mit politischen Fragen zu tun, obwohl sich die Kontrahenten schließlich bemühten, der jeweils anderen Seite politische „Abweichungen" nachzuweisen. Obwohl es durchaus politische Differenzen gab, waren solche Debatten in erster Linie Rituale, um innerparteiliche Gegner in der Öffentlichkeit formgerecht zu diskreditieren. Wie wir gesehen haben, hing Neumanns Sturz nicht, wie bislang vermutet wurde, damit zusammen, dass er einen vermeintlich „radikaleren" Kurs als Thälmann verfolgt hätte und daher als Sündenbock für eine verfehlte Politik herhalten musste. Dafür hätte Stalin schließlich zunächst überhaupt erst einmal erkennen müssen, *dass* die Komintern eine „verfehlte" Politik betrieb. Entscheidend für Neumanns Fall war vielmehr, dass er – nachdem er sich mit der in Moskau festgelegten Rollenverteilung für die KPD-Spitze nicht mehr hatte abfinden wollen – durch seine Intrigen gegen Thälmann gegen die informellen Regeln der stalinistischen Führungsgruppe verstieß.

Die Heftigkeit der Reaktion, mit der Neumann und Remmele vom Bannstrahl Stalins getroffen wurden, als sie im September 1932 öffentlich verurteilt wurden und der private Umgang mit ihnen fortan als anstößig und vor allem verdächtig galt, sagte mehr über die politische Kultur des Stalinismus aus, als der stets um Geheimhaltung bemühten bolschewistischen Führung lieb gewesen sein mag: Ebenso, wie während des „Großen Terrors" die personalen Netze in der sowjetischen Provinz mit all ihrem Nepotismus, den Filialpersonenkulten und ihrer Eigensinnigkeit in Schauprozessen an das Licht der „sozialistischen Öffentlichkeit" gezerrt wurden, offenbarte auch die Verdammung von Neumann und Remmele, dass die KPD-Führung längst von Cliquen und Seilschaften durchzogen war.

Auch wenn die bisherige Wertung, die Kominternpolitik sei für Stalin lediglich ein Instrument im innerparteilichen Machtkampf gewesen, zu eindimensional ist,

---

[11] Brief Stalins an Enukidze vom 25. 6. 1932, RGASPI 558/11/728: 33–36.
[12] Ken, Karl Radek i Bjuro Mezhdunarodnoj Informacii CK VKP(b).

so zeigt sich in diesem Zusammenhang, wie eng diese beiden Ebenen miteinander verbunden waren. Stalin und die Kominternführung befürchteten schon 1932, dass der Machtkampf innerhalb der KPD-Führung entweder durch die innersowjetischen Probleme beeinflusst oder aber – schlimmer noch – von der innersowjetischen Opposition gegen den sowjetischen Diktator gewendet werden könne. Als Remmele Ende 1932 den Fehler beging, sein Traktat gegen den „Westeuropäischen Kommunismus" zu verfassen, sah man in Moskau darin eine zu auffällige strukturelle und inhaltliche Parallele zur kurz zuvor verfassten „Rjutin-Plattform", als dass dies als Zufall gewertet werden konnte. Ausgerechnet Remmele und Neumann, die wie kaum andere deutsche Funktionäre wissen sollten, welche Bedeutung die personalen Netze für Stalin hatten, erkannten zu spät, dass vor allem in Personalfragen „die Angelegenheiten der einzelnen Sektionen und der VKP(b) ‚unteilbar' sind".[13]

Sowjetische Außenpolitik, Revolutionserwartung und die Gegnerfrage

Deutsche und sowjetische Kommunisten lebten in unterschiedlichen Gesellschaften und waren unterschiedlich sozialisiert worden. Somit verband die deutschen und sowjetischen Funktionäre zwar eine gemeinsame Ideologie, doch trennte sie ihre Herkunft aus unterschiedlichen politischen Kulturen. Ihre Normen, Menschenbilder und Wahrnehmungsweisen waren nur schwer in Deckung zu bringen, woraus sich permanente Spannungen zwischen den Kommunisten in Moskau und Berlin ergaben. Am Beispiel des Verhältnisses zwischen sowjetischer Außenpolitik und der Politik der Komintern zeigt sich darüber hinaus, dass auch innerhalb der sowjetischen Führungsebene – zwischen den Diplomaten des NKID und den Mitgliedern des stalinistischen Politbüros sowie vor allem mit den Kominternfunktionären – ernsthafte Differenzen bestanden: Sie resultierten aus den unterschiedlichen Wahrnehmungsweisen und Vorstellungen, welche Aufgaben eine bolschewistische Außenpolitik zu erfüllen habe.

Auf den ersten Blick mag die Existenz solcher Spannungen innerhalb der sowjetischen Führungsgruppe überraschen, war es doch Ende der 20er Jahre zwischen Politbüro und NKID unumstritten, dass die Existenzsicherung der Sowjetunion vor einem weiteren Revolutionsexport Priorität genoss: Ein Weitertragen der proletarischen Revolution war aus Sicht Moskaus nur dann angebracht, wenn dies die Existenz des eigenen Staates nicht gefährdete. Auch die Komintern war sich ihrer Aufgabe bewusst, dass der „Putschismus" in den ausländischen Parteien eingedämmt werden musste. Wie insbesondere die Probleme mit dem gewaltbereiten Segment der kommunistischen Jugend zeigen, war es jedoch schwierig, einerseits zwar unablässig Gewalt und Bürgerkrieg als die sicherste Möglichkeit zu preisen,

---

[13] Brief Neumanns an Stalin vom 25. 5. 1935, RGASPI 558/11/776: 37 f.

dem gegenwärtigen Elend zu entkommen, andererseits aber die Basis davon abzuhalten, diese Propaganda auch beim Wort zu nehmen.[14]

Solange die Weltrevolution nicht aktuell auf der Tagesordnung stand, sollte die
Komintern – auch dies war zwischen bolschewistischer Führung und den Diplomaten des NKID unbestritten – als außenpolitisches Instrument des sowjetischen
Staates eingesetzt werden. Gerade die Kampagnen gegen die angeblich drohende
„imperialistische Intervention" gegen die Sowjetunion haben aber gezeigt, dass
sich die ausländischen Kommunisten durch die Komintern kaum instrumentalisieren ließen, wenn sie nicht selbst davon überzeugt waren, dass die jeweiligen
Aktionen auch tatsächlich notwendig waren.

Es wäre jedoch falsch anzunehmen, dass die Komintern seit Ende der 20er Jahre
von der bolschewistischen Führung ausschließlich als außenpolitisches Instrument betrachtet wurde. Schon Lars T. Lih hat festgestellt, dass die privaten Briefe
Stalins an Molotov aus der Zeit zwischen 1926 und 1936 dem sowjetischen Diktator insgesamt „das Zeugnis eines guten Revolutionärs" ausstellen[15]: Die immer
wieder betonte Identität der Interessen der Sowjetunion und der Weltrevolution
war für Stalin keine bloße Propagandahülse, um die ausländischen Kommunisten
als „fünfte Kolonne" des sowjetischen Staates einzuspannen – der sowjetische
Diktator glaubte tatsächlich daran. Am deutlichsten zeigt sich dies an den beschriebenen Konflikten mit den sowjetischen Diplomaten, die nach Stalins Auffassung durch ihre intensiven Kontakte mit ausländischen Staatsmännern kor-
rumpiert und überhaupt in der Außenpolitik eine zu „bürgerliche" Sichtweise an
den Tag legten.[16] Stalin zeigte sich bis 1932 immer wieder dazu bereit, die sowjetische Diplomatie zu desavouieren, wenn er eine Gelegenheit sah, auf die Sozialdemokratie (und zwar nicht nur auf deren deutschen Vertreter!) einschlagen zu
lassen und somit die westeuropäischen Arbeiter vom Geiste des „Sozialdemokra-
tismus" zu befreien. Die Stalin'sche Außenpolitik dieser Jahre lässt sich somit
nicht in dem Gegensatz zwischen konventioneller Großmachtpolitik und Weltrevolution charakterisieren, vielmehr sah der sowjetische Diktator in einer starken
Sowjetunion die Voraussetzung, um die Revolution über deren Grenzen hinaus
weiter zu tragen.

Die Bedeutung der revolutionären Sozialisation der bolschewistischen Kader
darf auch für ihr Verhältnis zu den westeuropäischen Kommunisten nicht unterschätzt werden: Spannungen zwischen Moskau und der KPD entstanden nicht
nur, weil sich die Kominternführung über „putschistische" Strömungen in der
deutschen Partei sorgte, sondern umgekehrt noch in einem viel stärkeren Maße,
weil man die „legalistischen" Tendenzen der deutschen Genossen mit Sorge betrachtete. So erklären sich die widersprüchlichen Anweisungen des EKKI, einerseits keine Zusammenstöße mit der Polizei zu provozieren, sich andererseits aber
nicht der „bürgerlichen Gesetzlichkeit" zu beugen. Das konspirative Treffen mit

---

[14] Hier ergaben sich zwar Berührungspunkte mit der SA, doch waren die Schnittmengen
zwischen den beiden Gruppen kleiner, als Autoren wie v. a. Striefler und Röhl meinen.

[15] Lih, Einleitung, in: ders., Stalin. Briefe an Molotov, S. 49.

[16] Vgl. dazu die Rede Stalins an der Sverdlov-Universität vom 9. 5. 1925, in: Stalin, Werke,
Bd. 7, S. 135–182, hier: S. 144–146.

dem Reichsinnenminister im August 1931 wurde in diesem Zusammenhang in Moskau als der Höhepunkt einer „ungesunden" Entwicklung der KPD hin zu einer angepassten parlamentarischen Partei gewertet, die sich zu stark von der sie umgebenden offenen Gesellschaft beeinflussen ließ. In Moskau konnte und wollte man darüber hinaus nicht akzeptieren, dass die KPD in einem gewissen Mindestmaß mit den Behörden kooperieren musste, wenn sie sich nicht aller Handlungsmöglichkeiten berauben wollte. Im Gegensatz zum EKKI war man sich im Karl-Liebknecht-Haus zudem häufig bewusst, dass die KPD auf ihre Verwurzelung im proletarischen Milieu und ihr Bild in der Öffentlichkeit Rücksicht nehmen musste.

Aus Moskauer Sicht waren die Prägungen durch die westliche Gesellschaft und die „sozialdemokratischen Traditionen" nur durch eine grundlegende „bolschewistische Neuerziehung" der westeuropäischen Kader und die Übernahme der bolschewistischen Rollen- und Menschenbilder zu beseitigen: „Bolschewistische Härte" gegenüber dem „Klassenfeind" und beständige „Wachsamkeit" gegenüber den möglichen „Abweichungen" der Parteigenossen galten nun als erstrebenswerte Tugenden. Wie insbesondere das Referat von Manuilskij vom Oktober 1931 zeigt, sollten diese neuen Normen und Werte auch deshalb implementiert werden, um die aus Moskauer Sicht bislang mangelhafte Disziplin der ausländischen Funktionäre zu verbessern.

Wie unterschiedlich die deutsche Innenpolitik durch die Bolschewiki und die deutschen Kommunisten wahrgenommen wurde, hat sich besonders deutlich anhand ihres Blickes auf SPD und NSDAP verdeutlichen lassen. In diesem Bereich zeigt sich ferner in besonders hervorstechender Weise, wie und in welchen Bereichen Stalin die Formulierung der Kominternpolitik beeinflusste: In Moskau war es vor allem der sowjetische Generalsekretär persönlich, der auf eine scharfe Frontstellung gegenüber der Sozialdemokratie drang.

Es ist dabei deutlich geworden, dass Stalins Motive für seinen Hass auf die Sozialdemokratie nicht ausschließlich – und offensichtlich nicht einmal vorrangig – in der prowestlichen Haltung der SPD zu finden sind. Ausschlaggebend war vielmehr die in den Augen der Bolschewiki „systemerhaltende" Rolle der Sozialdemokratie in vielen Ländern West- und Mitteleuropas, wo ein „Klassenkompromiss" zwischen Bürgertum und Arbeiterschaft geschlossen worden war.[17] Wenn Stalin seit Anfang 1928 die Sozialdemokraten als Hauptfeinde „wiederentdeckte" und die „Rechten" und „Versöhnler" in der Komintern attackierte, lag dies daher vor allem daran, dass diese Gruppen seiner Ansicht nach entweder offen „konterrevolutionär" waren oder nicht an den von ihm vorhergesagten, baldigen Zusammenbruch der kapitalistischen Wirtschaft glaubten.

Mit der in den Jahren 1929/30 stark anwachsenden NSDAP trat ein neuer Gegner ins Blickfeld und es entstanden erste ernsthafte Differenzen zwischen den Führungen der KPD und Komintern: Das deutsche Politbüro war nun der Meinung, dass die „Faschisierung" Deutschlands doch eher von „bürgerlichen" Parteien einschließlich der NSDAP als von der SPD betrieben werde. Zwar wurde die

---

[17] Vgl. Winkler, Revolution als Konkursverwaltung, S. 30 f.; Kluge, Die deutsche Revolution 1918–1919, S. 67 f., 77–82, 200–204.

NSDAP auch in Moskau aufmerksam beobachtet, doch setzte sich dort Stalins Sichtweise durch, der den Nationalsozialismus vorrangig als politischen Konkurrenten der Kommunisten interpretierte, den man mit seinen eigenen Waffen schlagen müsse. Dass Stalin für einen nationalkommunistischen Kurs der KPD eintrat, resultierte aus seinen Überzeugungen, die auch die sowjetische Nationalitätenpolitik der Nachkriegszeit prägen sollte: So wie die Bolschewiki seit 1922/23 sich zur Speerspitze der nationalen Bewegungen an der sowjetischen Peripherie erklärten, so sollte nun auch die KPD nationalistisch auftreten, um der nationalsozialistischen Konkurrenz die Anhänger abzujagen. Die Komintern wurde im Laufe des Jahres 1931 jedoch zunehmend unruhig, als die KPD den auf Stalins Geheiß initiierten „Scheringer-Kurs" allzu engagiert zu propagieren und dadurch den „Klassencharakter" ihrer Politik zu vernachlässigen schien.

Obgleich die KPD-Führung im Sommer 1931 aus eigenem Antrieb versuchte, den eigentlich von den Rechtsparteien initiierten Volksentscheid gegen die SPD-Regierung in Preußen zu übernehmen, bauten sich ab Ende 1931 in der Frage des politischen „Hauptgegners" der Kommunisten zwischen den Funktionären in Moskau und Berlin bald Spannungen auf: die Erfahrungen der deutschen Funktionäre und kommunistischen Anhänger mit der sich steigernden nationalsozialistischen Gewalt traten zunehmend in einen Widerspruch zu der „Sozialfaschismus"-Doktrin, die auf Stalins Drängen von Moskau weiterhin ohne Unterlass gepredigt wurde. Allerdings war die KPD so weit diszipliniert, dass sie die Kominterntaktik im Sommer 1932 bestenfalls teilweise unterlaufen, aber nie grundsätzlich in Frage gestellt hatte: Hier zeigte sich am deutlichsten die disziplinierende Wirkung der persönlichen Bindung der deutschen Spitzenfunktionäre an Stalin, die ihnen offene Widerworte aus Gründen persönlicher Loyalität untersagte.

Zudem blieb die Erkenntnis der nationalsozialistischen Gefahr auch in der deutschen Parteiführung stets inkonsequent: Erstens wurden Phasen, in denen wie im Frühjahr 1930 die Bedrohung klar erkannt wurde, immer wieder von Abschnitten abgelöst, in denen die NSDAP unterschätzt wurde. Zweitens änderten weder die Erkenntnis, dass die Nationalsozialisten die Kommunisten sehr viel stärker und unmittelbarer bedrohten als die SPD, noch das Bewusstsein, dass es an der Weimarer Republik doch einige Aspekte gab, die sie von einer „faschistischen Diktatur" positiv unterschied und für die eine Arbeiterpartei eigentlich hätte eintreten müssen, nicht die grundsätzliche Frontstellung gegen die Sozialdemokraten. Hier wirkte sich das spezifische deutsche Verhältnis zwischen den beiden Flügeln der Arbeiterbewegung aus. Welche prägende Kraft die Tiefe der Spaltung und das Ausmaß des Hasses zwischen den deutschen Arbeiterparteien hatten, lässt sich auch an der Entwicklung nach 1933 ablesen: Während die französischen Kommunisten, die „Sozialfaschismus"-Doktrin bereits weit zögerlicher aufnahmen als ihre deutschen Genossen, und nach der Katastrophe von 1933 erste Ideen für die spätere „Volksfront"-Strategie der Komintern entwickelten, verharrten die deutschen Exilkommunisten bis Anfang 1935 auf der alten Frontstellung.[18]

---

[18] Vgl. Lewin, Neue Dokumente zur Kursänderung.

Diese Arbeit hat versucht, am Beispiel der Politik der Komintern und KPD und deren Zusammenspiel mit der bolschewistischen Führungsriege um Stalin in den Jahren 1928 bis 1933 die Handlungsspielräume, politischen Motive und die unterschiedlichen Prägungen kommunistischer Funktionäre zu analysieren. Auf diese Weise wurde erstmals eine Alltagsgeschichte der Politik der Komintern geschrieben, die neben den bislang verborgenen Prozessen des policy-making auch die kommunistischen Funktionäre als Menschen in den Blick nimmt und ihren gegenseitigen Einschätzungen und Vorstellungswelten nachgeht.

Natürlich gibt es eine ganze Reihe von Aspekten, die noch offen bleiben müssen bzw. genauer analysiert werden sollten. Dazu gehört z.B. die Frage, wie die Treffen zwischen Stalin und der deutschen Parteiführung in den Jahren bis 1932 konkret abliefen. Immerhin erlauben die schon jetzt zugänglichen Quellen, Rückschlüsse auf die geradezu sakrale Aura zu ziehen, die den sowjetischen Diktator umgab, wenn er die deutschen Parteiführer im Kreml empfing. Obwohl schließlich auch diese Arbeit in weiten Teilen um Stalin und seinen persönlichen und indirekten Einfluss auf die KPD kreiste, ist es bemerkenswert, dass sich bislang vergleichsweise wenige Dokumente finden ließen, die seine Tätigkeit in der Komintern beleuchten.

Dass die Forschung hier noch kaum fündig wurde, ist nicht nur darauf zurückzuführen, dass der Diktator zunehmend „auf Abruf" reagierte. Es ist auch der bereits erwähnten Tatsache geschuldet, dass der Archivzugang eingeschränkt ist. Das gleiche Problem stellt sich auch einer umfassenden Evaluation von Stalins außenpolitischen Zielen in den Jahren des „Großen Umbruchs" in den Weg. Um diese abschließend zu bewerten, fehlt es noch vielfach an Quellen.

In dieser Studie standen Stalins Motive allerdings auch nicht im Zentrum. Sie sind wichtig, um die Entscheidungen der Komintern verstehen zu können, doch entscheidender war im Rahmen dieser Untersuchung die in der Einleitung erwähnte „Gretchenfrage der Fremdbestimmung des deutschen Kommunismus". Hier hat sich erwiesen: Die Spitzenfunktionäre der KPD waren zwar keine „Marionetten Moskaus", doch hatten sie sich durch vielfältige Bindungen an die Komintern und vor allem an Stalin persönlich freiwillig in eine starke Abhängigkeit manövriert.

Es wäre lohnend, nun auch die personellen Bande zwischen den Berufsfunktionären innerhalb der KPD zu untersuchen und zu analysieren, inwieweit diese die Politik innerhalb der KPD bestimmt haben. Dass es solche Bindungen in der KPD gab, zeigt nicht zuletzt die berüchtigte Wittorf-Affäre, doch wurde über diesen Einzelskandal hinaus bislang nicht untersucht, wie verbreitet derartige Klientelstrukturen in der KPD waren. Neben einem solchen innerdeutschen Vergleich wäre auch ein eingehender internationaler Vergleich mit der nächstkleineren kommunistischen Partei in Westeuropa, der KPF, wünschenswert. Dies könnte tiefere Aufschlüsse darüber vermitteln, wie „effektiv" die weitgehend freiwillige Unterordnung der deutschen Parteifunktionäre einerseits und die ständige Gängelung der französischen Spitzengenossen durch einen allgegenwärtigen Instrukteur der Komintern in der Parteileitung andererseits war, um die jeweiligen Parteien auf Kurs zu halten. Bislang scheint es jedenfalls so, als sei – trotz aller Spannungen, die gerade 1932 verstärkt auftraten – die Anleitung der deutschen Kommunisten, die vor allem auf der affektiven Bindung der KPD-Spitze an Stalin basierte, wirkungsvoller und langfristiger gewesen als die Versuche, die KPD durch repressive Maßnahmen zu disziplinieren. Wenn sich Pjatnickij in dem vorangestellten Zitat vom März 1933 über die Unbotmäßigkeit der KPD ereiferte, so bringt dies die Spannung zwischen der teilweise offenen Resistenz der deutschen Kommunisten gegen manche der Direktiven der Komintern und der Selbstverpflichtung der KPD auf die Moskauer „Generallinie" auf den Punkt: Natürlich begehrten die deutschen Funktionäre immer wieder auf, doch letztlich erwiesen sie sich bis zum bitteren Ende als loyale Gefolgsleute des sowjetischen Diktators.

Abkürzungsverzeichnis

ADGB	Allgemeiner Deutscher Gewerkschaftsbund
AdR	Akten der Reichskanzlei
AHR	The American Historical Review
AP RF	Arkhiv Presidenta Rossijskoj Federacii [Archiv des Präsidenten der Russischen Föderation]
AVP RF	Arkhiv Vneshnej Politiki Rossijskoj Federacii [Außenpolitisches Archiv der Russischen Föderation]
BArch	Bundesarchiv Berlin-Lichterfelde
BVG	Berliner Verkehrsgesellschaft
BzG	Beiträge zur Geschichte der Arbeiterbewegung
CK	Central'nyj Komitet [Zentralkomitee]
DDP	Deutsche Demokratische Partei
DDR	Deutsche Demokratische Republik
DNVP	Deutschnationale Volkspartei
DVP	Deutsche Volkspartei
EK	Exekutivkomitee
EKKI	Exekutivkommission der Kommunistischen Internationale
GG	Geschichte und Gesellschaft
GPU	Gosudarstvennoe politicheskoe upravlenie [Staatliche Politische Verwaltung (sowjetische Geheimpolizei)]
IKK	Internationale Kontrollkommission [der Komintern]
ILS	Internationale Leninschule
Inprekorr	Internationale Pressekorrespondenz
IRSH	International Review of Social History
IWK	Internationale Wissenschaftliche Korrespondenz zur Geschichte der Arbeiterbewegung
JfGO	Jahrbuch für die Geschichte Osteuropas
KAPD	Kommunistische Arbeiterpartei Deutschlands
KI	Kommunistische Internationale
KIM	Kommunisticheskij internacional molodezhi [Kommunistische Jugendinternationale]
KJI	Kommunistische Jugendinternationale
KJVD	Kommunistischer Jugendverband Deutschlands

Komintern/KI	Kommunistische Internationale
KP	Kommunistische Partei
KPD	Kommunistische Partei Deutschlands
KPdSU	Kommunistische Partei der Sowjetunion
KPdUSA	Kommunistische Partei der USA
KPF	Kommunistische Partei Frankreichs
KPI	Kommunistische Partei Italiens
KPO	Kommunistische Partei Deutschlands (Opposition)
KPÖ	Kommunistische Partei Österreichs
KPS	Kommunistische Partei der Schweiz
KPTsch	Kommunistische Partei der Tschechoslowakei
KUNMZ	Kommunistische Universität der nationalen Minderheiten des Westens
MELS	Mitteleuropäisches Ländersekretariat [der Komintern]
MOPR	Mezhdunarodnja Organizacija Pomoshchej Revoljucioneram [Internationale Rote Hilfe]
NEP	Novaja Èkonomicheskaja Politika [Neue Ökonomische Politik]
NKID	Narodnij Kommissariat Inostrannikh del [Volkskommissariat für Auswärtige Angelegenheiten]
NKVD	Narodnij Kommissariat Vnutrennikh del [Volkskommissariat für Innere Angelegenheiten]
NÖP	Neue Ökonomische Politik
NS	Nationalsozialismus/nationalsozialistisch
NSDAP	Nationalsozialistische Deutsche Arbeiterpartei
OGPU	Obedinennoe gosudarstvennoe politicheskoe upravlenie [Vereinigte Staatliche Politische Verwaltung (sowjetische Geheimpolizei)]
OMS	Otdel' mezhdunarodnikh del [Abteilung für internationale Verbindungen (Geheimdienst der Komintern)]
PB	Politbüro
PCF	Parti Communiste Français [Kommunistische Partei Frankreichs]
PK	Politkommission des Politsekretariates des EKKI
Profintern	Professional'nij Internacional [Rote Gewerkschaftsinternationale]
PS	Politsekretariat des EKKI
RFB	Rotfrontkämpferbund
RGASPI	Rossijskij Gosudarstvennyj Arkhiv Social'no-Politicheskoj Istorii [Russisches Staatliches Archiv für sozial-politische Geschichte]

RGI	Rote Gewerkschaftsinternationale
RGO	Revolutionäre Gewerkschaftsopposition
RSI	Rote Sportinternationale
SA	Sturm-Abteilungen
SAP/SAPD	Sozialdemokratische Arbeiterpartei Deutschlands
SAPMO-BArch	Stiftung Archiv der Parteien und Massenorganisationen der DDR im Bundesarchiv
SED	Sozialistische Einheitspartei Deutschlands
SPD	Sozialdemokratische Partei Deutschlands
SPÖ	Sozialdemokratische Partei Österreichs
UdSSR	Union der sozialistischen Sowjetrepubliken
USA	United States of America
USPD	Unabhängige Sozialdemokratische Partei Deutschlands
VfZ	Vierteljahrshefte für Zeitgeschichte
VKP(b)	Vsesojusnaja Kommunisticheskaja Partija (bol'sheviki) [Kommunistische Partei der Sowjetunion (Bol'sheviken)]
WEB	Westeuropäisches Büro der Komintern
ZfG	Zeitschrift für Geschichtswissenschaft
ZK	Zentralkomitee
ZKK	Zentrale Kontrollkommission [der VKP(b)/KPD]

Zur Transkription russischer Begriffe und Namen

In dieser Arbeit wurde eine Transkription gewählt, die sich im Wesentlichen an die Transkription der Library of Congress anlehnt, die im Unterschied zu deutschen wissenschaftlichen Transkription ohne Sonderzeichen auskommt, aber deutlich leichter lesbar ist als die deutsche Dudentranskription. Im Unterschied zur LOC-Transkription wird jedoch „ij" statt „ii" oder „y" (also z. B. Trockij) und „ja" statt „ia" (z. B. Krupskaja) benutzt. Lediglich eingedeutschte Begriffe wie „Bolschewisierung" werden in der Dudenschreibweise verwendet.

Quellen und Literatur

Ungedruckte Quellen

1. Arkhiv Vneshnej Politiki Rossijskoj Federacii (AVP RF)

Fond 05	Sekretariat Litvinova
Fond 09	Zapadnij otdel, Germanija
Fond 10	Sekretariat Krestinskogo
Fond 082	Fond referentury po Germanii

2. Bundesarchiv Berlin-Lichterfelde (BArch)

R 134	Reichskommissar für die Überwachung der öffentlichen Ordnung
R 1501/alt St 10	Reichsministerium des Innern

3. Rossijskij Gosudarstvennyj Arkhiv Social'no-Politicheskoj Istorii (RGASPI)

Fond 17	*Central'nyj Komitet VKP(b)*
Opis' 2	Plenumy CK
Opis' 3	Politicheskoe bjuro (Politbjuro CK)
Opis' 120	Dokumenty raznykh otdelov i komissij CK
Opis' 162	Osobie papki politbjuro CK
Fond 82	*Vjacheslav Molotov*
Fond 329	*Nikolaj Bukharin*
Fond 493	*Shestoj kongress Kominterna (1928)*
Fond 495	*Ispolnitel'nyj komitet Kominterna (IKKI)*
Opis' 2	Presidium Ispolkoma Komintern
Opis' 3	Politicheskij sekretariat IKKI
Opis' 4	Politcheskaja komissija Politsekretariata
Opis' 6	Malaja komissija Politsekretariata
Opis' 7	Postajannaja komissija Politsekretariata
Opis' 18	Sekretariat IKKI
Opis' 19	Sekretariat sekretarija IKKI I.A. Pjatnickogo
Opis' 20	Bjuro Sekretariata IKKI
Opis' 24	Rashirennyj presidium Ispolkoma Kominterna
Opis' 25	Organizacionnyj otdel IKKI
Opis' 28	Sredneevropejskij lendersekretariat IKKI
Opis' 32	Romanskij lendersekretariat IKKI
Opis' 33	Informacionnyj otdel IKKI
Opis' 47	Nemeckie komissii
Opis' 60	Komissii IKKI
Opis' 80	Kommunisticheskaja partija Avstrii
Opis' 168	X. plenum IKKI (1929)
Opis' 169	XI. plenum IKKI (1931)
Opis' 170	XII. rashirennyj plenum IKKI (1932)
Opis' 205	Lichnye dela nemeckikh kommunistov
Opis' 292	Predstavitel'stvo Kompartii Germanii pri IKKI
Opis' 293	Kollekcija dokumentov „IKKI o KP Germanii"

Fond 499	*Zapadnoevropejskoe bjuro IKKI*
Fond 508	*Delegacija VKP(b) v IKKI*
Opis' 1	Protokoly zasedanij delegacii RKP(b), VKP(b) v IKKI
Opis' 2,3	Perepiska delegacii RKP(b), VKP(b) v IKKI s CK RKP(b), VKP(b)
Fond 523	*Dimitrij Z. Manuilskij*
Fond 526	*Ernst Thälmann*
Fond 531	*Mezhdunarodnaja leninskaja shkola (MLSh)*
Opis' 1	Prikazy, perepiska i administrativnye dokumenty sektorov i lendergrupp MLSh
Fond 533	*Kommunisticheskij internacional molodezhi (KIM)*
Opis' 8	Lendersekretariaty Ispolkoma KIM
Opis' 10	Dokumenty kommunisticheskikh sojuzov molodezhi raznikh stran
Fond 534	*Krasnyj internacional profsojuzov (Profintern)*
Opis' 3, 6	Ispolnitel'noe bjuro Profinterna
Fond 558	*Josif V. Stalin*
Opis' 1	Avtorskie dokumenty
Opis' 11	Dokumenty Stalina i prislannye Stalinu

4. Stiftung der Parteien und Massenorganisationen der DDR im Bundesarchiv Berlin-Lichterfelde (SAPMO-BArch)

4.1 Historisches Archiv der Kommunistischen Partei Deutschlands (KPD)

RY 1/41	Sammelbestand KPD-Akten
RY 1-I 1/2	Reichsparteikonferenzen der KPD
RY 1-I 2/1	Tagungen des Zentralkomitees (ZK) der KPD
RY 1-I 2/3	Politbüro der KPD
RY 1-I 2/4	Organisationsbüro der KPD
RY 1-I 2/5	Sekretariat des Politbüros der KPD
RY 1-I 2/704	Finanzabteilung des ZK der KPD
RY 1-I 2/705	Militärpolitischer Apparat der KPD

4.2 Nachlässe

NY 4003	Ernst Thälmann
NY 4036	Wilhelm Pieck
NY 4051	Max Hoelz

4.3 Bestand Kommunistische Internationale (Komintern)

RY 5-I 6/3/63–97	Präsidium des Exekutivkomitees der Komintern (EKKI)
RY 5-I 6/3/114–287	Politisches Sekretariat des EKKI
RY 5-I 6/3/378–419	Mitteleuropäisches Ländersekretariat des EKKI
RY 5-I 6/3/420–454	Informationsabteilung des EKKI

Gedruckte Quellen und zeitgenössische Veröffentlichungen

Adibekov, Grant M. u. a. (Hg.): Politbjuro CK RKP(b)-VKP(b). Povestki dnja zasedanija. Katalog, 3 Bde. (1919–1953), Moskau 2000–2002.

ders. (Hg.): Politbjuro CK RKP(b)-VKP(b) i Evropa. Reshenija „osoboj papki". 1923–1939, Moskau 2001.

ders. (Hg.): Politbjuro CK RKP(b)-VKP(b) i Komintern. 1919–1943 gg. Dokumenty, Moskau 2004.

Akten der Reichskanzlei. Weimarer Republik. Das Kabinett Müller II, Juni 1928 bis Juli 1929. August 1929 bis März 1930. Bearbeitet von Martin Vogt, Boppard am Rhein 1970.

Akten der Reichskanzlei. Weimarer Republik. Die Kabinette Brüning I und II, 30. März 1930 bis 10. Oktober 1931; 10. Oktober 1931 bis 1. Juni 1932. Bearbeitet von Tilman Koops, München 1982.

Akten der Reichskanzlei. Weimarer Republik. Das Kabinett von Schleicher. 3. Dezember 1932 bis 30. Januar 1933. Bearbeitet von Anton Goleck, Boppard am Rhein 1986.

Akten der Reichskanzlei. Weimarer Republik. Das Kabinett Papen, 1. Juni 1932 bis 3. Dezember 1932. Bearbeitet von Karl-Heinz Minuth, München 1989.

Akten zur deutschen Auswärtigen Politik (ADAP), Serie B: 1925–1933, Bd. 21, Göttingen 1983.

Alfred, L: Für Klarheit in der Frage des proletarischen Selbstschutzes, in: Die Internationale 13 (1930), S. 2009f.

Altrichter, Helmut u. a. (Hg.): Die Sowjetunion. Von der Oktoberrevolution bis zu Stalins Tod, Bd. 2: Wirtschaft und Gesellschaft, München 1987.

Andersen, Arne: Die KPD und die nationalsozialistische Machtübernahme. Ein Rundschreiben der KPD vom 2. Februar 1933, in: IWK 22 (1986), S. 357–373.

Anklageschrift gegen die konterrevolutionäre Organisation des Bundes der Ingenieur-Organisationen („Industriepartei") gegen Ramsin, Kalininkow, Laritschew, Tscharnowski, Fedotov, Otschkin und Sitnin auf Grund Art. 58, Punkt 3, 4 und 6 des Strafgesetzbuches der RSFSR, Moskau 1930.

Babichenko, Leonid: Politbjuro CK RKP(B). Komintern i sobytija v Germanii v 1923 g. Novye archivnye materialy, in: Novaja i Novejshaja Istorija (1994), H. 2, S. 125–157.

Bahne, Siegfried u. a. (Hg.): Les partis communistes et l'Internationale communiste dans les années 1928–1932, Archives de Jules Humbert-Droz, Bd. 3, Dordrecht 1988.

Bajanov, B: Avec Stalin dans le Kremlin, Paris 1930.

Barbusse, Henri: Staline. Une monde nouveau vu a travers un homme, Paris 1935.

Bayerlein, Bernhard (Hg.): Georgi Dimitroff. Tagebücher 1933–1943 (2 Bde.), Berlin 2000.

ders. u. a. (Hg.): Deutscher Oktober 1923. Ein Revolutionsplan und sein Scheitern, Archive des Kommunismus, Bd. 3, Berlin 2003.

ders. u. a. (Hg.): Moscou-Paris-Berlin. Télégrammes chiffrés du Komintern (1939–1941), Paris 2003.

Becker, Jens u. a. (Hg.): Das Erste Tribunal. Das Moskauer Parteiverfahren gegen Brandler, Thalheimer und Radek, Mainz 1993.

Berelovitch, A. u. a. (Hg.): Sovetskaja derevnja glazami VChK-OGPU-NKVD. 1918–1939. Dokumenty i materialy. V 4-kh tomakh [bisher 3 Bände 1918–1931], Bd. 3, Teil 1, Moskau 2000–2003.

Bericht über die Verhandlungen des III. [8.] Parteitages der Kommunistischen Partei Deutschlands. Herausgegeben von der Zentrale der Kommunistischen Partei Deutschlands, Berlin 1923.

Bonwetsch, Bernd: „Skostit' polovinu summy reparacij... my mozhem." Vstrechi Stalina s rukovodstvom SEPG, in: Istocnik (2003), H. 3, S. 100–128.

Brojde, S[olomon Oskarovic']: Vreditel'stvo, spionazh i belyj terror, Moskau 1930.

Buber-Neumann, Margarete: Von Potsdam nach Moskau. Stationen eines Irrweges, Frankfurt am Main 1985.

Chernev, A. D.: „Nuzhno idti k socializmu ne prjamo, a zigzagami". Zapis' besedy I.V. Stalina s rukovoditeljami SEPG Dekabp' 1948 g, in: Istoricheskij Arkhiv 10 (2002), S. 3–26.

Chuev, Feliks I.: Tak govoril Kaganovich. Ispoved' stalinskogo apostola, Moskau 1992.

ders.: Molotov. Poluderzhavnji vlastelin, Moskau 2000.

Coppi, Hans (Hg.): Aufbruch. Dokumentation einer Zeitschrift zwischen den Fronten, Koblenz 2001.

Creutzburg, August: Der Stand der Organisationsarbeit der KPD und ihre nächsten Aufgaben, in: Die Internationale 14 (1931), S. 285–299.

ders.: Die Organisations-Arbeit der KPD, Hamburg 1931.

ders.: Die organisationspolitischen Aufgaben der Partei zur Organisierung der Volksaktion gegen Faschismus, Brüning-Diktatur und Preußenregierung, in: Die Internationale 14 (1931), S. 11–118.

Dahn, Baptist u.a.: Als deutsche Kommunisten in Sowjet-Russland. Erlebnisse und Erfahrungen. Nach Tagebüchern und Erzählungen von Baptist Dahn und Arthur Föh, Niederheimbach 1932.

Danilov, Viktor P. (Hg.): Tragedija sovetskoi derevni. Kollektivizacija i raskulachivanie. Dokumenty i materialy v 5 tomakh, 1927–1939 [bisher vier Bände 1927–1936], Moskau 1999–2003.

ders. u.a. (Hg.): Kak lomali NEP. Stenogrammy plenumov CK VKP(b) 1928–1929 gg (5 Bde.), Moskau 2000.

Davies, Robert W.: The Stalin-Kaganovich Correspondence 1931–1936, New Haven 2003.

„Diktatura jazykocheshushchikh nad Rabotajushchimi." Poslednjaja sluzhebnaja zapiska G. V. Chicherina, in: Istochnik. Dokumenty russkoj istorii 4 (1995), H. 6, S. 99–116.

Djakov, Ju. L. u.a. (Hg.): Fashistskij mech kovalsja v SSSR. Krasnaja Armija i Rejkhsver. Tajnoe sotrudnichestvo, 1922–1933. Neizvestnye dokumenty, Moskau 1992.

Dokumente und Materialien zur Geschichte der deutschen Arbeiterbewegung. Herausgegeben vom Institut für Marxismus-Leninismus beim ZK der SED, Bd. 8 (Januar 1924 – Oktober 1929), Berlin 1975.

Drabkin, Jakov (Hg.): Komintern i ideja mirovoj revoljucii. Dokumenty, Moskau 1998.

Emel, Alexander: Der revolutionäre Marximus und die nationale Befreiung, in: Die Internationale 13 (1930), S. 562–567.

Fischer, Ruth: Stalin und der deutsche Kommunismus, Frankfurt am Main 1950.

Gabor, Andor: Spione und Saboteure vor dem Volksgericht in Moskau. Bericht über den Hochverratsprozeß gegen Ramsin und Genossen vom 25. 11.–7. 12. 1930, Berlin 1931.

Gerber, Rudolf [d.i. Rudolf Schlesinger]: Über die jüngste Entwicklung des Kampfes gegen die faschistische Diktatur in Deutschland, in: Die Kommunistische Internationale 13 (1930), S. 427–432.

Getty, J. Arch u.a. (Hg.): The Road to Terror. Stalin and the Selfdestruction of the Bolscheiks. 1932–1939, New Haven 1999.

Gincberg, Lev I.: „Politsekretariat IKKI trebuet." Dokumenty Kominterna i Kompartii Germanii. 1930–1934 gg, in: Istoricheskij Arkhiv (1994), H. 1, S. 148–174.

Glaeser, Ernst u.a. (Hg.): Der Staat ohne Arbeitslose. Drei Jahre „Fünfjahresplan". Mit einem Nachwort von Alfred Kurella, Berlin 1931.

Gorlov, Sergej A.: Geheimsache Moskau – Berlin. Die militärpolitische Zusammenarbeit zwischen der Sowjetunion und dem Deutschen Reich. 1920–1933, in: VfZ 44 (1996), S. 133–165.

Grzesinski, Albert: Im Kampf um die deutsche Republik. Erinnerungen eines Sozialdemokraten. Herausgegeben von Eberhard Kolb, Schriftenreihe der Stiftung Reichspräsident-Friedrich-Ebert-Gedenkstätte, Bd. 9, München 2001.

Heckert, Fritz: Die deutschen Reichstagswahlen und die Aufgaben der KPD, in: Inprekorr 10 (1930), H. 79 vom 19. 9. 1930, S. 1953.

Hedeler, Wladislaw u. a.: Wie der „Fall Wittorf" zum Sturz Nikolaj Bukharins missbraucht wurde. Ein notwendiger Nachtrag, in: Beiträge zur Geschichte der Arbeiterbewegung 39 (1997), S. 87–95.

Hellbeck, Jochen (Hg.): Tagebuch aus Moskau 1931–1939, München 1996.

Herbst, Andreas u. a. (Hg.): Deutsche Kommunisten. Biographisches Handbuch 1918 bis 1945, Berlin 2003.

Horkenbach, Cuno (Hg.): Das Deutsche Reich von 1918 bis heute, Jg. 1933, Berlin o. J. (1933).

Humbert-Droz, Jules: De Lénine à Staline. Mémoires, Neuchâtel 1971.

H[irsch], W[erner]: Der Kampf der deutschen Kommunisten gegen den Youngplan, in: Inprekorr 10 (1930), H. 17 vom 18. 2. 1930, S. 393 f.

Karl, Heinz u. a. (Hg.): Die antifaschistische Aktion. Dokumentation und Chronik. Mai 1932 bis Januar 1933, Berlin 1965.

Ken, Oleg N. u. a. (Hg.): Politbjuro CK VKP(b) i otnoshenija SSSR s zapadnymi sosednimi gosudarstvami. Konec 1920–1930-kh gg. Problemy. Dokumenty. Opyt kommentarija, St. Petersburg 2000.

Khaustov, V. N. u. a. (Hg.): Lubjanka. Stalin i VChK-GPU-OGPU-NKVD. Arkhiv Stalina. Dokumenty vyshikh partijnoj i gosudarstvennoj vlasti. Janvar' 1922 – dekabr' 1936, Rossija XX vek. Dokumenty, Moskau 2003.

Khlevnjuk, Oleg V. (Hg.): Stalinskoe Politbjuro v 30-e gody. Sbornik dokumentov, Moskau 1995.

ders. u. a. (Hg.): Stalin i Kaganovich. Perepiska 1931–1936 gg, Moskau 2001.

Kirschmann, Hans E.: Preußens Ausklang, in: Jahrbuch Preußischer Kulturbesitz 6 (1968), S. 75–95.

Klehr, Harvey u. a. (Hg.): The Secret World of American Communism. Annals of Communism, New Haven 1995.

Knickerbocker, H. R.: Der rote Handel droht! Der Fortschritt des Fünfjahresplans der Sowjets, Berlin 1931.

Komolova, N. P. u. a. (Hg.): Komintern protiv fashizma. Dokumenty, Moskau 1999.

Korotkov, A. V.: Posetetiteli kremlevskogo kabineta I. V. Stalina. Zhurnali (tetradi) zapisi lic, prinjatykh pervym gensekom. 1924–1953 gg Zhurnali (tetradi) zapisi lic, prinjatykh pervym gensekom. 1924–1953 gg, in: 1994, Teil I: H. 6, S. 4–44; Teil II: 1995, H. 2, S. 128–200.

Koshelova, Larissa u. a. (Hg.): Pis'ma I. V. Stalina V. M. Molotovu. 1925–1936 gg, Moskau 1995.

Kracauer, Siegfried: Berliner Nebeneinander. Ausgewählte Feuilletons 1930–33. Herausgegeben von Andreas Volk, Zürich 1996.

Kurilova, I. V. u. a. (Hg.): Reabilitacija. Politicheskie processy 30–50-kh godov, Moskau 1991.

Kvashonkin, A. V. u. a. (Hg.): Sovetskoe rukovodstvo. Perepiska, 1928–1941, Moskau 1999.

ders. (Hg.): Bol'shevistskoe rukovodstvo. Perepiska 1912–1927, Moskau 1996.

Lenin, Vladimir I.: Werke, Berlin 1970–1973.

Lenz, Josef: Was wollen die Kommunisten?, Berlin 1927.

Leutner, Mechthild u. a. (Hg.): KPdSU(B), Komintern und die Sowjetbewegung in China (3 Bde.), Münster 2000.

Leviné-Meyer, Rosa: Im inneren Kreis. Erinnerungen einer Kommunistin in Deutschland von 1920–1933, Frankfurt am Main 1982.

Lewerenz, Elke u. a.: Zum Kurswechsel in der KPD. Dokumente aus den Jahren 1927/28, in: BzG 33 (1991), S. 771–778.

Lewin, Erwin: Neue Dokumente zur Kursänderung 1934/35 in der KPD, in: Jahrbuch für historische Kommunismusforschung 1 (1993), S. 171–186.

Lih, Lars T. u. a. (Hg.): Stalin. Briefe an Molotov. 1925–1936, Berlin 1996.

Litvin, A. L. (Hg.): Men'shevistskij process 1931 goda. Sbornik dokumentov v 2-kh knigakh, Moskau 1999.

Magyar, L[udwig]: Kapitalismus gegen Sozialismus. Der Moskauer Prozess gegen die Industriepartei, Hamburg, Hamburg 1931.

Manuilskij, Dmitrij M.: Die kommunistischen Parteien und die Krise des Kapitalismus, Hamburg 1931.

Marx, Karl/Engels, Friedrich: Werke. Herausgegeben vom Institut für Marxismus-Leninismus beim ZK der SED, Berlin 1963.

Marx-Engels-Lenin-Stalin-Institut (Hg.): Zur Geschichte der Kommunistischen Partei Deutschlands. Eine Auswahl von Materialien und Dokumenten aus den Jahren 1914–1946, Berlin 1954.

Maslowski, Peter: Thälmann. Männer und Mächte, Leipzig 1932.

Merker, Paul: Das nächste Kettenglied, in: Die Internationale 13 (1930), H. 3 vom 1. 2. 1930, S. 65–69.

ders.: Der Kampf gegen den Faschismus, in: Die Internationale 13 (1930), H. 8/9 vom 1. 5. 1930, S. 259–266.

Mikojan, Anastas I.: Tak bylo. Razmyshlenija o minuvshem, Moskau 1999.

Millionen Frauen finden Arbeit und Brot, Berlin 1931.

Molotov remembers. Herausgegeben von Feliks Chuev, Chicago 1993 (russische Ausg. u.d.T.: Sto sorok besed s Molotovym, Moskau 1991).

Molotov, Vjacheslav M.: Das Anwachsen der Weltkrise des Kapitalismus, der revolutinonäre Aufschwung und die Aufgaben der Komintern. Tätigkeitsbericht der EKKI-Delegation der KPdSU auf dem 16. Parteitag der KPdSU. 5. Juli 1930, Moskau 1931.

„Naznachit revoljuciju v Germanii na 9 nojabrja", in: Istocnik 5 (1995), H. 18, S. 115–139.

Nokhotovich, D. u. a.: Raskulachivali dazhe... inostrancev. Dokumenty perioda kollektivizacii, in: Vladimir A. Kozlov u. a. (Hg.), Neizvestnaja Rossija. XX. vek, Bd. 2, Moskau 1992, S. 324–336.

Norden, Albert: Hitler-Faschisten in der thüringischen Regierung, in: Inprekorr 10 (1930), H. 2 vom 28. 1. 1930, S. 231 f.

Pavlov, D. B. u. a. (Hg.): Pis'ma Azefa. 1893–1917, Moskau 1994.

Pirker, Theo (Hg.): Komintern und Faschismus. Dokumente zur Geschichte und Theorie des Faschismus, Schriftenreihe der Vierteljahrshefte für Zeitgeschichte, Bd. 10, Stuttgart 1965.

ders. (Hg.): Utopie und Mythos der Weltrevolution. Zur Geschichte der Komintern. 1920–1940, München 1966.

Pjatnickij, Ossip A.: Brennende Fragen. Die Arbeit unter den Arbeitslosen. Partei- und Gewerkschaftsarbeit im Betrieb, die Fluktuation im Mitgliederbestand, Hamburg 1931.

ders.: Die Arbeit der Kommunistischen Parteien Frankreichs und Deutschlands und die Aufgaben der Kommunisten in der Gewerkschaftsbewegung. Rede auf dem XII. Plenum des EKKI der Kommunistischen Internationale, Moskau o.J. 1932.

ders.: Die Bolschewisierung der kommunistischen Parteien der kapitalistischen Länder durch Überwindung der sozialdemokratischen Traditionen. Stenogramm des Berichtes auf der Beratung der Lehrer für Parteiaufbau an den internationalen kommunistischen Parteischulen, Bücherei des Parteiarbeiters, Bd. 6, Berlin 1932.

ders.: Deckname Freitag. Aufzeichnungen eines Bolschewiks, Berlin 1984 [erste deutsche Auflage u.d.T.: Aufzeichnungen eines Bolschewiks. Erinnerungen aus den Jahren 1896–1917. Internationale Memoiren, Bd. 2, Berlin 1930].

Plener, Ulla (Hg.): Max Hoelz: „Ich grüße und küsse Dich – Rot Front!" Tagebücher und Briefe, Moskau 1929 bis 1933, Berlin 2005.

Pozharskaja, S. P. u. a. (Hg.): Komintern i grazhdanskaja vojna v Ispanii. Dokumenty, Moskau 2001.

Protokoll der Konferenz der Erweiterten Exekutive der Kommunistischen Internationale, Moskau, 12.–23. Juni 1923, Hamburg 1923.

Protokoll der Verhandlungen des 12. Parteitages der KPD (Sektion der Kommunistischen Internationale). Berlin-Wedding 9.–16. 6. 1929, Berlin 1929.

Protokoll. 10. Plenum des Exekutivkomitees der Kommunistischen Internationale. Moskau, 3. Juli 1919 bis 19. Juli 1929, Hamburg 1929.

Protokoll. VI. Weltkongress der Kommunistischen Internationale. Moskau, 17. Juli–1. September 1928 (4 Bde.), Hamburg (Nachdruck Mailand 1967) 1928.

Radek, Karl: Die Bilanz der Reichstagswahlen, in: Inprekorr 10 (1930), H. 81 vom 26. 9. 1930, S. 1997–2000.
Radosh, Ronald u.a. (Hg.): Spain betrayed. The Soviet Union in the Spanish Civil War. Annals of Communism, New Haven 2001.
Remmele, Hermann: Tempoverlust. Vor oder hinter den Massen?, in: Die Internationale 12 (1929), S. 213–219.
ders.: Schritt halten! Warum muss der Kampf gegen zwei Fronten gerichtet werden?, in: Die Internationale 13 (1930), Teil I: S. 135–148, Teil II: S. 198–221, Teil III: S. 230–259, Teil IV: S. 295–313.
ders.: Das Fazit der Septemberwahlen, in: Die Internationale 13 (1930), S. 545–555.
ders.: Sowjetstern oder Hakenkreuz? Die Rettung Deutschlands aus der Youngsklaverei und Kapitalsknechtschaft, Berlin 1930.
ders.: Das Land ohne Arbeitslose, Berlin 1931.
ders.: Die Sowjetunion, 2 Bde., Hamburg 1932.
Renner, Rudolf: Die Sachsenwahlen und ihre Lehren, in: Die Internationale 13 (1930), S. 404–409.
Reuter, Elke u.a. (Hg.): Luxemburg oder Stalin. Schaltjahr 1928. Die KPD am Scheideweg, Geschichte des Kommunismus und Linkskommunismus, Bd. 3, Berlin 2003.

Sakharov, A. N. u.a. (Hg.): „Sovershenno sekretno". Lubjanka – Stalinu o polozhenii v strane (1922–1934 gg), Bd. 6 (1928), Moskau 2002.
Scheringer, Richard: Das große Los. Unter Soldaten, Bauern und Rebellen, Hamburg 1959.
Schmidt, K.: Die internationale Lage, der drohende Krieg und die Perspektive der deutschen Revolution, in: Die Internationale 12 (1929), S. 278–283.
Schulthess' Europäischer Geschichtskalender, Bde. 69 (1929) – 73 (1932), München 1930–1933.
Schulz, Gerhard (Hg.): Staat und NSDAP 1930–1932. Quellen zur Ära Brüning. Bearbeitet von Ilse Maurer und Udo Wengst, Düsseldorf 1977.
Schütrumpf, Jörn (Hg.): Ernst Thälmann. An Stalin. Briefe aus dem Zuchthaus 1939 bis 1941, Berlin 1996.
Seibert, Theodor: Das rote Russland. Staat, Geist und Alltag der Bolschewiki, München 1931.
Sitzungsberichte des Preußischen Landtages. 3. Wahlperiode, 11 (172. bis 188. Sitzung, 28. Juni bis 14. November 1930), Berlin 1930.
Smoljanskij, Grigorij: Die Lage in Deutschland und die Aufgaben der KPD, in: Die Kommunistische Internationale 14 (1931), S. 349–353.
Spiony i vrediteli pered proletarskim sudom. Pokszanija Ramzina, Moskau 1930.
Stalin, Josef: Werke, Berlin 1951–1953.
Stalin. Sbornik statej k pjatedesjatiletiju so dnja rozhdenija, 1929.
Stampfer, Friedrich: Erfahrungen und Erkenntnisse. Aufzeichnungen aus meinem Leben, Köln 1957.
Statistisches Jahrbuch für das Deutsche Reich, 52. Jg. 1933, Berlin 1934.

Talbott, Strobe (Hg.): Chruschtschow erinnert sich. Die authentischen Memoiren, Reinbek bei Hamburg 1992.
Tepcov, N. V., Tajnij agent Iosifa Stalina. Dokumental'naja istorija o donosakh i donoschike, in: Vladimir A. Kozlov u.a. (Hg.), Neizvestnaja Rossija. XX vek, Moskau 1992, S. 56–128.
Thalheimer, August: Eine verpasste Revolution, Berlin 1931.
Thälmann, Ernst: Die Lage in Deutschland und die Aufgaben der Kommunistischen Partei Deutschlands. XI. EKKI-Tagung Moskau, Hamburg 1931.
ders.: Einige Fehler in unserer theoretischen und praktischen Arbeit und der Weg zu ihrer Überwindung, in: Die Internationale 14 (1931), S. 481–509.
ders.: Volksrevolution über Deutschland. Rede des Genossen E. Thälmann auf der Tagung

des ZK der KPD, 15.–17. 1. 1931. Herausgegeben vom ZK der Kommunistischen Partei Deutschlands, Berlin o.J. (1931).

ders.: Vorwärts unter dem Banner der Komintern. Rede des Gen. Thälmann auf der Tagung des ZK der KPD am 14. 5. 1931, Berlin o.J. (1931).

ders.: Der revolutionäre Ausweg und die KPD. Rede auf der Plenartagung des ZK der KPD am 19. 2. 1932 in Berlin, Berlin o.J. (1932).

ders.: Im Kampf gegen die faschistische Diktatur. Rede und Schlusswort des Genossen Ernst Thälmann auf der Parteikonferenz Oktober 1932, Berlin o.J. (1932).

ders. u. a.: Paris-Berlin. Unser Kampf gegen den imperialistischen Krieg, gegen Versailles. Für die soziale und nationale Befreiung. Herausgegeben. von der KPD, Berlin 1932.

ders.: Was will die Antifaschistische Aktion?, Berlin 1932.

ders.: Reden und Aufsätze. 1930–1933, Köln 1975.

ders.: Ausgewählte Reden und Schriften in zwei Bänden, Frankfurt am Main 1976.

Thorez, Maurice: Fils du peuple, Paris 1970 (erste Ausgabe: Paris 1937).

Torpokov, A.K.: Kak stat' kulturnym, Moskau 1929.

Trifonov, Ju.: Widerschein des Feuers. Ein Bericht, Neuwied 1979 [erste Ausgabe u.d.T.: Otblesk kostra, Moskau 1966].

Trockij, Lev D., Iosif Stalin. Opyt kharakteriski (1939), in: Lev D. Trockij (Hg.), K istorii russkoj revoljucii, Moskau 1990, S. 395–411.

Ulbricht, Walter u. a.: Geschichte der deutschen Arbeiterbewegung, 4 (1924 bis Januar 1933), Berlin 1966.

Das Urteil wurde vollstreckt. Die Erschießung der „48" in Sowjetrussland und ihre Hintergründe. Der drohende Krieg, Berlin 1931.

Vatlin, Alexander u. a. (Hg.): „Pravij uklon" v KPG i stalinzacija Kominterna. Stenogramma zasedanija Preziduma IKKI po germanskomu voprosu. 19 dekabrja 1928g., Moskau 1996.

Verhandlungen des Reichstages. IV. Wahlperiode 1928, Bd. 426, Stenografische Berichte (von der 99. Sitzung am 30. 9. 1929 bis zur 134. Sitzung am 28. 2. 1930), Berlin 1930.

Volkov, V.K.: Za sovetami v Kreml'. Zapis' besedy I.V. Stalina s rukovoditeljami SEPG. Mart 1948 g., in: Istoricheskij Arkhiv 10 (2002), S. 3–27.

Weber, Hermann (Hg.): Der deutsche Kommunismus. Dokumente, Köln 1963.

ders. (Hg.): Die Kommunistische Internationale. Dokumentation, 1966.

ders.: Die Beziehungen zwischen KPD und Komintern. Dokumente, in: VfZ 16 (1968), S. 172–208.

ders. (Hg.): Die Generallinie. Rundschreiben des Zentralkomitees der KPD an die Bezirke 1929–1933, Quellen zur Geschichte des Parlamentarismus und der politischen Parteien. Dritte Reihe, Bd. 6, Düsseldorf 1981.

ders. (Hg.): Die Gründung der KPD. Protokoll und Materialien des Gründungsparteitages der Kommunistischen Partei Deutschlands 1918/1919; mit einer Einführung zur angeblichen Erstveröffentlichung durch die SED, Berlin 1993.

ders. u. a. (Hg.): Der Thälmann-Skandal. Geheime Korrespondenzen mit Stalin, Archive des Kommunismus, Bd. 2, Berlin 2003.

Wehner, Herbert: Zeugnis. Herausgegeben von Gerhard Jahn, Köln 1982.

Weizsäcker, Ernst von: Erinnerungen, München 1950.

Wolikov, Serge u. a. (Hg.): Komintern, l'histoire et les hommes. Dictionnaire biographique de l'Internationale communiste France, en Belgique, au Luxembourg, en Suisse et à Moscou, Paris 2001.

Zarusky, Jürgen (Hg.): Die Stalinnote vom 10. März 1952. Neue Quellen und Analysen, Schriftenreihe der Vierteljahrshefte für Zeitgeschichte, Bd. 84, München 2002.

Literatur

Adibekov, Grant M.: Organizacionnaja struktura Kominterna, 1919–1943, Moskau 1997.

Afanas'eva, Ju. N. u. a. (Hg.): Sovetskoe obshchestvo. Vozniknovenie, razvitie, istoricheskij final, Bd. 1: Ot vooruzhennogo vosstanija v Petrograde do vtoroj sverkhderzhavy mira, Moskau 1997.

Alexopoulos, Golfo: Stalin's outcasts. Aliens, citizens, and the Soviet state. 1926–1936, Ithaca 2003.

Altrichter, Helmut: „Offene Baustelle Russland". Reflexionen über das „Schwarzbuch des Kommunismus", in: VfZ 47 (1999), S. 312–361.

Andersen, Arne: „Lieber im Feuer der Revolution sterben, als auf dem Misthaufen der Demokratie verrecken!" Die KPD in Bremen von 1928–1933. Ein Beitrag zur Bremer Sozialgeschichte, München 1987.

Andrew, Christopher u. a.: Stalin and Foreign Intelligence, in: Totalitarian Movements and Political Religions 4 (2003), H. 1, S. 69–94.

Angress, Werner T.: Die Kampfzeit der KPD. 1921–1923, Düsseldorf 1973.

Baberowski, Jörg: Wandel und Terror. Die Sowjetunion unter Stalin 1928–1941, in: JfGO 43 (1995), S. 96–129.

ders.: „Die Verfasser von Erklärungen jagen den Parteiführern einen Schrecken ein." Denunziation und Terror in der stalinistischen Sowjetunion 1928–1941, in: Ross, Friso (Hg.), Denunziation und Justiz. Historische Dimensionen eines sozialen Phänomens, Tübingen 2000, S. 165–198.

ders.: Arbeit an der Geschichte. Vom Umgang mit den Archiven, in: Jahrbücher für die Geschichte Osteuropas 51 (2003), S. 35–56.

ders.: Der Feind ist überall. Stalinismus im Kaukasus, München 2003.

ders.: Der rote Terror. Die Geschichte des Stalinismus, München 2003.

Babichenko, Leonid: Die Kaderschulung der Komintern, in: Jahrbuch für historische Kommunismusforschung 1 (1993), S. 37–59.

Backes, Uwe (Hg.): Reichstagsbrand. Aufklärung einer historischen Legende, München 1986.

Bahne, Siegfried: Sozialfaschismus in Deutschland. Zur Geschichte eines politischen Begriffes, in: IRSH 10 (1965), S. 211–245.

ders.: Die Kommunistische Partei Deutschlands, in: Matthias, Erich u. a. (Hg.), Das Ende der Parteien 1933. Darstellungen und Dokumente, Düsseldorf 1979, S. 655–739.

Balandier, Georges: Politische Anthropologie, München 1976.

Barclay, David E. u. a. (Hg.): Between reform and revolution. German socialism and communism from 1840 to 1990, New York 1998.

Bayerlein, Bernhard H.: Vom Geflecht des Terrors zum Kartell des Todes? Erste Einblicke in die Mechanismen und Strukturen von Komintern und KPdSU im Kontext des stalinistischen Terrors anhand der Bestände im Moskauer Komintern-Archiv, in: Weber, Hermann (Hg.), Kommunisten verfolgen Kommunisten. Stalinistischer Terror und „Säuberungen" in den kommunistischen Parteien Europas seit den dreißiger Jahren, Berlin 1993, S. 103–124.

ders.: Ernst Thälmann. Vom „Fall" zur Parabel des Stalinismus?, in: Weber, Hermann u. a. (Hg.), Der Thälmann-Skandal. Geheime Korrespondenzen mit Stalin, Berlin 2003, S. 35–71.

Becker, Jens: Heinrich Brandler. Eine politische Biographie, Hamburg 2001.

Berghahn, Volker R.: Der Stahlhelm. Bund der Frontsoldaten 1918–1935, Beiträge zur Geschichte des Parlamentarismus und der politischen Parteien, Bd. 33, Düsseldorf 1966.

ders.: Das Volksbegehren gegen den Youngplan und die Ursprünge des Präsidialsystems. 1928–1930, in: Stegmann, Dirk (Hg.), Industrielle Gesellschaft und politisches System. Beiträge zur politischen Sozialgeschichte. Festschrift für Fritz Fischer zum siebzigsten Geburtstag, Bonn 1978, S. 431–446.

Berg-Schlosser, Dirk u. a. (Hg.): Politische Kultur in Deutschland. Bilanz und Perspektiven der Forschung, Politische Vierteljahresschrift (Sonderheft), Bd. 18, Opladen 1987.

Besymenski, Lew: Stalin und Hitler. Das Pokerspiel der Diktatoren, Archive des Kommunismus, Bd. 1, Berlin 2002.

Beyrau, Dietrich: Schlachtfeld der Diktatoren. Osteuropa im Schatten von Hitler und Stalin, Göttingen 2000.

ders.: Petrograd, 25. Oktober 1917. Die russische Revolution und der Aufstieg des Kommunismus, München 2001.

ders.: Das bolschewistische Projekt als Entwurf und soziale Praxis, in: Hardtwig, Wolfgang (Hg.), Utopie und politische Herrschaft im Europa der Zwischenkriegszeit, Schriften des Historischen Kollegs, Kolloquien, Bd. 56, München 2003, S. 13–40.

Boetticher, Manfred von: Industrialisierungspolitik und Verteidigungskonzeption der UdSSR 1926–1930. Herausbildung des Stalinismus und „äußere Bedrohung", Düsseldorf 1979.

Borchardt, Knut: Zwangslagen und Handlungsspielräume in der großen Weltwirtschaftskrise der frühen dreißiger Jahre: Zur Revision des überlieferten Geschichtsbildes (1979), in: Knut Borchardt (Hg.), Wachstum, Krisen, Handlungsspielräume der Wirtschaftspolitik. Studien zur Wirtschaftsgeschichte des 19. und 20. Jahrhunderts, Göttingen 1982, S. 165–182.

Bordjugov, Gennadij: Die Machtergreifung Hitlers. Dominanten außenpolitischer Entscheidungen des Stalin-Regimes 1933–1934, in: Thomas, Ludmila u. a. (Hg.), Zwischen Tradition und Revolution, Stuttgart 2000, S. 371–398.

Borkenau, Franz: Der europäische Kommunismus. Seine Geschichte von 1917 bis zur Gegenwart, München 1952.

Bowlby, Chris: Blutmai 1929. Police, Parties and Proletarians in a Berlin Confrontation, in: The Historical Journal 29 (1986), S. 137–158.

Bracher, Karl Dietrich: Die Auflösung der Weimarer Republik. Eine Studie zum Problem des Machtverfalls in der Demokratie, Stuttgart 1964.

Brown, Archie (Hg.): Political Culture and Communist Studies, Armonk, NY 1985.

Carr, Edward H.: The Twilight of Comintern. 1930–1936, London 1986.

Cassiday, Julie A.: The Enemy on Trial. Early Soviet Courts on Stage and Screen, DeKalb 2000.

Channon, John (Hg.): Politics, society and stalinism in the USSR, New York 1998.

Chase, William J.: Enemies within the gates? The Comintern and Stalinist repression, 1934–1939, New Haven/London 2002.

Childers, Thomas: The social language of politics in Germany. The sociology of political discourse in the Weimar Republic, in: AHR 95 (1990), S. 331–358.

Cohen, Gidon u. a.: Stalin's Sausage Machine. British Students at the International Lenin School, 1926–37, in: Twentieth Century British History 13 (2002), S. 327–355.

Cohen, Yves: Des lettres comme action. Stalin au début des années 1930 vu depuis le fonds Kaganovich, in: Cahier du Monde Russe 38 (1997), S. 307–345.

Courtois, Stéphane: Archives du communisme. Mort d'une mémoire, naissance d'une histoire, in: Le Débat (1993), H. 77, S. 127–156.

Davies, R. W.: The Syrtcov-Lominadze-Affair, in: Soviet Studies 33 (1981), S. 29–50.

ders.: The Soviet economy in turmoil, 1929–1930, Cambridge, Mass. 1989.

ders.: Crisis and Progress in the Soviet Economy. 1931–1933, Basingstoke 1996.

Debo, Richard K.: G. V. Chicherin. A Historical Perspective, in: Gorodetsky, Gabriel (Hg.), Soviet foreign policy 1917–1991. A retrospective, London 1991, S. 21–29.

Deutscher, Isaac: Stalin. Eine politische Biographie, Reinbek 1992 (erste englische Ausgabe: New York 1949).

Dierske, Ludwig: War eine Abwehr des Preußenschlages vom 20. Juli 1932 möglich?, in: Zeitschrift für Politik 17 (1970), S. 197–245.

Draper, Theodore: American Communism and Soviet Russia, New York 1960.

Drechsler, Hanno: Die Sozialistische Arbeiterpartei Deutschlands (SAPD). Ein Beitrag zur

Geschichte der deutschen Arbeiterbewegung am Ende der Weimarer Republik, Hannover 1983.

Dreyfus, Michel u. a. (Hg.): Le siècle des communismes, Paris 2000.

Druzhnikov, Yuri: Donoschik 001, ili, Voznesenie Pavlika Morozova, Moskau 1995.

Duhnke, Horst: Die KPD von 1933 bis 1945, Wien 1974.

Dupeux, Louis: „Nationalbolschewismus" in Deutschland. 1919–1933. Kommunistische Strategie und konservative Dynamik, München 1985.

Easter, Gerald: Reconstructing the state. Personal networks and elite identity in Soviet Russia, Cambridge studies in comparative politics, Cambridge 2000.

Ehls, Marie-Luise: Protest und Propaganda. Demonstrationen in Berlin zur Zeit der Weimarer Republik, Veröffentlichungen der Historischen Kommission zu Berlin, Bd. 92, Berlin 1997.

Ehni, Hans-Peter: Bollwerk Preußen? Preußen-Regierung, Reich-Länder-Problem und Sozialdemokratie 1928–1932, Schriftenreihe des Forschungsinstituts der Friedrich-Ebert-Stiftung, Bd. 111, Bonn-Bad Godesberg 1975.

Eley, Geoff: History With the Politics Left Out – Again?, in: The Russian Review 45 (1986), S. 385–394.

Ennker, Benno: Politische Herrschaft und Stalinkult 1929–1939, in: Plaggenborg, Stefan (Hg.), Stalinismus. Neue Forschungen und Konzepte, Berlin 1998, S. 151–184.

Erren, Lorenz: Zum Ursprung einiger Besonderheiten der sowjetischen Parteiöffentlichkeit. Der stalinistische Untertan und die „Selbstkritik" in den dreißiger Jahren, in: Rittersporn, Gábor T. u. a. (Hg.), Sphären von Öffentlichkeit in Gesellschaften sowjetischen Typs. Zwischen partei-staatlicher Selbstinszenierung und kirchlichen Gegenwelten, Frankfurt am Main 2003, S. 131–164.

Falter, Jürgen W. u. a.: Wahlen und Abstimmungen in der Weimarer Republik. Materialien zum Wahlverhalten, 1919–1933, Statistische Arbeitsbücher zur neueren deutschen Geschichte, München 1986.

Finker, Kurt: Geschichte des Roten Frontkämpferbundes, Frankfurt am Main 1981.

ders.: KPD und Antifaschismus 1929 bis 1934, in: ZfG 43 (1993), H. 5, S. 389–398.

Firsov, Friedrich: Stalin i Komintern (chast' II.), in: Voprosi Istorii (1989), H. 9, S. 3–19.

ders.: Komintern. Mekhanizm funkcionirovanija, in: Novaja i Novejshaja Istorija (1991), S. 32–47.

ders.: Stalin und die Komintern, in: Heinz, Helmut (Hg.), Die Komintern und Stalin, Berlin 1991, S. 65–132.

ders.: Die „Säuberungen" im Apparat der Komintern, in: Weber, Hermann (Hg.), Kommunisten verfolgen Kommunisten. Stalinistischer Terror und „Säuberungen" in den kommunistischen Parteien Europas seit den dreißiger Jahren, Berlin 1993, S. 37–51.

Fischer, Conan: The German Communists and the rise of Nazism, New York 1991.

Fitzpatrick, Sheila: Intellegentsia and Power. Client-Patron Relations in Stalin's Russia, in: Hildermeier, Manfred (Hg.), Stalinismus vor dem Zweiten Weltkrieg. Neue Wege der Forschung, Schriften des Historischen Kollegs, Bd. 43, München 1998, S. 35–54.

dies.: Ascribing class. The construction of social identity in Soviet Russia, in: dies., Stalinism. New directions, London 2000, S. 20–46.

dies.: Everyday Stalinism. Ordinary life in extraordinary times. Soviet Russia in the 1930s, New York 1999.

dies.: Stalinism. New directions, London 2000.

dies.: Politics as Practice. Thoughts on a New Soviet Political History, in: Kritika 5 (2004), S. 27–54.

Flechtheim, Ossip Kurt: Die KPD in der Weimarer Republik, Frankfurt am Main 1969.

Formisano, Ronald P.: The Concept of Political Culture, in: Journal of Interdisciplinary History 31 (2001), S. 393–426.

Foucault, Michel: Dispositive der Macht, Berlin 1978.

Fowkes, Ben: Communism in Germany under the Weimar Republic, New York 1984.

Frank, Mario: Walter Ulbricht. Eine deutsche Biografie, Berlin 2001.

Frevert, Ute: Neue Politikgeschichte, in: Eibach, Joachim u. a. (Hg.), Kompass der Geschichtswissenschaft. Ein Handbuch, Göttingen 2002, S. 152–164.

Gailus, Manfred: „Seid bereit zum Roten Oktober!" Die Kommunisten, in: Lehnert, Detlef u. a. (Hg.), Politische Identität und nationale Gedenktage. Zur politischen Kultur der Weimarer Republik, Opladen 1989, S. 61–88.

Garros, Veronique: Das wahre Leben. Tagebücher aus der Stalin-Zeit, Berlin 1998.

Geary, Dick: Identifying Militancy. The Assessment of Working-Class Attitudes towords State and Society, in: Evans, Richard E. (Hg.), The German working class, 1888–1933. The politics of everyday life, London 1982, S. 220–246.

Geschichte der Kommunistischen Partei der Tschechoslovakei, Berlin 1981.

Getty, J. Arch: Samokritika Rituals in the Stalinist Central Comittee. 1933–38, in: The Russian Review 58 (1999), S. 49–70.

Geyer, Dietrich: Kommunistische Internationale, in: Kernig, C.D. (Hg.), Sowjetsystem und demokratische Gesellschaft, Bd. 3, Freiburg 1969, S. 771–791.

ders.: Sowjetrussland und die deutsche Arbeiterbewegung 1918–1932, in: VfZ 24 (1976), S. 2–37.

Gilensen, Viktor: Die Komintern und die „paramilitärischen Formationen" der Kommunistischen Partei Deutschlands (1926–1932), in: Forum für osteuropäische Ideen- und Zeitgeschichte 5 (2001), H. 1, S. 9–50.

Gill, Graeme J.: Political Myth and Stalin's Quest for Authority in the Party, in: Rigby, T. H. u. a. (Hg.), Authority, power and policy in the USSR, London 1983, S. 98–117.

ders.: The origins of the Stalinist political system, Soviet and East European studies, Bd. 74, Cambridge 1990.

ders.: The Soviet Mechanism of Power and the Fall of the Soviet Union, in: Erik, Rosenfeldt Niels u. a. (Hg.), Mechanisms of power in the Soviet Union, New York 2000.

Gincberg, Lev I. u. a.: Pis'mo I.V. Stalina vo redakciju zurnala „Proletarskaja Revoljucija". Predpocylki i posledstvija. Problemy istorii i istoriografii, Moskau 1991.

ders.: Nakanune prichoda faschisma k vlasti v germanii, Novye dannye o pozicii KPG, in: Novaja i Novejshaja Istorija (1996), S. 31–49.

ders.: Frakcionnaja bor'ba v KPG v kanun prikhoda Gitlera k vlasti. Novye materialy, in: Voprosi Istorii (2001), H. 6, S. 116–124.

Goldbach, Marie-Luise: Karl Radek und die deutsch-sowjetischen Beziehungen 1918–1923, Schriftenreihe des Forschungsinstituts der Friedrich-Ebert-Stiftung, Bd. 97, Bonn-Bad Godesberg, 1973.

Gorlizki, Yoram: Stalin's Cabinet. The Politburo and Decision Making in the Post-war Years, in: Europe-Asia Studies 53 (2001), S. 291–312.

ders.: Ordinary Stalinism. The Council of Ministers and the Soviet Neopatrimonial State. 1946–1953, in: Journal of Modern History 74 (2002), S. 699–736.

Gorlov, Sergej A.: Soveshhenno sekretno. Al'jans Moskva – Berlin. 1920–1933. Voenno-politicheskie otnoshenija mezhdu SSSR i Germaniej, Moskau 2001.

Gorodetsky, Gabriel: The Formulation of Soviet Foreign Policy. Ideology and Realpolitik, in: Gorodetsky, Gabriel (Hg.), Soviet foreign policy 1917–1991. A retrospective, London 1991, S. 30–44.

ders. (Hg.): Soviet foreign policy 1917–1991. A retrospective, London 1994.

ders.: Die große Täuschung. Hitler, Stalin und das Unternehmen „Barbarossa", Berlin 2001.

Gotovich, José u. a. (Hg.): Le Komintern. L'histoire et les hommes. Dictionnaire biographique de l'Internationale communiste en France et à Moscou, en Belgique, au Luxembourg, en Suisse. 1919–1943, Paris 2001.

Grévy, Jérome: Les cafés républicains de Paris au début de la Troisieme République. Étude de sociabilité politique, in: Revue d'histoire moderne & contemporaine 50 (2003), H. 2, S. 52–72.

Groh, Dieter: Negative Integration und revolutionärer Attentismus. Die deutsche Sozialdemokratie am Vorabend des 1. Weltkrieges, Berlin 1973.

Hachmeister, Lutz: Der Gegnerforscher. Die Karriere des SS-Führers Franz Alfred Six, München 1998.

Hagenloh, Paul: „Socially harmfull elements" and the Great Terror, in: Fitzpatrick, Sheila (Hg.), Stalinism. New directions, London 2000, S. 286–307.

Halfin, Igal: From Darkness to Light. Class, Consciousness, and Salvation in Revolutionary Russia, Pittsburgh 2000.

ders.: Looking into the Oppositionists' Souls. Inquisition Communist Style, in: Russian Review 60 (2001), S. 316–339.

Haslam, Jonathan: Soviet Foreign Policy. 1930–33. The Impact of the Depression, New York 1983.

ders.: Litvinov, Stalin and the Road Not Taken, in: Gorodetsky, Gabriel (Hg.), Soviet foreign policy 1917–1991. A retrospective, London 1991, S. 55–62.

Haue, Rikke: Perzeption und Quellen. Zum Wandel des Dänemark-Bildes der sowjetischen Diplomatie in den dreißiger Jahren, in: Thomas, Ludmila u. a. (Hg.), Zwischen Tradition und Revolution. Determinanten und Strukturen sowjetischer Außenpolitik 1917–1941, Stuttgart 2000, S. 399.

ders.: Room for Discussion. The Correspondence of Narkomindel and the Soviet Embassy in Denmark, in: Rosenfeldt, Niels Erik u. a. (Hg.), Mechanisms of power in the Soviet Union, New York 2000, S. 173–191.

Herbert, Ulrich: Best. Biographische Studien über Radikalismus, Weltanschauung und Vernunft. 1903–1989, Bonn 1996.

Herbst, Ludolf: Der Fall Hitler – Inszenierungskunst und Charismapolitik, in: Nippel, Wilfried (Hg.), Virtuosen der Macht. Herrschaft und Charisma von Perikles bis Mao, München 2000, S. 171–191.

Herlemann, Beatrix: Kommunalpolitik der KPD im Ruhrgebiet 1924–1933, Wuppertal 1977.

Hildermeier, Manfred: Geschichte der Sowjetunion 1917–1991. Entstehung und Niedergang des ersten sozialistischen Staates, München 1998.

ders. (Hg.): Stalinismus vor dem Zweiten Weltkrieg. Neue Wege der Forschung, Schriften des Historischen Kollegs, Kolloquien, Bd. 43, München 1998.

Hoffmann, David L. u. a. (Hg.): Russian Modernity. Politics, Knowledge, Pratices, New York 2000.

ders.: Stalinist Values. The Cultural Norms of Soviet Modernity. 1917–1941, Ithaca 2003.

Hoisington, William A. Jr.: Class against Class. The French Communist Party and the Comintern. A Study of Election Tactics in 1928, in: IRSH 15 (1970), S. 19–42.

Holzer, Jerzy: Der Kommunismus in Europa. Politische Bewegung und Herrschaftssystem, Frankfurt am Main 1998.

Hömig, Herbert: Brüning. Kanzler in der Krise der Republik. Eine Weimarer Biographie, Paderborn 2000.

Hopf, Ted: Social Construction of International Politics. Identities and Foreign Policies, Moscow, 1955 und 1999, Ithaca 2002.

Hortzschansky, Günter u. a.: Ernst Thälmann. Eine Biographie, Berlin 1980.

Hughes, James: Patrimonialism and the Stalinist System. The Case of S. I. Syrcov, in: Europe-Asia Studies 48 (1996), S. 551–568.

Die illegale Tagung des Zentralkomitees der KPD am 7. Februar 1933 in Ziegenhals bei Berlin, Berlin 1981.

Jansen, Marc u. a.: Stalin's loyal executioner. People's Commissar Nikolai Ezhov. 1895–1940, Stanford 2002.

Jasper, Gotthard: Die gescheiterte Zähmung. Wege zur Machtergreifung Hitlers, 1930–1934, Frankfurt am Main 1986.

Jung, Otmar: Direkte Demokratie in der Weimarer Republik. Die Fälle „Aufwertung", „Fürstenenteignung", „Panzerkreuzerverbot" und „Youngplan", Frankfurt am Main 1989.

ders.: Plebiszitärer Durchbruch 1929? Zur Bedeutung von Volksbegehren und Volksentscheid gegen den Youngplan für die NSDAP, in: GG 15 (1989), S. 489–510.

Kaufmann, Bernd u. a.: Der Nachrichtendienst der KPD. 1919–1937, Berlin 1993.

Ken, Oleg: Karl Radek i Bjuro mezhdunarodnoj informacii CK VKP(b) 1932–1934gg, in: Cahiers du monde russe 44 (2003), S. 133–155.
Kershaw, Ian: Hitler. 1888–1936, Stuttgart 1998.
ders. u. a. (Hg.): Stalinism and Nazism. Dictatorships in comparison, Cambridge 1997.
Kharkhordin, Oleg: The Collective and the Individual in Russia. A Study of Practices, Berkeley 1999.
Khaustov, Vladimir Nikolaevic (Hg.): Lubjanka. Stalin i glavnoe upravlenie gosbezopasnosti NKVD 1937–1938, Moskau 2004.
Khlevnjuk, Oleg V.: Politbjuro. Mekhanismy politicheskoj vlasti [deutsche Ausgabe u.d.T.: Das Politbüro. Mechanismen der politischen Macht, Hamburg 1998], Moskau 1993.
ders.: In Stalin's Shadow. The Career of „Sergo" Ordzhonidize, New York 1995.
Kießling, Friedrich: Der „Dialog der Taubstummen" ist vorbei. Neue Ansätze in der Geschichte der internationalen Beziehungen des 19. und 20. Jahrhunderts, in: Historische Zeitschrift 275 (2002), S. 651–680.
Kinner, Klaus: Der deutsche Kommunismus. Selbstverständnis und Realität, Geschichte des Kommunismus und Linkssozialismus, Bd. 1, Berlin 1999.
Klemperer, Victor: LTI. Notizbuch eines Philologen, Leipzig 1975.
Kluge, Ulrich: Die deutsche Revolution 1918–1919. Staat, Politik und Gesellschaft zwischen Weltkrieg und Kapp-Putsch, Frankfurt am Main 1985.
Knoll, Viktor: Das Volkskommissariat für Auswärtige Angelegenheiten im Prozeß außenpolitischer Entscheidungsfindung in den zwanziger und dreißiger Jahren, in: Thomas, Ludmila u. a. (Hg.), Zwischen Tradition und Revolution. Determinanten und Strukturen sowjetischer Außenpolitik 1917–1941, Stuttgart 2000, S. 73–157.
Koch-Baumgarten, Sigrid: Aufstand der Avantgarde. Die Märzaktion der KPD 1921, Quellen und Studien zur Sozialgeschichte, Bd. 6, Frankfurt 1986.
dies.: Eine Wende in der Geschichtsschreibung zur KPD in der Weimarer Republik?, in: IWK 34 (1998), H. 1, S. 82–99.
Kohser-Spohn, Christiane: Staatliche Gewalt und der Zwang zur Eindeutigkeit: Die Politik Frankreichs im Elsass nach dem Ersten Weltkrieg, in: Ther, Philipp (Hg.), Nationalitätenkonflikte im 20. Jahrhundert: Ursachen von inter-ethnischer Gewalt im Vergleich, Wiesbaden 2001, S. 179–201.
Kopelew, Lev: Und schuf mir einen Götzen. Lehrjahre eines Kommunisten, Hamburg 1979.
Korff, Gottfried: Rote Fahnen und geballte Faust. Zur Symbolik der Arbeiterbewegung in der Weimarer Republik, in: Petzina, Dietmar (Hg.), Fahnen, Fäuste, Körper. Symbolik und Kultur der Arbeiterbewegung, Essen 1986, S. 27–60.
Köstenberger, Julia: Die Geschichte der Kommunistischen Universität der nationalen Minderheiten des Westens (KUNMZ) in Moskau 1921–1936, in: Jahrbuch für historische Kommunismusforschung (2001), S. 248–303.
Kotkin, Stephen: Magnetic Mountain. Stalinism as a Civilization, Berkeley 1997.
Kozlov, Nicholas N. u. a.: Reflections on the Origins of the „Third Period": Bukharin, the Comintern, and the Political Economy of Weimar Germany, in: Journal of Contemporary History 24 (1989), S. 387–410.
Kozlov, V. A.: Problema dostupa v arkhivy i ikh ispol'zovanija, in: Novaja i Novejshaja Istorija (2003), H. 6, S. 78–104.
Kriegel, Annie: Les communistes français. Essai d'ethnographie politique, Paris 1968.
dies. u. a.: Eugen Fried. Le grand secret du PCF. Archives du communisme, Paris 1997.
Kurz, Thomas: „Blutmai". Sozialdemokraten und Kommunisten im Brennpunkt der Berliner Ereignisse von 1929, Berlin; Bonn 1988.
ders.: Feindliche Brüder im deutschen Südwesten. Sozialdemokraten und Kommunisten in Baden und Württemberg von 1928 bis 1933, Berliner historische Studien, Bd. 23, Berlin 1996.

Lange, Peer H.: Stalinismus versus Sozialfaschismus und Nationalfaschismus. Revolutionspolitische Ideologie und Praxis unter Stalin 1927–1935, Göppinger akademische Beiträge, Bd. 2, Göppingen 1969.
Lehmkuhl, Ursula: Diplomatiegeschichte als internationale Kulturgeschichte. Theoretische

Ansätze und empirische Forschung zwischen Historischer Kulturwissenschaft und Soziologischem Institutionalismus, in: Geschichte und Gesellschaft 27 (2001), S. 394–423.

Lehnert, Detlef u. a.: Identitäts- und Konsensprobleme in einer fragmentierten Gesellschaft. Zur Politischen Kultur in der Weimarer Republik, in: Berg-Schlosser, Dirk (Hg.), Politische Kultur in Deutschland. Bilanz und Perspektiven der Forschung, Opladen 1987, S. 80–95.

ders.: Politische Identität und nationale Gedenktage. Zur politischen Kultur in der Weimarer Republik, Opladen 1989.

ders. (Hg.): Politische Teilkulturen zwischen Integration und Polarisierung. Zur politischen Kultur in der Weimarer Republik, Opladen 1990.

Lewin, Erwin: Einige Aspekte der Wirkung von Stalins Luxemburg-Urteil 1931 in der Komintern, in: BzG 33 (1991), H. 4, S. 483–493.

Löhmann, Reinhard: Der Stalinmythos. Studien zur Sozialgeschichte des Personenkultes in der Sowjetunion. 1929–1935, Politische Soziologie, Bd. 3, Münster 1990.

Löwenthal, Richard: The Bolshevisation of the Spartakus League, in: Footman, David (Hg.), International Communism, London 1960, S. 23–71.

Luhmann, Niklas: Die Politik der Gesellschaft, Frankfurt am Main 2002.

Luks, Leonid: Entstehung der kommunistischen Faschismustheorie. Die Auseinandersetzung der Komintern mit Faschismus und Nationalsozialismus 1921–1935, Studien zur Zeitgeschichte, Bd. 26, Stuttgart 1984.

Mallmann, Klaus-Michael: Milieu, Radikalismus und lokale Gesellschaft. Zur Sozialgeschichte des Kommunismus in der Weimarer Republik, in: GG 21 (1995), S. 5–31.

ders.: Kommunisten in der Weimarer Republik. Sozialgeschichte einer revolutionären Bewegung, Darmstadt 1996.

Martin, Terry: The Affirmative Action Empire. Nations and Nationalism in the Soviet Union. 1923–1939, Ithaca, N.Y. 2001.

Mawdsley, Evan u. a.: The Soviet Elite from Lenin to Gorbachev. The Central Committee and its members, 1917–1991, Oxford 2000.

McDermott, Kevin: Stalin and the Comintern during the „Third Period". 1928–33, in: European history quarterly 25 (1995), H. 3, S. 409–429.

ders. u. a.: The Comintern. A history of international communism from Lenin to Stalin, Houndmills, Basingstoke, Hampshire 1996.

ders.: Comintern, Stalinism and Totalitarism, in: McDermott, Kevin u. a. (Hg.), Politics and Society under the Bolschewiks, New York 1999, S. 285–294.

McIlroy, John u. a.: „For a Revolutionary Workers' Government". Moscow, British Communism an Revisionist Interpretations of the Third Period. 1927–1934, in: European history quarterly 32 (2002), S. 535–569.

McLoughlin, Barry u. a. (Hg.): Aufbruch, Hoffnung, Endstation. Österreicherinnen und Österreicher in der Sowjetunion. 1925–1945, Österreichische Texte zur Gesellschaftskritik, Bd. 64, Wien 1997.

Mergel, Thomas: Parlamentarische Kultur in der Weimarer Republik. Politische Kommunikation, symbolische Politik und Öffentlichkeit im Reichstag, Düsseldorf 2002.

ders.: Überlegungen zu einer Kulturgeschichte der Politik, in: Geschichte und Gesellschaft 28 (2002), S. 574–606.

Merkl, Peter H.: Formen nationalsozialistischer Gewaltanwendung. Die SA der Jahre 1925–1933, in: Mommsen, Wolfgang (Hg.), Sozialprotest, Gewalt, Terror. Gewaltanwendung durch politische und gesellschaftliche Randgruppen im 19. und 20. Jahrhundert, Stuttgart 1982, S. 422–440.

Mevius, Martin: „Vijandige Broeders". Communisme, Sociaal-Democratie en Nationaal-Socialisme. 1918–1933, Amsterdam 1998 (Manuskript).

Mick, Christoph: Sowjetische Propaganda, Fünfjahrplan und deutsche Russlandpolitik. 1928–1932, Quellen und Studien zur Geschichte des östlichen Europa, Bd. 42, Stuttgart 1995.

Mieck, Ilja u. a. (Hg.): Deutschland-Frankreich-Russland. Begegnungen und Konfrontationen; La France et l'Allemagne face à la Russie, München 2000.

Möller, Horst: Parlamentarismus in Preußen. 1919–1932, Düsseldorf 1985.

Mommsen, Hans u. a. (Hg.): Industrielles System und politische Entwicklung in der Weimarer Republik, Düsseldorf 1974.

ders.: Die sozialistische Arbeiterbewegung und die nationale Frage in der Periode der I. und II. Internationale, 2. erweiterte Auflage, in: Winkler, Heinrich A. (Hg.), Nationalismus, Königstein 1985, S. 85–99.

ders.: Die verspielte Freiheit. Der Weg der Republik von Weimar in den Untergang. 1918 bis 1933, Propyläen Geschichte Deutschlands, Bd. 8, Berlin 1989.

Mommsen, Wolfgang J. u. a. (Hg.): Sozialprotest, Gewalt, Terror. Gewaltanwendung durch politische und gesellschaftliche Randgruppen im 19. und 20. Jahrhundert, Veröffentlichungen des Deutschen Historischen Instituts London, Bd. 10, Stuttgart 1982.

Moreau, Patrick: Nationalsozialismus von links. Die „Kampfgemeinschaft Revolutionärer Nationalsozialisten" und die „Schwarze Front" Otto Strassers 1930–1935, Studien zur Zeitgeschichte, Bd. 28, Stuttgart 1984.

Morsey, Rudolf: Zur Geschichte des „Preußenschlages", in: VfZ 9 (1961), S. 430–439.

Mortimer, Edward: The Rise of the French Communist Party 1920–1947, London 1984.

Müller, Reinhard: Permanenter Verdacht und „Zivilhinrichtung". Zur Genesis der „Säuberungen" in der KPD, in: Weber, Hermann (Hg.), Kommunisten verfolgen Kommunisten, Berlin 1993, S. 243–264.

ders.: Der Fall des Antikomintern-Blocks – ein vierter Moskauer Schauprozeß?, in: Jahrbuch für historische Kommunismusforschung 4 (1996), S. 187–214.

ders.: „Das große Reinemachen". Die „Säuberung" des Marx-Engels-Institutes im Moskauer Tagebuch Hugo Hupperts, in: Vollgraf, Carl-Erich u. a. (Hg.), Stalinismus und das Ende der ersten Marx-Engels-Gesamtausgabe (1931–1941), Berlin 2001, S. 347–370.

ders.: Hitlers Rede vor der Reichswehrführung 1933. Eine neue Moskauer Überlieferung, in: Mittelweg 36, 10 (2001), H. 1, S. 73–90.

ders.: Menschenfalle Moskau. Exil und stalinistische Verfolgung, Hamburg 2001.

Narinskij, M. M. u. a. (Hg.): Centre and periphery. The history of the Comintern in the light of new documents, Amsterdam 1996.

Nelles, Dieter: Die Rehabilitation eines Gestapo-Agenten: Richard Krebs/Jan Valtin, in: Sozial.Geschichte. Zeitschrift für historische Analyse des 20. und 21. Jahrhunderts NF 18 (2003), H. 3, S. 148–158.

Neumann, Sigmund: Die Parteien der Weimarer Republik, Stuttgart 1986.

Niclauss, Karlheinz: Die Sowjetunion und Hitlers Machtergreifung. Eine Studie über die deutsch-russischen Beziehungen der Jahre 1929 bis 1935, Bonner historische Forschungen, Bd. 29, Bonn 1966.

Nippel, Wilfried (Hg.): Virtuosen der Macht. Herrschaft und Charisma von Perikles bis Mao, München 2000.

Oltmann, Joachim: Das Paradepferd der Totalitarismustheorie. Der Streik der Berliner Verkehrsarbeiter im November 1932, in: Blätter für deutsche und internationale Politik 27 (1982), S. 1374–1390.

Otto, Wilfriede: Erich Mielke – Biographie. Aufstieg und Fall eines Tschekisten, Berlin 2000.

Payne, Stanley G.: Soviet Anti-Fascism. Theory and Practice. 1921–1945, in: Totalitarian Movements and Political Religions 4 (2003), H. 2, S. 1–62.

Pennetier, Claude u. a.: Stalinisme, culte ouvrier et culte du dirigeant, in: Dreyfus, Michel (Hg.), Le siècle des communismes, Paris 2001, S. 369–376.

Peterson, Larry: Labor and the End of Weimar. The Case of the KPD in the November 1928 Lockout in the Rhenish-Westphalian Iron and Steel Industry, in: Central European History 15 (1982), S. 57–95.

Peukert, Detlev: Die Weimarer Republik. Krisenjahre der klassischen Moderne, Frankfurt am Main 1987.

Pipes, Richard: Kommunismus, Berlin 2003.

Pjatnickij, Vladimir: Zagovor protiv Stalina, Moskau 1998.

Plaggenborg, Stefan (Hg.): Stalinismus. Neue Forschungen und Konzepte, Berlin 1998.

Plamper, Jan: Abolishing Ambiguity. Soviet Censorship Practices in the 1930s, in: Russian Review 60 (2001), S. 526–544.

Puschnerat, Tânia: Clara Zetkin. Bürgerlichkeit und Marxismus, Veröffentlichungen des Instituts für Soziale Bewegungen, Schriftenreihe A, Darstellungen, Bd. 25, Essen 2003.

Pyta, Wolfram: Gegen Hitler und für die Republik. Die Auseinandersetzung der deutschen Sozialdemokratie mit der NSDAP in der Weimarer Republik, Beiträge zur Geschichte des Parlamentarismus und der politischen Parteien, Bd. 87, Düsseldorf 1989.

Ree, Erik van: The Political Thought of Joseph Stalin. A Study in Twentieth-century Revolutionary Patriotism, London 2002.

Rees, E. A.: Stalin as Leader 1924–1937. From Oligarch to Dictator, in: Rees, E. A. (Hg.), The Nature of Stalin's Dictatorship. The Politburo. 1924–1953, New York 2004, S. 19–58.

Rees, Tim u. a.: International communism and the Komintern. 1919–43, Manchester 1998.

Reichardt, Sven: Faschistische Kampfbünde. Gewalt und Gemeinschaft im italienischen Squadrismus und in der deutschen SA, Köln 2002.

Rigby, Thomas H.: Lenin's Government. Sovnarkom 1917–1922, Cambridge 1979.

ders.: Early Provincial Cliques and the Rise of Stalin, in: Soviet Studies 33 (1981), S. 3–28.

ders. u. a. (Hg.): Authority, power and policy in the USSR, London 1983.

ders.: A Conceptual Approach to Authority, Power and Policy in the Soviet Union, in: Rigby, T. H. u. a. (Hg.), Authority, power and policy in the USSR, London 1983, S. 9–31.

ders.: Was Stalin a disloyal patron?, in: Soviet Studies 38 (1986), S. 311–324.

ders.: Political Elites in the USSR. Central Leaders and Local Cadres from Lenin to Gorbachev, Aldershot 1990.

Rittersporn, Gábor T.: The Omnipresent Conspiracy. On Soviet Imagery of Politics and Social Relations in the 1930s, in: Getty, J. Arch u. a. (Hg.), Stalinist Terror. New Perspectives, Cambridge 1991, S. 99–115.

ders. u. a. (Hg.): Sphären von Öffentlichkeit in Gesellschaften sowjetischen Typs. Zwischen partei-staatlicher Selbstinszenierung und kirchlichen Gegenwelten, Komparatistische Bibliothek, Bd. 11, Frankfurt 2002.

Robrieux, Philippe: Maurice Thorez. Vie secrète et vie publique, Paris 1975.

Rohe, Karl: Politische Kultur und der kulturelle Aspekt von politischer Wirklichkeit. Konzeptuelle und typologische Überlegungen zu Gegenstand und Fragestellung Politischer Kultur-Forschung, in: Berg-Schlosser, Dirk (Hg.), Politische Kultur in Deutschland. Bilanz und Perspektiven der Forschung, Opladen 1987, S. 39–48.

ders.: Wahlen und Wählertraditionen in Deutschland. Kulturelle Grundlagen deutscher Parteien und Parteiensysteme im 19. und 20. Jahrhundert, Frankfurt am Main 1992.

Röhl, Klaus Rainer: Nähe zum Gegner. Kommunisten und Nationalsozialisten im Berliner BVG-Streik von 1932, Frankfurt am Main 1994.

Rokitjanskij, Jakov G.: Die „Säuberung" – Übernahme des Rjazanov-Instituts durch Adoratskij, in: Vollgraf, Carl-Erich u. a. (Hg.), Stalinismus und das Ende der ersten Marx-Engels-Gesamtausgabe (1931–1941), Berlin 2001, S. 13–23.

Rolf, Malte: Constructing a Soviet Time. Bolschewik Festivals and their Rivals during the First Five-Year-Plan, in: Kritika 1 (2000), S. 447–473.

ders.: Sovetskoj massovyj prazdnik v Voronezhe i Central'no-chernozemnoj oblasti Rossii. 1927–1932, Voronezh 2000.

Rosenfeldt, Niels Erik: Knowledge and power. The role of Stalin's secret chancellery in the Soviet system of government, Studier – Kobenhavns universitets slaviske institut, Bd. 5, Copenhagen 1978.

ders. u. a. (Hg.): Mechanisms of power in the Soviet Union, New York 2000.

Rosenhaft, Eve, Die KPD der Weimarer Republik und das Problem des Terrors in der „Dritten Periode". 1929–1933, in: Wolfgang Mommsen u. a. (Hg.), Sozialprotest, Gewalt, Terror. Gewaltanwendung durch politische und gesellschaftliche Randgruppen im 19. und 20. Jahrhundert, Stuttgart 1982, S. 394–421.

dies., Organising the „Lumpenproletariat". Cliques and Communists in Berlin during the

Weimar Republic, in: Richard E. Evans (Hg.), The German Working Class 1888–1933. The Politics of Everyday Life, London 1982, S. 174–219.

dies.: Beating the Fascists? The German Communists and Poltical Violence 1929–1933, Cambrigde 1983.

Ross, Friso u. a. (Hg.): Denunziation und Justiz. Historische Dimensionen eines sozialen Phänomens, Tübingen 2000.

Rothenberger, Karl-Heinz: Die elsass-lothringische Heimat- und Autonomiebewegung zwischen den beiden Weltkriegen, Europäische Hochschulschriften, Reihe 3, Geschichte und ihre Hilfswissenschaften, Bd. 42, Bern 1975.

Schafranek, Hans: Österreichische Kommunisten an der „Internationalen Leninschule". 1926–1938, in: McLoughlin, Barry u. a. (Hg.), Aufbruch, Hoffnung, Endstation. Österreicherinnen und Österreicher in der Sowjetunion. 1925–1945, Wien 1997, S. 435–465.

Schieder, Theodor: Die Entstehungsgeschichte des Rapallo-Vertrags, in: Historische Zeitschrift 204 (1967), S. 545–609.

ders.: Beiträge zur Geschichte der Weimarer Republik, Historische Zeitschrift. Beiheft 1, München, 1971.

Schildt, Axel: Militärdiktatur mit Massenbasis? Die Querfrontkonzeption der Reichswehrführung um General von Schleicher am Ende der Weimarer Republik, Frankfurt 1981.

Schirinja, K. K.: Der Kampf in der Komintern Ende der zwanziger Jahre gegen die „rechte" Abweichung und seine Folgen, in: Beiträge zur Geschichte der Arbeiterbewegung 32 (1990), S. 735–746.

Schirmann, Léon: Blutmai Berlin 1929. Dichtungen und Wahrheit, Berlin 1991.

Schirmer, Dietmar: Mythos, Heilshoffnung, Modernität. Politisch-kulturelle Deutungscodes in der Weimarer Republik, Studien zur Sozialwissenschaft, Bd. 114, Opladen 1992.

Schlögel, Karl: Berlin – Ostbahnhof Europas. Russen und Deutsche in ihrem Jahrhundert, Berlin 1998.

ders.: Utopie als Notstandsdenken. Einige Überlegungen zur Diskussion über Utopie und Sowjetkommunismus, in: Hardtwig, Wolfgang (Hg.), Utopie und politische Herrschaft im Europa der Zwischenkriegszeit, Schriften des Historischen Kollegs, Kolloquien, Bd. 56, München 2003, S. 77–96.

Schönhoven, Klaus: Der demokratische Sozialismus im Dilemma. Die Sozialdemokratie und der Untergang der Weimarer Republik, in: Michalka, Wolfgang (Hg.), Die nationalsozialistische Machtergreifung, Paderborn 1984, S. 74–84.

ders.: Reformismus und Radikalismus. Gespaltene Arbeiterbewegung im Weimarer Sozialstaat, München 1989.

ders. u. a. (Hg.): Sozialismus und Kommunismus im Wandel. Hermann Weber zum 65. Geburtstag, Köln 1993.

Schottmann, Christian: Politische Schlagwörter in Deutschland zwischen 1929 und 1934, Stuttgarter Arbeiten zur Germanistik, Bd. 342, Stuttgart 1997.

Schröder, Hans H.: Industrialisierung und Parteibürokratie in der Sowjetunion. Ein sozialgeschichtlicher Versuch über die Anfangsphase des Stalinismus (1928–1934), Forschungen zur osteuropäischen Geschichte, Bd. 41, Berlin 1988.

Schüddekopf, Otto Ernst: Linke Leute von rechts. Die nationalrevolutionären Minderheiten und die Kommunisten in der Weimarer Republik, Stuttgart 1960.

Schulz, Gerhard: Die Anfänge des totalitären Maßnahmenstaates, Die nationalsozialistische Machtergreifung. Herausgegeben von Karl Dietrich Bracher u. a., Bd. 2, Frankfurt am Main 1974.

ders.: „Preußenschlag" oder Staatsstreich? Neues zum 20. Juli 1932, in: Der Staat 17 (1978), S. 563–581.

ders.: Von Brüning zu Hitler. Der Wandel des politischen Systems in Deutschland 1930–1933. Zwischen Demokratie und Diktatur. Verfassungspolitik und Reichsreform in der Weimarer Republik, Bd. 3, Berlin 1992.

Schulze, Hagen: Otto Braun oder Preußens demokratische Sendung. Eine Biographie, Frankfurt 1981.

Schumann, Dirk: Politische Gewalt in der Weimarer Republik 1918–1933. Kampf um die

Straße und Furcht vor dem Bürgerkrieg, Veröffentlichungen des Instituts für Soziale Bewegungen, Schriftenreihe A, Darstellungen, Bd. 17, Essen 2001.

ders.: Europa, der Erste Weltkrieg und die Nachkriegszeit: Eine Kontinuität der Gewalt?, in: Journal of Modern European History 1 (2003), S. 24–43.

Schuster, Kurt G. P.: Der Rote Frontkämpferbund. 1924–1929. Beiträge zur Geschichte und Organisationsstruktur eines politischen Kampfbundes, Beiträge zur Geschichte des Parlamentarismus und der politischen Parteien, Bd. 55, Düsseldorf 1975.

Seidt, Hans-Ulrich: Berlin, Kabul, Moskau. Oskar Ritter von Niedermayer und Deutschlands Geopolitik, München 2002.

Sevost'janov, Grigorii Nikolaevich: Dukh Rapallo. Sovetsko-germanskie otnosheniia 1925–1933, Ekaterinburg 1997.

Shapoval, Jurij: Der russische Nationalismus und die Herrschaft Stalins, in: Hildermeier, Manfred (Hg.), Stalinismus vor dem Zweiten Weltkrieg. Neue Wege der Forschung, Schriften des Historischen Kollegs, Bd. 43, München 1998, S. 291–305.

Slezkine, Yuri: The USSR as a Communal Apartment, or How a Socialist State Promoted Ethnic-Particularism, in: Slavic Review 53 (1994), S. 414–452.

Slutsch, Sergej: Deutschland und die UdSSR 1918–1939. Motive und Folgen außenpolitischer Entscheidungen, in: Jacobsen, Hans Adolf u.a. (Hg.), Deutsch-russische Zeitenwende. Krieg und Frieden 1941–1995, Baden-Baden 1995, S. 28–90.

Smirnova, Tat'jana: „Byvshie ljudi" Sovetskoj Rossii. Stategii vyzhivanija i puti integracii. 1917–1936 gody, Moskau 2003.

Sokolov, A. K. u.a.: Obshchestvo i vlast', 1930-e gody. Povestvovanie v dokumentakh, Moskau 1998.

Söndgen, Klaus: Bucharinismus und Stalinisierung. Zur politischen Bedeutung N. I. Bucharins in der Übergangsperiode 1927–1929, in: JfGO 43 (1995), S. 78–96.

Spiegel, Josef: Faschismuskonzeption der KPD 1929–1933 (unter besonderer Berücksichtigung der kommunistischen Presse), Münster 1986.

Striefler, Christian: Kampf um die Macht. Kommunisten und Nationalsozialisten am Ende der Weimarer Republik, Berlin 1993.

Studer, Brigitte: Un parti sous influence. Le parti communiste suisse. Une section du Komintern 1931 à 1939, Lausanne 1994.

dies.: Die Rückkehr der Geschichte. Das Bild der Komintern nach Öffnung der Archive, in: Beiträge zur Geschichte der Arbeiterbewegung 39 (1997), H. 2, S. 15–29.

dies. u.a.: „Das Private ist öffentlich." Mittel und Formen stalinistischer Identitätsbildung, in: Historische Anthropologie 7 (1999), S. 82–108.

dies. u.a.: Der stalinistische Parteikader. Identitätsstiftende Praktiken und Diskurse in der Sowjetunion der dreißiger Jahre, Köln 2001.

dies. (Hg.): Parler de soi sous Staline. La construction identitaire dans le communisme des années trente, Paris 2002.

Suny, Ronald Grigor: Beyond Psychohistory. The Young Stalin in Georgia, in: Slavic Review 50 (1991), S. 48–58.

ders.: Stalin and his Stalinism. Power and authority in the Soviet Union, in: Kershaw, Ian u.a. (Hg.), Stalinism and Nazism. Dictatorships in Comparison, Cambridge 1997, S. 26–52.

ders. (Hg.): A state of nations. Empire and nation-making in the age of Lenin and Stalin, Oxford 2001.

Ther, Philipp u.a. (Hg.): Nationalitätenkonflikte im 20. Jahrhundert. Ursachen von interethnischer Gewalt im Vergleich, Wiesbaden 2001.

Thomas, Ludmila u.a. (Hg.): Zwischen Tradition und Revolution. Determinanten und Strukturen sowjetischer Außenpolitik. 1917–1941, Quellen und Studien zur Geschichte des östlichen Europas, Bd. 59, Stuttgart 2000.

Thonfeld, Christoph: Sozialkontrolle und Eigensinn. Denunziation am Beispiel Thüringens 1933–1949, Köln 2000.

Thorpe, Andrew: Comintern „Control" of the Communist Party of Great Britain, 1920–1943, in: The English Historical Review 113 (1998), S. 637–662.

ders.: The British Communist Party and Moscow, 1920–43, Manchester 2000.

Timmermann, Barbara: Die Faschismusdiskussion der Kommunistischen Internationale (1920–1935), Köln 1977.

Tischler, Carola: Flucht in die Verfolgung. Deutsche Emigranten im sowjetischen Exil. 1933 bis 1945, Arbeiten zur Geschichte Osteuropas, Bd. 3, Münster 1996.

Tjaden, K. H.: Struktur und Funktion der KPD-Opposition (KPO). Eine organisationssoziologische Untersuchung zur Rechtsopposition im deutschen Kommunismus zur Zeit der Weimarer Republik, Hannover 1983.

Tucker, Robert C.: Political Culture and Leadership in Soviet Russia: from Lenin to Gorbachev, New York 1987.

ders.: Stalin in Power. The Revolution from above. 1928–1941, New York 1990.

Tuominen, Arvo: Stalins Schatten über Finnland. Erinnerungen des ehemaligen Führers der finnischen Kommunisten, Freiburg 1986.

Ulam, Adam B.: Titoism and the Cominform, Cambridge, Mass 1952.

ders.: Expansion and Coexistence. The History of Soviet Foreign Policy. 1917–1967, New York 1968.

Unfried, Berthold: Rituale von Konfession und Selbstkritik. Bilder vom stalinistischen Kader, in: Jahrbuch für historische Kommunismusforschung 2 (1994), S. 312–323.

ders.: Vom Nutzen und Nachteil der Archive für die Historie. Stalinismusforschung und Komintern-Historiographie nach Öffnung der russischen Archive, in: Zeitgeschichte 22 (1995), S. 265–284.

Ünlüdag, Tania: „Die Tragödie einer Kämpferin für die Arbeiterbewegung"? Clara Zetkin 1928–1931. Eine ausgewählte Dokumentation, in: IWK 33 (1997), H. 3, S. 313–360.

Vatlin, Alexander: Trockij i Komintern, Moskau 1991.

ders.: Der heiße Herbst des Jahres 1928. Über die Stalinisierung der Komintern, in: Vatlin, Alexander (Hg.), Die Komintern 1919–1929. Historische Studien, Mainz 1993, S. 173–191.

ders.: Die Komintern 1919–1929. Historische Studien, Mainz 1993.

ders.: Die Tätigkeit Jules Humbert-Droz' im Politsekretariat des EKKI (1926–1928), in: Vatlin, Alexander (Hg.), Die Komintern. 1919–1929, Mainz 1993, S. 125–134.

ders.: Ein unbegriffenes Signal. Die Wiener Ereignisse vom 15. Juli 1927 in der Bewertung der Komintern, in: Vatlin, Alexander (Hg.), Die Komintern. 1919–1929, Mainz 1993, S. 135–160.

ders.: Die Programmdiskussion in der Kommunistischen Internationale, in: Jahrbuch für historische Kommunismusforschung 6 (1998), S. 9–35.

ders.: Kaderpolitik und Säuberungen in der Komintern, in: Weber, Hermann u. a. (Hg.), Terror. Stalinistische Parteisäuberungen 1936–1953, Paderborn 1998, S. 33–89.

ders.: Iosif Stalin auf dem Weg zur absoluten Macht. Neue Dokumente aus Moskauer Archiven, in: Forum für osteuropäische Ideen- und Zeitgeschichte 4 (2000), H. 2, S. 75–108.

Viola, Lynn: Peasant Rebels under Stalin. Collectivization and the Culture of Peasant Resistance, New York 1996.

Voermann, Geri: Die Unterordnung der KPH[ollands] unter Moskau 1929/30, in: Jahrbuch für historische Kommunismusforschung 6 (1998), S. 36–50.

Volkogonov, Dimitri: Stalin. Triumph und Tragödie, Düsseldorf 1989.

Volkov, Vladimir K., Die deutsche Frage aus der Sicht Stalins (1947–1952), in: Volkov, Vladimir K. (Hg.), Stalin wollte ein anderes Europa. Moskaus Außenpolitik 1940–68, Berlin 2003, S. 161–203.

ders.: Stalin wollte ein anderes Europa. Moskaus Außenpolitik 1940–1968, Berlin 2003.

Vollgraf, Carl-Erich u. a. (Hg.): Stalinismus und das Ende der ersten Marx-Engels-Gesamtausgabe (1931–1941), Beiträge zur Marx-Engels-Forschung, Neue Folge, Bd. 3, Berlin 2001.

Ward, James J.: „Smash the Fascists…" German Communist Efforts to Counter the Nazis. 1930–31, in: Central European History 14 (1981), S. 30–62.

Watson, Derek: The Politburo and Foreign Policy-making, in: Rees, E. A. (Hg.), The Nature of Stalin's Dictatorship. The Politburo. 1924–1953, New York 2004, S. 134–166.

Weber, Hermann: Die Wandlung des deutschen Kommunismus. Die Stalinisierung der KPD in der Weimarer Republik, Frankfurt am Main 1969.

ders.: Hauptfeind Sozialdemokratie. Strategie und Taktik der KPD 1929–1933, Düsseldorf 1982.

ders.: Die Ambivalenz der kommunistischen Widerstandsstrategie bis zur „Brüsseler" Parteikonferenz, in: Schmädecke, Jürgen u. a. (Hg.), Der Widerstand gegen den Nationalsozialisms. Die deutsche Gesellschaft und der Widerstand gegen Hitler, München 1986, S. 73–85.

ders. (Hg.): Kommunisten verfolgen Kommunisten. Stalinistischer Terror und „Säuberungen" in den kommunistischen Parteien Europas seit den dreißiger Jahren, Beiträge des Internationalen Wissenschaftlichen Symposions an der Universität Mannheim „Weiße Flecken" in der Geschichte des Weltkommunismus vom 22. bis 25. Februar 1992, Berlin 1993.

ders. u. a. (Hg.): Terror. Stalinistische Parteisäuberungen 1936–1953, Paderborn 1998.

ders.: Zehn Jahre historische Kommunismusforschung, in: VfZ 50 (2002), S. 611–633.

ders.. Thälmann und Stalin, die KPdSU und die KPD, in: Weber, Hermann u. a. (Hg.), Der Thälmann-Skandal. Geheime Korrespondenzen mit Stalin, Berlin 2003, S. 11–34.

Weber, Max: Wirtschaft und Gesellschaft. Grundriss der verstehenden Soziologie, fünfte, revidierte Auflage, besorgt von Johannes Winkelmann, Tübingen 1976.

Wehler, Hans-Ulrich: Deutsche Gesellschaftsgeschichte 1914–1949, München 2003.

Wehner, Markus u. a.: „Genosse Thomas" und die Geheimtätigkeit der Komintern in Deutschland 1919–1925, in: IWK 29 (1993), S. 1–19.

ders.: Kaderkarrieren der Weltrevolution. Die deutsch-russische Geschichte der Brüder Rakov, in: IWK 30 (1994), S. 29–67.

Weingartner, Thomas: Stalin und der Aufstieg Hitlers, Beiträge zur auswärtigen und internationalen Politik, Bd. 4, Berlin 1970.

ders.: Die Kommunistische Internationale als Vermittlungsebene sowjetischer Innen- und Außenpolitik, in: Horn, Hannelore (Hg.), Sozialismus in Theorie und Praxis. Festschrift für Richard Löwenthal zum 70. Geburtstag, Berlin u. a. 1978, S. 219–246.

Weitz, Eric D.: Creating German communism, 1890–1990. From popular protests to socialist state, Princeton, N.J. 1997.

Welskopp, Thomas: Klasse als Befindlichkeit? Vergleichende Arbeitergeschichte vor der kulturhistorischen Herausforderung, in: Archiv für Sozialgeschichte 38 (1998), S. 301–336.

Werth, Nicolas: Etre communiste en U.R.S.S. sous Staline, Paris 1981.

Wheatcroft, Stephen C.: From Team-Stalin to Degenerate Tyranny, in: Rees, E. A. (Hg.), The Nature of Stalin's Dictatorship. The Politburo. 1924–1953, New York 2004, S. 79–106.

White, Stephen: Political Culture and Soviet Politics, New York 1979.

ders.: Political culture in communist states. Some problems of theory and method, in: Comparative Politics 16 (1984), S. 351–365.

Wieszt, József: KPD-Politik in der Krise 1928–1932. Zur Geschichte und Problematik des Versuchs, den Kampf gegen den Faschismus mittels Sozialfaschismusthese und RGO-Politik zu führen, Frankfurt am Main 1976.

Wilderotter, Hans: Alltag der Macht. Berlin Wilhelmstraße, Berlin 1998.

Wildt, Michael: Generation des Unbedingten. Das Führungskorps des Reichssicherheitshauptamtes, Hamburg 2002.

Willms, Johannes u. a. (Hg.): Der 9. November. Fünf Essays zur deutschen Geschichte, München 1994.

Winkler, Heinrich August: Der Schein der Normalität. Arbeiter und Arbeiterbewegung in der Weimarer Republik, 1924 bis 1930, Geschichte der Arbeiter und der Arbeiterbewegung in Deutschland seit dem Ende des 18. Jahrhunderts, Bd. 10, Berlin 1985.

ders.: Der Weg in die Katastrophe. Arbeiter und Arbeiterbewegung in der Weimarer Republik 1930 bis 1933, Geschichte der Arbeiter und der Arbeiterbewegung in Deutschland seit dem Ende des 18. Jahrhunderts, Bd. 11, Berlin 1987.

ders.: Weimar 1918–1933. Die Geschichte der ersten deutschen Demokratie, München 1993.

ders.: Revolution als Konkursverwaltung. 9. November 1918: Der vorbelastete Neubeginn, in: Willms, Johannes (Hg.), Der 9. November. Fünf Essays zur deutschen Geschichte, Frankfurt am Main 1995, S. 11–32.

Wirsching, Andreas: „Stalinisierung" oder entideologisierte „Nischengesellschaft"? Alte Einsichten und neue Thesen zum Charakter der KPD in der Weimarer Republik, in: VfZ 45 (1997), S. 449–466.

ders.: Vom Weltkrieg zum Bürgerkrieg? Politischer Extremismus in Deutschland und Frankreich 1918–1933/39. Berlin und Paris im Vergleich, Quellen und Darstellungen zur Zeitgeschichte, Bd. 40, München 1999.

ders.: KPD und P.C.F. zwischen „Bolschewisierung" und „Stalinisierung". Sowjet-Russland, die Kommunistische Internationale und die Entwicklung des deutschen und französischen Kommunismus zwischen den Weltkriegen, in: Mieck, Ilja u. a. (Hg.), Deutschland-Frankreich-Russland. Begegnungen und Konfrontationen; La France et l'Allemagne face à la Russie, München 2000, S. 277–292.

ders.: „Man kann nur Boden germanisieren". Eine neue Quelle zu Hitlers Rede vor den Spitzen der Reichswehr am 3. Februar 1933, in: VfZ 49 (2001), S. 517–550.

ders.: „Hauptfeind Sozialdemokratie" oder „Antifaschistische Aktion"? Die Politik von KPD und Komintern in der Endphase der Weimarer Republik, in: Winkler, Heinrich A. (Hg.), Weimar im Widerstreit. Deutungen der ersten deutschen Republik im geteilten Deutschland, München 2002, S. 105–130.

Worley, Matthew: The Communist International, The Communist Party of Great Britain, and the „Third Period", 1928–1932, in: European history quarterly 30 (2000), S. 185–208.

Wunderer, Hartmut: Arbeitervereine und Arbeiterparteien. Kultur- und Massenorganisationen in der Arbeiterbewegung. 1890–1933, Frankfurt am Main 1980.

Zarusky, Jürgen: Die deutschen Sozialdemokraten und das sowjetische Modell. Ideologische Auseinandersetzung und außenpolitische Konzeptionen 1917–1933, Studien zur Zeitgeschichte, Bd. 39, München 1992.

Zeidler, Manfred: Reichswehr und Rote Armee, 1920–1933. Wege und Stationen einer ungewöhnlichen Zusammenarbeit, Beiträge zur Militärgeschichte, Bd. 36, München 1993.

Zhuravlev, Sergei Vladimirovich: „Malen'kie ljudi" i „bol'shaja istorija". Inostrancy moskovskogo Élektrozavoda v sovetskom obshzhestve 1920–1930-kh gg, Moskau 2000.

Zubachevskij, Viktor A.: Politika sovetskoj Rossii v central'noj Evrope v nachale 1920-kh godov (po novym dokumentam), in: Otechestvennja Istorija 13 (2003), S. 86–101.

Personenregister